D1930075

Unterschreiben

Literatur und Recht

Herausgegeben von

Manfred Schneider

Wissenschaftlicher Beirat

Michael Niehaus, Sabine Müller-Mall, Fabian Steinhauer

Bd. 9

Peter Risthaus

Unterschreiben

Zur Geschichte und Theorie literarischer Eigenhändigkeit

BRILL | FINK

Umschlagabbildung: Kardinal Pietro Gasparri und Benito Mussolini bei der Unterzeichnung der Lateranverträge (Lizenz: Alamy.de)

Bibliografische Information der Deutschen Nationalbibliothek

Die Deutsche Nationalbibliothek verzeichnet diese Publikation in der Deutschen Nationalbibliografie; detaillierte bibliografische Daten sind im Internet über http://dnb.d-nb.de abrufbar.

Alle Rechte vorbehalten. Dieses Werk sowie einzelne Teile desselben sind urheberrechtlich geschützt. Jede Verwertung in anderen als den gesetzlich zugelassenen Fällen ist ohne vorherige schriftliche Zustimmung des Verlags nicht zulässig.

© 2023 Brill Fink, Wollmarktstraße 115, D-33098 Paderborn, ein Imprint der Brill-Gruppe
(Koninklijke Brill NV, Leiden, Niederlande; Brill USA Inc., Boston MA, USA; Brill Asia Pte Ltd, Singapore; Brill Deutschland GmbH, Paderborn, Deutschland; Brill Österreich GmbH, Wien, Österreich)
Koninklijke Brill NV umfasst die Imprints Brill, Brill Nijhoff, Brill Hotei, Brill Schöningh, Brill Fink, Brill mentis, Vandenhoeck & Ruprecht, Böhlau, V&R unipress und Wageningen Academic.

www.fink.de

Einbandgestaltung: Evelyn Ziegler, München
Herstellung: Brill Deutschland GmbH, Paderborn

ISSN 2629-7981
ISBN 978-3-7705-6635-8 (hardback)
ISBN 978-3-8467-6635-4 (e-book)

Für *Minz*

Your affectionate

Dame Anna Livia Plurabelle Earwicker

(Only lawful wife of A.L.P. Earwicker)

XXXX

N.B. This simply puts the tin on M.G.

(James Joyce: *Finn's Hotel*)

Inhalt

Exordium

Mephistopheles spricht: „Du unterzeichnest Dich mit einem Tröpfchen Blut“.[1]

Sich unterschreiben, welch schöne grammatische Konstruktion. Könnte man Identitäten in einzigartigen Schriftzeichen wiederfinden, verspräche das höchstes Glück, oder? Nun werden offensichtlich nicht alle Versprechen gehalten, was auch die Bedingung ihrer Möglichkeit ist. Würde man Unterschriften nicht auch fälschen können, es würde sie gar nicht geben, genauso wenig, wenn sie einzigartig wären. Ihr Funktionieren verdankt die Unterschrift einem Paradoxon, nämlich eine reproduzierbare Einzigartigkeit zu sein, die sich durch graphische Abweichung auszeichnet.

Schreibakt

Im Sprichwort hat sich sedimentiert, dass der Name ein Schicksal ist: *Nomen est Omen*. Gleiches lässt sich auch über die Unterschrift sagen. Von diesen Schicksalen werden wir in diesem Buch erzählen. Signaturen zeugen von der Hand desjenigen, der oder die sich datierend, d.h. jetzt und hier unterschrieben hat, zumindest wenn es nach der berühmten Rechtsformel *de manu propria* geht. Sie machen weit mehr als den Menschen, nämlich Institutionen, Maschinen, Tiere, Wahnsinnige oder Götter identifizierbar. Signaturen folgen dabei häufig einer paratextuellen Logik, finden sich unterhalb eines Textes, an seinen Rändern, schließen ihn ab und setzten ihn so in Kraft. Semiotisch betrachtet handelt es sich um indexikalische Zeichen, die im Verhältnis der Kontiguität mit ihrem Signatar stehen, d.h. eine eigenhändige und materielle Spur von ihm hinterlassen. Dieses direkte Verhältnis kann allerdings metonymisch unterbrochen werden, wenn in meinem Namen unterzeichnet wird, durch Unterschriftenstempel bzw. digitale Signaturen. Abgesehen davon, dass Unterschriften als indexikalische oder diskursiv-institutionelle Zeichen lesbar sind, ist das Unterschreiben selbst ein performativer Akt. Der Kulturwissenschaftler Thomas

1 Johann Wolfgang v. Goethe (1808): Faust. Eine Tragödie, in: Werke. Jubiläumsausgabe. Hg. v. Friedmar Apel [u.a.]. Frankfurt a.M. 1998. S. 62f. Die Graphologie kennt sogar das „Sichunterstreichen“, vgl. Max Pulver (1931): Symbolik der Handschrift. Stuttgart, Hamburg u. München 1984. S. 184.

Macho behauptet sogar: „Der performative Schreibakt schlechthin wird mit der Unterschrift vollzogen.“[2] Und das ist mit einigem Recht so formuliert, denn dieser Akt zeitigt immense Wirkungen: Kriege können erklärt, Todesurteile gefällt[3], oder Ehen auf ihr errichtet werden. Letzteres allein macht darauf aufmerksam, dass es immer mehr als einer Unterschrift bedarf, um etwas ins Recht oder ins Werk zu setzen. Seinen Namen schreiben heißt allerdings noch lange nicht unterschreiben zu können. Dafür muss immer der Dritte, d.h. jemand oder etwas mit- oder gegenzeichnen, so der französische Rechtshistoriker und Psychoanalytiker Pierre Legendre:

> Das Phänomen der Schrift kann nicht mehr nur durch das historische oder ethnologische Kriterium eines materiellen, dauerhaften Trägers definiert werden, der ihre Spur bewahrt, sondern vielmehr in Hinsicht der Institution des Zeichens und der Legalität der Zeichenwiederholung, die aus Manifestationen, die wir grafisch nennen, wesentlich symbolische Produktionen macht, und die also Teil der sozialen Konstruktion des Dritten sind, einer ihrem Wesen nach normativen Konstruktion.[4]

Legendre nennt grafische Zeichen, die aus der institutionellen Produktion des Dritten hervorgegangen sind: *Nomogramme*[5]. Ihre Familie ist umfangreich und schließt diverse *figuralia* ein, zu denen auch Buch, Tanz, Emblem und Ritus gehören. Der Unterschrift selbst widmet Legendre allerdings, im Gegensatz zum Schreiben und der kalligraphischen Schrift[6], keine besondere Aufmerksamkeit.

Wer die Geschichten des Unterschreibens erzählt, wird von der Abweichung auszugehen haben. Denn Eigenhändige Unterschriften deformieren die erlernte Handschrift, die wiederum von einer normierten Ausgangsschrift abweicht und sie tendieren am

---

2 Thomas Macho (2005): „Handschrift – Schriftbild. Anmerkungen zu einer Geschichte der Unterschrift“, in: Schrift. Kulturtechnik zwischen Auge, Hand und Maschine. Hg. v. Gernot Grube, Werner Kogge u. Sybille Krämer. München. S. 413–422, hier: S. 413.

3 Vgl. Dylan Thomas: „The hand that signed the paper felled a city; / Five sovereign fingers taxed the breath, / Doubled the globe of dead and halved a country; / These five kings did a king to death.“, in ders. (1933): Collected Poems 1934–1953. Hg. v. Walford Davis u. Ralph Maud. London 1988. S. 51.

4 Pierre Legendre (1992): Die Kinder des Textes. Über die Elternfunktion des Staates. Schriften, in: Bd. 4, übers. v. Pierre Mattern. Hg. v. Georg Mein u. Clemens Pornschlegel. Wien, Berlin 2011. S. 75.

5 Ebd. S. 74.

6 Vgl. ebd. S. 210–212.

Ende nicht selten genug zu unlesbarem Gekrakel oder Gekritzel. Was zuvor die Kinder tun, erheben zuletzt Ärzte und Beamte zur Kunstfertigkeit, individualisieren durch Krakelei oder Gekritzel ihre eigenhändige Unterschrift und legen dabei täglich offen, dass es, wie Michel Serres sagt, eine „Kakographie in der Schrift"[7] gibt. Individualität zum Ausdruck zu bringen heißt demzufolge, sich durch Übung eine reproduzierbare Abweichung in Schwung, Zug oder Paraphe anzueignen, die buchstäblich Stilübung ist, auch wenn das Ergebnis nur allzu oft stillos genannt werden muss. Die Geburt der Unterschrift geschieht demzufolge aus dem Geist doppelter Devianz: „Die Abweichung gehört zur Sache selbst, und vielleicht bringt sie diese erst hervor."[8]

Aber wer regelt überhaupt, was wie, d.h. in welcher Form, zu unterschreiben sei? Wem unterwirft sich das signierende Subjekt? Diese Fragen in den Griff zu bekommen, schickt sich das Recht an. Immer geht es nicht zuletzt darum, die bloße Krakel- oder Kritzelei zu unterscheiden von einem Namenszug, der noch erkennbar sein muss. Beispiele dafür finden sich zuhauf. Man denke nur an das *Lasso*-Urteil, oder an die im Schriftbild dementsprechend aussehende Unterschrift des amerikanischen Finanzministers Jacob J. Lew, um die eine intensive Debatte geführt wurde, so dass Präsident Barack Obama ihm den Rat gab, sich doch eine andere Unterschrift zu erfinden[9]:

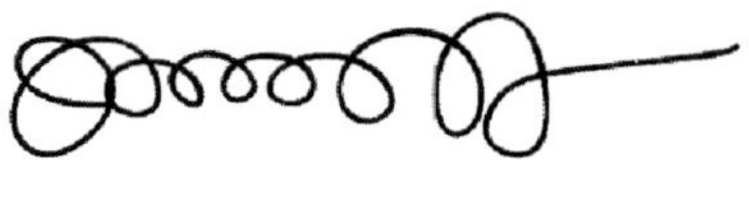

Abb. 1
Unterschrift Jacob J. Lew

7 Vgl. Michel Serres (1968): Hermes I: Kommunikation. Übers. v. Michael Bischoff. Hg. v. Günther Rösch. Berlin 1991 S. 52.

8 Ebd. S. 28.

9 Zu dieser ausführlich in den Zeitungen geführten Diskussion vgl. u.a. Johann Schloemann (11.01.2013): „Kleine Kringelkunde. Die Unterschrift des künftigen US-Finanzministers gibt Rätsel auf", in: SZ Jahrgang 69, Woche 2, Nr. 9, Titelseite. Barack Obama soll scherzhaft bemerkt haben: „Jack assures me that he is going to work to make at least one letter legible in order not to debase our currency should he be confirmed as Secretary of the Treasury." Vgl. „Barack Obama mocks Jack Lew's loopy signature". In: The Telegraph, 10. Januar 2013. Tatsächlich findet sich das Lasso auf diesen Dollarnoten. Was könnte schöner sein, wenn ein Cowboy für das Vertrauen in Gott und Währung unterschreibt?

Sinnfälliger kann wohl kaum einsichtig werden, wie sich die Krakelei in jenen Namenszug verwandelt, der vom Bürgerlichen Gesetzbuch gefordert wird: „Ist durch Gesetz schriftliche Form vorgeschrieben, so muss die Urkunde von dem Aussteller eigenhändig durch Namensunterschrift oder mittels notariell beglaubigten Handzeichens unterzeichnet werden."[10] Die Erkennbarkeit dieses Namens bleibt beständiger Streitfall in Prozessen. Ärzte und Gelehrte kommen dabei bekanntlich schlecht weg, ganz abgesehen von den Arabesken des Wahnsinns. Der Leiter des Erkennungsdienstes im Polizeipräsidium Berlin, Hans Schneickert, der auch kleine Kriminalgeschichten verfasst hat, bringt das auf den Punkt: „In früherer Zeit galt es ja wohl als Zeichen besonderer Gelehrsamkeit, seinen Namen möglichst unleserlich schreiben zu können."[11]

Der Bundesgerichtshof hat vor mehr als zehn Jahren geklärt, was zwischen Eigenname und Krakelei noch als eigenhändige Unterschrift gilt:

> Eine Unterschrift setzt ein aus Buchstaben einer üblichen Schrift bestehendes Gebilde voraus, das nicht lesbar zu sein braucht. Erforderlich, aber auch genügend ist das Vorliegen eines die Identität des Unterschreibenden ausreichend kennzeichnenden individuellen Schriftzuges, der einmalig ist, entsprechende charakteristische Merkmale aufweist, sich als Wiedergabe eines Namens darstellt und die Absicht einer vollen Unterschriftsleistung erkennen lässt.[12]

Ob die Unterschrift des amerikanischen Finanzministers diese Kriterien erfüllt, sei dahingestellt. Wie weit darf der Gestaltungswille des Unterschreibenden, *Signatar* genannt, gehen? Wie wenig darf vom Eigennamen und dem ABC überhaupt dabei übrig bleiben? Kann ein König mit dem Namen eines anderen Königs unterschreiben, oder einfach mit *„De Par le Roy"*, wie Ludwig II. von Bayern? Und weitere Fragen, die keine rechtlichen sind, stellen sich, wenn man auf die Festlegung des BGH schaut: Was ist überhaupt eine „übliche Schrift"? Würde auch die Unterschrift Justus Liebigs in arabischen Schriftzeichen dazu gehören, die er in Briefen an seinen Freund August Graf von

10 BGB §126 Abs. I.

11 Hans Schneickert (1925): Die Verstellung der Handschrift und ihr graphonomischer Nachweis. Jena. S. 26. Vgl. ders. (1943): Geheimnisvolle Briefe. Kriminalgeschichten. Lübeck.

12 BGH, Urteil vom 15. November 2006, Az: IV ZR 122/ 05.

Platen verwendet? Oder können gar Tiere unterschreiben, wie E.T.A. Hoffmann uns glauben macht?

Um massenhaft zu unterschreiben, die bürokratische Maschine richtig anlaufen zu lassen, braucht es jedenfalls flächendeckenden Unterricht im Schreiben mit der Hand ebenso, wie standardisierte Ausgangschriften, von denen die individuelle mehr oder weniger abweichen kann. Walter Benjamin stellt zwischen den Weltkriegen den historischen Stand der „üblichen Schrift" fest, wenn er mit Hilfe der Graphologie diese Abweichung an Ausgangsschriften prüft. In *Zur Graphologie* notiert er – quasi als Anleitung zur Diskursanalyse *avant la lettre* – im Telegrammstil: „Wichtigkeit der handschriftlichen Norm (des Schulvorbildes) für jede Deutung. Unmöglichkeit die Handschrift zu deuten, ohne die Vorstellung von dem normalen Aussehen (Vorbild) der Buchstaben und Worte."[13]

*

Um auf den Anfang zurückzukommen: In der deutschen Literatur gibt es weder eine berühmtere Unterschrift noch Figur: Ihr Name ist *Heinrich Faust*.

Eigenhändigkeit des Deutschlandmythos

Wenn wir diesen Nachnamen ganz buchstäblich nehmen, hat die Figur einen allzu sprechenden, der ins erkaltete Herz deutscher Mythen gehört, wie Barbarossa, der Rhein oder die Nibelungen. Man könnte sogar im doppeldeutigen Sinne sagen: Eine Hand, die sich zur Faust ballt, schließt sich – schreibt nicht, sondern droht flucht und kämpft –, wird handgreiflich, schlägt ein ums andere Mal auf den Tisch.[14] Es ist kein Zufall, dass zwei wichtige Begriffe ‚deutschen Denkens', will sagen „Begriff" und „Handlung", als Worte semantisch von der Hand abgeleitet

13 Walter Benjamin (verm. 1922): „Zur Graphologie", in WBGS, Bd. VI, S. 185. Ein Gutachten von Benjamin über die Handschrift des Berliners R.L., aus dem Jahr 1926, findet sich im selben Band auf den S. 748f. Vgl. dazu die Schulvorlagen von Hans H. Busse (1907): „Vorlagen deutscher Majuskeln", in: Graphologische Monatshefte. Archiv für Psychodiagnostik und Charakterologie. Bd. IX, S. 8–14 u. 22–27, hier: S. 11.

14 Für Peter Handke (1983): Phantasien der Wiederholung. Frankfurt a.M., S. 29, zieht diese ‚Faust' ganz passiv ein in die synthetische Einbildungskraft: „Wenn ich, phantasierend, ich und die Welt bin, ist mein Kopf eine sanft geballte Faust." Von dieser Regel gibt es selbstverständlich eine Ausnahme, die sogenannte „Faustschrift", vgl. Schneickert (1925): Die Verstellung der Handschrift, S. 40: „Faustschrift. Ein Bleistift, weiche Nummer, wurde in die Faust genommen und zwar so, daß ein Einfluss der feinen Fingerbewegungen auf die Federführung gänzlich ausgeschlossen war.".

werden. Das suggeriert Hegel um 1800 und konsolidiert und verlängert so die Aristotelische Definition der Hand als Werkzeug aller Werkzeuge, *organon ton organon*[15]:

> Sie [die Hand, P.R.] ist der beseelte Werkmeister seines Glücks; man kann von ihr sagen, sie *ist* das, was der Mensch *thut*, denn an ihr als dem thätigen Organe seines sich selbst vollbringens ist er als beseelender gegenwärtig, und indem er ursprünglich sein eignes Schicksal ist, wird sie also diß Ansich ausdrücken.[16]

Titel und Figur von Goethes Tragödie in zwei Teilen versprechen, dem Namen nach, dass um nichts weniger als eine zum Text geronnene Eigenhändigkeit geht, die sich hier ins Werk setzt. Am Ende muss selbst der Gelehrte im Studierzimmer zur Tat schreiten, sich hinab zu den Müttern begeben, wozu elementare Geister zu beschwören gleichermaßen gehört, wie das eigene Dasein zu verfluchen. Den Übergang von Faust und seinem Namen in diese geisterhafte Welt, hat Goethe folgerichtig ins Studierzimmer verlegt. In seinem Disput mit Mephistopheles, denen eine blutige Unterschrift folgen soll, greift ersterer zunächst zu einem anderen Mittel, um durch fatale Sprechakte in diese Welt einzugreifen. Er verflucht kurzum alles, was überhaupt Begehren wecken könnte, zu dem der Ruhm ebenso gehört wie das Eigentum. Das ist selbst den Geistern zu viel, die gleich den Untergang der ästhetischen Welt – und gäbe es eine andere? – konstatieren und in ihrem Kommentar die Rückübersetzung von Heinrichs Namen in die eigenhändige Metapher besiegeln:

> Weh! weh!
> Du hast sie zerstört,
> Die schöne Welt,
> Mit mächtiger Faust;
> Sie stürzt, sie zerfällt![17]

---

15 Vgl. Aristoteles: Über die Seele (De anima), in: Philosophische Schriften in sechs Bänden. Bd. 6, hg. u. übers. v. Hans Günter Zekl, nach der Übers. v. Willy Theiler, bearb. v. Horst Seidl. Hamburg 1995. Buch III, Kap. 8, 432a, S. 81: „So ist die Seele wie die Hand; denn auch die Hand ist das Organ der Organe, und so ist die Vernunft die Form der (intelligiblen) Formen, und die Wahrnehmung die Form der wahrnehmbaren (Formen)."

16 Georg Friedrich Wilhelm Hegel (1807): Phänomenologie des Geistes. In: Hauptwerke in sechs Bänden. Bd. 2., Darmstadt 1999. S. 174.

17 Johann Wolfgang v. Goethe (1808): Faust, S. 7–165, hier: S. 60. Faust lässt beinahe nichts aus, die Seele, die Haushaltung (Weib, Kind, Knecht, Pflug, Schätze), aber auch Drogen und Sex („Balsamsaft der Trauben" und „jener höchsten Liebeshuld", V. 1603–04) werden mit einem

Dass hier die Welt in ‚Tatsachen' zerfällt, ist noch lange nicht der logischen Analyse eines Ludwig Wittgenstein zu verdanken, der es auch mit der Hand zu tun bekommt[18], sondern dem Fluch-Exzess Fausts. Ob man ein ‚Mann der Tat' wird oder eher passiv gedankenvoller Gelehrter bleibt, ist ausgehend vom Faust-Stoff nicht zuletzt eine politische Frage. Sie erstreckt sich bis hin zu Thomas Manns *Doktor Faustus*, der Actio selbst in der deutschen Musik am Werk sieht: „Eine Bekundung höchster Tatkraft – nichts weniger als abstrakt, aber gegenstandslos, einer Tatkraft im Reinen, im klaren Äther, – wo kommt denn sowas im Weltall noch einmal vor!"[19] Und Thomas Mann wird den Namen Faust zu zitieren wissen, um mit diesem deutschen Mythos Schluss zu machen.[20] Der Biograph Zeitbloom ist Lehrer und Philologe. Und sind es nicht gerade Philologen, die sich im Bann urkundlicher Eigenhändigkeit befinden, deren Ordnungsruf Hans Blumenberg ans Ende seiner Reihe stellt, neben dem phänomenologischen ‚Zu den Sachen selbst!' (*ad res*) und ‚Zu den „Quellen!' (*ad fontes*), tritt jener dritte, der auffordert, die Sachen und die Quellen besser selbst in die Hand zu nehmen.[21]

Fluch bedacht. Besonders auf zwei Dinge ist hinzuweisen, die der Fluch ebenfalls trifft: Es sind die Zeit, genauer ihr Aushalten als „Geduld" (V. 1607) und in unserem Fall der Name, der immer mit der Zeit, aber auch mit dem Imaginären verknüpft ist: „Verflucht, was uns in Träumen heuchelt, / Des Ruhms. Der Namensdauer Trug!" (V. 1595–96).

18 Und er zitiert ebenfalls Goethe, vgl. Ludwig Wittgenstein (1949–51): Über Gewissheit. 7. Aufl., hg. v. G.E.M. Anscombe u. G.H. v. Wright. Frankfurt a.M. 1970. S. 104: „‚Hier ist eine Hand – und hier eine zweite' wird mit Faust-Zitat entgegenrufen ... und schreib getrost ‚Im Anfang war die Tat'".

19 Vgl. Thomas Mann (1947): Doktor Faustus. Das Leben des deutschen Tonsetzers Adrian Leverkühn erzählt von einem Freunde. In: Große kommentierte Frankfurter Ausgabe, hg. v. Heinrich Detering [u.a.], Bd. 10.1, hg. u. textkritisch durchgesehen v. Ruprecht Wimmer unter Mitarb. v. Stephan Stachorski. Frankfurt a.M. 2007. Kap. IX, S. 119. Zur Dekonstruktion dieses Mythos in Signaturkryptogrammen vgl. Hans Wollschläger (1982): Herzgewächse oder Der Fall Adams. Fragmentarische Biographik in unzufälligen Makulaturblättern. Hg. v. Monika Wollschläger. Göttingen 2011.

20 Herfried Münkler (2009) hat in seiner eloquenten Raffung des Faust-Mythos angemerkt, wie die ganz unterschiedliche Bewertung des faustischen Teufelspaktes wesentlich für dessen politische Interpretationen und seine Varianten sei. Vgl. ders.: Die Deutschen und ihre Mythen. Reinbek bei Hamburg 2010. Für Gert Mattenklott, S. 605, handelt es sich schlichtweg um einen Mythos scheiternder Selbstermächtigung. Vgl. ders. (2001): „Faust", in: Deutsche Erinnerungsorte. Bd. III, hg. v. Etienne François u. Hagen Schulze. München 2001. S. 603–619, hier: S. 605.

21 Vgl. Hans Blumenberg (2012): Quellen, Ströme, Eisberge. Aus dem Nachlass hg. v. Ulrich v. Bülow u. Dorit Krusche. Frankfurt a.M. S. 9ff.

Goethe, der sich beinahe sein ganzes Leben dem Faust-Stoff gewidmet hat, beweist eine auffällige Vorliebe zu ‚Fäusten', denn ein anderer seiner Helden, *Götz von Berlichingen*, hat bekanntlich eine aus Eisen, um damit kräftig aufzuräumen, auch mit Theaterkonventionen. *Faustrecht* heißt ein rechtlicher Problemfall in der Literatur um 1800. Vor die kaiserlichen Räte und Ratsherrn von Heilbronn zitiert, um der Urfehde abzuschwören, d.h. den entsprechenden Eid nachzusprechen, wird er weder anerkennen, dass er Rebell wider den Kaiser sei, noch in den Turm, d.h. in die Gefangenschaft gehen:

> Ich habe Gott sei Dank noch eine Hand, und habe wohlgetan, sie zu brauchen. [...] Wer kein ungrischer Ochs ist, komm mir nicht zu nah! Er soll von dieser meiner rechten eisernen Hand eine solche Ohrfeige kriegen, die ihm Kopfweh, Zahnweh und alles Weh der Erden aus dem Grund kurieren soll.[22]

Wohl dem, der gepanzerte Hände hat, um derartige Schläge auszuführen und damit erst gar nicht in die Lage gerät, irgendwelche Eide zu schwören, die ärger binden, als jede Handschelle. Keine Frage: Wo der Signifikant „deutsch" auftaucht, hat auch die entsprechende ‚Eigenhändigkeit' ihren Auftritt, besonders in dem Theater. Hier finden sich, wie Ingrid Strohschneider-Kohrs überzeugend gezeigt hat, enorm viele Unterschriftsszenen von Bedeutung und auch sie hält die Fausts für die in der Weltliteratur berühmteste.[23] Als dramatisches Element gehört sie einfach zum Deutschlandmythos dazu, verbürgt geradezu die Einfachheit gegenüber der Komplexität von Rechtssystemen. Friedrich Hölderlin, der später *Scardanelli* heißt, sich nach 1806 diesen Namen und eine Unterschrift für seine späten Gedichte erfindet, wird den deutschen Volkscharakter in der Ode *An die Deutschen* ganz anders als Götz einschätzen: „Denn, ihr Deutschen, auch ihr seyd, / Thatenarm und gedankenvoll"[24].

22 Goethe (1773): Götz von Berlichingen, in: Werke. Hamburger Ausgabe in 14 Bänden. Textkritisch durchges. u. komm. v. Wolfgang Kayser. Bd. 4: Dramatische Dichtungen II, hg. v. Erich Trunz. München 1998. S. 148.

23 Vgl. Ingrid Strohschneider-Kohrs (1999): „Unterschriften als szenisch-dramatische Aktion", in: Poesie und Reflexion. Aufsätze zur Literatur. Tübingen 1999. S. 277–303, hier: S. 280.

24 Friedrich Hölderlin (1796–98): „An die Deutschen", in (1985): Sämtliche Werke. Kritische Textausgabe. Hg. v. D.E. Sattler. Darmstadt; Neuwied [Lizenzausgabe]. Bd. 4, S. 147.

Wie dem auch sei: Vor dem deutschen Recht steht eine geballte Faust, die sich erst öffnen muss, um etwas beeiden, schwören oder gar unterschreiben zu können. Manche deutschen Dichter und ihre Figuren halten es besonders mit dem Faustrecht. Nicht allein Götz oder Michael Kohlhaas, auch Justus Möser, der gleich für alle Studierenden, die von Rechts wegen überhaupt so genannt werden könnten, mitzeichnen will:

> Die Rektoren und Magistern sollen mir keine Burschen annehmen, ohne dass er nicht einen schriftlichen von mir selbst unterschriebenen Paß vorzeigen kann und diesen will ich nie erteilen, als auf die genaueste Untersuchung, ob der Knabe zum Studieren Genie und Vermögen habe.[25]

Auch deutsche Philosophen erweisen sich als Erben dieses eigenhändigen Phantasmas. Am Ende der Seinsgeschichte stehe gar ein durch und durch ‚handgreifliches' Denken: Martin Heidegger weist seinem Lehrer Husserl auf, dass am Anfang des Denkens, lange bevor man überhaupt so etwas wie Theorie benötigt, „zuhandenes Zeug" für eine Hand da sei, die als absolut-singuläre Explikation des Denkens selbst nicht mehr zu be*greifen* sei. Die Lebenswelt ist ursprüngliches Produkt der Hand, jene aber wiederum semiotisches der Lebenswelt. Man muss all diese Fäuste jetzt nur noch politisch verwirklichen, dann befindet man sich inmitten der Barbarei. Götz setzt seine Faust gegen das geschriebene Recht in Szene. Ihm ist das Schreiben verhasst, denn dazu müsste man die Faust lockern und wenn Götz Rechtshänder wäre, dann würde es mit der Prothese ohnehin recht schwer: „Ach! Schreiben ist geschäftiger Müßiggang, es kommt mir sauer an. Indem ich schreibe, was ich getan, ärger ich mich über den Verlust der Zeit, in der ich etwas tun könnte."[26] Offenkundig ist für Götz das Unterschreiben eben nicht jener „performative Schreibakt schlechthin", der es für den Kulturwissenschaftler Macho ist.

Fausts Blut

Sich verschreiben, oder mit der Faust ans Schwert greifen, man wird sich entscheiden müssen. Aber das Schreiben kann selbst

25 Justus Möser (1775–86): Patriotische Phantasien. Aufsätze. Fragmente. Münster 2008. S. 151.
26 Ebd. S. 155.

ganz handgreiflich werden.[27] Schriftkritik jedenfalls, wie Götz sie äußert, der sie für blanke Zeitverschwendung hält, findet sich auch in Goethes *Faust*, wiederum im Studierzimmer. Hier wird jener Pakt geschlossen, der die eröffnende Wette, die von Gott mit Mephistopheles über die Seele Faustens abgeschlossen wird, weiter verkompliziert:

> MEPHISTOPHELES
> Ich werde heute gleich, bei'm Doktorschmaus,
> Als Diener, meine Pflicht erfüllen.
> Nur eins! – Um Lebens oder Sterbens willen,
> Bitt' ich mir ein paar Zeilen aus.
> FAUST
> Auch was Geschriebenes forderst du Pedant?
> Hast Du noch keinen Mann, nicht Mannes-Wort gekannt?
> Ist's nicht genug, daß mein gesprochenes Wort
> Auf ewig soll mit meinen Tagen schalten?
> Ras't nicht die Welt in allen Strömen fort,
> Und mich soll ein Versprechen halten?
> Doch dieser Wahn ist uns in's Herz gelegt,
> Wer mag sich gern davon befreien?
> Beglückt, wer Treue rein im Busen trägt,
> Kein Opfer wird ihn je gereuen!
> Allein ein Pergament, beschrieben und beprägt,
> Ist ein Gespenst vor dem sich alle scheuen.
> Das Wort erstirbt schon in der Feder,
> Die Herrschaft führen Wachs und Leder.
> Was willst Du böser Geist von mir?
> Erz, Marmor, Pergament, Papier?
> Soll ich mit Griffel, Meißel, Feder schreiben?
> Ich gebe jede Wahl Dir frei.
> MEPHISTOPHELES
> Wie magst Du deine Rednerei
> Nun gleich so hitzig übertreiben?
> Ist doch ein jedes Blättchen gut.
> Du unterzeichnest Dich mit einem Tröpfchen Blut.
> FAUST
> Wenn dies dir völlig G'nüge tut,
> So mag es bei der Fratze bleiben.

---

27 So Henry David Thoreau: „Ein Satz sollte sich so lesen, als ob ein Autor, wenn er einen Pflug statt einer Feder gehalten, eine tiefe und bis zum Ende gerade Furche hätte ziehen können. Der Gelehrte braucht harte körperliche Arbeit, damit sein Denken Schwung bekommt. So wird er lernen, seine Feder fest zu ergreifen und sie anmutig und tüchtig zu gebrauchen wie eine Axt oder ein Schwert." Zitat übersetzt aus (1849): A Week on the Concord and Merrimack Rivers. New York 1998. S. 85.

MEPHISTOPHELES
Blut ist ein ganz besondrer Saft.[28]

Die Szene enthält nicht nur Fragen nach der Materialität von Schreibgeräten[29] und ihrer Matrizen, sondern entwickelt eine komplexes Vertragsgeschäft, das für beide Tragödien-Teile mehr als nur den Hintergrund liefert. Keinesfalls haben wir es mit der einfachen Aufnahme des Paktmotivs zu tun, die den Volksbüchern entnommen und dann von Christopher Marlowes Stück bis zu Goethes Erben variiert wird. In der Forschung, zu der auch einige Gutachten von Juristen gehören, soll bis heute die Frage geklärt werden, um welche Rechtsform es sich überhaupt handelt, ob es ein Pakt, eine Wette, Vertrag, Versprechen, oder eine Dienstmiete ist.[30] Immerhin handelt es sich um eine Szene, im *Urfaust* noch nicht vorhanden, die von unzähligen Interpreten zum Schlüssel der Tragödie erklärt wird, gerade für die sich im zweiten Teil stellende Frage, ob Faust erlöst wird oder eben nicht.

Um solche hermeneutisch hochwertigen Fragen zu beantworten, liest man hier, wie späterhin, von den Unterschriften aus. Man erinnere sich, dass auch Friedrich Kittlers, von den Gutachtern umkämpfte Habilitation, ein Faust-Buch ist. Im Vorspiel der *Aufschreibesysteme* zitiert er bereits des Doktors Auswahl eines bestimmten Buches: „Von Nostradamus' eigener Hand", deren unnachahmliche Handschrift dem Autor eine Kopräsenz verspricht in einer Zeit, in der „Kopien von Kopien, wie sie die Gelehrtenrepublik füllen"[31], der skripturale Standard sind. Auch Fausts Unterschrift entgeht ihm selbstverständlich nicht. Wenn das Aufschreibesystem 1800 das Verstehen staatlich anordnet

---

28 Goethe: Faust. Eine Tragödie, in: Werke. Jubiläumsausgabe, S. 62f.

29 Auch eine frühe Arbeit zu den Griffeln der Menschheitsgeschichte zitiert Fausts Bereitschaft, mit jedem Gerät zu schreiben, das Mephistopheles vorschlägt. Vgl. Wilhelm Eule (1955): Mit Stift und Feder. Kleine Kulturgeschichte der Schreib- und Zeichenwerkzeuge. Leipzig, S. 14f. Speziell über den Füllfederhalter, dessen Karriere 1813 beginnt vgl. Juan Manuel Clark (2001): Füllfederhalter. Übers. v. Ingrid Ickler. Paris 2005.

30 Vgl. u.a. Matthias-Johannes Fischer (1982): „Mythos und Aufklärung. Die Wette in Goethes Faust I", in: Johann Wolfgang v. Goethe. Sonderband der Reihe Text und Kritik. Hg. v. Heinz Ludwig Arnold. München, S. 173–178. Vgl. E. Landsberg u. J. Kohler (1903): „Fausts Pakt mit Mephistopheles in juristischer Beleuchtung", in: Goethe Jahrbuch. Hg. v. Ludwig Geiger. Bd. 24. Frankfurt a.M., S. 113–131.

31 Friedrich Kittler (1985): Aufschreibesysteme 1800 – 1900. 3. vollst. überarb. Aufl. München 1995. S. 12.

und damit, wie der Gelehrte Faust voraussetzt, jetzt jedes Zeichen hermeneutisch relevant wäre, kann nur der Teufel ihn auf einen Text stoßen,

> [...] der nicht verstehen und nicht verstanden werden kann, sondern selber Macht ist. Mephisto verlangt von Faust eine Unterschrift. Unterschriften, wie Gesetzbücher auch, programmieren Leute, ohne den Umweg Verstehen einzuschlagen. Die Paktszene ist also das genaue Gegenstück zum freien Übersetzen. Dort die dichterische oder akademische Freiheit des Umschreibens, hier der bürokratische Akt eines Unterschreibens, der fortan zwischen Teufel und Exmagister „kein bloß auf Leistung und Gegenleistung gestelltes Vertragsverhältnis, sondern ein Dienst- und Gewaltverhältnis eigener Art und zugleich ein Vertrauensverhältnis stiftet."[32]

Kittler zitiert einen Text von Otto Hinze über den Beamtenstand[33], um zu der Pointe zu gelangen, dass Faust letztlich ein fatales Beamtenverhältnis eingeht. Tatsächlich macht die Pointe schmunzeln, auch wenn später noch hinterfragt sein soll, ob das auch eine Erkenntnis ist: Dass Unterschriften keine transzendentalen Signifikate sind, sondern den bahnenden und aufschiebenden Gesetzen von Signifikanten unterworfen, ist längst theoretisches Kleingeld geworden. Dennoch leben sie gerade von der operativen Fiktion, dass sie solche letzten Signifikate sind. Allerdings muss man Kittler, wie auch alle anderen Faust-Interpreten fragen, ob Faust überhaupt unterschrieben hat? Goethe hält den Text in dieser Sache von Regieanweisungen frei. Dass er sie hier nicht einfügt und die Unterschrift links liegen lässt, so dass nur Interpretation oder die Aufführung für Konjektur sorgen kann, passt zum Aufschreibesystem 1800, das die Dreifaltigkeit von Mensch, Geist und Geschichte ins Recht setzt.[34] Schaut man sich die Referenz-Aufführung von Peter Stein aus dem Jahr

---

32 Ebd. S. 30f.

33 Otto Hinze (1911): Der Beamtenstand (Vorträge der Gehe-Stiftung zu Dresden, Bd. 3). Leipzig.

34 Zu Goethes Vergessen der Materialität vgl. Bernhard Dotzler (2011): Diskurs und Medium III. Philologische Untersuchungen: Medien und Wissen in literaturgeschichtlichen Beispielen. München, S. 29: „Nach ihr [der Vorrede aus *Dichtung und Wahrheit*] soll nur das Imaginäre der inneren Bildungsstufen Autorschaft konstituieren, wie denn auch Werther und Faust in ihren Übersetzungen allein die Seele bzw. den Geist walten lassen. Doch auch und gerade der Geist hat seine Materialität – die Buchstaben und Wörter, die Faust ‚so hoch unmöglich schätzen' (V. 1226) kann."

2005 an, zückt Mephistopheles gleich den vorbereiteten Vertrag. Was darauf steht, kann auch der Fernsehzuschauer nicht lesen. Faust ritzt sich mit einer Schreibfeder in den Finger, um an den besonderen Saft zu kommen, taucht daraufhin den Gänsekiel hinein, um darauf zu signieren. All das steht nicht im Text. Und im Anschluss an das Zitat oben, geht es geradewegs weiter im Paradigma des mündlichen Versprechens:

> Nur keine Furcht, daß ich dies Bündnis breche!
> Das Streben meiner ganzen Kraft
> Ist g'rade das was ich verspreche.[35]

Was ist jene „Fratze", bei der es bleiben soll? Ist sie vielleicht genau jene Unterschrift, die gerade nicht erfolgt ist? Oder das Rechtsgeschäft, das sich als genauso verzerrt gibt zwischen all den Flüchen, Versprechen und Wetten? Vielleicht bleibt das unentscheidbar. Aber immerhin liefert Goethe damit eine Metapher, die in vielerlei Hinsicht treffend ist. Und er wird sich in der zweiten Studierzimmerszene weitere Gedanken machen, wenn Student Wagner auf den teuflischen Pedanten trifft, der als Faust getarnt das Studienbuch unterschreiben soll. All das müssen wir liegen lassen, um auf einen anderen Faust-Interpreten hinzuweisen, der die Signifikanz dieser Unterschrift feststellt und vorerinnert hat, was für viele jener Unterschriften gilt, die im Folgenden untersucht werden. Es handelt sich um keinen Geringeren als Theodor W. Adorno:

> Ist nicht die epische Gestalt des Dichtens, die sich Tragödie nennt, die des Lebens als eines Verjährens? Wird nicht Faust darum gerettet, weil er überhaupt nicht mehr der ist, der den Pakt unterschrieb; hat nicht das Stück in Stücken seine Weisheit daran, wie wenig mit sich selbst identisch der Mensch ist, wie leicht und winzig jenes ‚Unsterbliche', das entführt wird, als wäre es nichts. Die Kraft des Lebens, als eine zum Weiterleben, wird dem Vergessen gleichgesetzt.[36]

35 Goethe: Faust. Eine Tragödie, S. 63.

36 Theodor W. Adorno (1959): „Zur Schlussszene des Faust", in ders.: Noten zur Literatur. Gesammelte Schriften. Bd. 11, hg. v. Rolf Tiedemann [u.a.]. Frankfurt a.M. 1997. S. 129–139, hier: S. 137.

Adorno und Goethe geben qua Unterschrift zu denken. Wenn unterschrieben wird, dann verbürge die Signatur eine Identität, die der Signatar gar nicht haben kann. Seine Spur überlebt ihn, obwohl er ihr unähnlich wird. Diese Spur wiederum verändert sich im Laufe des Lebens, kann verschiedene Schriften durchqueren, genauso wie Dokumente, Diskurse und Institutionen.

Methodisches

Wer unterschreibt, schreibt sich ein in ein Netzwerk aus Diskursen, Institutionen, Prozeduren und Praktiken. Nichts wären Unterschriften ohne dieses Dispositiv. Dieser methodische Begriff ist Foucault zu verdanken, seine produktive Wiederaufnahme Giorgio Agamben. Letzterer hat ihn jedoch auf eine Weise verallgemeinert, dass dabei das Unterschreiben selbst in den Blick gerät:

> Als Dispositiv bezeichne ich alles, was irgendwie dazu imstande ist, die Gesten, das Betragen, die Meinungen und Reden der Lebewesen zu ergreifen, zu lenken, zu bestimmen, zu formen, zu kontrollieren, und zu sichern. Also nicht nur die Gefängnisse, die Irrenanstalten, das Panoptikum, die Schulen, die Beichte, die Fabriken, die Disziplinen, die juristischen Maßnahmen, etc., deren Zusammenhang mit der Macht im gewissen Sinne offensichtlich ist, sondern auch der Federhalter, die Schrift, die Literatur.[37]

Welche Hierarchie jene Elemente eines Dispositivs haben, welche Gefüge sie bilden, ist sicher noch nicht ausreichend geklärt. Wenn Unterschreiben ein heterologisches Verfahren ist, auch um an Bord der Literatur anzuheuern, dann wird es eine ganz andere Moral und ein anderes Recht besitzen, als es sich die juridische Macht träumen lässt. Michel Foucault, jener Mann der gefordert hat, ein Jahr lang sollten alle Neuerscheinungen ohne den Namen des Autors veröffentlicht werden, hält seinen Kritikern entgegen, er wolle einfach bloß schreiben ohne zu unterschreiben:

> Mehr als einer schreibt wahrscheinlich wie ich und hat schließlich kein Gesicht mehr. Man frage mich nicht, wer ich bin, und man sage mir nicht, ich solle der gleiche bleiben: das ist eine Moral des Personenstandes; sie beherrscht unsere Papiere. Sie soll uns frei lassen, wenn es sich darum handelt zu schreiben."[38]

---

37 Giorgio Agamben (2006): Was ist ein Dispositiv? Übers. v. Andreas Hiepko. Zürich u. Berlin 2008. S. 26. Vgl. Michel Foucault (1978): Dispositive der Macht. Über Sexualität, Wissen und Wahrheit. Berlin 1978. S. 119f.

38 Foucault (1969): Archäologie des Wissens. Übers. v. Ulrich Köppen. Frankfurt a.M. 1981. S. 30. Er berichtet auch über seinen Schreibunterricht, in ders. (1968): Das giftige Herz der Dinge.

Wer schreibt, sollte keine ‚Fratze' mehr haben. Foucault legt nahe, dass auch das Unterscheiben, wie Schreiben überhaupt, weitaus mehr sein könnte, als ein *Nomogramm* verbürgt. Freilich hört es niemals auf sich *mit*zuschreiben. Hier berühren sich Poesie und Recht und offenbaren, wie Legendre vermutet, ihren gemeinsamen Ursprung.[39]

In jenem historischen Moment, wo beinahe jeder schreiben kann, entstehen unübersehbar viele Unterschriften, auf Verträgen, Schecks, Kreditkarten, Briefen, Ausweisen, eine Liste, die sich beliebig fortführen ließe. Jedes dieser Dokumente würde eine eigene Untersuchung nötig machen, wollte man ihre Geschichte und Varianten adäquat erfassen wollen. Mein ‚eigenhändiges' Vorgehen liegt zunächst in der Entscheidung, in den einzelnen Kapiteln jeweils von konkreten Unterschriften auszugehen und von ihnen aus zu lesen, was auch bedeutet, sie zu versammeln. Eine Methode, die beständig mit Aufschub und Kontingenz dieser Spuren rechnet. Das bedeutet, dass nicht deduktiv ermittelt werden kann und soll, was eine Unterschrift ‚ist', oder es stillschweigend vorauszusetzen, um dann, sei es in einem diskursanalytischen Schnitt oder als Variante einer Idee ihre einheitliche Geschichte zu erfassen. Die kann es in mehrerlei Hinsicht gar nicht geben. Denn dieses *Signe* lebt von seiner konstitutiven Mehrdimensionalität. An ihm scheiden sich Kräfte, Diskurse, Bilder, Gesten, Techniken, Medien und nicht zu vergessen der Körper. Die Methode wird sein: 1.) das Unterschreiben von spezifischen Unterschriften her zu lesen, die 2.) auf ihre je eigenen Weise immer Extremfälle sind. Somit handelt es sich um eine konstellative Genealogie, die Herkunft *und* Zukunft, die man allerdings im Plural verstehen müsste, der jeweiligen Unterschrift in eine *Dimension* rückt. Denn Unterschriften haben ihr eigenes Schicksal, verwandeln sich jeweils aus ihrer konkreten historischen Position heraus und *jäh* jenen ‚Text' der sie zitiert,

---

Gespräch mit Claude Bonnefoy. Hg. v. Philippe Artières. Übers. v. Franziska Humphreys-Schottmann. Zürich 2012. S. 31: „Einer meiner bleibendsten Erinnerungen – gewiß nicht die älteste, wohl aber die hartnäckigste – gilt den Schwierigkeiten, die ich mit dem Schönschreiben hatte. Schönschreiben im Sinne des Grundschulunterrichts, das heißt das Anfertigen von Seiten in gut leserlicher Handschrift."

39 Legendre (2002): „Gesetzgeben fürs Universum, oder was das Rechthaben so souverän begehrenswert macht. Ein Gespräch mit Pierre Legendre", in: Tumult (2001), Bd. 26: Pierre Legendre: Historiker, Psychoanalytiker, Jurist. Hg. v. Cornelia Vismann in Zusammenarbeit mit Susanne Lüdemann u. Manfred Schneider. S. 9.

ohne Ende. Man vergleiche nur die Unterschrift *Dionysos*, mit der Nietzsche Texte unterschreibt und die viel später zum Streitfall zwischen Hermeneutik und Dekonstruktion wird. Sind Unterschriften gestern noch *Nomogramme*, gezeichnet unter Urkunden und Verträge, werden sie heute zum Fetisch-Objekt von Sammlern oder zu Beispielen philosophischer Theorie. Das können sie nur sein, weil sie Spuren ‚nützlicher Fiktionen' sind.

Der Begriff *Dimension* wurde in diskurshistorischer Hinsicht entwickelt, um einer Klasse von Textereignissen gerecht zu werden, deren Eigensinn bisher eben so wenig untersucht wurde, wie jener der Unterschriften.[40] Es handelt sich um Beispiele. Auch sie gibt es in Texten beinahe so viele wie Sterne im Weltall. Dabei gilt es zwei Dinge zu verbinden, die häufig als sich ausschließende behandelt werden: Die Einbindung von Beispielen in Diskurse und Epistemen einerseits und andererseits ihre Relevanz als aktual textuelles Ereignis bzw. ihre Performanz, die sich in Text, Diskurs und Episteme nicht restlos aufheben lässt. Kurzum: Beispiele und Unterschriften, genauso Unterschriften als Beispiele, bekommen in den folgenden Untersuchungen literarisches ‚Spiel'.[41]: „Die Logik der Arbeit ist, besonders in der Literatur, eine Logik der Signatur, eine Paradoxologie der singulären Markierung, und von daher der Ausnahme und des Gegenbeispiels." Fiktionen arbeiten nämlich mit an ihren Spuren. Und jenseits davon. Roland Barthes hat in seiner Antrittsvorlesung am *Collège de France, am 7. Januar 1977* den Ernst der Sache klargestellt. Das ‚literarische Spiel' ist subversiv, hilft Macht zu umgehen, die qua Sprache regiert (geschlossenes System, Unterwerfung, Stereotypie etc.). Eine „heilsame List"[42] nennt er sie, die Literatur, die eine permanente Revolution der Rede möglich macht. Zu dieser List gehört auch das Unterschreiben. Auf der Ebene des Namens

---

40 Vgl. Christan Lück, Michael Niehaus, Peter Risthaus, Manfred Schneider: „Einleitung der Herausgeber", in: Archiv des Beispiels. Überlegungen und Vorarbeiten. Berlin 2013. S. 7–27, hier: S. 14f.

41 Jacques Derrida (1989): Diese seltsame Institution genannt Literatur. Derek Attridge interviewt Jacques Derrida at Laguna Beach. Übers. v. Rike Felka. Berlin 2015. S. 31 Zu dieser Singularität vgl. S. 37, 39, 40.

42 Roland Barthes (1977): Leçon /Lektion. Antrittsvorlesung am Collège des France. Gehalten am 7. Januar 1977. Französisch / Deutsch, mit einer Übers. v. Helmut Scheffel. Frankfurt a.M. 1980. S. 22.

sind es die Pseudo- oder Anonyme, die den Text auf einer Realitätsebene nicht qua Personenstand zurechenbar machen, seinen Verfasser vor Unbill aller Art schützen können. Dieses ‚Spiel' ist blanke Literatur:

> Man kann sagen, daß die dritte Kraft der Literatur, ihre eigentliche semiotische Kraft, darin besteht, die Zeichen eher zu spielen als sie zu zerstören, das heißt, sie in eine Sprachmaschinerie zu bringen, deren Sicherheitsrasten und Sperrbügel aufgebrochen sind, kurz im unterwürfigen Schoße der unterwürfigen Sprache selbst eine regelgerechte Heteronymie der Dinge zu schaffen.[43]

Bevor wir den Gang durch die Ausstellung der einzelnen Kapitel unternehmen, in denen dieses ‚Spiel der Literatur' untersucht wird, noch ein Wort zur Kontingenz: Wer in die gespurte Welt der Unterschriften hineingerät, stellt fest, dass es übermäßig viele gibt, selbst in der neueren Literaturgeschichte, die man eben auch hätte behandeln können. Das fängt an mit den Identitätsgeschichten von Arthur Conan Doyle oder Théophile Gautier[44], in denen Unterschriften zu wichtigen Indizien werden. Ebenso auffällig ist, welche Rolle das Unterschreiben in Vampirgeschichten spielt, in denen eine beständige Konkurrenz mit ‚fatalen' Sprechakten, wie Fluch und Eid, zu beobachten ist, die damit zusammenhängt, dass Untote keine Bürgerrechte beanspruchen können.[45] Man denke aber auch an Franz Kafka, der nicht nur Unterschriften gefälscht hat[46], sondern in Werken, Manuskripten und Briefwechseln an der anonymisierenden Verknappung des eigenen Namens arbeitet. Diese Liste könnte beliebig fortgeführt werden. Auch gibt es Unterschriften in allerlei anderen Medien, auf Bildern, im Kino oder im Comic. Wir haben uns bemüht auch dieser Tatsache Rechnung zu tragen und

43 Ebd. S. 40f.

44 Théophile Gautier (1857): Avatar. In: Romane und Erzählungen. Hg. v. Dolf Oehler. Wiesbaden 2003. S. 843–899. Er ist besonders erwähnenswert, weil dabei *Faust* als modernes Gegenbild erneut ins Spiel kommt, vgl. S. 869: „Nur keine Angst, nichts Teuflisches ist hierbei im Spiele. Sie gefährden Ihr Seelenheil in keiner Weise: ich werde Sie nicht zwingen, roten Namenszug unter einen Pakt zu setzen."

45 Vgl. insb. Theodor Hildebrand (1828): Der Vampyr, oder: Die Todtenbraut. Mit einem Nachwort v. Julian Ingelmann. Hannover 2013.

46 Vgl. Reiner Stach (2012): Ist das Kafka? 99 Fundstücke. Frankfurt a.M. 2012. S. 67–69.

zu verfolgen wie Unterschriften das Medium wechseln können. Die Auswahl der einzelnen Unterschriften, von denen – so die Regel – jedes Kapitel seinen Ausgang nimmt, ist darin begründet, dass es in jener Dimension, in der sie ihr Gewicht und ihr Spiel bekommen, immer auch um Eigenhändigkeit geht. Das fängt mit archaischen Handabdrücken an, geht weiter über die Lesbarkeit und Erfindung einer Hand, die zuletzt sogar das Wesen des Menschen verbürgen und seiner Verabschiedung das Zeichen leihen soll.

Kap. I: Familienähnlichkeit

Um den Gegenstand der Untersuchung näher zu bestimmen, muss geklärt werden, was eine Unterschrift überhaupt ist, ihre materiale und rechtliche Dimension. Dabei wird deutlich, dass ihre ‚Familie' eine enorm unübersichtliche Größe hat und unterschiedliche Begriffe synonym gebraucht werden, die etwas anderes meinen als ich, wenn ich von der individuell-eigenhändigen Unterschrift spreche. Es ist notwendig, zwischen Begriffen wie Abdruck, Spur, Signatur, Handzeichen, Unterfertigung und Unterschrift zu unterscheiden. Eigenhändige Abdrücke hat der sogenannte Mensch bereits weit vor seiner Geschichte hinterlassen. In den Höhlen von Pech-Merle über Gargas bis Chauvet sind sie gefunden worden[47] und die moderne Kunst, aber auch Philosophen werden die Reste dieser archaischen Geste recyceln. Diese Epoche reicht demnach von 40.000 Jahren vor unserer Gegenwart bis zu Joseph Beuys' Handabdruck im Umfeld seiner Arbeit *Das Ende des XX. Jahrhunderts*[48] und dem Übermaler Arnulf Reiner, dessen Bild aus einer archaisch anmutenden Spur blutiger Hände seine Unterschrift herausschleudert[49]):

---

47 Vgl. u.a. André Leroi-Gourhan (1971): Prähistorische Kunst. Freiburg i. Breisgau 1971.

48 Joseph Beuys (1983): Das Ende des 20. Jahrhunderts. Die Umsetzung vom Haus der Kunst in die Pinakothek der Moderne München. Hg. v. Susanne Willisch u. Bruno Heimberg. München 2007. Zu untersuchen wäre in diesem Zusammenhang u.a. auch die Arbeit von Beuys u. Anatol Herzfeld (1968): Handaktion & Der Tisch. Nr. VIII des Joseph Beuys Medien-Archivs. Hg. v. Eva u. Wenzel Beuys. Berlin: 2009.

49 Arnulf Rainer: Der Übermaler (2010). Hg. v. der Bayrischen Staatsgemäldesammlung, Ostfildern S. 73.

Abb. 2 Joseph Beuys fertigt Handabdrücke

Abb. 3 Arnulf Rainer: *Ohne Titel*, 1975

All das lässt sich vielleicht schon Signatur nennen, aber Handabdrücke sind noch keine Unterschriften. Ihren ontologischen Status klärt über 2.500 Jahre hinweg nicht die Philosophie sondern das Recht. Erst Jacques Derrida wird aus dem Akt des Unterschreibens, dem Problem der Schrift für das philosophische Denken überhaupt, erhebliche Konsequenzen ableiten. Und das in einem Text, den er von eigener Hand unterschreibt.[50] Ohne diesen Akt, wäre die vorliegende Untersuchung gar nicht möglich. Aber die Dekonstruktion gehört der Sache nach an das Ende, denn mit ihr beginnt ein ‚Aufschreibesystem', das wir historisch kaum einholen können, weil wir in ihm leben. Auch Derrida kann nur unterschreiben, weil er eben bereits über eine Unterschrift verfügt. Ihren historischen Status lässt er dabei, wie zumeist, weitgehend unberücksichtigt. Aus diesen Gründen ist es nötig, im ersten Kapitel eine kurze Rechtsgeschichte der Unterschrift vorzulegen, die klärt, wie skripturale Eigenhändigkeit überhaupt an der Errichtung von Gesetzen, Urkunden und

---

50 Vgl. Jacques Derrida (1972): „Signatur Ereignis Kontext", in: Limited Inc. Übers. v. Werner Rappl u. Dagmar Travner. Hg. v. Peter Engelmann. Wien 2001. S. 15–47, hier: S. 45. Vgl. Kap. XII.

Verträgen beteiligt ist. Die Frage stellt sich, wie Unterschriften rechtlich kodifiziert sind und damit zur Geltung kommen. Thomas-Michael Seibert hat dazu schlüssig formuliert: „Sie ist das Geltungssymbol schlechthin. Ohne Unterschriften wüsste man nicht, wie das Geltende überhaupt bestimmt werden sollte.“[51]

Historisch betrachtet gibt es diverse und divergente Signaturen, vor allem für diejenigen, die gar nicht schreiben können, was ja Jahrtausende lang beinahe alle sind: Das berüchtigte Kreuzzeichen, das im Mittelalter von rechts oben auf der Urkunde nach unten wandert und so auch topographisch den Ort der heutigen Unterschrift bestimmt, ebenso der Vollzugsstrich, den ein Herrscher wie Karl der Große nur in ein vorgefertigtes Monogramm eintragen musste, um das Dokument in Kraft zu setzen. Monogramme bilden mit Siegel und Petschaft Unterfertigungsmittel, die ihre Vorrangstellung für die Perfektion von Urkunden behaupten und begleitet werden von Sprechakten, wie dem Diffessionseid, mit dem man im Prozess einer Urkunde abschwören und sie damit zur Fälschung erklären kann. Ein gerichtlicher Schriftvergleich entsteht erst im 19. Jahrhundert. Hier wird sich auch im begrifflichen Sinne die Rechtsformel *de manu propria* durchsetzen, die im *Allgemeinen Landrecht für die Preußischen Staaten von 1794* ihre Form annimmt. Inzwischen ist das Rechtssystem dermaßen differenziert wie jene Urkunden, Wechsel und Verträge, die massenhaft ausgefertigt werden und in den Verkehr kommen. Siegel und Petschaft werden zum Sonderfall des Unterfertigens und die eigenhändige Namensunterschrift setzt sich durch: „§ 116. Verträge, welche vermöge des Gesetzes oder einer Abrede der Parteyen, schriftlich geschlossen werden sollen, erhalten ihre Gültigkeit erst durch die Unterschrift.“[52] Um Unterschreiben in diesem historischen Feld zu situieren, findet auch im zweiten Kapitel eine kontrastive Genealogie statt. Ihre Herkunft wird nicht in eine Sukzession von Epistemen oder synchronen Diskursen auflöst, sondern von der konkreten Unterschrift

51 Thomas-Michael Seibert (2011): „Politik der Unterschrift“, in: Die Schreibszene als politische Szene. Hg. v. Claas Morgenroth, Martin Stingelin u. Matthias Thiele. München 2012. S. 271–291, hier: S. 279.

52 Allgemeines Landrecht für die Preußischen Staaten von 1794. Textausgabe mit einer Einführung von Hans Hattenhauer. Frankfurt a.M. u. Berlin 1970. Erster Teil, Fünfter Titel, § 116. S. 72.

her proliferieren die historischen Brüche in quasi konzentrischen Kreisen. Bereits der erste Fall zeigt, wie Unterschriften, weil sie ihre Signatare und ihre diskursiven Bedingungen überleben, an ganz andere Diskurse angeschlossen werden können, wenn Sigmund Freud dem Teufel begegnet.

Kap. II: Kaskade der Gegenzeichnung

Verschreibung mit Blut 1669: Der Fall von Johann Christoph Haitzmann, der Maler von Beruf ist, und den der Teufel heimsucht, verschreibt sich ihm, anders als Faust, und wird durch Mönche vom Kloster in Mariazell gleich mehrfach exorziert. Über diese Vorgänge gibt es ein äußerst aufschlussreiches und komplexes Dokument, das *Trophaeum Mariano-Cellense*. Es ist eine Kompilation aus dem Tagebuch des Delinquenten, den Verschreibungen – auch mit Blut! –, verschiedenen Briefen von Priestern und Äbten, aber auch Bildtafeln, die Szenen der Verschreibung zeigen.

Wieder aufgefunden wird das Dokument von dem Faust-Forscher Rudolf Payer von Thurn, der es in einer Abschrift Siegmund Freud schickt und irrtümlich hofft, man könne zusammen ein Buch dazu verfassen.[53] Das wird nicht geschehen. Aber Freud nimmt das Manuskript dankend an, um aus Haitzmann einen Vorzeigefall der Psychoanalyse zu machen.[54] Er entlarvt ihn als Neurotiker mit Vaterkomplex und verwandelt dazu den Teufel, der Haitzmann versucht, in eine Frau. Immerhin verrät er dadurch, dass jedes Wunder unbewusst stattfindet. Wunder allerdings müssen testiert werden, was eben nicht allein durch die beteiligten Zeugen, sondern durch jene Unterschriften geschieht, die sich wie eine Kaskade durch das Manuskript ziehen. Ist die erste Unterschrift noch diejenige von Haitzmann, aus dem Jahr 1669, zeichnet die letzte Abt Kilian aus Mariazell, der die Echtheit der Abschrift des Manuskripts insgesamt beglaubigt. Diese Unterschrift erfolgt allerdings erst 1729. Einerseits ist am *Trophaeum* zu beobachten, wie sie sich die Unterschriften in ihrem Namenszug immer mehr individualisieren und von der Kanzleischrift des Kompilators, der das Manuskript

53 Payer von Thurn (1924): „Faust in Mariazell“, in: Chronik des Wiener Goethe-Vereins. S. 1–18.

54 Sigmund Freud (1923): „Eine Teufelsneurose im Siebzehnten Jahrhundert“, in: Gesammelte Werke. Hg. von Anna Freud [u.a.]. Bd. XIII. Frankfurt a.M. 1999. S. 317–353. Der entsprechende Briefwechsel ist bisher nach Auskunft des Freud-Archivs und der Nationalbibliothek nicht aufgefunden worden.

zusammenstellt, abweichen. Andererseits ist zu entdecken, wie aus einer Abschrift durch die Kaskade von Unterschriften und zuletzt den Autorennamen Freud ein Original entsteht.

Kap. III: Affengeschichten

Unterschrift des Affen Milo unter einen offenen Brief: Im dritten Kapitel kommen wir mit 1800 an einer historischen Schwelle an, in der die eigenhändige und individuelle Unterschrift im modernen Sinne erfunden wird. Neben die rechtliche Dimension tritt die pädagogische. Schreiben will zunächst gelernt sein, sollen Subjekte massenweise signierfähig werden. Heinrich Bosse und Friedrich Kittler haben auf je eigene Weise jenes Aufschreibesystem beschrieben, das qua Lautier- und genetischer Schreibmethode auf der einen Seite eine Bildungsrevolution auslöst auf der anderen Beamte und Dichter erzeugt, die Literatur halluzinieren als wären es Filme.[55] Ihnen entgeht dabei beinahe nichts, außer der Tatsache, dass Schreiben einer Ausgangsschrift zwar jetzt in der Schule gelehrt wird, unterschreiben allerdings nicht. Ihren Namen schreiben oder manchmal vielleicht nur malen, weil sie den Code noch nicht beherrschen, wird den Schülern zwar beigebracht. Unterschreiben allerdings, erlernen sie autodidaktisch. Schulen lehren deshalb bis heute nicht nur nicht zu unterschreiben, denn sie sind jetzt darauf programmiert die Kompetenz motivierter Selbsttätigkeit[56] zu vermitteln, vom Selbstdenken gar nicht zu reden, sie sparen sich auch beständig ein Schulfach namens Recht.

Es geht in diesem Kapitel um romantische Affengeschichten. Die literarische Romantik lebt nicht allein von ihren paratextuellen Rahmungen, die fingierte Herausgeberschaften genauso in Szene setzt wie die Verdoppelung von Publikum und Lesern, die ironischerweise gleichzeitig auf dem Theater oder im Roman ihren Doppelgängern dabei zusehen, wie der eine für den anderen unterschreibt. Geradezu ‚feinfühlig' ist jener Diskurs über Hand und Handschrift, den die Affen- und andere Tiergeschichten dazu zu erzählen haben. *Milo* und seine Gefährten, man möchte beinahe von einer Familie sprechen, offenbaren dabei einerseits

---

55 Vgl. u.a. Heinrich Bosse (1985): „Die Schüler müssen selbst schreiben lernen" oder die Einrichtung der Schiefertafel. In: *ex machina*. Beiträge zur Geschichte der Kulturtechniken. Hg. v. Tobias Nanz u. Bernhard Siegert. Weimar. 2006. S. 163–207. Vgl. Kittler (1985): Aufschreibesysteme 1800–1900, insbes. S. 37–67.

56 Vgl. Andreas Gelhard (2011): Kritik der Kompetenz. Zürich u. Berlin: 2011.

den physiognomischen Stand der eigenhändigen Schrift, den Hegel kritisch so zusammenfasst:

> *Die einfachen Züge der Hand* also, ebenso *Klang* und *Umfang der Stimme,* als die individuelle Bestimmtheit der *Sprache,* – auch dieselbe wieder, wie sie durch die Hand eine festere Existenz als durch die Stimme bekommt, die *Schrifft,* und zwar in ihrer Besonderheit als *Handschrifft* – alles dieses ist *Ausdruck* des Innern, so dass er als die *einfache Aeußerlichkeit* sich wieder gegen die *vielfache Aeußerlichkeit* des Handelns und des Schicksals, sich als *Inneres* gegen diese verhält.[57]

Wie lässt sich dabei die individuelle Abweichung der Handschrift denken? In der Romantik müssen Affen dafür herhalten. Sie sind jene ‚Abweichler', die nicht nur unwillkürlich springen (Hoffmanns: *Milo*) oder wahnsinnig wild tanzen (Hauffs: Orang-Utan), sondern die tierische Differenz der Schrift zur Unterschrift verbürgen. Auf der anderen Seite offenbaren sie den Unterschied zwischen Handschrift und Buchdruck, in dessen Typen letztere verschwindet. Andererseits beginnt hier jene erhebliche Aufwertung von Autographen, wie sie sich unter anderem in Goethes berühmter Sammlung zeigt.[58] Auch eine andere Abbreviatur des Unterschreibens findet hier ihren Ort: als gründender Akt von Identitätsnachweisen. Affengeschichten sind beinahe immer Passgeschichten: Hauffs Orang-Utan soll sich an der Stadtgrenze ausweisen, was er selbstverständlich nicht kann. Mit Hilfe von Korruption wird er kurzerhand zum Neffen seines Herrn erklärt und nimmt bei seinem neuen ‚Onkel' Wohnsitz. Nun darf er einreisen und wird, wenn auch nicht signierfähig, seine Karriere in der bürgerlichen Gesellschaft antreten. Diese Geschichte ist ironisches Echo auf Johann Gottlieb Fichtes Idee, dass die Bürger beständig einen Ausweis bei sich tragen sollen. Dieser ist bei prominenteren Personen auch mit einem kleineren Portrait versehen, um von der zu errichtenden „Paßpolizei"[59] jederzeit kontrolliert werden zu können. Unterschriften bilden allerdings noch kein integrales Moment dieser Ausweisdokumente und kommen erst später zum Zuge.

57 Hegel (1807): Phänomenologie des Geistes, S. 175.

58 Vgl. Hans-Joachim Schreckenbach (1961): Goethes Autographensammlung. Katalog. Weimar 1961.

59 Johann Gottlieb Fichte (1795): Grundlagen des Naturrechts nach Prinzipien der Wissenschaftslehre. In: Werke. Bd. III. Leipzig 1924. S. 295

Kap. IV: Pathographie

Scardanelli unterschreibt 24 Gedichte: Autographen berühmter Autoren landen heute, samt Unterschrift, gerne im Safe. Und das nicht umsonst, erzielen sie doch auf Auktionen Höchstpreise. Goethe gibt der Unterschrift ein Gesicht, indem er sie Dr. Faust abfällig eine „Fratze“ nennen lässt. Fratzen werden geschnitten oder gerissen, versetzen das Gesicht in ‚widernatürliche‘ Züge, wie es auch dem Lachen nachgesagt wird. Diese Metapher sagt etwas über ihre Lesbarkeit aus, denn nimmt man sie ernst, dann haben Unterschriften – wie die Handschrift insgesamt – eine Physiognomie.[60] An der eigenhändigen Hinterlassenschaft will der Experte, den man seit Mitte des 19. Jahrhunderts Schriftsachverständiger nennt, einiges mehr ablesen als bloß den Namen. Zum Beispiel, wie schnell oder langsam, oder ob mit zittriger Hand geschrieben wurde, wie bei Serenus Zeitbloom in Thomas Manns *Doktor Faustus* wegen zunehmender innerer und äußerer Erschütterungen. Letztere verdanken sich der Bombardierung Münchens, während der er seine Aufzeichnungen für seine zukünftigen Leser macht und diese Geschichtszeichen *mit*notiert:

> Das fürchterliche Bombardement der Stadt Dürers und Willibald Pirckheimers war kein entferntes Ereignis mehr; und als das Jüngste Gericht auch München traf, saß ich bleich und wie die Wände, die Türen, die Fensterscheiben des Hauses bebend in meinem Studio und – schrieb mit zitternder Hand an vorliegender Lebensgeschichte. Denn die Hand zittert ja ohnedies dabei, aus Gründen des Gegenstandes, und so ließ ich es mir nichts ausmachen, daß die gewohnte Erscheinung durch das äußere Schrecknis noch ein wenig verstärkt wurde.[61]

60 Diese schriftbildliche Voraussetzung eignet sich die Konkrete Poesie wieder an. Ernst Jandl unterschreibt dazu sogar entsprechende „buchstabenprofile“. Vgl. ders. (1985): „My right hand – my writing hand – my handwriting“, in: Neue Texte 16/17, hg. v. Heimrad Bäcker. Linz [keine Seitenzahlen].

61 Thomas Mann (1947): Doktor Faustus. Das Leben des deutschen Tonsetzers Adrian Leverkühn erzählt von einem Freunde. In: Große kommentierte Frankfurter Ausgabe, hg. v. Heinrich Detering [u.a.], Bd. 10.1, hg. u. textkritisch durchges. v. Ruprecht Wimmer unter Mitarb. v. Stephan Stachorski. Frankfurt a.M. 2007. S. 253. Ständig wird von Zeitbloom mit dieser zitternden Hand geschrieben. Später reicht dazu allein die innere Erregung, als er Leverkühns „geheime Aufzeichnungen“ kopiert, vgl. S. 324: „So schreibe ich denn ab, – und ich fürchte, kein Rütteln ferner Explosionen an meiner Klause wird nötig sein, um meine Hand zittern und meine Buchstaben ausfahren zu lassen beim Schreiben …“. Vgl. auch S. 366.

In die Spur von Hand- und Unterschrift trägt sich immer ‚*mehr*' ein, als es in der Macht und Willkür ihrer Skribenten liegt. Hier sind es die Detonationen der Bomben, die aus ersterer eine Kurve machen, in die sich einerseits das Geschichtszeichen, andererseits jene Affekte höchster Erregung eintragen, die Zeitbloom wegen der Abgründigkeit von Leverkühns teuflischer Biographie ergreift. Eigenhändiges Schreiben hinterlässt materiale Spuren: auch die von spezifischen Schreibgeräten und Tinten, dem Druck der Hand, den sie auf die Schreibunterlage ausüben. Aber neben schlichter Materialität soll insbesondere die eigenhändige Signatur, gerade als Literatur, immer auch noch ganz anderes zu lesen geben. Sie ist das verborgene Herrschaftszeichen der Hermeneutik, zumindest in ihrer philosophischen Ausprägung seit dem 19. Jahrhundert. Niemand hat das klarer, aber auch rätselhafter formuliert als Wilhelm Dilthey, der einerseits die Sprache zum universalen Horizont des Verstehens erhebt, andererseits der Schrift eine zentrale, wenn auch nicht durchschaute Rolle dabei zuweist:

> Darin liegt die unermessliche Bedeutung der Literatur für unser Verständnis des geistigen Lebens und der Geschichte, dass in der Sprache allein das menschliche Innere seinen vollständigen Ausdruck findet. Daher hat die Kunst des Verstehens ihren Mittelpunkt in der Auslegung oder Interpretation der in der Schrift enthaltenen Reste menschlichen Daseins.[62]

In den Hochzeiten graphologischer Spekulation, wird Max Pulver, Psychologe und Literat, der auch recht gut mit Walter Benjamin bekannt ist, aussprechen, was er allein in der Paraphe schon alles an Sinn vermutet. Es ist selbstverständlich das ganze Leben. Wenn sich das Leben selbst schreibt, dann besonders verdichtet zur Unterschrift. Paraphen sind dem Namen hinzugeschrieben, beispielsweise ein Schnörkel oder die Abkürzung eben des Namens selbst: „Mir sind Fälle bekannt, wo die Paraphe einer Autobiographie in Stenogrammform gleichkommt."[63]

Hölderlin unterzeichnet zwischen 1841 und seinem Tod 24 Gedichte mit dem Namen *Scardanelli*. Eine konstellative Lektüre

---

62 Wilhelm Dilthey (1900a): „Die Entstehung der Hermeneutik", in: Gesammelte Schriften, Bd. 5, 5. Aufl., Stuttgart u. Göttingen 1968. S. 317–338, hier: S. 319.

63 Pulver (1931): Symbolik der Handschrift, S. 186.

soll einerseits zeigen, wie dieser Name unter seinen Zeitgenossen zirkuliert. Wilhelm Waiblinger macht aus der Gestalt Hölderlins kurzerhand einen Roman und er wird nicht der letzte sein. Verfolgt wird, wie die „in der Schrift enthaltenen Reste menschlichen Daseins" Diltheys, der sich selbst an Hölderlin abarbeitet, pathologisch gelesen, jedoch ebenso gegen derartige Lektüren verteidigt werden. Die Namen *Scardanelli* und *Hölderlin*, werden im 20. Jahrhundert zu Schnittstellen zwischen Diskurs- und Psychoanalyse, aber auch der strukturalen Linguistik, die mit Roman Jakobson die Semantik und Kombinatorik dieser Namen untersucht. Er hält *Scardanelli* kurzum für ein Namensversteck, so wie es auch Stefan George in einem Gedicht für Hölderlin erfindet. Auffällig dabei ist, dass es immer um den Namen, aber nicht um seinen Zug, die Unterschrift ‚selbst' geht.

Dass sich in der Unterschrift ein ganzes Leben ausdrückt, gerade das des Dichters, ist eine Auffassung, die sich erst Mitte des 19. Jahrhunderts durchsetzt und zwar in jenem Moment, in dem sich *Chirogrammatomantie* in Graphologie verwandelt und die heute bestenfalls als Esoterik gilt. Deren Namen verdanken wir dem Franzosen Jean Hippolyte Michon.[64] Graphologen in seiner Nachfolge werden aus einem divinatorischen ein esoterisches Wissen ableiten. Wer eine neue Wissenschaft begründen möchte, benötigt Daten: Um 1850 kommt es deshalb zu Unterschriftssammlungen. Handschriften gewinnen dabei erst unter der Entfaltung des Buchdrucks um 1750 ihren heutigen Eigenwert[65]. Aber Unterschriften zu sammeln, hat erst dann rechten Sinn, wenn man vermuten kann, daran gleich *pars pro toto* den ganzen Menschen, genauer seine Biographie, herauslesen zu können. Was Physiognomik und ihre Abarten um 1800 vorgeben, wird die Graphologie zu wiederholen wissen: In diesem Sinne entwirft Adolf Henze ein bemerkenswertes ‚Autorenlexikon', das das Leben von 305 Dichtern und ihre Hauptwerke biographisch knapp vorstellt. Er ist Pionier jener Handschriftenkunde, von ihm noch *Chirogrammatomantie* genannt, die an Lavater anknüpft. Henze ist „ministeriell empfohlener Schriftvergleicher

64 Jean Hippolyte Michon (1875): System der Graphologie. Hg. v. R. Pophal. München 1965.

65 Vgl. dazu die Arbeit von Christian Benne (2015): Die Erfindung des Manuskripts. Zur Theorie und Geschichte literarischer Gegenständlichkeit. Berlin 2015. Vgl. Jan Dirk Müller: „Der Körper des Buches. Zum Medienwechsel zwischen Handschrift und Druck", in: Materialität der Kommunikation. Hg. v. H.U. Gumbrecht u. K.L. Pfeiffer, 2. Aufl., Frankfurt a.M. 1995. S. 203–218.

im Königreich Preußen"[66] und gibt eine entsprechende Zeitschrift heraus. Er wird den Namen Hölderlin erst gar nicht in sein Autorenlexikon aufnehmen, sondern allein die Unterschrift *Scardanelli*, die er als typisch für einen Wahnsinnigen beschreibt. Andererseits erklärt er damit auch Hölderlins Werk zu dem von *Scardanelli*, was selbst D.E. Sattler nicht gewagt hat und der eine elegantere Lösung dafür findet.

Selbstverständlich ist auch die Unterschrift des Dichterfürsten aus Weimar in Henzes *Handschriften* zu finden:

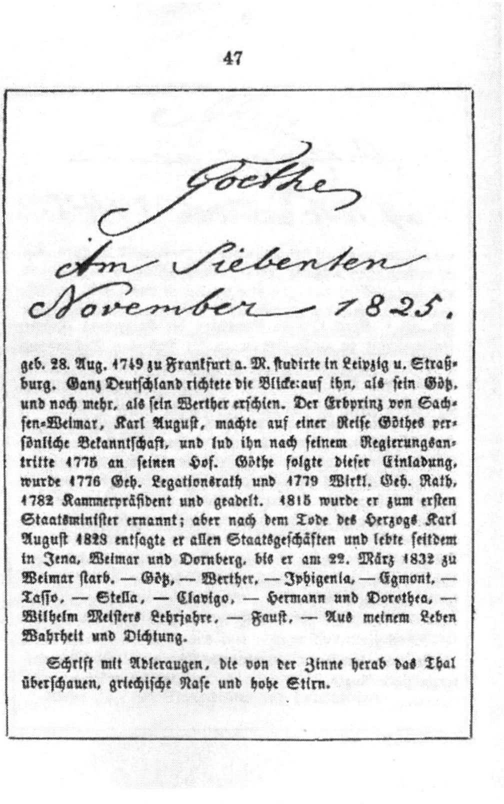

47

Goethe

Am Siebenten November 1825.

geb. 28. Aug. 1749 zu Frankfurt a. M. studirte in Leipzig u. Straßburg. Ganz Deutschland richtete die Blicke auf ihn, als sein Götz, und noch mehr, als sein Werther erschien. Der Erbprinz von Sachsen-Weimar, Karl August, machte auf einer Reise Göthes persönliche Bekanntschaft, und lud ihn nach seinem Regierungsantritte 1775 an seinen Hof. Göthe folgte dieser Einladung, wurde 1776 Geh. Legationsrath und 1779 Wirkl. Geh. Rath, 1782 Kammerpräsident und geadelt. 1815 wurde er zum ersten Staatsminister ernannt; aber nach dem Tode des Herzogs Karl August 1828 entsagte er allen Staatsgeschäften und lebte seitdem in Jena, Weimar und Dornberg, bis er am 22. März 1832 zu Weimar starb. — Götz, — Werther, — Iphigenia, — Egmont, — Tasso, — Stella, — Clavigo, — Hermann und Dorothea, — Wilhelm Meisters Lehrjahre, — Faust, — Aus meinem Leben Wahrheit und Dichtung.

Schrift mit Adleraugen, die von der Zinne herab das Thal überschauen, griechische Nase und hohe Stirn.

Abb. 4 Goethes Unterschrift in Adolf Henzes *Handschriften*[67]

66 Vgl. u.a. Henze (1888): Illustrierte Fälschungsgeschichten. Leipzig 1888. Vgl. Illustrierter Anzeiger über gefälschtes Papiergeld und echte Münzen. Jahrgang 1876, Heft 1 nach Amtlichen Quellen herausgegeben v. Adolf Henze. Leipzig 1876.

67 Adolf Henze (1855): Die Handschriften deutscher Dichter und Dichterinnen, mit 305 Faksimiles, kurzen Biographien und Schrift-Charakteristiken. Leipzig 1855. S. 47.

Könige sind es, die von Anfang an Urkunden signieren müssen, selbst wenn sie nicht schreiben können. Was aber passiert, wenn ihre Unterschrift entwertet wird, durch den Wahnsinn und eine konstitutionelle Regierung?

Kap. V: Spitzen des Staates

König Ludwig II. von Bayern übt als Kind seine Unterschrift: Erstaunlicherweise ist es auch ein König, der die ersten Autogrammfotos signiert, Ludwig II. von Bayern verdoppelt seine souveräne Aura unter den Bedingungen neuer fotografischer Medien. Er steht damit am Anfang einer Industrie, die bis heute nicht aufhört, das magische Versprechen auf die Teilhabe am Körper der neuen Götter, d.h. Sport-, Musik- und Filmstars, zu suggerieren, indem sie diese Bildchen samt Unterschrift gleich massenhaft reproduziert. Eine Unterschrift allein jedenfalls, ist beinahe nichts. Sie bedarf anderer Kräfte, die weit über den Zug einer Hand und ihrer Spur hinausgehen und ihre Macht als *Nomogramm* bedingen. So verweist jede Unterschrift auf jeweils andere, mächtigere. Die Kette dieser Supplemente kennt kein Ende und zeigt die Struktur einer Macht, die sich durch Schrift ins Recht setzt.[68] Die Unterschrift, die gilt, muss gegengezeichnet werden. Eine, die alle anderen überzeichnen könnte, wäre transzendentales Signifikat und ebensolcher Sigifikant, Superzeichen mithin. Hegel entwirft am Rande seiner Rechtsphilosophie genau das, wenn er die Rolle des Monarchen in einer konstitutionellen Monarchie beschreibt: „[…] so hat er oft nicht mehr zu tun, als seinen Namen zu unterschreiben. Aber dieser Name ist wichtig: es ist die Spitze, über die nicht hinausgegangen werden kann."[69]

Eine Unterschrift, die nicht gegengezeichnet werden könnte wäre entweder schiere Gewalt oder der Wahnsinn, wie uns Georg III. von England und Ludwig II. von Bayern in diesem Kapitel vorführen werden. Bei Georg III. wird man qua Abweichung seiner Unterschrift die Verrücktheit diagnostizieren, worüber in zentralen Zeitschriften in Frankreich und Deutschland berichtet wird: „Der erste Zug, wodurch sich der Wahnsinn des Königs entdeckte, war eine Veränderung in seiner Namens Unterschrift, worin er sich nicht mehr, wie sonst, Georg; sondern Georgius

68 Zur Übersicht vgl. Thomas Vesting: Medien des Rechts: Schrift. Weilerswist 2011.

69 Hegel (1820a): Grundlinien der Philosophie des Rechts oder Naturrecht und Staatswissenschaft im Grundbegriffe. Hg. v. Eduard Gans. Berlin 1933. S. 362f.

nannte."[70] Für Foucault, der diese Abweichung in der Unterschrift nicht zur Kenntnis nimmt, zeigt der Fall den Übergang von einer Souveränitäts- zur Disziplinarmacht, die nicht mehr an die zwei Körper des Königs gebunden, sondern sich öffnet auf einen multiplen Körper, der in den Verwaltungen und Parlamenten zu Hause ist. Diese Institutionen müssen eine Lösung dafür finden, wenn der König in der Klinik haust und Gesetze nicht mehr unterschreiben kann. Der Lordkanzler bringt jetzt das Große Siegel an, um die Unterschrift Georgs des III. zu überzeichnen. Jene Spitze, über die nach Hegel souveräne Macht nicht hinausgehen darf, bricht.

Ludwig II. von Bayern hört dagegen zu keinem Zeitpunkt auf, ihm zugestellte Urkunden und Befehle zu unterschreiben. Hier ist es gerade andersherum, er soll davon abgehalten werden, denn qua seiner gebauten Dichtung, d.h. jener Schlösser und Gebäude, die aus Wagners Opern entsprungen sind, droht dem Staat die Insolvenz. Die Geschichte ist bekannt: Gutachter werden bestellt und der König seines Amtes enthoben. Weniger bekannt ist, was um diese Zeit in seinen Tagebüchern passiert. Ludwig erfindet sich Unterschriften, die gegen die Konstitution den Willen eines mystischen Königtums verteidigen sollen. Hier lässt sich zeigen, wie die *zwei Körper des Königs*[71] in einen souveränen und einen sexuellen auseinanderfallen und nur die Erfindung einer neuen und einzigartigen Unterschrift erneute *unio mystica* verspricht, indem sie die direkte Verwandtschaft Ludwigs zu seinen Namensvorgängern beschwört. Ein weiteres Mal lässt sich dabei das interessante Zusammenspiel mit fatalen Sprechakten (Schwur, Eid und Fluch) beobachten und wie sie diese Unterschriften in Kraft setzen sollen.

Unterschriften können gelesen und mitgelesen werden, auch vom Staat. Im Falle von Georgius wird eine Abweichung bemerkt, die in die Klinik führt, weil sie nirgendwo anders geregelt werden kann. Sie eröffnet, genauso wie für *Scardanelli*

---

70 Anonym: „Auszug aus dem Mercure de France dieses Jahrs", in: Gnothi seauton oder Magazin zur Erfahrungsseelenkunde als ein Lesebuch für Gelehrte und Ungelehrte. Mit Unterstützung mehrerer Wahrheitsfreunde, Bd. 7, Nr. 2. Hg. v. Karl Philipp Moritz, Karl Friedrich Pockels u. Salomon Maimon. Berlin 1789. S. 20–22. *Georgius* wiederum ist die Namensprägung auf den Münzen der Staatswährung.

71 Vgl. Ernst H. Kantorowicz (1957): Die zwei Körper des Königs. Eine Studie zur politischen Theologie des Mittelalters. 2. korr. Aufl., übers. v. Walter Theimer [u.a.]. München 1990.

einen psychiatrischen Diskurs, der in den Schriften und Unterschriften die Verrücktheit entziffert und in Verbindung mit dem Recht Unterschriften außer Kraft setzt. Viele Namen wären hier zu nennen, der von Heinrich Meyer[72] und Oskar Panizza, der als Wilhelm der II. unterschreibt[73], genauso, wie der von Adolf Wölfli, der in seinem ersten Verhör durch die Staatsmacht in der Waldauer Irrenanstalt, das Protokoll fehlerhaft unterschreibt:

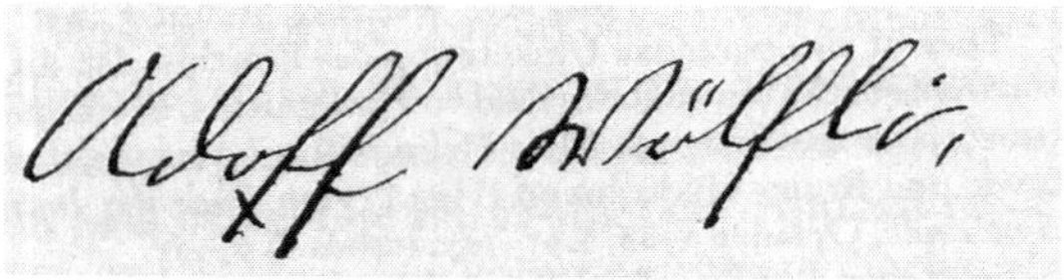

Abb. 5 Adolf Wölflis ‚falsche' Unterschrift[74]

Unterschriften sind Insignien einer Gesellschaft, die von der Disziplin auf Kontrolle ihrer Bürger umstellt. Besonders auffällig wird dieser Tatbestand an Grenzen, auch leider noch ganz aktuell.

Kap. VI: Grenz- und Passgeschichten

B. Traven unterschreibt einen Brief: Was bereits mit Hauffs Kunstmärchen vom „jungen Engländer" als Thema angesprochen wurde, nämlich dass selbst Affen einen Ausweis benötigen, wenn sie irgendwo einreisen wollen, bestimmt die folgenden drei Kapitel auf ganz unterschiedliche Weise. Gilles Deleuze hat die identitäre Logik von Disziplinargesellschaften abstrakt gefasst: „Die Disziplinargesellschaften haben zwei Pole: die Signatur, die das *Individuum* angibt und die Zahl oder Registrierungsnummer, die

72 Vgl. Walter F. Prince (1932): „Der Fall Heinrich Meyer. Das Entstehen einer beständigen Sekundärpersönlichkeit", in: Die Spaltung der Persönlichkeit. Übers. v. Willy Herms. Hg. v. T.K. Oesterreich-Tübingen. Übers. v. W. Herms. Stuttgart 1932. S. 172–250, hier: S. 241–250.

73 Vgl. Oskar Panizza (1900): *Pour Gambetta!* Sämtliche in der Prinzhorn-Sammlung der Psychiatrischen Universitätsklinik Heidelberg und im Landeskirchlichen Archiv Nürnberg aufbewahrte Zeichnungen. Hg. v. Michael Farin und Armin Abmeier. Heidelberg 1989. LKA Nürnberg, Nr. 34c [Band hat keine Seitenzählung].

74 Abb. zu finden in: Staatsarchiv des Kanton Bern, Untersuchungsakten des Assisenhofes, BB 15.4.1580, Nr. 8304. Als Faksimile auch in dem einschlägigen Sammelband: Portrait eines produktiven Unfalls – Adolf Wölfli. Dokumente und Recherchen. Hg. u. mit Beiträgen v. Bettine Hunger, Michael Kohlenbach, Roman Kurzmeyer, Ralph Schröder, Martin Stingelin, Hubert Thüring. Frankfurt a.M. 1993. S. 7.

seine Position in einer *Masse* angibt."[75] Um näher zu klären, was das bedeuten kann, muss der Blick auf einen der rätselhaftesten Fälle der Literaturgeschichte in Sachen Autorschaft geworfen werden. Es handelt sich um B. Traven. Herauszubekommen, wer er ist, war eine epochale Aufgabe der Literaturwissenschaft, die inzwischen als erledigt gilt. Es ist kein Geheimnis mehr, dass es sich bei diesem Namen um ein Pseudonym handelt. Es handelt sich bei B. Traven um Otto Feige, der später als der Schauspieler *Ret Marut* und Herausgeber einer anarchistischen Zeitschrift aus der Münchener Räterepublik nach London ins Exil flieht, bevor er die europäische Identität zurück- und München in Richtung Mexiko auf immer verlässt, um eine Reihe weiterer Pseudonyme anzunehmen. Er wird als *Hal Croves* sogar zu seinem eigenen Manager, der mit John Huston über Filmhonorare verhandelt. Aber nicht allein sein Leben ist im mehrfachen Exil von Bedeutung, sondern auch sein Roman *Das Totenschiff*, der komplex erklärt, was mit Subjekten an Grenzen geschieht, wenn sie keine Papiere haben. Der Fall und der Roman sind besonders interessant, weil sich an ihnen zeigen lässt, wie die Unterschrift in jene Pässe einwandert, die bei Fichte noch nicht vorgesehen sind. Dabei bestätigt sich eine Ahnung Foucaults, der die Entstehung der Gouvernementalität im Seerecht vermutet.[76] Als Fußnote dazu soll gezeigt werden, wie die Geschichte der Seefahrtsbücher und *Seamans Cards* daran Anteil nimmt.

Auf dem Weg aus Europa hinaus ins amerikanische Exil, immer über *Ellis* Eiland führend, der in Europa häufig über die Pyrenäen und durch Spanien nach Portugal führte, benötigt man entsprechende Papiere. Wie kompliziert die Lage dabei werden kann, zeigt kein Exilroman besser als *Die Nacht von Lissabon*. Die autobiographischen Anteile dieses Textes von Erich Maria Remarque sind bekannt. Aber gehobenes Archivmaterial offenbart zusätzlich, wie schwer sein eigener Weg ins Exil gewesen ist und welche Fälschungen dazu angefertigt werden mussten.

75 Gilles Deleuze (1990a): „Postskriptum über die Kontrollgesellschaften", in ders.: Unterhandlungen (1972–1990). Frankfurt a.M. 1993. S. 254–262, hier: S. 257f.

76 Vgl. Foucault (1978/79): Geschichte der Gouvernementalität II: Die Geburt der Biopolitik. Vorlesung am Collège de France 1978–1979. Hg. v. Michel Sennelart. Übers. v. Jürgen Schröder. Frankfurt a.M. 2004. S. 87f.

Kap. VII: Anmustern

Quohog His Mark: Wer auf einem Schiff anheuern möchte, der benötigt Papiere, oder besitzt nach der Anmusterung eben welche.[77] Manche müssen dafür eine Harpune über das ganze Schiff werfen, um ein imaginäres Wal-Auge zu treffen. Die zweitberühmteste Unterschrift in der Literatur ist die von Queequeg in Herman Melvilles *Moby Dick*. Wer allerdings in verschiedene Ausgaben dieses Romans, aber auch entsprechende Adaptionen in Film, Fernsehserie, oder Graphic-Novel hineinschaut, wird dort unterschiedliche Unterschriften finden. Ob dieses Rätsel überhaupt zu lösen ist, wird sich zeigen. Musterrollen und die entsprechende Heuerpraxis ergänzen Erkenntnisse aus dem vorangegangenen Kapitel, das Hafenämter ausgehend von Joseph Conrads Roman *The Shadow-Line*[78] in den Blick genommen hatte. Keinem Interpreten war bisher aufgefallen, dass der Titel selbst Metapher für die Unterschrift ist, selbst dem folgenden Autor nicht, der diverse Zitate aus diesem Roman in sein Hauptwerk aufnimmt:

Kap. VIII: Doktoren aus dem Strumpf gezogen

Walter Benjamin unterschreibt eine Postkarte an Hannah Arendt: Er ist der andere Philosoph, der neben Hegel und Derrida dem Superzeichen Unterschrift auf der Spur ist und liest Unterschriften und Gedichte wie ‚Strümpfe'. Dieser Vergleich zeigt, dass Form und Inhalt solcher Superzeichen nicht voneinander zu trennen sind. Ganz im Sinne seiner montierenden und detaillierenden Methodik, wie im *Passagen*-Werk entwickelt, gibt Benjamin nicht einfach eine Theorie zu lesen, wie sie Adorno beständig von ihm verlangt, der solche Innovationen ablehnt.[79] Sein Weg zur Unterschrift führt über die spezifische Aufmerksamkeit dafür, was es heißt, eine Spur zu bahnen. Max Horkheimer hat sie für das *Passagen-Werk* so beschrieben: „Die Methode, die Epoche von den kleinen Symptomen der Oberfläche her zu fassen, scheint diesmal ihre ganze Kraft zu erweisen."[80] Weit entfernt davon, gar eine Epoche beschreiben zu wollen, wird hier

77 Zur vormodernen Geschichte vgl. Bernhard Siegert (2006): Passagiere und Papiere. Schreibakte auf der Schwelle zwischen Spanien und Amerika. München 2006.

78 Joseph Conrad (1917): The Shadow-Line. A Confession. Hg. v. Jeremy Hawthorn. Oxford u. New York 1985.

79 Vgl. Brief Adornos an Benjamin, vom 10. November 1938, in dies. (1928–1940): Briefwechsel. Hg. v. Henri Lonitz. Frankfurt a.M. 1994. S. 368.

80 Brief Horkheimers an Benjamin, vom 18. September 1935, zit. n., Gretel Adorno u. Benjamin (1930–1940): Briefwechsel. Hg. v. Christoph Gödde u. Henri Lonitz. Frankfurt a.M. 2005. S. 245.

versucht Unterschriften von der Oberfläche her zu lesen. Benjamin selbst ist dabei ein besonderer Fall, weil Unterschriften bei ihm auf allen möglichen Ebenen aufeinandertreffen und nahezu jedes Kapitel dieses Buches tangieren. Sie finden sich in Anekdoten, Briefen, Träumen, Überlegungen, Drogenprotokollen, seiner Briefanthologie *Deutsche Menschen*, vor allem aber in all jenen Pseudonymen und Unterschriften, die er sich durch Berufsverbot, Exil und Flucht gegeben hat. Es gilt, den Veränderungen dieser Unterschriften nachzuspüren, die zum Teil schriftbildlichen Charakter haben und mit jenen historischen Verhältnissen zusammenhängen, in denen er schreibt. Das fängt damit an, dass seine Eltern ihm einen geheimen Namen geben. Gershom Scholem versucht ihn aus dem Titel eines Textes von Benjamin herauszulesen, *Agesilaus Santander*. Er nimmt dabei jede Überinterpretation in Kauf, um das Messianische an Benjamins Denken gegen die offenkundig materialistischen Tendenzen zu verteidigen. Aber eine Gestapo Akte wird 1979 das Geheimnis nüchterner lüften, in der sich neben Walter Benjamin auch noch der Name *Benedix Schönfließ* findet.[81]

Im Zentrum von Benjamins Überlegungen zur Unterschrift steht eine Anekdote, die Puschkin erzählt hat und die er und Bloch[82] nacherzählen, ersterer auch unter dem Titel *Die Unterschrift*[83]. Benjamin verwandelt die ironische Karrieregeschichte, in der ein junger Beamter, hier namens *Schuwalkin*, dem General Potemkin, seines Zeichens Oberbefehlshaber von Katharina der Großen, Unterschriften für Befehle und amtliche Vorgänge abtrotzen will, ins Szenario einer modernen Bürokratie. Potemkin fällt in seinem verdunkelten Kabinett in depressives Stieren, weil er ihre Logik erkannt hat, die im mechanischen Signieren von Befehlen besteht. Er selbst wird damit Teil eines Automatismus, der auch ohne ihn funktioniert. Was sich dann ändert, ist allein der Namenszug unter den Dokumenten. Mit anderen Worten könnte man sagen, dass Potemkin entdeckt, dass alle Zeichen

81 Vgl. Werner Fuld (1978): „Agesilaus Santander oder Benedix Schönfließ. Die geheimen Namen Walter Benjamins", in: Neue Rundschau 89 (1978), S. 253–263.

82 Die Anekdote findet sich in Alexander Sergejewitsch Puschkin: Gesammelte Werke. Bd. 5: Aufsätze und Tagebücher. Hg. u. übers. v. Harald Raab. Frankfurt a.M. 1973, S. 318 und bei Ernst Bloch (1930): „Potemkins Unterschrift", in: Spuren. Neue erweiterte Ausgabe. Frankfurt a.M. 1969. S. 110f.

83 Walter Benjamin (1934): „Die Unterschrift", in: WBGS, IV, 2, S. 758f.

testamentarisch sind. Hegels Ahnung eines organlosen Staates scheint sich in dieser Anekdote zu erfüllen. Benjamin entdeckt in drogeninduzierten Rauscherlebnissen eine automatische Hand, die ebenso zur verwaltungstechnischen Dressur gehört, wie zur surrealistischen Poetik. Eigenhändigkeit findet jetzt ihr Maß nicht mehr in beherzter Tat und Faustrecht, sondern im Unbewussten.

Ein anderes Thema Benjamins sind die technischen Maßnahmen der Polizei. Zentrale Technik zur Herstellung moderner Identitäten[84] ist Personalbestimmung durch Unterschrift, deren vielleicht erfolgreichster ‚Vertreter' in Deutschland der deutsche Jurist, Kriminalist und Kriminologe Hans Schneickert ist, bis 1931 Leiter des Erkennungsdienstes der Berliner Polizei. Er schreibt einige bedeutsame Hand- und Lehrbücher für Schriftsachverständige und beschäftigt sich vor allem mit dem Problem, wie verstellte Handschriften graphologisch nachzuweisen sind. In seinen Büchern, Übersetzungen und Vorworten kann man nachlesen, wie es mit der Unterschrift in Sachen Personalbestimmung und Schriftvergleichung bestellt ist.

Benjamin überlebt seine eigene Grenzgeschichte ins Exil und auf der Flucht nicht. Eine Flucht, die, wie alle wissen, mit der Selbsttötung durch eine Überdosis ihr Ende findet. Um aber die Unterschriften seines „Geheimen Deutschlands" zu retten, hatte er zuvor Briefe zu einer Anthologie zusammengestellt, die er pseudonym unterzeichnet. Sie werden als eine ‚Arche' die Katastrophen des zweiten Weltkriegs überleben und ihren Weg zu uns finden.

Kap. IX: Diktatorenhände

Unterschriften unter die Lateranverträge von Kardinal-Staatssekretär Pietro Gasparri und den Ministerpräsidenten Benito Mussolini, am 11. Februar 1929. Auf seiner letzten Reise nach Rom, schreibt Aby Warburg in das Tagebuch der Kulturwissenschaftlichen Bibliothek: „Steinmann in seinem Arbeitszimmer Bild von Mussolini mit eigener Unterschrift."[85] Diktatoren sind keine Könige, aber auch sie bilden mit ihrer Unterschrift die Spitze des

84 Vgl. Jean-Luc Nancy (2010a): Identität. Fragmente. Freizügigkeiten. Hg. v. Peter Engelmann. Übers. v. Peter Steurer. Wien 2010.

85 Aby Warburg (1926–29): „Tagebuch der Kulturwissenschaftlichen Bibliothek Warburg mit Einträgen von Gertrud Bing und Fritz Saxl", in: Gesammelte Schriften. Studienausgabe, Bd. VII., hg. v. Karen Michels u. Charlotte Schoell-Glass. Berlin 2001. S. 371.

Staates. Warburg, der den Begriff der Pathosformel erfunden hat und in der Bildgeschichte des Abendlandes ,Gott im Detail' am Werke sieht, entdeckt vielleicht über dieses Autogramm, dass Unterschreiben eine Geste ist, die er als „Dynamogramm" noch nicht untersucht hat. Auf der Tafel 78 von *Mnemosyne* sehen wir den Papst in vollem Ornat während der Messe im Petersdom. Auf einem anderen Foto findet sich im Gegenlicht eine andere Szene, in der Kardinal-Staatssekretär Pietro Gasparri, Vertreter des Papstes, am Verhandlungstisch mit Mussolini samt Gefolgschaft, die Lateranverträge unterzeichnet. Sie erkennen die territoriale Souveränität des Vatikans an, der wiederum Rom als Sitz der italienischen Regierung bestätigt. Was in Warburgs Montage der Bildtafel offensichtlich fehlt, ist das Portrait des Königs. Nur dessen Unterschrift auf der Ratifikationsurkunde findet sich als Foto, gleich neben der von Papst Pius XI. Der eine Körper des Königs, sein ,Leib', bleibt unsichtbar, aber seine Unterschrift repräsentiert ihn, um in den Worten Louis Marins zu reden, als jene *„symbolische Fiktion"*[86] die dafür sorgt, dass er präsent ist. Die Tafel trägt die Überschrift *Kirche und Staat. Geistliche Macht unter Verzicht auf weltliche.* Diese Signaturszene ist in der Geschichte einzigartig. Es findet eine Übertragung von Macht statt, die durch moderne Unterschriften ins Recht gesetzt wird, aber auch begleitet wird von einem Repertoire aus Gesten und Zeremonien, die 2000 Jahre ihr Ausdruck waren. Auf dem Foto, das den Papst beim feierlichen Hochamt nach der Unterzeichnung am 12. Februar 1929 zeigt, verschränkt er seine geöffneten Hände über dem Brustbein, vor dem Herzen. Es handelt sich um die uralte liturgische Gebetsgeste, die sogenannte *cancellatio manuum,* deren Ursprung in den Königszeremonien des Orients zu finden ist und erst im späten Mittelalter in die westliche Liturgie gelangt.

Warburg montiert auf der Bildtafel alte und neue Herrschaftszeichen und die sie begleitenden Gesten, entwickelt aber zudem eine Theorie zur spezifischen Wirkung ,handgreiflicher' Darstellung, die mit dem Verhältnis von Auge und Hand zu tun hat, die Robert Vischer als plastisches Sehen bezeichnet, bei dem das Auge im wörtlichen Sinne ein Bild abtastet, als schreibe es:

86 Louis Marin (1981): Das Portrait des Königs. Übers. v. Heinz Jatho. Berlin 2005. S. 24.

> [...] das eine Mal ist es ein Linienziehen, wobei ich mir haarscharf, gleichsam mit der Fingerspitze die Umrisse nachweise, das andere Mal – und dies ist das Natürliche, weniger Reflektierte – ist es ein Anlegen von Massen, wobei ich den Flächen, Anschwellungen und Vertiefungen eines Gegenstandes, den Bahnen der Beleuchtung, den Halden, Rücken, Mulden des Gebirges gleichsam mit der breiten Hand nachfahre.[87]

Dieses abtastende Auge hat eine lange Geschichte, die Natalie Binczek für die Aufklärung nachgezeichnet hat.[88] Warburg entwickelt eine Kunstgeschichte, die der Taktilität ‚im' Bild, die freilich gespenstische Züge hat, Rechnung trägt, eine „Gespenstergeschichte für ganz Erwachsene", wie Dorothée Bauerle sie genannt hat.[89]

Kap. X: Schmetterhand

Eine Autogrammkarte wird unterschrieben von Old Shatterhand und Dr. Karl May: Unterschriften können in Anführungszeichen gesetzt und somit als uneigentlich markiert werden. Wer das Spiel mit diesen Unterschriften beherrscht, der kann entsprechende Effekte erzielen. Bei *Old Shatterhand* handelt sich schon rein dem Namen nach um den Paradefall literarischer Eigenhändigkeit. Nicht nur hat dieser Held den sprechenden Namen, sein Autor scheut sich auch nicht, überall mit ihm zu unterschreiben. Karl May ist vermutlich der erste Autor, bei dem nicht allein Leben und Werk ununterscheidbar werden, sondern der Fotografie samt Unterschrift für publikumswirksame Werbezwecke nutzt. In seinem Spätwerk will er die „Menschheitsseele" enthüllen und ihr gleich eine neue Religion stiften. Deren Verkörperung ist der von ihm erfundene Indianer, namens *Winnetou*. Allerdings wird May bis zum Ende an der doppeldeutigen Fiktion festhalten, *Winnetou* und *Old Shatterhand* gäbe es wirklich. In über 100 Prozessen steht er sogenannten Feinden gegenüber, die das bestreiten. Darunter befindet sich Roland Lebius, der May schlichtweg als geborenen Verbrecher tituliert und ihn, nach Mays eigener Aussage, zu vernichten trachtet. Mays letzter Text ist aus diesem Grund keine Reiseerzählung, sondern eine

---

87 Robert Vischer (1883): Über das optische Formgefühl. Ein Beitrag zur Ästhetik. Leipzig 1883. Ebd. S. 2.

88 Vgl. Natalie Binczek (2007): Kontakt: Der Tastsinn in den Texten der Aufklärung. Tübingen 2007.

89 Dorothée Bauerle (1988): Gespenstergeschichten für ganz Erwachsene: Ein Kommentar zu Aby Warburgs Bildatlas Mnemosyne. Berlin [u.a.] 2007.

Klageschrift. Auch in rechtlichen Dingen vertraut er lieber der eigenen Hand.[90] Um allen das Gegenteil zu beweisen, schreibt er darüber hinaus einen Testament-Roman: „Winnetou IV wird vorzüglich. Dann folgen 6–10 Bände, von Winnetou hinterlassen und von ihm selbst erzählt. Sein eigentliches Testament!“[91]

Testamente sind für Unterschriften in der Rechtsgeschichte paradigmatisch. Sie übertragen das Erbe von Familien oder Dynastien über Generationen hinweg, sichern Macht und Eigentum. Aus der zunächst mündlichen Praxis, letzte Willenserklärungen unter Anwesenheit von Zeugen abzugeben (*testamentum nuncupativum*), entsteht eine breite Diskussion über die Schriftform solcher Urkunden. Im Hintergrund stehen dabei vor allem Fragen, ob jemand anderes die Hände eines schreibunkundigen Erblassers (*testator*) führen, oder gar in seinem Namen unterschreiben dürfe, auf welchem Wege dies zu geschehen habe und ob überhaupt und wenn ja wie viele Zeugen dafür notwendig seien. Im klassischen römischen Recht war es gute Praxis, dass zunächst der letzte Wille unter sieben oder fünf Zeugen erklärt wurde, um erst danach in Schriftform gebracht zu werden. Die Zeugen ‚unterschrieben‘ nach der mündlichen Erklärung einfach das Schriftstück. War einer der Zeugen wiederum des Schreibens nicht mächtig, konnte jemand stellvertretend zeichnen; anders als beim *testamentum in scriptis*, bei dem die *de manu propria*, also eigenhändig ‚gegeben werden muss. Aber May lässt es nicht bei diesem Roman, in dem er namentlich selbst mit seiner Frau und als *Old Shatterhand* auftritt. Tatsächlich finden sich Fragmente von *Winnetous* Testament im Nachlass, die ebenfalls unterschrieben sind. May wird beinahe alle Anführungszeichen beseitigen, die den Namen Shatterhand und May zieren, selbst an seiner Villa in Radebeul. Nur so ist ein Leben als Literatur möglich. Es bestätigt sich ein Satz, den Jean-François Lyotard 1979 zum Grundsatz postmodernen Wissens erklärt: „Schon vor seiner Geburt ist das Kind – und sei es nur durch den ihm gegebenen Namen – als Referent der von seiner

90 Vgl. May (1911): An die 4. Strafkammer des Königlichen Landgerichtes III in Berlin. Schriftsatz aus dem Jahr 1911 mit Erläuterungen und Textvarianten als Anhang. Erstveröffentlichung aus dem Nachlass. Bamberg 1982.

91 May zit. N. Günther Scholdt (2001): „Winnetou IV“, in: Karl-May-Handbuch. Hg. v. Gert Ueding. Würzburg 2001. S. 265–270, hier: S. 266.

Umwelt erzählten Geschichte gesetzt, zu der es sich später ein neues Verhältnis wird schaffen müssen."[92]

Kap. XI: Pagenstecher

Dän Pagenstecher unterschreibt eigenhändig einen Brief in Zettels Traum: Wer unterschreibt, richtet einen Phallus auf; das *Nomogramm* ist der gezeichnete Name des Gesetzes. Hegel hatte die Definition für die Signatur eines solchen Superzeichens vorgegeben, nämlich dass es nicht mehr überzeichnet werden kann. Mit anderen Worten, jedes Zeichen, das etwas in Geltung setzt und das Gesetz ausübt, verweist auf eines, das sie alle, trotz unendlicher Semiose, in Kraft setzt und hält. Auch der Phallus ist Kandidat für ein solch transzendentales Signifikat, unzerstörbar und unteilbar.[93] Allerdings hat die Literatur auch die Macht, ihn und es *bloß* zu stellen. Was ein Phallus ist, der seit den Mysterien[94] zu Dionysos und den Urzeichen einer sich errichtenden Macht gehört, hat erst nach Freud volle Bedeutung erlangt. Der Kastrationskomplex erzeugt diese Macht, die in den Tiefenschichten des sexuellen Begehrens arbeitet und sich über die familiale Ordnung, auch jenseits von ihr, überträgt. Jacques Lacan ernennt den Phallus in Folge zum Supersignifikat seiner Dogmatik der Geschlechterverhältnisse, die so kompliziert wie umstritten ist. Die strukturale Psychoanalyse erklärt: 1.) der Phallus ist ein Signifikant, d.h. er ist nicht einfach das biologische Organ, sondern trägt sich als Zeichen von Macht aus im Zeichenprozess; 2.) er gilt als Signifikant schlechthin: „[…] der bestimmt ist, die Signifikatswirkungen in ihrer Gesamtheit zu bezeichnen, soweit der Signifikant diese konditioniert durch seine Gegenwart als Signifikant."[95]

Wer wissen möchte, was diese komplizierte psychoanalytische Nomenklatur zwischen Signatur und Phallus bedeutet, muss heutzutage nur die Nachrichten anschauen: Donald Trump

---

92 Jean-François Lyotard (1979): Das postmoderne Wissen: ein Bericht, 3. Aufl., übers. v. Otto Pfersmann, hg. v. Peter Engelmann, Wien 1994. S. 56f.

93 Dekonstruktion war dazu angetreten, solche Sätze unmöglich zu machen. Vgl. zum Streit um den vorzüglichen Platz des Phallus, Derrida (1980): „Der Facteur der Wahrheit", in: Die Postkarte von Sokrates bis an Freud und jenseits. Übers. v. Hans-Joachim Metzger. 2. Lieferung. Berlin 1987. S. 183–281, hier: S. 217f.

94 Vgl. Walter Burkert (1987): Antike Mysterien. Funktionen und Gehalt. 4. Aufl., München 2003.

95 Jacques Lacan (1971): „Die Bedeutung des Phallus", in: Schriften II. 3., korrigierte Aufl., ausgewählt u. hg. v. Norbert Haas. Übers. v. Chantal Creusot [u.a.]. Weinheim u. Berlin 1991. S. 119–133, hier: S. 126.

unterschreibt nicht allein in exzessiver Manier seine Dekrete, sondern präsentiert sie beständig den Medien, um allen zu zeigen, dass er den größten […], – nun ja, die größte Macht besitzt. Seine Unterschrift wird hier bewusst nicht gezeigt, da sie ohnehin jeder noch vor Augen haben dürfte.

Vermutlich ist überhaupt kein Politiker so häufig dabei gezeigt worden, wie er oder sie unterschreibt und das Ergebnis seiner gesetz- und befehlsgebenden Arbeit der Öffentlichkeit präsentiert. Die Unterschriftsszene ist eben auch höchst politisch[96]. In einer digitalen Mediengesellschaft reicht es nicht mehr aus, die Staatsverträge zu unterzeichnen, die eigenhändige Szene muss beständig präsentiert werden. Die eigenhändige Schrift hat ihre symbolische Restmacht auch im digitalen Zeitalter nicht verloren. Zudem kann man denjenigen, der so wie Trump beständig unterschreibt, für so lächerlich und komisch oder vielleicht sogar wahnsinnig halten, wie man will – wenn er diesen Phallus hat, kann er durch seine Unterschrift Macht ausüben, beispielsweise einen Handelskrieg eröffnen. Allerdings ist genauso wahr, dass diejenigen, die den Phallus ständig präsentieren müssen, nicht nur neurotisch sind, sondern sich lächerlich machen. Wenn es sich dabei um den Penis handelt, machen sie sich sogar strafbar.

Der Phallus kommt bei dem Dichter aus der Heide, nämlich Arno Schmidt, auf vielfältige Weise ins Spiel. Es ist nicht ungewöhnlich, wenn ein Dichter der größte seiner Zunft sein will. Dafür gibt es eine enorme Reihe von Beispielen. Niemand sonst versucht aber derart eigenmächtig, seinen Namen im Kanon der Literatur durchzusetzen. Er erfindet dazu Elysium-Texte, in denen seine geliebten Dichter die Literaturgeschichte und auch seine Position darin aushandeln. Sein eigener Name findet sich beständig offen oder versteckt in den Romanen und Erzählungen. Und selbstverständlich unterschreibt Schmidt fleißig, zuletzt auch aus Werbezwecken, die 2.000 Exemplare der Erstausgabe von *Zettels Traum*. An Schmidts Unterschriften lässt sich beobachten, dass ‚Ach!' zwei Schriften in seiner Brust wohnen. Es wird beinahe sein ganzes Leben dauern, bis es zu jener Unterschrift kommt, die den Monster-Roman signiert. Schreibt Schmidt in jungen Jahren noch jenes Sütterlin, das er in der Schule als Ausgangsschrift erlernt hat, muss er in den

96 Vgl. Seibert (2011): „Politik der Unterschrift", S. 171f.

Schreibstuben, in denen er am Rande der Welt im zweiten Weltkrieg eingesetzt ist, die Antiqua lernen. Seine Unterschrift wird sich nicht immer zwischen diesen Optionen entscheiden können und einen Wandel zu letzterer Schrifttype durchmachen. Zudem entwirft er eine auf der Psychoanalyse fußende Theorie, wonach alle Landschaften der Literaturgeschichte letztendlich sexuell konnotiert sind und probiert diese These gleich an Karl May aus. Dessen Stern *Sitara*, der über dem Spätwerk leuchtet, wird er genauso als ‚Hintern' entlarven, sogar als Zeichnung signieren, wie er zu beweisen sucht, dass Edgar Allen Poe eigentlich ‚Po' genannt werden müsste.

In *Zettels Traum* findet sich im typographischen Meer des Spaltenbuches auch eine eigenhändige (faksimilierte) Unterschrift. Es ist die von *Dän Pagenstecher*, dessen Name erkenntlich auf dem Phallus aufbaut. Sein Name wird über den ganzen Roman, bis in einzelne Buchstaben hinein zerstreut. Und am Anfang gibt es eine Szene, in dem Schmidt allen seinen Kritikern und Konkurrenten in der Weltliteratur den ‚Hintern' zeigt.

Kap XII: Endspiele

Dionysos unterschreibt einen Brief an Overbeck: „Die Linien des Menschen sind verschieden"[97], hatte Hölderlin gedichtet und inzwischen ist deutlich geworden, was das heißen könnte. Das letzte Kapitel ist ein Endspiel über die Rolle der Signatur für den Text. Zunächst geht es um den alten Streit, wer der Autor des *Ältesten Systemprogramms des deutschen Idealismus ist*, an dem Hegel, Hölderlin und Schelling mitgewirkt haben. Die Forschung wird sich 100 Jahre darüber nicht einig, weil die Handschrift Hegels und die Gedanken des Textes nicht übereinzustimmen scheinen. Erstere wird also nicht reichen, Autorschaft zu begründen, eine Unterschrift hätte es sicher auch nicht getan, die aber fehlt. Was aber bedeutet das für das Denken?[98]

Der Name *Dionysos* wiederum, mit dem u.a. Nietzsche unterschreibt, gilt den Interpreten häufig als Zeichen seines Wahnsinns. Mit dem Namen des großen Anderen zu unterschreiben, wagt die Zerstörung des Dritten, der das Sprechen ‚Im-Namen-des-Vaters' erst möglich macht. Der griechische Gott soll

---

97 Friedrich Hölderlin (1983): „Die Linien des Lebens ...", in: Sämtliche Werke, Bd. 2., S. 104.

98 Für Philippe Lacoue-Labarthe und Jean-Luc *Dionysos* ist der Text auch das Gründungsdokument der Romantik. Vgl. dies. (1978): Das Literarisch-Absolute. Texte und Theorie der Jenaer Frühromantik. Übers. v. Johannes Kleinbeck. Wien 2016. S. 88f.

zumindest gegen den Sohn des christlichen antreten. Das ist aber nur möglich, wenn man als *Antichrist* Gesetze erlässt, alle Christen und ihren Gott verflucht und das auch noch mit diesem Namen unterschreibt. Man könnte auch sagen, dass Nietzsche hier einen großen Diffessionseid ablegt, samt Schreibakt. Der moderne Text bricht dabei genauso auseinander, zerstreut sich, wie *Dionysos* im Mythos zerrissen wird. Den philosophischen Text in diesem Sinne ‚außer sich zu bringen', ist das Unternehmen von Jacques Derrida, der sich mit Hans-Georg Gadamer über Nietzsches Unterschriften streitet: „Das Fest der Nietzsches ist das Risiko, den Denker in Stücke zu reißen oder in seine Masken zu zerstreuen."[99]

Aber schreibt Derrida tatsächlich über Unterschriften, oder gehen sie nicht unbewusst ein in jenen Begriff der Signatur, den er zur Grundlage seiner Dekonstruktion macht? Wir werden dieses Vergessen an seinen eigenhändigen Unterschriften überprüfen müssen.

Die Reihe der Kapitel beginnt mit eigenhändigen Spuren und endet mit der modernen Idee, sie alle zu verwischen (Brecht, Baudrillard, Derrida, Lévinas). Die *Peroratio* enthält die Ausgangsidee, die das Buch hat werden lassen: Der Fall Albert Speer, bei dem an einer Unterschrift zu studieren ist, wie aus einem großen **A** ein kleines wird, das der Sohn dem Vater und Kriegsverbrecher entgegen hält.

*

Digital gibt sich die Hand, nicht nur nach Aristoteles' Definition, als *organon ton organon*[100], durch den einen Finger – *digitus* –, aus der Hand.

Jenseits der Eigenhändigkeit

Für die eigenhändige Unterschrift heißt das, sie wird substituiert oder ganz ersetzt durch kryptographischen Code, der nur noch ein Vektor der komplexen Datenidentität ausmacht. Eine ehrwürdige und lange Vorgeschichte hat dieses Ereignis,

---

99 Jacques Derrida (1984): „Guter Wille zur Macht (II). Die Unterschriften interpretieren (Nietzsche, Heidegger)", in: Text und Interpretation. Deutsch-französische Debatte mit Beiträgen von J. Derrida, Ph. Forget, M. Frank [u.a]. Hg. v. Philippe Forget. München 1984. S. 62–78, hier: S. 73f.; vgl. ders. (2003): „Der ununterbrochene Dialog zwischen zwei Unendlichkeiten", in: Der ununterbrochene Dialog. Hg. v. Martin Gessmann. Frankfurt a.M. 2004. S. 7–51, bes. S. 38.

100 Vgl. Aristoteles: Über die Seele (De anima), Buch III, Kap. 8, 432a. S. 81.

Bernhard Siegert hat sie grandios aufgearbeitet.[101] Auch die Verdatung und Mechanisierung des Unterschreibens vor der Erfindung des Computers im engeren Sinne durch Konrad Zuse, wäre dazu ein Seitenstück. Der fünfte amerikanische Präsident, Thomas Jefferson, und der Semiotiker, Charles Sanders Peirce, haben nicht unerheblichen Anteil daran. Ersterer entwirft Kopiermaschinen, Polygraphen[102], um dasselbe Dokument gleich mehrmals schreiben zu können. Sie sind die Vorläufer unserer Plotter und auch jener Unterschriftenmaschine, mit der Barack Obama als erster Präsident der USA Überwachungsbefugnisse des sogenannten *Patriot Act* verlängerte, die am 26. Mai 2011 auszulaufen drohten.[103] Er weilte zur selben Zeit noch auf dem G8-Gipfel in Deauville und selbst die *Airforce One* hätte seinen Körper nicht mehr rechtzeitig nach Washington bringen können, um selbst Hand anzulegen.[104]

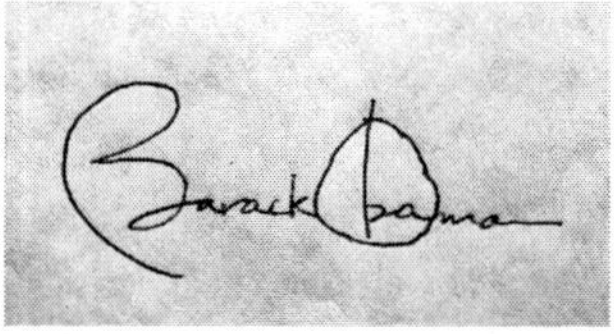

Abb. 6
Präsident oder Maschine?

Der jugendliche Peirce wird sich als Helfer des Vaters, der Mathematiker war, als Gutachter eines aufschlussreichen Falles annehmen. Es handelt sich um den sogenannten *Howland Will*, bei dem Sylvia Ann Howland 1863 ihrer Nichte Hatty H. Robinson über zwei Millionen Dollar hinterlässt, weil sie sich in den letzten Jahren um sie kümmerte.[105] Aber wie in Nachlassdingen recht häufig, taucht ein zweites Testament auf, das die Summe

---

101 Vgl. Bernhard Siegert (2001): Passagen des Digitalen. Zeichenpraktiken der neuzeitlichen Wissenschaften 1500–1900. Berlin 2001.

102 Vgl. Silvio A. Bedini (1984): Thomas Jefferson and his Copying Machines. Charlottesville 1984.

103 Vgl. Fabian Steinhauer (2016): „Der *Patriot Act* und der *Autopen*. Eine Geschichte zur Theorie der (Kontra-)Signaturen“, in: Archiv für Mediengeschichte: Medien der Bürokratie. Hg. v. Bernhard Siegert [u.a.]. Paderborn 2016. S. 163–177.

104 Vgl. „Obama lässt Gesetz von Automat unterschreiben“, in: Welt.de, 2. Mai 2011, zuletzt abgerufen am 21. April 2022.

105 Vgl. Paul Meier u. Sandy Zabell (1980): „Benjamin Peirce and the Howland Will“, in: Journal of the American Statistical Association, Vol. 75, No. 371 (1980). S. 497–506.

anders verteilt. Kurzum geht es um die Frage, ob die Unterschrift auf einem der Dokumente gefälscht ist oder nicht. Was den Fall so interessant macht, ist die Tatsache, dass die Peirces durch statistischen Vergleich von 42 Unterschriften den Nachweis führen werden, dass eine der Unterschriften auf dem Testament gefälscht ist. Statistik schlägt die Graphologen in der alten Welt.

Wie also Unterschriften geschrieben und gelesen werden, hat historische[106] und d.h. spezifisch technische Voraussetzungen. So einfach die Performanz des Unterschreibens als solche erscheint, man denke nur an das Handzeichen der drei Kreuze, die notariell beglaubigt immer noch zu den rechtsgültigen Signaturen gehören, desto komplexer ist das Dispositiv, in das es sich hineinschreibt. Das gerade in der Kulturwissenschaft so populäre Wort der „Einschreibung" meint ja vor allem, dass es immer schon eine Materialität, eine Matrize, Formulare, oder gleich ein ganzes Experimentalsystem gibt, die auf solche Performanz vorbereitet sind.[107]

Schriftgutachter benötigen dazu eine Beschreibungssprache, die Merkmale zu differenzieren erlaubt, was man intuitiv in einer Hand- und Unterschrift vor Augen habe. Dazu gehört die Lage der Schrift wie ihre Bindungsformen, die sich in der Druckschrift, die heutige Schüler in Hamburg lernen, ganz auflösen können. Aber damit ist es längst nicht getan. Ganze Merkmalskataloge wird die Graphologie vorlegen, um ihren Gegenstand in allen Details exakt zu erfassen und Abweichungen aller Art auf die Spur zu kommen. Auch, ob es sich bei der Schrift tatsächlich um eine (automatische) Hand-, Ausdrucks- (Ludwig Klages) oder gar Hirnschrift (Rudolf Pophal) handelt, wird diese Disziplin in diverse Schulen teilen, die einerseits der Ausdrucksbewegung mit Mitteln der Psychophysik (Wilhelm Helmut Müller) beikommen will, andererseits ganz passive Intuition (Max Pulver) als Quasimethode empfiehlt. Auch die Frage, ob eine

106 Die kürzeste Geschichte der Unterschrift hat Thomas Macho (2005) verfasst: „Handschrift – Schriftbild. Anmerkungen zu einer Geschichte der Unterschrift", in: Schrift. Kulturtechnik zwischen Auge, Hand und Maschine. Hg. v. Gernot Grube, Werner Kogge u. Sybille Krämer. München 2005. S. 413–422. Etwas erweitert findet sie sich auch in ders. (2008): „Tiere zweiter Ordnung. Kulturtechniken der Identität und Identifikation", in: Über Kultur. Theorie und Praxis der Kulturreflexion. Hg. v. Dirk Baecker, Matthias Kettner u. Dirk Rustemeyer. Bielefeld 2008. S. 99–119.

107 Vgl. Hans-Jörg Rheinberger (2005): Iterationen. Berlin 2005.

Unterschrift letztlich ein Bild oder eine Schrift oder eben beides ist, wird verhandelt. Beinahe niemand glaubt inzwischen daran, dass Graphologie eine Wahrheit des Menschen verkündet. Ihre Erfassung der Handschrift aber, durch Beschreibung, Rasterung, auch durch Schriftwaage und andere Experimente rund um die motorische Hand[108], hat ein Wissen erzeugt, das genauso in den aktuellen Expertisen gerichtlicher Schriftgutachter zu finden ist, wie in Signierpads. Im Zeitalter der elektronischen Signatur, in dem jeder Paketbote über ein *PenPad* verfügt, um sich Pakete quittieren zu lassen, geht es schlicht um Zeit- und GPS-Positionsdaten, die nachvollziehbar machen, wann und wo die Transaktion erfolgt ist.

Augenscheinlich sind diese eigenhändigen Unterschriften noch immer die unseren. Rechtlich wie logistisch sind sie eher ein neuer Typ Handzeichen. Andererseits können – bei den besten graphischen Schreibbrettern der Zunft – dynamische und biometrische Daten des Schreibvorgangs ermittelt werden, die wiederum statistisch verarbeitet etwas über die Echtheit einer Unterschrift ohne Ansehen derselben durch menschliche Augen aussagen.[109] Umgekehrt gibt es inzwischen Programme, wie *HSDetect*, die Schriftsachverständigen assistieren und sie sogar ersetzen können. Jene Merkmale, die von den Graphologen ab der zweiten Hälfte des 19. Jahrhunderts erkannt werden, verwandeln sich in Algorithmen, die Handschriften durchsuchen und abgleichen. Der mehr oder weniger individuelle Zug verwandelt sich in nackte Geometrie, die zur Sache der Informatik wird: „Einen entscheidenden Unterschied zu verwandten Arbeiten stellt der Umstand dar, dass für das hier entwickelte Verfahren auf eine inhaltliche, textuelle Erkennung der Handschrift verzichtet wird und stattdessen ausschließlich die geometrische Gestalt des Schriftbildes die Grundlage für die Suche bildet."[110]

---

108 Vgl. exemplarisch Karl Bayer: Experimentelle Untersuchungen über die Schreibzeit und den Schreibdruck. Leipzig 1939. Vgl. dazu Armin Schäfer (2005): „Lebendes Dispositiv: Hand beim Schreiben", in: Psychographien. Hg. v. Cornelius Borck u. Armin Schäfer. Zürich u. Berlin 2005. S. 241–265.

109 Vgl. Jörg-M. Lenz u. Christiane Schmidt (2004): Die elektronische Signatur. Eine Analogie zur eigenhändigen Unterschrift. Stuttgart 2004. S. 170–181.

110 Sascha Schimke (2008): Suche in on-line erfassten digitalen Handschriftendokumenten. Dissertation an der Otto-von-Guericke-Universität Magdeburg 2008 (nicht für den Austausch).

Digitale Signaturen, auch die des Staates selbst, treten das Erbe eines *Nomogramms* an, bei dem Gesetz, Körper, Name und Staat – vermittelt durch die eine schreibende Hand – verschaltet werden müssen, um etwas zu beschließen, es abzuschließen und in Geltung zu setzen. Unterscheiben mit Füllfederhaltern und Papier wird in diesen Tagen zum Anachronismus, denn es ist gar nicht mehr notwendig, dass sich der Körper, zum Beispiel des Präsidenten, zu jenen Dokumenten und Urkunden hinbewegt, die seine Signatur erwarten.

Selbstverständlich kommt das Unterschreiben inzwischen beinahe ganz ohne das *de manu propria* aus. Im sogenannten *E-commerce* kann allein ein Klick reichen. Immerhin ist dabei zumeist noch ein Finger an der Maus beteiligt, um Verträge zu unterschreiben.[111] Um Fälschungssicherheit solcher Signaturen kümmert sich jetzt die Kryptographie und nicht mehr der Signatar, der durch besondere Paraphen seine Unterschrift entsprechend unnachahmlich gestalten möchte. Um mit *Faust* zu sprechen sind digitale Signaturen nicht einmal mehr ‚Fratzen'. Dem Schriftsachverständigen, der vor Gericht begutachten muss, ob diese Zeichen echt sind, müssen Informatiker und Mathematiker zur Seite gestellt werden, die diesen speziellen digitalen Code zu ‚entziffern' wissen. Michel Serres fragte sich jüngst, im Banne jener Jugend, deren Hand sich umstellt auf Daumen, die beständig auf Tastaturen von Smartphones tippen: „Welchen Namen wird Däumelinchen in ihren Paß drucken lassen?"[112]

Ohne Gesicht

Die kulturkritische Klage, dass die Handschrift dem Untergange geweiht sei, konnte man jüngst erneut vernehmen, als in Hamburg die vereinfachte, d.h. unverbundene Grundschrift als

---

Auch *Windows X* von Microsoft versucht sukzessive die Handschriftenerkennung zu verbessern.

111 Vgl. SigG (2001), inzwischen ersetzt durch: eIDAS (electronic IDentification, Authentication and trust Services); in Deutschland auch IVT genannt, vgl. https://eur-lex.europa.eu/legal-content/DE/TXT/?uri=CELEX:32014R0910. Vgl. Christoph Engemann (2003): Electronic Government – vom User zum Bürger: Zur kritischen Theorie des Internet. Bielefeld 2003.

112 Michel Serres (2012): Erfindet euch neu! Eine Liebeserklärung an die vernetzte Gesellschaft. 2. Aufl., übers. v. Stefan Lorenzer. Berlin 2013. S. 67. Andererseits greift er eben die alte handgreifliche Metapher wieder auf: „Weil alle Welt das Wissen, das da verbreitet wird, bereits hat. Zur Gänze. Zur freien Verfügung. Zur Hand" (S. 35). Vgl. die Erzählung von Alexander Kluge, (2000): „Eine, deren Unterschrift unter dem Gesellschaftsvertrag gefälscht ist", in: Chronik der Gefühle. Bd. II: Lebensläufe, Frankfurt a.M. 2000. S. 426.

erste Handschrift eingeführt wurde.[113] Immer noch glaubt die Welt daran, dass schlechte Handschriften problematische Subjekte erzeugen, in diesem Falle ‚daddelnde' Kinder, die nicht einmal mehr die grundsätzlichen Kulturtechniken Lesen, Schreiben und Rechnen beherrschen. Wer etwas Mediengeschichte studiert hat, wird müde ob solch pauschaler Kritik, auch wenn sie nicht gänzlich Unrecht hat. Aber wenn es auch ein Phantasma ist, dass Handschrift und Charakter direkt gekoppelt wären, schon Lichtenberg hat darüber alles gesagt, so ist Geschichte und Praxis ihrer Identifizierung in einem immer noch aktuellen Indizienparadigma aktuell. Unsere Ausweispapiere verzichten allerdings noch nicht auf die eigenhändige Unterschrift, auch wenn sich die Fälschungsvorrichtungen auf andere biometrische Daten, besonders das eigene Bild, verschieben. Im Zeitalter der gesichtslosen Unterschrift führt man lieber Debatten über die Legitimität automatischer Gesichtserkennung.

*

Auf den folgenden Seiten wird es, Zeichen der Zeit, nichts *Handschriftliches* zu lesen geben, erst recht keine Unterschrift, die diesen Namen buchstäblich verdient hätte. Unterschriften finden sich im fortlaufenden Text als digital verrechnete Faksimiles oder bereits in Schrifttypen verwandelt, bevor sie durch einen Drucker auf weißes Papier ‚geschossen' und dann auch noch gedruckt wurden. Nichts ist hier analog – wie man so schön sagt – also von eigener Hand, *de manu propria*, geschrieben. Es findet sich deshalb auch kein *Manu*skript im wörtlichen Sinne, an das sich der Graphologe setzen könnte, um daraus den Charakter oder gleich die ganze Biographie des Autors herauszulesen, wie Adolf Henze noch orakelte. Für Schreibmaschinentexte hat es noch graphologische Gutachten gegeben, Digitalisate dagegen offenbaren eine mediengeschichtliche Grenze, nicht nur dieser Parawissenschaft, sondern auch unserer Untersuchung. Ge- und

113 Vgl. u.a. Karina Braun: „Ein neuer Schulkonflikt in Hamburg: Die Streit-Schrift", in: Hamburger Abendblatt, 29.6.2011. Heike Schmoll: „Druckschrift statt Schreibschrift. Politische Handschriften", in: FAZ, 2. August 2011. Zur Übersicht der aktuellen Ausgangsschriften in den Bundesländern, vgl. Erika Brinkmann: „Lehr-/Bildungs- und Rahmenpläne in den Bundesländern: Was bedeuten sie für die Einführung der Grundschrift?", in: Grundschule aktuell, Heft 112, November 2010. S. 23–27.

unterschrieben wird hier von meiner ‚eigenen Hand' nichts, alles jedoch, im metonymischen Sinne. Das gilt argumentativ wie institutionell, falls beides überhaupt zu trennen ist: Die Autorschaft dieses wissenschaftlichen Textes schreibt sich von dem Namen auf der Titelseite her und wird von einer entsprechenden Unterschrift verbürgt, die zunächst bei ‚Einlieferung' als Habilitationsschrift mehrfach gegeben werden musste und ihren Weg so in die Archive der Ruhr-Universität Bochum gefunden hat.

Es gibt sie noch, die gute alte Unterschrift, auch wenn sie mediengeschichtlich längst eines ihrer Enden erreicht hat, und durch andere „technische Nothilfen", wie Benjamin gesagt hätte, ersetzt wird. Auf dieses Ende starrt man beständig, wenn man Textverarbeitung betreibt:

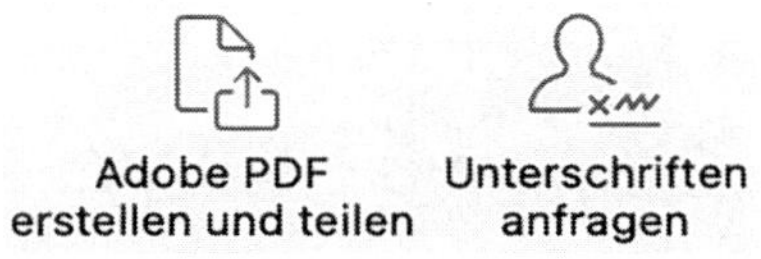

Abb. 7
Signaturbefehl in *Word* für Mac

KAPITEL I

Familienähnlichkeiten

Abb. 8
Handabdruck in der Chauvet-Höhle

Archaische Handzeichen

Die Hand gibt erste und letzte Zeichen.[1] Ihre Spuren bilden eine große Familie aus Abdrücken, Signaturen, Unterschriften. Unterschreiben, immer verbunden mit einer rechtlichen und institutionellen Dimension, ist eine alte Praxis. Noch weiter zurück reicht die Signatur, wenn man sie als elementares Identitätszeichen versteht. Testamente oder Verträge werden zumeist willentlich gezeichnet, zumindest wenn sie rechtliche Geltung erlangen sollen. Identitätszeichen, Spuren, aus denen man erkennen kann, dass dort etwas oder gar jemand gewesen ist, werden zumeist unwillkürlich hinterlassen.[2] Das gilt für Dinge ebenso, wie für Tiere oder Menschen. In diesem Sinne ist jene Mannigfaltigkeit, die wir Natur nennen, gespurte und gebahnte Hinterlassenschaft – erst recht der Geist, in seiner sich entäußernden materiellen Ausprägung. Wenn Elektronen zusammenstoßen, Sterne explodieren, Gletscher oder Götter ihre Bahnen ziehen, Tiere weiden, Hände unterschreiben,

1 Abb. in: André Leroi-Gourhan (1971): Prähistorische Kunst. Freiburg i. Breisgau 1971. Vorsatzblatt.

2 Vgl. Hans-Jürgen Gawoll (1986/87): „Spur: Gedächtnis und Andersheit 1: Geschichte des Aufbewahrens“, in: Archiv für Begriffsgeschichte 30, S. 44–69 und ders. (1971/2007): „Spur“, in: HWP, Bd. 9, S. 1550–1555. Vgl. zudem als phänomenologischen Fachbegriff Helmuth Vetter (2004): „Spur“, in: WPG, S. 505f.

© BRILL FINK, 2023 | DOI:10.30965/9783846766354_002

überall verbleiben Spuren, die Semiotiker auch indexikalische Zeichen nennen.[3]

Etwas ist vorbeigegangen, lange bevor das *zoon logon echon* diese Erde bewohnen wird. Um zu überleben, wird das sprechende und jagende Tier lernen müssen Spuren zu lesen, es handelt sich um ein anfängliches Wissen, das in Geschichten Ausdruck findet. Es lernt seine Aufmerksamkeit auf uralte Spuren zu richten, die Götter oder Naturkatastrophen hinterlassen haben könnten und es wird Jahrhunderte später aus ihnen eine, wie Novalis es 1798 in den *Lehrlingen zu Saïs* sagt, „große Chiffernschrift"[4] herauslesen, die das Seiende im Ganzen durch Ähnlichkeit zeichnet. Letztere sorgt für jene große Verwandtschaft ebenbildlicher Schöpfung, die es wiederzuerkennen gilt. Haucht man solch primärer Schrift einen ihr zu Grunde liegenden Sinn ein, wird alles, was überhaupt existiert, zur Schrift Gottes. Jener Mensch, lange bevor er sich unter diesem Gattungsnamen begreift, ist von Anfang an als Sammler und Jäger auf einer Fährte, die markiert ist durch etwas zuvor. Diese Ausgangslage hat den italienischen Historiker Carlo Ginzburg zu der spekulativen These veranlasst, das Erzählen entstehe aus Spuren und verdanke sich dem archaischen Wissen der Jäger:

> Charakteristisch für dieses Wissen ist die Fähigkeit, in scheinbar nebensächlichen empirischen Daten eine komplexe Realität aufzuspüren, die nicht direkt erfahrbar ist. Man kann hinzufügen: Der Beobachter organisiert diese Daten so, daß Anlass für eine erzählende Sequenz entsteht, deren einfachste Formulierung lauten könnte: ‚Jemand ist dort vorbeigekommen'. Vielleicht entstand die Idee der Erzählung selbst (im Unterschied zu Zaubersprüchen, Beschwörung und Anrufung) zuerst in einer Gesellschaft von Jägern und aus der Erfahrung des Spurenlesens. [...] Der Jäger hätte demnach als erster ‚eine Geschichte erzählt', weil er als einziger fähig war, in den stummen – wenn nicht unsichtbaren – Spuren der Beute eine zusammenhängende Folge von Ereignissen zu lesen.[5]

3 Allerdings wird die Spur als Begriff erst jüngst zum philosophischen Grundbegriff, ebenso zu kulturwissenschaftlichem Kleingeld, inzwischen offenkundig etwas aus der Mode gekommen. Vgl. den kulturwissenschaftlichen Überblick von Sybille Krämer (2007): „Was also ist eine Spur?", in: Spur. Spurenlesen als Orientierungstechnik. Hg. v. Sybille Krämer, Werner Kogge u. Gernot Grube. Frankfurt a.M. 2007. S. 11–37.

4 Novalis (1802): Die Lehrlinge zu Saïs, in: Schriften, Bd. I, hg. v. Richard Samuel. München; Wien 1978 [Lizenzausgabe WBG 1999]. S. 199–237, hier: S. 201.

5 Carlo Ginzburg (1997): „Spurensicherung. Der Jäger entziffert die Fährte, Sherlock Holmes nimmt die Lupe, Freud liest Morelli – die Wissenschaft auf der Suche nach sich selbst", in ders.:

Ohne diese Spuren wird es überhaupt kein Ereignis gegeben haben, das zu erzählen wäre. Was das Erzählen in dieser Hypothese möglich macht, ist die ausgezeichnete Abwesenheit und deren Übersetzung in Geschichten. Wären die Tiere selbst vor Ort und nicht das, was sie hinterlassen, dann gäbe es weder Anlass für Beobachtung, die an Nebensächlichkeiten eine komplexe Realität entdeckt, noch müsste überhaupt von ihnen erzählt werden. Man könnte direkt dazu übergehen, die Beute zu erlegen und sich einzuverleiben, diskretere Gebote wären gar nicht nötig. Nicht nur Elias Canetti behauptet, dass die Vorstellung von unmittelbarer Präsenz es mit dem Essen zu tun hat. Für ihn steht das Ergreifen und Verschlingen und vor allem das Vermögen sich davor schützen können, am Nullpunkt jeder Macht.[6] Überhaupt scheint nur das erzählbar, was gerade nicht zur Hand ist, alles andere könnte doch direkt von ihr gezeigt werden, auch wenn selbst diese direktive Deixis sich als Illusion erwiesen hat und nicht klären kann, worauf sie denn genau zeigt.

Selbstverständlich ist nicht jede Spur schon ein Identitätszeichen. Erstaunlicher als die Spuren selbst ist allerdings, welche Urszenen über sie erzählt werden, von der philosophischen Spekulation über ganz nüchterne Archäologie, bis hin zum Kino. Sind die Abdrücke in der Höhle von Chauvet Unterschriften, Signaturen oder Identitätszeichen? Diese Handabdrücke gehören jedenfalls zu einem Mann und wurden am Eingang der Höhle gefunden. Dank des krummen kleinen Fingers rekonstruierten Speläologen jenen Weg, den dieser Mann einst in die Höhle hineinnahm, wo weitere Abdrücke von ihm zu finden sind: Eine Fährte von Hand- und anderen Körperabdrücken entsteht, die zum Gerüst einer ersten Geschichte wird. Generell ist zu sagen,

Spurensicherung. Übers. v. Gisela Bonz u. Karl F. Hauber. Berlin 2002. S. 7–58, hier: S. 19. An diesen wegweisenden Aufsatz schließt sich, unter reichlich Import poststrukturalistischer Theorie, ein literaturwissenschaftliches Spuren- und Indizienparadigma an. Vgl. u.a. Manfred Schneider (1986): Die erkaltete Herzensschrift. Der autobiographische Text im 20. Jahrhundert. München; Wien. S. 66–93. Michael Wetzel (1985): „Spurenentsicherung. Ginzburg, Derrida und Foucault als Leser Freuds", in: Fragmente Nr. 17/18, Kassel, S. 175–203. Darüber hinaus vgl. neben dem oben bereits zitierten Sammelband von Kogge und Krämer (2005) und Spuren, Lektüren. Praktiken des Symbolischen. Hg. v. Giesela Fehrmann; Erika Linz u. Cornelia Epping-Jäger. München: Fink 2005.

6 Vgl. Elias Canetti (1960): Masse und Macht. 29. Aufl., Frankfurt a.M. 2003. S. 238f. Ohne auf Canetti einzugehen, wird diese Logik analysiert von Derrida (1989a): „‚Man muss wohl Essen' oder die Berechnung des Subjekts", in: Auslassungspunkte. Gespräche. Hg. v. Peter Engelmann, übers. v. Karin Schreiner u. Dirk Weissmann. Wien 1998. S. 267–299, hier: S. 293f.

dass diese Abdrücke auf ganz unterschiedliche Weise hergestellt wurden: Zumeist wurde der Handrücken, immer der linken Hand, an die Wand gedrückt und seine Umrisse nachgezeichnet. Wir haben es also nicht mit den Fingerabdrücken zu tun, sondern eher mit einer Frühform von Malerei. Kulturwissenschaftler betrachten diese Abdrücke als älteste Urheberzeichen überhaupt. Thomas Macho eröffnet mit diesen „Körperzeichen" seine kurze Geschichte der Unterschrift.[7] Er steigt ebenfalls in die prähistorischen Höhlen von Pech-Merle über Gargas bis Chauvet hinab, in denen sich einzeln oder in Gruppen hinterlassene Hand- und Fußabdrücke finden lassen. Ihre Funktionen verbleiben jedoch im Dunkeln dieser Höhlen, selbst wenn Filmkameras diese Hände dreidimensional in Kinosäle ‚stülpen', um sie berührbar zu machen, als wären die Augen Hände.[8]

Macho zitiert zentrale Größen prähistorischer Forschung, allen voran André Leroi-Gourhan[9], die vermuten, es handele sich bei diesen Abdrücken um elementare Geschlechterzeichen oder Male ritueller Initiation. Er ist darum bemüht, den Begriff „Kulturtechnik" in Anschluss an Foucaults „Selbsttechnik"[10] kulturwissenschaftlich zu wenden, was bereits der Titel des Aufsatzes verspricht, der von „Tieren zweiter Ordnung" spricht. Es

7 Eine Geschichte, die es in zwei Versionen gibt: Vgl. Macho (2005): „Handschrift – Schriftbild. Anmerkungen zu einer Geschichte der Unterschrift", in: Schrift. Kulturtechnik zwischen Auge, Hand und Maschine. Hg. v. Gernot Grube, Werner Kogge u. Sybille Krämer. München 2005. S. 413–422, hier: S. 414. Umfassender und begrifflich ausgearbeiteter ist die spätere Version, auf die wir uns hier beziehen, vgl. Macho (2008): „Tiere zweiter Ordnung. Kulturtechniken der Identität und Identifikation", in: Über Kultur. Theorie und Praxis der Kulturreflexion. Hg. v. Dirk Baecker, Matthias Kettner u. Dirk Rustemeyer. Bielefeld 2005. S. 99–119.

8 Inzwischen sind diese Höhlen wie Tresore abgeschlossen, weil der Atem der Besucher, z.B. in Lascaux, Schimmelbildung an den Wänden verursacht und droht, die Zeichnungen auszulöschen. Antwort auf dieses Problem sind Nachbauten der Höhlen oder eben das filmische Surrogat in 3-D. Es erzeugt eine ganz neue Sphäre von Berührbarkeit und kreuzt eine Grenze, so wie sie von Diderot bis McLuhan diskutiert wird, wobei der Tast- im Sehsinn aufgespürt wird (vgl. dazu Kap. IX). Vgl. den Film von Werner Herzog (2010): Cave of Forgotten Dreams, Picturehouse.

9 Zur prähistorischen Forschung vgl. André Leroi-Gourhan (1971): Prähistorische Kunst, S. 170–183. Vgl. auch das wichtige Buch über die Höhlenkunst in Lascaux von George Bataille (1955): Die vorgeschichtliche Malerei. Lascaux oder die Geburt der Kunst. Übers. v. Karl Georg Hemmerich. Genf 1955. S. 38: „Es muss also das Fest, indem es alle Hilfsmittel des Menschen in Bewegung setzt und sie in Formen der Kunst verwandelt, Spuren hinterlassen, während sie aus früherer Zeit fehlen."

10 Vgl. Foucault (1984a): „Technologien des Selbst", in: Technologien des Selbst. Hg. v. Luther H. Martin [u.a.]. Übers. v. Michael Bischoff. Frankfurt a.M. 1993. S. 26–63.

handelt sich offensichtlich um eine terminologische Anleihe bei der Systemtheorie. So wird einerseits vermieden, vorschnell den Signifikanten „Mensch" zu verwenden, um die Differenz zum Tier nicht antagonistisch sondern graduell zu fassen. Andererseits betont Macho das rekursive Moment, das jenen Techniken zu eigen ist, mit denen „symbolische Arbeit" geleistet werde. Das gilt im Prinzip für alle, die sich auch im Feld des Unterschreibens finden lassen, wie Macho resümiert:

> Als Techniken zweiter Ordnung fungieren die Kulturtechniken von Anfang an als Techniken der Selbstthematisierung, der Identitätsbildung und der Identifikation. Bis heute werden die meisten Kulturtechniken – gleichgültig, ob Bilder, Schriften und Zahlen – zur Selbstbeschreibung, Selbstbezeugung und Authentifikation verwendet: Portraits und Passbilder, Körperzeichen (wie die Fingerabdrücke), Siegel, Stempel, Wappen oder Logos, Unterschriften und Signaturen, Zahlencodes (von der Personal- oder Sozialversicherungsnummer bis zum Pin-Code am Geldautomaten).[11]

Ob die Handabdrücke in den prähistorischen Höhlen zu diesen avancierten Techniken gehören, bleibt in Machos Ausführungen unklar. Letztlich sind archäologische Vermutungen höchst spekulativ, wenn sie inzwischen auch durch elektronische Datenverarbeitung technisch hochgerüstet sind. Diese erfasst und katalogisiert Artefakte, Knochen und anderen Spuren. Ohne moderne Technik, ließen sich die meisten dieser Spuren gar nicht aufspüren und sichtbar machen. Digital modelliert finden sie sich in virtuellen Höhlen. Der Vorgeschichte soll ihr Geheimnis entrissen werden, die vom Anfang des Menschen zeugen soll, der als Tier zweiter Ordnung signierend seine Karriere beginnt.

Erste Handlung: Identitätszeichen zu hinterlassen. Martin Schaub stellt dazu fest, dass sich die ‚Künstler' selbst, d.h. ihren Körper als ‚ganzes', in diesen Höhlen beinahe ausnahmslos aussparen, eben mit Ausnahme ihrer Hände und Füße, deren Zeichenfunktion jedoch unklar bliebe: „Vieles ist vorgebracht worden, und nichts lässt sich entziffern als die stolze Geste, die ‚ich' und ‚hier' sagt. Ich, meine Hand, und hier das Zeugnis."[12]

11 Macho (2008): „Tiere zweiter Ordnung", S. 100.

12 Martin Schaub: „Hand und Kopf", in: Du. Die Zeitschrift der Kultur, 8 (1996). Zürich, S. 84–85, hier: S. 84f.

Aus dem Handabdruck, wird so unter der Hand so etwas, das man im Recht auch heute noch als „Handzeichen“ versteht. Der Ursprung des Bildes fiele zusammen mit jener ersten, noch ganz unmittelbaren Spur dieser Geste, die vielleicht weder über ein diskretes ‚ich‘ noch ein ‚hier‘ verfügt und die an der Grenze der Sprache erst durch diesen Akt in die Welt derartiger Selbstverhältnisse gerissen wird. Der Mensch entstehe, so spekuliert Maurice Blanchot, in einer Art Urszene der Bildbearbeitung, ein Bild allerdings, das aus tierischer Schrift entsteht. Denn abermals ist es die animalische Spur, die Kunst und Signatur herausfordert:

> Bald erfindet der Bär die Kunst, indem er die Wände zerkratzt und dort Furchen hinterlässt, die sein menschlicher Kumpan [...] mit dem Verlangen umreißt, den geheimnisvollen Charakter, den er dort entdeckt, sichtbar zu machen. [...] Es ist die erste Signatur des ersten Bildes, [Blanchot spricht von den Malereien in Lascaux, P.R.], das bescheiden in eine Ecke gesetzte Zeichen, die flüchtige, furchtsame, unverwischbare Spur des Menschen, der zum ersten Mal aus seinem Werk geboren wird, sich aber auch durch es stark bedroht und vielleicht schon vom Tod getroffen fühlt.[13]

Vor der Unterschrift, gibt es die animalische Spur. Aus ihr entstünde jene Künstlersignatur, die an den „Ecken“ dieses ersten Bildes eingetragen wird. Kratzen möge daher eine untergründige Verwandtschaft zur Abweichung in der Schrift behalten. Der Mensch träte nicht als *homo sapiens* auf, der immer schon wüsste was er tut, oder als *homo monstrans*, der auf etwas zeigt und dieses Ding durch das Anhängen eines Namens bezeugend benennt, wie Jean-Luc Nancy es in seiner Version der Höhlengeschichte nahelegt.[14] Auch als *homo pictor* produziert er nicht einfach etwas, das schon Bild genannt werden könnte.[15] Erst der *homo signatum* entwendet dem ‚Tier erster Ordnung‘ die Spur, indem er sie umreißt – technische Seite von Spurensicherung – und sie in dieser Rahmung als solche erst sichtbar macht. Als

13 Maurice Blanchot (1976): Die Freundschaft. Übers. v. Ulrich Kunzmann [u.a.]. Berlin 2011. S. 17 u. 21.

14 Jean-Luc Nancy (1994): „Höhlenmalerei“, in ders.: Die Musen. Übers. v. Gisela Febel u. Jutta Legueil. Stuttgart 1999. S. 105–121, hier: S. 110.

15 Vgl. Jean-Marie Le Tensorer (2001): „Ein Bild vor dem Bild? Die ältesten menschlichen Artefakte und die Frage des Bildes“, in: Homo Pictor. Hg. v. Gottfried Boehm. München u. Leipzig, S. 57–75.

semiotisches Wesen hätte er in diesem Akt erst jene Oberfläche erzeugt, die Einschreibung überhaupt möglich macht. Was zuvor ist, hat nichts mit jener primären Wachsschicht Platons, oder der empirischen *tabula rasa* zu tun, die als Gedächtnismetaphern eine lange Karriere haben.[16] Ersterer erinnert allerdings an einen Vorgänger des Unterschreibens, indem er gleich die ganze Seele als Signierautomaten vorstellt, dem alles eingeprägt wird: „Wahrnehmungen und Gedanken [...], wie beim Siegeln mit dem Gepräge eines Ringes."[17] Allerdings tritt hier mit dem Ring etwas zwischen die Hand und ihren Abdruck, das man Technik nennen kann. Vor lauter Resten umreißender und überschreibender Gesten, gibt es gar keine reine Fläche.[18]

Platons Prägung der Seele durch einen Siegelring, hat sicher etwas damit zu tun, dass er den Typen, d.h. der klaren und distinkten Form, eher vertraut, als tierischen Kratzern von Bären. Es sagt aber auch etwas über den Status des Urkundenwesens seiner Zeit aus, die eben dem Siegel mehr vertraut als der Schrift, die ohnehin eine Technik weniger Privilegierter ist.

Bemerkenswert an den Ausführungen von Blanchot ist zum einen, dass die Erfindung der Kunst als Koproduktion zwischen Mensch und Tier stattfindet. Zum anderen richtet dieser signierende Akt – es handelt sich nicht mehr um einen einfachen Abdruck – ein Werk auf, das seinem Schöpfer als Bedrohung gegenübertritt. Diese erste Signatur enthüllt ihm die Unendlichkeit des Nicht-Ich, aus der er heraustritt, die ihn aber als tödliche Angst immer wieder einholt. Aus all diesen Spekulationen über die erste Handzeichen in Höhlen ist zu lernen, dass Eigenhändigkeit zwar uralt ist, jedoch in modernen Zeiten erst ihre volle Dignität erhält. Solche Handabdrücke sind vermutlich Teil eines Ritus, intentional gar nicht bestimmt dazu, die Identität oder den Willen eines Individuums zu bezeugen, gar ein Kunstwerk oder einen Vertrag zu signieren, um etwas als Eigentum zu

---

16 Eine Skizze dieser Metapher, samt den entsprechenden Quellenangaben, findet sich bei Bernhard H.F. Taureck (2004): Metaphern und Gleichnisse in der Philosophie. Versuch einer kritischen Ikonologie der Philosophie. Frankfurt a.M. 2004. S. 425f.

17 Platon (360 v. Chr.): Theaitetos, in: Werke in acht Bänden. Hg. v. Gunther Eigler: Bd. 6, 2. unveränderte Aufl., übers. v. Friedrich Schleiermacher, bearb. v. Peter Staudacher. Darmstadt 1970. S. 2–217, hier: S. 155 (191d).

18 Dass diese Geste immer eine andere Schrift überschreibt oder umreißt, beweisen auch E.T.A. Hoffmanns *Kater Murr* und Hans Wollschlägers Roman *Herzgewächse*.

errichten. Aber der Witz der Spur ist ja gerade, dass sie – immer schon anderes als Bedeutung verzeichnend – ohne Intentionen auskommt und offen bleibt für unendliche Semiose, auch für ihr Verwischen und Löschen durch andere(s).[19]

Wo es eine Spur gibt, da bleibt auch Lesbarkeit, die ihre Adressaten noch nicht kennen kann. Vielleicht als Zeichen eines Ritus gemeint, können diese Abdrücke heute mit kriminalistischen Mitteln problemlos zum Identitätszeichenzeichen werden, man denke nur an den Fall *Ötzi*. Und das gilt gerade, wenn nicht nur *in* der Kunst jene vorgeschichtliche und ursprüngliche Eigenhändigkeit recycelt wird, deren Verlust in das digitale Zeitalter und damit zur „Nachgeschichte“ führt, wie Vilém Flusser behauptet. Auch Flusser lässt seine Seinsgeschichte, die Mediengeschichte ist, in der Höhle von Lascaux beginnen. Auf die Frage, was dort geschehen sei, als Pferde und Rinder an die Wände gemalt wurden, gibt er die einfache Antwort: „Die Leute von Lascaux haben den Akzent von ihren Händen auf ihre Augen verschoben.“[20]

Jene ursprünglichen Spuren, die den Menschen erst ins Dasein reißen, indem er die animalischen umreißt, bekommen ‚Spiel‘. Im Exordium wurde gezeigt, wo der sogenannte Übermaler Arnulf Rainer, dessen Leidenschaft die handgreifliche Bildbearbeitung ist, seine Signatur unter jene Hände des Künstlers setzt, die auf den ersten Blick so aussehen, als wären sie mit Blut dort abgedrückt worden. Georges Didi-Huberman hat ausführlich gezeigt, wie gerade die moderne Kunst ein Recycling eines solch anachronistischen Abdruckparadigmas vollzieht.[21] Wie auch immer: Jedenfalls umfasst in dem Bild von Rainer die eigenhändige Unterschrift, wenn sie im Bild erscheint, zugleich Authentizitätszeichen und Markennamen des Künstlers, also Künstlersignatur, Handzeichen, die wiederum Zitate der Hände von Chauvet sind. Andererseits, wären die Handzeichen des Künstlers nicht eigentlich die, zumal fälschungsresistentere Signatur, die eben die Unterschrift gegenzeichnet?

---

19 Vgl. Derrida (2006): Das Tier, das ich also bin. Übers. v. Markus Sedlaczek. Hg. v. Peter Engelmann. Wien 2010. S. 60.

20 Vilém Flusser (1993): Lob der Oberflächlichkeit. Für eine Phänomenologie der Medien, in: Schriften. Hg. v. Stefan Bollmann u. Edith Flusser, Bd. 1. Frankfurt a.M. 1993. S. 13.

21 Vgl. Georges Didi-Huberman (1997): Ähnlichkeit und Berührung. Archäologie, Anachronismus und Modernität des Abdrucks. Köln 1999.

Signaturen

Von diesen Überlegungen ausgehend, lässt sich die Frage stellen, was Unterschreiben überhaupt sei, zumal als das, wie Macho bestimmt: „moderne System der persönlichen und eigenen Unterschrift"[22], das noch um das Wort „eigenhändig" zu ergänzen ist. Er lässt die Unterschrift mit der Signatur terminologisch zusammenfallen. Letztere hat aber einen enorm größeren Begriffsumfang. Sie kann bekanntlich die Ordnung der Dinge im Ganzen bezeichnen. Oben hatten wir mit Novalis auf die romantische Neubelebung jener Episteme hingewiesen, in der alles mit Ähnlichkeit geschlagen war. Im zweiten Kapitel von Foucaults *Les mots et les choses*, das den Zwischentitel „Signaturen" trägt, werden verschiedene Typen von Ähnlichkeit unterschieden (*convenientia, aemulatio, Analogie, Sympathie*), die alle Dinge zueinander ordnen. Sie können aber nur in die Welt treten und sichtbar sein, weil es Signaturen gibt. Foucault paraphrasiert Paracelsus, wenn er schreibt: „Um zu wissen, daß der Eisenhut unsere Augenkrankheiten heilt, oder daß die im Mörser zerstampfte Nuss mit Weingeist unsere Kopfschmerzen heilt, muß man durch ein Zeichen darauf aufmerksam gemacht werden."[23] Ohne Signatur sind die Verbindungen zwischen den Dingen demnach gar nicht erkennbar, andererseits sorgt diese „Kerbe"[24], d.h. der semio-topische Abstand dafür, dass die Dinge nicht unmittelbar selbstevident und damit ununterscheidbar sind, wie Foucault an anderer Stelle andeutet.[25] Neben diesem umfassenden Sinn, bezieht sich die Signatur auf spezifische Abdrücke des Körpers, die Prägung von Siegel, Stempel und Wappen, gezeichnete Hausmarken und Notar-Signets, auch auf Logos, Waren- oder andere Urheberzeichen, z.B. Monogramme oder digital verschlüsselte Zahlencodes.

Die Familie der Signaturen ist also groß, im Gegensatz zu der von eigenhändig-individuellen Unterschriften. Im Urheberrecht wird keine Namensunterschrift oder Signatur vorausgesetzt, um die Urheberschaft eines Werkes zu beweisen, hier reicht die Unterstellung von Üblichkeiten, die notfalls vor Gericht in freier

22 Macho (2008): „Tiere zweiter Ordnung", S. 117.

23 Foucault (1966): Die Ordnung der Dinge. Eine Archäologie der Humanwissenschaften. Übers. v. Ulrich Köppen. Frankfurt a.M. 1995. S. 56.

24 Ebd. S. 61.

25 Ebd. S. 60.

Würdigung, d.h. auch durch Gutachter von Fall zu Fall geklärt werden können: „Wer auf den Vervielfältigungsstücken eines erschienenen Werkes oder auf dem Original eines Werkes der bildenden Künste in der üblichen Weise als Urheber bezeichnet ist, wird bis zum Beweis des Gegenteils als Urheber des Werkes angesehen; dies gilt auch für eine Bezeichnung, die als Deckname oder Künstlerzeichen des Urhebers bekannt ist."[26] In Bezug auf den Originalcharakter eines Werkes hat die Signatur für das Recht schlicht Indizienfunktion.[27]

Der Begriff „Signatur" kann ebenso metonymisch den Stil eines Künstlers oder Schriftstellers, Architekten oder Ingenieurs bezeichnen, die spezifische Form, an der man sie auch ohne ihren Namen wiedererkennen kann. Selbst im modernen Tanz finden sich deshalb überraschenderweise Signaturen. Sie sind bedeutsam, wenn ein Choreograph Autorschaft für einen Tanz beansprucht. Er kann sie durch das Unterschreiben seiner ‚Partitur' ebenso zum Ausdruck bringen, wie wenn er sie selbst tanzt und so durch die eigene Bewegung in Raum und Zeit signiert.[28] Seinen Namen tanzen zu können weist darauf hin, dass man auf einer Waldorfschule war.

Aus Unterschriften können wieder Bilder werden. Das geschieht beispielsweise durch Aufgabe des bürokratischen Schematismus und d.h. des Namenszuges. Man kann auch jedes Mal anders signieren, wie folgende Sammlung der 678 Signaturen von Salvador Dalí[29] nahelegt. Er hatte sich mit Pablo Picasso einen Kampf in Postkarten darum geliefert, wer die surrealistischste Unterschrift hat:

---

26 §10 Abs. 1 UrhG

27 Vgl. dazu das Lemma „Signatur", in: Friedrich Bischoff (1990): Kunstrecht von A-Z. München 1990. S. 112.

28 Welche Aporien sich daraus unter Bedingungen moderner Autorschaftskonzepte ergeben können, wurde untersucht von Gabriele Brandstetter (2010): „Signatur des Tanzes. Autorschaft und Zeichnung der Bewegung mit einer Performance von Amos Hetz: ‚I am drawing you are dancing. You are drawing I am dancing'", in: Denkfiguren. Performatives zwischen Bewegen, Schreiben und Erfinden. Hg. v. Nicole Haitzinger u. Karin Fenböck, München, S. 38–54. Vgl. Nancy (2010): 58 Indizien über den Körper, in: Ausdehnung der Seele. Texte zu Körper, Kunst und Tanz. Ausgewählt und übers. v. Miriam Fischer. Zürich; Berlin, S. 7–25.

29 Salvador Dalí (1984): Les 678 Tres Riches Signatures de Salvador Dali, Marques de Pubol. Hg. v. John Peter Moore. Wien 1984 [keine Seitenzahlen].

Abb. 9 Salvador Dalís Signaturen

Signatur und Unterschrift sind als Begriffe nichts deckungsgleich, auch wenn sie häufig synonym verwendet werden. In *Die Signatur* von Tobias Burg, die sich mit ihren *Formen und Funktionen vom Mittelalter bis zum 17. Jahrhundert* auseinandersetzt, erhärtet bereits der reichhaltige Bildteil die Vermutung, dass man dort keine individuell eigenhändige Unterschrift finden wird, jedoch eine erhebliche Anzahl von Signaturen, d.h. Monogrammen, Siegeln und so weiter.[30] Namen erscheinen nicht als individuelle *subscriptio*, sondern als Markenzeichen in Versalien ohne Manier, wie auf dem folgenden Beispiel bei Albrecht Dürer. Wichtiger als der Name ist hier ohnehin das Monogramm AD[31]:

30 Vgl. Tobias Burg (2007): Die Signatur. Formen und Funktionen vom Mittelalter bis zum 17. Jahrhundert. Berlin 2007. S. 663–753. Vgl. dazu ebenfalls André Chastel (1974): Signature et signe. Revue de l'art, Bd. 26 Paris 1974. S. 8–14.

31 Tobias Burg (2007): Die Signatur, S. 750.

Abb. 10
Dürer, Heller Altar, Mitteltafel

Burgs Untersuchung enthält als Ausnahme nur die Unterschrift Rembrandts, mit der er das Zeitalter der „modernen Signatur" beginnen lässt. Hier ist zunächst zu beobachten, in Hinblick auf die flämische und niederländische Malerei, dass weitgehend auf die Verben „pixit" und „fecit" hinter dem Namen des Künstlers verzichtet wird. Auch spielen Versalien eine immer geringere Rolle und werden durch kursive Schriften ersetzt. Jedoch ein anderer Wandel ist auffälliger:

> Bei handschriftlichen Signaturen hat das zur Folge, daß diese die Form einer eigenhändigen Unterschrift annehmen oder sich dieser zumindest stärker als je zuvor annähern, denn üblicherweise wurde in Holland im 17. Jahrhundert die ‚Italic Script', also eine sachliche Kursivschrift für Unterschriften verwendet.[32]

32 Ebd. S. 525.

Rembrandts Signatur auf Bildern und beispielsweise in Stammbüchern ist allerdings recht unterschiedlich, d.h. sie hat sich noch nicht schematisiert:

Abb. 11 Unterschriften Rembrandts 1634

Zu fragen bleibt, wie Hand, Handschrift und Name am Akt des Unterschreibens beteiligt sind. Sind Schreiben und Unterschreiben erst einmal gelernt, handelt es sich um einen einfachen, schematischen und reproduzierbaren Akt. Aber so einfach der Schreibakt scheint – und wer wäre nicht schon auf ein krummes Geschäft hereingefallen, weil dem so ist – desto komplizierter sein historischer Wandel. Aus ihm lässt sich lernen, dass Eigenhändigkeit immer eine *je* und *jäh* andere ist, paradoxerweise als singuläres Ereignis von Institutionen und Diskursen ebenso abhängig wie vom medialen Dispositiv, *mit* dem es stattfindet.

Kurze Rechtsgeschichte des Unterschreibens

Leitende These dieser Untersuchung ist, dass die moderne Unterschrift als doppelte Abweichung entsteht. Individuell zu unterschreiben heißt um 1800, eine sich durch Übung anzueignende Abweichung in Schwung, Zug oder Paraphe von der in der Schule gelehrten Normschrift. Die Unterschrift weicht dann zumeist wiederum von der individuell werdenden Handschrift ab. In den Namenszug wird, mit Michel Serres gesprochen, die je eigene „Kakographie"[33] eingetragen, die schriftbildlichen Charakter haben kann. Ist die erste Abweichung eine eher unbewusste Entstellung der eigenen Handschrift, wird die zweite das Produkt von Übung sein. Paradoxerweise muss diese Eigentümlichkeit als Kakographie schematisiert und so genau wie möglich reproduzierbar sein.[34] Die Namensunterschrift ist darum, so unleserlich sie auch immer sein mag, nicht schlichte

33 Vgl. Serres (1968): Hermes I: Kommunikation, S. 52.

34 Inzwischen scheint das Unterschreiben nicht mehr einfach zu sein, doch gibt es Unterschriften-Coaches, die mit ihrer Kundschaft üben, wieder einen individuellen oder kalligraphischen Zug in ihre Unterschrift zu bekommen, insbesondere, wenn Sie von Berufs wegen wichtige Dokumente unterzeichnen müssen. Der Journalist Christoph Cadenbach hat im *SZ-Magazin* jüngst von seinen eigenen Erfahrungen mit diesem neuen Berufszweig

Kritzelei. Im Gegenteil: Ihre Form ist durch das entsprechende Schrift- und Namensystem codiert und durch verschiedene Diskurse und Institutionen geregelt. Unterschriften werden zu normierten Abweichungen mit Gesetzeskraft, zu *Nomogrammen.*

Um die Schriftform von Urkunden und Verträgen kümmert sich das Recht. Es entscheidet letztlich, was schlichte *Kritzelei* oder noch gültige Unterschrift ist, was eine originale Urkunde, was Fälschung. Immer wieder gibt es im aktuellen Recht deshalb Urteile über die Form der Unterschrift und ob sie korrekt ist, denn es soll sich, wie gesagt, um eine Namensunterschrift handeln. Ob eine Paraphe dafür ausreicht, ist ebenfalls Gegenstand zahlreicher Prozesse gewesen. Zu dieser Frage hat sich der Bundesgerichtshof 1993 folgendermaßen geäußert:

> Was unter einer „Unterschrift" zu verstehen ist, ergibt sich aus dem Sprachgebrauch und dem Zweck der Formvorschrift. Eine Unterschrift setzt danach ein aus Buchstaben einer üblichen Schrift bestehendes Gebilde voraus, das nicht lesbar zu sein braucht. Erforderlich, aber auch genügend, ist das Vorliegen eines die Identität des Unterschreibenden ausreichend kennzeichnenden individuellen Schriftzuges, der einmalig ist, entsprechende charakteristische Merkmale aufweist, sich als Wiedergabe eines Namens darstellt und die Absicht einer vollen Unterschriftsleistung erkennen lässt. Handzeichen, die allenfalls einen Buchstaben verdeutlichen, sowie Unterzeichnungen mit einer Buchstabenfolge, die erkennbar als bewusste und gewollte Namensabkürzung erscheint, stellen demgegenüber keine formgültige Unterschrift dar. Dies entspricht der ständigen Rechtsprechung des Bundesgerichtshofes.[35]

---

berichtet, der vom Handschrift-Verlust lebt. Vgl. Christoph Cadenbach (2018): „Bitte ein Autogramm", in: SZ Magazin, Heft 10.

35 BGH, 22.10.1993 – V ZR 112/92; (vgl. Beschl. v. 11. Oktober 1984, X ZB 11/84, NJW 1985, 1227; Beschl. v. 29. Oktober 1986, IVa ZB 13/86, BGHR ZPO § 130 Nr. 6 – Unterschrift 2; Urt. v. 9. November 1988, I ZR 149/87, NJW 1989 588; Beschl. v. 8. Oktober 1991, XI ZB 6/91, NJW 1992, 243 jeweils m.w.N.). Nicht einheitlich beurteilt wird lediglich die Frage, ob zur Unterschrift gehört, dass mindestens einzelne Buchstaben erkennbar sind, weil es sonst an dem Merkmal einer Schrift überhaupt fehle (so BGH, Beschl. v. 11. Oktober 1984, X ZB 11/84, aaO; a.A. Beschl. v. 8. Oktober 1991, XI ZB 6/91, aaO, jeweils m.N.). Diese Frage bedarf hier jedoch keiner Entscheidung, weil es sich bei dem Schriftgebilde unter der Berufungsbegründungsschrift eindeutig nur um eine Unterzeichnung mit einer Buchstabenfolge handelt, die sich erkennbar als bewusste und gewollte Namensabkürzung darstellt und deswegen dem Formerfordernis nicht genügt.

Wer aber darf überhaupt autograph zeichnen oder vielleicht sogar allograph im Namen eines anderen, mit fremder Hand oder gar mit einer Schreibhilfe? Von enormer Bedeutung ist diese Frage erst, seit für Rechtsgeschäfte insgesamt die Schriftform, d.h. eine Urkunde gefordert wird. Unterschriften dienen dabei als Unterfertigungs- und Perfektionsmittel, d.h. der Erkennbarkeit ihres abwesenden Ausstellers und Trägers, oder jener Zeugen, die bei ihrer Errichtung dabei gewesen sind – auch wenn es um die Darlegung von Gesetzen oder um die Vollendung von diversen Rechtsgeschäften geht. Einerseits geht es um die Schriftform im Ganzen, also die Urkunde, spezifisch jedoch um jene Formen, die für ihre Unterfertigungs- und Perfektionsmittel gefordert sind. Es ist evident, dass es von Anfang an ein Fälschungsrisiko bei Signaturen gibt, das noch erheblicher wird, wenn die Schriftform zur alltäglichen Sache wird. Kurzum, jede Urkunde braucht ihre ‚Hüter', d.h. vor allem Mittel, sie vor Fälschung zu schützen. Diese Sicherungsmittel werden unter anderem Gegenstand der Diplomatik sein, die als Hilfswissenschaft auch Philologen lehrt, zwischen echten und gefälschten Urkunden zu unterscheiden. Das Siegel ist dabei der Untersuchungsgegenstand *par excellence* und die Sphragistik die selbstständige Hilfswissenschaft dazu. Schaut man ein populäres Lehrbuch der Historischen Wissenschaften an, steht dort seitenweise etwas über Form und Funktion von Siegeln, aber über Unterschriften und digitale Signaturen beinahe nichts.[36] Toni Diederich, der ein Kapitel dazu verfasst hat, verzichtet verständlicherweise darauf die lange Tradition einzugehen, die Unterschriften als Beglaubigungsmittel außerhalb des Notariats haben und erklärt ihre Alleinstellung und den zunehmenden Verzicht auf Siegel mit der inflationären Differenzierung des Schriftwesens nach dem Mittelalter:

> Der Rückgang der Urkunden, die gesteigerte Briefkultur seit der Renaissance und die ständig zunehmende Bedeutung der aus Einzelschriftstücken bestehenden Akten seit der frühen Neuzeit sind dafür verantwortlich, dass man weitgehend ohne Siegel auskam und sich mit der Unterschrift begnügen konnte.[37]

---

36 Vgl. Die archivalischen Quellen. Hg. v. Friedrich Beck u. Eckart Henning. Mit einer Einführung in die Historischen Wissenschaften. 5. erweiterte u. aktualisierte Aufl., Köln, Weimar u. Wien 2012. S. 352–353.

37 Ebd. S. 353.

In der Rechtsgeschichte sind die Forschungen zur Unterschrift nicht sonderlich zahlreich. Die entsprechenden Lemmata („Unterschrift, Unterfertigung von Urkunden") im *Handwörterbuch der deutschen Rechtsgeschichte* sind von Heinz Holzhauer verfasst, der 1973 auch das Standardwerk dazu vorgelegt hat.[38] Diese Lemmata bilden die Kurzfassung seiner Arbeit. In Sachen Fälschungsrisiko von Urkunden findet er deutliche Worte: „Das wichtigste Echtheitskriterium ist die Handschrift mit ihrem mehr oder weniger individuellen Duktus."[39] Damit ist aber zunächst die je spezifische Handschrift eines Schreibers im Ganzen gemeint, nicht die individuelle Unterschrift, die sich gerade dadurch auszeichnet, dass sie von dieser Schrift wiederum in Schriftbild und Duktus abweicht. Aus unserer Perspektive wird die Geschichte des Unterschreibens vor 1794, also vor dem *Allgemeinen Preußische Landrecht* (ALR), zu ihrer Vorgeschichte. Holzhauers These ist dabei zu folgen: „Das Wort ‚eigenhändig' war der Gesetzessprache schon vor dem ALR geläufig. Erst an das ALR als eine wissenschaftlich fundierte Kodifikation kann jedoch im modernen Sinne die Forderung nach Eindeutigkeit der Begriffe gestellt werden."[40] Eine Forderung und das ist allerdings die Hauptthese seiner Arbeit, die das ALR nicht befriedigend erfüllen kann und erst dem BGB gelingt. Dennoch hat das ALR enorme Bedeutung in dieser Sache:

> Eine neue Epoche begann mit dem preußischen Allgemeinen Landrecht, das in großem Umfang Schriftformerfordernisse begründete mit der unausgesprochenen Konsequenz, daß bei Formmangel das Geschäft ungültig war.[41]

Das gilt immer noch, wie das oben zitierte BGH-Urteil zeigt. Die Epoche der eigenhändig-individuellen Unterschrift gilt in diesem Sinne so lange, bis es möglich wird, auch ohne den Namenszug, beispielsweise durch einen Mouse-Klick Geschäfte abzuschließen. Das entsprechende Signaturgesetz, inzwischen

38 Heinz Holzhauer (1973): Die eigenhändige Unterschrift. Geschichte und Dogmatik der Schriftformerfordernisse im deutschen Recht. Frankfurt a.M. 1973.

39 HRG S. 528.

40 Holzhauer (1973): Die eigenhändige Unterschrift, S. 84.

41 HRG S. 535. Vgl. auch Heinrich Lehmann (1904): Die Unterschrift im Tatbestande der schriftlichen Willenserklärung. Bonn 1904. 16–27.

durch europäische Rechtsprechung abgelöst[42], ist am 1. August 1997 in Kraft getreten. Dort heißt es: „‚elektronische Signaturen' sind Daten in elektronischer Form, die anderen elektronischen Daten beigefügt oder logisch mit ihnen verknüpft sind und die zur Authentifizierung dienen"[43]. Das bedeutet nicht, dass die eigenhändige Signatur einfach verschwindet, sie verändert nur ihre Position im Rechtssystem, aber auch im Alltag. Sie kehrt sogar an den Kassen von Supermärkten oder den Terminals von Paketdiensten zurück, wenn auch allein der Schriftzug, nicht mehr Namenszug dabei relevant ist, also was wann und wo authentifiziert worden ist. Solange die eigenhändige Unterschrift irgendwo hinterlegt werden muss, beispielsweise beim Einwohnermeldeamt, bleibt sie als Nomogramm verkettet mit Verfahren der Authentifizierung, die allerdings kaum noch in der sogenannten analogen Welt stattfinden. Selbst der Staat bekommt im internationalen Geschäftswesen, dem *Electronic Government*, seine eigene Signatur.[44]

Ausführliche Schriftformerfordernisse stehen erst im Raume, wenn massenhaft private Urkunden oder Wechsel hergestellt werden müssen. Jahrhundertelang konnte beinahe niemand schreiben, man spricht deshalb auch von einem Zeitalter „begrenzter Schriftlichkeit"[45]. Häufig waren es gerade diejenigen nicht, die wirkungsmächtige Urkunden zu errichten hatten, wie Könige oder Päpste. Die meisten wurden, falls überhaupt nötig, von professionellen Schreibern in ihren Kanzleien angefertigt, d.h. es waren *allographe* Dokumente, eben nicht von eigener Hand desjenigen, der sie signiert. Wenn überhaupt, legten die Souveräne Hand an die Urkunde durch den oben schon genannten Vollzugsstrich, wie beim Y des berühmten Monogramms Karls des Großen, innerhalb der Raute:

---

42 eIDAS (electronic IDentification, Authentication and trust Services); in Deutschland auch IVT genannt, vgl. https://eur-lex.europa.eu/legal-content/DE/TXT/?uri=CELEX:32014R0910

43 SigG §2, Abs. 1.

44 Vgl. hierzu die einschlägigen Arbeiten von Christoph Engemann (2003): Electronic Government – vom User zum Bürger: Zur kritischen Theorie des Internet. Bielefeld 2003. S. 83–87, 101–107. u. (2011): „Im Namen des Staates. Der elektronische Personalausweis und die Medien der Regierungskunst", in: Zeitschrift für Medien- und Kulturforschung. Hg. v. Bernhard Siegert u. Lorenz Engell. 2 / (2011). S. 211–229.

45 Dieser Begriff stammt von Fritz Rörig (1952): „Mittelalter und Schriftlichkeit", in: Die Welt als Geschichte 13 (1952), S. 29ff.

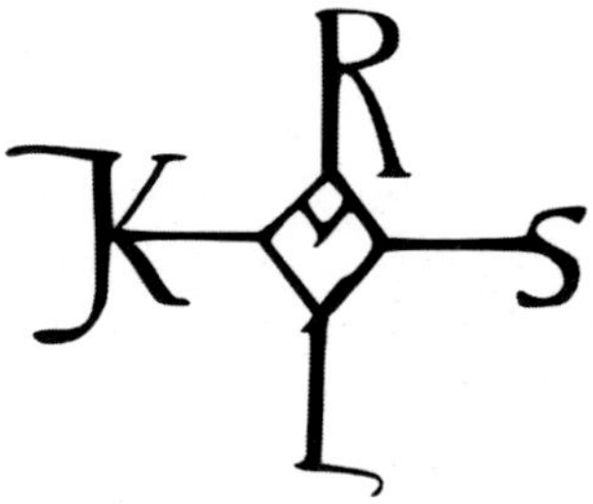

Abb. 12
Karolus-Monogramm mit Vollzugsstrich Karls des Großen unter einer Urkunde, 31. Aug. 790 n. Chr.

Béatrice Fraenkel hat mit *La signature*[46] eine Geschichte des Signierens vorgelegt, die sich mit dieser anderen Seite der eigenhändigen Unterschrift befasst. Sie interessiert dabei besonders der Zusammenhang zwischen Schrift und Bild, der dieses Zeichen niemals völlig verlassen wird. Im Mittelpunkt stehen dabei besonders Herrschersignets, Monogramme und Siegel. An ihrer Arbeit ist besonders aufschlussreich, dass sie sich jenem frühen Bereich widmet, dem Holzhauer in seiner Studie keine weitere Beachtung schenkt. Fraenkel führt den Nachweis, dass es bereits eine erste Verdrängung eigenhändiger Skriptur im Sinne des Schriftzuges gegeben hat, die bei den Merowingischen Herrschern noch vorfindbar ist, wie im folgenden Beispiel:

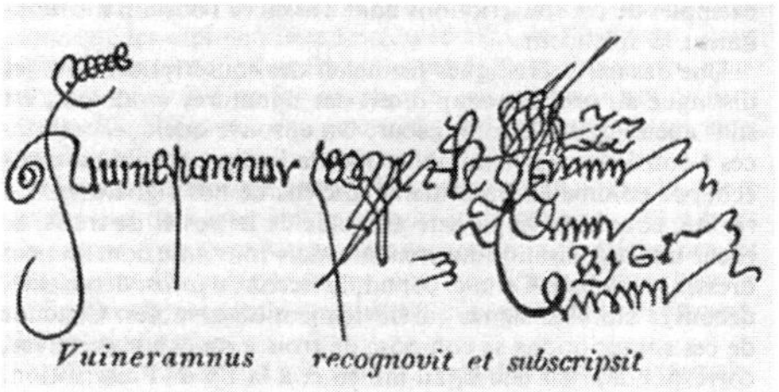

Abb. 13
Signatur von Vuineramus unter Childerich III., 750 n.Chr.

Hier ist die Signatur unter der Regentschaft des letzten Merowingers Childerich III. zu sehen. Allerdings handelt es sich eben nicht um die Unterschrift des Königs, sondern um das Rekognitionszeichen eines hohen Mitarbeiters der Kanzlei, mit Namen *Vuineramus*, der im Namen des Erzkanzlers die Worte *recognovit* et *subscripsit* graphisch umgeformt und verziert hat,

46 Béatrice Fraenkel (1992): La signature. Genèse d'un signe. Paris 1992.

wie es allgemeine Praxis war.[47] Später verlieren sich die Namen und Worte immer mehr in bienenkorbartige Graphismen, mit vermutlich apotropäischer Funktion[48]:

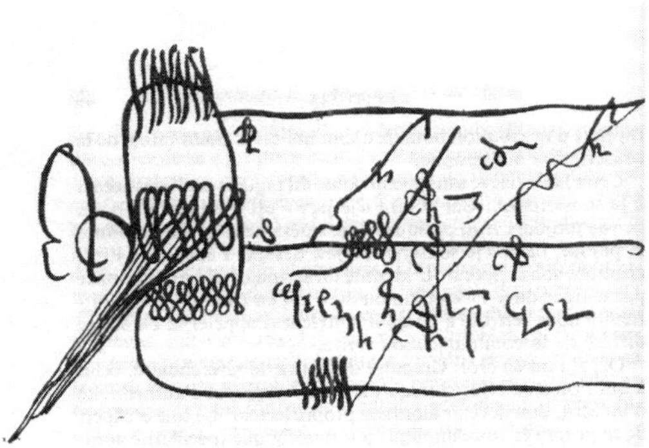

Abb. 14 Kanzleisignatur, 799 n.Chr.

Der Beweis der Echtheit einer Urkunde war im Prozess letztlich nur unter Zuhilfenahme von Eiden und Schwüren möglich. Für das germanische Recht gilt dieser Sachverhalt im Besonderen, denn hier war die Schriftform unbekannt und erst durch das römische Recht wurde sie bekannt. Als Beweismittel standen schon gar nicht das römische Institut der *comparatio litterarum*, also der Urkundenvergleich zur Verfügung, sondern allein der Eid[49] oder das Gottesurteil im Zweikampf.[50] Bei ersterem werden die Götter angerufen, was bis heute durch Gesten, die berühmte *Schwurhand* unterstützt werden muss, andererseits durch die sogenannte *Anrührung*: „Der Schwörende musste, indem er die Eidformel hersagte, einen Gegenstand berühren, der sich auf

47 Peter Worm (2004): Karolingische Rekognitionszeichen. Die Kanzlerzeile und ihre graphische Ausgestaltung auf den Herrscherurkunden des achten und neunten Jahrhunderts. 2 Bände. Marburg 2004.

48 Die Abbildungen finden sich bei Fraenkel (1992): La signature, S. 36 u. 44.

49 Vgl. zum antiken Institut Walter Burkert (1986): „Beglaubigung jenseits der Sprache. Der Eid", in: Fatale Sprachen. Eid und Fluch in der Literatur- und Rechtsgeschichte. Hg. v. Peter Friedrich u. Manfred Schneider. München 2009. S. 47–57.

50 Zur Genealogie dieser Wahrheitspraxis vgl. Foucault (1978/79): Die Wahrheit und die juridischen Formen. Übers. v. Michael Bischoff. Frankfurt a.M. 2003. Zum germanischen Recht hält er fest: „es sieht im Recht nur eine bestimmte, geregelte Form des Zweikampfs und der Ausübung von Rache" (S. 56).

die angerufenen Götter und Heiligen oder auf die dem Meineid folgende Strafe bezog."[51]

Seit dem 12. Jahrhundert ist für private Rechtsgeschäftsurkunden die Siegelurkunde das Perfektionsmittel der Wahl. Die Individualität des Siegels lag in seiner bildlichen Charakteristik oder, handelte es sich um Ring oder Stempel, in ebensolcher Prägung und gerade nicht im eigenhändigen Namenszug. Der Name wurde allenfalls, zumeist durch einen Schreiber, allograph beigeschrieben, im Falle des Notariatssignets entsprechend der Name des Notars. Seit dem 14. Jahrhundert nimmt der Beweiswert der Privaturkunde in Rechtsgeschäften zu: „Der Skriptur kommt dabei noch keine Bedeutung zu; wer den Kontext der Urkunde geschrieben hat, spielt keine Rolle. Aber die Echtheit des Siegels, wenn vom Produzenten geleugnet, wird einer Aufklärung durch ‚leibliche Beweisung' zugänglich."[52]

Das Mittelalter ist weit von der Selbstständigkeit eigenhändiger Unterschriften für Rechtsgeschäfte entfernt. Es ist das Siegel als Teil der Urkunde, das im Falle des Falles im Streit steht: „unversiegelte Urkunden waren wirkungslos."[53] Die „leibliche Beweisung" erfolgte durch Rekognition, d.h. Anerkennung der Echtheit des Siegels und dass es nach dem Willen seines Besitzers verwendet wurde. Das wiederum war im Prozess nur unter Eid möglich, dem sogenannten Diffessionseid. Holzhauer stellt fest, dass die Form dieses Eids in verschiedenen territorialen Prozessgesetzen übereinstimmt, so dass ein Beispiel reicht, um sie alle zu beschreiben. Es entstammt der „Process- und Gerichts-Ordnung" des Kurfürsten Georg von Sachsen aus dem Jahre 1622, wo der Produkt gegebenenfalls beeiden muss, dass er weder die Hand noch das Siegel kennt, es sei denn, er erkennt beides an:

51 Jacob Grimm (1899): Deutsche Rechtsalterthümer. 4., vermehrte Ausgabe, besorgt durch Andreas Heusler und Rudolf Hübner. Leipzig 1922. S. 545. Als die Urkunde Einzug in das germanische Recht nimmt, bleibt sie verbunden mit rituellen Handlungen. Sollte ein Grundstück übertragen werden, wurde beispielsweise die Urkunde, zusammen mit Tintenfass und einer Erdscholle vom Boden aufgehoben, *levatio cartae*. Vgl. zu dieser Praxis Heinrich Brunner (1880): Zur Rechtsgeschichte der römischen und germanischen Urkunde. Hildesheim 1880. S. 104f. Die Hand ist also auch jenseits des Schreibens im Spiel, wenn es um die Echtheit von Urkunden geht. Die Geschichte der Eid- und Schwurhand muss noch geschrieben werden.

52 Holzhauer (1973): Die eigenhändige Unterschrift, S. 28.

53 Ebd. S. 27.

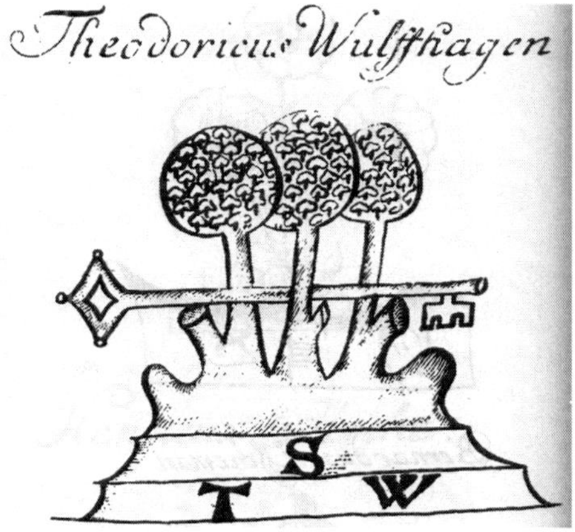

Abb. 15
Notariatssignet

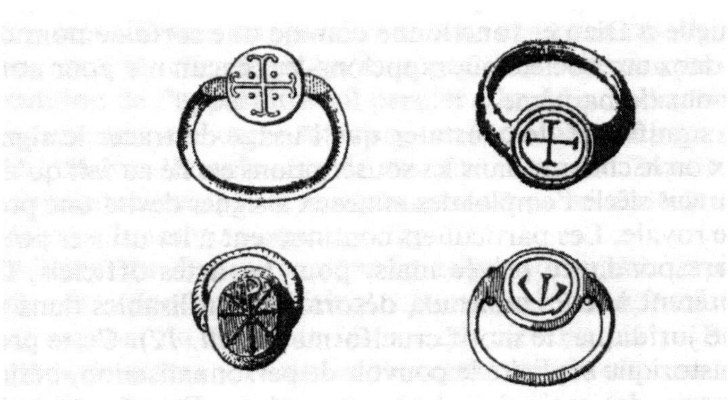

Abb. 16 Siegelringe

> Dergleichen wann der / welcher die Brieflichen Urkunden recognosciren sol / nach ersehung derselben / aussagen und bekennen würde / daß es die Hand oder Siegel sey / dafür es vom Gegentheil aufgegeben wird / soll er darbe gelassen / und hierüber mit keinem Eyd / wie in Puncto diffessionis, belegt werden.[54]

Der Urkundenbeweis bleibt demnach verwiesen auf die Person des Produktes, der sich im Prozess zu ihr bekennt, was für das deutsche Recht im Grundsatz bis ins Jahr 1877 gilt, bis die

54 Process- und Gerichts-Ordnung des Durchläuchtigsten hochgeborenen Fürsten und Herrn Johann Georgen, Herzogen v [...]. Darnach man sich in allen Ihrer Churfürstl. Durchl. Landen und dero Ober- und Unter Gerichten/ sonderlich bey ordentlichen Rechts Processen gleichförmig zuachten; [Actum Dreßden/ den 28. Julij/ Anno 1622]. Dresden 1648. Titel XXV, S. 67.

Reichszivilprozeßordnung dem Gericht unterstellt in freier Würdigung über die Beweiskraft der Urkunde zu verhandeln, inklusive Urkundenvergleich und dem beibringen weiterer Indizien und Zeugen.[55]

Die eigenhändige Unterschrift unterliegt in ihrer Frühphase einer Verdrängung durch das allographe Monogramm, das Kreuzzeichen oder den Vollzugsstrich, später durch das Siegel. Damit sie sich als selbstständig durchsetzt, muss wiederum das Siegel an Bedeutung verlieren. Dieser historische Prozess kann nicht genau bestimmt werden, denn letzteres verschwindet – bis heute – nicht einfach, sondern steht in einem komplementären Verhältnis zur Unterschrift. Ernst Spangenberg stellt im Allgemeinen dazu fest: „Seit der Mitte des sechzehnten Jahrhunderts hört das Siegel wieder auf, ein unumgängliches Erfordernis der Originalisierung zu sein."[56] Holzhauer stellt den Übergang an der Veränderung in der Formel des Diffessionseides fest. Während 1622 der Kläger noch Hand und Siegel abschwören musste, wird 1724 geschworen, dass er „[...] selbige weder geschrieben noch unterschrieben"[57] habe.

De manu propria

Für Holzhauer steht ebenso fest, dass die eigenhändige Unterschrift und die Formel *de manu propria* erst ihre eigentliche Karriere im Recht antritt, wenn das ALR weitgehend mit der aus dem römischen Recht stammenden Formfreiheit bricht:

> Eine neue Epoche begann mit dem preußischen Allgemeinen Landrecht, das in großem Umfang Schriftformerfordernisse begründete mit der unausgesprochenen Konsequenz, daß bei Formmangel das Geschäft ungültig war.[58]

Signieren teilte sich zuvor, wie gezeigt, einerseits in das *publicum sigillium*, das sich im Falle des Notariats bis heute erhält[59], während es andererseits in privaten Rechtsgeschäften von der

55 Vgl. „Civilprozeßordnung. Deutsches Reichsgesetzblatt", Band 1877, Nr. 6, § 555–567.

56 Ernst Spangenberg (1827): Die Lehre von dem Urkundenbeweis in Bezug auf alte Urkunden. Zwei Abteilungen. Heidelberg 1827. S. 238.

57 Kursächsische Process- und Gerichtsordnung (1724), zit. n. Holzhauer (1973), S. 43.

58 **HRG** S. 535. Zum Grundsatz der Formfreiheit vgl. Richard Schröder und Eberhard Otto Georg von Künßberg: Lehrbuch der deutschen Rechtsgeschichte. 6. Auflage. Leipzig 1919. S. 64f.

59 Vgl. Dienstordnung für Notarinnen und Notare (DONot), § 2, Abs. 1: „Notarinnen und Notare führen Amtssiegel (als Farbdrucksiegel und als Prägesiegel in Form der Siegelpresse und des Petschafts für Lacksiegel) nach den jeweiligen landesrechtlichen Vorschriften. Die Umschrift

handschriftlichen Unterschrift im 17. Jahrhundert verdrängt wird. Die Formel *de manu propria* wird zunächst angewandt in der *roboratio* oder (*manu*) *firmatio*, die sich auf Vollzugsstriche ebenso bezieht, wie auf allographe Monogramme. Letzteres aber genauso auf den Handschlag in mündlichen Rechtsgeschäften, wie beispielsweise dem Pferdekauf, wo es noch heute das wechselhafte Aufschlagen der Hände gibt, bis das Geschäft mit Händedruck abgeschlossen wird. Dabei geht es immer darum, vor Zeugen den Perfektionswillen des entsprechenden Handels zur Anschauung zu bringen. Analoges leistet die Schwurhand beim Eid.

Im Mittelalter finden sich zudem einige Formeln, die eine Beteiligung der Hand an der Errichtung der Urkunde nahelegen, womit aber nicht die Unterschrift sondern die Siegelung gemeint ist, wie es beispielsweise am Ende der Urkunden von Herzog Leopold von Österreich der Fall ist: „wir Herzog Leopold stärken diesen Brief mit unserer Hand."[60] Leopold hatte allerdings diese Worte selbst auf die Urkunden geschrieben.[61] Neben der *subsigillatio* und *subscriptio* weist Holzhauer auch noch auf jene Handzeichen (Handgemale) und Hausmarken, zum Teil auch „redende Zeichen" (*subsignatio, subnotaio*) hin, die auf dem Lande und in nicht alphabetisierten Schichten die Regel waren. Dass es sein Kreuz zu machen gilt, ist eine Redewendung, die schon auf Justinian zurückgeht und im 5 Jh. nach Chr. für Verkaufsgeschäfte ausreicht:[62]

enthält den Namen der Notarin oder des Notars nebst den Worten ‚Notarin in … (Ort)" oder „Notar in … (Ort)'." Zur Unterschrift vgl. § 1, Abs. 1: „Notarinnen und Notare haben die Unterschrift, die sie bei Amtshandlungen anwenden, der Präsidentin oder dem Präsidenten des Landgerichts einzureichen. Der Vorname braucht in der Regel nicht beigefügt zu werden. Bei der Unterschrift soll die Amtsbezeichnung angegeben werden."

60 Zit. n. Holzhauer (1973), S. 43.

61 So berichtet es wenigstens Lasberg in einem Brief an Jakob Grimm, vgl. Rudolf Huebner (1895): Jacob Grimm und das deutsche Recht. Göttingen 1895. S. 156.

62 Corpus Iuris Civilis. Codex 6.30.22. 2b: „Subscriptionem tamen supponere heredem necesse est, significantem et quantitatem rerum et quod nulla malignitate circa eas ab eo facta vel facienda res apud eum remanent, vel si ignarus sit litterarum vel scribere praepeditur, speciali tabulario ad hoc solum adhibendo, ut pro eo litteras supponat, venerabili signo antea manu heredis praeposito, testibus videlicet adsumendis, qui heredem cognoscunt et iubenti ei tabularium pro se subscribere interfuerint." Zur Gleichberechtigung von Handzeichen und Signatur ab dem 5. Jh. vgl. Lothar Saupe (1996): „Unterfertigung mit Handzeichen auf Urkunden der Nachfolgestaaten des Weströmischen Reiches bis zur Mitte des 8. Jahrhunderts", in:

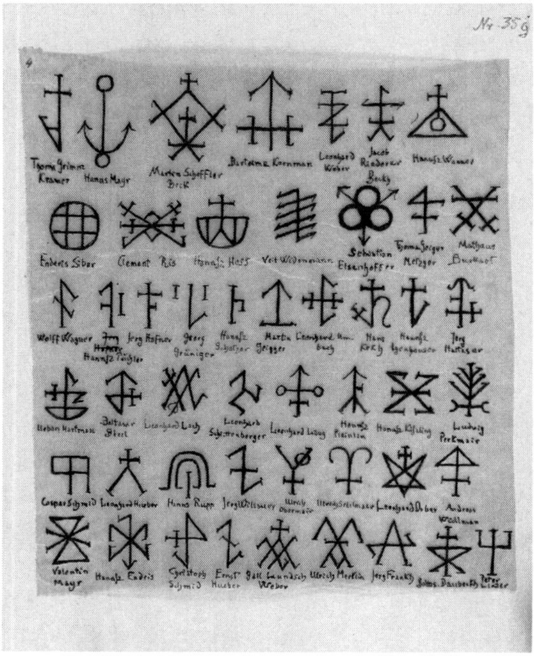

Abb. 17 Hausmarken

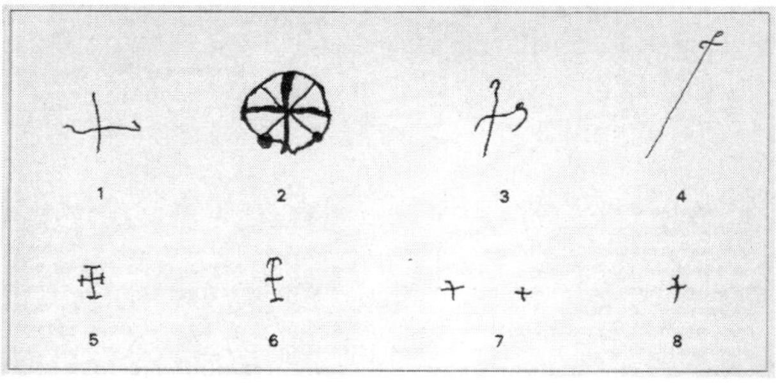

Abb. 18 Handzeichen, 507–705 n.Chr.

Resüme: Bei der Siegelung kann von eigenhändiger Unterschrift der Sache nach nicht gesprochen werden, jedoch sicherlich beim Handzeichen in eingeschränktem Sinne: „anders wäre die Sitte, daß Schreibunfähige ihr persönliches Zeichen, oder mangels eines solchen wenigstens drei Kreuze unterzeichneten, nicht

Graphische Symbole in mittelalterlichen Urkunden. Beiträge zu einer diplomatischen Semiotik. Hg. v. Peter Rück. Stuttgart 1996. S. 99–107 [Abb. Handzeichen, oben, S. 105].

zu verstehen: die Urkunde sollte mindestens diese Spur von der Hand des Ausstellers aufweisen."[63] Das gilt auch für das Testament, das in klassischer Zeit stets vor Zeugen testiert werden musste, wie es der Name bereits sagt. Auch hier ist deshalb, wie in den Eiden zur Diffession der Urkunde, ein interessanter Zusammenhang zwischen Oralität und Literalität, Sprech- und Schreibakt gegeben, die über lange Zeit allein nur im Verbund entsprechende Urkunden in Geltung setzen konnten (*testamentum nuncupativum*). Die Anzahl der Zeugen nimmt dabei stetig ab, zunächst waren es fünf oder sieben. Ab 439 n. Chr. müssen sie in der Regel nur bezeugen, dass der Erblasser in ihrem Beisein subskribiert hat.[64] Die Urkunde ist dafür bereits vorbereitet und wird zur Verhandlung mitgebracht (*testamentum in scriptis*). Den Inhalt des Testaments müssen die Zeugen dazu gar nicht mehr kennen, was häufig auch besser so ist. Übliche Praxis wiederum war es, dass sie auf der Urkunde subskribierten. Im letzteren Falle konnten die Zeugen, waren sie des Schreibens nicht kundig, „sich die Hand führen lassen", wie Bardili im *Tractatus iuridicus de subscriptione* ausgeführt hat.[65] Diese Schreibhilfe kann persönlich sein, wie im Falle von Analphabetismus oder Krankheit des Subskribenten, oder technisch, wie beispielsweise bei Namensstempeln. Sie kommen im 19. Jahrhundert auf und werden zum Sonderproblem. Schreibhilfen gehören zwar in die Familie der Petschaften und Siegel, aber unterscheiden sich enorm in den historischen Bedingungen, unter denen sie aufkommen. Im Falle von Stampiglien und Namensstempeln ist man versucht, von sekundärer Literalität zu sprechen, denn sie treten ja zur Namensunterschrift hinzu, im Falle von Vertretungssituationen,

63 Holzhauer (1973), S. 44, vgl. zu den „drei Kreuzen", S. 62f.

64 Vgl. Corpus Iuris Civilis 6.23.21.pr. (= Nov. Theod. 16): „Hac consultissima lege sancimus licere per scripturam conficientibus testamentum, si nullum scire volunt quae in eo scripta sunt, signatam vel ligatam vel tantum clausulam involutamque proferre scripturam vel ipsius testatoris vel cuiuslibet alterius manu conscriptam, eamque rogatis testibus septem numero civibus romanis puberibus omnibus simul offerre signandam et subscribendam, dum tamen testibus praesentibus testator suum esse testamentum dixerit quod offertur eique ipse coram testibus sua manu in reliqua parte testamenti subscripserit: quo facto et testibus uno eodemque die ac tempore subscribentibus et consignantibus valere testamentum nec ideo infirmari, quod testes nesciant quae in eo scripta sunt testamento."

65 Vgl. Burckhardus Bardili (1748): Tractatus iuridicus de subscriptione. Vulgo: Von der Unterschrift, sowohl hoher Standes- als Privat-Personen in allerhand rechtlichen Fällen. Tübingen 1748. Kap. V, Rd. 21, S. 33: „ Et vero nihil aliud, quam *charta vacua, à parte quiem subscripta, vel subsignata, nondum tamen consripta, sed ad arbitrium concribenda*."

die nur unter der massenhaften Anforderung von Unterschriften in moderner Bürokratie denkbar sind.[66]

Das individuell-eigenhändige Unterschreiben kommt erst zu sich selbst, wenn sich umfassende Schrifterfordernisse durchsetzen und sowohl das Siegel als auch der Eid zur Ableugnung von Urkunden verdrängt werden und sie der freien Würdigung des Gerichts anheim stehen, das in dieser Sache Gutachter bestellen kann.[67] Carl Gottlieb Svarez fasst dieses Erfordernis in seinen *Vorträgen über Recht und Staat* wie folgt zusammen: „daß in der Regel alle Verträge schriftlich [...] geschlossen werden."[68] Die Anzahl dieser Verträge ist erheblich und Holzhauer wird alle Varianten mit entsprechenden Stellen im ALR aufführen, die uns auch heute noch allzu bekannt vorkommen:

> Verträge, deren Gegenstand mehr als 50 Taler Silberkourant betrug, Verträge über Grundstücke und Grundstücksrechte, Prokura, Spezialvollmacht und regelmäßig auch jede andere Bevollmächtigung, Zession, Erlass, Schuldübernahme, Bürgschaft, Anweisung, Darlehen, Dienstvertrag, Verlagsvertrag, Gesellschaftsvertrag.[69]

Die Zukunft der Signatur für all diese Verträge und Rechtsgeschäfte wird nicht mehr in der Petschaft, oder dem Siegel sondern in der individuell eigenhändigen Unterschrift liegen, wie der wichtigste Paragraph des ALR dazu festsetzt und wie er uns heutzutage immer noch als aktuell erscheint: „§ 116. Verträge, welche vermöge des Gesetzes oder eine Abrede der Parteyen, schriftlich geschlossen werden sollen, erhalten ihre Gültigkeit erst durch die Unterschrift."[70]

---

66 Vgl. zu diesem Sonderproblem, zu dem die historischen Rechtsquellen rar sind, Holzhauer (1973): Die eigenhändige Unterschrift, S. 109–113.

67 In Kap. III werden wir mit Adolf Henze einen der ersten kennenlernen.

68 Carl Gottlieb Svarez (1791–1792): Vorträge über Recht und Staat. Hg. v. Hermann Conrad u. Gerd Kleinheyer. Wissenschaftliche Abhandlungen der AG für Forschung des Landes NRW. Bd. 10. Köln u. Opladen 1969. S. 278f.

69 Holzhauer (1973), S. 83f. In den Fußnoten finden sich entsprechende Verweise auf das ALR.

70 Allgemeines Landrecht für die Preußischen Staaten von 1794. Textausgabe mit einer Einführung von Hans Hattenhauer. Frankfurt a.M. u. Berlin 1970. Erster Teil, Fünfter Titel, § 116. S. 72. Wie dieser Rechtsgedanke, obwohl er die Verabschiedung des Siegels bedeutet, von diesem noch heimgesucht wird, lässt sich ablesen an: „§ 119. Die Besiegelung eines unterschriebenen und ausgehändigten Instruments aber ist nicht notwendig, wenn gleich darin der Siegel gedacht wird" (ebd.).

KAPITEL II

Kaskade der Gegenzeichnung

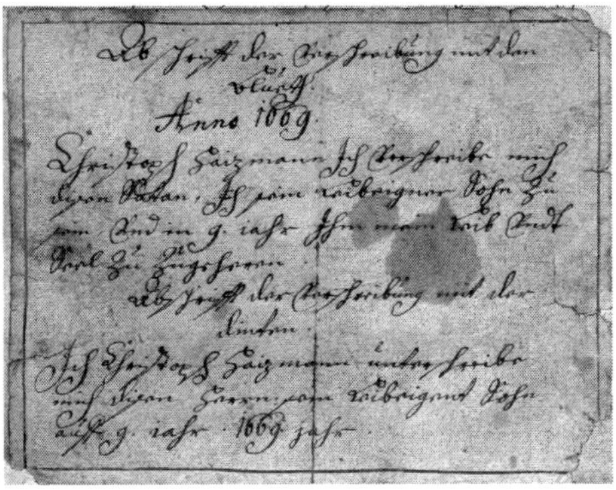

Abb. 19
Kopie von Haitzmanns Verschreibungen, Mariazell 1729

Wenn also die individuell-eigenhändige Unterschrift im modernen Sinne erst im 18. Jahrhundert erfunden wird, lässt sich das am besten an einem Dokument zeigen, das mit diversen Unterschriften zu unterschiedlichen Zeiten gezeichnet und gegengezeichnet ist. Allein phänomenal wird es den Wandel zur besagten Abweichung im Namenszug anschaulich machen. Niemand der Skribenten hätte sich beim Unterschreiben träumen lassen, dass dieses Dokument[1] in ganz anderen Kontexten Karriere macht. Er wird nämlich, wie der Senatspräsident Daniel Paul Schreber, zum Vorzeigefall der Psychoanalyse und der Faust-Forschung. Der Teufel wird dabei selbst unterschreiben, ein Extremfall mithin, aus dem man problemlos einen Hollywood-Film machen könnte.

1 Das Manuskript, dem die Verschreibung entstammt, *Trophaeum Mariano-Cellense*, lag bisher allein vor in: Ida McAlpine und Richard A. Hunter (1956): Schizophrenie 1677. A Psychiatric Study of an Illustrated Autobiographical Record of Demonical Possession. London 1956. S. 265ff. In Zusammenarbeit mit Andreas Beck ist es gelungen, es in einer besseren Qualität zu publizieren, weshalb ihm besonderer Dank gilt. Er hat zudem eine zuverlässig kommentierte Übersetzung und Transkription vorgelegt: „*Trophaeum Mariano-Cellense* […]. Rekonstruktion des ursprünglichen Text/Bild-Ensembles, Transkription, Übersetzung der lateinischen Passagen (elektronische Edition, beiliegende CD)", in: Imitat, Zitat, Plagiat und Original in Literatur und Kultur der Frühen Neuzeit. Hg. v. Andreas Beck und Nora Ramtke. Frankfurt a.M. 2016. S. 251–261. Zitiert wird das Manuskript mit der Sigel MTMC.

© BRILL FINK, 2023 | DOI:10.30965/9783846766354_003

Diabolus

Sprache und Schrift sind diabolische Medien.[2] All jene Teufel, die uns in der Geschichte des Unterschreibens begleiten, zeichnen sie jemals selbst, können Sie das überhaupt? Von Goethe haben wir gelernt, dass sie lieber andere unterschreiben lassen, sich selbst aber davor hüten. Bereits ihrem griechisch-lateinischen Namen nach, *Diabolus*, sind sie zweideutige Wesen[3], die in ihren Pakten und Verträgen paradoxerweise für Eindeutigkeit sorgen wollen. Hier handelt es sich um eine wahrlich diabolische Mirakelgeschichte,[4] in der Johann Christoph Haitzmann, Maler von Beruf, vom Teufel im Jahre 1669 in allerlei Gestalten heimgesucht, zur Verschreibung bewogen und durch die Mönche von Mariazell zweimal exorziert wird. Zweifelsohne eine genealogische Geschichte, denn er verschreibt sich dem Satan als dessen leibeigener Sohn. Danach reist er wie in Trance zwischen Himmel und Hölle hin und her, begegnet Jesus, Maria und anderen biblischen Figuren. Nach den Exorzismen lebt er in dem Kloster der Barmherzigen Brüder in Wien, verfasst eifrig sein Tagebuch und hat, nach monastischer Regel, einen neuen Namen erhalten: Aus dem Christusträger Christophorus, ist der ‚Goldmund', Chrisostomos geworden. Unter dem Sakrament der Beichte gibt er kurz vor seinem Tode zu, dass er vom Teufel auch nach den Exorzismen weiterhin zur Verschreibung genötigt wurde.

Aber diese Geschichte beginnt erst nach seinem Tode richtig: Sigmund Freud entlarvt ihn als Neurotiker mit Vaterkomplex und verwandelt dazu Teufel und Vater in eine Frau.[5] All das, weil Haitzmann sich gleich zweimal – einmal mit Tinte und ein anderes

2 Vgl. Niklas Luhmann (1988): Die Wirtschaft der Gesellschaft. Frankfurt a.M. 1988. S. 258.

3 Vgl. Louis Monden (1961): Theologie des Wunders, Freiburg, Basel u. Wien. S. 145: „[…] ‚Diabolos' was sowohl Zwietrachtsäer als auch der ewig Doppelsinnige bedeutet […]."

4 Zur Übersicht über dieses heterogene Genre vgl. den von Martin Heinzelmann, Klaus Herbers u. Dieter R. Bauer hg. Sammelband: Mirakel im Mittelalter. Konzeptionen, Erscheinungsformen, Deutungen. Stuttgart 2002.

5 Sigmund Freud (1923): „Eine Teufelsneurose im Siebzehnten Jahrhundert", in: Gesammelte Werke. Hg. von Anna Freud [u.a.]. Bd. XIII. Frankfurt a.M. 1999. S. 317–353, hier S. 336: „Die Brüste des Teufels entsprächen also einer Projektion der eigenen Weiblichkeit auf den Vaterersatz. Die andere Erklärung dieser Ausstattung des Teufelskörpers hat nicht mehr feindseligen, sondern zärtlichen Sinn; sie erblickt in dieser Gestaltung ein Anzeichen dafür, daß die infantile Sexualität von der Mutter her auf den Vater verschoben ist."

Mal mit dem ‚besonderen Saft'[6] –, dem Teufel *verschreibt*. Wo solche Wiederholung statt hat, so die psychoanalytische Doxa, versteckt sich das Symptom. Genauso wie in den Fehlleistungen, dem *Ver*-schreiben also, wovon noch die Rede sein wird. Aber es ist ein langer Weg bis zur Diagnose einer Teufelsneurose und es werden dazu viele Unterschriften, genauer gesagt eine Kaskade von ihnen nötig sein, die einerseits für die Testierung des Wunders und später des Unbewussten sorgen.

Parasiten mit Federn

Als Kaskade hat Michel Serres jene kommunikativ-parasitäre Logik beschrieben, bei der sich jeder seinen Teil abzuzweigen weiß, den er aber selbst nicht produziert hat, ohne etwas an den zurückzugeben, von dem es abgezweigt wurde.[7] Was damit in Frage steht ist, ob es überhaupt originäre Produktion und einen entsprechenden Produzenten gibt, der am Ursprung der Kaskade steht, an ihrer Quelle sozusagen. Das *Trophaeum* ist deshalb aus vielen Gründen parasitär zu nennen. Einerseits haben wir es mit einem Manuskript zu tun, an dem viele Verfasser mitgewirkt haben, um ein Wunder zu testieren und so ihren geistlichen wie ökonomischen Gewinn daraus zu ziehen. Um im Bild und der Struktur von Serres zu bleiben, könnte man sagen, dass nach jeder Unterschrift der Strom von Haitzmanns Geschichte ein weiteres Mal an einer Unterschrift ‚abzweigt', um sie zu kapitalisieren, d.h. einen neuen Sinn mit ihr zu produzieren oder sie an einen anderen Diskurs anzuschließen.

Das Manuskript lebt parasitär von einem Original, das niemand mehr zu Gesicht bekommen kann, wenn es ein solches überhaupt jemals gegeben hat. Und aus diesem Grund reicht auch die Unterschrift seines Kompilators nicht aus, der aus all den Verschreibungen, Bildern, Briefen und dem Tagebuch Haitzmanns *factae* macht. Jemand anderes muss bestätigen, dass all das originalgetreu kopiert worden ist. Wer könnte das besser, als

6 Vgl. die zweite Bildunterschrift Haitzmanns in der Transkription des Manuskripts von Rudolf Payer von Thurn (1924): „Faust in Mariazell", in: Chronik des Wiener Goethe-Vereins, S. 1–18, hier S. 5: „Daß andere mahl ist er in sollicher gestalt mir erschinen oder vorkhomen, und bezwungen, daß ich mich mit meinem aigenen Bluett hab mießen unterschreiben […]."

7 Vgl. Michel Serres (1980): Der Parasit. Übers. v. Michael Bischoff. Frankfurt a.M. 1981. S. 11–31. Auch Serres wird in dieser Kommunikationstheorie nicht darauf verzichten, ein kleines Kapitel über den Teufel und das Diabolische zu schreiben, den er als einen Dritten begreift, der – stets auf der Schwelle sitzend – weiß auszuschließen und damit den Dialog für Parasiten aller Art öffnet. Vgl. S. 379–388.

der entsprechende Abt. Rudolf Payer von Thurn beobachtet in diesem Zusammenhang ein aufschlussreiches Detail an dessen Unterschrift, dem er allerdings, ganz mit der motivgeschichtlichen Aufarbeitung des Faust-Stoffes beschäftigt, keine weitere Aufmerksamkeit schenkt: „Die Schrift [des Kompilators des Manuskripts] ist die kanzleimäßig geschulte eines Berufsschreibers aus der ersten Hälfte des achtzehnten Jahrhunderts, nur das ‚Transsumptum' des Abtes weist den individuellen Zug auf."[8]

Durch eben diese Unterschrift bestätigt Abt Kilian 1729, 15 Jahre nach ihrer Herstellung, die Echtheit der Kopie des Manuskripts und übernimmt so auch die rechtliche Verantwortung für sie als Urkunde. Sie zeigt beiläufig, dass jener „individuelle Zug", als rechtskonstitutive Abweichung, wie er bis zum heutigen Tag im Gesetz für eine Unterschrift eingefordert wird, erst im 18. Jahrhundert entsteht. Alle Unterschriften, bis auf eine, unterscheiden sich kaum von jener Kanzleischrift, in denen das Dokument zu weiten Teilen verfasst ist. Freud wiederum hat eine Kopie dieser Kopie vor Augen, ihre „genaue Abschrift"[9] durch Thurn, der wiederum durch seine Unterschrift in den an Freud gerichteten Brief für ihre Echtheit bürgt. Freud selbst signiert noch einmal im übertragenen Sinne, wenn er qua Autorenname die vormals dämonischen Aussagen in einen neuen Diskurs überführt.[10]

Diabolische Mirakelgeschichte

Die Geschichte Haitzmanns ist kompliziert. Alles, was wir darüber wissen, stammt aus einem Konvolut von Kopien, das Texte, Bilder und Kommentare aus unterschiedlichen Quellen und Zeiten enthält, die in eine gemeinsame Narration überführt werden, was bereits im Manuskript selbst geschieht und später ein weiteres Mal in Freuds Text. So gibt es im Manuskript nicht nur die Kaskade von Unterschriften, sondern genauso ‚Geschichten' zu lesen. Und es macht sicherlich einen erheblichen Unterschied,

8 von Thurn (1924): „Faust in Mariazell", S. 4.

9 Freud (1923): „Eine Teufelsneurose im Siebzehnten Jahrhundert", S. 319.

10 Aus einem Manuskript ohne Autoren, in dem allein Verfasser unterschreiben, wird es Teil des Textes eines Autoren (von Thurn), um eben dann zu etwas zu werden, auf das sich die neue ‚psychoanalytische Kirche' als Fall zurückbeziehen kann. Zum Begriff „Diskursivitätsbegründer" vgl. Foucault (1969): „Was ist ein Autor?", in ders.: Schriften in vier Bänden. Dits et Ecrits, Bd. I, hg. v. Daniel Defert [u.a.]. Übers. v. Michael Bischoff [u.a.]. Frankfurt a.M. 2001. S. 1003–1042, hier S. 1022–1028.

ob, wie bei Freud, eine „dämonologische Krankengeschichte“[11] erzählt wird, um zu beweisen, dass Dämonen verdrängte Wünsche sind, oder man die Akte einer Mirakelgeschichte anlegt, um die Wundertätigkeit des Gnadenbilds in Mariazell zu beglaubigen. Haitzmann jedenfalls wurde 1651 in Traunstein geboren[12]. Das exakte Datum ist unbekannt. Nach dem Tod des Vaters, im Jahr 1669, ist er niedergeschlagen, Freud wird von „Verzagtheit“[13] sprechen. Durch diese Krise äußerst geschwächt, verschreibt er sich gleich zweimal dem Teufel und wird diese Begegnungen später in Bildern, er ist Maler, festhalten. Das eine Mal verschreibt er sich mit Tinte und wenig später mit dem Blut seiner rechten Hand, mit welcher auch sonst? Bei seinem ersten Besuch erscheint ihm der Teufel noch in Gestalt eines alten Mannes mit Hund, augenscheinlich kein Pudel, was auch erklären kann, warum Haitzmann sich hier noch nicht dem Teufel, sondern einem „Herrn“ verschreibt. Am Ende wird jener sich, nach einigen andersartigen Transformationen, gar in einen Drachen verwandeln, der seine ‚Brüste‘ direkt unter dem Kinn trägt und dem Maler das mit Blut unterschriebene Dokument in der Kirche von Mariazell zurückerstatten muss:

Abb. 20
Teufel als Herr mit Hund

11 Freud (1923): „Eine Teufelsneurose im Siebzehnten Jahrhundert“, S. 318.

12 Vgl. Gaston Vandendriessche (1986): „Der ‚Teufelsbündler Johann Christoph Haitzmann‘“, in: Prinz Eugen und das barocke Österreich. Kuratorium zur Veranstaltung der Ausstellung. Hg. v. Karl Gutkas. Wien 1986. S. 348.

13 Freud (1923): „Eine Teufelsneurose im Siebzehnten Jahrhundert“, S. 319. Im Manuskript schreibt der Kompilator über diesen Zustand: „1969 ex morte parentis accepta aliqua pusillanimitate“. von Thurn (1924): „Faust in Mariazell“, S. 12, übersetzt pusillanimitate mit „kleinmütig“.

Abb. 21
Teufel als Drache mit ‚Brüsten'

Der Inhalt der Verschreibungen ist: Nach Ablauf einer Frist von 9 Jahren sollen Leib und Seele Haitzmanns dem Teufel gehören und er dann selbst dessen leibeigener Sohn sein. Dafür würde der „Herr" und spätere „Satan" ihn von der „Verzagtheit an seiner Kunst und vor allem des Zweifels an seiner Selbsterhaltung"[14], will sagen von seinen finanziellen Schwierigkeiten befreien. Mit „Verschreibung" ist eine *obligatio*, d.h. Schuldverschreibung gemeint. Allerdings ist in beiden Verschreibungen nichts von jenen Leistungen zu lesen, die auf Seiten des Teufels anfallen, seiner Therapie sozusagen. Hiervon erfahren wir allein durch jene Bilder und Bildunterschriften, in denen Haitzmann seine Geschichte vor den Exorzismen erzählt und von denen wir nicht genau erfahren, woher sie stammen:

14 Freud (1923): „Eine Teufelsneurose im Siebzehnten Jahrhundert", S. 319.

> Erßtlichen ist er mir in gegenwertiger seiner Burgerlichen gestalt vorkhomen, und bey sich habent einem Schwarzen hundt, mit vermelden, warumben ich also bestürzt und traurig wäre, er wolle mir aus meinen anligen gar woll helffen, so ich mich alß Seinen Sohn mit der Tinten unter ihm verschreiben wollte, wolle er mir auf alle Weiß helfen, und an die hanndt gehen.[15]

Wer sich verschreibt, buchstäblich Subjekt wird (sich „unter ihm verschreiben wollte"), dem kann der Teufel ‚an die Hand gehen'. Um ihn zu belustigen und dadurch seine Melancholie zu vertreiben, erscheint er Haitzmann in einer abscheulichen Gestalt „mit einem Buech in der Hand, darin lauter Zauberey und schwarze Kunst war[...]."[16] Auch ein Beutel mit Dukaten wird überreicht, mit der Aussicht auf so viel mehr Geld, wie er brauchen kann. Als Haitzmann sich zur Ausübung seiner bisher offenkundig brotlosen Kunst in Pottenbrunn aufhält, wird er am 29. August 1677 in der dortigen Kirche von starken Krämpfen heimgesucht. Daraufhin examiniert ihn der dortige Pfarrer und schickt Haitzmann, auf Grund eines entsprechenden Geständnisses, mit Geleitbrief nach Mariazell in die Steiermark, in dem Glauben, dass hier nur noch die Gnade der Gottesmutter Maria wird helfen können. Im Wallfahrtsort kommt er am 5. September an, drei Tage vor dem Fest der Geburt der seligen Jungfrau Maria. Nach einem drei Tage dauernden Exorzismus, der federführend von Pater Sebastian Meitinger und drei seiner Mitbrüder im Konvent von St. Lambert durchgeführt wird, erhält Haitzmann, kaum zufällig, ebenso wenig wie die Dreierzahlen zuvor, um Punkt 12 Uhr Nachts die erste Verschreibung zurück, die danach vernichtet wird. Im Anschluss malt er jene Bilder, die seine Begegnungen mit dem Teufel dokumentieren. Von Mariazell aus reist er über Pottenbrunn zurück nach Wien, wo er sich zunächst bei seiner verheirateten Schwester aufhält.

Der Seelenfrieden dauert jedoch nur einen Monat, danach wird er erneut heimgesucht von Krämpfen und dämonischen Erscheinungen, die er im Tagebuch schildert und ihn zur Rückkehr nach Mariazell bewegt. Erneut wird ein Exorzismus

---

15 Zit. n. von Thurn (1924), S. 4.

16 Zit. n. von Thurn (1924), S. 5. Später wird er ihm dieses Buch zurückgeben, weil es nicht gebraucht habe.

durchgeführt und auch die zweite Verschreibung mit Tinte kehrt daraufhin am 9 Mai 1678 zu ihm zurück, um entsprechend vernichtet zu werden. Anschließend tritt er als Frater in das Kloster der Barmherzigen Brüder in Wien ein, erhält den Namen Chrysostomos und stirbt in einer Nebenstelle, in Neustadt an der Moldau, am 14. März 1700.

Abgegriffene Kopie

All das findet sich in einem einzigartigen Manuskript, das in seiner Komplexität nichts zu wünschen übrig lässt. Es liegt unter der Nummer 14.084 in der Österreichischen Nationalbibliothek in Wien. Sein Fund klingt beinahe wie eine romantische Herausgeberfiktion, denn es wird, vormals beheimatet im Kloster von Mariazell, in der K.u.K. Familien-Fideikommiss Bibliothek beinahe zum selben Zeitpunkt entdeckt, in dem sie zur Nationalbibliothek wird. Ihr Bibliothekar von Thurn ist von Hause aus Germanist und Historiker.[17] Nach der Lektüre stellt er fest, dass es sich um ein Dokument handelt, das für Sigmund Freud von großem Interesse sein könnte, dem er einen entsprechenden Brief schreibt, der bisher nach Auskunft des Freud-Archivs und der Nationalbibliothek nicht aufgefunden wurde.

Wie später die Psychoanalytiker Ida McAlpine und Richard A. Hunter, die über die Fälle Schreber und Haitzmann ein wichtiges Buch vorlegen, glaubt auch von Thurn einen „unique record of mental illness“[18] vor sich zu haben, zugleich aber ein für die Germanistik relevantes Dokument. Er hatte die Hoffnung, dieses Material zusammen mit Freud herausgeben und kommentieren zu können, die sich aber nicht erfüllte.

Das Manuskript *Trophaeum Mariano-Cellense* besteht aus 20 Blättern Kanzleipapier, mit den Maßen 307x196mm. Auf vier Blättern finden sich die Kopien der acht Malereien von Haitzmann selbst, die den Teufel in unterschiedlicher Gestalt und Verkleidung zeigen. Das vorangestellte Votivbild ist augenscheinlich nicht von Haitzmann, sondern nachträglich hergestellt worden, auch wenn es Motive seiner Bilder aufgreift. Von Thurn wird darauf aufmerksam machen, dass diese Bilder ohnehin nicht in der richtigen Reihenfolge stehen. Sichtbar sind darüber hinaus sekundäre Bearbeitungen, unter anderem wurden die schadhaften Ränder nachträglich auf das Format des Manuskripts

17 Wie bereits erwähnt findet er das Manuskript während seiner Arbeit am historischen Faust-Stoff. Ergebnis dieser Arbeit ist von Thurn (1917): Der historische Faust im Bilde. Wien 1917.

18 So Ida McAlpine und Richard A. Hunter (1956): Schizophrenia 1677.

angepasst. Zudem finden sich Spuren einer anderen Art Eigenhändigkeit: „Die unteren Ecken der Blätter sind stark abgegriffen und sagen uns, daß das Heftchen seinerzeit durch viele nicht immer reine Hände gegangen ist, also zahlreiche gläubige Leser gefunden hat."[19]

Zu weiten Teilen wurde das es von dem professionellen Schreiber Pater Adalbert Eremiasch (P.A.E.) hergestellt und lässt sich auf den Anfang des achtzehnten Jahrhunderts datieren. Eine Ausnahme bilden die letzten sechs Zeilen von Kilian, dem späteren Abt von St. Lambert, Mariazell, die datiert sind auf den 9. September 1729 und die mit Siegel und Unterschrift bestätigen, dass die Kopien der Briefe, Bilder und Verschreibungen, die hier zusammengeführt wurden, mit jenen Aufzeichnungen identisch seien, die im Archiv des Klosters aufbewahrt werden. Daraus ergibt sich für Freud, dass dieses Manuskript zwischen 1714 und 1729 hergestellt worden sein muss.[20]

Analytisch betrachtet handelt es sich um die Zusammenstellung dieser Dokumente:

1.) Einleitender Abriss über das Leben und die Krankheit des Malers (Kompilator)
2.) Kopie des ersten Teufelspaktes
3.) Bilddarstellungen der ersten und zweiten Teufelserscheinung
4.) Kopie der beiden Teufelspakte (im ‚Original' einer mit Tinte, einer mit Blut geschrieben)
5.) Bilddarstellungen der dritten bis sechsten Teufelserscheinung
6.) Kopie eines Briefes des Pfarrers von Pottenbrunn, den Haitzmann bei seinem ersten Besuch in Mariazell als Zeugnis beibringt

19 von Thurn (1924): „Faust in Mariazell", S. 4.

20 Vgl. Freud (1923): „Eine Teufelsneurose im Siebzehnten Jahrhundert", S. 321: „Den Kern […] bilden zwei Schriftstücke, der bereits erwähnte Geleitbrief des Pfarrers Leopold Braun von Pottenbrunn vom 1. September 1677 und der Bericht des Abtes Franciscus von Mariazell und St. Lambert, der die Wunderheilung schildert, vom 12. September 1677, also nur wenige Tage später datiert. Der Kompilator (P.A.E.) hat eine Einleitung geliefert, welche die beiden Aktenstücke gleichsam verschmilzt, ferner einige wenige bedeutsame Verbindungsstücke und am Schluss einen Bericht über die weiteren Schicksale des Malers nach einer im Jahre 1714 eingeholten Erkundigung beigefügt", gefolgt von Freuds Schluss in der Fußnote: „Dies würde dafür sprechen, daß 1714 auch das Datum der Abfassung des Trophaeum ist."

7.) Bilddarstellungen der siebten und achten Teufelserscheinung
8.) Kurzer Kommentar des Kompilators in Hinblick auf das wundertätige Eingreifen der heiligen Gottesmutter Maria
9.) Kopie des Votivbilds mit der Wunderszene der Rückgabe der blutigen Verschreibung, die wiederum Motive der Bilder Haitzmanns versammelt, offenkundig aber von einem anderen Maler (dem Kopisten der Bilder?) angefertigt wurde
10.) Darstellung dieses Wunders durch Franciscus, den Abt des Konvents von St. Lambrecht und Mariazell, drei Tage nach der Rücknahme des zweiten Pakts, am 12. September 1677
11.) Kurze Einleitung des Kompilators, gefolgt von dem auf Deutsch geschriebenen Tagebuch Haitzmanns, das den Zeitraum seines Aufenthalts in Wien, vermutlich zwischen Anfang Oktober 1677 bis zum 13. Januar 1678, umfasst
12.) Kurzdarstellung der Rückkehr des Malers nach Mariazell im Mai 1678 und der wundertätigen Herausgabe des ersten Paktes
13.) Deutscher Brief, abgefasst von einem ehrwürdigen Johanniterbruder, über Leben und Tod Haitzmanns im Orden
14.) Abschließende Kurzdarstellung des Kompilators, die das Wunder betont und eine kurze Skizze seines Lebens enthält
15.) Die schon oben erwähnte Beglaubigung der Echtheit der Kopien des Manuskripts durch den späteren Abt Kilian aus dem Jahr 1729

Erkennbar die Dokumentation einer Mirakelgeschichte, wie sie an bedeutenden Wallfahrtsorten hergestellt und verwahrt werden, um Zeugnis über die dort stattgefundenen Wunder zu geben. Mariazell ist der wichtigste Wallfahrtsort Österreichs, aber auch einer der bedeutendsten in Europa. Verehrt wird dort das spätromanische Gnadenbild, die *Magna Mater Austriae*, auch Glockenmadonna genannt. Diese Skulptur besteht aus Lindenholz und ist 48cm groß. Berichte solcher Art dienen vor allem kirchenrechtlichen Zwecken, beispielsweise der offiziellen Anerkennung als Wallfahrtsort durch den Papst. Dafür reichen nicht allein Zeugen, denen die Jungfrau Maria oder einer der Heiligen erscheint. Selbst wenn das massenhaft geschieht, erkennt der Vatikan derartige Phänomene nicht einfach als

Wunder an. Ebenso wie für Selig- und Heiligsprechung sieht das Kirchenrecht ein kompliziertes und langfristiges Verfahren vor, das den Beweis der Wunder erbringen soll. Schriftlich fixierte Mirakelgeschichten, wie die von Haitzmann, können im entsprechenden Verfahren Beweiskraft erlangen.

Der alte römische Rechtsgrundsatz *testis unus, testis nullus*, gilt offenkundig auch für dieses Dokument. Demnach muss es in einem rechtlichen Verfahren immer darum gehen, mehrere Zeugen zu versammeln, die etwas gesehen haben und das bezeugen oder beglaubigen können. Lange Zeit wurden Prozesse als reine Aktenprozesse geführt, bei denen die Verhöre von Tätern oder Zeugen andernorts stattfanden, um eine entsprechende Akte herzustellen, die beispielsweise Protokolle des Verhörs enthielt und die an den Richter verschickt wurde, der rein nach Aktenlage, ohne Ansehung der Zeugen oder Täter, entschied.[21] Im schriftlichen Verfahren soll kein Körper de Aussagen beglaubigen, sondern allein die Schrift. Eine Schrift, die etwas beglaubigen oder bezeugen, etwas in Geltung setzten soll, muss allerdings gesiegelt oder unterschrieben sein. Im *Trophaeum* geht es darum, in diesem Sinne aus einer Geschichte durch Akkumulation von Zeugen eine Akte herzustellen, die auch zukünftig die Wundertätigkeit des Gnadenbilds in Mariazell beglaubigen soll. Und es finden sich tatsächlich Unterschriften, die bezeugen, dass die Geschichte stattgefunden hat: Zunächst die beiden Abschriften von Haitzmanns *Verschreibung* selbst, die im Manuskript direkt untereinander zu finden sind. Im Manuskript ist die Reihenfolge genau andersherum montiert als sie Freud, wenn auch der Chronologie nach richtig, später darstellen wird. Er bezieht sich dabei jedoch auf die Darstellung des Schreibers, der den Inhalt der Verschreibungen einerseits in Kanzleischrift widergibt, andererseits die Handschrift Haitzmanns kopiert. Der graphische Unterschied zwischen Tinte und Blut wird nur gesagt, nicht in den Verschreibungen markiert, findet sich allerdings im letzten Bild Haitzmanns in der Kralle des Teufelsdrachen wieder:

21 Vgl. dazu Cornelia Vismann (2000): Akten. Medientechnik und Recht. Frankfurt a.M. 2000. Sie weist zudem darauf hin, dass erst im 17. Jahrhundert die systematische Urkundenkritik beginnt und verweist in diesem Zusammenhang auf den kanonischen Text von Jean Mabillions *De Re Diplomatica* (1681).

Abb. 22
Teufel gibt Verschreibung zurück

Abb. 22a
Teufel gibt Verschreibung zurück, Detail

Der Text der Verschreibungen lautet:

1.) *„Abſchrifft der Verſchreibung mit den Blueth. | Anno 1669. | Chriſtoph Haizmann Jch Verschreibe mich diſen Satan, Jch ſein Leibeigner Sohn Zu ſein, Vnd in 9. ahr Jhm mein Leib Vndt Seel Zu Zugeheren.“*

2.) *„Abſchrifft der Verſchreibung mit der Dinten. | Jch Chriſtoph Haizmann unterſchreibe mich diſen Herrn: ſein Leibeigent Sohn auff 9.iahr. 1669.jahr.“*[22]

Beide sind nicht *unter*schrieben, enthalten aber den Namen Haitzmanns, wenn auch nicht vollständig, denn sein erster Vorname, Johann, fehlt. Kaum verwunderlich, denn erst nach 1800 setzt sich die individualisierte Unterschrift als Beglaubigungszeichen durch. Nichts ist es also mit der eigenhändigen Unterschrift Haitzmanns. Allerdings hätten wir, besäßen wir das Original, mit seinem Blut wenigstens ein indexikalisches

22 MTMC. Von Thurn wird in einer Fußnote, die Verschreibungen betreffend, noch auf eine interessante Kulturtechnik hinweisen: „Die ‚Abschrift‘ ist auf einem besonderen, mit dem Lineal umrahmten Zettel hier eingeklebt“, vgl. ders.: „Faust in Mariazell“, S. 6.

Zeichen. Da es sich aber um eine Kopie handelt, fällt auch diese Realie aus.

Auf den ersten Blick gibt es Authentifizierungseffekte: Durch die Differenz der Kanzleischrift des Kompilators zu der von Haitzmann kopierten, entsteht die Illusion, den Pakt selbst vor sich zu haben. Wir erfahren allerdings auch, dass beide Verschreibungen nach dem Exorzismus in vier Teile zerrissen und auf die Stufen des Altars geworfen wurden. Über den Verschreibungen steht „restituta“, was im Original also nur in Einzelteilen erhalten ist, wird in der Kopie zusammengesetzt und in eine direkte Reihenfolge gebracht. Alle Spuren der Vernichtung durch die Mönche sind so in der Kopie getilgt.

Die erste in der Kaskade von Unterschriften ist die des Pfarrers von Pottenbrunn: Johann Leopold Braun unterzeichnet am 1. September 1677 den Begleitbrief, den Haitzmann in Mariazell abgeben wird, um exorziert zu werden. Dieser Brief ist wiederum in einer anderen Kanzleischrift verfasst, die das Dokument als authentisch erscheinen lässt und von den anderen Texten des Manuskripts abhebt:

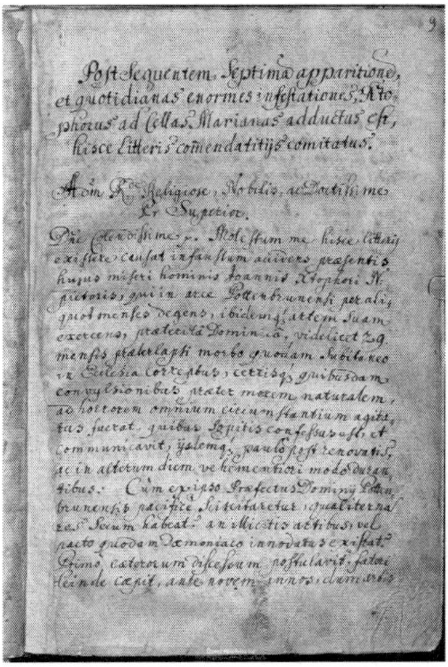
Post Sequentem Septima apparitione, et quotidianas enormes infestationes, Xto-phorus ad Cellas Marianas adductus est, hisce Litteris comendatitijs comitatus.

Abb. 23
Begleitbrief 1

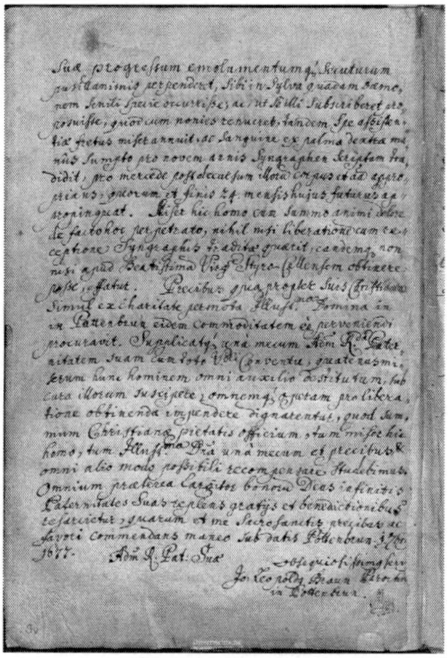

Abb. 24
Begleitbrief 2

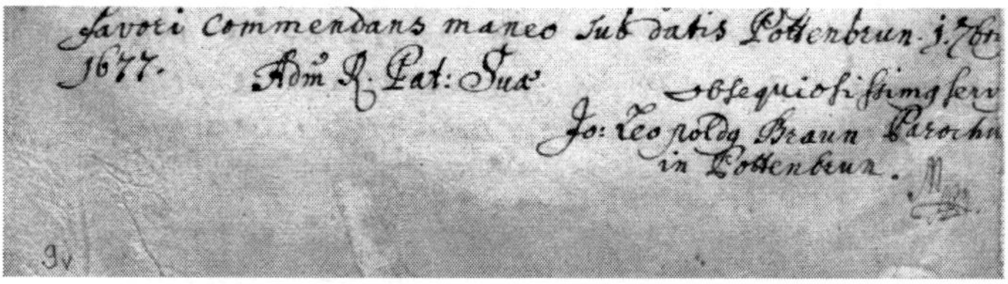

favori commendans maneo Sub datis Pottenbrun 3. 7bris 1677. Adm R. Pat: Sux

obsequiosissimus serv
Jo: Leopoldus Braun Parochus in Pottenbrun.

Abb. 25 Unterschrift Pater Leopold Braun

Es folgt jenes unterschriebene Dokument des Abts von Mariazell, das auf den 12. September 1677 datiert ist:

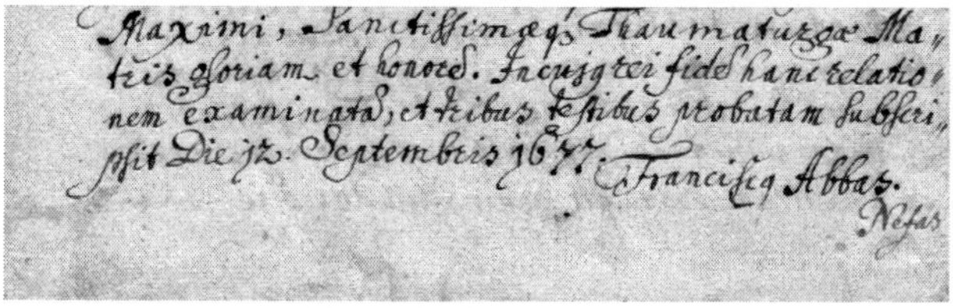

Maximi, Sanctissimaeque Thaumaturgae Matris gloriam et honorem. In cujus rei fidem hanc relationem examinatam, et tribus testibus probatam subscripsit Die 12. Septembris 1677. Franciscus Abbas.

Abb. 26 Unterschrift Abt von Mariazell

Es enthält den, wie Freud es nennt, „feierlichen Bericht“[23] des Exorzismus und des Wunders, die sich am Altar am Tage von Mariae Geburt zugetragen haben. Der Teufel wird als Drache erscheinen und Haitzmann seine Verschreibung mit Blut zurückerstatten, was der Analytiker lakonisch so kommentiert: „Das Wunder war groß, der Sieg der heiligen Mutter über Satan unzweifelhaft aber leider nicht beständig.“[24]

Auf den Bericht folgt Haitzmanns Tagebuch, im Manuskript einerseits abgesetzt durch den groß und gesperrt geschriebenen Titel „ERSCHEINUNGEN DES TEÜFELS“, andererseits durch die Kopie von Haitzmanns kursiver Handschrift, die sich ansonsten nur noch in den Verschreibungen findet. Dieses Tagebuch ist von Haitzmann ebenfalls nicht *unter*schrieben, die einzelnen Eintragungen sind jedoch dem Tage der Abfassung nach datiert. Auf das Tagebuch folgt, abgesehen vom Zwischenkommentar des Kompilators, der Brief eines Johanniterbruders in wiederum einer anderen Schrift, der nicht persönlich, sondern im Namen des ganzen Konvents, also im Namen einer Körperschaft gezeichnet ist:

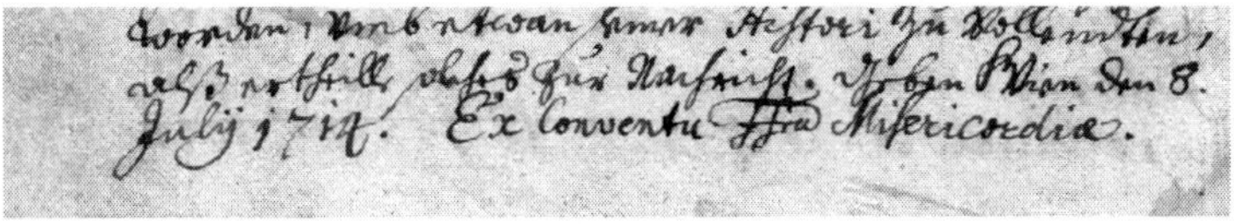

Abb. 27 Unterschrift Konvent der Johanniter

Am Ende des *Trophaeums* findet sich dann die Unterschrift des Kompilators als Paraphe in Kanzleischrift. Er versichert, dass er alle Fakten mit größter Sorgfalt zusammengetragen habe und das Original getreu kopiert worden sei. Unter dieser Unterschrift findet sich zudem ein kurzer Lebenslauf des Kompilators, der seinen Leumund beweisen soll:

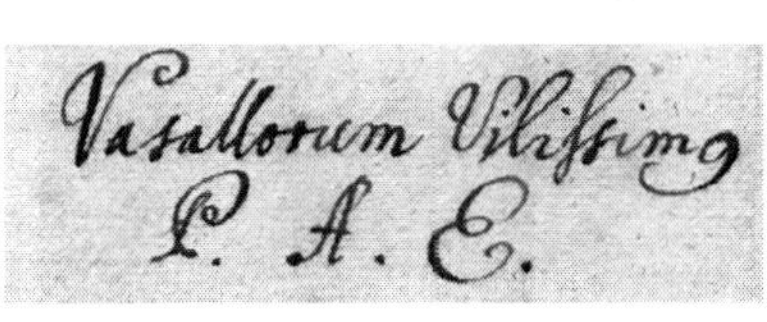

Abb. 28
Unterschrift Kompilator

23 Vgl. Freud (1923): „Eine Teufelsneurose im Siebzehnten Jahrhundert“, S. 322.
24 Ebd.

Abgeschlossen wird das Manuskript schlussendlich von der Unterschrift und dem Siegel Kilians, der am 9. September 1729 bestätigt, dass die Kopien des Manuskripts identisch mit jenen Originalen sind, die im Archiv von Mariazell liegen:

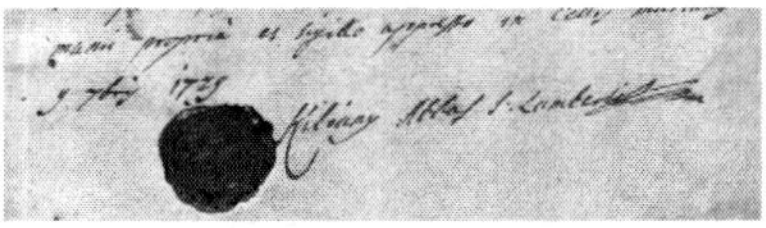

Abb. 29
Unterschrift Abt Kilian von Mariazell

Was wir aus dem Manuskript lernen können, ist einerseits, wie aus einer Kopie die neue, ein Wunder testierende Urkunde hergestellt wird: Beweise, Kommentare und Lebensläufe werden zusammengeführt und ihnen durch in- und externe Datierungen eine chronologische Form gegeben. Insbesondere die Kaskade von Beglaubigungszeichen, von Unterschriften und Siegeln, soll die Authentizität der Ereignisse und der Kopien sicherstellen. Eine schlussendliche Unterschrift soll das bezeugen, die mindestens 37 Jahre nach dem ‚Wunder', abermals durch einen Abt erfolgt. Diese Beglaubigungszeichen sind eng verbunden mit jenen kirchlichen Institutionen, die diese Zeichen wiederum beglaubigen. Denn hier unterschreibt nicht irgendwer, sondern es sind Pfarrer, Äbte oder gleich ein ganzer Konvent, der die Echtheit dieser Mirakelgeschichte, 30 Jahre nach dem Tod Haitzmanns, bestätigt. So wird sie auf Dauer gestellt und könnte auch in Zukunft noch als Beweis in ein kirchenrechtliches Verfahren eingeführt werden, bei dem beispielsweise Haitzmann selig gesprochen wird, – was freilich kaum zu erwarten ist. Selbst wenn es keine Originale mehr gibt, kann durch solch spezifische Bearbeitung ein neues Original entstehen, das auf sein Original ganz verzichten kann.

Stempel der Wahrhaftigkeit

Freud selbst behandelt, bei allen Zweifeln, die er hat, das *Trophaeum* als Original, in dem tatsächlich ein Wunder bezeugt wird, wenn auch als Spektakel des Unbewussten: „Das Manuskript, von dem mir eine genaue Abschrift vorliegt […]".[25] Offenkundig ist jedes Original hergestellt und bedarf als solches einer Beglaubigung. Jede Originalität ist potentiell eine ruinöse

25 Ebd. S. 319.

Dauerbaustelle[26], die auf neue Signaturen wartet, um etwas zu restituieren, dass es als solches nie geben wird. Viel wichtiger als eine Metaphysik originaler Produktion ist demnach eine Theorie jener Signatureffekte, ohne die sie nicht einmal nichts wäre.

Freud gelangt durch einen Germanisten an diese Abschrift, aus der er die dämonologische Krankengeschichte ableitet. Beinahe 200 Jahre war das Manuskript (als Kopie) in den Nischen einer Bibliothek verschwunden, bevor es wiederentdeckt wird, aber nicht um Haitzmann heilig zu sprechen, sondern um zu zeigen, dass er ein Neurotiker sei. Freud nimmt sich nicht nur Patienten in der Analyse vor, um ihre Neurosen durch das Hinabsteigen in die entsprechenden Kindheitsgeschichten zu heilen, sondern ebenso Literatur und Kunstwerke. Überall lassen sich Spuren des Unbewussten finden. Auch solche Manuskripte sind sekundäre oder gar tertiäre Bearbeitungen, oder in anderen Worten, Entstellungen vormals latenter, d.h. verdrängter Inhalte des Unbewussten, die ein Subjekt nicht sagen kann. Um also den tatsächlichen Subtext offenzulegen, von dem niemand der sich ver- und unterschriebenen Subjekte dieser Geschichte etwas wissen konnte, muss man das Ganze in einen anderen Diskurs übersetzen. Allerdings konnte wiederum Freud selbst nicht wissen, dass es eben (nur) ein Diskurs ist.

Die Struktur der Mirakelgeschichte wird durch ein Psychodrama transponiert, also die Positionierung Haitzmanns im familiären System. Man könnte auch sagen, aus der Chronologie und dem Kreis zwischen Anfechtung und Bekehrung, wird eine genealogische Topologie. Das Manuskript selbst hat diese Struktur:

Anfechtung (Verschreibung) – Verhör (Beichte) – Exorzismus (Wunder) – Bekehrung (neuer Name, Mönch) – Anfechtung (Beichte) – Tod.

Freuds Text ersetzt diese Ordnung, differenziert das Verhältnis zwischen Vater und Sohn und analysiert Haitzmann als „ewigen Säugling", der aufgrund seiner femininen Einstellung zum Vater keine Selbstständigkeit im Lebenskampf entwickelt, sondern einen Versorger, d.h. Ersatzvater sucht, den er am Ende

26 Diese Wendung verdanke ich Andreas Beck.

im *Diabolus* auch findet. Diese Struktur lässt sich wie folgt schematisieren:

Tod des Vaters – „Melancholische Depression", „Arbeitshemmung", „nachträglicher Gehorsam" – Neurose („feminine Einstellung zum Vater", „Teufelssohnschaft", „Vaterersatz", „Gott") – Tagebuch („ewiger Säugling").[27]

Der Analytiker bearbeitet für die Deutung das Manuskript, indem er zunächst die Struktur der Marienerzählung ersetzt durch die genealogische Kette von Ersatzvätern und das Tagebuch als zentrale Quelle aufwertet. Ganz im Sinne der analytischen Situation, bei der es vor allem auf das freischwebende Hören von *refuse* des Analysanden ankommt, also auf die Semiotik der Fehlleistungen, zufälliger Körperzeichen, vordergründig unwichtigen Details und so weiter, liest Freud den Text genau auf Widersprüche und eben jene „kleine[n] und nebensächliche[n] Züge"[28], die den Neurotiker verraten. Dass es sich um sexualisierte Übercodierungen handelt, die entsprechend deutbar sind, überrascht nicht. Ein Beispiel dafür sei die Präferenz Haitzmanns für die Zahl Neun, als Zeit der Schwangerschaftsmonate, oder die Brüste und der Penis, die der Teufel als Partialobjekte offenkundig auf einigen Bildern habe.[29]

Ein anderes „merkwürdiges Detail"[30], sei die Tatsache, dass zwei Verschreibungen existieren, eine mit Tinte, eine mit Blut: „Die Tatsache, daß sich einer dem Teufel zweimal verschreibt, so daß die erste Schrift durch die zweite ersetzt wird, ohne aber ihre eigene Gültigkeit zu verlieren, ist ungewöhnlich."[31] Ob Freud diese Tatsache am Faust-Stoff misst, in dem sich seit den Volksbüchern nur einmal verschrieben wird, ist unklar. Eine solche Wiederholung als Symptomatik muss ihn allerdings interessieren, zumal im Manuskript der Bericht von Abt Franciscus nur die Rückgabe der mit Blut geschriebenen Verschreibung erwähnt.

27 Vgl. Freud (1923), S. 349–353.
28 Ebd. S. 328.
29 Ebd. S. 334f.
30 Ebd. S. 339.
31 Ebd. S. 340.

Die zweite Verschreibung liest Freud als Fehlleistung, eben als *Ver*-schreibung. In jedem Fall widmet er diesem Detail eine längere Einlassung, die hier nicht im Einzelnen nachverfolgt wird. Wie ein Detektiv versucht er dieses Detail aufzuklären, und das nicht zuletzt, um die Authentizität des Manuskripts sicherzustellen. Im Geleitbrief des Pfarrers aus Pottenbrunn von 1677 sei ebenfalls nur von einer Verschreibung die Rede gewesen. Was sich im Manuskript selbst nicht findet, führt er jetzt aus und datiert die erste Verschreibung auf den 24. September 1668, weil im Brief davon die Rede sei, dass Leib und Seele in den nächsten Tagen, d.h. genau am 24. September dem Teufel fällig werden. Da der Brief auf den 1. September 1677 datiert sei, könne man nun die neun Jahre der ersten Verschreibung einfach zurückrechnen. Beide Verschreibungen sind aber auf 1669 datiert. Wollte der Kompilator etwa die Schwierigkeiten beheben, indem er beide Verschreibungen auf das Jahr 1668 datiert, entgegen den Angaben von Pfarrer und Abt? Ist die frühere Verschreibung zu einem späteren Zeitpunkt hergestellt worden, was Haitzmann ungewollt verrät, weil er zu aufrichtig ist? Freuds Antwort auf diese Fragen ist relativ deutlich: „Der Kompilator, der den Stoff gewiß nicht früher als 1714, vielleicht erst 1729 zur Bearbeitung übernahm, musste sich bemühen, die nicht unwesentlichen Widersprüche, so gut er konnte, wegzuschaffen.“[32]

Genau dieses „Wegschaffen“ wird Freud zwei Seiten später „sekundäre Bearbeitung“ nennen, die in Treu und Glauben geschehen sei, um das Dokument für authentisch zu halten und so mit dem Wunder im Wahren zu bleiben. Er hat keinen Zweifel, dass dieses Dokument echt und Haitzmann weder ein Betrüger ist noch die Kirchenvertreter oder der Schreiber eben Fälscher sind. All das beweise sich durch die Lektüre von Haitzmanns Tagebuch, das zeige, dass der Teufel nur ein Vaterersatz für den Maler gewesen sei: „Den Stempel der Wahrhaftigkeit trägt dagegen das Tagebuch aus Wien an sich, das er bei seinem Aufenthalt zu Mariazell den Geistlichen übergab. Es lässt freilich tief in die Motivierung oder sagen wir lieber Verwertung der Neurose blicken.“[33]

32 Ebd. S. 344.
33 Ebd. S. 347

Die metaphorische Erklärung, das Tagebuch trage den „Stempel der Wahrhaftigkeit an sich“, entpuppt sich als Pointe des Manuskripts, bei dem nichts *de manu propria*, von eigener Hand des Malers geschrieben ist, aber alles durch andere Hände, samt einer Kaskade von Unterschriften und durch die von einem Schreiber nachgeahmten Handschriften, die keine Individualität haben, Authentizität erlangen soll. Wo sich Haitzmann gleich zweimal verschreibt, ohne mit seinem ‚eigenen‘ Namen zu unterschreiben, müssen andere Unterschriften her, die für das Fehlen dieser Signatur bürgen. Da, wo Haitzmann nun gar nichts *unter*schrieben hat, nämlich in seinem Tagebuch, kann Freud überhaupt nur die Metapher vom „Stempel der Wahrhaftigkeit“ bemühen, weil er beinahe vergisst, dass es sich um die Kopie einer Kopie handelt, und er andererseits jene Signaturen konsequent ignoriert, die ihre Authentizität stützen sollen. Das Tagebuch ist inzwischen zu einem Archiv der Innerlichkeit geworden, das eben jene Phantasmen enthält, die gerade dann zu analysieren sind, wenn sie wie Fiktionen aussehen. Für die Mirakelgeschichte ist das Tagebuch nur Zusatz, der durch die anderen Dokumente und Zeugen beglaubigt wird.

Dr. Freud wird zu den vielen Unterschriften, die wiederum Haitzmanns Verschreibungen bezeugen und beglaubigen sollen, seinen eigenen Namen hinzufügen. Ohne einen Code der Glaubwürdigkeit, an dem sowohl die Unterschriften von Kompilatoren und wie auch Äbten Anteil haben, ohne den Autorennamen des Diskursivitätsbegründers, der ein weiteres Mal bestätigt, dass diese Abschrift und seine Unterschriften authentisch sind, kann es weder Wunder noch Teufel geben, sei es als Frau oder Vaterersatz. Tatsächlich versteckt sich der Teufel im Detail[34] und die Kaskade der Unterschriften kennt weder Anfang noch Ende. Die Schrift insgesamt, wie die Unterschrift im Speziellen, sind diabolische Medien, sie verbinden und trennen zugleich, immer offen, für andere Kommunikationen und seien es Wunder.

34 Zu solchen Details vgl. Kap. XI.

KAPITEL III

Affengeschichten

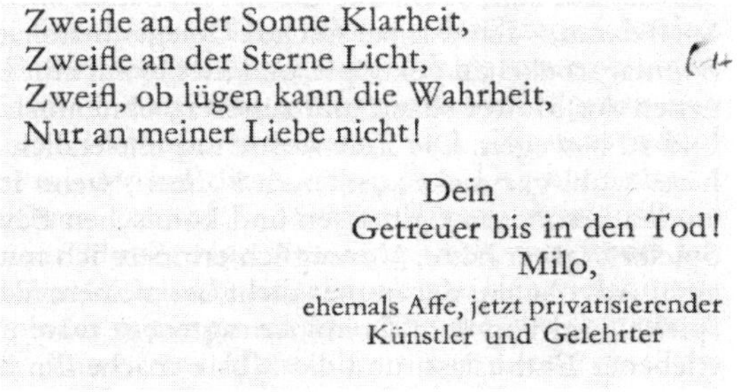
Zweifle an der Sonne Klarheit,
Zweifle an der Sterne Licht,
Zweifl, ob lügen kann die Wahrheit,
Nur an meiner Liebe nicht!

Dein
Getreuer bis in den Tod!
Milo,
ehemals Affe, jetzt privatisierender
Künstler und Gelehrter

Abb. 30 Unterschrift *Milos* aus E.T.A. Hoffmanns: *Nachricht*

Auch Privatdozenten können Affen[1] sein. Um 1800 *de manu propria* zu unterschreiben, benötigen auch sie um einen ‚eigenen', d.h. institutionell verzeichneten Namen in Taufregistern, Meldeämtern oder anderswo und die entsprechende Schrift, die diesen Schreibakt überhaupt erst möglich macht. Zudem muss er oder sie diese Schrift adäquat schreiben können, zumindest bis zur sogenannten Signierfähigkeit. Um sich von anderen Namen abzuheben, denn Eigennamen kommen vielfach vor, tritt die Abweichung in den Schriftzug ein, der stattlich individuiert. Doch auch diese Signatur zeugt nicht für sich selbst, Doppelgänger[2] oder Fälscher doublieren und fälschen sie. Um darüber zu wachen, die Originale vor illegitimen Kopien zu schützen, benötigt man Gesetze, sowie die Institutionen Polizei und Gericht. Sie wachen über die Echtheit von Signaturen und speichern sie zum Vergleich, der heutzutage automatisiert ist. Auch regeln sie, welche Unterschrift was in Kraft setzen kann.

1 Vgl. Ernst Theodor Amadeus Hoffmann (1814): „Nachricht von einem gebildeten jungen Mann", in: Allgemeine Musikalische Zeitung, No. 10, 19. März 1814. S. 178–188, hier S. 187.

2 Ein einschlägiges Beispiel sind die Protokollszenen von Medardus vor Gericht, überzeugend untersucht von Nicolas Pethes (2015): „Diktat und Autorenschaft. Die Gerichtsszenen in E.T.A. Hoffmanns *Die Elixiere des Teufels* (1816)", in: Das Diktat. Phono-graphische Verfahren der Aufschreibung. Hg. v. Cornelia Epping-Jäger u. Natalie Binczek. Paderborn 2015. S. 225–239, vgl. bes. S. 234–237.

© BRILL FINK, 2023 | DOI:10.30965/9783846766354_004

Wohltemperierte Hand

Wer autograph unterschreibt, der benötigt dafür die ‚eigene Hand', oder entsprechende Substitute, Schreibhilfen. Das natürliche Organ ist weder prähistorisch noch geschichtlich betrachtet selbstverständlich. Die Hand braucht enorme Zeit, um zu dem zu werden, was sie heute ist, wenn nicht nur Anthropologen sie für die wesentliche Auszeichnung des Menschen halten. Ganz abgesehen davon, dass ihr ‚Ende' und das der Handarbeit längst nicht erreicht ist, sondern sie in zeitgenössischer Technik, von der Mouse bis zur robotischen Prothese[3] ihre Re- und Dekonstruktion erlebt. Sie durchläuft ihre natürliche wie technische Evolution[4], so wie sie André Leroi-Gourhan minutiös vom Paläolithikum bis zum Ende der industriellen Revolution ausbuchstabiert hat. Aus Klauen müssen erst Hände werden, die arbeiten, um später diese Arbeit wieder aus der Hand in robotische Greifarme zu legen, wie seit Karl Marx die Entfremdungsformel für diesen Prozess heißt:

> Am Anfang war die Hand eine Zange zum Festhalten von Steinen, der Triumph des Menschen hat sie zur [...] geschickteren Dienerin seiner Produktionsvorstellungen gemacht. Vom oberen Paläolithikum bis in das 19. Jahrhundert hat sie einen endlosen Höhenflug hinter sich gebracht. In der Industrie spielt sie noch eine wesentliche Rolle bei wenigen Werkzeugmachern, die jene Teile der Maschinen herstellen, vor denen die Masse der Arbeiter nur noch einen Greifer mit fünf Fingern hat, der das Rohmaterial verteilt, oder einen Zeigefinger, der auf Knöpfe drückt. Noch handelt es sich um ein Übergangsstadium, denn es kann kein Zweifel bestehen, daß die nicht mechanisierten Phasen in der Herstellung von Maschinen nach und nach ausgeschaltet werden.[5]

3 Die Phantasien einer der Hand überlegenen Prothese finden sich, vergisst man hier einmal Goethes *Götz*, bereits in Zukunftsromanen um 1900. Popularisiert wurden sie von George Lucas im Film *Star Wars II. Das Imperium schlägt zurück*, in der Luke Skywalker ein entsprechendes mechanisches Modell erhält.

4 Ob diese „natürliche" Evolution nicht immer schon technisch ist, bleibt ein virulentes philosophisches Problem. Vgl. den Vortrag von Werner Hamacher (2011): „Technik, Löffelheit, Gedachter Verstand", der noch ungedruckt ist, aber sich als Videoaufzeichnung findet unter https://www.ruhr-uni-bochum.de/bkm/archivseiten/23_hamacher.html [letzter Abruf: 31.05.2023].

5 Leroi-Gourhan (1964a): Hand und Wort. Die Evolution von Technik, Sprache und Kunst. Übers. v. Michael Bischoff. Frankfurt a.M. 1988. S. 319f. Interessant ist, dass Leroi-Gourhan hier von der „Zange" spricht, die doch ein Werkzeug ist, das zur Hand wird, um wieder zum Werkzeug zu werden.

Um multifunktionaler zu sein als Zangen, müssen Hände trainiert und optimiert, ihre Finger feinsinnig gemacht werden. Sie sind eben nicht nur explizite Organe der Technik, sondern immer schon technische Organe. Dass die Hand im *singulare tantum*, wie Heidegger 1942 mitten im Krieg in der Vorlesung *Parmenides* behauptet, das ‚Wesen des Menschen inne haben'[6] soll, hängt an einer Geschichte, die rein gar nichts mit dem Vorsokratiker zu tun hat, ganz sicher aber mit jenen medientechnischen Revolutionen, die den Zügen der Hand durch den Buchdruck oder die Erfindung der Schreibmaschine ‚unwesentliche' Typen zur Seite stellt. Sie werden Heidegger zu der abstrusen These verführen, dass das Sein selbst eine Hand habe und wir ihm an dieselbe gehen müssten.[7] Sein sei autotechnische Produktion, die immer nur sich selbst als das Eine (Parmenides) herstellen kann und deshalb auch nur eine einzige Hand benötigt. Zwei wären immer eine zu viel, denn wer weiß, was sie im Plural nicht alles täten.[8] Vielleicht kann man die Hand aber allein deshalb im Singular verstehen, weil man nur mit einer schreibt, vorzugsweise mit der rechten?[9]

Die Hand muss, um zu schreiben, allerlei können, entsprechende motorische Vermögen besitzen und sich üben. Dies geschieht bereits in der Schule, wo sie sich durch Nachschreiben von Vorschriften in Schönschrift automatisiert.[10] Eine andere Ausbildung, die zum Bildungsprogramm gehört, ist die musikalische, in der auch ihre Grifffähigkeit enorm auf die Probe gestellt wird. Hier hat eine Fingerfertigkeit ihren Ort, die sie virtuos

---

6 Heidegger (1942/43): Parmenides. Gesamtausgabe Bd. 54. Hg. v. Manfred S. Frings. Frankfurt a.M. 1982. S. 119.

7 Vgl. dazu meine Ausführungen in: Risthaus (2009): Onto-Topologie. Zur Entäußerung des unverfügbaren Ortes von Martin Heidegger zu Jacques Derrida und jenseits. Berlin 2009. S. 192–207.

8 Vgl. Alexander Kluge u. Joseph Vogl (1996): „Nationalismus und Philosophie. Derrida über ‚Geschlecht' und ‚Hand' bei Heidegger", in: Soll und Haben. Fernsehgespräche. Zürich u. Berlin 2009. S. 297–309, hier S. 301f.: „Was macht man mit den Händen, von denen die eine schreibt und die andere vielleicht unter dem Tisch weiß Gott was fabriziert."

9 Eine Verbindung ahnt hier Michel Serres (1987): Der Hermaphrodit. Übers. v. Reinhard Kaiser. Frankfurt a.M. 1989. S. 49: „Verbirgt etwa das Recht unter diesem Wort eine ganze geheimnisvolle anthropologische Vergangenheit, die aus undurchsichtigen Beweggründen, der rechten Hand den Vorzug vor der linken gibt?"

10 Vgl. Ignaz Demeter (1817): Schreiblehre mit Wand- und Hand-Vorschriften für deutsche Schulen. Freiburg 1817. §2, S. 5ff.

macht. Heinrich Bosse hat mehr als überzeugend gezeigt, wie schreibende „Handfertigkeit"[11], zunächst beheimatet in Schreibmeisterei und Lateinschulen, zur „Bildungsrevolution" führt: „Die pädagogische Revolution um 1800 verwandelt die elementaren Kulturtechniken, so den Umgang mit Buchstaben: Lesen und Schreiben werden reziprok, so der Umgang mit Texten: Lesen und Schreiben werden separiert."[12]

Unterschreiben ist bei Bosse nur ganz am Rande Thema, jedoch in einem aufschlussreichen Zusammenhang: Er deckt an der sich formierenden Pädagogik den Unterschied arbeitender und akademischer Hände auf. Um zu zeigen, wo Schreiben und Lesen noch keine reziproken Kulturtechniken sind, zitiert er ein Pädagogikum aus Clausthal[13], und unternimmt damit eine germanistische Harzreise in die Untiefen der eigenen Disziplin. Seine These: Der Lehrplan wird das Erlernen von Schreiben und Lesen zeitlich separieren. Die drei unteren Klassen, die für diejenigen Schüler reichen müssen, die in den Bergbau gehen, verzichten auf Latein und begnügen sich mit theologischem Unterricht. Sie lernen das Lesen am Katechismus und der Bibel und beginnen erst in der dritten Klasse mit dem Schreibunterricht:

> Die Nicht-Akademiker kommen in diesem Schreibunterricht vermutlich kaum weiter, als daß sie ihren Namen schreiben können; da das Schreiben erst zwei oder mehr Jahre nach dem Lesen beginnt, erreichen sie allenfalls Signierfähigkeit. Die Akademiker kommen vermutlich dahin, daß sie Briefe schreiben können, und erreichen damit Korrespondenzfähigkeit.[14]

Letztere lernen das Schreiben von einem Schreibmeister, indem sie gestochene Vorschriften nachahmen. Es handelt sich um „kalligraphischen Unterricht"[15], was nichts anderes bedeutet, als

---

11 Heinrich Bosse (1985): ‚Die Schüler müssen selbst schreiben lernen' oder die Einrichtung der Schiefertafel. In: *ex machina*. Beiträge zur Geschichte der Kulturtechniken. Hg. v. Tobias Nanz u. Bernhard Siegert. Weimar. 2006. S. 163–207, hier: S. 164.

12 Ebd.

13 Vgl. Johann Daniel Schumann (1749): „Nachricht von des Pädagogii zu Clausthal gegenwärtigen Verfassung", in: Altes und Neues von Schulsachen 7, 1755. S. 299f.

14 Heinrich Bosse (1985): „Die Schüler müssen selbst schreiben lernen", S. 168.

15 Vgl. Pädagogische Verhandlungsblätter für Eltern, Erzieher, Jugendlehrer und Kinderfreunde. Nebst einem Intelligenzblatte. In Begleitung der Zeitung für die Jugend. Leipzig 1808. S. 217–220.

dass Schreiben hier noch nicht eine elementare Kulturtechnik ist, die vor allem darauf abhebt einen Code zu erlernen, sondern Kunst.[16] Historisch offenbart dieser Sachverhalt, dass die eigenhändige Hand- und Unterschrift stattfindet zwischen Gekritzel – Nullpunkt von Formgewinnung – und künstlerischen Praxen, d.h. Zeichnen wie Malen, die beide nicht einfach mit Schreiben zusammenfallen.[17] Es erlernt man in dieser Zeit noch durch jahrelanges kopieren, das individuell in der Stille geübt werden muss und auch funktioniert, wenn man nicht in der Lage ist, das Geschriebene verstehend zu lesen. Diese Form des Abschreibens hat sich ja nicht zufällig als Strafe in den Schulen erhalten, wenn sie auch umstritten ist. Gelernt werden müssen, wiederum anders als heutzutage, verschiedene Schriften: die lateinische und die deutsche Schrift. Letztere zerfällt wiederum: in die „einfachere Kurrentschrift, die stattliche Kanzeleischrift, die für Urkunden unerlässlich war, und die Zierbuchstaben in Fraktur."[18] Das gilt zumindest für diejenigen, die Beamte werden sollen. Wie die Hand dabei zum justierenden Dispositiv[19] wird, hat Bosse ebenfalls beschrieben:

> Er [der Schreibunterricht, P.R.] konnte nicht früh genug beginnen, da er eine beherrschte Körperhaltung verlangte: die Schreibhand wurde auf die zwei oder drei letzten Finger aufgestützt, so daß der Handballen und ein Teil des Unterarms frei beweglich waren. Auf diese Weise ließen sich Druck und Schärfe der Feder variieren, die Grund- und Haarstriche ausführen und die geschwungenen Züge abschattieren. Da ohne Linien geschrieben wurde, war das Linienhalten ein eigenes Lehrstück.[20]

---

16 Vgl. dazu auch die häufig zitierte Arbeit von Joachim Gessinger (1979): „Schriftspracherwerb im 18. Jahrhundert. Kulturelle Verelendung und politische Herrschaft", in: Schriftspracherwerb, Bd. I. Hg. v. H. Andresen, H.W. Giese, F. Januschek. Osnabrück 1979. S. 26–47, hier: S. 30.

17 Vgl. zur kalligraphischen Seite der Unterscheidung: Gerhard Neumann (2011b): „Virtuosität der Kalligraphie. Der Schreiber als Parasit des Genies – eine philologische Arabeske", in: Genie – Virtuose – Dilettant. Konfigurationen romantischer Schöpfungsästhetik. Hg. v. Gabriele Brandstetter u. G. Neumann. Würzburg. S. 289–93.

18 Heinrich Bosse (1985): „Die Schüler müssen selbst schreiben lernen", S. 171.

19 Diesen Begriff für die Hand benutzt auch Armin Schäfer (2005): „Lebendes Dispositiv: Hand beim Schreiben", in: Psychographien. Hg. v. Cornelius Borck u. Armin Schäfer. Zürich u. Berlin 2005. S. 241–265. Allerdings nimmt er hier jene Hand in den Blick, die zwischen Graphologie und Experimentalphysik entsteht.

20 Heinrich Bosse (1985): „Die Schüler müssen selbst schreiben lernen", S. 171. Vgl. zur Beschreibung dieser Feinmotorik Charles Bell (1833): Die menschliche Hand und ihre Eigenschaften. Übers. v. Herrmann Hauff. Stuttgart 1836.

Die Rede von der Signierfähigkeit[21] bedeutet hier nicht, dass die Schüler eine individuelle Schrift erlernen, die von der Vorschrift abweicht, noch weniger die Abweichung einer demgegenüber weiter individualisierten Unterschrift. Sie bedeutet allein, dass man seinen Namen in der Vorschrift nachzeichnen oder abmalen, ‚nachäffen' kann. Diese Grenze des Bildungssystems verläuft zwischen Signierfähigkeit und selbständiger Schreibkompetenz. In der Literatur wird sie unter anderem sichtbar in diversen Tier-, insbesondere Affengeschichten.

Signierunfähigkeit

Einer der Nachfahren von E.T.A. Hoffmanns *Milo*[22] ist ein Orang-Utan, der als „junger Engländer" berühmt wird. In Wilhelm Hauffs *Der Affe als Mensch*, erschienen 1827 im *Märchenalmanach für Söhne und Töchter gebildeter Stände*, werden seine Bildungsdefizite schnell klar. Weder beherrscht er Latein oder Griechisch noch spricht er richtig Deutsch, seine Geographie ist äußerst unsicher. Dagegen ist er jedoch ein recht eigenwillig begabter Tänzer. Handgreiflich wird dieser ‚junge Mann', wenn Doktor und Bürgermeister über die große Politik sprechen, die sich in den Zeitungen lesen lässt: „so konnte es dem Neffen plötzlich einfallen, ganz anderer Meinung zu sein; er schlug dann mit der Hand, von welcher er nie die Handschuhe ablegte, auf den Tisch"[23]. Die Handschuhe sind hier Mittel der Dissimulation, um geheimzuhalten, dass es sich bei ihm um einen Orang-Utan handelt, den ein fremder Herr im Städtchen *Grünwiesel* dem Wanderzirkus abkauft, um ihn, wie er später in einem Brief schreibt, als seinen Stellvertreter in die Gesellschaft einzuführen. Vor allem aber ist dieser Affe eben nicht nur ungebildet, sondern auch

---

21 Ein Begriff, der in der historischen Linguistik ebenso Anwendung findet, wie in der Leseforschung und Kulturanthropologie. Die Erhebung belastbarer Zahlen ist ein schwieriges Problem, weil lokal hier erhebliche Differenzen bestehen und auch die Quellenlage problematisch ist. Vgl. Ernst Hinrichs (1982): „Erhebungen zur Signierfähigkeit in zwölf oldenburgischen ländlichen Gemeinden", in: Sozialer und kultureller Wandel in der ländlichen Welt des 18. Jahrhunderts. Hg. v. ders. u. G. Wiegelmann. Wolfenbüttel 1982. S. 21–42. Vgl. Reiner Prass (1998): „Signierfähigkeit und Schriftkultur. Methodische Überlegungen und neuere Studien zur Alphabetisierungsforschung in Frankreich und Deutschland", in: Francia 25, S. 175–197.

22 Es handelt sich um eine Motiv-Familie der Weltliteratur, vgl. Horst-Jürgen Gerigk (1989): Der Affe als Mensch in der deutschen, französischen, russischen, englischen und amerikanischen Literatur. Hürtgenwald 1989.

23 Wilhelm Hauff (1827): „Der Affe als Mensch" in: Sämtliche Märchen. Hg. v. Hans-Heino Ewers. Stuttgart 1986. S. 189–220, hier: S. 199f.

signierunfähig: „Bei einem Gesellschaftsspiel in Bürgermeisters Hause sollte er etwas schreiben, und es fand sich, daß er nicht einmal seinen Namen schreiben konnte"[24].

Die diskursive Grenze der Pädagogik verläuft durch das Unterschreiben und tangiert zugleich die Differenz von Mensch und Tier. Diese Erkenntnis kann dem Aufschreibesystem 1800 angeschlossen werden. Unterschriften können gegeben werden, ohne sie zu verstehen. Sie sind Programmierungen des Staates, der aus signierunfähigen Subjekten Beamte und Lehrer herstellt, die letzten Endes wieder Beamte und Dichter werden. Dazu braucht es Mütter und Lehrer, die ihren Kindern mit der neuen Lautiermethode das Lesen beibringen, ebenso wie Schreibmethoden, die ebenfalls von Nachahmung auf „psychologisch motivierte Selbsttätigkeit"[25] umstellen. Bosse wie Kittler entdecken dieses Modell bei Heinrich Stephanie, seines Zeichens fränkischer Konsistorial- und Kreisschulrat. Er drückt sich selbstverständlich noch anders aus, wenn er über ‚psychologisch motivierte Selbsttätigkeit' spricht und hofft durch seine neuen Methoden an der *„eigenen* Weiterbildung des Geistes und Herzens"[26] seiner Schüler mitzuwirken. Stephanie wird den Schrifterwerb dadurch erleichtern, dass er für den Unterricht auf *eine* Schrift setzt und die anderen sozial differenziert, d.h. beruflich spezialisiert:

> [...] so müssen wir es auch für einen Unfug erklären, daß man unsere deutsche Volksjugend mit Erlernung der Kanzlei- und Frakturschrift noch immer plagen will. Wir Deutsche bedürfen dieser beiden letzten Schriftarten so wenig als andere Nationen. Überlassen wir daher die erstere nur Kanzleipersonen, die sie zu

---

24 Ebd. S. 201. Dieser Affe insgesamt wird zum Mittel der Dissimulation seines Onkels gegen das Geschwätz und moralisch zweifelhafte Verhalten jener, die nicht umsonst *Grünwieseler* heißen. In einem Brief, den er ihnen hinterlässt, schreibt er dazu: „Ich selbst fühlte mich zu gut, um euer ewiges Klatschen, um eure schlechten Sitten und euer lächerliches Wesen zu teilen" (Ebd. S. 210).

25 Kittler (1985a): Aufschreibesysteme 1800 – 1900. 4. vollst. überarb. Neuauflage. München 2003. S. 100. Jener ‚Schwellenraum', den Roland Borgards mit Hauff als eine Wende von der distinkten Unterscheidung bei Buffon und Linné beschreibt, verläuft durch die Schrift. Vgl. ders. (2012): „Der Affe als Mensch und der Europäer als Ureinwohner. Ethnozoographie um 1800 (Cornelis de Pauw, Wilhelm Hauff, Friedrich Tiedemann)", in: David Wellbery (Hg.): Romantische Ethnographie. Würzburg. S. 17–42.

26 Heinrich Stephanie (1797): Grundriß der Staatserziehungswissenschaft. Leipzig u. Weißenfels 1797. S. 89.

> ihrer Profession vielleicht noch eine Zeitlang nöthig haben, und die letztere den eigentlichen Schreibmeistern zur Verfertigung von Handwerks-Kundschaften und ändern von Urkunden, für welche sie zur Zeit noch gefordert wird. Unsere deutsche Volksjugend soll nur die gewöhnliche deutsche Nationalschrift gut schreiben lernen, und sie wird diesen Zweck umso leichter und sicherer erreichen, wenn man sie auf solche allein beschränkt.[27]

Für die *eine* Hand, die schreibt, soll es auch nur noch eine Schrift[28] geben. Beide sind gekoppelt an die Lautiermethode, die Lesen und Schreiben synchronisiert. Wie der junge Engländer Schreiben erlernt, erfahren wir allerdings vom Erzähler bei Hauff nicht. In Grünwiesel jedenfalls wird das Geheimnis bald gelüftet. So verdeckt die Affenhand durch den Handschuh bleibt[29], so gilt dies auch für die Identität von Onkel und Affe. Letztere wird am Ende zwar gelüftet, aber der Orang-Utan hat keinen Anspruch auf bürgerliche Identität und wandert als Ausstellungsstück in das Naturalienkabinett.

Die Stärke des Kunstmärchens liegt nicht in anti-bürgerlicher Gesellschaftskritik, sondern im Spiel mit Identitäten, das durch Unterschrift und Ausweisdokumente bestimmt ist. Zweimal gibt es bei Hauff eine Szene, bei der am Stadttor Pässe vorgezeigt werden müssen. Die Geschichte vom jungen Engländer hat Rahmen- und Binnenerzählung. Sie wird ganz im Sinne von 1001 Nacht von einem Scheik erzählt, der zu Beginn und am Ende jeder Binnenerzählung jeweils Nachfragen hat:

> Ihr könnet Euch denken, Herr, wie unangenehm es für eine so wohleingerichtete Stadt, wie Grünwiesel, sein musste, als ein Mann dorthin zog, von dem niemand wusste, woher er kam, was er wollte. Von was er lebte? Der Bürgermeister hatte zwar seinen

27 Stephanie (1815): Ausführliche Beschreibung der genetischen Schreibmethode für Volksschulen. Erlangen 1815. S. 19. Vgl. ders. (1802): Handfibel oder Elementarbuch zum Lesenlernen nach der Lautiermethode. Erlangen 1802.

28 Beispiele im Vergleich finden sich dafür in Johannes Seidl (1996): „Schriftbeispiele des 17. bis 20. Jahrhunderts zur Erlernung der Kurrentschrift. Übungstexte aus Perchtoldsdorfer Archivalien", 2. Aufl, hg. v. Marktgemeinde Perchtoldsdorf 1996. S. 16f.

29 Georges Perec träumt von Adolf Hitler, der einen Affen als „graue Eminenz" an seiner Seite hat. Eigentümlich mischen sich in dem Traum auch latente Inhalte von Hauff und Hoffmann. Seinen „Meister" beständig mit musikalischen Gesten begleitend, geschieht folgendes: „Aber ich glaube, in einem bestimmten Augenblick verliert er seinen Handschuh oder gar die ganze Hand." Perec (1973): Die dunkle Kammer. 124 Träume. Übers. v. Jürgen Ritte. Zürich; Berlin 2017. No. 116 [keine Seitenzählung].

> Pass gesehen, ein Papier, das bei uns jedermann haben muß – „Ist es denn so unsicher auf den Straßen", unterbrach den Sklaven der Scheik, „daß ihr einen Fernman eures Sultan haben müsset, um die Räuber in Respekt zu setzen?" „Nein, Herr", entgegnete jener, „diese Papiere halten keinen Dieb von uns ab, sondern es ist nur der Ordnung wegen, daß man überall weiß, wen man vor sich hat."[30]

Leserinnen und Leser erfahren gerade nicht, wen genau der Bürgermeister vor sich hatte. Auch traut man diesen Papieren offenkundig immer noch nicht allzu viel zu. In den Worten des Erzählers hört man noch jenen prophetischen Ton, den Johann Gottlob Fichte in seinen *Grundlagen des Naturrechts* ausspricht, wenn er die Passpolizei samt Ausweispflicht erfindet:

> Jeder Bürger muss allenthalben, wo es nöthig ist, sogleich erkannt werden können, als diese oder jene bestimmte Person: keiner muss dem Polizeibeamten unbekannt bleiben können. Dies ist nur auf folgende Weise zu erreichen. Jeder muss immerfort einen Pass bei sich führen, ausgestellt von der nächsten Obrigkeit, in welchem seine Person genau beschrieben sey; und dies ohne Unterschied des Standes.[31]

Der deutsche Sklave, der dem Scheik im Orient von diesen Identitätsnachweisen erzählt, täuscht allerdings eine polizeiliche Wirklichkeit vor, die es so gar nicht gegeben hat, bloß als „utopische Vorstellung" des Idealisten, wie Passforscher Valentin Groebner feststellt.[32] Zudem spielt die Unterschrift im frühen Passwesen noch keine Rolle. Dagegen hat Fichte wiederum

---

30 Hauff (1827): „Der Affe als Mensch", S. 190.

31 Fichte (1795): Grundlagen des Naturrechts nach Prinzipien der Wissenschaftslehre, in: Werke. Bd. III. Leipzig 1924. S. 295. Die Ausweispflicht ist immer noch geltendes Recht, vgl. Personalausweisgesetz (PAuswG) §1: „Deutsche im Sinne des Artikels 116 Abs. 1 des Grundgesetzes sind verpflichtet, einen gültigen Ausweis zu besitzen, sobald sie 16 Jahre alt sind und der allgemeinen Meldepflicht unterliegen oder, ohne ihr zu unterliegen, sich überwiegend in Deutschland aufhalten. 2 Sie müssen ihn auf Verlangen einer zur Feststellung der Identität berechtigten Behörde vorlegen und es ihr ermöglichen, ihr Gesicht mit dem Lichtbild des Ausweises abzugleichen. 3 Vom Ausweisinhaber darf nicht verlangt werden, den Personalausweis zu hinterlegen oder in sonstiger Weise den Gewahrsam aufzugeben. 4 Dies gilt nicht für zur Identitätsfeststellung berechtigte Behörden sowie in den Fällen der Einziehung und Sicherstellung." Dagegen gibt es keine Pflicht zur ständigen Mitführung des Ausweises, wie Fichte es verlangt.

32 Groebner (2004): Der Schein der Person. Steckbrief, Ausweis und Kontrolle im Mittelalter. München. S. 163.

die wegweisende Idee, dass es letztlich nicht das Signalement ist, also die klassifikatorische Beschreibung der Person, an der jeder Bürger erkannt werden soll, sondern eben sein Bild. Im PAuswG §1, in der Fußnote zitiert, ist der Vergleich von Foto und Gesicht zentraler Gegenstand polizeilicher Kontrolle geworden. Da es um 1800 noch keine Fotografie gibt, müssten, laut Fichte, eben Porträts in die Ausweise gemalt werden, weil „bloß wörtliche Beschreibungen einer Person immer zweideutig bleiben, sollte man bei wichtigen Personen, die es sonach auch bezahlen können, statt der Beschreibung ein wohlgetroffenes Portrait in ihre Pässe einfügen“[33].

Ein romantisches Echo auf diese polizeiliche Kontrolltechnik findet sich in Clemens Brentanos *Die mehreren Wehmüller und ungarischen Nationalgesichter* aus dem Jahr 1817. In der Rahmenerzählung geht es um einen Portraitmaler, der mehrmals die Grenze überquert und 39 vorgefertigte Portraits von Nationalgesichtern dabeihat, in die er nur noch wenige Züge seiner Kundschaft hinein malen muss, um sie zu individuieren. Dabei steht er plötzlich den Bildern seines Doppelgängers gegenüber, der eines seiner Portraits auch noch signiert hat:

> […] auch sein Name stand drunter, und da der Chirurg sagt, ob er dies Bild nicht gemalt und ihm neulich geschenkt habe weil er ihn passieren lassen, gestand Wehmüller: er würde das Bild niemals von den seinigen unterscheiden können, aber durchpassiert sei er hier nie und habe nie die Gelegenheit gehabt, den Herrn Chirurgen zu sprechen.[34]

Um Identitäten unterscheidbar zu machen bedarf es des Spurenparadigmas, das gerade erst entsteht und bei dem auch gefälschte Bilder nicht mehr anhand von Stilmerkmalen sondern von schlecht ausgefertigten Details erkennbar werden, was Giovanni Morelli zur Methode erhebt.[35] Hegel wird sich über Fichtes Identitätspolitik böse echauffieren und sie als Beispiel anführen, wo die Philosophie ihr Terrain verlässt und sich, statt

33 Fichte (1795): Grundlagen des Naturrechts, S. 295.

34 Clemens Brentano (1817): Die mehreren Wehmüller und ungarischen Nationalgesichter. Göttingen 1998. S. 17.

35 Vgl. Ginzburg, Carlo (1979), S. 7–58, hier: S. 8–11.

mit vernünftigen Ideen der allzu mannigfaltigen Welt beschäftigt zu sein:

> [...] ebenso Fichte die Vervollkommnung der Passpolizei bis dahin, wie man es nannte, zu konstruieren, daß von den Verdächtigen nicht nur das Signalement in den Pass gesetzt, sondern das Porträt darin gemalt werden solle. In dergleichen Ausführungen ist von Philosophie keine Spur mehr zu sehen, und sie kann dergleichen Ultraweisheit um so mehr lassen, als sie über diese unendliche Menge von Gegenständen gerade am liberalsten sich zeigen soll. Damit wird die Wissenschaft auch von dem Hasse, den die Eitelkeit des Besserwissens auf eine Menge von Umständen und Institutionen wirft – ein Hass, in welchem sich die Kleinlichkeit am meisten gefällt, weil sie nur dadurch zu einem Selbstgefühl kommt –, sich am entferntesten zeigen.[36]

Auch jener Affe, mit dem der fremde Herr nach Erwerb in einer Kutsche nach Grünwiesel fährt, soll am Stadttor seinen Pass vorzeigen, den er weder hat noch haben kann. Dabei ist zu lernen, wie aus einem Ding, das Tiere ja spätestens seit Descartes sind, ein gut situierter Bürger werden kann, nämlich durch Bestechung und Familialisierung. Dem Torschreiber werden einige Silbermünzen in die Hand gedrückt und der Affe kurzerhand zum Neffen befördert. Und sobald auch noch die Wohnsitzfrage geklärt ist, kann die Grenze passiert werden: „‚Ei. Wenn es Dero Neffe ist', antwortete der Torschreiber, ‚so kann er wohl ohne Pass hereinkommen; er wird wohl ohne Zweifel bei Ihnen wohnen?' ‚Allerdings', sagte der Fremde, ‚und hält sich wahrscheinlich längere Zeit hier auf.'"[37]

Zwar gibt es keinen Pass und auch kein Portrait dieses tanzenden Affen, aber in einer Illustration des Märchens[38] finden wir ihn, seine langen Arme und Finger unter einem Stuhl versteckend, nicht allein im Kabinett des Bürgermeisters lesend, sondern sein Portrait auch auf einem Spiegel im Hintergrund abgebildet. Es handelt sich um jenes optische Instrument, das

36 Hegel (1820): Grundlinien der Philosophie des Rechts. 5. Aufl., hg. v. Johannes Hoffmeister. Hamburg 1995. S. 15.

37 Hauff (1827): Der Affe als Mensch, S. 192. Er wird allerdings, genauso wenig wie sein Herr und Onkel, einen Eigennamen bekommen. Der ‚Namen' „junger Engländer" wird ihm im ‚Verhör' verliehen. Der Tormeister hört aus dem „Brummen" des Affen ein „‚God dam!'" heraus, weshalb der Bürgermeister glauben wird, es handele sich eben um den jungen Engländer (ebd.).

38 Ebd. S. 202.

heute noch in Experimenten bestimmen soll, ob ein Orang-Utan über jenes freie Selbstbewusstsein verfügt, das um 1800 erfunden wird:

Abb. 31 Der junge Engländer im Kabinett des Bürgermeisters

Die Differenz zwischen Tieren und Menschen ist in jeder Hinsicht zentral, sei es für die Anthropologie, oder aber für den ethischen Diskurs. Ein zentraler Streit kreist herrscht um die Frage, ob Tiere Sprache und Selbstbewusstsein haben und so in der Lage sind etwas vorzutäuschen, genauer noch: vorzutäuschen, dass sie vortäuschen. In unserem Zusammenhang ist eine Zuspitzung dieser Frage von besonderem Interesse, nämlich jener, ob das Tier in der Lage ist, seine Spur zu verwischen.[39] Die Genealogie der Signatur hat ihre Herkunft zweifelsohne in letzterer, wie bereits gezeigt worden ist. Spuren zu verwischen oder sie zu manipulieren wird die Sache von Verbrechern sein, deren Finten Fälschungen sind. Jacques Derridas letzte Seminare kreisen

39 Vgl. Derrida (2006): Das Tier, das ich also bin. Übers. v. Markus Sedlaczek. Hg. v. Peter Engelmann. Wien 2010. S. 187f.

um die Frage, wie stabil die Differenz zwischen Mensch und Tier ist. Inzwischen kümmern sich die *animal studies* um diese dogmatischen Fragen und haben eines ihrer Standbeine in der Literaturwissenschaft.[40] Die Differenzen zwischen Menschen und Tieren[41] auf der einen und Maschinen auf der anderen Seite, finden ihren literarischen Ausdruck insbesondere in der Romantik. Und niemand hat wohl in dieser Hinsicht einen ironischeren Ton angeschlagen als E.T.A. Hoffman, der das Unterschreiben paratextuell problematisiert. Eine Kurznovelle hat in dieser Hinsicht besondere Karriere gemacht, auch weil sie später von Franz Kafka noch einmal miterzählt wird. Es ist Die *Nachricht von einem jungen gebildeten Mann*, die als Binnenerzählung Teil zum einen der *Fantasiestücke* und darin wiederum der zweiten *Kreisleriana* wird. Zuerst erscheint sie 1814 in der *Allgemeinen musikalischen Zeitung*. Die paratextuellen Verwicklungen, die sich aus der Position innerhalb der Fantasiestücke ergeben, wollen wir vernachlässigen und uns um die Unterschriften kümmern, die eher als Namen in den Blick der Forschung geraten sind.

Tanzendes Orakel

Die Kurznovelle besteht aus zwei Erzählungen. Zunächst erzählt der Komponist Johannes Kreisler als Rahmenhandlung, dass er in dem Haus eines Freundes einen jungen Mann mit „außerordentlichen Gaben" kennengelernt habe – man merke sich dieses Schlüsselwort –, der ihm einen „offenen Brief"[42] an seine Freundin zur Bestellung mitgibt. Vermutlich ist es die Neugier und eben die Offenheit des Briefes, die ihn dazu verleitet, diesen zu lesen und wegen des erstaunlichen Inhalts abzuschreiben. Die Kopie ist es, die wir in Anschluss an die eine Seite umfassende Rahmenerzählung zu lesen bekommen, unter dem

40 Wie für alles Wissen heutzutage gibt es als Beweis dafür auch ein entsprechendes Handbuch, vgl. Tiere. Kulturwissenschaftliches Handbuch. Hg. v. Roland Borgards. Stuttgart 2016. S. 225–245.

41 Zu erinnern sei auch daran, dass Jacques Lacan den Tanz der Bienen als Beispiel für ein Signalsystem heranzieht, das sich durch die „starre Korrelation der Zeichen mit der Realität" von dem unterscheidet, was man eine Sprache nennen kann. Ders. (1953): „Funktionen und Feld des Sprechens und der Sprache in der Psychoanalyse", in: Schriften I. 4., durchges. Aufl., ausgewählt u. hg. v. Norbert Haas. Übers. v. Chantal Creusot [u.a.]. Weinheim u. Berlin 1991. S. 71–170, hier: S. 140f.

42 Hoffmann (1819): „Nachricht von einem gebildeten jungen Mann", in: Fantasiestücke in Callots Manier. Hg. v. Walter Müller-Seidel. München 1993. S. 297–305, hier: S. 298.

Titel: „Schreiben Milos, eines gebildeten Affen, an seine Freundin Pipi, in Nord-Amerika“[43].

Die Rahmenerzählung lüftet bereits das erste Geheimnis, um das es in diesem Brief geht. Der Absender ist „seiner Geburt und ursprünglichen Profession nach eigentlich – ein Affe [...] der im Hause des Kommerzienrats sprechen, lesen, schreiben und musizieren usw. lernte“[44], elementare Kulturtechniken mithin, die notwendig sind, um sich in aufgeklärter Gesellschaft zu ver- und buchstäblich zu unterhalten. Sein Name ist *Milo*. Und er wird als eben dieser unterschreiben. Über den Namen hat es manche Spekulationen gegeben. Die griechische Insel Milo wird dabei häufig ins Spiel gebracht, genauso jener Held, der ihr entstammt. So insistiert David Charlton in seinem Kommentar zu der englischen Übersetzung: „The name Milo might be an ironic reference to a celebrated athlete of Ancient Greece, Milo of Cortona: cf. the end of the ‚Report‘ where the subjects ‚aisle legs‘ are again alluded to.“[45]

Ein durchaus interessanterer Vorschlag, den Namen lesbar zu machen, stammt von Bernhard Dotzler. Seiner Ansicht nach könnte der Name mit Milo von Bornfeld verschaltet werden, der in Ludwig Nartorps *Briefwechsel einiger Schullehrer und Schulfreude*[46] vorkommt und der Gesangslehrer ist.[47] Bornfeld entwickelte in Anschluss an Pestalozzis Pädagogik eine elementare Gesangslehre, die entsprechende Übungen enthält. Milo wird in der Novelle auch das Singen erlernen, was besonders gut gehen soll, weil er noch nicht über eine falsche Singstimme verfügt, die abtrainiert werden müsste. Das neue an diesen Übungen liegt in der Umstellung vom Nachsingen („Nachäffung“) dazu, „‚den Schülern alles bis zum deutlichsten Bewußtsein zu bringen und sie selbstthätig zu machen‘. Selbsttätigkeit, Ausdruck

43 Ebd. S. 297.

44 Ebd.

45 E.T.A. Hoffmann's Musical Writings: *Kreisleriana, The Poet and the Composer*, Music Criticism. Edited, annotated and introduced by David Charlton. Translated by Martyn Clarke. Cambridge 2003. S. 70.

46 Vgl. Bernhard Christian Ludwig Nartorp (1811–16): Briefwechsel einiger Schullehrer und Schulfreunde. Zwei Bände. Duisburg u. Essen 1813. S. XIII.

47 Bernhard J. Dotzler (1986): „Neue Nachricht von dem gebildeten jungen Mann“, in: Mitteilungen der E.T.A.-Hoffmann-Gesellschaft 32. S. 28–34, hier: S. 29f.

des Eigenen – nichts anderes verlangt die neue Autorenidee, die ebenso die Nachahmung verpönt."[48]

Was für das Lesen und Schreiben gilt, muss auch im Gesang praktikabel sein. Dotzler wird einen werkgeschichtlichen Zusammengang zwischen Hoffmann und Nartorp für unwahrscheinlich halten, bemüht sich aber eben jenen Diskurs zu rekonstruieren, der Autoren wie Gesangslehrer gleichermaßen regelt und in den der Affe eintreten muss, so er überhaupt etwas lernen möchte. *Milos* Nachahmungstalent offenbart vor allem, dass jene Kultur, dessen Kunst- und Kulturtechniken er erlernt, nichts als ‚Nachäffen' ist, selbst wenn er Genie besitzt. Der Rahmenerzähler bei Hauff zieht daraus die inversen Konsequenzen, denn die Entdeckung, dass es sich nicht um einen jungen Engländer, sondern um den Orang-Utan gehandelt hat, löste Scham aus: „Am meisten aber schämten sich die jungen Leute in Grünwiesel, weil sie die schlechten Gewohnheiten und Sitten des Affen nachgeahmt hatten."[49]

Genau diese ‚Kultur' ist es, über die sich Hoffmann maßlos lustig macht. Jene „außerordentlichen Gaben", von denen schon die Rede war, haben zwei Seiten: Einerseits handelt es sich um organische Fähigkeiten, die aus menschlicher Perspektive enorm sind, denn sie sind Menschen zum Teil unmöglich. Andererseits führen diese „Überbleibsel des ehemaligen rohen Zustands"[50] außerhalb gesellschaftlicher Norm und stören so ihre Ordnung. Im besten Falle können sie als Schrullen oder Kuriositäten abgetan werden, aber eben nur, wenn es sich um ein Genie handelt:

> [...] z.B. daß er [*Milo*, P.R.] bei den Thés dasants in den Hops-Angloisen zuweilen etwas sonderbare Sprünge ausführt, daß er ohne gewisse innere Bewegungen nicht wohl mit Nüssen klappern hören kann, sowie (doch dies mag ihm vielleicht nur der Neid, der alle Genies verfolgt, nachsagen) daß er, der Handschuhe unerachtet, die Damen beim Handkuss etwas weniges kratzt [...].[51]

48 Ebd. Zitat von Nartorp zit. n. Dotzler.
49 Hauff (1827): „Der Affe als Mensch", S. 210.
50 Ebd. S. 305.
51 Ebd. S. 297.

Die Angloise, d.h. Anglaise ist ein lebendiger Tanz, der ländliche Wurzeln hat: „Hops-Angloisen sind eine Gattung Tänze, die sich mehr durch die Touren und Schritte, als durch einen besonderen Charakter der Musik oder Melodie unterscheiden“[52], wie die *Allgemeine Theorie der Tonkunst* von 1826 festhält. Ein freierer Tanz mithin, bei dem sich die Tänzer gehend durch den Saal bewegen, jedoch nicht springen, schon gar nicht „sonderbar“. Der Sprung wird aber nicht nur auf den Tanztees das bürgerliche Promenieren stören, sondern Milo reißt auch gerne seinen Gästen die Hüte vom Kopf und springt unwillkürlich hinter eine Vase. Hauffs „junger Engländer“ wird dieses ‚Talent‘ erben: „Denn mitten in den zierlichsten Tänzen, konnte es dem jungen Mann einfallen, mit einem kühnen Sprung auf die Tribüne, wo die Stadtmusikanten saßen, zu setzen, dem Organisten den Conterbaß aus der Hand zu reißen und schrecklich darauf umherzukratzen.“[53]

Milo erzählt seinen Bildungsgang, der seinen Ausgang in „unverständlichen Lauten“ nimmt, jenem „Ae, Ae“, mit dem er einst seiner Geliebten die „[...] Gesinnungen meines Herzens“, abgesehen von dem „zärtlichen Blick [...]“[54] ausdrückte. Es handelt sich also um einen Liebesbrief, die Grußformel wird es bestätigen, in dem *Milo* seine *Pipi* dadurch beeindrucken möchte, dass er ihr schreibt, was aus ihm geworden ist, eben: „privatisierender Künstler und Gelehrter“[55].

Der Brief beginnt mit unwillkürlichen Naturlauten und endet mit der Titulierung am Ende. Kurzum: die *Nachricht* an Pipi ist, er habe das Unterschreiben gelernt. Wie die zitierte Stelle bereits verrät, kommt der Hand neben ein paar ‚Beulen‘ am Kopf eine

52 Allgemeine Theorie der Tonkunst. Hg. v. August Swoboda. Wien 1826. S. 100.

53 Hauff (1827): „Der Affe als Mensch“, S. 203. Der Zusammenhang zwischen Tanzkunst und Schrift wurde untersucht von Pierre Legendre (1978): „Die Leidenschaft ein anderer zu sein. Versuch über den Tanz“, in: Schriften, Bd. 7. Hg. v. Georg Mein u. Clemens Pornschlegel. Übers. v. Sabine Hackbarth. Wien 2014. S. 199–209. Vgl. ders. (2009): Mit fremdem Blick. Radiogespräche mit Philippe Petit zur Politischen Philosophie, Psychoanalyse, Rechtsgeschichte und Anthropologie. Übers. v. Pierre Mattern. Wien 2013. S. 33: „[...] die Unterrichtsstunden in der Tanzklasse der Pariser Oper für kleine Kinder [...] Sie entdecken den Tanz durch die Schrift. Buchstaben, ganz im Wortsinn, fette und feine, die Interpunktion ... Sie erlernen den Tanz auch, indem sie schreiben.“

54 Ebd. S. 298. Vgl. zur Blickgeschichte des Affen die Antrittsvorlesung von Gerhard Neumann (1996): „Der Blick des Anderen. Zum Motiv des Hundes und des Affen in der Literatur“, in: Jahrbuch der dt. Schillergesellschaft XL (1996), S. 87–122.

55 Hoffmann (1819): „Nachricht von einem gebildeten jungen Mann“, S. 305.

besondere Rolle zu. Hier ‚tut' die Hand so einiges, aber sie arbeitet eben nicht. Der tierische Privatgelehrte ist Rentier. Die Erzählung offenbart zudem eine anthropologische Differenz, dass Affen andere Hände[56] haben als jene sogenannten Menschen, die noch eine besondere Rolle spielen wird. Um welche Art Affe es sich überhaupt handelt, wird die Erzählung nicht verraten:

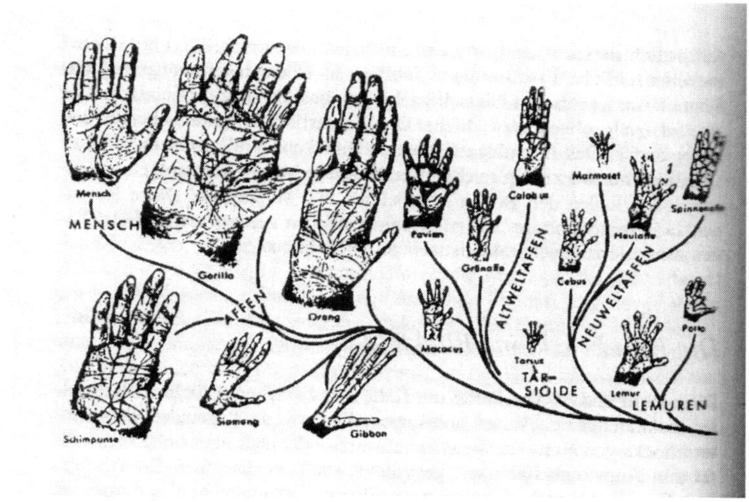

Abb. 32 Entwicklung der menschlichen Hand

Das erste Paradigma der Hand ist im Brief die Zärtlichkeit, denn zunächst geht es um die behandschuhte Damenwelt: In der Rahmenerzählung wird berichtet, dass der Handkuss etwas kratzig ausfällt, was kein Wunder ist, denn *Milo* hat ein Fell, das selbst bei gebotenem Abstand zur Hand diese unangenehm berührt. Wenn Hände einander Lieben wollen, müssen sie dieses Spiel zu allererst erlernen. Zu Beginn des Briefes schreibt Milo von seinen „Liebkosungen", die *Pipi* hat erdulden müssen und die recht „unbehülflich" ausfielen. Daran hat sich einiges geändert und er wird selbst über seine Handkusskunst ins Schwärmen geraten:

56 Vgl. dazu Risthaus (2007): „Klaue, Pfote, Hand – Zum anthropogenen Zwischenraum", in: Politische Zoologie, hg. v. Joseph Vogl u. Anne von der Heiden, Zürich u. Berlin 2007, S. 57–71. Abbildung im Text entstammt: Die Hand. Werkzeug des Geistes. Hg. v. Marco Wehr u. Martin Weinmann. Heidelberg 2009. S. 230.

„da ich es in dem Punkt dem besten primo amoroso gleichtue, und à la Duport die Hand küsse, rot darüber werden könnte, wenn nicht ein gewisser robuster Teint, der mir eigen, dergleichen verhinderte."[57] Ob es günstig ist, sich gegenüber der Geliebten als eine Art Don Juan zu präsentieren, sei dahingestellt. Zumindest lernt man etwas über das Register des Symbolischen dazu, wo man rot werden kann, ohne dass es im Realen geschieht oder gar geschehen könnte.

Die Ironie dieses großartigen Briefes liegt in den maßlosen Übertreibungen. Er ist eine einzige Hyperbel. Gäbe es bereits die Theorie vom Übermenschen, hier würde sie ihr erstes Beispiel finden. *Milo* hält sich selbst für schier alles, was um 1800 im ästhetischen Diskurs an Ehrentiteln dafür verfügbar ist: Orakel, Ingenium, Genie, Virtuose: „ich weiß durchaus alles, bin daher ebenso wie ein Orakel, und herrsche im Reich der Wissenschaft und Kunst hier unumschränkt."[58] Das allerdings ist nicht etwa Ergebnis seiner Ausbildung durch einen „Professor der Ästhetik", sondern eines Unfalls, der geschah, als er aus dem Urwald von einem Jäger durch den Stiefeltrick entführt wurde. Nun klärt sich auch jener unbewusste Tick auf, über den in der Rahmenerzählung berichtet wurde, nämlich dass er das Klappern von Nussschalen nicht gut hören kann. Sein alter Onkel – wo war eigentlich der Vater? – hatte ihm und dem Jäger Kokosnüsse hinterhergeworfen, „wovon mich eine recht hart ans hintere linke Ohr traf, wider den Willen des bösen Alten aber vielleicht herrliche, neue Organe zur Reife gebracht hat"[59].

Da es Handarbeit in *Milos* Leben nicht gibt, so muss zunächst erklärt werden, wie die Kopfarbeit als Privatgelehrter und Künstler funktioniert.[60] Das ist vor allem eine Frage des Talents, d.h. Ingeniums. Zu erklären, woher das wiederum stammt und in

57 Hoffmann (1819): „Nachricht von einem gebildeten jungen Mann", S. 298.

58 Ebd. S. 299.

59 Ebd.

60 Friedrich Engels wird später, ganz dialektisch, eine solche Hand als Produkt der Handarbeit ansehen. Vgl. ders. u. Karl Marx (1896): „Anteil der Arbeit an der Menschwerdung des Affen", in: Dialektik der Natur. Werke, Bd. 20. Berlin (DDR) 1962. S. 444–455, hier: S. 246: „So ist die Hand nicht nur das Organ der Arbeit, sie ist auch ihr Produkt. Nur durch Arbeit, durch Anpassung an immer neue Verrichtungen, durch Vererbung der dadurch erworbenen besonderen Ausbildung der Muskeln, Bänder, und in längeren Zeiträumen auch der Knochen, und durch immer erneuerte Anwendung dieser vererbten Verfeinerung auf neue, stets verwickeltere Verrichtungen hat die Menschenhand jenen hohen Grad von Vollkommenheit erhalten, auf

welchem Verhältnis es zum Genie steht, ist um 1800 Sache des ästhetischen Diskurses, aber auch der Phrenologie. Sie möchte die Oberfläche des Schädels als Ausdruck des Geistes lesbar machen und bietet so die erste Topographie seiner Charaktereigenschaften. Hegels Kritik an dieser Lehre ist äußerst scharf[61], aber Hoffmann steht dem in nichts nach:

> Dank sei es meinem herrlichen Ingenio und dem glücklichen Wurf des Onkels! – Du musst nämlich wissen, liebe Pippi, daß die geistigen Anlagen und Talente wie Beulen am Kopfe liegen und mit Händen zu greifen sind; mein Hinterhaupt fühlt sich an, an wie ein Beutel mit Kokosnüssen, und jenem Wurf ist vielleicht noch manches Beulchen und mit ihm ein Talentchen entsprossen. Ich habe es in der Tat recht dick hinter den Ohren! –[62]

Diminutive und die Anspielung auf das Diebesorgan tun ihr Übriges, um die komische Szene als bissige Kritik an Franz Joseph Gall und Konsorten zu lesen. Dermaßen talentiert durch die enormen Beulen am Kopfe fällt es *Milo* nicht schwer, sprechen zu lernen, was ihm der bereits zitierte „Professor der Ästhetik" beibringt. Gestik und Mimik hatte er sich bereits dank seines enormen „Nachahmungstriebs" abgeschaut und ist dadurch gesellschaftsfähig geworden. Was er von diesem Professor lernt sind „angenehme Phrasen", mit der ein Kulturmensch in den Salons bestehen kann und die hier und da eingestreut, „Tiefe des Gemüts" vorgaukeln, um zum Orakel zu werden. Ein Orakel allerdings mag alles wissen, aber diejenigen die es befragen wissen nicht, dass es weiß. Sie werden dieses Wissen als ihr Schicksal kennenlernen. *Milo* besteht während des Spracherwerbs den großen Test des ‚Spiegelstadiums', noch heute Nachweis von Selbstbewusstsein: „Mein glückliches Mienenspiel gab meinen Worten Gewicht, und in dem Spiegel habe ich gesehen, wie schön sich meine von Natur etwas gerunzelte Stirn sich ausnimmt, wenn ich diesem oder jenem Dichter, den ich nicht verstehe, weshalb

---

dem sie Raffaelsche Gemälde, Thorvaldsensche Statuen, Paganinische Musik hervorzaubern konnte."

61 Vgl. Georg Wilhelm Friedrich Hegel (1807): „Phänomenologie des Geistes", in: Hauptwerke in sechs Bänden. Bd. 2., Darmstadt 1999. S. 181–185. Vgl. in historischer Perspektive Manfred Schneider (2005): „‚Diebs-Mörders-Dichters-Kitzel', in: Anthrometrie. Vermessung des Menschen von Lavater bis Avatar. Hg. v. Gert Theile. München 2005. S. 79–92.

62 Hoffmann (1819): „Nachricht von einem gebildeten jungen Mann", S. 300.

er denn unmöglich was taugen kann, Tiefe des Gemüts rein absprechе."[63]

Zu dieser Bildungsgeschichte wäre noch einiges zu sagen, aber es soll weiter dem Weg der Hand gefolgt werden, bis zu jenem Moment, in dem sie unterschreibt. Was mit dem kratzigen Handkuss und den rohen Zärtlichkeiten im Urwald beginnt, entwickelt sich zur Künstlerhand, die lernt zu „modellieren". Aus der Affendame *Pipi* wird dabei „Diana nach der Antike" geformt. Aber die Plastik entspricht als Kunst nicht den händischen Fähigkeiten eines „Virtuosen"[64]. Sein Instrument wird das „Fortepiano", das Hammerklavier, das im 18. Jahrhundert *state of the art* in Sachen Tastenkunst ist. Das wiederum hat seinen Grund in der Ausstattung der Affenhand:

> Du kennst, meine Süße, die etwas länglichen Finger, welche mir die Natur verliehen; mit denen spanne ich nun Quartdezimen, ja zwei Oktaven, und dies, nebst einer enormen Fertigkeit die Finger zu bewegen, und zu rühren, ist das ganze Geheimnis des Fortepianospiels.[65]

Wegen dieser rührigen Finger ‚rührt' Milo seinen Musikmeister zu Tränen, was als poetische Wirkung der größtmögliche Erfolg um 1800 ist. Übt sich eine solche Hand mit ‚langen Fingern' auf dem Instrument, entsteht eine Musik, die so einzigartig wie schrecklich sein wird. Nur kurze Zeit dauert es, bis Milo das Repertoire zeitgenössischer Musik nicht mehr ausreicht und er beginnt selbst für die neue Hand zu komponieren, so wie jener Virtuose, der hier Pate gestanden hat, wenn auch für ein anderes Instrument, Niccolò Paganini:

> [...] denn in kurzer Zeit, habe ich es so weit gebracht, daß ich mit beiden Händen in zweiunddreißig – vierundsechzig – einhundertundachtundzwanzig – Teilen ohne Anstoß auf und ab laufe, mit allen Fingern gleich gute Triller schlage, drei, vier Oktaven herauf und herab springe, wie ehemals von einem Baum

63 Ebd. S. 301.

64 Vgl. Neumann (2011a): „Das Tier als Virtuose", in: Genie – Virtuose – Dilettant. Konfigurationen romantischer Schöpfungsästhetik. Hg. v. Gabriele Brandstetter u. G. Neumann. Würzburg, S. 115–127.

65 Hoffmann (1819): „Nachricht von einem gebildeten jungen Mann", S. 302.

> zum andern, und ich bin hiernach der größte Virtuos, den es geben kann. Mir sind alle vorhandenen Flügelkompositionen nicht schwer genug; ich komponiere mir daher meine Sonaten und Konzerte selbst […].[66]

Wie schon im Tanz und bei dem Empfang von Gästen ist auch hier der tierische Rest unwillkürliche Sprunghaftigkeit, jetzt allerdings in Ton gesetzt. Aber das wird nicht das einzig erworbene, übermenschliche Virtuosentum sein. Auch das Singen wird er noch lernen und da er über keine „natürliche Stimme" verfügt, wird es ihm besonders leicht fallen das Falsett zu erlernen, jene Kopfstimme, die im achtzehnten Jahrhundert den Kastraten auszeichnet. Deren Koloraturen und Manieren weiß er zu überbieten: „Der Mann hatte recht, nur weniger Übung bedurfte es, um ein herrliches Falsett und eine Fertigkeit zu entwickeln, hundert Töne in einem Atem herauszustoßen, was mir denn den ungeteiltesten Beifall der wahren Kenner erwarb."[67] Hand und Mund werden auf exzessive Weise kurzgeschlossen, um höllische Musik zu machen. Da aber für einen derartigen Virtuosen, der zugleich Genie ist, die Regeln dieser Technik bloße Einengung sind, überlässt man es besser „untergeordneten Subjekten" und tut eben nur so, also ob man jene Stücke, die zum Vortrage gebracht werden, selbst verfasst hätte. Kurzum: wer das Sprechen lernt, der lernt die Lüge und kann nur so tun als ob er ein Genie sei. Das ist die anthropologische Beobachtung des Textes. Sie kommt auch in dem Shakespeare entlehnten *Hamlet*-Zitat zum Ausdruck, das seine Unterschrift *Milo* einleitet.

Die ‚Nachricht' des hochironischen Textes an seine Leser, vergessen wir nicht, dass es sich um die *Allgemeine musikalische Zeitung* handelt, ist deutlich: Wer menschliche Musik schreiben möchte, der muss sich doch eine arbeitende Hand anschaffen und kann sich nicht auf das Kunstrichtergeschwätz in den Salons verlassen. Allerdings ist sie auch, dass eine divergente physiologische Ausstattung des Menschen (oder der Maschine) eine neue Musik erschaffen würde. Der Autor dieser Nachricht

66 Ebd.

67 Ebd. S. 303.

ist allerdings Komponist und Schriftsteller, was uns zur eingangs abgebildeten Unterschrift des Ganzen führt:

Dein
Getreuer bis in den Tod!
Milo,

ehemals Affe, jetzt privatisierender
Künstler und Gelehrter[68]

Vergleicht man verschiedene Textausgaben miteinander, findet sich, wenn auch selten, ein kleiner Unterschied, der den Leser auf die Spur bringen könnte:

Dein
Getreuer bis in den Tod!
Milo,

ehemals Affe, jetzt privatisierender
Künstler und Gelehrter

Was besagt die Kursivierung des Namens? Vom wem stammt sie überhaupt: Autor, Verleger? Jedenfalls markiert sie einen Unterschied, sagt aber selbst nichts über den Code, in dem sie funktioniert. Andererseits sagt uns die Intuition, dass es sich um eine Hervorhebung handelt, die mit dem Charakter dieses Namens zusammenhängt, der eine eigenhändige Unterschrift andeutet, wo selbst keine steht, da der Druck sie in schlichte Typographie aufhebt. Dass *Milo* diesen Brief mit der Hand schreibt, ist nicht nur mediengeschichtlich klar, sondern wird im Text selbst thematisiert. Bisher haben wir zwar einiges über den Spracherwerb und die musikalische Ausbildung dieses sprunghaften Tänzers erfahren, nichts aber darüber, wie er das Schreiben erlernt, ohne das es diesen Brief gar nicht geben könnte.

Wir stehen vor einem Paradox: Der Brief hat eine konkrete Adressatin, wie im Titel vermerkt, der allerdings vom Rahmenerzähler stammt. Es handelt sich um *Milos* Freundin *Pipi* aus Nord-Amerika, wo der Jäger ihn eingefangen und der Onkel mit Kokosnüssen beworfen hatte. Sie blieb dort zurück, und ihr Name und damit auch ihre Adresse, sind unbekannt. Bevor es

68 Ebd.

zur Unterschrift kommt, erinnert *Milo* noch einmal an den Bruch zwischen Mensch und Tier, der sich mit elementaren Kulturtechniken wie Lesen und Schreiben einstellt:

> Solltest Du in der Kultur noch nicht so weit vorgerückt sein, süße Freundin, um diesen Brief lesen zu können: so mögen Dir die edlen, kräftigen Züge Deines Geliebten eine Aufmunterung, lesen zu lernen, und dann der Inhalt die weisheitsvolle Lehre sein, wie Du es anfangen mußt, um zu der inneren Ruhe und Behaglichkeit zu gelangen, die nur die höchste Kultur erzeugt, wie sie aus dem inneren Ingenio und dem Umgang mit weisen, gebildeten Menschen entspringt.[69]

Welch zauberhafte Wendung, denn wenn auch nicht den alphabetischen Code, so kann *Pipi* ja bereits lesen, was nie geschrieben wurde, nämlich *Milos* Schrift. Was er schreibt, versteht sie vermutlich nicht, aber dass es von ihrem ‚Freund' stammen muss. Dessen „kräftige Züge" bewahren jene große Analogie, die der Physiognomik eigen ist. *Pipi* muss nur zu lesen verstehen wie Lavater und könnte den Adressaten am Schriftzug wiedererkennen.[70]

Lavaters Hand

Lavater hat in den *Physiognomischen Fragmenten* nicht allein Gesichter und deren Silhouetten auf ihre Charaktere hin gelesen, sondern ebenso Hände und ihre Schriften. Dort beginnt auch jene Handschriftenkunde und Graphologie, der wir noch begegnen werden.[71] Letztere soll uns lehren das je individuelle Leben gleich ganz von den Unterschriften her zu lesen. Über die Hand steht in den *Fragmenten* resümierend: „Die Hand, Kleinod und Ehre der Menschheit – Siegel seines hohen göttlichen Adels – ist also auch

69 Ebd. S. 305.

70 Dieses große Analogon hat auch schon ein Vorsokratiker geahnt, vgl. Xenophanes: Fragment 29 (DK 21 B 15), in: Die Vorsokratiker I. Milesier, Pythagoreer, Xenophanes, Heraklit, Parmenides. Griechisch/Deutsch. Auswahl der Fragmente, Übersetzung und Erläuterung von Jaap Mansfeld. Stuttgart 1995. S. 222f.: „Wenn aber die Rinder und Pferde und Löwen Hände hätten / und mit diesen Händen malen könnten und Bildwerke schaffen wie Menschen, / so würden die Pferde die Götter abbilden und malen in der Gestalt von Pferden, / die Rinder in der von Rindern, und sie würden solche Statuen meißeln, / ihrer eigenen Körpergestalt entsprechend."

71 Ein Kapitel über Goethe und Lavater findet sich häufig in graphologischen Werken. Vgl. Wilhelm T. Preyer (1895): Zur Psychologie des Schreibens. Mit besonderer Rücksicht auf individuelle Verschiedenheiten der Handschrift. 3. Aufl. Leipzig 1928. S. 219–221. Vgl. dazu insgesamt Stephan Kammer (2008): „Handschrift", in: Der Brief – Ereignis & Objekt, Katalog der Ausstellung im Freien Deutschen Hochstift Frankfurter Goethe-Museum, hg. v. Anne Bohnenkamp u. Waltraud Wiethölter, Frankfurt a.M. 2018. S. 73–99.

Ausdruck der inneren Menschheit."[72] Dass als Metapher das „Siegel" herhalten muss, ist eben Ausdruck jener Prägekraft des Ausdrucks, die auf der Oberfläche des Körpers abgelesen werden kann, der nichts anderes ist als Umstülpung des Innern, kurzum „Klartext"[73]: „Es ist auffallend klar, daß jede Hand mit dem Körper, dessen Glied sie ist – natürlicher Weise [… .] in der möglichsten Analogie steht."[74] Lavater behandelt sie als besonderes Organ: „daß unter allen Bewegungen des menschlichen Körpers keine so mannigfaltig sey, als die der Hand und der Finger. Und unter allen Bewegungen des menschlichen Körpers keine so mannigfaltig, als die, welche das Schreiben verursacht."[75]

Die Charaktere Lavaters sind homogen-organische Singularitäten. Wie das Gesicht bildet für ihn die Hand die einzigartige Ausprägung des natürlich Inneren aus. Vor allem bleibt sie „Organ", d.h. eine Ganzheit, die nicht ‚transplantierbar' ist: „Gewiß bleibt's immer […] daß keine Hand, kein Finger der Natur, an irgendeinen anderen Stumpf von Hand oder Arm – als gleichfortlaufend so, daß es nicht Flickwerk sei, angepasst werden kann"[76]. In dieser Hypothese steckt Technikkritik: Maschinellen ‚Händen' wird zukünftig sogar abgesprochen werden, dass sie überhaupt Glieder hätten. Offenkundig sind deren fingerfertigbewegten Leistungen nur relevant, wenn sie im Ausdruck still gestellt sind. Zeichnungen und Gusse aus Wachs oder Gips sind deshalb jene Vorbilder, an denen Lavater seine Urteile fällt:

> Diese Verschiedenheit des Charakters zeigt sich, zuverlässigen Erfahrungen zufolge, besonders auch in den Händen. […]. Die Verschiedenheit ist so vielfach, als alle würkliche und mögliche Verhältnisse, Beziehungen, Veränderungen der Hände sind. So ist z.E. eine sichtbare, wahrnehmliche Verschiedenheit ihrer Masse; ihrer Knochen; ihrer Nerven; ihrer Muskeln; ihres Fleisches; ihrer Festigkeit; ihrer Farbe; ihres Umrisses; ihrer Lage; ihrer

72 Johann Caspar Lavater (1792): Physiognomische Fragmente zur Beförderung der Menschenkenntnis und Menschenliebe. Dritter Versuch. Mit vielen Kupfern. Leipzig und Winterthur 1777. I. Fragment, S. 105.

73 Vgl. Ursula Geitner (1996): „Klartext. Zur Physiognomik Johann Caspar Lavaters", in: Geschichten der Physiognomik. Text – Bild – Wissen. Hg. v. Rüdiger Campe u. Manfred Schneider. Freiburg i. Breisgau 1996. S. 357–387.

74 Lavater (1792): Physiognomische Fragmente, I. Fragment, S. 103.

75 Ebd. IV. Abschnitt, IV. Fragment, S. 110.

76 Ebd. IV. Abschnitt, I. Fragment, S. 104.

Beweglichkeit; ihrer Anstrengung; ihrer Ruhe; ihrer Proportion; ihrer Länge; ihrer Rundung.[77]

Es stehen somit Parameter zur Verfügung, um die Verschiedenheiten der Hände zu erfassen. Lavater wird sie voraussetzen und in seinen Kommentaren von dreizehn Händen, zuvor hatte er schon neun andere Exemplare inspiziert, weitgehend auf deren Beschreibung verzichten. Um ein Bild davon zu geben, auch gegenüber der Abbildung von Affenhänden oben, was für ihn eine Künstlerhand ist, sei die Nr. 3 aufgerufen, die folgenderweise kommentiert ist: „3) Eines beynah erhabenen Künstlers – oder Kunstfähigen. Viel Ausdruck davon scheint schon allein in diesem Umrisse des Daumens zu liegen“[78]:

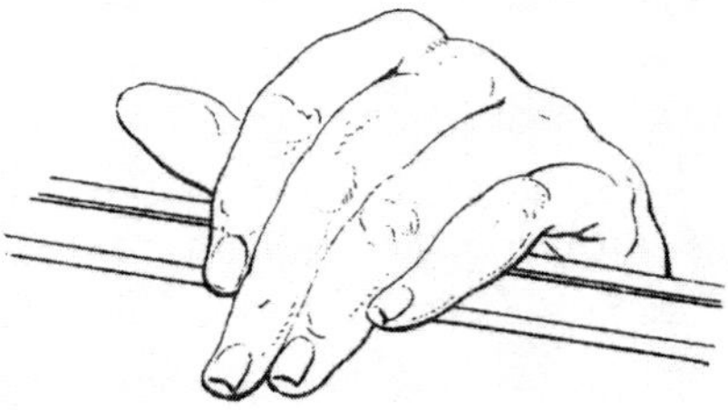

Abb. 33
Hand Nr. 3 aus Lavaters *Physiognomische Fragmente*

Milos virtuose Kompetenzen kommen von seinen langen Fingern her, nicht vom opponierenden Daumen. Aber er ist ja auch nicht ‚beinahe' Künstler, sondern eben Virtuose und Genie. Die Frage stellt sich: Wie schreibt dieser Affe eigentlich jenen Brief, in dem er seine Geschichte erzählt, in welcher Schrift und Form ist jener verfasst?

Die Handschrift hat für Lavater „Charakter“, d.h. sie teilt die Homogenität und Ganzheit der Natur, die sich in all ihren Gliedern ausdrückt: „Es ist nichts Zusammengeflicktes in der Natur. Nur die Kunst schneidet weg und flickt an.“[79] Es bedarf einiger Vorbereitung, bis er zu jenen Handschriften vordringt, die er als Beispiele kommentiert. Er wird sie in großer Analogie zum

77 Ebd. IV. Abschnitt, I. Fragment, S. 103.
78 Ebd. IV. Abschnitt, III. Fragment, S. 108. Abbildung ebd. S. 109.
79 Ebd. IV. Abschnitt, IV. Fragment, S. 110.

Ausdruck des ganzen Körpers lesen. Interessant ist, dass er nicht beim Schreiben selbst beginnt, das hier weder als transitives Verb noch in ihrer materialen, d.h. vom Körper unabhängigen Existenz begriffen wird, sondern bei Zeichnung und Malerei: „es ist offenbar, daß jedes Gemählde, jede Figur im Gemählde, und für den Kenner und Beobachter, jeder Zug den Charakter seines Meisters hat."[80] Dieser Zug ist zugleich die einzigartige Signatur des Künstlers. Das gilt selbst, wenn die Schüler eines Meisters dessen Werke kopieren würden. Handschriften sind in diesem Sinne „Zeichnungen" und „Figuren" und zwei Menschen können niemals den gleichen Zug teilen, was Lavater zu der rhetorischen Frage führt: „Setzt man es nicht als höchste Wahrscheinlichkeit voraus, daß (seltene Menschen ausgenommen) jeder Mensch seine eigene, individuelle, und unnachahmbare, wenigstens selten und schwer ganz nachahmbare Handschrift habe?"[81] Die Individualität jeglicher Handschrift ist demnach natürliche Abweichung

Unterschriften finden sich in den Schriftproben Lavaters nicht, aber immerhin seine eigene Schrift, sogar als Beispiel, bei der er gesudelt habe und so sanguinische Unanständigkeit verrät. Wer sich diese Handschrift anschaut, wird überrascht sein, denn findet er auch keine Schönschrift, so kann aber von Sudelei kann wohl kaum die Rede sein. Um zum Affen *Milo* zurückzukehren sei deshalb eine Probe nachgestellt, die die eines „ordentlichen, kecken, muntern, leichten, schnellen, feurigen Schreiber?"[82] zeige:

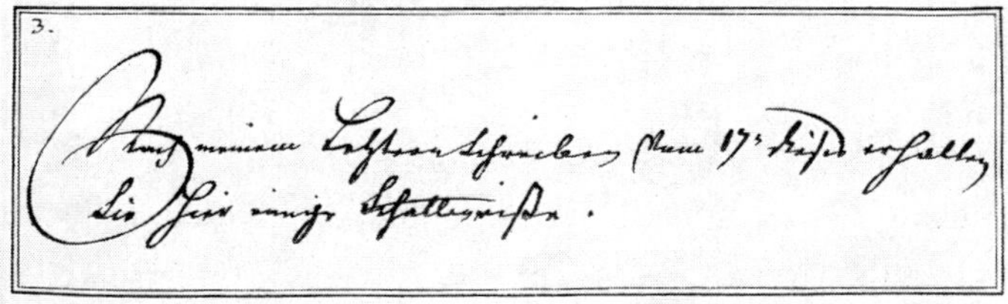

Abb. 33a Lavaters Beispiel für eine feurige Handschrift

80 Ebd. S. 111.
81 Ebd. 112.
82 Ebd. S. 116.

Dieser Umweg über Lavaters ‚Hand' führt zurück zur Kursivierung von *Milo* in der *Allgemeinen musikalischen Zeitung* und den verschiedenen Leseausgaben der *Fantasiestücke*, wo sie jedoch zumeist fehlt, wie eine Stichprobe ergeben hat.[83] Kursiv gedruckte Schriften gibt es erst seit 1501, zuvor handelte es sich um eine spezielle Schrift, die ein schnelles Schreiben mit der Hand ermöglichte. Was wir heute mit einem Klick im Textverarbeitungsprogramm erzeugen können, hat seinen Anfang also in einer eiligen Hand, die schreibt. Die deutsche Nationalhandschrift, die Stephanie zur Schulausgangsschrift erklärt, d.h. die Kurrentschrift, ist selbst kursiv. Die gedruckte Kursivierung birgt ihre Spur und wiederum nicht. Ein Blick in die Erstausgabe zu Beginn des Kapitels ermöglicht aber noch eine andere Pointe. Hier ist Milo nicht nur kursiv sondern zudem gesperrt gedruckt. Hebt die Sperrung nicht genau jene kräftigen Züge seiner langen Finger hervor, die *Milo* an *Pipi* sendet? Analog zu den mächtigen Intervallen, die er auf dem Fortepiano spielen kann sind entsprechend auch die Züge seiner Unterschrift.

Als Philologe führt der Weg zum Manuskript, um herauszubekommen, wie Hoffmann, der über eine erstaunlich lesbare Handschrift verfügte, für Milo unterschrieben hat. Handelt es sich dabei um jene „edlen, kräftigen Züge", die wir lesen wie *Pipi* im Urwald? Leider haben sich nur wenige Autographen von Hoffmann erhalten, es sind *Der Sandmann* und *Meister Floh*, aber auch *Meister Martin und seine Gesellen*. Diese Erzählung gehört leider nicht dazu, aber das macht beinahe nichts. Was bleibt ist die typographische Spur einer Unterschrift, die es ohnehin nie gegeben hat. Spur deshalb, weil sie anzeigt, was sie zugleich löscht: die eigenhändige Unterschrift. Im Druck jedenfalls, wird *Milo* für *Pipi* unerkennbar. Obwohl er unterschrieben hat, werden seine „edlen, kräftigen Züge" überschrieben durch klare und distinkte Typen einer Antiqua-Schrift, selbst wenn diese kursiv und gesperrt ist. Jetzt handelt es sich tatsächlich um einen offenen Brief, allerdings für die Leser von Literatur, nicht mehr für jene der Natur. Die Nachricht des jungen Mannes: Lavaters ‚Hand' geht bereits unter, bevor sie zum Paradigma graphologischen

83 Wir sparen uns an dieser Stelle die große Menge entsprechender Literaturangaben.

Wissens erhoben wird. Es ist, als ob Hoffmann vorausgeahnt hätte, was Francis Ponge, der bekanntlich ein berühmtes Gedicht von Hand unterschreibt, als Status Quo moderner Literatur notiert, nämlich dass sie „immer seltener als Manuskript unsere Augen passiert. / Die Begriffe Literatur und Typographie decken sich heute praktisch [...] / Die Grundlage unserer Arbeit liegt an diesem Punkt, vielmehr als es uns bewusst ist."[84]

Vielleicht schreibt und unterschreibt Franz Kafkas Affe aus diesem Grunde erst gar nicht, obwohl er Pastiche von *Milo* ist. Ersterer wird seinen Bericht über die Menschwerdung ‚mündlich' vor der Akademie ablegen. *Rotpeter* muss so einiges über sich in der gedruckten Zeitung lesen, von „irgendeinem der zehntausend Windhunde, die sich in den Zeitungen über mich auslassen"[85]. Dafür kann es nur eine Strafe geben: „Dem Kerl sollte jedes Fingerchen seiner schreibenden Hand einzeln weggeknallt werden."[86]

Hoffmann selbst unterschreibt auch eine seiner Erzählungen. Die Unterschrift ist doppelt durchgestrichen,[87] vermutlich nicht von eigener Hand. Wollte jemand nicht glauben, dass der Text von ihm ist?

Nicht zu vergessen, dass es in den Fantasiestücken noch mindestens eine Unterschrift gibt, die *Milos* gegenzeichnet. Selbstverständlich ist sie von demjenigen, der den offenen Brief herausgegeben hat: Johannes Kreisler. Die Kreisleriana endet in Anspielung auf Goethe mit *Johannes Kreislers Lehrbrief* und seiner Unterschrift. Es ist das Dokument einer ‚Schizoide', die den Gang der beiden Zyklen bestimmt. Dieser Lehrbrief, an sich

84 Francis Ponge (1961): Die literarische Praxis. Übers. v. Hildegard Baumgart. Olten u. Freiburg 1964. S. 7.

85 Franz Kafka (1920a): „Bericht für eine Akademie", in: Gesammelte Werke in zwölf Bänden, nach der kritischen Ausgabe. Hg. Hans-Gerd Koch. Bd. 1., Frankfurt a.M. 1994. S. 234–247, hier: S. 236.

86 Ebd. Statt *de manu propria* zu unterschreiben, lernt Rotpeter den Handschlag, denn „Handschlag bezeugt Offenheit; mag nun heute, wo ich auf dem Höhepunkt meiner Laufbahn stehe, zu jenem ersten Handschlag auch das offene Wort hinzukommen" (S. 235). Es sei daran erinnert, dass Hoffmanns *Nachricht* als offener Brief verfasst ist.

87 Hoffmann (1818): Meister Martin und seine Gesellen. Band I. Handschrift der Staatsbibliothek Bamberg (Msc. Add. 22). Hg. v. Fränkische Bibliophilengesellschaft e.V., Bamberg 1984 [keine Seitenzählung].

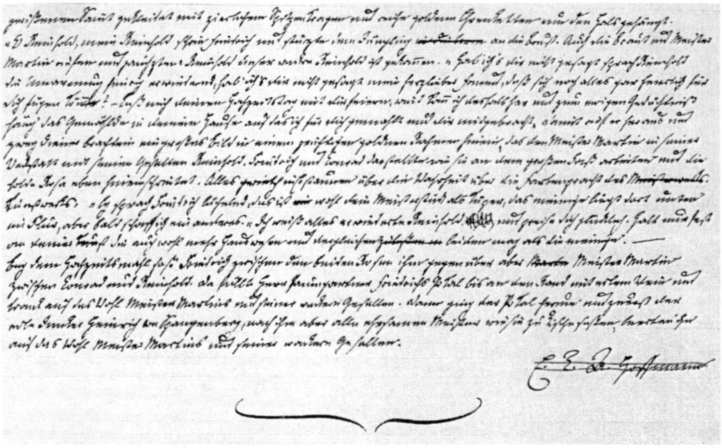

Abb. 34 Unterschrift von *Meister Martin*

selbst geschrieben, soll „sämtlichen musikalischen Gilden und Innungen als Passeport“[88] dienen.

Wir möchten den Interpretationen dieses grandiosen Textes, der wiederum ein Binnenmärchen enthält, keine neue hinzufügen. Es soll nur auf zwei Sachverhalte hingewiesen werden. **1.**) findet sich in der Vorrede, die von Jean Paul: „von fremder, indes bekannter Hand gefertigt worden“[89] und unterschrieben ist, die Feststellung: „bisher warf der Sonnengott die Dichtgabe mit der Rechten [Hand, P.R.] und die Tongabe mit der Linken zwei so weit auseinander stehenden Menschen zu“[90]. Immer noch warte man auf jenen Mann, der eine „echte Oper zugleich dichtet und setzt.“[91] Das scheint zumindest unter der Ägide des Sonnengottes für Hoffmann selbst unmöglich zu sein. Vielleicht kann das nur ein Mensch schaffen, der zugleich Affe bleibt, Orakel und virtuoses Genie, wie *Milo*: „Ja, wahrhaftig, ich muß nun auch meine neue Oper vollenden.“[92] **2.**) entdeckt Kreisler weit vor Derrida,

88 Hoffmann (1819): „Johannes Kreislers Lehrbrief“, in: Fantasiestücke in Callots Manier. Hg. v. Walter Müller-Seidel. München 1993. S. 321–327.

89 Jean Paul (1813): „Vorrede“, in: Hoffmann (1819): Fantasiestücke in Callots Manier, S. 7–11, hier: S. 11.

90 Ebd.

91 Ebd.

92 Hoffmann (1819): „Nachricht von einem gebildeten jungen Mann“, S. 304.

dass Sprache immer Schrift ist. Genauer müsste man hier sagen: Schriftbild: „Bei der individualisierten Sprache waltet solch innige Verbindung zwischen Ton und Wort, daß kein Gedanke in uns sich ohne seine Hieroglyphe – (den Buchstaben der Schrift) erzeugt."[93] Das ist aber nicht der letzte unbewusste Gedanke, den Kreisler über das Unbewusste der Schrift ahnt, wenn er die Abweichungslogik des Unterschreibens in die Notenschrift seiner kommenden Werke einschreibt. Er appelliert an die Leser dieses Lehrbriefs, also immer noch uns: „Nehmt es auch nicht übel, daß, wenn ihr sauber und nett eure Hieroglyphen schreibet, er einige Krakelfüße mit einmischet, im Schönschreiben will er ja eben noch von euch profitieren."[94] Schönschrift aber ist nur möglich, wenn die Kakographie der Hand typographisch im Druck aufgehoben wird:

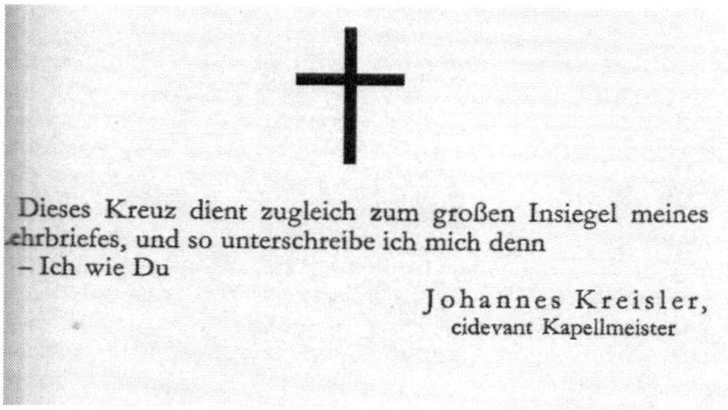
Dieses Kreuz dient zugleich zum großen Insiegel meines Lehrbriefes, und so unterschreibe ich mich denn
– Ich wie Du

Johannes Kreisler,
cidevant Kapellmeister

Abb. 35 Ende und Unterschrift von Johannes Kreislers Lehrbrief, 1816

*

Kurzes Nachwort zu Katzen

Auch Tiere hinterlassen Spuren. Wie Ginzburg es für den Anfang des Erzählens annimmt, heben sie sich auf, ‚übersetzt' in Geschichten, aber auch in Philosophien, jedenfalls in einen Textkorpus. Er gibt uns und ihnen einen Körper, den wir nicht haben. Sind Affengeschichten dicht an der anthropologischen Grenze[95]

93 Hoffmann (1819): „Johannes Kreislers Lehrbrief", S. 326.

94 Ebd.

95 Vgl. auch dazu wiederum Neumann (2009): „MENSCHEN/AFFEN. Erkundung der Grenze zwischen Kultur und Natur", in: Natur – Kultur. Zur Anthropologie von Sprache und Literatur. Hg. v. Thomas Anz. Paderborn 2009. S. 93–108

angesiedelt, die auch das Unterschreiben kreuzt, so sind es die Katzen, die gar nicht in den Verdacht kommen Hände zu haben. Sie verfügen schlicht über Krallen. Auch hierzu hat der Gespenster-Hoffmann den paradigmatischen Roman geschrieben, in dem der Kater namens *Murr* nicht nur fabelhaft erzählt, sondern mehrfach unterschreibt. Wie Krallen und Hände aneinandergeraten können, wird direkt zu Beginn der Handlung erzählt, die wiederum nichts als Zitat ist, nämlich aus Goethes *Egmont*: „‚O du süße Gewohnheit des Daseins!', ruft jener niederländische Held in der Tragödie aus."[96] Allerdings befindet sich der Kater in entgegengesetzter Lage zu diesem Helden, denn er richtet sich gerade so richtig in seinen Gewohnheiten ein und fühlt sich ganz als romantische Existenz, nämlich als Nachtschwärmer:

> Aus meinen reich überpelzten Vorderpfoten schnellte ich spitze gelenkige Krallen hervor und grub sie ein in das Ding das mich gepackt und das, wie ich später gelernt, nichts anderes sein konnte, als eine menschliche Hand. Diese Hand zog mich aber heraus aus dem Behältnis, und warf mich hin und gleich darauf fühlte ich zwei heftige Schläge auf den beiden Seiten des Gesichts über die jetzt ein, wie ich wohl sagen mag, stattlicher Bart herüberragt. Die Hand teilte mir, wie ich jetzt beurteilen kann, von jenem Muskelspiel der Pfoten verletzt, ein paar Ohrfeigen zu, ich machte die erste Erfahrung von moralischer Ursache und Wirkung und eben ein moralischer Instinkt trieb mich an, die Krallen ebenso schnell wieder einzuziehen, als ich sie hervorgeschleudert. Später hat man dieses Einziehen der Krallen mit Recht als einen Akt der höchsten Bonhomie und Liebenswürdigkeit anerkannt und mit dem Namen „Samtpfötchen" bezeichnet.[97]

Sarah Kofman hat 1984 ein höchst bemerkenswertes Buch über diese Pfoten geschrieben und Derridas Dekonstruktion an dem Roman ausprobiert. Wie letzterer das Vorurteil in Frage gestellt hat, dass es schriftlose Kulturen gibt, die wegen dieses Mangels per se als minderwertig zu betrachten sind, wendet sie dieses Vorurteil auf das Tier an. Damit steht für sie, ganz in der Rhetorik dieser Zeit, einiges auf dem Spiel: „der ‚Name des Menschen', die

---

96 Hoffmann (1819–21): Lebens-Ansichten des Katers Murr nebst fragmentarischer Biographie des Kapellmeisters Johannes Kreisler in zufälligen Makulaturblättern. Hg. v. Hartmut Steinecke. Stuttgart 2009. S. 13.

97 Ebd. S. 15.

Einheit dieses Entwurfs, und das, was mit dem ‚Eigensten' des Menschen systematisch verknüpft ist, seine Göttlichkeit, seine Auserwähltheit, seine Herrschaft über die Welt."[98]

Eine Fiktion über einen schreibenden Kater, der zugleich unwillkürlich die Autobiographie von Kreisler zerreißt, der oben unterschrieben hat, gibt Aufschluss über den Status des Menschen, der sein Tier-Sein beständig leugnet und an dessen Stelle andere Fiktionen setzt, die ihn von allem trennt, was ihn in seiner Selbstidentität und Selbstgewissheit kontaminieren könnte. Kofman wird dazu den Begriff der „Kritzelei" bemühen, denn Murr kann mit seinen Krallen keine Schönschrift schreiben und sein Schreiben reißt zugleich Risse und Löcher in das Manuskript von Kreisler. Was dabei entsteht ist ein bastardischer Text, der, weil er zugleich Palimpsest aus Schichten von Zitaten ist, keinen Autoren- und Gattungsnamen mehr verdient, der diese Schrift(en) autorisiert, weil so viele andere an ihr mitarbeiten. Das wird offenbar, wenn man sich die Schachtelung der Herausgeberfiktion genauer ansieht[99]:

> Das Vorwort stammt jedoch von einem fiktiven Herausgeber, der etwas anderes tut, als er sagt und zu wünschen vorgibt. Von Anfang an vervielfältigt er die Schrift, indem er mehre Signaturen (*griffes*) einführt, die die Identität des angeblichen Autors Kater Murr zerreißen: Signatur des fiktiven Herausgebers, Signatur Hoffmanns, Signatur Murrs.[100]

Aber so einfach ist es selbstverständlich nicht, denn eine potenzierende Romantik verlangt nach Rahmenerzählungen, um den Text in jene Unendlichkeit von Spiegelungen zu wenden, bei der

98 Sarah Kofman (1984a): Schreiben wie eine Katze. Zu E.T.A. Hoffmanns ‚Lebens-Ansichten des Katers Murr'. Übers. v. Monika Buchgeister u. Hans-Walter Schmidt. Hg. v. Peter Engelmann. Graz, Wien 1985. S. 13.

99 Vgl. Uwe Wirth (2007): Die Geburt des Autors aus dem Geist der Herausgeberfiktion: Editoriale Rahmung im Roman um 1800: Wieland, Goethe, Brentano, Jean Paul, E.T.A. Hoffmann. München 2007. S. 377–423.

100 Kofman (1984a): Schreiben wie eine Katze, S. 57. Vgl. dazu Derrida, der über seine Katze schreibt, die ihn anstarrt und der dabei mehrfach auch auf Kofman zu sprechen kommt. Derrida (2006): Das Tier, das ich also bin, S. 23ff. u. S. 33: Es gibt „zwei große Formen theoretischer oder philosophischer Abhandlungen über das Tier. Worin sie sich unterscheiden, ist natürlich der Ort, ja der Körper ihrer Signatare, es ist die Spur, die diese Signatur im Korpus [...] hinterlässt." Vgl. dazu Vera Hofmann (2007): „Zoographische Spurensuche bei Derrida", in: Zeitschrift für deutsche Philologie, Nr. 126, S. 367–382.

eine Schrift immer nur die Schrift einer anderen Schrift ist, um wiederum eine ganz andere Schrift werden zu können. Diese Potentialität der Spuren scheint auf der einen Seite unheimlich, auf der anderen Lachen zu machen. Bezaubernd ist dagegen der Gedanke Kofmans, dass dieses Spiel den Leser dazu auffordert, selbst den Text zu signieren: „Das nicht mehr von einer einzigen Hand geschriebene Buch legt es dem Leser nahe, seinen Namenszug (*griffe*) einzufügen, das Buch in einem Prozeß neu zu schreiben, der gleichzeitig Text und Leser hervorbringt."[101]

Der Tod des Autors, der für Roland Barthes die Geburt des Lesers ist, muss durch eine eigene Schreibweise jenen Sinn erst hervorbringen, der nicht einfach in einen Text hineingelegt worden ist. Dazu bedarf es laut Kofman letztlich der Unterschrift. Unterschreiben heißt dabei, alle Zeichen, d.h. den Wert des Signifikanten und seiner Position zu ändern und den Sinn bis zur nächsten Schrift aufzuschieben. Murr bietet dafür das genealogische Modell innerhalb der Literatur an, er selbst ist ja Erbe jenes berühmten *Gestiefelten Katers* von Tieck und er wird weitere Erben haben in *Mores* aus den *Die mehreren Wehmüller* Brentanos oder *Spiegel, das Kätzchen* aus der gleichnamigen Erzählung von Gottfried Keller.[102] Ihnen hinterlässt er eine Schrift, wie Milo es für *Pipi* getan hat, wenn er in seinen kräftigen Zügen den Bildungsbrief schreibt. Allerdings scheint der offene Brief des Katers Murr, der ja die Literatur selbst ist, von seinen Lesern genauso wenig ‚erkannt' zu werden. Ein zweiter Blick auf dessen Unterschrift in der Erstausgabe verrät doch, was kein Interpret des Romans bisher sehen will, dass er die Frakturschrift selbst erfunden haben muss – ist das **W** und der gesperrte Name selbst, doch nichts anderes als die mimetische Spur einer Kralle[103]:

---

101 Ebd. S. 61.

102 Vgl. Gottfried Keller, (1856): „Spiegel, Das Kätzchen", in: Die Leute von Seldwyla. Text und Kommentar. Hg. v. Thomas Böning. München 2006. S. 240–281. Vgl. Benjamin Bühler (2007): „Sprechende Tiere, politische Katzen. Vom ‚Gestiefelten Kater und seinen Nachkommen', in: Zeitschrift für deutsche Philologie, Nr. 126, S. 143–167.

103 Hoffmann (1820): Lebens-Ansichten des Katers Murr nebst fragmentarischer Biographie des Kapellmeisters Johannes Kreisler in zufälligen Makulaturblättern. Hg. v. E.T.A. Hoffmann. Berlin 1820. S. VII–VIII.

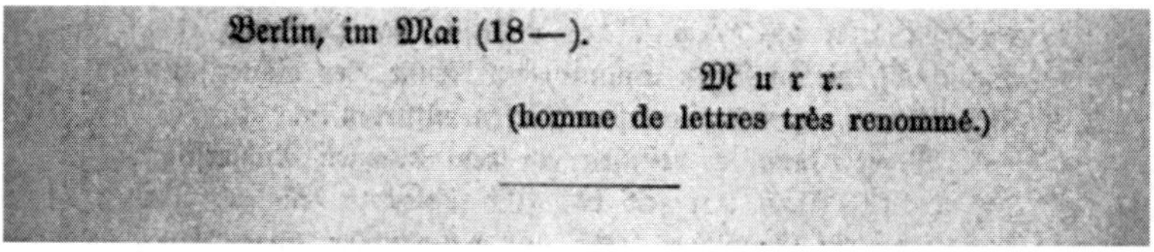

Berlin, im Mai (18—).

M u r r.

(homme de lettres très renommé.)

Abb. 36 Unterschrift Murrs in den Vorworten des Romans

KAPITEL IV

Pathographie

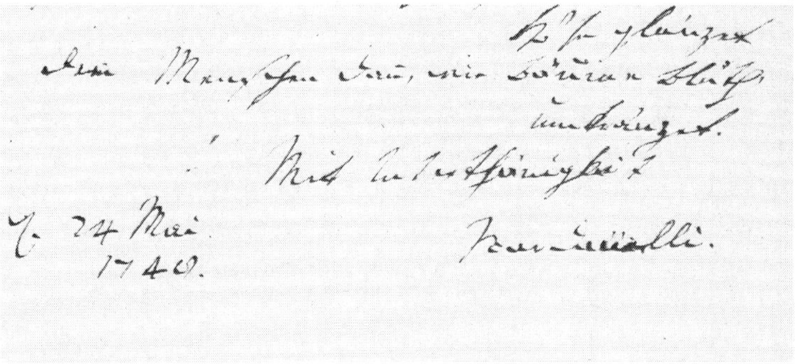

Abb. 37 Unterschrift unter *Die Aussicht* durch Scardanelli, 24. Mai 1748

Nicht nur Könige, auch Dichter und Philosophen werden wahnsinnig. Seit dem 19. Jahrhundert bekommen sie es mit der neuen, psychiatrischen Variante der Macht zu tun und werden zu Fällen.[1]

Im Namen Hölderlins

Schaut man auf die enorme Wirkungsgeschichte, und das nicht allein in Deutschland, dann muss man Hölderlin[2] für *den* deutschen Dichter schlechthin halten. Was von ihm erwartet wird, ist immens: Er eröffnet für die einen die ‚moderne Linie' in der Dichtung[3], oder sichert gleich alles „Kommende" der Geschichte des Seins. Zum Orakel wird Hölderlin insbesondere den Philosophen des 20. Jahrhunderts. Zuvorderst für Martin Heidegger, der sich in seiner Vorlesung im Sommersemester 1942 eine Stromhymne vornimmt, um eine neue Verwandtschaft von Dichten und Denken zu begründen. Abgesehen davon, legt die Vorlesung *Der Ister* die Topographie jenes „geheimen Deutschlands" vor, zu dem Heidegger sich, nach Niederlegung des

1 Vgl. Foucault (1972): Die Ordnung des Diskurses, S. 41. Zur Übersicht des psychiatrischen Falls Hölderlin, vgl. Hölderlin und die Psychiatrie. Hg. v. Uwe Gonther u. Jann E. Schlimme. 3. Aufl., Köln 2013.

2 Unterschrift *Scardanelli* aus: Friedrich Hölderlin: „Die Aussicht" (Faksimile), in: Sämtliche Werke. Historisch kritische Ausgabe (‚Frankfurter Ausgabe'), Bd. 9: Dichtungen nach 1806. Mündliches, hg. v. D. E. Sattler. Frankfurt a.M. 1983. S. 225.

3 Vgl. Gisela Dischner (1996): „... bald sind wir aber Gesang". Zur Hölderlin-Linie der Moderne. Bielefeld 1996. S. 9–23.

© BRILL FINK, 2023 | DOI:10.30965/9783846766354_005

Rektorats, in den ‚schwarzen Heften' bekennt: „Wir werden in der unsichtbaren Front des geheimen Deutschlands bleiben."[4]

Das Dritte Reich hingegen, packt die Gedichte des Tübinger Dichters in eine Feldauswahl, damit die Soldaten an der Front ein Skript im Tornister dabeihaben, welches ihr Opfer für Deutschland mytho-poetisch verklären soll.[5] Heidegger will Hölderlin diesem Missbrauch grundsätzlich entziehen. Seine ‚Erläuterungen' dienen dazu, hatte er doch auch schon in mehreren Vorlesungen versucht, Nietzsche den Nazis madig zu machen. In einem Vorwort, das er zur eigenstimmigen Lesung einiger Gedichte Hölderlins für die Sprechplatte ebenfalls vorgetragen hat, hört man einen entsprechenden Super-Satz: „Hölderlins Dichtung ist für uns ein Schicksal. Es wartet darauf, daß die Sterblichen ihm entsprechen.[6]

Im Falle Hölderlins ist man von Seiten der Philosophie häufig mit derartigen ‚Supersätzen' konfrontiert, die das Äußerste von ihm, der im kollektiven Gedächtnis der Deutschen auf ewig umnachtet im Turm am Neckar haust, erwarten lassen. Es ist vermutlich der junge Dichter Wilhelm Waiblinger, der die Reihe dieser Sätze eröffnet. Nach seinen ersten Besuchen und entsprechender Lektüre des *Hyperion*, ist er dermaßen enthusiasmiert, dass er einen Briefroman über Hölderlin schreiben wird, denn: „Sein Leben ist das große, furchtbare Räthsel der Menschheit."[7] Dass der Zeichner *Phaeton*, die Hauptfigur des Romans, Hölderlin darstellt, daran ist gar kein Zweifel, denn in dessen

---

4 Heidegger (1931–38): Überlegungen II–VI (Schwarze Hefte 1931–1938). In: Gesamtausgabe. IV. Abteilung: Hinweise und Aufzeichnungen, Bd. 94, hg. v. Peter Trawny. Frankfurt a.M. 2014. S. 155. Vgl. auch: Peter Sloterdijk (2012): „Nachgegenwart. Zur Poesie des Rests", in: Friedrich Hölderlin: Turmgedichte. Gelesen von Christian Reiner. CD (Booklet) bei ECM Records Gmbh (LC 02516). München 2012. S. 7–9. Auch Diskurs- und strukturale Psychoanalyse werden um Hölderlin streiten. Vgl. Jean Laplanche (1961): Hölderlin und die Suche nach dem Vater. Stuttgart 1976 und die Erwiderung von Foucault (1962): „Das ‚Nein' des Vaters", in: Schriften in vier Bänden. Dits et Ecrits, hg. v. Daniel Defert u. François Ewald, übers. v. Michael Bischoff u.a., Frankfurt a.M. 2001, Bd. 1. S. 263–282, hier S. 276. Es handelt sich hierbei um eine Rezension von Laplanches Buch über Hölderlin. Zu dieser Diskussion vgl. Risthaus (2008a): „Stille. Stillend. Hölderlins Tränen", in: Tränen, hg. v. Beate Söntgen u. Geraldine Spiekermann. München 2008. S. 142–161.

5 Vgl. Hölderlin (1943): Feldauswahl. Stuttgart 1943.

6 Heidegger (1963): „Vorwort zur Lesung von Hölderlins Gedichten", in: Erläuterungen zu Hölderlins Dichtung. 6. erw. Aufl., hg. v. Friedrich Wilhelm v. Herrmann. Frankfurt a.M. 1996. S. 195–197, hier: S. 195.

7 Wilhelm Waiblinger (1. Sep. 1822): Tagebuch, zit. n. Hölderlin (2004): Sämtliche Werke, Briefe und Dokumente. Hg. v. D.E. Sattler, Bd. XII, 1806–1843. Homburg – Tübingen. München 2004 [Lizenzausgabe WBG]. S. 98.

letzten Aufzeichnungen wird ein Text Hölderlins zitiert: *In lieblicher Bläue.*[8] Am Ende ist dem Briefreund Theodor klar, welches Schicksal *Phaeton* hat und er schreibt an seinen Freund Mör[ike]:

> Es ist entschieden mit unserem Freunde! Es ist fürchterlich entschieden! Der Phaeton, der einst jene große Welt im Busen trug, der einst das geliebteste Kind der liebenden Natur war, der einst so kühn unter uns stand wie ein gewaltiger in die Wolken gestreckter Riesenberg unter niedern Hügeln, der Phaeton ist – wahnsinnig.[9]

Der Roman Waiblingers ist auch aus anderen Gründen interessant. Er trägt selbst einen mythologischen Namen, der wie kaum ein zweiter für maximalen Absturz steht. Zudem ist *Phaeton* hier nicht Dichter sondern Zeichner, dem es nicht gelingen wird, die Idee der Schönheit, die er in seiner *Diotima* erblickt, hier *Atalanta* genannt, lebendig abzubilden. Dass es dazu eine spezifische Pygmalion-Hand braucht ist bei seiner künstlerischen Berufung zu erwarten: „Was die Hand erschafft, wird nur durch sie bewegt. Ohne ihre Kraft ist es tot. Solche Menschen lieben das tote Werk mehr als die lebendig schaffende Hand."[10] Gegenüber einer alles durch die Kunst verlebendigen Hand, wird *Scardanelli* sich eine ‚renitente Kralle' wachsen lassen, wie Waiblinger im Turm beobachtet als er ihn Klavier spielen sieht: „Zudem kommt noch ein schnelles Aufzucken von Krampf, das ihn nötigt, manchmal blitzschnell über die Tasten hinwegzufahren und das unangenehme Klappen seiner langgewachsenen Nägel. Diese nämlich lässt er sich höchst ungerne schneiden […]."[11]

Aufgerufen werden in Waiblingers Roman Gemeinplätze zeitgenössischer Ästhetik zwischen Klassik und Romantik. Er kreist um die Frage des rechten Maßes in der Kunst, das von den Griechen zur Nachahmung vorgebildet wurde. Die Antwort findet sich im Roman zitiert aus *In lieblicher Bläue* und ist in den letzten Aufzeichnungen *Phaetons* zu finden: „Gibt es auf Erden ein Maß? Es gibt keines."[12]

---

8 Waiblinger (1823): Phaeton. Berliner Ausgabe. Hg. v. Michael Holzinger. Leipzig 2013. S. 107f.

9 Ebd. S. 103.

10 Ebd. S. 19.

11 Waiblinger (1827/28): Friedrich Hölderlins Leben, Dichtung und Wahnsinn. Mit einem Nachwort von Pierre Bertaux. Wurmlingen 1982. S. 54f.

12 Ebd. S. 108.

Wie Empedokles, der sich einen Gott genannt hatte und dafür verflucht wurde[13], hat Phaeton in Kunst und Leben den Weg der *Hybris* einschlagen. Dieses Schicksal ist, wie er selbst erkennt, in seinem göttlichen, der Mythologie entlehnten Namen eingeschrieben. In einem Brief ahnt er voraus, welches Fatum ihn ereilen wird, denn auch hier: *Nomen est Omen*. Den Hypotext dazu bilden offenkundig Ovids *Metamorphosen*:

> O Mein Name! Der Sohn eines Himmlischen ist kein Himmlischer selbst! Ein Mann, gemischt aus irdischem und überirdischem Stoff, vermaß sich den Sonnenwagen zu führen durchs All, mit kühnem Selbstvertrauen, verblendet vom Übermut, verlassen von oben! Die Rosse des Wagens schnaubten. O Bruder, der Arme konnte die Ungebändigten nicht leiten. Sie rannten aus der Bahn, verbrannten die Erde! Der Übermütige, mit seiner endlichen Kraft sich brüstend, ward niedergeschmettert vom Blitze des Olympiers.[14]

Phaetons Hybris ist zudem an seinen Zeichnungen erkennbar, blankes Gekritzel: „Wenn er zeichnete, waren es lauter Figuren, die keinen Sinn hatten."[15] Der „Übermütige" selbst, Hölderlin, hat inzwischen die Schriftform entdeckt und schmettert als Blitz dem gleichnamigen Gotte seine neue Unterschrift entgegen. Dazu wählt er einen Namen, der in keiner Genealogie verzeichnet ist, was nicht allein für die Griechen den Abgrund bedeutet. Über Hölderlins Scardanelli-Gedichte wird Waiblinger analoges sagen wie über *Phaetons* Zeichnungen: Sie hätten zwar keinen Sinn, aber die Metrik wäre richtig. Der Roman endet mit einem mahnenden und warnenden Wort an jeden Künstler, der die Maßlosigkeit zum Programm erhebt: „Reizt ihn nicht, den höchsten Geist! Lernt ihn erkennen durch – Ruhe! Dann liebet!

---

13 Vgl. Hölderlin (1797–1800): Der Tod des Empedokles. Hg. v. Friedrich Beißner. Stuttgart 2003. S. 11: „Er seelenlos im Dunkel. Denn es haben, / Die Götter seine Kraft von ihm genommen, / Seit jenem Tage, da der trunkne Mann / Vor allem Volk sich einen Gott genannt." Zur komplexen Verarbeitung dieser Hybris und des fatalen Sprechakts in der Tragödie vgl. Risthaus (2008): „Fluchen: an die Wurzel gehen. Hölderlins Rückkehr ins Element", in: Fatale Sprachen. Eid und Fluch in Literatur- und Rechtsgeschichte. Hg. v. Peter Friedrich u. Manfred Schneider. München 2008. S. 293–317.

14 Waiblinger (1823): Phaeton, S. 92. Vgl. Ovid (8n. Chr.): Metamorphosen. Übers. v. Erich Rösch. München 1997. Buch II, S. 52–60 (V43–V 323). Es sei daran erinnert, dass Phaeton die Pferde am Wagen nicht halten konnte, weil er ihre Namen nicht kannte (vgl. S. 57, V 192).

15 Ebd. S. 109. Vgl. S. 98.

Dann betet an! Nur wer bei Fülle Maß hält, ist ihm ähnlich, dem Maße selbst."[16]

In Waiblingers und Schwabs Tagebüchern aus diesen Jahren, ist mehr als ein Skript enthalten, das Stoff für psychiatrische ,Gutachten' ebenso wie Romane und Filme[17] liefert, um dieses Rätsel in das neue Jahrtausend zu tragen. Ihre Tagebücher sind prominenter in das kulturelle Gedächtnis eingegangen, als die eigenen Gedichte und Romane. Aber auch philosophisch wird Hölderlin einiges an Wirkung zeitigen. Er hat bekanntlich mit Schelling und Hegel im berühmten Tübinger Stift ein Zimmer geteilt und mit ihnen dort gestritten. Sogar auf einen entsprechenden Lehrstuhl sollte er berufen werden, woraus aber nichts wurde. Der *Idealismus* verdanke ihm wegweisende Einsichten, wie nicht allein Klaus Henrich betont, der Hölderlins Philosophie akribisch rekonstruiert und ihr einen ersten Rang eingeräumt hat. Er allein habe, pointiert man Henrichs These, vor allem in seinem äußerst kurzen Text *Urtheil und Seyn*, jene Synthese zustande gebracht, an der in Anschluss an Fichte und Jacobi seine Freunde letztlich scheitern.[18] Es ist gerade das ,älteste Systemprogramm', bei dem Hölderlin seine Finger im Spiel hatte, in dem Dichtung und Philosophie so eng zusammenrücken wie nur noch bei den Frühromantikern, dem späten Heidegger und einigen seiner französischen Nachfolger: „Der Philosoph muss eben so viel ästhetische Kraft besitzen, als der Dichter"[19].

Dass Hölderlins Lebensgeschichte und Werk auch Grundlage einer deutsch-französischen Freundschaft ist, die nach der Katastrophe des zweiten Weltkriegs entsteht, überrascht kaum, wenn man bedenkt, wie intensiv Import und Übersetzung deutschen Dichtens und Denkens nach Paris und anderswo betrieben wurde. In die andere Richtung wird es allerdings etwas dauern und zu einigen Missverständnissen kommen; auch da streitet man sich ebenfalls um eine Unterschrift und einen Namen, jenen Nietzsches, wie später zu zeigen ist.

---

16 Ebd. S. 111. Vgl. S. 94, wo Phaeton an Theodor schreibt: „Maß zu halten bei solcher Fülle, das war sonst mein Höchstes. Ich kann's nicht mehr!".

17 Vgl. u.a. Peter Härtling (1976): Hölderlin. Ein Roman. Darmstadt u. Neuwied 1976, sowie Harald Bergmann (2000): Scardanelli. Hölderlin-Edition, Nr. 2. Harald Bergmann Filmproduktion.

18 Vgl. Dieter Henrich (1992): Der Grund im Bewußtsein. Untersuchungen zu Hölderlins Denken (1794–1795). Stuttgart 1992. S. 92–113.

19 Hölderlin, Schelling u. Hegel (verm. März/April 1795): „Ältestes Systemprogramm", S. 111.

Erst in der Fremde jedenfalls, was Hölderlin gefallen hätte, kommt *Scardanelli* zu sich selbst. Hat der deutsche Mythos immer etwas mit Totalitätsansprüchen, sowie mit Aneignungs- und Klärungsphantasien bezüglich des Fremden zu tun, von seiner Auslöschung gar nicht zu reden, liegt der französische Beitrag vor allem in dessen Entstellung.[20] Die sicher streitbarste Arbeit zu Hölderlin wurde von einem französischen Germanisten vorgelegt und er versah sie mit einer besonderen Widmung: „Meinen deutschen Freunden: *im Namen Hölderlins*."[21]

Was es mit der Widmung auf sich hat, erklärt die Einleitung. Nach dem zweiten Weltkrieg hatten Pierre Bertaux und seine Freunde, deren Namen nicht genannt werden, ihre Briefe untereinander mit „i.N.H." unterschrieben, d.h. „Im Namen Hölderlins"[22]. Aber Bertaux erzählt weiter, wie sich Fremde, die sich in den Nachkriegswirren zufällig begegneten, durch Aussprüche Hölderlins an ihrem unverkennbar kristallischen Ton ‚erkannten'. Im *Andenken* seines Namens wird etwas beglaubigt, das eine Gegengeschichte zu jenen gebildeten deutschen Soldaten ist, die in ihrem Tornister die Feldpostauswahl des Dichters tragen. Und wartet nicht doch die Frage der lyrischen Stimme in dieser Hymne, wenn sie auch rhetorisch klingt, immer noch auf ihre adäquate Antwort: „Wo aber sind die Freunde?"[23].

Es ist die Geschichte einer dichterisch inspirierten Freundschaft, die Hölderlin begründet und die zukünftig in seinem Namen gegengezeichnet werden kann. Bertaux zitiert, allerdings mit einigen Auslassungen, eine Stelle aus dem *Empedokles*, in dem der Protagonist von aller Gesellschaft isoliert erscheint, abgesehen von jenen Freunden, die zurückgelassen werden müssen, um in den Ätna zu springen: „Denn wehet wohl ein Ton von mir im Liede, / Des Freundes Wort (...) / vernimmt er liebend wieder (...) / Du ihr gedenket meiner."[24] Die Widmung bildet,

---

20 Vgl. dazu Philippe Forget (1984): „Leitfäden einer unwahrscheinlichen Debatte", in: Text und Interpretation. Deutsch-französische Debatte mit Beiträgen von J. Derrida, Ph. Forget, M. Frank [u.a]. Hg. v. Philippe Forget. München 1984. S.7–24, hier: 9f.

21 Pierre Bertaux (1978): Friedrich Hölderlin. Eine Biographie. Frankfurt a.M. 2000. S. 8.

22 Ebd. S. 10.

23 Hölderlin (1992): „Andenken", in: Sämtliche Werke und Briefe. 3 Bände, hg. v. Michel Kaupp. München 1992. S. 473–475, hier: S. 474.

24 Zit n. ebd. S. 10. Vgl. ohne Auslassungen Hölderlin (1797–1800): Der Tod des Empedokles. Hg. v. Friedrich Beissner. Stuttgart 2003. S. 68: „Des Freundes Wort, verhüllt ins Liebeschor / Der

zusammen mit diesen kurzen Ausführungen, den Rahmen dieser provokativen Forschungen, denn das Ganze ist am Ende dann wiederum unterschrieben mit: „Im Namen Hölderlins!"[25]

Schaut man auf die verspätete Wirkungsgeschichte, lässt sich sagen, dass Hölderlins Name mit einem Wahnsinns-Ereignis verbunden sein wird. Er selbst scheint das bereits geahnt zu haben, zumindest wenn man den Worten Wilhelm Waiblingers Glauben schenkt, der den Wunsch seines Freundes nach Popularität kundgibt. Er kann allein verwirklicht werden, wenn man sich entschieden aus bürgerlicher Enge befreit:

> Hölderlin selbst war nicht wenig erfüllt von Ruhmbegierde, und trug den Kopf voller Entwürfe, seinen Namen bekannt und unsterblich zu machen, und sich zunächst aus diesem beengenden Wirkungskreis, aus diesen für ihn so widrigen und spannenden Verhältnissen zu befreyen."[26]

Bertaux bestreitet, dass Hölderlin im pathologischen Sinne verrückt geworden ist. Er gesteht ihm jenen Wahnsinn zu, der seine Anfangsgründe in der antiken *mania* hat und auch schon von Norbert von Hellingrath als Auszeichnung des Dichtens begriffen wird: „bei den Griechen (und bei Hölderlin) hat die *theia mania,* der göttliche Wahnsinn, mit einer Krankheit oder Erkrankung des Geistes nichts zu tun."[27]

Zerfahren und verschnörkelt

Freundschaft und Treue beweisen heißt hier, Hölderlin nicht psychiatrisch zu pathologisieren. Hauptgegner von Bertaux ist neben Karl Jaspers[28], Dr. Wilhelm Lange, der Verfasser von *Hölderlin: Eine Pathographie* aus dem Jahre 1908. Der Hauptfehler dieser Arbeit sei laut Bertaux, dass die Lebensdokumente nicht von der psychiatrischen Bewertung des Werks getrennt werden, wie es Lange zunächst geplant hatte. Ganz im Gegenteil, er

---

schönen Welt, vernimmt ihr liebend wieder, / Und herrlicher ists so. Was ich gesagt, / Dieweil ich hier noch weile, wenig ists / Doch nimmts der Strahl vielleicht des Lichtes zu / Der stillen Quelle, die euch segnen möchte, / Durch dämmernde Gewölke mit hinab. / Und ihr gedenket meiner!"

25 Pierre Bertaux (1978): Friedrich Hölderlin, S. 687.

26 Waiblinger (1827/28): Friedrich Hölderlins Leben, Dichtung und Wahnsinn, S. 18.

27 Bertaux (1978): Friedrich Hölderlin, S. 642.

28 Allerdings eher hintergründig, denn trotz seiner ‚Diagnose', Hölderlin sei schizophren gewesen, stellt er sich auf die Seite von Norbert von Hellingrath. Vgl. Karl Jaspers (1922): Strindberg und van Gogh. Versuch einer pathographischen Analyse. München 1977. S. 128–146.

erkenne: „gerade im Werke, hauptsächlich im Werke, fast nur im Werke, die Symptome von Hölderlins Erkrankung“[29].

Es ist dann nicht verwunderlich, dass die Literatur über Hölderlin weit mehr als zwei Drittel des Literaturverzeichnisses ausmacht. Die klinischen Schriften zur *Katatonie* und *Dementia Praecox* dagegen sind wenige. Es ist ironische Pointe, dass auch diverse Aussagen Nietzsches zu Hölderlin zitiert werden, um dessen Krankheit zu beweisen. In jungen Jahren war er auch Nietzsches Lieblingsdichter gewesen. Später hält Nietzsche ihn, ebenso wie Shelly und Leopardi, nur noch für „falsche Idealisten“ und „Ultra-Platoniker“, über deren Untergang man nur noch lachen könne, so zumindest suggeriert die Zusammenstellung der Zitate von Lange.[30]

Hier interessieren aber nicht jene Argumente, die Lange für die Annahme einer Geisteskrankheit entwickelt, sondern die Tatsache, dass er in seinem ‚Gutachten‘ auch eine graphologische Analyse anbietet. Dabei orientiert er sich schlicht an einem Werk: *Die Schrift bei Geisteskrankheiten*, von Rudolf Köstner aus dem Jahr 1903.[31] Allerdings gibt es zunächst keinen graphologischen Befund:

> Als wir darangingen, den Beginn von Hölderlins Geisteskrankheit festzustellen, hofften wir, gerade aus der Handschrift viel dafür zu gewinnen. Diese Hoffnung hat getrogen. Bei manchen katatonischen Kranken ändern sich mit Einsetzen der motorischen Störungen auch sogleich die Schriftzüge. Nicht so bei Hölderlin. Seine Handschrift, in gesunden Tagen eine sehr klare und harmonische, bleibt in manchen Schriftstücken, auch aus der Zeit der Geisteskrankheit, eine durchaus normale: auf anderen Blättern wieder trägt sie dann offenkundig den Stempel der Krankheit. So wechselt sie beständig, und in diesem Hin- und Her hat sich der genaue Zeitpunkt des Krankheitsbeginn nicht festsetzen lassen.[32]

---

29 Bertaux (1978): Friedrich Hölderlin, S. 21.

30 Vgl. Lange (1909): Hölderlin, eine Pathographie. Stuttgart 1909. S. 175.

31 Rudolf Köstner (1903): Die Schrift und die Geisteskrankheit. Ein Atlas mit 81 Handschriftproben. Leipzig 1903.

32 Lange (1909): Hölderlin, eine Pathographie, S. 145.

Wie Bertaux betont, ändert sich das mit dem Blick auf die Briefe an die Mutter, wo Lange feststellt:

> Zwar weicht die Schrift in Vielem ab von Hölderlins Hand aus gesunder Zeit, aber man ist doch überrascht, in wie geringem Grade. Die Richtung der Grundstriche wechselt häufig, die Buchstaben sind im einzelnen plumper und einfacher geworden, der Druck ist stärker, besonders immer gegen Ende des Briefes zu. Vieles ist nur noch ganz flüchtig hingeworfen, als ob der Kranke selbst gefühlt hätte, daß er bald nicht mehr weiter schreiben könne. Und doch kann. Man kann sich des Eindrucks nicht erwehren, daß hier noch eine gewisse Intelligenz ausgeprägt ist, zum mindesten eine einst vorhanden gewesene Bildung, die jetzt formelhaft geworden.[33]

Sehr auffällig ist die Metapher vom „Stempel der Krankheit"[34], die Bertaux entgeht, denn sie beschreibt genau jene selektive Perspektive, die Lange einnimmt. Nicht Hölderlin, der Psychiater selbst ‚stempelt' dessen Handschriften ganz selektiv mit bestimmten Merkmalen der Katatonie, einer Unterabteilung der *Dementia Praecox*. Ihre Symptome fasst Lange unter Rückgriff auf Kräpelin und Kahlbaum, der sie 1874 erstmals als Krankheit beschrieb, zusammen.[35] Neben Wahnvorstellungen, Stereotypien und beeinträchtigter Urteilsfähigkeit, ist es vor allem die „Zerfahrenheit", die Lange für bemerkenswert hält: „Die äußere Form der Rede ist leidlich erhalten, aber es fehlt ihr mehr oder weniger jeder innerer und äußerer Zusammenhang. Ziel- und wahllos und unvermittelt reihen sich die Vorstellungen aneinander an, und planlos fährt der Gedankengang umher."[36] Mit diesem ‚Stempel', d.h. selbst ‚stereotyp', wird er auch an die Manuskripte Hölderlins gehen, die ja keine Reinschriften sind und überall eine derartige Zerfahrenheit feststellen.

Bemerkenswert sind vor allem die Ausführungen zur Hand und Handschrift, die sich als Vorbereitung der späteren graphologischen Analyse in diesem Kapitel finden. Hier gibt es auch metaphorische Rücktransporte aus der Schrift in die Gestik. Die

33 Ebd. S. 147. Beide Stellen zitiert auch Bertaux, weil sie selbst gegen Langes Diagnosen sprechen.

34 Diese Metapher könnte auch Echo der Lektüre sein von Waiblinger (1823): Phaeton, S. 98: „Alles, was er noch in dieser Zeit zeichnete, trug den Stempel seiner Geistesverwirrung […]".

35 Vgl. Ludwig Kahlbaum (1874): Die Katatonie oder das Spannungsirresein. Eine klinische Form psychischer Krankheit. Berlin: 1874.

36 Lange (1909): Hölderlin. Eine Pathographie, S. 73.

Kranken nehmen „Manieren" an, die alltägliche Handlungen mit „Verschnörkelungen" versehen, man kann sagen übertriebene Automatismen, oder in der Sprache Köstners „Iterative": „Die Kranken reichen z.B. die Hand, indem sie in weitem Bogen ausholen oder sie strecken sie mit einem steifen, plötzlichen Ruck, dem Begrüßer entgegen [...]".[37] Analog sind die Schnörkel in der Schrift, die laut Köstner, wenn sie groteske Züge annehmen, deutliche Anzeichen der Katatonie sind, wie dieser am Fall eines 27 Jahre alten Anstreichers zeigt[38]:

Größenverhältnis 8:9.

No. 29. Katatonie. b) Geschrieben am 6. Mai 1900.

Abb. 38 Köstner, Beispiel einer katatonischen Schrift

Auf Ebene der Sprache, drücke sich die Verwirrtheit durch Stereotypien, Neologismen und „Wortsalat" aus, was nur im Reich des Traumes hinnehmbar ist, wie Lange schreibt, – arme Dichter. Auf derselben Ebene steht für ihn die Handschrift:

> Mit den Störungen der Sprache stehen die der Schrift auf derselben Stufe. Oft bildet die Handschrift nur ein kraftloses, nicht entzifferndes Gekritzel, oft setzt sie sich aus einem Gemisch von Lesbarem und Unlesbarem zusammen. [...] Die Buchstaben können auf derselben Seite erheblich an Größe, Richtung und Form voneinander abweichen. Alle möglichen Bizarrerien und Verschnörkelungen einzelner Buchstaben können zu Tage treten. Die äußere Form wird unsauber und liederlich; ein Symptom, das

37 Ebd. S. 77. Lange fährt fort: „[...] andere reichen nur den kleinen Finger oder legen etwa den Rücken ihrer Hand gegen den Handrücken des Gastes oder spreizen alle Finger beim Gruße. So kommt also das Handreichen wohl noch zu Stande, aber in einer eigentümlich gezierten Art."

38 Köstner (1903): Die Schrift und die Geisteskrankheit, S. 125.

> sich recht häufig bei den Kranken wiederholt, sind geschmacklose Unterstreichungen.[39]

Schriftlicher Nullpunkt katatonischer Verrücktheit, und das wiederholt Lange mehrfach, ist wiederum „kraftlose[s] Gekritzel"[40] Letzteres dagegen zur Kunst zu erheben, wird einer Entdeckung und Aufwertung der Formlosigkeit bedürfen, genauso wie der anti-psychiatrischen Feier von Schizophrenie und Schizographie, nicht zu vergessen die surrealistischen Experimente, auch unter Drogen. Dass Artaud hier zur Gallionsfigur wird, für Bertaux genauso wie für eine *Theorie der Kritzelei*, überrascht dann nicht mehr.[41] Foucault erklärt in Hinblick auf Artaud, dass Wahnsinn und Literatur in der Moderne eine Verbindungslinie haben, nämlich „dass die eine wie die andere mit *den* Zeichen spielt, mit *jenen* Zeichen, die ihr Spiel mit uns treiben."[42] Lange sieht einen solchen Zusammenhang nicht, er bleibt blind für den Entwurfscharakter dieser Schriften und hat stets allein ‚gesunde' Reinschriften vor Augen. In seinen graphologischen Überlegungen, die mit allerhand Bildtafeln von Hölderlins Manuskripten versehen sind, findet er deshalb ständig die immer schon vorausgesetzte Zerfahrenheit wieder. Signifikant sind für ihn dabei die „recht geschmacklosen Unterstreichungen"[43]. Und um all das zu beweisen, präsentiert er diverse Manuskripte, wie das folgende, welches links den *Grund zum Empedokles* und gegenüber einen Brief an die Mutter abbildet:

39 Ebd. S. 79.

40 Ebd. S. 145.

41 Vgl. Driesen (2016): Theorie der Kritzelei, S. 408–437. Vgl. Bertaux (1978): Friedrich Hölderlin, S. 21: „Heute werden die Schriften eines Dichters nicht mehr als Symptome seines Wahnsinns bewertet – man denke z.B. an Antonin Artaud."

42 Foucault (1963): Die große Fremde. Zu Wahnsinn und Literatur. Hg. v. Artières [u.a.]. Übers. v. Arne Klawitter u. Jonas Hock. Zürich, Berlin 2014. S. 62.

43 Lange (1909): Hölderlin, eine Pathographie, S. 146. Abbildung des Manuskripts, S. 158.

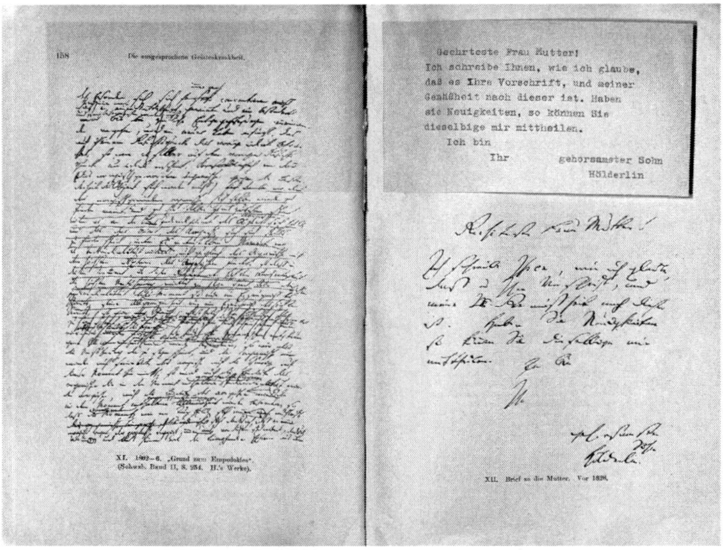

Abb. 39 Hölderlins Briefe an die Mutter

In einer Fußnote, in der die einzelnen Manuskripte Hölderlins diagnostisch bewertet werden, steht: „Rousseau (ungedruckt): Zweifellos krank; Text nicht zu entwirren".[44] Sattler beweist mit seiner *Frankfurter Ausgabe* das Gegenteil. Bertaux insistiert ganz zu Recht darauf, dass Hölderlins Schrift in Sachen Geisteskrankheit nichts für eine graphologische Analyse hergebe: „Seine Schrift ist bis ins hohe Alter, bis ein paar Wochen vor dem Tode, sehr schön und regelmäßig geblieben."[45] Sicher leidet auch diese Aussage unter einer gewissen Idealisierung. Aber einer Handschrift kann man als Beweis wiederum nur eine andere entgegenhalten. Bertaux empfiehlt zum Vergleich das letzte Manuskript, das der Dichter zu Lebzeiten angefertigt habe: Was er nicht direkt präsentiert, holen wir nach[46]:

44 Ebd. S. 147 (F1).

45 Bertaux (1978): Friedrich Hölderlin, 23.

46 Hölderlin (1983): Sämtliche Werke (Frankfurter Ausgabe), Bd. 9, S. 225f.: „Die Aussicht. / Wenn in die Ferne geht der Mensch wohnend Leben, / Wo in der Ferne sich erglänzt die Zeit der Reben / Ist auch dabei des Sommers leer Gefilde, / Der Wald erscheint mit seinem Dunklen Bilde; / Daß die Natur ergänzt das Bild der Zeiten, / Daß die verweilt, sie schnell vorübergleiten, / Ist aus Vollkommenheit, des Himmels Höhe glänzet / Den Menschen dann, wie Bäume Blüth' umkränzet. / Mit Unterthänigkeit, d. 24 Mai 1748."

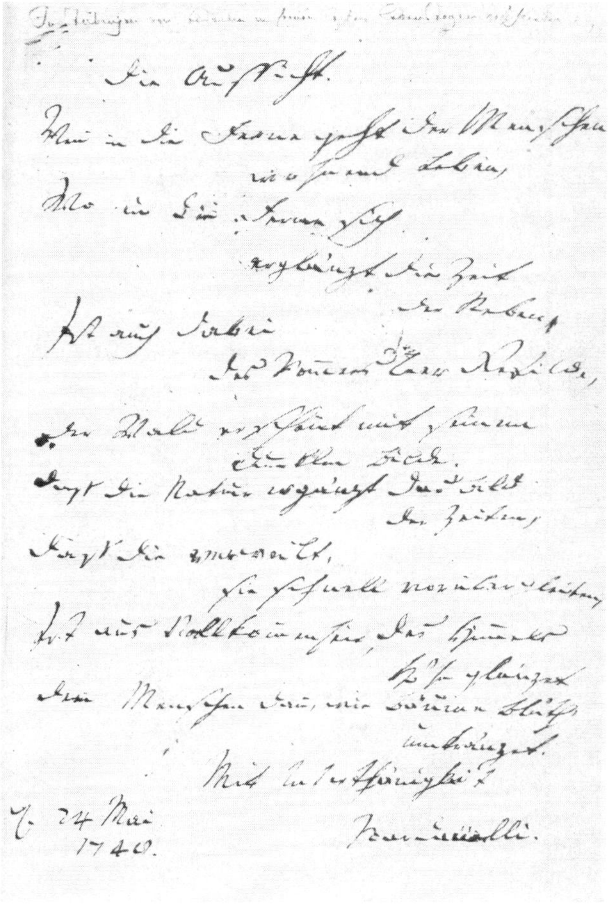

Abb. 40 Hölderlin: *Die Aussicht*, 1843

Die Unterschrift, die sich in dem letzten Gedicht findet, das Hölderlin verfasst, interessiert die ‚Gutachter' nicht. Lange widmet ihr weder Wort noch Aufmerksamkeit. Sie muss erst gar nicht examiniert oder gedeutet werden, denn der Fall ist ihnen von Anfang an klar: Auch ohne Manuskript steht fest: „Sie [zwei weitere Gedichte werden präsentiert] zeigen alle in sehr charakteristischer Weise die Symptome der Katatonie."[47] Wer mit

47 Lange (1909): Hölderlin. Eine Pathographie, S. 142. Augenscheinlich soll die Montage der drei Gedichte hintereinander Evidenz versprechen. Im Anschluss wird er alle Symptome noch einmal zusammenfassen.

Phantasienamen unterschreibt, wie könnte der nicht verrückt sein? Köstner, an dem sich Lange graphologisch orientiert, geht genauso wenig auf die Unterschriften ein, denn seine Fälle sind konsequent anonymisiert. Hölderlin hat es da bei Lange nicht so gut getroffen.

Die Unterschrift markiert zwei Phasen in Werk und Leben Hölderlins: die eine beansprucht Herrschaft über das Werk, die andere hilft seinen Gutachtern und Interpreten ihn für verrückt zu erklären, spätestens seit 1806, nach der wandernden Rückkunft aus Bordeaux, wo er erneut als Privatlehrer gearbeitet hatte. Auch sein klinischer Aufenthalt in der Heilanstalt von Dr. Autenrieth spricht Bände: Es wird mehr als 100 Jahre dauern, bis die späte Lyrik Hölderlins, auch die Turmgedichte, ernst genommen, in ihrer eigenen Schönheit erkannt und von bekannten Sprechern im Sprechbuch rezitiert werden. Dass 24 dieser Gedichte unterschrieben sind, hat mit der speziellen Situation zu tun, in denen sie entstehen. Hölderlin wird zum Stehgreifdichter: Beständig bekommt er Besuch von seinen jungen ‚Kollegen' u.a. Waiblinger und Schwab, die häufig auch jemanden mitbringen, seltener von alten Freunden. Gerne möchte man ein Autograph von ihm haben und dazu muss er kaum überredet werden:

> Ich gab ihm auch Papier zum Schreiben. Alsdann setzte er sich an den Schreibtisch und machte einige Verse, auch gereimte. Sie waren jedoch ohne Sinn, besonders die letztern, übrigens metrisch richtig. Er erhob sich sodann, und überreichte sie mir mit großen Complimenten. Einmal schrieb er drunter: ‚Dero unterthänigster Hölderlin'."[48]

Diese Unterschrift ist allerdings ein seltener Fall. Nicht nur unterschreibt Herr Hölderlin, inzwischen von seinen jungen Freunden als Herr „Bibliothekarius" tituliert und im berühmten Turm zu Tübingen wohnend, betreut durch den treuen Schreinermeister Zimmer, mit einem erfundenen und fremd klingenden Namen. Er datiert die meisten Gedichte zudem auf ein Jahr, in dem er noch gar nicht gelebt hat. Das geschieht allerdings nicht von Anfang an. Zunächst sind die sogenannten *Turmgedichte* entweder nicht oder mit *Hölderlin* unterschrieben. *Scardanelli* findet sich erst ab dem 20. Jan. 1841 unter *Höheres Leben*.

48 Waiblinger (1827/28): Friedrich Hölderlins Leben, Dichtung und Wahnsinn, S. 47.

Zur Übersicht folgt die chronologische Liste dieser Unterschriften und Grußformeln, wie sie im Band IX der *Frankfurter Ausgabe* zu finden sind:

1.) „Höheres Leben" (20. Jan. 1841, Fremddatierung): *Scardanelli*[49]

2.) „Höhere Menschheit" (21. Jan. 1841, Datierung Christoph Schwab): *Scardanelli*[50]

3.) „Der Frühling" (1841, Datierung Schwab): *Mit Unterthänigkeit / Skardanelli* [von dritter Hand][51]

4.) „Der Sommer" (1841, Datierung Schwab): *d. 24. Mai 1778. Scardanelli*[52]

5.) „Aussicht" (Juni 1841, Datierung Sattler): Den 24. März 1671. *Mit Unterthänigkeit / Scardanelli.*[53]

6.) „Der Herbst" (15. Nov.–25. Dez. 1841, Datierung Sattler): *d. 15. Nov. 1759*[54] [keine Unterschrift]

7.) „Winter" (15. Nov.–25. Dez. 1841, Datierung Sattler): *d. 25 Dezember 1841. / Dero / unterthänigster / Scardanelli.*[55]

8.) „Der Sommer" (22. Januar–3. März 1842, Datierung Sattler): *d. 9ten Merz 1940. Mit Unterthänigkeit / Scardanelli.*[56]

9.) „Der Frühling" (22. Januar–3. März 1842, Datierung Sattler): *Mit / Unterthänigkeit / Scardanelli /d. 15. Merz. 1842.*[57]

10.) „Der Sommer" (19.–23. Juli 1842, Datierung Sattler): *d. 24 Mai 1758 / mit Unterthänigkeit / Scardanelli*[58]

---

49 Erstdruck: Friedrich Hölderlin (1923): Gesammelte Werke in vier Bänden. Hg. v. Alexander Benzion. Bd. 2, Weimar 1923.

50 Erstdruck: Friedrich Hölderlins Gesammelte Werke in vier Bänden. Hg. v. Christoph Theodor Schwab. Tübingen 1846.

51 Ebd.

52 Ebd.

53 Kein Manuskript erhalten. Erstdrucke (Textquellen): Friedrich Wilhelm Hackländer: „Erinnerung an Hölderlin", in: Kölnische Zeitung, Nr. 174, 23.6.1843. Arnold Wellmer: „Zertrümmert. Licht- und Schattenbilder aus einem Dichterleben", in: Über Land und Meer. Allgemeine Illustrierte Zeitung. Hg. v. Friedrich Wilhelm Hackländer, 12. Jg. Nr. 26. Stuttgart 1870. S. 481.

54 Erstdruck: Stefan Zweig (1927): „Ein ungedrucktes Gedicht von Hölderlin", in: Gartenlaube 1927. S. 149.

55 Daneben steht „Hölderlin" in einem Vermerk von Louise Keller. Erstdruck: Hölderlin (1946–1985): Sämtliche Werke (Stuttgarter Ausgabe). 8 Bände. Hg. v. Friedrich Beißner, Bd. 2 (1951).

56 Erstdruck: Hölderlin (1923): Gesammelte Werke in vier Bänden, Bd. 2.

57 Ebd.

58 Erstdruck: Hölderlin-Jahrbuch 1947. Unter dem Gedicht Vermerke von Ferdinand Schimpf: „(Hölderlin). Geb. 20. März 1770 gest. 7. Juni 1843 [...]".

11.) „Der Sommer“ (19.–23. Juli 1842, Datierung Sattler): *d. 24 Mai 1758 / Scardanelli*[59]

12.) „Der Mensch“ (28. Juli–30 Aug. 1842, Datierung Sattler): *d. 28ten Juli | 1842. | Scardanelli.*[60]

13.) „Der Winter“ (Nov. 1842, Datierung Sattler): *Mit Unterthänigkeit / Scardanelli. / d. 24 April / 1849*[61]

14.) „Der Zeitgeist“ (27. Jan. 1843, Datierung Sattler): *24. Mai 1748. Mit Unterthänigkeit / Scardanelli.*

15.) „Griechenland“ (27. Jan. 1843, Datierung Sattler): *Den 24. Mai 1748 / Mit Unterthänigkeit / Scardanelli.*[62]

16.) „Der Winter“ (März 1843, Datierung Sattler): *Mit Unterthänigkeit / Scardanelli. / d. 24 Januar 1676.*[63]

17.) „Der Frühling“ (29. März–24. April 1843, Datierung Sattler): *Mit Unterthänigkeit / Scardanelli. / d: 3. März 1648.*[64]

18.) „Der Frühling“ (24. April–Juni 1843, Datierung Sattler): *mit Unterthänigkeit / Scardanelli. / d. 24 Mai 1748*[65]

19.) „Der Frühling“ (24. April–Juni 1843, Datierung Sattler): *Mit Unterthänigkeit / Scardanelli. / d. 24. Mai 1758.*[66]

20.) „Freundschafft“ (Anfang Juni 1843, Datierung Sattler): *Mit Unterthänigkeit / Scardanelli. /d. 20. Mai 1758.*[67]

---

59 Erstdruck: Norbert von Hellingrath (1921): Hölderlin. Zwei Vorträge. München 1921.

60 Erstdruck: A. Seebaß (1950): „Ein unbekanntes Gedicht Hölderlins aus der Zeit seiner Umnachtung“, in: Deutsche Gedichte im Originalhandschriften (...) der Schweizerischen Bibliophilen-Gesellschaft zur Jahresversammlung in Basel am 17./18. Juni 1950 überreicht vom Erasmushaus ‚Haus der Bücher A.G.‘ (...); mit Faksimile.

61 Kein Manuskript erhalten. Erstdruck: Johann Georg Fischer (1818): „Hölderlin’s letzte Verse“, in: Schwäbische Kronik 1881. Von unbekannter Hand steht daneben: „d. 7ten Nov: 1842.“

62 Abschrift von unbekannter Hand. Erstdruck: Lange (1909): Hölderlin. Eine Pathographie, S. 142.

63 Daneben steht: „aus Uhlands Nachlaß“. Erstdruck: Friedrich Hölderlin (1923): Gesammelte Werke in vier Bänden.

64 Erstdruck: Lange (1909): Hölderlin.

65 Erstdruck: Hölderlin (1946–1985): Sämtliche Werke, Bd. 2.

66 Unter der Unterschrift steht u.a. von fremder Hand: „(J. Ch. F. Hölderlin)“. Erstdruck: Otto Güntter (1938): „Ein Gedicht aus Hölderlins Spätzeit“, in: Schwäbischer Schillerverein Marbach-Stuttgart, 42 (Rechenschaftsbericht).

67 Unter dem Gedicht ist handschriftlich vermerkt: „Vorstehendes Gedicht ist von dem wahnsinnigen Dichter Hölderlin am 27ten Mai 1843 aus dem Stegreife niedergeschrieben worden. Die Unterschrift ist die des von ihm in seiner Geisteskrankheit angenommenen Namens. Tübingen, 30ten Mai 1843. / R. v. Mohl O.B.

21.) „Der Frühling“ (Juni 1843, Datierung Sattler): *Mit Unterthänigkeit // Scardanelli. / d. 20. Jan. 1758.*[68]

22.) „Die Aussicht“ (Juni 1843, Datierung Sattler): *Mit Unterthänigkeit // Scardanelli. / d. 24. Mai 1748.*[69]

Hölderlin und Nietzsche teilen die antagonistische Einschätzung ihrer Kritiker. Was die einen für schlichtweg pathologisch halten, überhöhen die anderen zum Pathos eines Wahnsinns, der nicht den Mächten der Psychiatrie zugehören soll, sondern dem fatalen Geschick der Seinsgeschichte. Letztere Position vertritt Martin Heidegger, der in einer Interpretation von Georg Trakls Gedicht *Psalm* eine wie üblich etymologisch begründete Bestimmung gibt, die genauso zu Hölderlin passt:

> Der Wahnsinnige sinnt, und er sinnt sogar wie keiner sonst. Aber er bleibt dabei ohne den Sinn der Anderen. Er ist anderen Sinnes. ‚*Sinnan*‘ bedeutet ursprünglich: reisen, streben nach …, eine Richtung einschlagen; die indogermanische Wurzel *sent* und *set* bedeutet Weg. Der Abgeschiedene ist der Wahnsinnige, weil er anderswohin unterwegs ist.[70]

Die Vorlage für ein in dieser Art nicht-pathologisches Verständnis gibt niemand anderes als der germanistische Wiederentdecker. In einem gleichnamigen Vortrag nahm Norbert von Hellingrath diesen Wahnsinn vor den Kleinbürgern in Schutz, die die „gedruckten [Hymnen, P.R.] nicht gelesen, sondern sich, so wörtlich, bloß über die ‚Spuren des Wahnsinns‘ darin gefreut haben, mit der beruhigenden Freude, die den kleinen Bürger erfüllt, wenn er unter amtlicher Beistimmung einen unheimlichen Großen verrückt nennen darf.“[71] Dagegen setzt er, wie in Folge Heidegger, der nicht aufhört von Hellingrath zu loben, den Wahnsinn als fatale Signatur an:

> Und wenn ich von Hölderlins Leben Ihnen reden will, dann ist der Wahnsinn nicht nur das Ziel, worein das Leben mündet, der Wahnsinn ist das Geheimnis, das als rätselhaft anlockt und als unverständlich wegstößt, das lockende Geheimnis, wonach die

68 Erstdruck: Lange (1909): Hölderlin. Eine Pathographie.

69 Erstdruck: Hölderlin (1923): Gesammelte Werke, Bd. 2.

70 Martin Heidegger (1959): Unterwegs zur Sprache. 10. Aufl., Stuttgart 1993. S. 53.

71 Norbert von Hellingrath (1915b): „Hölderlins Wahnsinn“, in: Hölderlin-Vermächtnis, 2. vermehrte Aufl., eingeleitet v. Ludwig v. Pigenot. München 1944. S. 150–184, hier: S. 162.

> Neugier fragt, das seinen Namen mehr bekannt gemacht hat als das Wunder des Werkes, das Unverständliche, das allen sein Werk überschattet, beinahe verdeckt hat, so daß sich jetzt erst die ganze Übersicht über das Werk auftut. Der Wahnsinn ist unter den Geschehnissen seines Lebens das weitest hin Sichtbare, Signatur der Form seines Geschicks. Darum, darf ich, will ich, muss ich es ‚Hölderlins Wahnsinn' überschreiben, wenn ich von seinem Leben erzählen will.[72]

Tatsächlich erzählt er aus dem Leben des Dichters und zwar zunächst aus dritter Hand. Es handelt sich um einen Bericht von Madame de S ... y in Paris, den der Schriftsteller Moritz Hartmann übermittelt und der Hölderlin vermutlich in den letzten Tagen in Bordeaux zeigt, bevor er zurück nach Nürtingen wanderte. Madame war noch ein Kind und beobachtete einen fremden Mann vor ihrem Haus herumirrend und mit dem Vater sprechend, der ihn für ein deutsches Original hielt. Allein sein Name wird nicht genannt, an den er sich offenbar nicht erinnern kann: „Mit all dem wussten wir nichts von ihm, von seinem Schicksal – wir wussten nicht einmal seinen Namen. Mein Vater fragte ihn einmal nach seinem Namen; da legte er den Kopf in beide Hände und sagte: ‚Ich werde ihn Ihnen morgen sagen. Glauben Sie mir, es ist manchmal schwer, mich meines Namens zu erinnern.'"[73] Diese Szene ist nicht zufällig gewählt, denn Hellingrath deutet Hölderlins Geschick nomologisch und schließt es an einen alten Topos an: Der Dichter gibt den Göttern erst ihre Namen. Was Homer anfänglich für die griechischen Götter geleistet habe, wiederhole Hölderlin unter modernen Bedingungen, denn hier sind die Namen nicht mehr sicher: „Liebe, fast möchte ich sagen Freundschaft, weiht er diesen Gottheiten, am meisten dort, wo sie in greifbarste und menschlich freieste Gestalt eingefangen werden: in Hellas. Aber er weiß wohl, daß sie immer neuer wechselnder, schwankender Namen bedürfen, um nicht ganz zu entschlüpfen [...]."[74] Und ist es nicht eine mögliche Erklärung dafür, dass sich auch Hölderlin neue ‚schwankende' Namen erfindet?

Namensversteck

Scardanelli ist nicht der einzige ‚schwankende' Name, den der Stehgreifdichter sich im Turm verleiht. Waiblinger berichtet

72 Ebd. S. 152.
73 Ebd. S. 177.
74 Ebd. S. 160.

folgende berühmte Szene: „Er vergaß nie, daß ich Dichter bin und fragte mich unzähligemal, was ich gearbeitet hätte, und ob ich fleißig gewesen sey. Dann konnte er aber freylich sogleich hinzusetzen: ‚Ich, mein Herr, bin nicht mehr von demselben Namen, ich heiße nun Killalusimeno. Qui, Eure Majestät: Sie sagen so, Sie behaupten so! es geschieht mir nichts!'"[75] Und das ist längst nicht die einzige Szene dieser Art: Als ihm Johann Georg Fischer seine gerade erschienenen Gedichte zeigt, erfindet er weitere Namen: „Ja, die Gedichte sind echt, die sind von mir, – aber der Name ist gefälscht, ich habe nie Hölderlin geheißen, sondern Scardanelli oder Scarivari oder Salvator Rosa oder so was."[76]

Mit den letzten beiden Namen wird er nichts, schon gar nicht Gedichte, unterschreiben. Aber es gibt noch einen weiteren Namen, *Buarotti*, der sich als Unterschrift in seinem Stammbuch findet.[77]

Namen sind eine Sache für erste wie letzte Menschen und Götter, aber auch für Linguisten. Wenn etwas semantisch keinen Sinn macht, hat es vielleicht dennoch Struktur. Roman Jakobson findet ganz nüchterne, d.h. strukturalistische Antworten auf die Frage, was es mit Name und Unterschrift *Scardanelli* auf sich hat. Er analysiert ihn als anagrammatischen Algorithmus:

75 Waiblinger (1827/28):): Friedrich Hölderlins Leben, Dichtung und Wahnsinn, S. 47.

76 „Johann Georg Fischer und Hölderlin", in: Sämtliche Werke (Stuttgarter Ausgabe). Bd. 7/3 Nr. 608, S. 292–308.

77 Ein anderer Neologismus hat auch einige Analysen auf sich gezogen, es geht um die sogenannte *Kamalattasprache*. Vgl. Waiblinger (1827/28), S. 47: „Einmal erzählte er [Conz, P.R.] mir, bückte sich Hölderlin über ihn her und las einige Verse aus dem Aeschylos herunter. Sodann aber schrie er mit einem krampfigten Lachen: ‚Das versteh' ich nicht! Das ist Kamalattasprache'. Denn zu Hölderlins Eigenheiten gehört auch die Bildung neuer Wörter." Ob es sich tatsächlich um einen Neologismus handelt oder Conz sich nicht eher verhört habe, fragt sich Bertaux, der mit einer plausiblen Interpretation aufwarten kann. Vgl. Bertaux (1982): „Nachwort", in: Waiblinger (1827/28): Friedrich Hölderlins Leben, Dichtung und Wahnsinn, S. 83: „Wenn er sagt, es gehöre zu Hölderlins Eigenheiten, neue, eigentlich sinnlose Wörter zu bilden, so z.B. ‚Kamalattasprache' oder ‚ich heiße Killalusimeno', so konnte Waiblinger nicht vermuten, diese Wörter, die er phonetisch fast richtig notierte, einen Sinn hatten, wenn es nicht Kamalatta, sondern Kalamatta heißt (Kalamatta, eine Stadt im Peleponnes); oder nicht Killalusimeno sondern Kallilusomenos, ein gutes griechisches Wort, das im Kontext einen tiefen Sinn hat und keine Neubildung ist." Kalamata ist darüber hinaus ein griechischer Olivenbaum. *Phaeton* wird in Waiblingers Roman einen entsprechenden Vergleich anbieten, wenn „die Hand des Mädchens wieder blüht, wie ein junger Kamalatasprosse" (S. 34).

Wenn man in den Namen *Scardanelli* und *Hölderlin* den ersten Vokal und was vorangeht streicht, ergibt sich, daß die Acht-Buchstaben-Reihe *-rdanelli* alle sieben Buchstaben der Sequenz -lderlin in verstellter Ordnung wiederholt:

123567	42–73156
-l d e r l i n	-r d a n e l l i[78]

Es entspricht den Gepflogenheiten, will man ein „Namensversteck“[79] anlegen, erste Buchstaben wegzulassen. Jakobson geht auch noch eine andere Hypothese durch, nämlich jene, es handele sich um das Anagramm der Dramenfigur von Molière: *Sganarelle*. Hier sind es dann **d** und **i**, die gestrichen werden, zwei Buchstaben, die wiederum im Namen Höl**d**erl**i**n vorkommen. Diese Anagramme sind mehr oder weniger überzeugend und gewinnen nur in der vollständigen Analyse seiner späten Gedichte an Überzeugungskraft, die Jakobson bis in ihre Versmaße anstellt und ihre strukturelle Kohärenz hervorhebt.

Die thematische Kohärenz liegt in dem kalendarischen Durchgang der Jahreszeichen, der von Alexander Honold untersucht wurde. Er beschäftigt sich nicht mit den Dichtungen nach 1806, weist aber darauf hin, dass sich, wenn „sie in rascher, kursorischer Lektüre durchlaufen werden, ein starker, durch die Rapidität massierter Eindruck von Hölderlins Kalender [...]“[80] gewinnen lasse. Der Befund, dass *Scardanellis* Datierung dabei genauso rückwärts, d.h. entgegen der Jahreszeiten läuft, wäre anzuschließen. Ähnliches hat auch Detlef B. Linke in *Hölderlin als Hirnforscher* vorgeschlagen. In Anschluss an Robert Straub, einem Mitglied der Hölderlin-Gesellschaft, legt er nahe, dass es sich um einen konkreten topographischen Ort handelt, nämlich *Scardanal*. Straub:

78 Roman Jakobson u. Grete Lübbe-Grothues (1976): „Ein Blick auf *Die Aussicht* von Hölderlin“, in: dies.: Hölderlin – Klee – Brecht. Zur Wortkunst dreier Gedichte. Hg. v. Elmar Holenstein. Frankfurt a.M. 1976. S. 27–97, hier: S. 31.

79 Ebd. Friederike Mayröcker wird dem Namen einen ganzen Lyrikband widmen und auch solche Verstecke anlegen, allerdings selbst in einem Zuge aufdeckend. Vgl. Friederike Mayröcker (2009): *Scardanelli*. Frankfurt a.M. 2009. S. 24: *„die Lebens Wooge Höld. eigentlich Tödlein“*. Ein Gedicht von Mayröcker ist auch mit diesem Namen unterzeichnet (S. 18).

80 Alexander Honold (2005): Hölderlins Kalender. Astronomie und Revolution um 1800. Berlin 2005. S. 9. Das zweite Gedicht, auf das er in der Arbeit zu sprechen kommt, ist *Der Mensch* und mit *Scardanelli* unterschrieben.

> machte in den neunziger Jahren bei einer Wanderung im Ursprungsgebiet des Rheins eine interessante Entdeckung: An der Stelle, wo der Rhein im Quellgebiet seine Richtung ändert, und von der Südrichtung zur Nordrichtung übergeht, findet sich oberhalb der Rheinschlucht ein kleiner Ort mit dem Namen Scardanal. Wenn man so will, erfährt hier der Rhein seine Peripathie.[81]

Man muss Linkes Hypothese nicht folgen, dass Hölderlin aufgrund einer die Gehirnhälften stärker als normal trennenden Zyste, schlechter rhythmische Kollisionen verarbeiten konnte. Aber dennoch ist es interessant, dass er Beispiele beibringt, in denen harte Fügungen in den Strom-Hymnen in dieser Art vorkommen. *Scardanal* nistet sich versteckt in die Gedichte ein und wird zum Namen, wenn ihn die Gäste bedrängen, eben ein Autograph anzufertigen.[82]

Ein letztes Versteck findet übrigens, damit sei diese Reihe komplett, wiederum Heidegger. Seinen Vortrag *Hölderlins Erde und Himmel* lässt er ebenfalls mit der Unterschrift *Scardanelli* aus dem Gedicht *Griechenland* enden, die gleichsam die eigene Seinsgeschichte unterschreibt. Zuvor sagt er über diesen Namen: „ein fremdländischer Name, gleich als müsste auch der Dichter sich und sein Eigenstes in ein Fremdes schicken“[83].

Zertrümmertes Capitol

In allen Untersuchungen dieser Namen und ihrer Verstecke, insbesondere von *Scardanelli*, ist auffällig, wie wenig der Blick auf die Unterschrift selbst fällt. Der Strukturalist analysiert den Namen in phonetischen Differenzen und ihrer anagrammatischen Kombinierbarkeit. Dr. Lange ist immer schon bei Hölderlins zerfahrener Handschrift, Abdruck der verschnörkelten Gestik, in der die Unterschrift im Wahnsinn untergeht. Adolf Henze, Kalligraph und Chirogrammatimant, der unter anderem in Deutschland die Spitzfeder einführt, wird dagegen allein von der eigenhändigen Unterschrift Hölderlins ausgehen, zumindest beinahe. In Deutschland ist er der wahre Pionier jener Handschriftenkunde, die insbesondere an Lavater anknüpft und sich später zur methodischen Graphologie weiterentwickelt. Auch kümmert er sich um Fälschungen aller Art, insbesondere in Sachen Geld. Zudem ist er

81 Detlef B. Linke (2005): Hölderlin als Hirnforscher. Lebenskunst und Neuropsychologie. Berlin 2016. S. 103.

82 Vgl. ebd. S. 104.

83 Heidegger (1959): „Hölderlins Erde und Himmel“, in: Erläuterungen zu Hölderlins Dichtung. S. 152–182, hier: S. 181. Der Vortrag ist mehrfach gehalten worden.

einer der ersten gerichtlichen Schriftgutachter: „ministeriell empfohlener Schriftvergleicher im König. Preußen“[84] und gibt eine entsprechende Zeitschrift heraus. Henze vertraut vor allem seinen divinatorischen Fähigkeiten und hält sich gar für einen *vates*. Den Namen *Chirogrammatomantie*, den er für seine ‚Wissenschaft‘ erfindet, trägt nicht zufällig die *manteia* mit sich. Er weist aber darauf hin, dass die göttliche Gabe allein für diese Deutungen nicht hinreicht und ein spezielles Wissen hinzukommen muss.[85] Er wird einem breiteren Publikum dadurch bekannt, dass er ab 1851 in der „Illustrierten Zeitung“, die in Leipzig erscheint, Autographen und entsprechende Deutungen veröffentlicht:

№ 918. 2. Februar 1861.] Illustrirte Zeitung. 79

Das Geheimniss der Chirogrammatomantie.

Abb. 41 Ausschnitt eines Artikels von Henze in: *Illustrierte Zeitung*, 1861

84 Vgl. u.a. Henze (1888): Illustrierte Fälschungsgeschichten. Leipzig 1888. Vgl. Illustrierter Anzeiger über gefälschtes Papiergeld und echte Münzen. Jahrgang 1876, Heft 1 nach Amtlichen Quellen hg. v. Adolf Henze.

85 Henze (1862): Die Chirogrammatomantie, S. 17.

Diese Publikationen führen dazu, dass Leser ihre eigene Handschrift zu deuten anfangen. Einer von ihnen bittet Henze anonym darum, es für die seine zu tun und dadurch bricht ein massenmedialer „Sturm" los, der zahlreiche anthropologische Daten liefern wird:

> Ich gestehe, daß ich niemals etwas lieber getan habe, als dies! Schon in der nächsten Nummer las man das gewünschte Urtheil über die Handschrift. Das war das Zeichen zum Sturm! Jeden Tag kamen nun hunderte von Briefen, die sämtlich den stereotypen Satz: „Ich bitte um Beurtheilung meiner Handschrift" und obligate Bitten um Beförderung enthielten.[86]

Tatsächlich gehen in Folge bis zu 75.000 Handschriftenproben bei ihm ein. Er selbst beschreibt seine Deutungen als einzige Erfolgsgeschichte. Auf allen fünf Erdteilen würde man über ihre Richtigkeit sprechen und er wird nicht versäumen 20 Briefe von ‚Fans' beizulegen, die das bestätigen.[87] Zentral ist Henzes Hauptwerk für Theorie und Geschichte des Unterschreibens aus einem einfachen Grunde: Er macht die Dichterunterschrift, ja die Unterschriften überhaupt, zum Paradigma der Graphologie[88]:

86 Ebd. S. 13.

87 Vgl. ebd. S. 13 u. 17–27.

88 Vgl. u.a. Preyer (1895): Zur Psychologie des Schreibens. Mit besonderer Rücksicht auf individuelle Verschiedenheiten der Handschrift. 3. Aufl. Leipzig 1928. Anhang: Tafel V, VII, VIII; Ludwig Klages (1917): Handschriften-Proben zu *Handschrift und Charakter*. 29. Aufl., Bonn 1989. Tafel IV, VII, XIV, XXIII, XXV.

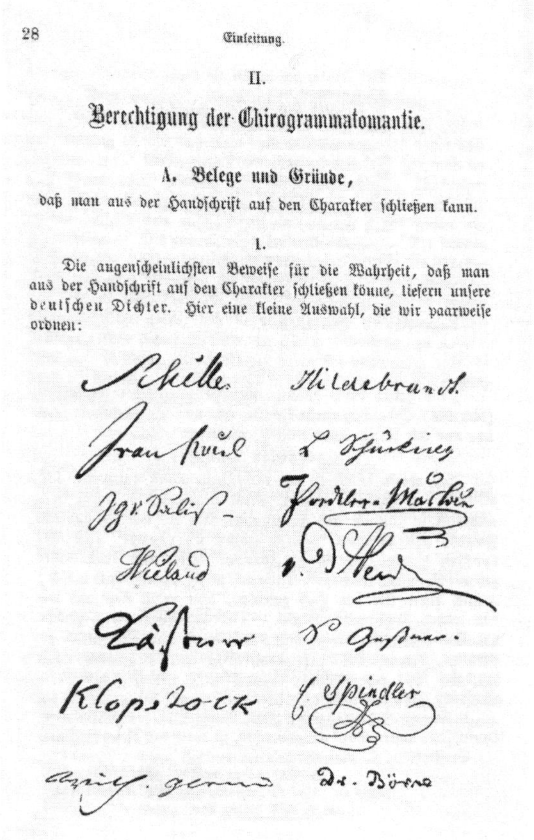
28 Einleitung.

II.

Berechtigung der Chirogrammatomantie.

A. Belege und Gründe,

daß man aus der Handschrift auf den Charakter schließen kann.

1.

Die augenscheinlichsten Beweise für die Wahrheit, daß man aus der Handschrift auf den Charakter schließen könne, liefern unsere deutschen Dichter. Hier eine kleine Auswahl, die wir paarweise ordnen:

Abb. 42 Tafel aus Henze: *Chirogrammatomantie*, 1862

Die paarweise Anordnung und den kontrastiven Vergleich von einzigartigen Zügen, wendet Henze methodisch. Häufig stehen die Unterschriften dabei untereinander. Es wird vorausgesetzt, dass die Befunde selbstevident, d.h. „augenscheinlich" sind. Was für die anonymen Einsendungen gilt, fällt hier aus, nämlich dass diese Deutungen ohne jegliches Vorwissen auskommen würden. Dieses Vorwissen entstammt Gemeinplätzen oder einem eher anekdotischen Kontext über die aufgeführten Autoren. Bemerkenswert an Henzes Methode ist, dass er in seinen Kommentaren eine Schriftbildlichkeit projiziert und so allererst produziert. Der Kommentar zur Gegenüberstellung der Dichterunterschriften ist amüsant, weil er ein diskursives Apriori zeigt, das dem Autor unbewusst bleiben muss:

> Nun, ihr Ungläubigen, die Hand aufs Herz! [!] Ich lege Euch folgende Fragen vor: Könnte der feurige Schiller wol schreiben, wie der [...] Pastor Hildebrandt? Könnten die funkensprühenden Jean Paul'schen Schriftzüge wol aussehen, wie die blütenstockigen und rothbackigen des Levin Schücking? Seht ihr nicht in Salis' Buchstaben die Hängebirken und Trauerweiden, und könnte Salis wohl eine Schrift haben wie Pückler Muskau?[89]

Anthropologisches Dogma seiner Ausführungen ist stets, dass der Mensch nicht nicht individuell sein und werden kann: „Jeder individuelle Mensch hat also eine, der übrigen organischen Welt fehlende Eigentümlichkeit, die sein Ich ausmacht, ihn in jeder Hinsicht von allen anderen Menschen unterscheidet [...]"[90]. Das zeige sich am deutlichsten in der Handschrift. Alle Kinder würden zwar nach ein und demselben Lehrer das Schreiben erlernen, aber für ihre Handschrift gilt, dass „je weiter sie sich von der Schule entfernen, auch die angelernte Schrift verlieren und daß, wie der Charakter der Zöglinge, so auch deren Handschriften immer unähnlicher werden"[91].

Die Veränderung der Handschrift hat einerseits mit der Entwicklung jenes Geistes und Charakters zu tun, dessen Ausdruck sie sein soll, aber auch mit ganz situativen Momenten, die sich „freier" oder „beengter" verwirklichen. Das demonstriert Henze sogleich an verschiedenen Schriften Friedrich Schillers, die er nacheinander durchgeht. Er möchte zeigen, wie der Dichter zu seiner „feurigen" Unterschrift gekommen sei, mit der die Tafel oben einsetzt. Wir ersparen diesen Gang und kommen zum Resultat: Mit zwölfeinhalb Jahren habe Schiller eben noch ganz frei und zwanglos, aber auch harmlos geschrieben. Erst der Militärdienst verwandelt die Schrift in „ängstliche und verstohlene Buchstaben"[92]. Das ändere sich aber wieder grundlegend, als er zum Rat ernannt wird und am *Don Carlos* arbeitet: „Liebe und Freundschaft ziehen ein in seine Brust, und nur mit solchen warmen Schriftzügen kann das Lied an die Freude geschrieben sein"[93]:

---

89 Preyer (1895): Zur Psychologie des Schreibens, S. 29.

90 Henze (1862): Die Chirogrammatomantie, S. 3.

91 Ebd. S. 29.

92 Ebd. S. 30.

93 Ebd. S. 31. Hier schreibt er weiter: „Schiller stand auf dem Gipfel des Ruhms und war der gefeierte Dichter. Die Schrift hat sich vollkommen entfaltet, sie steht verklärt auf dem Höhepunkte geistiger Größe und strahlt in Genialität und Adel."

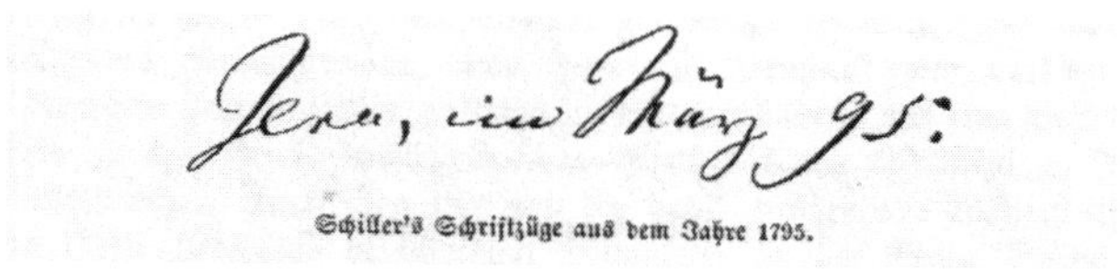

Abb. 43 Schillers Schriftzüge aus der *Chirogrammatomantie*

Schiller dient nicht allein als geheimes Vorbild für die herausragende Schrift schlechthin, nämlich der des begeisterten Genies, wie das Antlitz Jesu das Vorbild für Lavaters Physiognomik ist. Henze hatte zuvor die einzige ‚Literaturgeschichte' vorgelegt, die ganz von den Unterschriften der Dichter und Dichterinnen her flüchtig hingemacht ist, die er gesammelt, alphabetisch mit biographischen Angaben versehen und geordnet hat. Sucht man die von Hölderlin, wird man aber unter **H** überraschender Weise etwas anderes finden[94]:

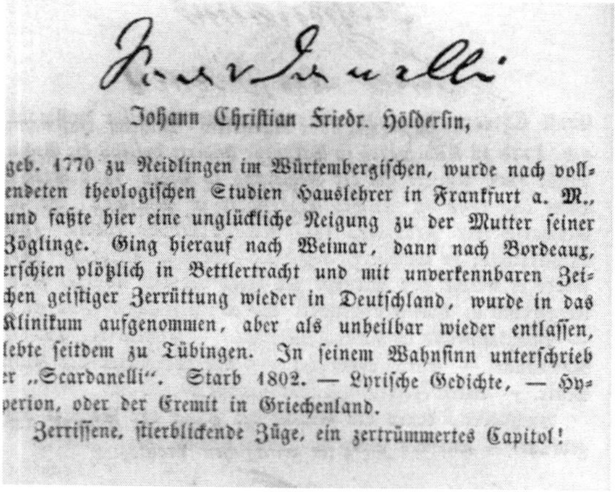

Scardanelli

Johann Christian Friedr. Hölderlin,

geb. 1770 zu Neidlingen im Würtembergischen, wurde nach vollendeten theologischen Studien Hauslehrer in Frankfurt a. M., und faßte hier eine unglückliche Neigung zu der Mutter seiner Zöglinge. Ging hierauf nach Weimar, dann nach Bordeaux, erschien plötzlich in Bettlertracht und mit unverkennbaren Zeichen geistiger Zerrüttung wieder in Deutschland, wurde in das Klinikum aufgenommen, aber als unheilbar wieder entlassen, lebte seitdem zu Tübingen. In seinem Wahnsinn unterschrieb er „Scardanelli". Starb 1802. — Lyrische Gedichte, — Hyperion, oder der Eremit in Griechenland.

Zerrissene, stierblickende Züge, ein zertrümmertes Capitol!

Abb. 44 Unterschrift *Scardanelli*, in Henzes *Handschriften*, 1855

Dass Hölderlin bereits 1802 gestorben sei, könnte entweder ein Druckfehler oder einfach irgendwo falsch abgeschrieben sein. Was Henze jedenfalls von ihm hält, lässt sich bereits an der Wahl der Unterschrift erkennen, die eben nicht auf den Namen

94 Die Unterschrift entstammt dem Gedicht von Hölderlin: „Freundschafft", in (1983): Sämtliche Werke (Frankfurter Ausgabe). Bd. 9. S. 217.

Hölderlins lautet. Offenkundig möchte er als Sammler vor allem diesen Fund ausstellen, der 1855 nicht einfach irgendwo in einer kritischen Ausgabe zu besichtigen, sondern nur durch Sammler von Autographen beizubringen ist.[95] Lakonisch dann der beurteilende Satz: „Zerrissene, stierblickende Züge, ein zertrümmertes Capitol!"[96] Diese beiden Schriften zusammenzustellen, so wie es auch Henzes Methode ist, macht guten Sinn, denn wir haben es mit zwei Antipoden zu tun, die Genie und Wahnsinn zeigen sollen. Wir werden es für eine Art Selbstdekonstruktion gleich noch einmal in anderer Weise vorführen. Schiller jedenfalls besitzt für Henze den Prototyp von Handschrift überhaupt. In der Vorrede schreibt er: „Schillers Handschrift ist groß, feurig, edel, frei, – man suche im ganzen Buche, ob sich eine solche Schrift findet!"[97]

In der *Chirogrammatomantie* findet sich die Unterschrift *Scardanelli* ebenfalls. Aber was oben noch metaphorisch als „zertrümmertes Capitol" bildlich beschrieben wird, firmiert hier als Schrift der Wahnsinnigen, die ihm in der gesamten Untersuchung nur einen Satz Wert ist: „Die Handschriften der Wahnsinnigen sind sofort erkenntlich in den zerrissenen und unsicheren Buchstaben."[98] Was in der ‚Literaturgeschichte' noch fehlte, kann er jetzt nachtragen, nämlich jenes „Capitol", das der Wahnsinn zertrümmert hat: Hölderlins Unterschrift soll auf bewährte Art und Weise mit der *Scardanellis* gepaart und als weiteres evidentes Beispiel dienen[99]:

95 In der ersten Hälfte des 19. Jahrhunderts werden einige Sammlungen dazu vorgelegt, die Henze konsultiert: Vgl. u.a. Sammlung historisch berühmter Autographen, oder Facsimiles von Handschriften ausgezeichneter Personen der alten und neuen Zeit. Auf Stein geschrieben. Aus einer Sammlung von mehr als 10.000 nur das Ausgezeichnetste. Stuttgart 1845. Album zur Erinnerung an die zweite Germanisten-Versammlung zu Lübeck. 113 Facsimiles. Lübeck 1848.

96 Henze (1855): Die Handschriften deutscher Dichter und Dichterinnen, mit 305 Faksimiles, kurzen Biographien und Schrift-Charakteristiken. Leipzig 1855. S. 70. Deutsches Stammbuch. Autographisches Album der Gegenwart. Hg. v. Franz Schlodtmann. Bremen, London und Paris 1853.

97 Henze (1855): Die Handschriften deutscher Dichter, S. VII.

98 Henze (1862): Die Chirogrammatomantie, S. 291.

99 Hölderlin: Der Frühling", in (1983): Sämtliche Werke (Frankfurter Ausgabe). Bd. 9. S. 213.

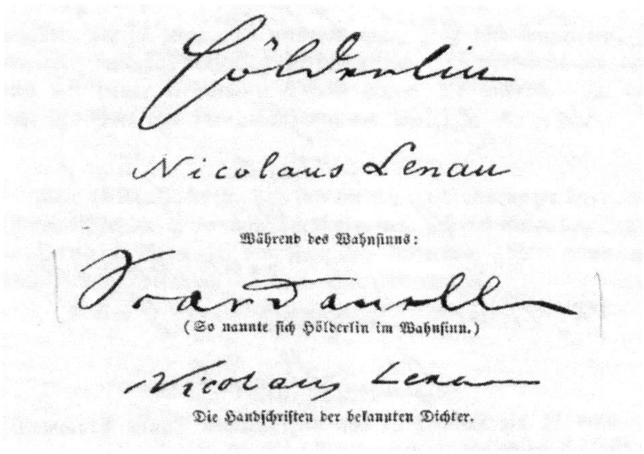

Abb. 45 Unterschriften Hölderlins und Lenaus in: Henzes *Handschriften*, 1855

Henze thematisiert nicht, dass es sich bei ersterem um einen anderen Namen handelt. Wird sie mit derjenigen Unterschrift aus den *Handschriften* verglichen, ist offenkundig, dass es sich um verschiedene handelt. Vergleicht man dazu wiederum alle erhaltenen Autographen, dann findet sich keine Unterschrift *Scardanellis*, wo das i und der entsprechende Punkt darauf fehlt. Ein Schriftvergleich legt nahe, dass es sich um eine Fälschung handelt. *Skardanell* wurde Henze entweder als echtes Autograph verkauft oder, was viel wahrscheinlicher ist, er hat die Unterschrift einfach selbst angefertigt und darauf gewartet, dass jemand es merkt: *voila*!

Die Namen des langen 18. Jahrhunderts, sie schwanken. Die entflohenen Götter werden nach neuen Namen suchen müssen, mit denen noch unterschrieben werden kann. Beschauen wir ein letztes Mal die Signatur des Stehgreifdichters *Scardanelli*:

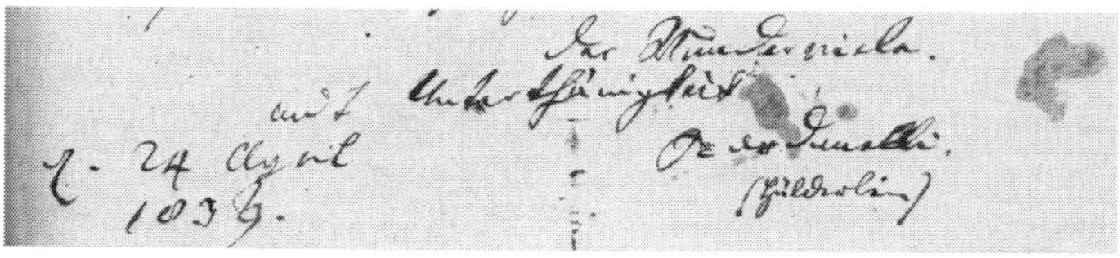

Abb. 46 Unterschrift *Scardanelli*, „Der Frühling", 1842/43

Vergleicht man diese Unterschrift mit der aus Henzes *Handschriften*, lässt sich feststellen, dass die Diagnose, es handele sich um „zerrissene und unsichere Buchstaben“, die den Wahnsinn anzeigen, allein Ergebnis der Auswahl ist. Man könnte weitere dieser Unterschriften paarweise anordnen und man fände einige, besonders die letzte aus dem Gedicht *Aussicht*, von Juni 1843, die vollständig zusammenhängend sind.

Hölderlin ist in Klammern hinzugeschrieben. Der Name *Scardanelli* kann nicht alleine stehen bleiben, wenn die Macht des Personenstandes und der Philologen am Werk ist, die zusammen mit dem Urheberrecht regelt, wem es gehört und was ein Werk überhaupt sein wird. So ist *Scardanelli* in die Historisch-Kritischen-Ausgabe von Hölderlin aufgenommen und sein Name überzeichnet worden. Sagte er aber nicht selbst: „Ja, die Gedichte sind echt, die sind von mir, – aber der Name ist gefälscht, ich habe nie Hölderlin geheißen, sondern Scardanelli oder Scarivari oder Salvator Rosa oder so was.“[100] Wie der *Ister* in der berühmten Hymne „scheinet aber fast / Rückwärts zu gehen“[101], so lässt auch Hölderlin seinen neuen Namen rückwärts durch seine Gedichte laufen, um sich „aus diesen für ihn so widrigen und spannenden Verhältnissen zu befreyen.“[102]

Würde man Scardanellis Satz ernst nehmen, dann müsste es genau umgekehrt sein. Es würde gar keine Hölderlin-Ausgabe geben, sondern nur eine, die den Namen Scardanellis trägt. Dietrich Sattler, der Horn spielende Herausgeber der *Frankfurter Ausgabe*, der nach eigener Aussage diese Tat nur vollbringen konnte, weil er eben Laie und kein Germanist ist, findet eine schlichte und überzeugende Lösung, um den Band der Turmgedichte dennoch in der letzten von ihm besorgen Ausgabe zu eröffnen, die alle Dokumente in eine zeitliche Abfolge bringt: „Hölderlin: Scardanelli“.[103]

Hölderlin wiederum hatte einige nicht unterschriebene Zeilen verfasst, die sich jetzt in einem anderen Licht lesen lassen und ins nächste Kapitel führen:

---

100 Fischer (1818): „Hölderlin’s letzte Verse“, in: Schwäbische Kronik 1881.

101 Hölderlin (1992): „Der Ister“, in: Sämtliche Werke, S. 476.

102 Waiblinger (1827/28): Friedrich Hölderlins Leben, Dichtung und Wahnsinn, S. 18.

103 Hölderlin (2004): Sämtliche Werke, Briefe und Dokumente. Hg. v. D.E. Sattler, Bd. XII, 1806–1843. Homburg – Tübingen. München 2004 [Lizenzausgabe WBG]. S. 5.

Die Linien des Lebens sind verschieden
Wie Wege sind, und wie der Berge Gränzen.
Was hier wir sind, kann dort ein Gott ergänzen
Mit Harmonien und ewigem Lohn und Frieden.[104]

104 Hölderlin (1983): „Die Linien des Lebens ...“, in: Sämtliche Werke (Frankfurter Ausgabe). Bd. 9. S. 104.

KAPITEL V

Spitzen des Staates

Abb. 47 König Ludwig II. von Bayern übt seine Unterschrift, um 1860

Könige unterschreiben Urkunden, um Gesetze oder Befehle in Kraft zu setzen. Wenn sie nicht selbst schreiben können, greifen sie auf den Vollzugsstrich oder Kreuze zurück, also auf Handzeichen. Ihre Souveränität muss sich in der Schrift vollenden durch einen Zug, der unter allen Umständen zu gelten hat. Was aber geschieht, wenn der König verrückt wird oder nicht mehr in der Lage ist, zu unterschreiben? Was passiert, wenn der Herrscher verrückt geworden ist und das Parlament nicht mehr durch seine Unterschrift eröffnet werden kann? Wie lässt sich dieser Ausnahmezustand beheben, denn ein Verfahren ist hierfür nicht unbedingt vorgesehen?[1]

Souveränität verlangt geradezu nach Supersätzen: Souverän ist, „wer über den Ausnahmezustand entscheidet (Schmitt)", „wer nebst dem unsterblichen Gott niemandem Untertan ist (Bodin)", „wer sich nicht ergreifen und einverleiben lässt (Canetti)", „wer

1 Eine veränderte Fassung dieses Kapitels wurde vorab publiziert, vgl. Peter Risthaus (2016a): „Souveräne Unterschrift: Ludwig II. von Bayern", in: Figurationen des Politischen. Hg. v. Oliver Kohns und Martin Doll. Paderborn 2016. S. 432–449. Abbildung aus: Giesela Haasen (1995): Ludwig II. Briefe an seine Erzieherin. München 1995. S. 18.

© BRILL FINK, 2023 | DOI:10.30965/9783846766354_006

über Leben und Tod entscheidet (Foucault)“, um nur einige der bekanntesten zu nennen.[2] Souverän sein kann aber genauso heißen, alles in einer Hand zu haben und alle anderen Hände für sich arbeiten zu lassen.[3] Es soll die zentrale Schreibszene[4] dieser souveränen Hand betrachtet werden, die zu den wichtigsten Regierungstechniken[5] gehört: Souverän bleibt allein derjenige, der *alles* im Namen des Königs (später des Volkes) unterschreiben kann und so allen anderen Unterschriften überhaupt ihre Gesetzeskraft gibt, sozusagen ihre Spitze bildet. Ganz im Sinne Pierre Legendres lässt sich sagen, dass Souverän ist, wer über das *Nomogramm*[6] verfügt. Was das für einen konstitutionellen Monarchen bedeutet, der vor allem parlamentarische Beschlüsse gegenzeichnet und welche Paradoxien[7] sich andeuten, hat Hegel in einem Zusatz zur Rechtsphilosophie vorerinnert. Ihm soll kurz gefolgt sein, um jene Subjektposition einzukreisen, die mit der Unterschrift des konstitutionellen Monarchen um 1800 verbunden ist. Sein Name verspricht, dass der Staat keine leblos-bürokratische Maschine bleibt, sondern als Person gefasst werden kann und so mit seinem Namen einen Grund für den sich entschließenden Gemeinwillen abgibt.

Zunächst soll ein extremer Fall behandelt werden, der auf den bayerischen König vorausweist. Es handelt sich um Georg III. von England (1738–1820), dessen Wahnsinn unter anderem von seinem Leibarzt an der Veränderung der Namensunterschrift erkannt wird. So wird er zum Subjekt früher Psychiatrie und Paradefall in den entsprechenden Arbeiten Michel Foucaults, die den Übergang von der Souveränitäts- zur Disziplinarmacht beschreiben. Dieser neue Diskurs, mitsamt der entsprechenden psychiatrischen Institution, sorgt – später auch qua Gutachten – für die Entwertung dieser Königssignatur.

---

2 Statt der entsprechenden Einzelangaben vgl. Friedrich Balke (2009): Figuren der Souveränität. München 2009.

3 Vgl. Luis Marin (1981): Das Portrait des Königs. Übers. v. Heinz Jatho. Berlin 2005. S. 48.

4 Vgl. Rüdiger Campe (2012): „Die Schreibszene, Schreiben“, in: Schreiben als Kulturtechnik, hg. v. Sandro Zanetti. Frankfurt a.M. 2012. S. 269–283.

5 Vgl. Cornelia Vismann (2010): Kulturtechniken und Souveränität, in: ZMK, Bd. 1, S. 171–181.

6 Pierre Legendre (1992): Die Kinder des Textes. Über die Elternfunktion des Staates. In: Schriften, Bd. 4, übers. v. Pierre Mattern. Hg. v. Georg Mein u. Clemens Pornschlegel. Wien, Berlin 2011. S. 74.

7 Zu diesen Paradoxien vgl. Manfred Schneider (2003): „Die Feinde der Vernunft. Eine Kasuistik“, in: Feindschaft. Hg. v. Medardus Brehl u. Kristin Platt. München 2003, S. 139–157, hier: S. 152–155.

Regieren unter ausdifferenzierten und bürokratischen Bedingungen heißt, ständig Befehle, Erlasse und Verträge *de manu propria* zu unterschreiben. Niemand hat das besser gewusst als Ludwig der II. von Bayern, der sich in der Zeit vor seiner Entmachtung durch ein psychiatrisches Gutachten zwar immer weiter von den Amtsgeschäften in die einsame Wagnerwelt seiner Schlösser zurückzog, nur noch umgeben von den engsten Dienern und seinem Frisör. Niemals hat er jedoch aufgehört, ihm zugestellte Urkunden und Befehle zu unterschreiben. Dennoch ist Ludwig nicht eine Art Unterschriftsmaschine, die nur noch – vor sich hindämmernd, melancholisch oder depressiv[8] – gegenzeichnet ohne seinen Willen zum Ausdruck zu bringen. Im Gegenteil: seine sogenannten *Geheimen Tagebücher* sind weniger Dokument von Homosexualität, denn Monument einer tatsächlich souveränen Unterschrift, die gegen die Konstitution den Willen des alten Königtums verteidigt. Hier lässt sich beobachten, wie die *zwei Körper des Königs*[9] auseinanderfallen und nur die Erfindung einer neuen und einzigartigen Unterschrift *unio mystica* verspricht, indem sie die direkte Verwandtschaft Ludwigs zu seinen Namensvorgängern beschwört.

Spitze des Staates

Geben wir Hegel das Wort, der tatsächlich einer der ganz wenigen Philosophen ist, der vor Nietzsche und Derrida das Unterschreiben zum Ernstfall erklärt. In einem Zusatz der *Grundlinien der Philosophie des Rechts* aus dem Jahre 1821 erklärt er:

> Bei der Organisation des Staats, das heißt hier bei der konstitutionellen Monarchie, muß man nichts vor sich haben als die Notwendigkeit der Idee in sich: alle anderen Gesichtspunkte müssen verschwinden. Der Staat muß als ein großes architektonisches Gebäude, als eine Hieroglyphe der Vernunft, die sich in der Wirklichkeit darstellt, betrachtet werden. Alles, was sich also bloß auf Nützlichkeit, Äußerlichkeit usw. bezieht, ist von der philosophischen Behandlung auszuschließen. Daß nun der Staat der sich selbst bestimmende und vollkommen souveräne Wille, das letzte Sich-Entschließen ist, begreift die Vorstellung leicht. Das Schwerere ist, daß dieses „Ich will" als Person gefasst werde. Hiermit soll nicht gesagt sein, daß der Monarch willkürlich handeln dürfe: vielmehr ist er an den konkreten Inhalt der Beratungen

8 Wie später eine Anekdote berichtet, die Puschkin, Bloch und Benjamin erzählen werden. Vgl. Kap. VIII.

9 Vgl. Ernst H. Kantorowicz (1957): Die zwei Körper des Königs. Eine Studie zur politischen Theologie des Mittelalters. 2. korr. Aufl., übers. v. Walter Theimer [u.a.]. München 1990.

> gebunden, und wenn die Konstitution fest ist, so hat er oft nicht mehr zu tun, als seinen Namen zu unterschreiben. Aber dieser Name ist wichtig: es ist die Spitze, über die nicht hinausgegangen werden kann. Man könnte sagen, eine organische Gliederung sei schon in der schönen Demokratie Athens vorhanden, aber wir sehen sogleich, daß die Griechen die letzte Entscheidung aus ganz äußeren Erscheinungen genommen haben, aus den Orakeln, den Eingeweiden der Opfertiere, aus dem Fluge der Vögel, und daß sie sich zur Natur als zu einer Macht verhalten haben, die da verkündet und ausspricht, was den Menschen gut sei. Das Selbstbewußtsein ist in dieser Zeit noch nicht zu der Abstraktion der Subjektivität gekommen, noch nicht dazu, daß über das zu Entscheidende ein „Ich will" vom Menschen selbst ausgesprochen werden muß. Dieses „Ich will" macht den großen Unterschied der alten und modernen Welt aus, und so muß es in dem großen Gebäude des Staats seine eigentümliche Existenz haben. Leider wird aber diese Bestimmung nur als äußere und beliebige angesehen.[10]

Der Staat ist der sich vernünftig durchsetzende und letzte souveräne Wille des Selbstbewusstseins, sein letztes sich-Entschließen. Eine vollendete Organisation kann er jedoch nur dann sein, wenn ihm im doppelten Sinn eine „Spitze" gegeben wird: „man braucht zu einem Monarchen nur einen Menschen, der ‚Ja' sagt und den Punkt auf das I setzt"[11], sagt Hegel an anderer Stelle.

Wo ein Wille ist, da muss er auch persönlich durch den Namen erklärt werden können, um Bindungs- und Gesetzeskraft zu erzeugen. In der Unterschrift des Monarchen laufen die objektive Seite des Gesetzes und das persönliche „Ich will" zusammen. Sie garantiert, dass es zwischen Gesetz und Wille eine Einheit gibt und die Entscheidungen nicht einfach aus einem kontingenten Zustand heraus getroffen werden. Ohne Monarch wäre laut Hegel der Staat bloß nackter Apparat, nicht organisch verfasst, sondern rein maschinelle Organisation. Er muss als Person gefasst werden, so schwierig das auch sei, damit er nicht dem Räsonieren verfällt, d.h. in seinen Verfahren leerläuft. Jemand muss seine letzten Entscheidungen verfügen, signieren, und somit den Gesamtwillen abschließen.[12] Der Monarch ist „dieses Letzte, was alle Besonderheiten in dem einfachen Selbst aufhebt,

---

10 Hegel (1820a): Grundlinien der Philosophie des Rechts oder Naturrecht und Staatswissenschaft im Grundbegriffe. Hg. v. Eduard Gans. Berlin 1933. S. 362f.

11 Ebd. S. 372.

12 Weil das so ist, hat sich Hegel auch gegen Fichtes „Paßpolizei" gewandt. Vgl. Kap. III.

das Abwägen der Gründe und Gegengründe, zwischen denen sich immer hin und her schwanken läßt, abbricht, und sie durch das: *Ich will*, beschließt, und alle Handlung und Wirklichkeit anfängt."[13]

Eine paradoxe Situation: Der Name, die Unterschrift, die alle Befehle und Akten abschließt, ist eigentlich erst der Anfang staatlicher Wirklichkeit und Handlung. Der höchste Akt der Freiheit ist rein formeller Natur, weil die Verfassung und entsprechender Rat der Experten den Rahmen der monarchischen Entscheidung bilden, er selbst tendiert zum reinen Signifikanten. So sagt es zumindest Slavoj Žižek, der darauf hingewiesen hat, dass dieser Moment, die Aktualisierung des Staates als vernünftige Totalität durch den Monarchen (und seiner Signatur), ein schlechthin unvernünftiger Moment ist. Denn an der Spitze des Staates steht jemand, der durch die „gänzlich unvernünftige Logik der Erbmonarchie bestimmt ist."[14] Alle anderen müssen durch Bildung und das heißt den Geist werden, was sie sind und können nur dann ihren Willen entsprechend erklären, wenn sie sich zu Recht vernünftige Subjekte nennen können. Ausnahme bildet der Monarch, dem das Geburtsrecht zusteht, alles zu entscheiden und zu unterschreiben. Sein Name schreibt sich aus diesem Rest des Realen her, der vom Geist nicht angeeignet werden kann. Die Subjektpositionen des höchsten Signatars bleiben so offen für den Zufall erblichen Wahnsinns, den der Rechtsdiskurs – dessen oberster Garant der Monarch ist – als Ausfall lösen können muss.

Georgius und seine ‚Matratzen'

1789, im siebten Band des von Carl Philipp Moritz und dem Braunschweiger Prinzenerzieher Karl Friedrich Pockels sowie Salomon Maimon herausgegebenen *Magazins zur Erfahrungsseelenkunde*, findet sich eine anonyme Eingabe, die wiederum aus dem berühmten *Mercure de France* desselben Jahres datiert:

> Es ist ausgemacht, daß die jetzige Krankheit des Königs von England schon seit einiger Zeit ihren Anfang genommen hatte, ehe das Publicum davon benachrichtigt wurde. Der erste Zug, wodurch sich der Wahnsinn des Königs entdeckte, war eine Veränderung in seiner Namens Unterschrift, worin er sich nicht mehr, wie sonst, G e o r g; sondern G e o r g i u s nannte.[15]

---

13 Ebd.

14 Slavoj Žižek (2008): Psychoanalyse und die Philosophie des deutschen Idealismus. Wien 2008. S. 56.

15 Anonym: „Auszug aus dem Mercure de France dieses Jahrs", in: Gnothi sauton oder Magazin zur Erfahrungsseelenkunde als ein Lesebuch für Gelehrte und Ungelehrte. Mit Unterstützung

Ein subtiles Geschichtszeichen ist dieser neue Zug im Namen Georg William Frederick des III. Für die Herausgeber des Magazins wird der eigentliche Held jedoch nicht King George, sondern dessen Arzt Doktor Francis Willis sein, der die Behandlung des Königs in seiner Pensionsanstalt *Greatful Hall* (Grafschaft Lincoln)[16] übernimmt, nachdem die entsprechenden *court physicians* im Schloss Windsor versagt haben: „Die gewöhnlichen Ärzte des Königs konnten mit ihm nicht fertig werden", wie es so schön im Auszug aus dem *Magazin* heißt. In dieser Anstalt behandelt Willis „vornehme Wahnwitzige" im Falle von heftigen Anfällen mit „einem sehr engen Rocke"[17], sorgt aber genauso für ausreichend frische Luft und entsprechende Leibesertüchtigung. Zudem hat jeder Insasse seinen eigenen Wächter.

Ein König wird verrückt, erstes Anzeichen ist die veränderte Unterschrift. Sie ist das Signum souveräner Macht, wie ihrer Verabschiedung. Welch Szene und welch Geschichten, die sich durch sie erzählen lassen: Könige und Diener, Ärzte und Könige. Die eine Geschichte haben wir bereits begonnen, eine andere berichtet 1801 Philippe Pinel in seinen *Traité médico-philosophique*. Sie wird wiederum Michel Foucault als Paradigma neben das *Panopticon* Benthams stellen, um den Übergang der Souveränitäts- zur Disziplinarmacht zu beschreiben, die wesentlich mit der Entstehung der klinischen Psychiatrie zu tun hat.

Abb. 48
Unterschrift König Georgs III.

mehrerer Wahrheitsfreunde, Bd. 7, Nr. 2. Hg. v. Karl Philipp Moritz, Karl Friedrich Pockels u. Salomon Maimon. Berlin 1789. S. 20–22. *Georgius* wiederum ist die Namensprägung auf den Münzen der Staatswährung.

16 Eine Beschreibung findet sich auch bei Pinel (1801): Philosophisch-medicinische Abhandlung über Geistesverwirrungen oder Manie. Wien 1801. S. 365–377.

17 Magazin zur Erfahrungsseelenkunde, Bd. 7, Nr. 2, S. 21.

Verweilen wir einen Augenblick bei dem *Magazin zur Erfahrungsseelenkunde*, das noch eine ganz andere Geschichte erzählt als Pinel und dann Foucault. Was erfahren wir über den Kranken und seine Kur? Zunächst resümiert Pinel – neben der Veränderung der Unterschrift – die Anzeichen der Erkrankung vor 1788. Im *Bade von Cheltenham* habe der König ständig wissen lassen, dass er seinen Ministern nicht mehr vertraue, was nicht weiter auffällig gewesen wäre, wenn er das nicht ständig Personen habe wissen lassen, „die nicht dazu gemacht waren, dergleichen Vertraulichkeiten zu empfangen".[18] Die Staatsraison ist in Gefahr. Gefolgt wird diese Feststellung von einer Anekdote: George, aus dem Bade zurückgekehrt, brüllte den Botschafter von Portugal dermaßen an, dass dieser sich höchst erschrocken zeigt und mit seinem Sekretär sofort abreisen wollte, weil Krieg im Anzug sei. Neben diesen Anzeichen geben *Mercure* und *Magazin* große Unruhe des Königs gefolgt von einem 19 Stunden dauernden Redefluss als Symptome der königlichen Krankheit an. Sie bescheinigen ihm andererseits ein *„ungeheures Gedächtniß"*. Doktor Willis, der mit seiner Kur eine kurzweilige Besserung des Zustandes erreicht haben soll, wird als Mann von großer Festigkeit, „kaltem Blute" und, ganz in der diskursiven Logik des *Magazins*, durch seine „gebieterische Physiognomie"[19] charakterisiert, die dank entsprechend vorgebrachter Befehle, Anschläge auf Leib und Leben verhindert habe. Ganz einig zeigt sich der Bericht jenem in dem Grund, der die Heilung erst möglich macht: „Da er [Dr. Willis] seine Kranken wie Kinder behandelt, die ihrer Vernunft nicht mächtig sind; so beherrscht er sie durch Furcht"[20]. Später wird noch auf den Schrecken hingewiesen, den die Zwangsjacke bei den Patienten erzeugt. Eine andere Strategie von Willis, so stellt zumindest das *Magazin* fest, sei eine bestimmte Egalisierung der Souveränität: „Willis aber behandelt seine hohen Kranken, wie die anderen. Er hat sogar seinen gebieterischen Ton gegen ihn [den König] noch erhöht."[21]

Der König wird aus den Herrscherräumen in die Klinik überführt, wo seine persönliche Souveränitätsmacht eingeschränkt

18 Ebd.
19 Ebd.
20 Ebd.
21 Ebd. S. 22.

oder in einem bestimmten Sinne ausgesetzt wird, ohne politisch unterbrochen zu sein. Zu merken ist, dass die Diener des Königs durch Willis' Sohn und diejenigen Personen ersetzt werden, die an den Umgang mit den Insassen gewöhnt sind. Der König wird als Kind behandelt und der Arzt kann ihm gegenüber deshalb einen höchst gebieterischen Ton anschlagen, um ihn sich fürchten zu lassen, denn nur Furcht verspricht Heilung. Kinder aber, genauso wie Wahnsinnige, dürfen nichts unterschreiben. Jener politische Körper, der nach Kantorowicz' berühmter Theorie weder altert noch krank werden kann[22], kommt dennoch nicht mehr ohne jenes Signum von der Hand des natürlichen Körpers aus, das Recht setzt und garantiert. Die Klinik dient also vor allem der Wiederherstellung seiner alten Unterschrift: aus *Georgius* muss wieder *George* werden.

Eine andere Geschichte als *Mercure* und *Magazin* erzählt Pinel, die wiederum Foucault resümiert, weil sie für ihn die Gründungsszene der modernen Psychiatrie überhaupt ist. Neben diese Szene, paradigmatisch auch für die *Histoire de la Folie*, tritt in der Vorlesung von 1973, *Le Pouvoir psychiatrique*, die Heilungsszene Georg III., die im *Traité médico-philosophique* so erzählt wird:

> Ein gewisser Monarch wurde wahnsinnig. Um seine Heilung geschwind und gründlich zu bewerkstelligen, setzte man den Vorsichtsmaßregeln desjenigen, der ihn zu behandeln hatte, keine Grenzen. Von der Zeit an, verschwand aller königlicher Prunk, der Wahnsinnige wurde von seiner Familie und allen die sonst um ihn waren, entfernt, in einen einsamen Palast, und daselbst in ein Zimmer, dessen Boden und Wände mit Matratzen bedeckt waren, eingeschlossen. Hierauf erklärte ihm derjenige, der die Behandlung leitete, daß er nun kein Souverän mehr sei, sondern folgsam und gehorsam sein müsste. Zwei von seinen ehemaligen Pagen von Herkulischem Wuchs waren beordert, für seine Bedürfnisse zu sorgen, ihm alle Dienste, die sein Zustand erfordern würde, zu leisten, ihn aber zugleich beständig wissen zu lassen, daß er von ihnen ganz abhänge, und ihnen hinfort immer gehorchen müsse. Sie beobachteten bei ihm ruhiges Stillschweigen, aber sie gaben ihm zugleich bei jeder Gelegenheit ihre Überlegenheit an Kräften zu erkennen. Eines Tages hatte der Wahnsinnige in seiner Raserei den Arzt während des Besuchs sehr hart empfangen, und ihn mit Unrat und Kot beworfen. Einer

22 Vgl. Kantorowicz (1957): Die zwei Körper des Königs, S. 31ff.

> von den Pagen trat sofort in das Zimmer, und ohne ein Wort zu sagen, ergriff er den Wahnsinnigen, der sich auf eine ekelhafte Art selbst besudelt hatte, um die Mitte des Leibes, warf ihn mit Gewalt auf eine der Matratzen hin, entkleidete ihn, wusch ihn mit dem Schwamm ab, wechselte seine Kleidungsstücke, blickte ihn stolz an, und ging auf seinen Posten zurück. Ähnliche Warnungen, durch einige Monate von Zeit zu Zeit wiederholt, und durch andere Mittel der Behandlung unterstützt, bewirkten eine vollkommene und von Rückfall freie Genesung.[23]

Auffällig, dass die Namen von König und Arzt in dieser Beschreibung getilgt sind.[24] Die Disziplinarmacht setzt in jedem Sinne auf Anonymität. In seinem Kommentar des Falls resümiert Foucault: 1.) Es handelt sich um eine Amtsenthebungszeremonie (Devestitur), bei der vom Arzt erklärt wird, dass der König nicht mehr Souverän ist. 2.) Entsprechend verändert sich die Zelle des Patienten, die durch den Einbau von Matratzen zum ‚toten Trakt' wird und den König von der Außenwelt isoliert, so dass er keine Befehle und Botschaften mehr übermitteln kann. Die Insignien dieser Macht werden gegen die „Matratze" getauscht. 3.) Damit ist dieser Ikonoklasmus, der das Bild des Königs ruiniert und profaniert aber noch längst nicht zu Ende. Man könnte sagen, dass was dem König genommen ist, „aller königlicher Prunk", anderswo sein Gegenbild findet. Foucault betont Pinels Beschreibung der Pagen „von Herkulischem Wuchs". Der Diener, der tatsächlich für das An- und Auskleiden seines Herrn zuständig ist, steht nicht mehr im Dienst des königlichen Willens, sondern untersteht einer neuen disziplinierend anonymen Macht. 4.) Schlussendlich wird Foucault einige Zeit darauf verwenden zu zeigen, dass es nicht nur um die Devestitur allein, sondern um die Umkehrung jener ikonographischen Szene geht, in der die Souveränitätsmacht sich zeigt. Der König schmeißt mit

---

23 Zit. n. Foucault (1973): Die Macht der Psychiatrie. Vorlesungen am Collège de France 1973–1974. Hg. v. Jacques Lagrange. Übers. v. Claudia Brede-Konersmann u. Jürgen Schröder. Frankfurt a.M. 2005. S. 40. Übersetzung wurde leicht abgewandelt. Vgl. ders. (1973): Wahnsinn und Gesellschaft. Eine Geschichte des Wahns im Zeitalter der Vernunft. 12. Aufl., übers. v. Ullrich Koeppen. Frankfurt a.M. 1996. S. 482–529.

24 Pinels Quelle ist allerdings ungemein seriöser. Er entnimmt sie dem Bericht eben jener Kommission, die das Parlament einsetzte, um des Königs Krankheit zu behandeln und seine Ärzte darüber zu verhören, dem „Report of the Committee Appointed to Examine the Physicans who have Attended His Majesty during his Illness, touching the Present State of His Majestys Health".

Kot und Unrat, bekannt als letztes Mittel der Ärmsten der Armen gegenüber dem Souverän. Mit diesem ‚beinahe Nichts' wirft er und besudelt sich selbst. Aber *Georgius* wird eben nicht geköpft, wie die Armen, die mit diesen Resten die Kutsche des Königs bewerfen. Die herkulischen Diener werden ihn überwältigen, waschen und in neue Kleider stecken, seine Investitur zum psychiatrischen Objekt ist abgeschlossen. Aus der Krönungs- ist eine Hinrichtungsszene geworden, bei der Wahnsinn den König köpft, ohne dass der Kopf rollt. Das wird für Foucault offenkundig das wirklich revolutionäre Ereignis des Jahres 1789 gewesen sein.

Ein Zug dieses Ereignisses, den Foucault auslässt, ist eben jene Unterschrift, an der zuerst erkannt wird, dass Georg III. verrückt wird. Diese Geschichte findet auf ganz eigenwillige Weise zu ihrem Ende: Wenn der Souverän die Konstitution nicht mehr gegenzeichnen kann, muss ein Nachfolger her. Dafür sollte es allerdings ein Gesetz geben, das der König unterschrieben hat. Ein solches Gesetz ist die *Regency Bill* aus dem Jahre 1789; ein Gesetzesvorschlag, der seinen Sohn George *Prince of Wales* zum Nachfolger machen sollte. Nicht in der Lage, diesen Vorschlag selbst zu unterzeichnen, entschließt sich das Parlament, auf die Unterschrift zu verzichten und den Lordkanzler das Große Reichssiegel anbringen zu lassen, um das Gesetz zu beschließen. Da Georg III. sich jedoch erholt, kommt es 1789 nicht zur Übertragung der Macht auf seinen Sohn. Dennoch wird sich diese Akte genauso schließen wie vorbereitet: 1811 wird der König nach all jenen psychiatrischen Devestituren, die Foucault analysiert hat, durch den Sohn abgelöst. Der *Regency Act* von 1811 ist die erweiterte Gesetzesvorlage, die 1789 nicht zum Zuge kam. Der Lordkanzler wird das Große Siegel anbringen und die Unterschrift Georgs des III. überzeichnen. Jene Spitze, über die nach Hegel souveräne Macht nicht hinausgehen darf, ist gebrochen. Die Episteme der Souveränitätsmacht hat ihr Ende erreicht.[25]

Zwischen Lilien

Genau 75 Jahre später ereignet sich eine andere Szene, bei der sich die Disziplinarmacht inzwischen vollständig durchgesetzt hat. Die Geschichte ist weitgehend bekannt: Ludwig II. von Bayern wird am 8. Juni 1886 auf Betreiben der Regierung durch die Ärzte Bernhard von Gudden, Friedrich Wilhelm Hagen,

25 Vgl. Constitutions of the World from the late 18th Century to the Middle of the 19th Century Online. Sources on the Rise of Modern Constitutionalism. Hg. v. Horst Dippel. München 2007.

Hubert von Grashey und Max Hubrich in einem Gutachten für „seelengestört" und „unheilbar" erklärt. Das Gutachten beruht ausschließlich auf Zeugenaussagen und nicht auf Examinierung des Königs durch die Ärzte. Am 9. Juni wird er durch die Regierung entmündigt. Ludwigs Onkel Luitpold übernimmt am 10. Juni als Prinzregent die Regierungsverantwortung. Eine erste Kommission, die Ludwig auf Schloss Neuschwanstein aufsucht, lässt dieser noch verhaften und nach München zurückschicken. Erst die zweite Kommission wird erfolgreich sein. Bernhard von Gudden übermittelt dem König die Nachricht, dass er interniert sei und nach Schloss Berg am Würmsee (Starnberger See) verbracht werde. Hier findet er am 13. Juni, zusammen mit seinem Arzt Gudden einen nicht allein für Verschwörungstheoretiker mysteriösen Tod. Ausgehend von Hegel ist der ‚Witz' dieses historischen Sachverhaltes schnell erzählt: Die Unterschriften der Ärzte unter das psychiatrische Gutachten überzeichnen Hegels „Spitze, über die nicht hinausgegangen werden kann", die offizielle Unterschrift Ludwig des II. von Bayern[26]:

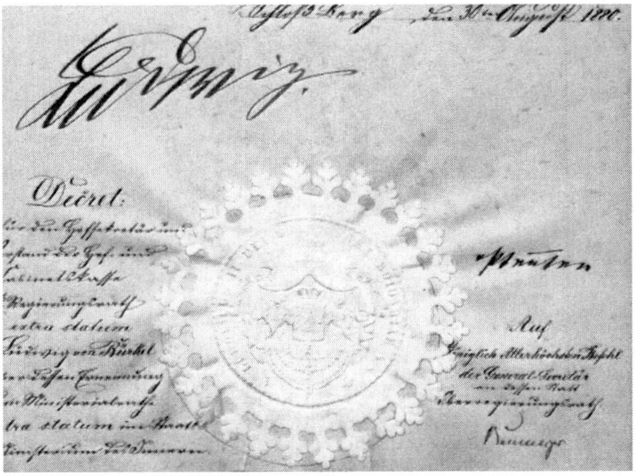

Abb. 49 Unterschrift Ludwig II. unter die Beförderung von Ludwig von Bürkel

26 Abbildung aus: Spuren des Märchenkönigs. Ludwig II. und die Bayrische Staatsbibliothek. Hg. v. Rolf Griebel. Regensburg 2011. S. 89.

Zu der offiziellen Unterschrift unter die Urkunden des Staates gibt es Gegenunterschriften. Sie finden sich im sogenannten *Geheimen Tagebuch* des Königs, das zwar eine problematische Quelle ist, weil sich die Herausgeber auf Abschriften stützen, die in der neueren Forschung allerdings als weitgehend authentisch gelten.[27] Das Tagebuch ist erstaunlich, weil die zwei Körper des Königs beim Unterschreiben einen Kampf ausfechten. Diejenigen Hände, die den Kaiserbrief, Urkunden, Verträge und zahllose Geldüberweisungen an Richard Wagner unterfertigen, können offenkundig noch ganz anderes tun. Genau das will sich der König aber mit aller Macht untersagen. Das Tagebuch enthält daher kaum Aufzeichnungen über tägliche Ereignisse, sondern vor allem Flüche, Schwüre und an sich selbst adressierte Befehle und Erlasse, wie den folgenden:

> 3. Feb. [1872] – Hände kein einziges Mal mehr hinab, bei schwerer Strafe! Y.E.R. [Yo el Rei = Ich, der König] – Im Jan. Richard dreimal bei mir [...]! Residenztheater (Dekoration Louis XIV) am 31. Hofball, Ritt mit R. [Richard Hornig] in Nymphenburg (Amalienburg). Am 28. Lohengrin! – Doch bei dem Ringe selbst und mein Gedenken, De Par le Roy [Im Namen des Königs]. Bei unserer Freundschaft sei es geschworen, auf gar keinen Fall mehr vor dem 3ten Juni ...[28]

Wie viele andere Tagebucheintragungen ist auch diese unterschrieben. So lässt sich beobachten, wie Ludwig an einer neuen Unterschrift arbeitet, die diesen höchsten Schwüren und Eiden, Flüchen und Dekreten, sich das Onanieren und Kopulieren zu untersagen, noch ihre ‚Spitze' verleihen kann. Der eine, offenkundig kaum mystische Körper, befiehlt dem amtlichen, mit etwas Schluss zu machen. Ob es sich dabei um sexuelle Akte handelt, spielt für die strukturelle Problematik dieser Sprech- und Schreibakte nur eine untergeordnete, wenn auch pikante Rolle. Werfen wir zunächst einen kurzen Blick auf jene Unterschrift, die den Eintrag schließt[29]:

---

27 Vgl. Franz Merta (1990): „Die Tagebücher König Ludwig II. von Bayern. Überlieferung, Eigenart und Verfälschung", in: Zeitschrift für bayerische Landesgeschichte, 53 / 2 (1990), S. 319–396. Vgl. Hans Gerhard Evers (1986): Ludwig II. Theaterfürst – König – Bauherr. München 1986.

28 Das geheime Tagebuch König Ludwigs II. von Bayern 1869–1886, 2. Aufl., hg. v. Siegfried Obermeier. München 2000. S. 24f. Ergänzungen in eckigen Klammern im Folgenden von mir.

29 Die nachfolgenden Unterschriften finden sich alle in: Das geheime Tagebuch König Ludwigs II.

Abb. 50 Geheimes Tagebuch Ludwig II., 1869–1886

Zunächst finden wir der Form nach die offizielle Unterschrift Ludwigs. Typisch für diese Unterschrift ist der den Namen einleitende Schwung des **L**, der sich zum **d** kreisförmig fortschwingt und das **u** hier im Gegensatz zum Dekret am Beginn nicht berührt. Es ist üblich, dass bei den allographen Urkunden ein Schreibmeister die Bögen ausgeführt oder die Unterschrift gleich ganz kopiert, d.h. ausgemalt hat. Dieser Bogen führt sozusagen aus dem Unterstrich des **g** wieder heraus, um elliptisch sich kreuzend sein Ende zu finden. Wenn man will, kann man hier eventuell auch eine Brezel erkennen. Häufig verzichtet Ludwig auf diese Ellipsen.

Es finden sich neben dem Namenszug zwei Paraphen, bei dem sich das **L** und das **R** wechselseitig durchdringen. Neben dem Königsnamen steht auch der Name von demjenigen, der nach Auskunft des ersten Herausgebers der Tagebücher, Edir Grein, den Eintrag ge- und dann mit unterschrieben hat, Ludwigs Diener Richard Hornig. Erneut wiederholt sich die Szene von Zimmern, Dienern, Königen und Ärzten, die im Falle Ludwigs nicht mehr fern sind und für seine Entmachtung sorgen. Er wird aber nicht durch Matratzen von seiner Befehlsgewalt getrennt, wie der zum Kind gemachte Georg III., sondern isoliert sich zunehmend selbst von Ministern und Sekretären. Seine ‚Matratzen' sind jene Diener (eben auch Richard Hornig) und Frisöre, denen er diktiert und die er mit Nachrichten und Befehlen durch die Lande schickt. Er selbst arbeitet an seinem eigenen Königtum, dessen romantisch-mystische Vorstellungen wir alle kennen und die von seinen teuren Bauten bis zu der Idee reichen, Bayern zu verkaufen, um ein neues Königreich in der Südsee zu gründen.

Dieses Phantasma ist nicht allein als Wahnsinn zu begreifen, sondern offenbart die historische Wahrheit Foucaults, der das Auseinanderfallen des einen oder der zwei Körper des Königs, d.h. der Souveränitätsmacht, durch einen multiplen Körper ersetzt, der zum Objekt anonymer Disziplinarmacht wird. Ludwigs letztes Phantasma ist eben die Einrichtung eines Königtums, in dem es nur noch den einen und reinen mystischen Körper gibt. Damit dieser Körper hergestellt werden kann, greift er zum Arsenal jener (auch magischen) Sprech- und Schreibakte, die das Auftauchen der multiplen Körper heilen soll. Hören wir noch einmal in den Sound dieses Kampfes hinein, bei dem der Wille des einen Körpers nicht mit dem des anderen zur Deckung gebracht werden kann:

> De Par le Roy. Nicht mehr im Januar, nicht im Februar, überhaupt ist das Ganze so viel als nur irgend möglich abzugewöhnen; Mit Gottes und Königs Kraft! Die Unmöglichkeit wirklichen Falles ist somit ausgesprochen. – Geschworen, so wahr Gottes heiliger Wille mich schütze u. des Königs erhabenes Wort. – Ludwig. [/] Nachtrag. D.p.l.R. [De par le Roy] Keine nutzlosen kalten Waschungen mehr, Schluß seit dem XIV. 3. – Weihwasser. Alles Schlechte erlischt durch des Königs Willen. Die neuen Höhen sind im Geiste erstiegen. Schonung geboten, bei schwerer Strafe u. zu folgenden Gewissens-Bissen. –[30]

Abb. 51 Geheimes Tagebuch Ludwig II.

Ist dieser Schwur noch mit „Ich-König-Ludwig“ unterschrieben, so findet der nächste eine ganz andere, diesem Königtum würdigere Unterschrift. Aber zunächst der Text:

> [...] Geschworen beim Andenken des Gelöbnisses in. d. Pagodenburg [Lustschlösschen im Park von Nymphenburg]. Am 21. April. Beim Andenken an die allegorische Zertrümmerung des Schlechten an [sic!]. Bald bin ich ein Geist geworden, reiner Aether mich umwallt, 7 7 7 geschworen ich wiederhole es und halte es, so wahr ich der König bin nichtmehr bis zum 21ten September. Beim 3ten Male gelingt es, gedenke des 9ten Mai 3 mal

30 Das geheime Tagebuch, S. 17f.

> 3! – Febr. – April – Juni – Septemb. Lilienduft! Königslust – – – – – – es hat dieser Schwur die bindende Kraft, sowie das Gelingen durch …[31]

Ludwig schwört häufig in Andenken an andere Gelöbnisse oder vor Portraits anderer Könige, auch vor seinem eigenen. Er bevorzugt für diese Sprechakte beinahe selbstverständlich Ludwig XIV u. XV, aber auch Marie Antoinette und Ludwig XVI. An einer Stelle wird er sogar mit deren Namen in seiner Schrift unterschreiben. Wer zum absoluten Bild des Königs werden will, der muss auch seine Unterschrift zum Abbild werden lassen. Und so geschieht es: „es hat dieser Schwur die bindende Kraft, sowie das Gelingen durch“:

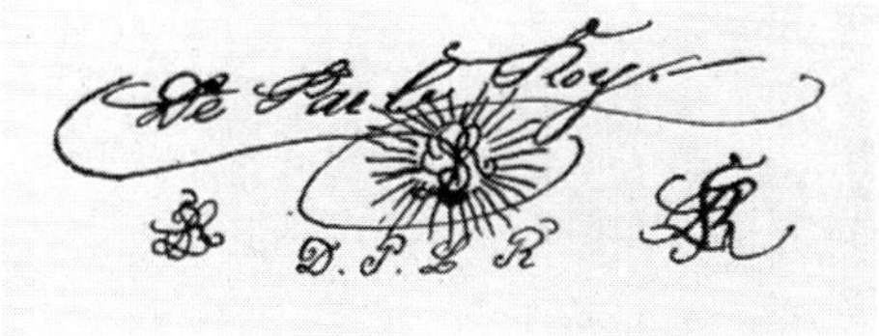

Abb. 52
Geheimes Tagebuch
Ludwig II

Eine Unterschrift, deren psychoanalytische Deutung ganz dem Leser überlassen sei. Die Elemente des Unterschriftsbildes sind wohl bekannt: Dreimal – Ludwig hat von Zahlenmystik einiges gehalten – findet sich die Paraphe **LR** (Ludovicus Rex). Wir sehen die bekannten Unterschwünge, aus deren Mitte, d.h. den ‚Sonnenstrahlen‘ die Paraphe in Erscheinung tritt. Gerahmt wird das Ganze durch den in den Tagebüchern beständig angerufenen Satz *De Par le Roy*, der unterhalb der ‚Sonne‘ als Abkürzung rangiert. Der Name „Ludwig“ verschwindet hinter den Sonnen und Lilien. Ludwigs Sonnenunterschrift hat einige Varianten, die hier nicht alle gezeigt werden können. Dabei tritt die *Fleur-de-Lys* immer mehr in den Vordergrund, was nicht zuletzt mit Ludwigs Identifizierung mit den Bourbonen, also den anderen Ludwigs (XIV, XV) zu tun hat, mit denen er sich in jedem Sinne verwandt sieht. In der folgenden Unterschrift streichen die Unterschwünge aus Ludwigs Unterschrift den Satz „Yo el Rey“ gleich ganz durch

---

31 Ebd. S. 18.

und setzen die Lilie in die Sonne ein. Zwischen Durchstreichung und Lilie findet sich ein Loch:

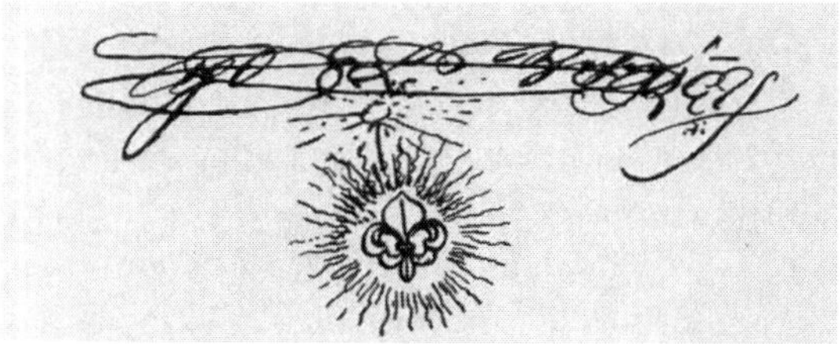

Abb. 53 Geheimes Tagebuch Ludwig II.

Neben diesen immer mehr zu Bildern werdenden Unterschriften lässt sich eine Art Re- oder Dekonstruktion seines Namens beobachten, die besonders im letzten Teil des Tagebuchs anzutreffen ist. Aus „Ludwig“ wird „Louis“, sein Kosename. In einem lichten Moment wird er eine fiktive Urkunde herstellen, die endgültig seinen Willen durchsetzen soll:

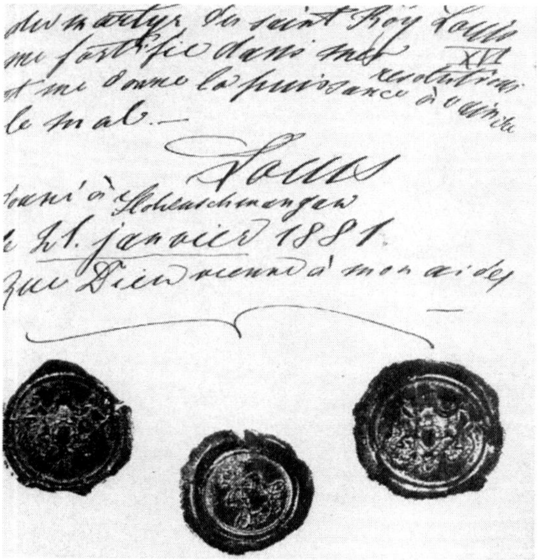

Abb. 54 Geheimes Tagebuch Ludwig II.

Hier verdoppelt Ludwig die Namen der Könige durch seinen ‚eigenen‘: „Das Martyrium des heiligen Königs Ludwig XVI. möge mich stärken und mir die Kraft geben, das Böse zu besiegen. Louis. Gegeben zu Hohenschwangau am 21.1.1881, auf dass Gott mir helfe."[32]

So kommen wir zurück zu jenem Schafott, an dem King George mit Hilfe Foucaults von der anderen Seite her angekommen war. Zuletzt wird Ludwig ‚seinen' Namen so weit abbauen, dass eine rührende Schlichtheit übrigbleibt. Finden wir in der ersten folgenden Variante noch die geschwungene ‚Brezel', die schon mehr als angestückt wirkt, sind die letzten Unterschriften des Tagebuchs, wie die zweite Variante zeigt, beinahe schnörkellos:

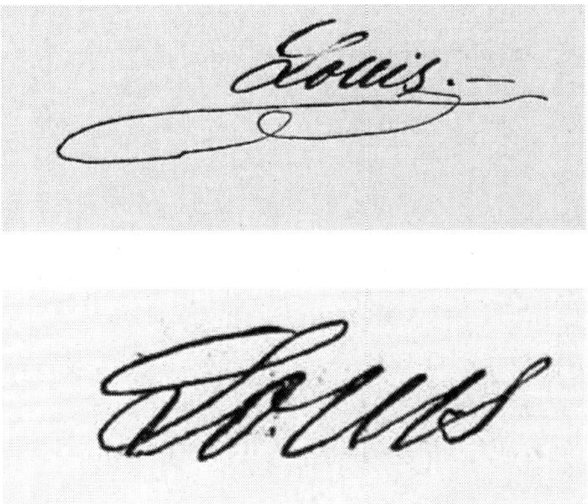

Abb. 55
Geheimes Tagebuch
Ludwig II.

Der Wahnsinn, so wird Foucault festhalten, köpft den König. Aber worin besteht dieser Wahnsinn eigentlich? Vielleicht darin zu glauben, dass es ohne diese Spitze des Staates, seinen Namen und seine Unterschrift nicht weitergeht, oder darin, wie Hegel zu glauben, dass sich der Staat als Person fassen lasse. Foucault beschreibt die neue Macht, in die King George wie Ludwig eintauchen, als anonyme Macht, die nicht mehr an die somatische Singularität und das königliche *Nomogramm* gebunden ist. Eine Macht, die weder Namen noch Unterschrift trägt. In einer ausdrücklichen Überbietung von Kantorowicz, spricht Foucault dem König jetzt nicht mehr nur zwei, sondern multiple Körper zu. Daraus folgt für ihn der Grundsatz: „Auf der einen Seite Körper, aber keine Individualität; auf der anderen Seite eine Individualität,

32 Das geheime Tagebuch, S. 69.

jedoch eine Multiplizität von Körpern“[33]. King George ebenso wie Ludwig II. bewegen sich am Schnittpunkt dieser Mächte. Für beide wird die Verschiebung der Unterschrift zum Signum dieses Bruchs in der Souveränität. Ludwigs Tagebuch, wie auch dieses Kapitel, endet aus diesem Grund mit einer kleinen Anonymität, die unterhalb des Königskörpers und seiner Repräsentationen agiert. Nicht „Ludwig“, oder „Louis“ ist die letzte Unterschrift, die diese Akte schließt, es ist jene des Dieners Alfons Weber, dem der König vor seiner Festnahme noch 1.200 Mark gibt und zusätzlich noch eine Anweisung über 25.000 Mark ausstellt, angeblich mit den Worten „Du hast es verdient, Du warst mein Getreuster. Nimm es nur, ich brauche kein Geld mehr“. Der letzte Eintrag im Tagebuch lautet:

> 1. Juni endgültig letzter Sündenfall, 2 Monate 3 Wochen vor 41. Denken Sie daran, Sire, denken Sie daran, denken Sie daran, künftig nie mehr! Von nun an künftig nie mehr!! Künftig nie mehr!!! Geschworen im Namen des großen Königs und die machtvolle Hilfe des Erlösers anrufend. Linderhof. Louis. Ich schwöre es im Namen des Königs der Könige [/] (7. Juni) [1886].[34]

Die eigenhändige Unterschrift des Dieners geht durch die Flammen der Weltkriege verloren und in den glatten Druck über:

Alfons

---

33 Foucault (1973): Die Macht der Psychiatrie, S. 76.

34 Tagebuch-Aufzeichnungen von Ludwig II., König von Bayern, hg. v. Edir Grein, Lichtenstein 1925, S. 119.

KAPITEL VI

Grenz- und Passgeschichten

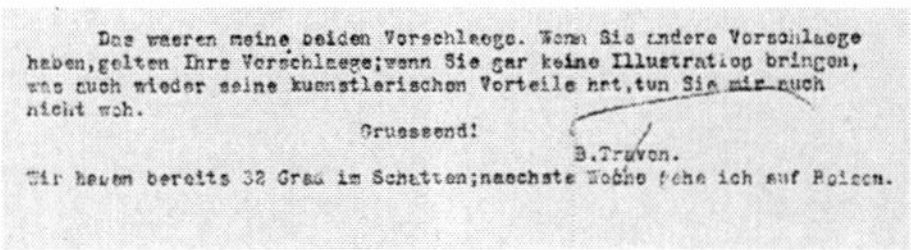

Das waeren meine beiden Vorschlaege. Wenn Sie andere Vorschlaege haben, gelten Ihre Vorschlaege; wenn Sie gar keine Illustration bringen, was auch wieder seine kuenstlerischen Vorteile hat, tun Sie mir auch nicht weh.

Gruessend!

B. Traven.

Wir haben bereits 32 Grad im Schatten; naechste Woche gehe ich auf Reisen.

Abb. 56
Unterschrift von B. Traven unter einen Brief an die Büchergilde Gutenberg

Sein Schiff in einem fremden Hafen zu verpassen, ist keine angenehme Sache, besonders, wenn man an Bord seinen Ausweis zurückgelassen hat. Es könnte geschehen, dass man zum Verschollenen wird, oder zu Niemand; allerdings unter ungünstigeren Umständen als Odysseus in der Höhle des Einäugigen.[1] Ihm ermöglichte die paradoxe Annahme dieses ersten Nicht-Namens der Literatur, *Udeis*, die Flucht unter dem Bauch einer Zippe. Den Göttern sei Dank, musste Odysseus sich noch nirgendwo mit einem Pass ausweisen. Er konnte noch auf eine Narbe und das Wissen vertrauen, dass nur Penelope und er wissen konnten, woraus ihr Ehebett gemacht ist. So gelangt er in jedem Sinn in die Heimat. In dem Roman allerdings, von dem aus einige Passgeschichten in Ansicht kommen, gelingt solche Flucht und Heimkehr nicht.

Ausweise, Pässe oder andere Identitätskarten haben eine lange Geschichte, die Valentin Groebner als „papierene Doppel unserer Person"[2] für das Mittelalter ausführlich beschrieben hat, aber dass sie die eigenhändige Unterschrift von Rechtspersonen tragen, ist historisch jünger anzusetzen, wie im ersten Kapitel gezeigt. „Unterschrift" und „Signatur" finden sich konsequenterweise nicht im Register von Groebners Untersuchung, da es

1 Vgl. Adorno u. Horkheimer (1947): Dialektik der Aufklärung. Philosophische Fragmente, in: Gesammelte Schriften, Bd. 3, hg. v. Rolf Tiedemann. Frankfurt a.M. 1997. S. 79: „[...]: in seiner Not wird Odysseus des Dualismus [von Wort und Sache, P.R.] inne, indem er erfährt, daß das identische Wort verschiedenes zu bedeutet vermag. Weil sich dem Namen Udeis sowohl der Held wie Niemand unterschieben, vermag jener den Bann des Namens zu brechen." Allerdings schlägt Aufklärung in Mythos um, wenn man, dank bürokratischer Prozeduren einer instrumentellen Vernunft, trotz eines Namens zu Niemand wird, wie es B. Traven, aber auch Erich Maria Remarque meisterhaft erzählen.

2 Valentin Groebner (2004): Der Schein der Person. Steckbrief, Ausweis und Kontrolle im Mittelalter. München 2004. S. 7.

© BRILL FINK, 2023 | DOI:10.30965/9783846766354_007

eben im Mittelalter noch keine individuierend-eigenhändigen Unterschriften gegeben hat. Zunächst müssen die Objekte staatlicher oder anderer Observanz einen zu identifizierenden Namen haben, der irgendwo geschrieben steht, sei es in Taufregistern oder in den Namenslisten von Meldeämtern. Dagegen eröffnet Groebner den Blick auf all jene Kontrollzeichen, die zum Teil noch heute in den Papieren selbst oder zumindest den angeschlossen Akten zu finden sind: Siegel, Monogramme, Wappen, Beschreibungen von Narben oder die Beschreibung anderer auffälliger Merkmale des Körpers, Portraits (später Passbilder), selbstverständlich der Fingerabdruck.[3]

„Ratet rum!"

In keinem Text der deutschen Literatur ist die Erfahrung *Sanspapier* zu sein derart eindrucksvoll und mit solch bissiger Ironie erzählt worden, wie in *Das Totenschiff* von B. Traven, „Yes, Sir!"[4]. Der Autor teilt zudem bis zu seinem Tode in Mexiko das Schicksal des Romanhelden, denn auch ihm, sei es aus freieren Stücken, fehlt es an Papieren. Herauszubekommen, wer B. Traven ist, war eine epochale Aufgabe der Literaturwissenschaft, die als erledigt angesehen werden kann. Unsere Disziplin will wissen, wer ein Werk verfasst hat, denn ohne diesen Herrensignifikanten scheint letzteres um seinen hermeneutischen Sinn betrogen. An Eigennamen sind eben nicht nur Melderegister interessiert, sondern auch ein Heer von Interpreten und Lesern, sei es allein, um Texte oder sich selbst identifizieren zu können. Was wir später als typisch modernes Phantasma behandeln, nämlich jene Strategien, all seine Spuren zu verwischen und damit das perfekte Verbrechen begehen zu wollen, darin hat Traven es zweifelsohne zur Meisterschaft gebracht.[5]

Dass es sich bei diesem Namen um ein Pseudonym handelt, ist längst kein Geheimnis mehr. Weniger klar ist, woher es stammt. Eine sympathische Version hat es bis in jenen hervorragenden Comic[6] geschafft, der die Biographien Travens und

3 Vgl. zu dieser Frühgeschichte ebenfalls Walter Seitter (1985): Menschenfassungen. Studien zur Erkenntnispolitikwissenschaft. München 1985.

4 So die beständige Formel, mit der, neben „No, Sir!", die Hauptfigur den Leser im Roman anspricht, vgl. B. Traven (1926): Das Totenschiff. Roman, in: Werkausgabe, Bd. I, hg. v. Edgar Päßler. Frankfurt a.M. 1983. S. 11f.

5 Vgl. dazu Kap. XII.

6 B. Traven. Portrait eines berühmten Unbekannten. Text und Zeichnungen von Golo [Graphic Novel]. Berlin 2011. S. 67. Das Gesicht der dargestellten Figur entspricht jener Photographie, die von der Londoner Polizei 1923 gemacht wurde, als sie Ret Marut verhafteten. Es wird einer der Hauptschlüssel, um B. Traven mit Ret Marut und Otto Feige zu identifizieren.

dessen Hauptwerke auf atemberaubende Weise konvergieren lässt. Demnach handelt es sich um den Teil eines Schiffsnamens, den *Ret Marut*, alias Otto Feige, aus der Münchener Räterepublik nach London ins Exil geflohen, im selbigen Hafen gesehen haben mag, bevor er die europäische Identität zurück- und München in Richtung Mexiko auf immer verlässt, um weitere Pseudonyme anzunehmen. Er wird als *Hal Croves* sogar zu seinem eigenen Manager, der mit John Huston über Filmhonorare verhandelt:

Abb. 57a aus B. Traven Portrait eines berühmten Unbekannten, Comic

Abb. 57b Traven Torswan's auf der Ausländermeldekarte, 1930

Der Schauspieler und anarchistische Autor des *Ziegelbrenner* gibt sich den anagrammatischen Namen eines Schiffes. Schon die Zeitschrift ist benannt nach dem Beruf seines Vaters in Schwiebus, der in einer Brennziegelfabrik gearbeitet hat, später im niedersächsischen Wallensen als Bergmann. Allerdings geht Marut später unter anderem Namen in Tampico von Bord: *Traven Torsvan.*[7] Wer so häufig seinen Namen wechselt, um verschiedene Identitäten anzunehmen, der benötigt selbstverständlich diverse Unterschriften. Die Liste der Pseudonyme des Otto Albert Maximilian Feige ist lang, deshalb seien hier bloß die wichtigsten aufgezählt:

- *Ret Marut* (Schauspieler in Essen, Düsseldorf, später Herausgeber und Autor von der *Ziegelbrenner*, gibt an, in San Francisco geboren zu sein)
- *Richard Maurhut* (Autor der Novelle „An das Fräulein von S …“[8], 1916)
- *Traven Torsvan* (Name auf der mexikanischen Einbürgerungsurkunde[9] 1951)
- *Berick Traven Torsvan* (Name auf einem Schließfach[10], seit 1934, Gastwirt in Acapulco)
- *Ingeniero Tersvan* (Name auf einer Honoraranweisung[11], 1930)
- *B. Traven* (Autorenname, Verhandlungen mit der Büchergilde und Gesamtwerk)
- *Hal Croves* (angeblicher Manager von B. Traven und Drehbuchautor für einige der Verfilmungen in den 50er Jahren)
- *Traven Torsvan Croves* (Name auf der Sterbeurkunde[12])

Entsprechend finden sich Unterschriften auf behördlichen Dokumenten, wie Ausweisen oder Meldekarten, den oben genannten Urkunden und ebenso in verschiedenen Korrespondenzen, die diese Identitäten geführt haben:

7 Vgl. Jan-Christoph Hauschild (2012): B. Traven – Die unbekannten Jahre. Zürich, Wien u. New York. S. 480.

8 Karl S. Guthke (1987): B. Traven. Biographie eines Rätsels. Frankfurt a.M. 1987. S. 184f.

9 Vgl. Einbürgerungsurkunde in: Guthke (1987), S. 494f.

10 Vgl. ebd. S. 511.

11 Ebd. S. 481.

12 Vgl. Sterbeurkunde in: Guthke (1987), S. 619.

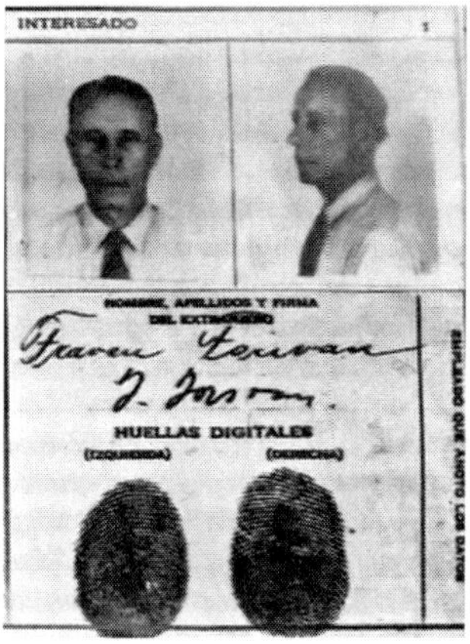

Abb. 58
Unterschrift Traven *Torswan's* auf
dem Personalausweis, 1942

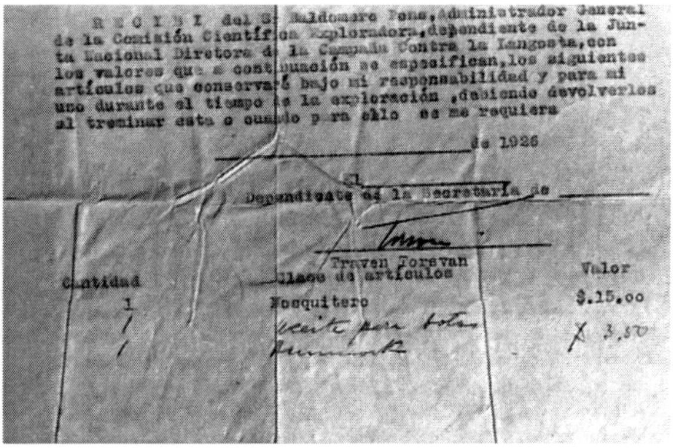
R E C I B I del S. Baldomero Pena, Administrador General de la Comisión Científica Exploradora, dependiente de la Junta Nacional Diretora de la Campaña Contra la Langosta, con los valores que a continuación se especifican, los siguientes artículos que conservaré bajo mi responsabilidad y para mi uso durante el tiempo de la exploración, debiendo devolverlos al treminar esta o cuando para ello se me requiera

de 1926

El
Dependiente de la Secretaría de

Traven Torsvan

Cantidad	Clase de artículos	Valor
1	Mosquitero	$.15.00
1	[illegible]	$ 3.50
1	[illegible]	

Abb. 59 Unterschrift *Torswan's* auf einer Empfangsbestätigung, 1926

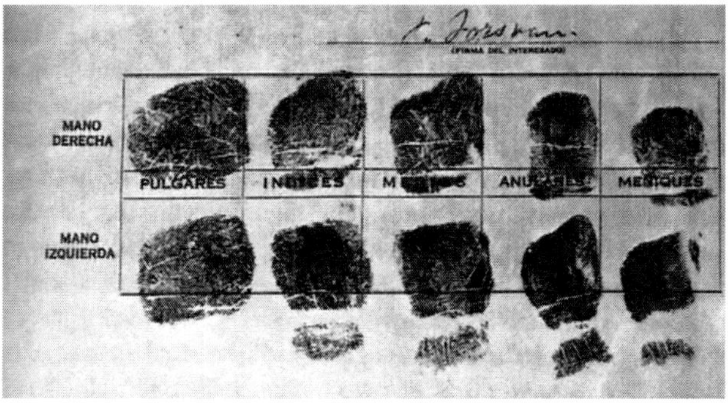

Abb. 60 Unterschrift Torsvan Travens unter die Einbürgerungsurkunde, 1951

Weder die Unterschrift Otto Feiges noch die von Hal Croves findet sich in dem bisher zugänglichen Material[13], aber zumindest die einzige handschriftliche Erinnerungsnotiz in Kurrentschrift, anhand derer Jan-Christoph Hauschild, in seiner hervorragend recherchierten Arbeit über Travens frühe Jahre, nachweisen konnte, dass es sich um dieselbe Handschrift handelt, die sich mit dem ältesten Manuskript von *Ret Marut* „Im Wald" deckt.[14] Auf die offensichtlich verschiedenen Unterschriften kommen wir zurück. Zunächst aber zu jenem Schauspieler, der Herausgeber einer anarchistischen Zeitung ist:

Abb. 61 Unterschrift unter eine Vereinbarung mit dem Schauspielhaus Düsseldorf, 30. April 1915

Unten links findet sich die ‚aufrechte' Unterschrift *Maruts*, die in gleicher Form seinen Anstellungskontrakt in Düsseldorf aus dem Jahre 1912 zeichnet. Dieses Dokument ist allein wegen der Häufung von Schauspielerunterschriften interessant, die ein eigenes Kapitel verdient hätten, immerhin werden einige es auf Autogrammkarten schaffen und sehen bereits auf dem Vertrag so aus, als wären sie für diesen Fetischmarkt gemacht. Neben dem „gestiefelten Kater", wird Marut vor allem Nebenrollen spielen, die aus heutiger Sicht wie die Vorzeichen seiner späteren Münchner und mexikanischen Existenzen anmuten. Er gibt den Revolutionär im *Narrentanz* und einen Indianer in *Peter Pan*, von dem sogar eine Photographie existiert.[15]

---

13 Alle Abbildungen aus: ebd. (1987), S. 157.

14 Vgl. Hauschild (2012) S. 56–59, 85–89, 495.

15 Vgl. Guthke (1987), S. 158f.

Es ist wichtig zu erwähnen, dass Feige eben nicht allein als Handwerker – den er nebenbei als erste Rolle im „Fest der Handwerker" in Düsseldorf spielen wird – und Schauspieler gearbeitet hat, sondern auch in institutionellen Kontexten, nämlich als Gewerkschaftssekretär in Bochum und als Sekretär des Düsseldorfer Schauspielhauses. Wo es künstlerisch nicht weitergeht, weil man vor allem auf die Rolle von Chargen, wie Diener, Lakaien oder Ordonanzen festgelegt ist, kann „Sachverstand in Verwaltungsfragen" weiterhelfen, wie Hauschild nahelegt.[16] Traven ist damit einer jener Autoren, der wie Kafka, in den ‚Büros der Literatur' arbeitet und dessen Texte entsprechend administrative Züge tragen.

Über den Namen *Ret Marut* ist viel gerätselt worden. Nicht ganz zu Unrecht vermutet man hinter dem Künstlernamen ein Anagramm, eine typisch schriftstellerische Maskenpraxis, wie die aufschlussreichen Fälle Walter Benjamin und Arno Schmidt lehren (Kap. VIII, Kap. XI). Hauschild fasst die Spekulationen um den Namen zusammen, ohne recht an eine der Versionen glauben zu können. Das entsprechende Kapitel heißt in anagrammatischer Manier: *Traum – Armut – Ratet rum!* Das ist kein Wunder, denn Anagramme überzeugen wenig, wenn die Anzahl der Buchstaben nicht recht aufgehen will:

> Der Name Ret Marut ist vielfach auf anagrammatischen Hintersinn untersucht worden. „Raum", „Marter" und „Trauer" stecken darin, allerdings nicht ohne einen willkürlichen Rest an Buchstaben zu hinterlassen. Durch Letterwechsel lässt sich aus „Marut" das Wort „Traum" bilden, ebenso „Armut". Alle acht Buchstaben zusammen sind seltener als Anagramm gedeutet worden: „R traeumt" (=erträumt) wäre möglich, erscheint jedoch weniger plausibel als „Ratet rum".[17]

Wir ersparen weitere Spekulationen, die sich noch ‚erraten' ließen. Jedenfalls wird Feige, der inzwischen die Karriere als Schauspieler beendet und Schriftleiter des *Ziegelbrenner* geworden ist, den Namen Marut aufgeben und in den Untergrund gehen, nachdem die Münchener Revolution gescheitert ist. In Heft 18/19 wird er am Ende dieser Identität noch einen Satz zurufen, der

---

16 Hauschild (2012), S. 274f.

17 Ebd. S. 180f.

Fichte alle Ehre gemacht hätte: „Von den dreien: Staat, Regierung und Ich, bin Ich der stärkste. Das merkt Euch!“[18] Inzwischen hat Feige Max Stirners *Der Einzige und sein Eigentum* gelesen und taucht unter dem Namen *Ret Marut* auch in einem Vortragskurs über individualistische Weltanschauungen auf. Dieser wird von dem Philologen Dr. Anselm Ruest in der Buchhandlung Twardy in Berlin abgehalten, namentlich Herausgeber der Zeitschrift *Der Einzige* und jemand, der es sich zur Aufgabe gemacht hat, Stirners Ideen – auch durch Herausgabe eines Breviers – zu popularisieren.[19]

Markurve

Der Ziegelbrenner erscheint bis 1921, vermutlich in den illegalen Druckereien von Berlin produziert und von dort aus vertrieben, obwohl Feige nach kurzer Haft auf der Flucht ist. Aus dieser Zeit stammt dann auch das anarchistisch zu nennende Manifest *Die Zerstörung unseres Weltsystems durch die Markurve*. In Hinblick auf Feiges zukünftige Identitätswechsel ist es recht aufschlussreich, in den Heften 20–22 veröffentlicht und neben Stirner auch von Albert Einstein beeinflusst. Dieser Text ist Maruts Version der Grundlagenkrise in den Wissenschaften, dargestellt mit journalistischen Hausmitteln. Andererseits handelt es sich um eine Art Theorie absolut-individueller Unabhängigkeit, wie sie einem Anarchisten würdig ist.

Aber was ist die „Markurve“, die er souverän erfunden hat und die man auch Marut-Kurve nennen kann? Wer einen frühen Text der Moderne zu aktuellen Phantasmen über ‚alternative Fakten‘ und ‚*Fake-News*‘ sucht, der wird hier fündig. Tatsachen müssen und können nicht bewiesen werden, so sollen wir aus Maruts Zeitschrift lernen und: „Wahrheit ist Wahrheit“.[20] Marut selbst betreibt die im Titel angezeigte Zerstörung des Weltsystems, indem er versucht die Mathematik, insbesondere Geometrie, als gewaltsames Konstrukt auszuweisen, das mit der Wahrheit,

---

18 „Der Ziegelbrenner“. Schriftleitung Ret Marut. Hg. v. Max Schmidt. Heft 18/19 (Dezember 1919). Berlin 1976 [Bibliothek literarischer Neudrucke]. S. 25. Diese Neuausgabe trägt neben dem von Marut noch den Namen B. Traven auf dem Umschlag.

19 Vgl. Rolf Recknagel (1965): B. Traven: Beiträge zur Biografie. Leipzig 1965. S. 110f. Der Reclam Verlag wird dieses Buch auch mit Travens Unterschrift auf dem Umschlag bewerben. Vgl. Anselm Ruest (1906): Max Stirner. Leben – Weltanschauung – Vermächtnis. Berlin u. Leipzig 1906; ders. (1906a): Stirner–Brevier. Die Stärke des Einsamen. Berlin u. Leipzig 1906.

20 Ret Marut (1920): „Die Zerstörung unseres Weltsystems durch die Markurve“, in: Der Ziegelbrenner, Heft 2, S. 1.

d.h. der absoluten Gesetzmäßigkeit, nach der Mensch und Kosmos sich organisieren, nichts zu tun hat. Hauptannahme dieses Pamphlets ist der Satz: „Es gibt keine Gerade, sondern es gibt nur Kurven."[21] Geraden, genauso Punkte, Kreise und Ebenen würde man weder in der physischen Natur finden, noch könne man sie sich vorstellen; sie seien allein gedachte Dinge, mit denen man eben nicht „operieren" könne. Darüber hinaus seien alle mathematischen Werte nur Annäherungswerte, mit denen man in Sachen Wahrheit nichts anfangen könne. Statt Geraden, Punkten und Ebenen gibt es für Marut nur Kurven, seine eigene Konstruktion ist sicherlich verstiegen zu nennen: „Die Linie ist eine Kurve von einer unveränderlichen Stetigkeit ihres Laufes. Die Stetigkeit liegt zwischen dem Unendlichen und jener allerkürzesten Zeitspanne, die eben noch vorstellbar ist [...] Das ist die Markurve."[22] Später wird diese Kurve zur Spirale werden. Möchte man die Ergebnisse dieser sich strikt anti-mathematisch gerierenden Theorie zusammenfassen, lassen sich drei Sachverhalte nennen: 1.) Die Mathematik versagt in der Frage nach der Wahrheit, weil es ihre Konstrukte in der Physischen Welt und der Vorstellung nicht gibt und geben kann. 2.) Die Mathematik liefert in ihren zentralen Zusammenhängen nur Annäherungswerte. 3.) Sie unterschlägt die Realität des Kosmos, die in der beständigen Verwandlung besteht, d.h. sie ist zeitlos.

Marut verzichtet auf eine eigene Theorie, denn letztere käme ja ohne Konstruktion nicht aus, stattdessen projiziert er eine journalistische Textsorte auf die Welt, die eben nicht als System konstruiert, sondern von der nur „berichtet" werden kann, allerdings mit Hilfe der Kunst. Und dabei springt eine implizite Theorie der Unterschrift heraus: Da es weder eine Gerade noch einen Kreis in der Welt gibt, handele es sich bei den Weltkörpern letztlich um „Eier". Besonders krude erscheint der Bericht, wenn Marut die Gezeiten nicht als von der Gravitation des Mondes abhängig darstellt, sondern von der eierhaften Form der Erde. Schließlich müssten alle Dinge und Weltkörper unabhängig voneinander sein, denn das ist die anarchistische Wahrheit *avant la lettre*. Als handgreifliches Beispiel für diesen Zusammenhang imaginiert er eine Schreibszene: Der Mensch könne weder eine Gerade oder

21 Ebd. S. 12.

22 Ebd. S. 26.

einen Kreis noch Gott zeichnen, eigentlich überhaupt nichts, was er in der Vorstellung hat. Zeichnen und Vorstellen sind bestenfalls strukturell gekoppelt, aber nicht einmal das. Der geheime Lehrsatz über die Markurve lautet: „Kein Mensch kann zwei gleiche Eier zeichnen"[23], oder um es terminologischer zu sagen: die Wiederholung des Identischen ist unmöglich. Folglich wäre auch jede Unterschrift einzigartig, wie derjenige, der sie zeichnet.

Abschließend zitieren sei das dogmatische Ende der Markurve zitiert, die dann auch noch von Marut signiert wird:

> Jeder Körper befindet sich im Mittel-Ort
> des Weltalls.
> Ich stehe im Mittel-Ort des Weltalls.
> Ich allein. Nur ich stehe im Mittel-Ort des Weltalls,
> weil nur ich denken kann: Ich.
> Kein andrer Mensch kann das für mich denken.
> Darum kann kein andrer Mensch im Mittelpunkt des
> Weltalls stehen.
> Ich denke: Ich. Ich denke: Ich; und ich bin unendlich,
> so lange ich denke: Ich.
> Ich bin unzerstörbar in meinem Wesen.
> Ich bin ursprünglich. Nur mein Zustand kann sich
> ändern, verändern.
> Ich bin unvergänglich.
> Ich bin unsterblich.
> Ich denke: Ich.
> Ich bin. Ich bin von Ewigkeit zu Ewigkeit.
> Ich denke: Gott. Ich bin Gott. Vermöchte ich sonst
> zu denken: Gott?
> Ich denke: Ich.
> Ich bin einzig.
> Ich bin unendlich.
> Ich bin.
> Ich erschuf mir diese Welt, als ich sie erkannte.
> Mir gehört die Welt, weil ich sie erkenne.
>
> —
>
> Niedergeschrieben in zwei Tagen im Herbst 1919.
> Geschrieben auf der Flucht als verfolgter Hochverräter,
> auf der Flucht vor Mücken. Marut[24]

23 Ebd. S. 24.
24 Ebd. S. 44.

Sans-Papier

Das mathematische Weltsystem ist untergegangen und Gott bekommt einen Namen und seine Unterschrift. Bleibt jedes „Ich“ hier mit sich selbst tautologisch dasselbe, so sind Name und Unterschrift doch der Macht des Nicht-Ich unterworfen, die jetzt als zweite Natur den Namen Bürokratie trägt. Unsichtbar werden bedeutet einen anderen Namen anzunehmen, mit dem dieses „Ich“ weiterreisen und vor den „Mücken“ fliehen kann.

Hat Traven später selbst viel zu viele Papiere, obwohl er nichts als einziges „Ich“, der Einzige, sein will, hat sein bekanntester Romanheld überhaupt keine. Jener verpasst in *Das Totenschiff* die Abfahrt der *S. S. Tuscaloosa*, und sie bringt ihn weder in ihren Heimathafen New Orleans noch zu jenem Mädchen zurück, das in dem der Handlung vorgeschalteten *Song of an American Sailor* besungen wird: „She thinks me burried in the sea, / No longer does she wait for me / In sunny New Orleans / In loveley Lousiana“[25]. Wie recht dieses Lied hat, wird sich noch herausstellen.

Schlimmer jedoch, als Mädchen und Schiff zu verpassen, ist der zurückgelassene Pass, der die Handlung vorantreiben wird. Er macht *Agency*. Zu Beginn des ersten Buches, das beinahe von nichts anderem handelt als vom vergeblichen Versuch, einen neuen Ausweis zu bekommen, befindet sich sein Held Gerard Gale kurz nach dem ersten Weltkrieg in Antwerpen. Der Nachname dieser Figur ist gut gewählt, denn dessen Semantik reicht im Englischen von „Sturm“, über das „Grubenfeld“ bis zum „Grunddarlehen“. Weder wird Gale in dieser hoffnungslosen Geschichte an Geld kommen, vielmehr sich als Kohlenschlepper zu Schanden arbeiten in einer Grube, d.h. nah am Kessel, tief im Bauch des Schiffes, und ein Sturm wird ihn und seine Kumpane zuletzt umbringen. Allerdings hat Traven (noch als Ret Marut) diesen Namen vielleicht auch prosaischer von *Wobbly Linn A.E. Gale* übernommen, der von 1919–21 der Herausgeber von *Gale's International Monthly for Revolutionary Communism* war.[26]

Ein Name, so spricht die Literatur, kann von sich aus eine ganze Geschichte erzählen. Nachdem Gale den Verlustschmerz

25 B. Traven (1926): Das Totenschiff, S. 8. In der berühmten UFA-Verfilmung des Stoffes vergisst der Held sein Seemannsbuch nicht, sondern es wird ihm von einem Mädchen gestohlen, sie wird es in einen Müllschacht werfen. Vgl. Georg Tressler (1959): Das Totenschiff [nach dem Roman von B. Traven]. Ufa.

26 So zumindest Guthke (1987), S. 282.

in der ersten Nacht noch mit Hilfe einer Prostituierten lindern kann, sitzt er morgens am Hafen, um dem verlorenen Schiff nachzutrauern. Ihm klopft jemand auf die Schulter und ‚quasselt in voll'. Eine typische Szene, die uns lehrt, so sagt es zumindest Louis Althusser, dass wir erst durch die Reaktion auf einen Anruf zum Subjekt von Ideologien werden, aber vor allem der Polizei.[27] Und genau sie ist es, die Gale in Gestalt eines Beamten anspricht:

> „Sie sind Engländer, nicht wahr?", fragte er nun auf Englisch.
> „No, Yank."
> „Aha, also Amerikaner."
> „Yes, und nun lassen Sie mich ungeschoren und machen Sie, daß Sie fortkommen. Ich will mit Ihnen nichts zu tun haben."
> „Aber ich mit Ihnen, ich bin von der Polizei."
> [...]
> „Von welchem Schiff?"
> „Tuscaloosa von New Orleans."
> „Ist rausgegangen um drei Uhr morgens."
> „Ich brauche Sie nicht, damit mir das erzählt wird. Dieser Witz ist schon sehr als und stinkt bereits straßenweit."
> „Wo haben Sie Ihre Papiere?"
> „Was für Papiere?"
> „Ihre Seemannskarte."[28]

Seaman's Card

Wer auf einem Schiff anmustert, erhält Papiere, selbst wenn er keine hat. Allerdings muss er im letzteren Fall eben auf Schiffen reisen, die zum Untergang bestimmt sind, um Versicherungsprämien einzustreichen. Sucht man in einem Lexikon zum Seerecht oder einem Schifffahrtswörterbuch das Lemma „Seemannskarte", wird man nicht fündig werden. Allerdings steht dort etwas über das „Seefahrtsbuch", Arbeitsnachweis für Seeleute, der auch als Reisepass beim Landgang behördliche Anerkennung finden kann. Im Englischen heißt dieses ‚Buch' *seaman's card*, was das Rätsel löst. Denn „Seemannskarte" war einfach die allzu wörtliche Rückübersetzung des englischen Wortes. Das Manuskript der Urfassung des *Totenschiffs* ist in letzterer Sprache verfasst und dass Traven im Gefängnis in London ein entsprechendes Schifffahrtslexikon zur Hand gehabt hätte, ist mehr als unwahrscheinlich. Genau dort nämlich sei, nach

27 Vgl. Louis Althusser (1976): Ideologie und ideologische Staatsapparate. Aufsätze zur marxistischen Theorie. Übers. v. Rolf Löper [u.a.], Hamburg, Westberlin 1977. S. 142.

28 B. Traven (1926): Das Totenschiff, S. 21.

Aussage von Travens letzter Frau und Nachlassverwalterin Rosa Elena Luján, die erste Fassung entstanden, wie der Biograph Karl S. Guthke zu berichten weiß[29].

Aus der Geschichte maritimen Passwesens lernt man, Seefahrtsbücher sind in disziplinarischer Absicht eingeführt worden. Es handelte sich dabei zunächst um ein Zeugnis für Seefahrer, nicht um einen Reisepass. Bevor es diese Dokumente gab, verlangten nicht wenige Seefahrer vom Wasserschout, dem Vorsitzenden der gleichnamigen Institution, die eine Vorgängerin des Hafen- bzw. Seefahrtsamts gewesen ist, eine Bescheinigung über ihre bisherige Fahrzeit. Wer eine Karriere zum Kapitän eines Schiffes im Auge hatte, tat gut daran, sich entsprechend hinführende Tätigkeiten bescheinigen zu lassen. Joseph Conrad beschreibt in seinem Kurzroman *The Shadow-Line* aus dem Jahr 1917 eine solche Karriere, die allerdings eher der Logik des *entwendeten Briefs* folgt, als einem Seefahrtsbuch, in dem die Leistungen des Seemanns bezeugt wären. Der junge Mann, von dem dort erzählt wird, hat nicht nur sein Schiff verpasst, sondern mustert plötzlich als erster Steuermann ab, um nach Hause zu fahren, ohne dass ihm die Gründe dafür klar wären. Die Abmusterung erfolgt in der zweiten Hälfte des neunzehnten Jahrhunderts überwiegend im Hafenamt (*Harbour Office*) und wird gemeinsam mit dem Kapitän des zu verlassenden Schiffs vorgenommen, wobei im Roman herauskommt, dass der Protagonist Papiere hat (später ist auch von einem Zeugnis die Rede). In der unerbittlichen Logik der ordentlichen Seefahrt mustert man aber nur ab, um sogleich wieder anzumustern, was auch hier – frei nach Friedrich Kittler – beweist, nur was geschaltet werden kann, ist. Die Frage, ob sein erster Steuermann wieder anmustern wolle, beantwortet der Kapitän dem Hafenmeister abschlägig. Im Englischen ist die Bedeutung für das Abmustern enger an die Unterschrift gebunden, hier heißt es *to sign off*. Daraufhin gibt er ihm seine Papiere zurück: „[…] he handed me my papers with a sorrowful expression, as if they had been my passports for Hades."[30]

---

29 Vgl. Guthke (1987), S. 658–689.

30 Joseph Conrad (1917): The Shadow-Line. A Confession. Hg. v. Jeremy Hawthorn. Oxford u. New York 1985. S. 7. Im Text heißt es: „Sign off for good."

Um weitere Schritte auf dem Weg nach Hause einzuleiten, nimmt der ehemalige Seemann, jetzt nur noch „Passagier", zunächst Logis in einem Offiziersheim, wo er auf den alten Kapitän Giles trifft, der, wie sich herausstellt, größeres mit ihm vorhat. Alle wissen davon, bloß der ehemalige Seemann nicht, denn ein Brief, der ihm das Stellenangebot als Kapitän verschaffen soll, wird ihm vom Stewart nicht ausgehändigt, der selbst auf die Kapitänskarriere aus ist. Im Hintergrund haben die Altkapitäne bereits über das Schicksal des jungen Mannes bestimmt. Erst als Giles ihn investigativ auf diesen Brief anspricht, befragt er den Stewart. Aber er muss sich überstürzt entscheiden und findet sich plötzlich im Hafenamt wieder. Mit einiger Ironie wird erzählt, dass hier die griechisch-römischen Götter längst von der Bürokratie, d.h. dem Seefahrtsamt, abgelöst worden sind:

> Our deputy-Neptune had no beard on his chin, and there was no trident to be seen standing in a corner anywhere, like an umbrella. But his hand was holding a pen – the official pen, far mightier than the sword in making or marring the fortune of simple toiling men. [...] An agreement had already been prepared. He gave it to me to read, and when I handed it back to him with the remark that I accepted its terms, the deputy-Neptune signed it, stamped it with his own exalted hand, folded it in four (it was a sheet of blue foolscap), and presented it to me – a gift of extraordinary potency, for, as I put it in my pocket, my head swam a little.[31]

Im Gegensatz zum *Totenschiff* wird dieses Schiff nicht untergehen; allein der junge Mann wird innerlich durch diese Reise alt werden. Das Gelbfieber an Bord, eine immense Flaute und einen außerordentlichen Sturm überstehend, ist er es am Ende, der einen Empfehlungsbrief für den Smutje schreiben wird, der endgültig so abmustern wird, wie er es am Anfang selbst vorhatte.

Walter Benjamin, der in seinem Passagenwerk auch an einer Theorie der Spur arbeitet, wird seinen Exzerpten eine selbst übersetzte Stelle aus Conrads Roman beifügen. Auf der anderen Seite der bürgerlichen Wohnung des neunzehnten Jahrhunderts, deren Interieur als „Gehäuse" und „Futteral" des Eingedenkens gelesen werden muss, dazu gemacht, „[...] um Spuren aufzufangen und zu verwahren"[32], womit bekanntlich die transparente

31 Ebd. S. 31f.

32 Benjamin (1927–40): Das Passagen-Werk. 2 Bd., hg. v. Rolf Tiedemann. Frankfurt a.M. 1983. Bd. I, S. 297.

Architektur des Jugendstils und der modernen Glashäuser à la Scheerbart Schluss machen wird, steht der administrative Apparat. Er ist Raum einer „Vermehrung der Spuren“[33], den Benjamin aus den Romanen von Balzac und Hugo herausliest und auch am eigenen Leib zu spüren bekommt. Sein Exzerpt suggeriert, dass auch Schluss ist mit dem angeblich so freien, d.h. romantischen Leben der Seefahrer, deren Geschicke längst nicht mehr die Naturmächte von Sturm und Wind, sondern jene administrativen Kräfte regeln, die Verträge aufsetzen, die nur noch zu unterschreiben sind:

> Zur Theorie der Spur: „Für ihn“ (den Hafenmeister ... eine Art Vize-Neptun ... der umliegenden Meere p44/5), <„> mit seiner künstlichen Überlegenheit des Federfuchsers denen gegenüber, die mit der Wirklichkeit außerhalb der geheiligten Mauern der Amtsgebäude kämpfen, war ich, so wie alle anderen in diesem Hafen weilenden Seeleute ein bloßer Gegenstand amtlicher Schreibereien und auszufüllender Formulare. Wie Phantome mußten wir ihm vorkommen! Bloße Nummern, die dazu da waren, um in gewaltige Bücher und Register eingetragen zu werden, ohne Gehirn und Muskeln und Lebenssorgen, etwas, was kaum nützlich und entschieden minderwertig war.“ Joseph Conrad: Die Schattenlinie Berlin <1926> [...].[34]

Um zu verstehen, warum Seeleute ihre eigenen Papiere haben, müssen jene gesellschaftlichen Verschiebungen berücksichtigt werden, die sie an die neuen „Federfuchser“ verweisen. Zunehmend soziale Differenzierung im Laufe des 19. Jahrhunderts betrifft auch Seeleute, die weniger in direkter Nähe zu ihrem Heimatort an Bord gehen und dorthin zurückkehren. Das hat mit der stärkeren Bedeutung von Überseeschifffahrt zu tun, bei der die Aufenthaltszeit der Besatzungen in den Heimathäfen beträchtlich abnimmt, gegenüber der Zeit, die auf dem Schiff verbracht wird. Die Besatzungen entstammen nicht mehr engen lokalen Grenzen, sondern diversen, später internationalen geographischen Räumen. Das hat zur Folge, dass sich die soziale Kontrolle an Land und Schiff stark verändert. Eine soziale Tatsache, die in der Neuen Welt längst Normalität geworden ist, was

---

33 Ebd. S. 298. Benjamin wird einen direkten Zug zu Poes Detektivgeschichten ziehen. Jenes Mobiliar, das eben die alltäglichen Spuren des Wohnens aufbewahren soll (Überzüge, Etuis, Schoner und Futterale), wird hier Medium des Verdachts. Vgl. Benjamin (1927–40): Das Passagen-Werk, Bd. II, S. 1245.

34 Ebd. S. 299.

dazu führt, dass die entsprechenden Matrosen aus deutscher Sicht sogar als „Vagabunden“ betrachtet werden.

Im ersten Drittel des neunzehnten Jahrhunderts waren zudem die Heuern in Amerika ungleich höher als in der europäischen Seefahrt. So kommt es zur massenweisen Desertion von Schiffspersonal, das eine bessere Bezahlung vorzieht. Was zuvor die Besatzung und die lokale Öffentlichkeit geregelt hatten, muss durch Administration übernommen werden. In diesem Zusammenhang erscheint das Seefahrtsbuch als Mittel, „ihnen den Neuanfang durch bloßen Schiffs- oder Ortswechsel zu verbauen.“[35] Ein Mittel allerdings, das in der alten Form des Seefahrtsbuchs, angelehnt an die preußische Conduitenliste, kaum Wirkung zeigte, genauso wenig wie das offizielle Abmustern, das eine kaum durchgesetzte institutionelle Praxis ist. Ein wenig entwickeltes Meldewesen hatte eben soviel Anteil daran, dass sich ein Matrose in anderen Häfen erstmalig musternd vorstellig machen konnte. Man bedenke, dass in der zweiten Hälfte des 19. Jahrhunderts die Bürger im Alltag nicht mehr ausweispflichtig waren. Gab es zuvor auch strenge Passgesetze, so war zu wenig Polizei vorhanden, um die Ausweise überhaupt zu kontrollieren, von Korruption und leichter Fälschbarkeit der Dokumente ganz zu schweigen.[36] Gerstenberger und Welke vertreten in ihrer Sozialgeschichte der Seefahrt die plausible These, dass der neue Zug zur verwaltungstechnischen Erfassung der Bevölkerung durch Ausweispapiere sich in der zweiten Hälfte des 19. Jahrhunderts, sich eben von dieser neuen Lage der Seefahrt herschreibt.[37] Sehr schön ist, dass sie dabei auf B. Travens Roman zu sprechen kommen, der als Quelle dient:

35 Vgl. Ebd. S. 150. Was in den ersten Seefahrtsbüchern an Daten erhoben wurde, ist mit der späteren Version kaum noch zu vergleichen. Aus dem Zeugnis für Seefahrer wird ein moderner Identitätsausweis: „Das Zeugnis war in die Rubriken ‚Diensttüchtigkeit‘, ‚Nüchternheit & sonstiges Betragen‘, eingeteilt. Zusätzlich gab es Platz für ‚weitere Bemerkungen‘.“

36 Vgl. dazu Groebner (2004), S. 165f.

37 Heide Gerstenberger u. Ullrich Welke (1996): Vom Wind zum Dampf. Sozialgeschichte der deutschen Handelsschifffahrt im Zeitalter der Industrialisierung. Münster 1996. Eine These, deren Vorgeschichte auch Foucault schon angedeutet hat, als er die Entstehung der Gouvernementalität auch mit dem Seerecht und der Piraterie im 18. Jahrhundert in Verbindung bringt. Vgl. Foucault (1978/79): Geschichte der Gouvernementalität II: Die Geburt der Biopolitik. Vorlesung am Collège de France 1978–1979. Hg. v. Michel Sennelart. Übers. v. Jürgen Schröder. Frankfurt a.M. 2004. S. 87f.

> Im Laufe der Jahrzehnte wurde das Netz dichter. Ohne Seefahrtsbuch war ein Seemann rechtlos. In einer Zeit, da Bürger für ihr Alltagsleben noch keine Ausweise brauchten und da auch Bediensteten und Gesellen an Land keine Dienstbücher mehr abgefordert wurden, setzte sich für die Schiffahrt eine staatliche Verwaltung durch, welche Seeleute, die auf die eine oder andere Weise ihr Seefahrtsbuch eingebüßt hatten, zum Niemand machten. [...] Nicht alle trafen es so schlecht, wie die Hauptperson in Travens Roman ‚Das Totenschiff', festzuhalten ist jedoch, daß die Vorschrift, sich mittels eines Seefahrtsbuch auszuweisen, Seeleuten auferlegte, ihr berufliches Leben amtlicher Buchführung zu öffnen.[38]

Um verlorene ‚Seemannskarten' jedenfalls kreisen auch Geschichten weiterer Figuren der Mannschaft, von denen später im *Totenschiff* erzählt wird. *Udeis*, Niemand, wird zum Schibboleth einer Welt, in der man ohne Ausweis nichts zählt. Zunächst kann man sich fragen, wie eine solche Karte aussehen könnte, die Gale weder bei seinem Konsul in Antwerpen noch sonst wo bekommen wird, denn nichts darüber steht im Roman. Nachstehend findet sich ein solches Dokument, das vom Einreiseoffizier im Namen des Arbeitsministeriums im Heimathafen der *S. S. Tuscaloosa*, New Orleans, ausgestellt, wurde:

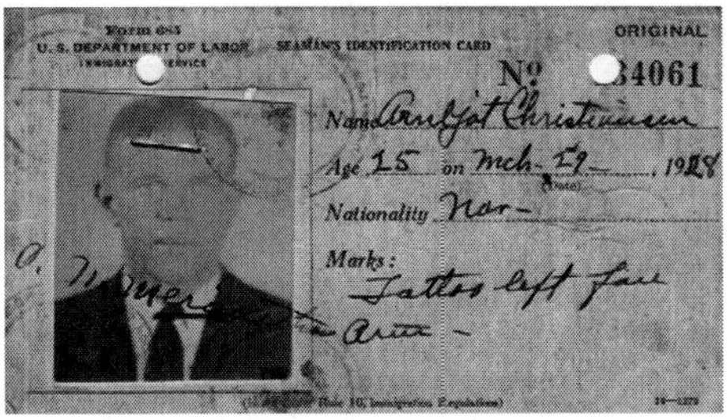

U. S. DEPARTMENT OF LABOR
SEAMAN'S IDENTIFICATION CARD
ORIGINAL
No ...4061
Name Arnljot Christiansen
Age 15 on Mch. 19 1928
Nationality Nor.
Marks:

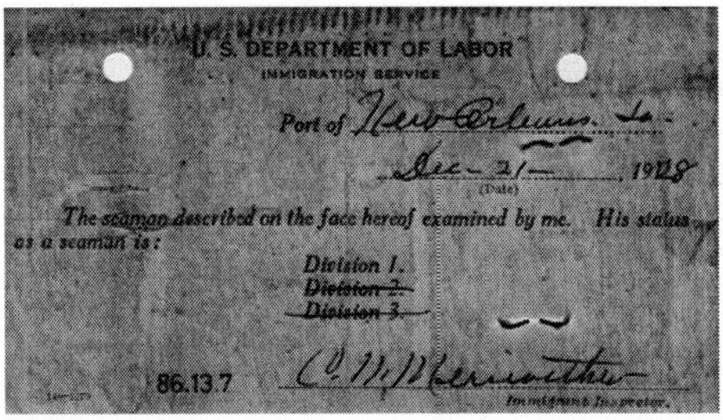

U. S. DEPARTMENT OF LABOR
IMMIGRATION SERVICE
Port of New Orleans La.
Dec. 31 1928
(Date)
The seaman described on the face hereof examined by me. His status as a seaman is:
Division 1.
~~Division 2.~~
~~Division 3.~~
86.13.7
Immigrant Inspector.

Abb. 62 u. 63
Seaman's Identification Card von Arnljot Christiansen, 1928

38 Gerstenberger u. Welke (1996): Vom Wind zum Dampf, S. 151.

Wie sich unschwer erkennen lässt, entspricht die Unterschrift des Seemanns noch nicht zu den formalen Anforderungen an solche Dokumente. Es findet sich allein die Signatur des ausstellenden Inspektors der Einwanderungsbehörde. Nur wer solche Dokumente besitzt, kann anmustern und angeheuert werden, zumindest auf legalem Wege. Ohne den Besitz einer solchen *Seaman's Identification Card*, gelangt Gale in einen Höllenkreis:

> Es war eine sehr ernste Sache. Man brauchte nur darüber nachzudenken. Ich hatte keine Seemannskarte, ich hatte keinen Paß, ich hatte keinen Identitätsausweis, ich hatte kein sonstiges Papier, und meine Photographie hatte der Hohepriester in seinem dicken Buche auch nicht gefunden. Wenn da wenigstens noch meine Photographie gewesen wäre, dann hätte er doch gleich gewußt, wer ich bin. Von der Tuscaloosa achtern abgeblieben zu sein, das konnte jeder erzählen, der sich da herumtrieb. Eine Wohnung hatte ich nirgendwo auf der Welt. Entweder ein Eimer oder eine Seemannsherberge. Mitglied irgendeiner Handelskammer war ich auch nicht. Ich war eben ein Niemand.[39]

Die bittere Ironie liegt in der Pointe, dass man Gale Papiere ausstellen würde, wenn wenigstens sein Steckbrief den Konsuln und Hafenmeistern vorgelegen hätte, auf dem er durch eine Photographie identifizierbar ist. Um anmustern zu können wiederum, muss unterschrieben werden, allerdings vor 1958 nicht auf der *Seaman's Identification Card*. Erst die *Seafarers' Identity Documents Convention* erarbeitet dementsprechend verbindliche Vorschriften, die erst am 19. Februar 1961 in Kraft treten. In diesem Dokument wird geregelt, was Gale im Roman tragischerweise beständig fehlt: „The seafarer's identity document shall remain in the seafarer's possession at all times."[40] In Artikel 4 sind jene Daten aufgeführt, die das neue Dokument verlangt: Neben dem vollständigen Namen, dem Geburtsdatum und der Nationalität, sind es spezifische Körpermerkmale und eine Photographie des Seemanns. Das alles finden wir auch schon auf der *Seaman's Identification Card* aus dem Jahr 1928. Jetzt kommt jedoch die Unterschrift hinzu oder, im Falle, dass der Betreffende nicht

39 B. Traven (1926): Das Totenschiff, S. 26.

40 https://www.ilo.org/dyn/normlex/en/f?p=NORMLEXPUB:12100:0::NO::P12100_ILO_CODE:C108 [letzter Abruf: 31.05.2023].

schreiben kann, der obligatorische Fingerabdruck. Im Abschlussdokument heißt es wörtlich: „signature or, if bearer is unable to sign, a thumbprint".[41]

Gale bekommt einen solchen Ausweis nicht. Handelt die erste Hälfte des Romans von seiner ständigen Abschiebung und den absurden Versuchen, eine neue Seemannskarte zu erhalten, erzählt die zweite, wie man eben als Niemand von einem Totenschiff zum nächsten weiterreist, um ohne Namen nicht einmal in die Akten jener Versicherungsgesellschaft zu kommen, die eine Prämie bei Verlust des Schiffes auszuzahlen hat.[42] Ein solches Leben ist die moderne Hölle. Und Dantes *Divina Commedia* kann als Hypotext des Romans gelesen werden, der ihn mehrfach anspielen wird, indem sich als Paratexte entsprechende Inschriften über dem zweiten Buch und am Ende des Textes finden. Anders als bei Dante, wo über dem Tor zum Inferno bekanntlich unter anderem steht: „LASCIATE OGNI SPERANZA, VOI CH' ENTRATE"[43], also dass man alle Hoffnung fahren lassen soll, wenn man dort eintritt, findet sich hier die Inschrift eigenartig verdoppelt. Gale ist in Verhandlungen darüber, auf der Yorikke „anzuzeichnen", wie der Name des Totenschiffes lautet, schon werden die Leinen losgemacht und das Schiff nimmt seine Fahrt auf. In dieser Überstürzung, mit der das erste Buch endet und die ja auch in Conrads Roman dafür sorgt, dass ein Schiff seinen Kapitän findet, hat er das Gefühl, durch eben ein solches Tor zu schreiten, durch das man zum Niemand wird. Das Ende von Buch eins zitiert schon die Inschrift, die Buch zwei eröffnet und die über dem Mannschaftsquartiere angebracht ist:

41 Ebd.

42 Es ist nicht die Yorikke, mit der Gale untergeht. Er wird auf ein anderes Schiff ‚schanghait', also gewaltsam auf ein anderes Schiff gebracht und rekrutiert.

43 Vgl. Dante Alighieri (1307–1321): La Commedia. Die göttliche Komödie I: Inferno / Hölle. Italienisch / Deutsch. In Prosa übers. u. kommentiert v. Hartmut Köhler. Stuttgart 2010. S. 43: „Durch mich geht's ein zur Stadt des Jammers. Durch mich geht's ein zur endlosen Qual, durch mich geht's ein zu den verlorenen Menschen. Gerechtigkeit bewegte meinen hohen Schöpfer; mich schuf die göttliche Macht, die höchste Weisheit, und die erste Liebe. Vor mir wurde nur Ewiges geschaffen, und auch ich werde ohne Ende sein. Lasst alle Hoffnung fahren, wenn ihr hier hereinkommt."

INSCHRIFT ÜBER DEM

MANNSCHAFTSQUARTIER DES TOTENSCHIFFES
Wer hier eingeht,
Des Nam' und Sein sind ausgelöscht.
Er ist verweht,
Von ihm ist nicht ein Hauch erhalten
In der weiten, weiten Welt.
Er kann zurück nicht gehen,
Nicht vorwärts schreiten,
Da, wo er steht, ist er gebannt.
Ihn kennt nicht Gott und keine Hölle.
Er ist nicht Tag, er ist nicht Nacht.
Er ist das Nichts, das Nie, das Nimmer.
Er ist zu groß für die Unendlichkeit
Und ist zu winzig für das Sandkörnlein,
Das seine Ziele hat im Weltenall.
Er ist das Niegewesen
Und das Niegedacht![44]

Das Ende des Romans bildet ein in Großbuchstaben gedruckter Sinnspruch. Er gesellt sich zu all jenen ‚Schildern', die über den Akademien und Orakeln, aber in der Literatur eben auch über der Hölle angebracht sind: „WER HIER EINGEHT, / IST LEDIG ALLER QUALEN"[45]. Und Gale lässt den Leser an keiner Stelle im Zweifel darüber, dass es am Kessel des Totenschiffs mit Namen Yorikke, überhaupt auf dem ganzen Schiff, weitaus schlimmer ist, als jede Vorstellung der Hölle hat suggerieren können. Dieser realistische Roman stellt sich damit in eine Reihe jener weltliterarischen Versuche, diesen Un-Ort zu beschreiben, wie Dante Alighieri, John Milton oder Edgar Alan Poe es getan haben, als immanente Hölle für das 20. Jahrhundert zwischen den Weltkriegen, bereits jenseits des utopischen Projekts, das noch überall Hoffnung ahnen wollte.

Was diesen Roman mit der *Divina Commedia* verbindet, ist nicht allein das intertextuelle Zitat am Ende, sondern die analoge Struktur des erzählten Raumes. Auch Dante hatte den Weg in die Hölle spiralförmig angelegt, der in immer enger werdenden Kreisen hinab bis zu Lucifer führt, der im Eise steckt. Einen ähnlichen, wenn auch führerlosen Weg beschreitet Gale von

44 B. Traven (1926): Das Totenschiff, S. 26.
45 Ebd. S. 307.

Antwerpen aus bis zu jenem Malstrom, der das Ende aller Leiden verspricht. Allerding ist Dante ein Besucher und Gale eher Delinquent. Zugleich ist es jene Markurve, die Ret Marut im Ziegelbrenner so leidlich aufgewiesen hatte. Auf dieser Spirale kehren in die Gegenwartsliteratur Otto Feige und Ret Marut, Traven Torsvan und B. Traven als literarische Figuren zurück, denn jüngst ist ein Roman über den wohl wandlungsfähigsten aller Autoren erschienen.[46]

Auch Marut wollte auf einem Schiff anmustern, hat es sich aber offensichtlich kurzfristig anders überlegt, denn die letzte Unterschrift dazu hat er nicht geleistet. Erhalten ist die Heuerliste der *Hegre*, aus dem Jahre 1924, auf der wir seinen Namen finden, allerdings ist dieser durchgestrichen.[47]

In einem anderen Roman wird Traven die Leitlinie festhalten, die sich im Übergang von Ret Marut zu Torsvan Traven in seine Personalpapiere ein- und in der Literatur fortschreibt:

> Wenn man einen Namen hat, der sich reichlich oft in Polizeiberichten, Gerichtsurteilen und Gefängnislisten vorfindet, so tut man, schon aus Selbsterhaltungstrieb heraus, recht gut, ihn abzuschütteln und nach einem anderen zu suchen, der weniger bekannt und verbraucht ist.[48]

Erst am Ende dieser Passgeschichte, kann man den schriftbildlichen Sinn der einleitenden Unterschrift entziffern. Bei dem Vergleich all dieser Unterschriften ist auffällig, dass in allen bestimmte Buchstaben ähnlich sind, vor allem das kleine **a**, aber auch das kleine **s**. Am auffälligsten ist die Veränderung, die das große **T** durchmacht. Ist es in den Unterschriften von Torsvan Traven noch das der deutschen Kurrentschrift, wird es später, in den Signaturen von B. Traven, aber auch bei Torsvan, die häufig exaltierte Form einer lateinischen Ausgangsschrift annehmen. Traven, der offizielle Briefe ohnehin am liebsten nicht eigenhändig, sondern mit der Schreibmaschine unterschrieb, schiebt diese Lettern auch seiner erfundenen (bürgerlichen) Existenz zu. Doch was ist mit dem **T** der Signatur, die das Kapitel eröffnet?

---

46 Thorsten Seifert (2017): Wer ist B. Traven? Roman. Stuttgart 2017.

47 Vgl. Guthke (1987), S. 157.

48 B. Traven (1936): Trozas. Roman. In: Werkausgabe, Bd. X. Hg. v. Edgar Päßler. Frankfurt a.M. 1983. S. 92.

Fasst es nicht alle wechselnden Identitäten des Otto Feige unter ein Dach? Oder treibt dieser Name als schriftbildliches Segel in die Unendlichkeit der literarischen Weltmeere?

*

Unterschriften schließen, sie bilden immer selbst die Grenze eines Textkörpers. Als *Nomogramme* müssen sie überall ihre Kraft erweisen, insbesondere aber an den Landesgrenzen. Travens *Totenschiff* beschreibt eine Situation, in der jemand zu ‚Niemand' wird, weil er keine neuen Papiere bekommen kann. Zwischen all den Hafenämtern, Polizeistationen und Konsulaten erlebt der Held dieses Romans die moderne Hölle der Administration, die Namen vergibt oder entzieht. Melville kann durch seine Unterschrift, ganz im Sinne des Diffessionseides, noch schwören, er selbst gewesen zu sein, der die Identitätskarte unterschreibt und problemlos auf einem Walfänger anheuern. Inzwischen gibt es für alles und jedes ein ‚Papier', allerdings sind sie nicht mehr aus Pappe, sondern befinden sich als digitale Matrix auf den Servern dieser Welt. An Flughäfen werden deshalb inzwischen die Pässe mit ihren digitalen Doppeln abgeglichen, wozu Finderabdruck- und Augenscans hinzukommen, um Fälschung zu verhindern. In einer Kontrollgesellschaft verliert die Unterschrift an den Grenzen ihre eigenhändige Bedeutung und neue Identitätszeichen bestimmen die Lage. Auch zu schwören, man sei jener, der auf dem Papier verzeichnet ist, wird dort nichts mehr nützen.

Exilroman

Der äußerst prekäre Status *Sans Papier* zu sein ist heute aktueller denn je. Im Jahr 1996 gründet sich in Frankreich eine Bewegung selben Namens, deren Mitglieder sich nicht damit abfinden, in der Illegalität zu verbleiben und entsprechend Papiere für alle fordern. Madjiguène Cissé hat die Geschichte dieser Bewegung geschrieben.[49] Die Antwort darauf, keine Papiere zu haben, liegt in der perfiden Paradoxie, dass man immer Papiere vorweisen muss, um überhaupt welche zu bekommen. Das Exil kann einen in die Lage bringen, einen neuen Namen anzunehmen. Aber zunächst muss man erst an diesen sicheren Ort gelangen. Nicht nur für die jüdischen Mitbürger im Dritten

49 Madjiguène Cissé (1999): Papiere für alle. Die Bewegung der Sans Papiers in Frankreich. Übers. v. Nicola Schieweck-Rajeswaran. Berlin 2002.

Reich war Amerika dieses Ziel, das es zu erreichen galt. Walter Benjamin konnte es 1940 nicht erreichen und er nahm sich an der französisch-spanischen Grenze, genauer in *Portbou*, was übersetzt „schöner Hafen“ bedeutet, das Leben. Sein Ziel war der Hafen von Lissabon, wie das der meisten Flüchtlinge auf der sogenannten F-Route, in dem das Schiff nach Amerika bestiegen werden konnte. Einer der besten Exil-Romane überhaupt, der diese Lage beschreibt, d.h. keine Papiere zu besitzen und in einem Hafen festzusitzen, hat Erich Maria Remarque geschrieben: *Die Nacht von Lissabon*[50]. Dem Autor selbst widerfährt, was vielen seiner Kollegen geschieht: Seine Bücher werden 1933 verbrannt und ihm 1938 schlussendlich die deutsche Staatsbürgerschaft aberkannt, die er nicht mehr wiedererlangen sollte und auch gar nicht wollte. Bereits am 31. Januar 1933, einen Tag nach Hitlers Machtergreifung, war Remarque in die Schweiz geflohen, wo er bereits einen Wohnsitz hatte, den er wiederum 1939 in Richtung USA verlässt. Durch nur eine Unterschrift[51] kann man auch jenseits der Literatur ein staatenloser ‚Niemand‘ werden:

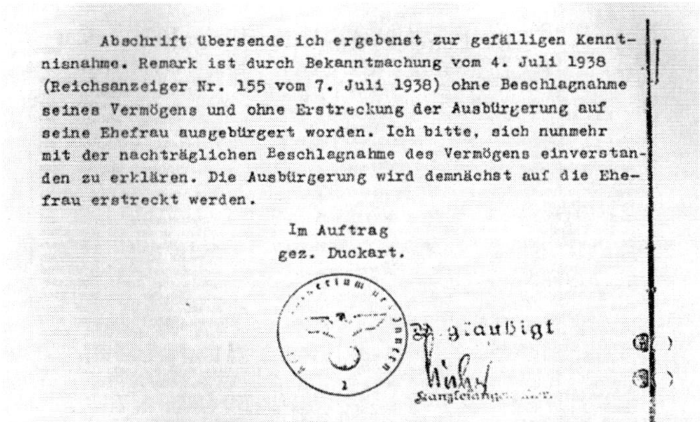

Abschrift übersende ich ergebenst zur gefälligen Kenntnisnahme. Remark ist durch Bekanntmachung vom 4. Juli 1938 (Reichsanzeiger Nr. 155 vom 7. Juli 1938) ohne Beschlagnahme seines Vermögens und ohne Erstreckung der Ausbürgerung auf seine Ehefrau ausgebürgert worden. Ich bitte, sich nunmehr mit der nachträglichen Beschlagnahme des Vermögens einverstanden zu erklären. Die Ausbürgerung wird demnächst auf die Ehefrau erstreckt werden.

Im Auftrag
gez. Duckart.

Abb. 64 Ausbürgerungsurkunde Remarque

Die Nacht von Lissabon erzählt wie *Das Totenschiff* eine Passgeschichte. Die Wege entsprechender Dokumente oder ihr Fehlen

50 Erich Maria Remarque (1962): Die Nacht von Lissabon. 2. Aufl., Köln u. Berlin 1963.

51 Brief von Duckart, Kanzleiangehöriger des Reichsministeriums des Inneren, an Unbekannt. Erich Maria Remarque Friedenszentrum, Akte R-A 11.2.2.011.

bestimmen das Geschick der handelnden Figuren. Ebenso aber ihre Namen, die sich ändern, über Grenzen und durch Amtsstuben hin zum möglichen Abgrund, in den sie ein- oder untergehen. Namen müssen dabei gewechselt, wie diverse Grenzen passiert werden. Die Eingangsszene des Romans ähnelt der bei Traven. Wiederum sitzt jemand am Hafen und stiert hinaus, allerdings nicht auf das Hafenbecken, in dem kein Schiff mehr vor Anker liegt, sondern auf einen Passagierdampfer, den der Erzähler gern am nächsten Tag besteigen würde, hätte er nur die entsprechenden Papiere:

> Das Schiff rüstet sich zur Fahrt, als wäre es eine Arche zur Zeit der Sintflut. Es *war* eine Arche. Jedes Schiff, das in diesen Monaten des Jahres 1942 Europa verließ, war eine Arche. [...] Wer von hier das Gelobte Land Amerika nicht erreichen konnte, war verloren. Er mußte verbluten im Gestrüpp der verweigerten Ein- und Ausreisevisen, der unerreichbaren Arbeits- und Aufenthaltsbewilligungen, der Internierungslager, der Bürokratie [...]. Der Mensch war um diese Zeit nichts mehr; ein gültiger Paß alles.[52]

Die Lage scheint aussichtslos, die Aufenthaltserlaubnis für sich und seine Frau Ruth würde in wenigen Tagen ablaufen, das Schiff nach New York war restlos überbucht. Der Erzähler besitzt zwar Ausweisepapiere, aber schlecht gefälschte. Wie bei Traven wird er sofort am Hafen angesprochen, aber diesmal ist es nicht die Polizei, sondern jemand, der danach fragt, ob der Erzähler Deutscher sei, er aber ist Österreicher. Es entspinnt sich ein Frage-Antwort-Spiel zwischen beiden, bei dem der noch namenlose Erzähler nicht genau weiß, ober er nicht doch einen Polizisten vor sich hat. Bald wird aber offenbar, dass dieser ‚Jemand' kein verdeckter Ermittler ist und ihm etwas offeriert, was kaum zu glauben ist. Er sei bereit, dem Erzähler zwei Fahrkarten für das Passagierschiff nach New York zu schenken, die er ihm auch zeigt. Allerdings habe der Mann eine Bedingung, die er im Roman strikt in die Tat umsetzen wird. Er möchte die Nacht bis zur Abfahrt nicht alleine bleiben und dem Erzähler wiederum seine eigene Geschichte erzählen. Dass man auch als Staatenloser Papiere haben kann, ist Thema ihres Gesprächs:

52 Remarque (1962): Die Nacht von Lissabon, S. 7.

> „Sie waren die erste Welle der Emigration", erwiderte ich. „Man hatte noch Mitleid mit ihnen. Man gab ihnen Erlaubnis zu arbeiten und Papiere. Nansenpässe. Als wir kamen, war das Mitleid der Welt längst aufgebraucht. Wir waren lästig wie Termiten und fast niemand war da, der für uns noch seine Stimme erhob. Wir dürfen nicht arbeiten, nicht existieren und haben immer noch keine Papiere.[53]

Den Nansen-Pass entwickelt 1922 eben jener Fridtjof Nansen, Hochkommissar des Völkerbundes, um russische Flüchtige mit Dokumenten zu versorgen, die staatenlos geworden waren: Er entwickelt sich auch für andere Nationalitäten zum gängigen Dokument für Flüchtlinge und wurde 1946 durch Reisedokumente ersetzt, die seither von der Genfer Flüchtlingskonvention ausgestellt werden.[54]

Die Spannung der Geschichte liegt dann in der Frage, ob der unbekannte Mann die Fahrkarten am Ende tatsächlich aushändigen wird. Wir bekommen es – das ist der Kunstgriff – mit zwei Erzählern zu tun, die durch einen mündlichen Vertrag verbunden sind. Die Erzählzeit ist die Nacht vor der Abfahrt und die erzählte erstreckt sich in Sprüngen vom Herbst 1938, kurz vor Abschluss des *Münchener Abkommens*, bei dem die Staatsführer Mussolini, Chamberlain, Daladier und Hitler vereinbaren, dass das Sudentenland dem deutschen Reich zufällt, bis eben zur Abfahrt des Schiffes am nächsten Tag.[55] Es ist somit von vornherein eine historische Unterschriftszene, die im Hintergrund der Diegese arbeitet und von der es sogar eine Fotoaufnahme gibt:

Abb. 65
Hitler unterschreibt das Münchener Abkommen in der Nacht vom 29. auf den 30. Sept. 1938

53 Ebd. S. 39.

54 Vgl. Martin Stiller (2011): Eine Völkerrechtsgeschichte der Staatenlosigkeit. Wien 2011, S. 108.

55 Zu den Unterschriften der Diktatoren vgl. Kap. IX.

Der Erzähler erklärt sich bereit, dem Mann zuzuhören, wenn er auch nicht gern mit ihm über die aktuelle Lage diskutieren möchte. Nachdem die Sachlage geklärt ist, wird sich er sich vorstellen, wie aus einem Traum erwachend:

> Der Mann saß eine Zeitlang da, als schliefe er mit offenen Augen. Dann, als der Gitarrenspieler auf die Terrasse kam, wachte er auf. „Ich heiße Schwarz", sagte er. „Es ist nicht mein richtiger Name; er ist der, der auf meinem Paß steht. Aber ich habe mich an ihn gewöhnt, und er wird für heute Nacht genügen."[56]

Mr. Schwarz wird seine Geschichte erzählen, dabei muss einige Male der Ort gewechselt werden, von einem Café ins andere, von Kneipen, die schließen, in Nachtlokale mit zwielichtigen Gästen. Während dieser Ortswechsel werden in der Erzählung des pseudonymen Mr. Schwarz auch die Namen gewechselt. Es ist eine zufällige Koinzidenz, dass sich beide Erzähler vor dem *Münchener Pakt* in Paris aufhalten, sich also bereits im Exil befinden. Der Glaube an einen möglichen Frieden durch das Abkommen macht Mr. Schwarz unvorsichtig und er versteckt sich nicht mehr in den Asylen für jedermann, Museen und Kirchen, wo niemand nach seiner Identität fragt, sondern feiert offensichtlich auf den Straßen von Paris. Was bei Traven den ganzen ersten Teil der Diegese bestimmt, nämlich das beständige Wechseln der Länder und Abschiebung über die Grenzen, wird hier ganz sparsam erzählt:

> „Die Polizei fasste mich und steckte mich wegen wiederholter unerlaubter Einreise für vier Wochen ein. Dann begann das alte Spiel: ich wurde bei Basel über die Grenze geschoben, von den Schweizern zurückgeschickt, von den Franzosen an einer anderen Stelle wieder hinübergebracht, eingesperrt – Sie kennen ja dieses Schachspiel mit Menschen –".[57]

Ohne Papiere droht beständig Abschiebung. In einer Zeit aber, in der der Münchener Pakt beginnt Makulatur zu werden, geschieht etwas, was Mr. Schwarz ein Wunder nennt: „Ich erbte plötzlich einen gültigen Paß."[58] Es ist jener, der auf den Namen Schwarz ausgestellt ist: „Es war sonderbar, zu was allem das Dokument

56 Remarque (1962): Die Nacht von Lissabon, S. 14.
57 Ebd. S. 17.
58 Ebd. S. 19.

des toten Schwarz fähig war. Zu vielem mehr als ein Mensch – dieses bedruckte Stück Papier!"[59] Er ermöglicht es ihm ins ‚Herz der Finsternis' zu reisen, also nach Deutschland, um seine Frau zu sprechen, die er dort zurücklassen musste. Deren Bruder wiederum ist ein linientreuer Nazi, der beide später bis nach Spanien hinein auf ihrer Flucht zum Hafen von Lissabon verfolgt. Diese Jagd bestimmt die dramatische Handlung von Schwarz' Erzählung, die vor allem dadurch bestimmt ist, dass beide jetzt unterschiedliche Pässe haben. Wie aber soll man mit einem deutschen Pass an Ausreispapiere nach Amerika kommen?

> Ich versuchte natürlich das amerikanische Konsulat auf dem Wege, aber Helen hatte einen gültigen deutschen Paß aus der Nazizeit; wie konnten wir da beweisen, daß wir in Todesgefahr waren? Die Juden, die ohne Papiere voll Angst vor den Türen lagen, schienen in größerer Gefahr zu sein. Unsere Pässe wurden Zeugen gegen uns, sogar der des toten Schwarz.[60]

Aus einem richtigen Pass kann also schnell der falsche werden, wenn Land oder Institution wechseln. Die Verwicklungen, die in der Folge entstehen, sind vielfältig und müssen hier nicht alle nacherzählt werden. Wo es aber um echte und falsche Pässe geht, da sind auch Unterschriftszenen nicht fern. Die erste ist eine der Fälschung. Damit Mr. Schwarz Deutschland wieder verlassen kann, schreibt seine Frau ihm einen Brief:

> Ich sah jetzt den gedruckten Kopf. Es war die Adresse der nationalsozialistischen Partei in Osnabrück. Langsam las ich, daß die Amtsstelle Osnabrück bat, dem Parteigenossen Josef Schwarz, der in Erfüllung einer wichtigen geheimen Aufgabe unterwegs sei, jede Unterstützung, die möglich sei, zu gewähren. Unterzeichnet war der Brief: Georg Jürgens, Obersturmbandführer, in Helens Handschrift.[61]

Dass es sich bei der Unterschrift nicht um die von Georg handelt, können eben nur Mr. Schwarz und Helen selbst wissen, nicht der kontrollierende Beamte. Ihm reichen letztlich die Adresse und das Titular, um der Unterschrift zu vertrauen und die Flucht geht weiter.

---

59 Ebd. S. 198.
60 Ebd. S. 240.
61 Ebd. S. 123.

Echte und falsche Pässe

Zweifelsohne trägt der Roman autobiographische Züge. Im Remarque-Archiv in Osnabrück liegen einige Pässe des Autors.[62] Die Lage ist allerdings weitaus komplizierter als die von Mr. Schwarz, seiner Frau, ihrem Bruder und dem wahren ‚Erben' des Ausweisdokuments, der mit ihm nach Amerika übersetzt. Remarque erwirbt im Konsulat Panamas in Athen 1937, noch vor seiner Ausbürgerung aus dem Deutschen Reich 1938, einen Pass der Republik Panama für sich und seine Frau. In Athen und dem entsprechenden Konsulat ist Remarque aber nie gewesen, also sind die Dokumente komplett und in mehrfacher Hinsicht eine Fälschung [1]. Zudem hatte Remarque noch eine *Carte d'identité* [2] der Schweiz als *permenant resident*, die nur zur Einreise in die USA und später in Mexiko nützlich ist. Mit beidem reist er im März und endgültig im September 1939 in die USA ein, geht dort umgehend zum New Yorker Konsulat der Republik Mexiko und erhält ein entsprechendes Dokument, das ihn als mexikanischen Staatsbürger ausweist [3], was ebenfalls nicht den Tatsachen entsprach. Dieses Dokument wird 1940 vom Konsulat in Los Angeles erneut ausgestellt. Erst 1940 reist Remarque nach Mexiko City und erhält dort tatsächlich einen Pass Mexikos [4], ohne dort eingebürgert worden zu sein. Dieser illegale Status ändert sich erst mit der Einbürgerung in die USA 1947, wo der erste Pass als US-Bürger [5] ausgestellt wird:

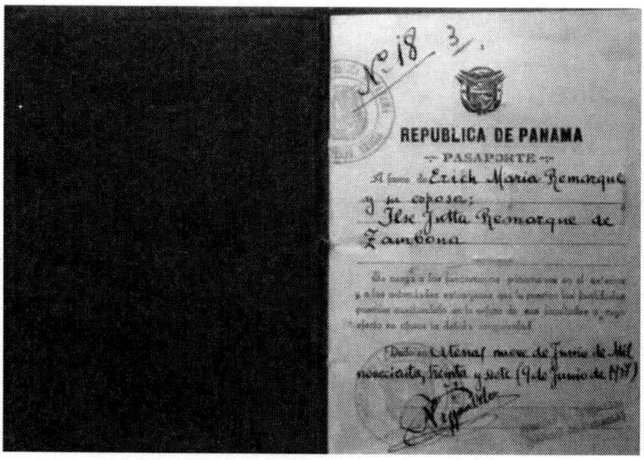

Abb. 66 Der Pass von Remarque, von Panama in Athen ausgestellt [1]

62 An dieser Stelle sei dem Erich Maria Remarque-Archiv / Arbeitsstelle Krieg und Literatur, insbesondere dem wissenschaftlichen Mitarbeiter Thomas Schneider gedankt, der diese Dokumente zugänglich gemacht hat. Weitere Ausweis-Dokumente sollen an anderen Orten archiviert sein.

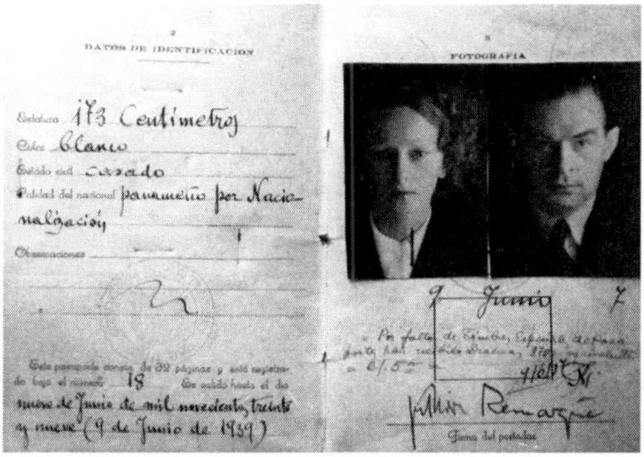

Abb. 67 Der Pass von Remarques Frau, von Panama in Athen ausgestellt [1]

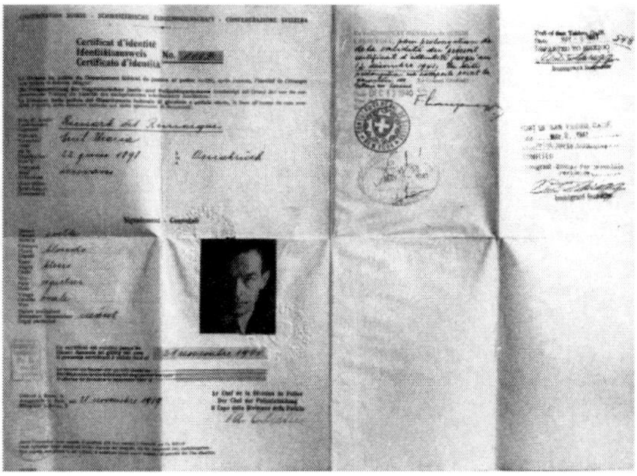

Abb. 68 Remarques Schweizer *Carte d'identité* [2]

Abb. 69 Remarques Migrationsbescheinigung, Mexiko [3]

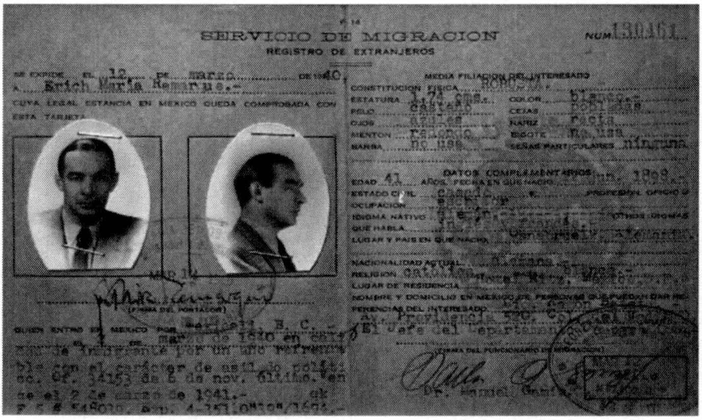

Abb. 70 Remarques Mexikanischer Pass [4]

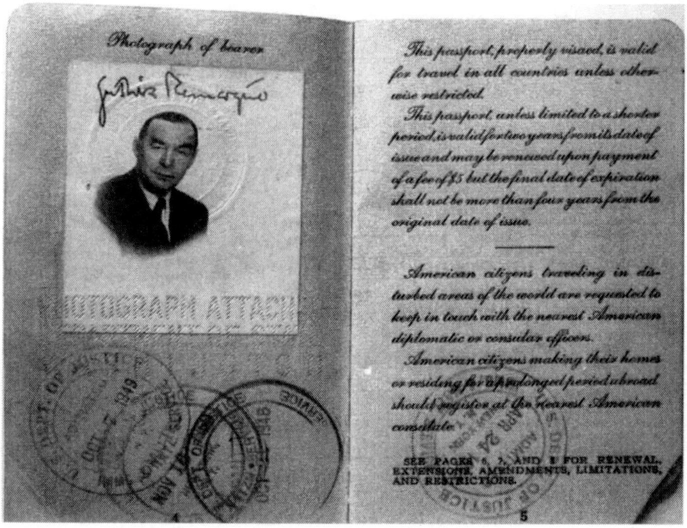

Abb. 71 Remarques Amerikanischer Pass [4]

Folgerichtig gibt es im Roman eine Szene in einer Fälschungspresse. Dort entsteht aus dem Pass, des inzwischen umgebrachten Bruders und Nazis, der beide bis aufs Blut verfolgt hatte, der von Mr. Schwarz, sich so in den Bruder seiner Frau verwandelnd. Dabei wechselt Georgius der Fälscher(!) Fotos aus und bearbeitet Stempel nach. Da Mr. Schwarz durch den Kampf mit dem Bruder ein recht lädiertes Gesicht hat, fotografiert er sein Foto aus dem gefälschten Pass ab. Eine Fälschung ist so die Grundlage einer anderen. Die Skrupel des Fälschers, durch diese Arbeit aufzufliegen, beruhigt der falsche Schwarz: „Ich erklärte ihm, daß es nicht nötig sei, sein Werk, wie ein Künstler, mit seiner Unterschrift zu versehen. Ich sei später dafür verantwortlich, und niemand werde von ihm wissen."[63]

Mit Hilfe der Fälschung einer Fälschung, analog zu Remarques eigener Flucht, wird es schlussendlich gelingen, gültige Ausweise zu erhalten. Die Frau von Schwarz, amtlich jetzt seine Schwester, wird allerdings an Krebs sterben, bevor sie ausreisen können. Aus diesem Grund bietet er dem Erzähler jene Visa an, sollte er diese eine Nacht lang dessen Erzählung anhören. Der Kreis schließt sich: der Erzähler erhält für sich und seine Frau die Visa und Ausweise des ‚Ehepaars Schwarz' und ihnen wird die Einreise in die USA gelingen. Der doppelt falsche Mr. Schwarz wird bleiben und in die Fremdenlegion eintreten. Nach dem Krieg wird der Erzähler nach Deutschland zurückkehren und ‚Mr. Schwarz' suchen, nicht zuletzt, um dessen ‚richtigen' Namen zu erfahren; nach der Katastrophe des zweiten Weltkrieges und der Unsagbarkeit der *Shoa*, kann es nur noch falsche Namen geben:

> Ich fuhr sogar einmal nach Osnabrück und fragte nach ihm [...] Aber die Stadt war verwüstet, niemand wußte etwas von ihm, und niemand interessierte sich dafür. Auf dem Wege zurück zum Bahnhof glaubte ich, ihn zu erkennen. Ich lief ihm nach; aber es war ein verheirateter Postsekretär, der mir erzählte, daß er Jansen hieße und drei Kinder habe.[64]

Unterschriften auf Ausweisdokumenten, das lehrt dieser Roman, sind nicht nur nötig, um Grenzen und Schranken zu passieren, sie entstehen auch erst an ihnen, durch Exil und Auswanderung. Um nach Amerika zu kommen führt der Weg dabei über *Ellis Island*. Diese Insel vor New York war die bürokratische Maschine zur Erzeugung von Amerikanern. Edgar Reitz hat in seiner monumentalen Heimat-Trilogie mit Paul Simon einen Protagonisten an den Anfang seiner Filme gestellt, der 1919 aus dem ersten Weltkrieg zurückkehrt, um 1927, nach familiären Verwicklungen und seiner Entdeckung der Radiotechnik, plötzlich das elterliche Haus auf ein Bier und damit gleich das Land ganz zu verlassen. Im zweiten Film *Die Mitte der Welt (1928–1933)*, sieht man ihn noch in einer Szene auf *Ellis Island*, Tor zur Hoffnung von mehr

63 Remarque (1962): Die Nacht von Lissabon, S. 282f.
64 Ebd. S. 303.

als 12 Millionen Einwanderern, die zwischen 1892 und 1954 dort einreisen wollen. Davon sind nicht weniger als sechs Millionen Deutsche, die damit die größte Anzahl stellen.

Eine jener Fragen, die beim Einreiseinterview gestellt wurde: „Haben Sie in Europa einen Arbeitsvertrag unterschrieben, um hierher zu kommen?“[65] George Perec hat in seinem Fragment gebliebenen Text *Ellis Island*, Spurensuche nach dem eigenen Namen betrieben. Er beschreibt diese Insel als einen Platz, „wo erschöpfte Beamte massenweise Amerikaner tauften“:

> Viele waren irischer Herkunft und konnten wenig mit Schreibweise und Klang der Namen aus Mitteleuropa, Russland, Griechenland und der Türkei anfangen. Außerdem wünschten sich viele Einwanderer, Namen zu bekommen, die *amerikanisch klangen*. Dies ist der Grund, für zahlreiche Geschichten über Namensänderungen, die auf Ellis Island stattgefunden haben: ein Mann, der aus Berlin kam, wurde Berliner genannt, ein anderer, der Wladimir hieß, bekam den Vornamen Walter, ein dritter wiederum, der mit Vornamen Adam hieß, bekam den Familiennamen Adams, ein Skyzertski wurde zu Sanders, ein Goldenburg wurde zu Goldberg, während ein Gold zu Goldstein wurde.[66]

Manch einer nimmt gleich einen neuen Namen an, wie Erik H. Erikson, der Erfinder der „Identitätskrise“. Er hat damit einen Namen, den auch Nietzsche angestrebt hat, als er sich zu seinem eignen Vater erklärte:

> In Wirklichkeit heißt Erikson nicht Erikson, als er in die Vereinigten Staaten kam oder als er seine ersten Aufsätze schrieb. Er hat diesen Namen beim Erwerb der amerikanischen Staatsbürgerschaft (1949) angenommen. „Erickson“ ist ein Name, den er erfunden hat. Diese Einzelheit verleiht der Tatsache eine besondere Würze, daß er sein Leben damit verbracht hat, eine Theorie der *Identitätskrise* zu konstruieren. Er selbst bekennt scherzhaft, daß er seinem eigenen Symptom einen universellen Geltungsbereich gegeben hat.[67]

Erik H. Erikson trägt sozusagen den Grenzübertritt, auch als Buchstabe, in seinem Namen.

---

65 Georges Perec (1995): Ellis Island. Übers. v. Eugen Helmlé. Zürich u. Berlin 2016. S. 16.

66 Vgl. ebd., S. 17, 42.

67 Vincent Descombes (2013): Die Rätsel der Identität. Übers. v. Jürgen Schröder. Berlin 2013. S. 25. Zum Begriff „Identitätskrise“ und der Selbstaussage, die Descombes zitiert, vgl. Erik H. Erikson (1968): Jugend und Krise. Die Psychodynamik im sozialen Wandel. 5. Aufl., übers. v. Marianne v. Eckhardt-Jaffé. Stuttgart 2003. S. 216.

KAPITEL VII

Anmustern

Abb. 72
Nachträglich eingefügtes eigenhändiges Handzeichen, Moby Dick, Penguin-Ausgabe 1994

Seines Zeichens Harpunier

Um auf einem Schiff anzuheuern benötigt man Papiere und muss dazu die Musterrolle[1] unterzeichnen. Das entsprechende Verfahren, Subtext so vieler Bordgeschichten, kennen wohl die meisten Leser von Literatur aus Melvilles berühmtem Wal-Roman: Wird dort im sechszehnten Kapitel noch mächtig um die Heuer gestritten, kann im achtzehnten, das bezeichnenderweise den Titel *His Mark* trägt, von Ismael und Queequeg angemustert, d.h. unterschrieben werden. Letzterer Name wird von den Kapitänen Peleg und Bildad beständig falsch ausgesprochen, sie heißen ihn *Quohog*[2]. Gut, dass es die Schriftform gibt, sonst wüsste man kaum, wem man nach der Reise die Heuer auszahlen müsste, was ja ohnehin nicht geschehen wird, denn dieses Schiff sinkt. Dass es sich dem Namen nach auch bei der *Pequod* um ein Totenschiff handelt, darauf hat bereits Bernhard Siegert hellsichtig hingewiesen[3].

Wer aufschreibt, was er nur durch die Ohren empfängt, kann jemandem einen neuen Namen geben. So kommt es, dass sich in der berühmtesten Unterschrift, genauer gesagt dem entsprechenden Handzeichen *in* der Literatur, ein Fehler einschleicht. Nachdem man sich über die Heuer einig ist, kann in

---

1 Vgl. Seemännisches Wörterbuch. 2. Aufl., hg. v. Wolfram Claviez. Bielefeld 1978. S. 223: „Vom Seemannsamt ausgestellte Urkunde, in welcher die Mannschaft eines Schiffes verzeichnet ist. Sie wird vom Kapitän und jedem Vertragspartner, d.h. jedem einzelnen Besatzungsmitglied unterschrieben. Sie ist an Bord mitzuführen."

2 Vgl. zur ersten Abbildung Herman Melville (1851): Moby Dick. London 1994. S. 101. Dass es sich um eine faustische Szene handelt, Melville hatte während der Abfassung einiges von Goethe gelesen, deutet der Prophet im nächsten Kapitel an: „‚Shipmates, have ye shipped in that ship?' […] ‚Yes,' said I, ‚we have just signed the articles.' ‚Anything down there about your souls?' ‚About what?' ‚Oh, perhaps you hav'n't got any,' he said quickly" (S. 103).

3 Bernhard Siegert (2012): „Kapitel 16: The Ship", in: Neue Rundschau, 123. Jahrgang, Heft 2, hg. v. Hans-Jürgen Balmes [u.a.], Frankfurt a.M., S. 40–49.

© BRILL FINK, 2023 | DOI:10.30965/9783846766354_008

die Kapitänskabine hinuntergestiegen werden, wo bereits die Musterrolle wartet. Unterschrieben wird hier, nicht allein der topographischen Ordnung des Formulars halber, immer ‚unten'. *Queequeg* soll die angeblich höchste Heuer[4] bekommen, die ein Harpunier in diesem Geschäft jemals hätte einstreichen können, weil er mit seiner Waffe quer über das Deck und die verdutzten Kapitäne hinweg einen Teerfleck trifft, der nur einer jener Metonymien für den weißen Wal sein wird, die das Untier im Roman beständig präsent halten:

> When all preliminaries were over and Peleg had got everything ready for signing, he turned to me and said, „I guess, Quohog there don't know how to write, does he? I say, Quohog, blast ye! dost thou sign thy name or make thy mark?" But this question, Queequeg, who had twice or thrice before taken part in similar ceremonies, looked no ways abashed; but taking the offered pe, copied upon the paper, in the proper place, an exact counterpart of a queer round figure which was tattooed upon his arm; so that through Captain Peleg's obsinate mistake touching his appellative, is stood something like this: –[5]

Konversion

Was auf diese Passage folgt, ist jene Signatur, die das Kapitel einleitet. Man hätte die kurze Geschichte dieses berühmten Handzeichens auch mit einem sich beinahe als falsch erweisenden Stellenkommentar beginnen können: Er findet sich in der deutschen Ausgabe von Melvilles Briefen. In jener Zeit, als der Autor in Pittsfield das große Walbuch schreibt, steht er in zunehmend innigerem Kontakt zu dem Dichter und Nachbarn Nathaniel Hawthorne. Dass der Roman dabei beständig Thema ist, versteht sich von selbst. Im Brief vom 19. Juni 1851 fragt Melville frei heraus: „Soll ich Ihnen eine Flosse des *Wals* schicken, als Happen zum Vorkosten?"[6]. Und tatsächlich schickt er sehr bald diese ‚Flosse'[7], wenn es auch nicht das versprochene Kapitel ist, sondern ein Kryptozitat aus *The Whale*. Den Brief vom 22. Juli 1851 unterschreibt Melville folgenderweise: „Leben Sie wohl, /

4 Zu dieser „Gage", wie die Hamburger sagen, im Vergleich der einzelnen Positionen, vgl. Walter Kresse: Die Heuern Hamburger Seeleute 1760–1860. In: Zeitschrift des Vereins für Hamburgische Geschichte. Hamburg 1984. S. 167–178.

5 Melville (1851): Moby Dick. London 1994. S. 101.

6 Melville an Hawthorne (29. Juni 1851), in: Ein Leben. Briefe und Tagebücher. Übers. v. Werner Schmitz u. Daniel Göske. München u. Wien 2004. S. 262.

7 Es sei daran erinnert, dass die Walflosse auch als „Hand Gottes" gehandelt wird.

sein X Zeichen."[8] Hier zitiert Melville das achtzehnte Kapitel *His mark*, Queequegs Handzeichen in der Musterrolle, gerahmt von der Bemerkung der beiden Kapitäne. Im Stellenkommentar berichten die Herausgeber: „*X Zeichen*: Mit einem Kreuz unterzeichnet Ismaels Busenfreund, der Südseeinsulaner Queequeg, die Heuerliste der *Pequod* in Moby-Dick (Kap. 18).[9]

Der Blick auf das Handzeichen oben stürzt nicht allein den Philologen in einige Verwirrung. Von einem X ist dort schier gar nichts zu sehen Der falsche Name wird von Kapitän Peleg auf die Musterrolle übernommen und Queequeg unterschreibt eben nicht, sondern zeichnet gemäß dem Wortlaut des Textes einen Teil seiner Tätowierungen als Handzeichen ab, er kopiert: „an exact counterpart of a queer round figure which was tattooed upon his arm".[10] Und tatsächlich findet sich in der Penguin Klassiker-Ausgabe, aber genauso in der Neuübersetzung von Friedhelm Rathjen[11], die oben dargestellte, horizontal liegende Figur, die das zeigt, was im Text gesagt wird. Das Verfahren entspricht auch der historischen Praxis, zumindest bei den Maori in Neuseeland, wie ein Brief von Reverend Samuel Marsden an den Gouverneur Macquarrie beweist, indem er ausführt, wie ein neuseeländischer Chief offizielle Dokumente signiert. Wie Queequeg kopiert er dazu einen Teil der Tätowierung seines Gesichts als „counterpart"[12]:

Abb. 73
Eigenhändiges Handzeichen eines neuseeländischen Chiefs, 1816

8 Melville an Hawthorne (22. Juli 1851), in: ebd., S. 265.

9 Ebd. S. 796.

10 Melville (1851): Moby Dick. London 1994. S. 101.

11 Melville (1851a): Moby Dick; oder: Der Wal. Übers. v. Friedhelm Rathjen u. illustriert v. Raymond Bishop. Salzburg u. Wien 2016. S. 136.

12 Marsdens Brief an den Gouverneur Macquarrie und das Handzeichen findet sich abgedruckt in: The Missionary Register for MDCCCXVI, Bd. 4. London 1816. S. 328f.

Der Leser steht vor einem Rätsel. Ein Teil dieses Rätsels lässt sich schnell lösen, schaut man in die Erstausgabe des Romans, von der es allerdings zwei (!) gibt. Die Londoner Ausgabe ist ein problematisches Dokument, weil Teile des Textes fehlen und dadurch unter anderem die Ungereimtheit entsteht, warum Ismael, der hier den Untergang nicht überlebt, dennoch hat davon erzählen können. In beiden Ausgaben findet sich aber jenes Zeichen, das vermutlich auch in Melvilles Brief an Hawthorne gestanden hat, nämlich ein Kreuz und zwar nicht als Kopie einer eigenhändigen Handschrift, sondern im typografischen Druck[13]:

Abb. 74
Handzeichen in den Erstausgaben, London und New York 1851

Nicht das berühmte Kreuz, das es zu machen gilt, wenn man nicht schreiben kann, schmückt die literarische Musterrolle, sondern eines, das wir als Symbol des Johanniter- und Malteserordens kennen. Allerdings entspricht es der Vorlage nur beinahe, denn die Außenlinien laufen nicht winklig zu, sondern sind jeweils abgeflacht. Die vier Arme enden wie Pfeilspitzen[14] in der Mitte, was für diesen Harpunierer gerade den ‚Witz' dieses Symbols ausmacht. Wir erinnern uns, dass Queequeg anmustern kann, weil er die Harpune eigenhändig über das ganze Deck schleudert, um einen Teerfleck zu treffen. Das Malteserkreuz als Handzeichen verwandelt sich so in ein Zielkreuz. Jedenfalls handelt es sich in der Erstausgabe und allen anderen Ausgaben, die das typographische Handzeichen abbilden werden, eben nicht um eine „queer round figure", wie in jener Abbildung, die sich später durchsetzt, vermutlich um den Widerspruch zum Text zu beheben.

Dieses Zeichen kann als der ironische Abschluss jener kontroversen Diskussion dienen, die Peleg und Bildad mit Ismael darüber führen, ob Queequeg denn auch ein guter Christenmensch

13 Melville (18.10.1851): The Whale. London (der Epilog fehlt und die Ausgabe ist teilweise zensiert), u. ders. (24.11.1851): Moby Dick; or, The Whale. New York.

14 Vgl. **LCI**, Bd. 2, S. 569f.

sei. Einen Wilden, d.h. Kannibalen[15], würden sie keinesfalls an Bord lassen, es sei denn, er hätte Papiere. Nicht zu vergessen, die *Pequod* gehört den Quäkern. Kapitän Peleg „saying he had not suspected my friend was a cannibal, and furthermore announcing that he let no cannibals on board that craft, unless they previously produced their papers."[16] Aber, wie kaum anders zu erwarten, er besitzt keine. Was wiederum von den Kapitänen erwartet wird, ist zudem der Nachweis einer Konversion: „He must show, that he's converted"[17], was konkret bedeutet, dass er rechtmäßig am Abendmahl teilnimmt.

Ismael versucht dem Kameraden zu helfen, indem er den Kapitänen bezeugt, dass Queequeg Mitglied der „First Congregational Church" ist. Dabei handelt es sich um separatistische Puritaner, die 1636 Harvard gründeten. Allerdings habe Bildad ihn niemals am Gemeindehaus gesehen, obwohl er jeden Tag, den Gott werden lässt, dort vorbeikomme. Von dieser Augenzeugenschaft kalt erwischt, und in die Enge getrieben können nur noch zwei Handgreiflichkeiten helfen: Zunächst eine im übertragenen Sinne, nämlich eine Predigt von Ismael über die Urkirche in jedem von uns, die er eigentlich mit dem „First" gemeint habe: Alle würden doch zunächst der „ancient Catholic Church" angehören, bevor dann einige eben auf die ein oder andere Weise von ihr abfallen. Alle, auch die beiden Kapitäne, würden zugehören zur: „[...] great and everlasting First Congregation of this whole worshipping world; we all belong to that; only some of us cherish some queer crotchets noways touching the grand belief; in *that* we all join hands."[18]

Diese Rede, die ja nur ausspricht, was beide als Quäker glauben, nämlich dass in jedem das göttliche Licht wohne, überzeugt beide Kapitäne. Ismaels Predigt sei noch besser gewesen als die von Father Mapple, die der Leser im neunten Kapitel zu hören bekommen hatte, der in jungen Jahren selbst Matrose und Harpunier gewesen war. Der Walfang ist, wie die Schiffahrt, seine eigene Welt. Die Predigt ist jedenfalls so überzeugend, dass Ismael

---

15 Es sei an dieser Stelle daran erinnert, dass der Tätowierte ein paradigmatisches Beispiel im ästhetischen Diskurs des späten 18. Jahrhunderts ist. Vgl. Jessica Güsken (2018): „Kants tätowierter Neuseeländer", in: z.B. – Zeitschrift zum Beispiel, Heft 1 (2018). S 47–63.

16 Melville (1851), S. 99.

17 Ebd.

18 Ebd. S. 100.

und Queequeg an Bord kommen dürfen und letzterer durch seinen immensen Wurf überzeugend vorführt, dass er nicht nur im übertragenen Sinne den Kapitänen seine Hände reichen, sondern mit ihnen auch kleine Wunderwerke vollbringen kann. Die Konversion vom Wilden zum Christen ist damit abgeschlossen, beide können anmustern. Im Licht dieser Voraussetzung wäre das Malteserkreuz ein überzeugendes Handzeichen und macht den informierten Leser Schmunzeln.

Das Manuskript von „The Whale" ist nicht überliefert, an dem überprüft werden könnte, wie das Handzeichen dort ausgesehen hat. Wer die handschriftliche Version von Queequegs *Mark* in den Roman eingebracht hat, bleibt ein noch zu lösendes Rätsel. Dass Lektoren und Drucker dabei ihre Hände im Spiel hatten und haben, ist offensichtlich, genauso, wie die Tatsache, dass es sich nicht um Melvilles Handschrift handelt. Das lässt sich direkt an jenem schönen Dokument überprüfen, in dem sich die Unterschrift des Autors findet. Melville war in jungen Jahren zur See gefahren, zunächst 1839 auf einem Postschiff, das zwischen New York und Liverpool verkehrte. Am 3. Januar 1841 heuerte er auf einem Walfänger mit dem Namen *Acushnet* an. Dass die Handlung des Romans historischen Berichten entnommen ist, wurde überzeugend gezeigt.[19] Wenn wir auch nicht mehr über die entsprechende Musterrolle verfügen, auf der Melville seine Unterschrift hinterlassen hat, so ist noch etwas viel Interessanteres überliefert. Es handelt sich um ein *Seamen Protection Certificate* aus dem Jahr 1840, auf dem der anwesende Melville unterschreibt, dass er schwört (!), im Staate New York und der gleichnamigen Stadt geboren zu sein, was ein Staatsbeamter geschwungen gegenzeichnet. Melville selbst unterschreibt Vor- und Zunamen in einer ‚Welle', als würde sich das Meer durch ihn aufschreiben und sich über den einzelnen Buchstaben brechen. Ihm gelingt offensichtlich, was Gale nicht möglich war: an neue Papiere zu kommen. Wenn keine Papiere vorhanden sind, können nur fatale Sprechakte helfen, die längst zum Schreibakt geworden sind:

19 Zur Übersicht vgl. Alexander Pechmann (2001): Hermann Melville. Leben und Werk. Wien, Köln u. Weimar 2003. S. 143–148. Vgl. Wilson Heflin (2004): Herman Melville's Whaling Years. Hg. v. Mary K. Bercaw Edwards u. Farel Haffernen. Nashville 2004.

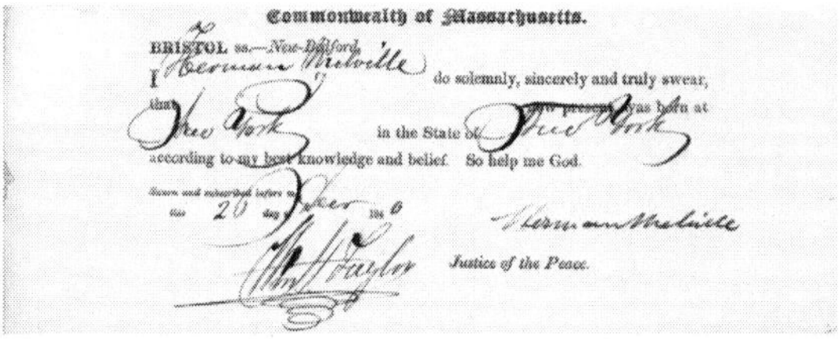
Commonwealth of Massachusetts.
BRISTOL ss.—New-Bedford
I Herman Melville do solemnly, sincerely and truly swear,
that I was born at
New York in the State of New York
according to my best knowledge and belief. So help me God.
Sworn and subscribed before me
this 20 day of 18
Herman Melville
Justice of the Peace.

Abb. 75 Melvilles *Seamen Protection Certificate*, 1840

Aus B. Travens Roman konnte man lernen: Wer auf einem Schiff anheuern will, das kein Totenschiff ist, der braucht eine *Seaman's Card.* Um ein solches Dokument zu erhalten, muss man sich ausweisen oder anders glaubhaft machen, wer man ist. Ansonsten verfällt man dem *circulus vitiosus* der Identitätslosigkeit und wird unter Todesdrohung von einer Grenze zur nächsten verschoben. Um in solchen Situationen noch zu einer Identität zu gelangen, muss man entweder wie Traven gut zu lügen wissen, oder den großen Anderen anrufen, der in die kalten Formulare der Administration eingegangen ist. Traven wird in entsprechenden Situationen, in denen er seine Herkunft bezeugen soll, behaupten, er komme aus San Francisco. Der Witz dieser Erfindung lässt sich bereits erahnen. Alle Journalisten, die das Geheimnis seiner persönlichen Identität zu lüften wünschen, müssen feststellen, dass die entsprechenden Meldedaten das große Erdbeben vom 18. April 1906 verschüttet und zerstört hat. Ebenso ergeht es den Meldebehörden, die ihm dennoch einen Pass ausstellen.

Schließen wir die Akte Melville mit weiteren Versionen der Signaturen von *His Mark.* Dabei zeigt sich, dass man eben auch Unterschriften oder Handzeichen ‚nachdichten' kann. Diese Markierung schreibt sich nicht allein in diversen Fassungen und Übersetzungen des Romans verändert fort, sondern auch in Film, Fernsehserie und Comic. Dabei gibt es neue Fassungen genauso, wie Kopien. Allein niemand kommt auf das Malteserkreuz zurück. In der Übersetzung von Richard Mummendy findet sich ein Kompromiss zwischen der typographischen Erstausgabe und der ‚eigenhändigen' Faksimile-Fassung bei Penguin. Sie ähnelt dem Zeichen jenes Gottes Yoyo, den Queequeg im Gasthaus anbetet, liegt aber weder quer noch ist sie rund[20]:

20 Melville (1851 / 1964): Moby Dick oder Der Wal. Übers. v. Richard Mummendey. Düsseldorf u. Zürich 1999. S. 130.

Abb. 76
Handzeichen in der Übersetzung von Mummendy, Düsseldorf u. Zürich 1964

In der ausgezeichneten Comic-Adaption von Chabouté[21] hat Ismael bereits unterschrieben und wir sehen gerade, wie Queequeg eine Figur zeichnet, von der schnell zu ahnen ist, was sie zeigt:

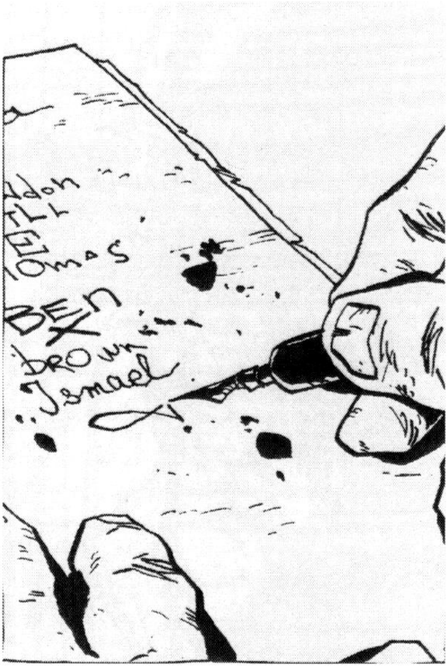

Abb. 77
His Mark im Comic von Chabouté, 2014

Aus dem Malteserkreuz ist es inzwischen der Wal selbst geworden, mit dem hier der Harpunier unterschreibt. Chabouté zitiert offenkundig unter anderem eine Szene aus dem berühmten Film mit Gregory Peck als Kapitän Ahab und Orson Welles als Father Mapple, aus dem Jahr 1956, die Queequegs Unterschrift in das Bild des auslaufenden Schiffes überblendet[22]. Regisseur des Films ist John Huston, der auch Travens *Totenschiff* verfilmte. Ismael wird hier mit einem **h** geschrieben, wie es sich

21 Moby Dick von Chabouté (2014). 3. Aufl., übers. v. Ulrich Pröfrock. Köln 2016. S. 37.
22 John Huston (1956): Moby Dick. Moulin Productions Inc., Warner Bros.

gehört. Auch manch anderer Matrose, von denen wir nichts im Roman lesen, macht sein Kreuz. Im Gegensatz zur folgenden Darstellung aus einer zweiteiligen Fernsehproduktion[23], von der Chabouté augenscheinlich kopiert hat, liegt das Auge des Wals anatomisch an der richtigen Stelle, allerdings verzichtet die Graphic Novel darauf und sieht eher dem Fischsymbol ähnlich, das gerne auf Autos geklebt wird, um sich auch im Stau noch als Christ zu outen und zu bezeugen, dass Jesus uns alle liebt:

Abb. 78 Szene aus Moby Dick, 1956

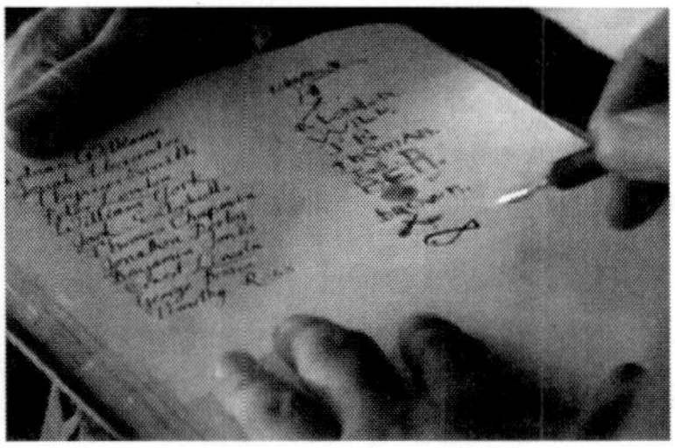

Abb. 79 Szene aus Moby Dick, 2009

Auch der große Wal-Roman wird faustisch gewesen sein. Melville zumindest hat diverse Werke Goethes zur Zeit der Abfassung gelesen. Welche Figur hier aber präfiguriert und ob die Vorlage dabei nicht eher Marlowes Drama ist, lässt sich nicht überzeugend klären.[24]

Die Namen und Unterschriften dieses großen Romans verenden aber nicht allein in Filmen und Comics. Es handelt sich um eine dunkle Geschichte, die hier nur angedeutet wird: Kapitän Ahab bezieht eine letzte Kajüte, nämlich in einer Zelle in der Haftanstalt Stuttgart Stammheim. Der Insasse heißt Andreas Baader, und Gudrun Ensslin wird den literarischen Namen ihrem Liebes- und Kampfgenossen im „info-System als Kryptonym vergeben, das doch offensichtlicher nicht sein könnte. In diesem Kommunikationssystem, das die Insassen zusammen mit ihren Anwälten qua Brief aus der Haftanstalt betrieben,

23 Franc Roddam (2009): Moby Dick. Fernsehserie in zwei Teilen, SchröderMedia HandelsgmbH & Co. KG.

24 Zur intertextuellen Ausstattung von Melvilles Figuren, insbesondere in Hinblick auf Goethe, vgl. Pechmann (2001), S. 150f.

um Gruppenmitglieder mit Anweisungen und Ideologie zu versorgen, codiert sie mit Hilfe des Figurenpersonals die Namen ihrer Sender und Empfänger.[25] Stefan Aust geht in einem Interview mit der *Frankfurter Allgemeinen* so weit zu behaupten: „Wer die RAF verstehen will, muss ‚Moby Dick' lesen"[26]. Bereits in den 80er Jahren hatte er in seinem Standardwerk zur RAF ein Kapitel über die Identifikation der in Stammheim Einsitzenden mit den Figuren aus Melvilles Roman verfasst und eine Liste der Decknamen zusammengestellt:

> ‚Ahab' stand für Baader. ‚Starbuck' für Holger Meins. ‚Zimmermann' für Jan-Carl Raspe. ‚Quiqueg'[sic!] für Gerhard Müller. ‚Bildad' für Horst Mahler. ‚Smutje' für sie selbst. Nur Ulrike Meinhof hatte keinen Platz in der Geschichte von der Jagd auf den weißen Wal. Für sie wählte Gudrun Ensslin den Namen ‚Theres' […].[27]

Ahab und Andreas teilen sich auch noch den selben Anfangsbuchstaben. Und es wäre interessant, die eigenhändige Unterschrift von Andreas Baader mit ersterer zu vergleichen, fände sie sich unter einem Dokument des „info-Systems". Hier ist aber alles nur mit dem Diskursmaschinengewehr namens Schreibmaschine verfasst. Unterschriften? Fehlanzeige!

---

25 Zum „info-System" der RAF vgl. Olaf Gätje (2006): „Das ‚info'-System der RAF von 1973 bis 1977 in sprachlicher Perspektive", in: Die RAF und der linke Terrorismus. Hg. v. Wolfgang Kraushaar. Hamburg 2006. Bd. 1, S. 1392–1413.

26 Stefan Aust (2007): „Wer die RAF verstehen will, muss ‚Moby Dick' lesen", in: FAZ, 22.08.2007, Nr. 194. S. 31.

27 Aust (1985): Der Baader-Meinhof-Komplex. 11. erweiterte u. aktualisierte Ausgabe. München 1998. S. 287.

KAPITEL VIII

Doktoren aus dem Strumpf gezogen

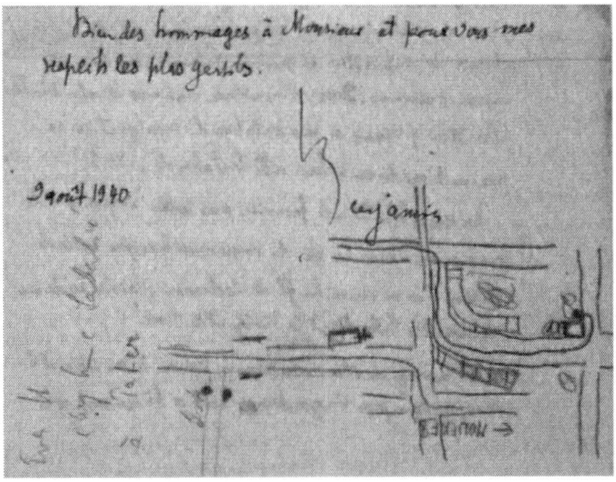

Abb. 80 Brief von Walter Benjamin an Hannah Arendt, 09.08.1940

Walter Benjamin sendet Hannah Arendt eine Karte. Dort zeigt er an, wo er 1949 auf der Flucht untergekommen ist. Sein Vorname wird durch den sich in den Straßen windenden Pfeil in jenes Hotel geführt, in dem er haust, um auf Papiere zu warten.

Namen, Pseudonyme, Anagramme

Das Gedächtnis Walter Benjamins entwirft sich als kryptische Karte: „Lange, jahrelang eigentlich, spiele ich schon mit der Vorstellung, den Raum des Lebens – Bios – graphisch in einer Karte zu gliedern."[1] Wenn Name und Unterschrift auf diese Karte treffen, ist es, als würde man aus einem Traum aufwachen: Ein B, wenn es eines ist, es signiert das Ende des letzten Briefes an Hannah Arendt, ‚fährt' am Rest des Namens vorbei in ein letztes Hotel, ganz jenseits von Berlin. Es wird verlängert von einer abfallenden Kurve, kurz unterbrochen, um sich den Weg durch die Straßen zu bahnen, einmal rechts und zweimal links kehrend abzubiegen.[2] B, dieser physiognomische Buchstabe und der

1 Benjamin: Berliner Chronik, in: WBGS, Bd. VI, S. 466.

2 Vgl. den Brief von Hannah Arendt an Walter Benjamin, vom 9. August 1940, in: Arendt und Benjamin. Texte, Briefe, Dokumente. Hg. v. Detlev Schöttker u. Erdmut Wizisla. Frankfurt a.M. 2006. S. 138–141.

© BRILL FINK, 2023 | DOI:10.30965/9783846766354_009

Name, der ihm zugehört, sind auf der Flucht, wie jene Hand, die sie geschrieben und gezeichnet hat. Dort wo beide einkehren, in Lourdes, wohnt Benjamin vorübergehend. Er hat zuvor nicht nur tiefsinnig über die Philosophie des Namens nachgedacht, sondern trägt selbst einen, der sprechender nicht sein könnte: Benjamin heißt auf Hebräisch „Sohn der rechten Hand". Aber er ist auch Sohn seiner Hand, die auf- und unterschreibt, was er durch sein Werk gewesen sein wird, in was er sich durch Kunstgriffe[3] verwandelt. Diese sowohl geschichtsphilosophisch wie identitätslogisch merkwürdige These hat er selbst zum Denkbild gefasst, das ‚zeigt', wie Werke ‚geboren' werden. Kreation komme nicht vom Können, d.h. von der Technik eines Meisters her, der beständig an ihm feilt und ausbessert, sondern aus dem Inneren des Werks selbst: „Sie [die Vollendung des Werkes, P.R.] nämlich gebiert in ihrer Vollendung den Schöpfer neu."[4] Und dass sich diese Herkunft vom Personenstand emanzipiert und vom Werk herkommt, klärt der letzte Satz des Denkbildes auf: „Er ist der männliche Erstgeborene des Werkes, das er einstmals empfangen hatte."[5]

Nicht allein durch seine Eltern, sondern – inwendig – durch das Werk erbt Benjamin ‚seine' Namen und Unterschriften. Sie zeugen von den größten Katastrophen des 20. Jahrhunderts. Können solche Namen und Unterschriften deshalb auratisch und einzigartig sein? Strukturell dem Kunstwerk verwandt, ist auch das Unterschreiben eine automatisierte Technik von reproduzierbar Einzigartigem. Benjamin träumt nicht nur von allerhand Signaturen, sondern er unterschreibt sich selbst pseudonym und wahrt dazu Geheimnamen, d.h. Namen, die erst spätere Aktenfunde überhaupt bekannt machen werden.

Pseudonyme zu verwenden, um einer großen Macht den Hintern zu zeigen, ist gerade im Reich der Literatur nichts außergewöhnliches, ist übliche diskursive Praxis. Benjamin benutzt

3 Und es gibt keine Erfahrung ohne solche Kunstgriffe, wie man von Dr. Lacan lernen kann (1972): „Interview mit Jacques Lacan von Françoise Wolff", in: Jacques Lacan spricht. Arte Edition & Absolute Medien 2013. Eine Literaturtheorie, die diesen Grundsatz ernst nimmt, entwickelt schon 1925, quasi parallel zu Benjamin, Viktor Ŝklovskij: Theorie der Prosa. Hg. u. übers. v. Gisela Drohla. Frankfurt a.M. 1984. Hier geht es um allerlei metaphorische Verfremdungseffekte, wie solche, dass man Gedichte wie Strümpfe lesen könne.

4 Benjamin (1933): „Denkbilder. Nach der Vollendung", in: WBGS, Bd. IV, 1, S. 438.

5 Ebd.

Pseudonyme, die allerdings nichts Falsches an sich haben. Sie verbleiben als Spuren in „zerschlagenen Büchern“[6], von denen eines, die Briefsammlung *Deutsche Menschen*, mit *Detlef Holz* gezeichnet ist. Diese deutschen Briefe sind jener „Arche“ anvertraut, die, wie es in der Widmung der Sammlung an Scholem heißt, „ich gebaut habe / als die faschistische Sintflut / zu steigen begann“[7]. Zwei Eigennamen bleiben selbst für die engsten Freunde geheim und müssen erst durch ‚kabbalistische Interpretationen‘, zuletzt aus ihren Verstecken im Archiv herausgetrieben werden. Der Streit, der zwischen Gershom Scholem und Werner Fuld[8] um eine theologischen versus dialektisch-materialistische Auslegung von Benjamins Denken herrscht, entzündet sich genau an diesen Namen, insbesondere an jenem Titel eines Textes, den Benjamin auf Ibiza geschrieben hat und dem Scholem einen berühmten Aufsatz widmet.[9]

In *Agesilaus Santander*, verfasst im Sommer 1933, verbindet Benjamin die beiden Namen des Titels mit seinem Schicksal als jüdischer Schriftsteller und einem Engel, der ihn mit dem berühmten Bild Paul Klees begleitet. Der rätselhafte Text wird mit einer Überlegung eröffnet, die sich die Eltern nach seiner Geburt gemacht haben sollen: Da der Junge eines Tages Schriftsteller werden könnte und durch seinen Namen unmittelbar als Jude zu erkennen sei, hätten sie ihm zwei geheime gegeben, die als Pseudonyme taugen, um die Herkunft zu verbergen. Sicher handelt es sich bei dieser ‚Erinnerung‘, wie Scholem auch im Seminar von Peter Szondi verkündet, um eine Fiktion: Danach ahnten die Eltern bereits die kommenden Katastrophen und gaben Benjamin neben seinem Rufnamen, „zwei sehr ungewöhnliche“[10], und „ausgefallene“[11] weitere. Als er das aufschreibt, ist die Ahnung der Eltern bereits eingetroffen und Benjamin publiziert unter

6 Brief vom 24. Oktober 1935, in: Benjamin u. Scholem (1933–40): Briefwechsel. Hg. v. Gershom Scholem. Frankfurt 1980. S. 209.

7 Widmung für Scholem, datiert auf den Januar 1937 und unterschrieben mit „Walter“, in WBKG, S. 174.

8 Fuld (1978): „Agesilaus Santander oder Benedix Schönflies. Die geheimen Namen Walter Benjamins“, in: Neue Rundschau 89 (1978), S. 253–263 [Heft 2].

9 Es handelt sich um Gershom Scholem (1972): „Walter Benjamin und sein Engel“, in ders.: Walter Benjamin und sein Engel. Vierzehn Aufsätze und kleine Beiträge. Frankfurt a.M. 1992. S. 35–73, hier: S. 50.

10 Benjamin (12.05.1933): Agesilaus Santander [Erste Fassung], in: WBGS, Bd. VI, 1, S. 520.

11 Ebd. [Zweite Fassung], in: WBGS, Bd. VI, 1, S. 521.

Pseudonymen, um überhaupt noch veröffentlichen zu können. Jene geheimen Namen aber, von den Eltern gegeben, habe er niemals benutzt, auch in *Agesilaus Santander* nicht, sondern sie verborgen, in sich eingeschlossen: „Ich will sie nicht verraten."[12] Er erläutert diese kryptische Inkorporierung durch jenen jüdischen Brauch, bei dem die Kinder männlichen Geschlechts einen geheimen Namen erhalten, der ihnen erst bekannt gemacht wird, wenn sie mannbar werden. Mannbarkeit „bedeutet bei den Juden nur, daß sie von nun an unter eigener Verantwortung zur Einhaltung der Vorschriften der Thora verpflichtet sind und beim öffentlichen Gebet [...] mitgezählt werden."[13] Das Mannbarwerden jedoch, so Benjamin weiter im Text, kann sich – ganz entgegen dem jüdischen Brauch – im Leben mehrfach ereignen. Jeder Name, auch der geheimste, ist seiner Geschichtlichkeit ausgesetzt, so argumentiert er, weil „nicht jeder geheime Name sich stets gleich und unverwandelt bleibt, so kann sich seine Verwandlung wohl mit einem neuen Mannbarwerden offenbaren."[14] In der zweiten Fassung des *Agesilaus* wird diese Verwandlung gerade für denjenigen reserviert, der nicht fromm ist, was Benjamin entschieden für sich selbst reklamiert, denn er fügt an: „So mir."[15] Diese Geschichte erzählt von der Profanierung des Namens, der ohne seine Geschichte nichts ist.

Um welche Namen handelt es sich aber überhaupt in dieser seltsamen Geschichte? Scholems Lesart hat ihre Pointe darin, dass Benjamin dem ‚Engel der Geschichte' das Kryptogramm „Satan" in den Titel seines Textes schreibt. Dogmatisch stellt er fest: „Agesilaus Santander ist, mit einem überzähligen i gewissermaßen ornamental versiegelt, ein Anagramm von ‚Der Angelus Satanas'".[16] Um das Anagramm aufzulösen, erklärt Scholem zunächst, wie Paul Klees Zeichnung *Angelus Novus* in Benjamins Besitz gekommen ist. Dieser habe es zwischen Ende Mai und Anfang Juni 1921 erworben und in seinen verschiedenen Wohnungen aufgehängt. Die weitere Odyssee der Zeichnung geht durch die Koffer Benjamins, die nach seiner Flucht in

12 Ebd. [Erste Fassung], in: WBGS, Bd. VI,1, S. 520.
13 Scholem (1972): Walter Benjamin und sein Engel, S. 51.
14 Benjamin (12.05.1933): Agesilaus Santander [Erste Fassung], S. 520.
15 Ebd. [Zweite Fassung], S. 522.
16 Scholem (1972): „Walter Benjamin und sein Engel", S. 50.

der Pariser Bibliothèque Nationale von Bataille versteckt wurden, über Amerika, wo Adorno es in Verwahrung hat und später zurück mit nach Frankfurt a.M. nimmt, bis nach Jerusalem, wo es der testamentarisch bestimmte Empfänger Scholem vor Augen hat, als er zur Interpretation ansetzt.[17] Was jener auf den nächsten Seiten an Belegen und Selbstzeugnissen versammelt, soll die zentrale Stellung des *Angelus Novus* für Benjamins Werk insgesamt behaupten, der es ganz praktisch als Meditationsbild, aber vor allem als Allegorie und dialektisches Bild verwendet habe. Und was wäre dialektischer als der gebannte Widerspruch eines satanischen Engels, den die jüdisch-christliche Tradition auszuhalten hat? Dass auch die nicht realisierte Zeitschrift *Angelus Novus* heißen sein sollte, dient als weitere Evidenz, diesen Engel im Titel von *Agesilaus Santander* wiederzufinden und die satanische Konversion führt dann auch noch über eine pseudonyme Unterschrift.

Zunächst erinnert sich Scholem, dass er 1921 mit Benjamin die „jüdische Angelologie“[18] diskutiert habe. Diese Gespräche führen dazu, dass ersterer das Gedicht „Gruß vom Angelus“ schreibt. Er widmet es Benjamin, der es wiederum in den geschichtsphilosophischen Thesen zitiert. In einer Postkarte von Benjamin und seiner Frau, bezeichnete Dora den *Angelus Novus* als „‚Neuerschaffene[n] Kabbalabeschützer‘“[19]. Benjamin selbst erfindet sich auf der Karte dazu Zitate aus zwei Zeitschriften: dem „Zentralblatt für Angelologie“ und der „Privatnachricht des Zentralorgans Bücherlein“[20]. Dort findet sich dann der erste Satz, der ahnen lässt, wie aus dem *Angelus Novus* der Satan wird: „Dem Angelus schlägt die liebe kleine Dämonologie schlecht an. Er bittet um Entfernung derselben nach Berlin. gez. Dr. Delbrück.“[21]

Dieses Pseudonym, von Benjamin vor allem für satirische und humoristische Zwecke eingesetzt, verweist auf die Wohnung der Eltern in der Delbrückstraße 23 in Berlin und führt Scholem zudem ganz überraschend zurück zum „Dr. Faust:

17 Vgl. ebd. S. 44f. Zum Weg des Bildes, bis ins Israel Museum in Jerusalem vgl. Reto Sorg (2012): „Der Engel der Engel. Zu Paul Klees Angelus novus“, in: Paul Klee: Die Engel. Hg. v. Zentrum Paul Klee, Bern. Ostfildern 2012. S. 114–134.

18 Ebd. S. 46.

19 Ebd.

20 Ebd.

21 Benjamin (Postkarte, 16. Juni 1921), zit. n. ebd.

> Diese kleine Dämonologie war ein Büchlein ohne Titel und Text, das nur aus den Abbildungen und Sigeln („Charakteren") der Dämonen bestand, in Wirklichkeit der Tafelband zu Dr. Fausts Höllenzwang, der um 1840 in Stuttgart als Lithographie veröffentlicht worden war. Das Büchlein war ursprünglich in Benjamins Besitz, der es in der zweiten Hälfte April 1921, als ich in Berlin war, als Dank für meine Intervention in einer sein Leben sehr berührenden Sache geschenkt hatte, als er mir auch das Du anbot. Das Buch befindet sich noch jetzt bei mir.[22]

Dr. Faust und der Engel der Geschichte begegnen sich so in der kabbalistischen Studierstube ganz materiell, denn Scholem unterhält das Archiv für die Texte des Freundes, von dem er eine Abschrift nach der nächsten, aber eben auch Bücher wie die „kleine Dämonologie" erhält, nicht zuletzt, um sie zu verkaufen. Er erbt neben Benjamins und Christoph Friedrich Heinles Handschriften auch Klees Bild *Angelus Novus*, wie es im Testament[23] steht, das entsprechend datiert und unterschrieben ist:

Abb. 81 Datum und Unterschrift unter Benjamins Testament

In Benjamins Brust wohnen mindestens zwei Schriften: Das **W** entstammt der lateinischen Schrift, aber das **B** deutscher Kurrentschrift. Diese Unterschrift entspricht weitgehend jener, die sich auch in seinem Reisepass[24] findet, abgesehen vom Titel, der im Testament fehlt und dem **B**, das im Ausweis unten statt oben eine Schleife hat, die sich wie eine Welle über dem Nachnamen aufbaut und über ihm zusammenzubrechen droht:

22 Scholem (1972): „Walter Benjamin und sein Engel", S. 47.

23 Vgl. Benjamin (1932): „Testament", in: WBGS IV, S. 121: „Mein gesamter handschriftlicher Nachlaß – eigene und fremde Manuscripte betreffend – soll an Gerhard Scholem Jerusalem Abessinian Road übergehen", und S. 122: „Von meinen Bildern erbt / Paul Klee: Angelus Novus Gerhard Scholem Jerusalem."

24 Die Abbildung entstammt dem Ausstellungskatalog: Walter Benjamin 1892–1949. 3. durchges. u. erweiterte Aufl. des Marbacher Magazins 55 (1990). S. 206f. Auch der Knick unten im **W** ist nicht energisch gezogen. An anderer Stelle fehlt er ganz und ähnelt in seiner Schriftbildlichkeit einer Badewanne.

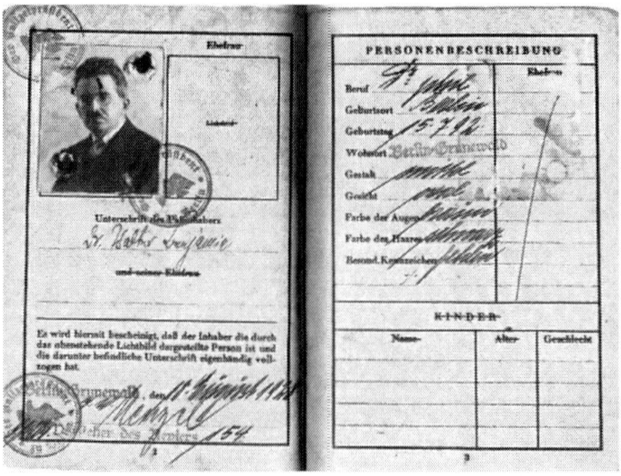

Abb. 82 Reisepass von Walter Benjamin, 1928

Der Engel allerdings vertrüge sich schlecht mit dieser „kleinen Dämonologie", schreibt Benjamin an Scholem, daher kann man zu diesem Zeitpunkt noch gar nicht davon ausgehen, dass der *Angelus* auch satanisch-luziferische Konnotation für ersteren besessen habe.[25]

Man staunt, wie Scholem autobiographische Erinnerungen und kabbalistische Theologie mit literarischen Fiktionen verknüpft, die zuletzt die Konversion des Angelus zu Satan und dann auch noch Lucifer bewerkstelligen sollen. Benjamin nimmt zu dem neu erworbenen Bild Stellung, indem er aus von ihm erfundenen Zeitungen zitiert, eine andere Quelle bilden Akten der von Scholem und Benjamin erfundenen „Universität Muri", zu deren Schutzengel das Bild und Scholems Gedicht zum „Amtlichen Lehrgedicht"[26] erklärt wird.

Die luziferische Konnotation des *Angelus*, erläutert Scholem weiter, komme nicht unmittelbar aus der jüdischen Tradition, sondern verdanke sich Baudelaire. Scholem verweist summarisch auf Benjamins Arbeiten und sieht dort an vielen Stellen die „Schönheit des Satanischen"[27] ausgestellt. Hauptzeugnis ist aber

25 Vgl. Scholem (1972): „Walter Benjamin und sein Engel", S. 46.

26 Ebd.

27 Ebd. S. 48. Beispiele nennt Scholem nicht, aber es lässt sich auf einen summarischen Gedanken dazu hinweisen. Vgl. Benjamin (1938): „Zentralpark", in: WBGS Bd. I,2. S. 667: „Man muß annehmen, daß die Gegenstände, die die Mitte von Baudelaires Dichtung ausmachen, einem planvollen zielstrebigen Bemühen nicht erreichbar waren: Jene entscheidend neuen

ein Drogenprotokoll vom 15. Januar 1928, aus dem ausführlich zitiert wird, um den Namen „Satan" für das Anagramm aus Benjamins Schriften ins Spiel zu bringen. Hier berichtet er von der „satanischen Phase" des Rausches: „Mein Lächeln nahm satanische Züge: wenn auch mehr den Ausdruck satanischen Wissens, satanischen Genügens, satanischen Ruhens an als den satanischen, zerstörenden Wirkens."[28] Zudem zitiert Scholem aus dem Denkbild *Der Seher* und hält die Konversion des *Angelus* zum Satan prinzipiell für abgeschlossen:

> Während aber das „unbeschreiblich schöne Gesicht" eines Menschen noch um 1932 in Benjamins „Selbstbildnissen des Träumenden" „satanische Züge [...] in einem verhaltenen Lächeln" hervortreten lässt [...], ist die Menschenähnlichkeit des sich ins Luziferische wandelnden Kleeschen Engels nicht mehr vorhanden, als er ein (vielleicht zwei) Jahre später die uns hier beschäftigende Niederschrift [von *Angelus Santander*, P.R.] verfaßte.[29]

Aber Scholem führt seine ‚kabbalistische' Interpretation fort, wonach der Titel des Aufsatzes *Angesilaus Santander* ein Anagramm jenes Angelus sei, der quasi der Genius Benjamins ist. Der Titel des Textes meine den spartanischen König Agesilaus und die spanische Stadt Santander. Dass es sich jedoch nur um ein Anagramm handeln kann, wird aus Benjamins Leidenschaft für solche Buchstabenspiele abgeleitet. Nicht nur fände sich im Nachlass eine ganze Liste Anagramme, er habe selbst diverse Aufsätze entsprechend unterschrieben, etwa mit „Anni M. Bie". Der stärkste Beweis sei aber, dass im Trauerspielbuch die

---

Gegenstände – die große Stadt, die Masse – werden dann auch nicht als solche von ihm visiert. Nicht sie sind die Melodie, die er im Sinne hat. Vielmehr ist das der Satanismus, der Spleen und die abwegige Erotik."

28 Benjamin: „Hauptzüge der zweiten Haschisch-Impression. Geschrieben 15. Januar 1928 nachmittags ½ 4", zit. n. ebd. S. 49. Vgl. WBGS VI, S. 560. An dieser Stelle sei darauf hingewiesen, dass sich das zitierte Protokoll mit anästhesierter Raumwahrnehmung beschäftigt. Bereits in dem Satz, den Scholem in seinem Zitat weglässt, wird deutlich, dass der Auslöser für die „satanische Phase" das Rot der Wände ist. Er beschreibt, wie der Raum sich verkleidet, indem er die „Kostüme der Stimmungen" übernimmt. Auch Ahnungen, was im Nebenzimmer sich alles abspielen könnte, notiert Benjamin, ebd. S. 561: „Ich erfahre das Gefühl, nebenan im Zimmer könnte sowohl die Kaiserkrönung Karls des Großen wie die Ermordung Heinrichs des IV, die Unterzeichnung des Vertrages von Verdun und die Ermordung Egmonts sich abgespielt haben." Wie könnte eine solche „satanische Phase" je ohne eine Unterschrift auskommen?

29 Vgl. Scholem (1972): „Walter Benjamin und sein Engel", S. 49. Vgl. WBGS IV, S. 421.

Anagramme von Barockschriftstellern als sinnfreie Bedingung der Möglichkeit von Allegorien überhaupt ausgewiesen werden: „in den Anagrammen ‚stolziert das Wort, die Silbe und der Laut, emanzipiert von jeder hergebrachten Sinnverbindung, als Ding, das allegorisch ausgebeutet werden darf'".[30]

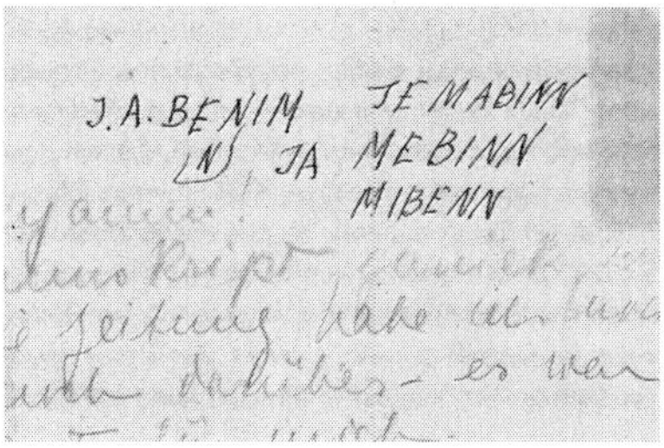

Abb. 83
Anagramme Benjamins in Majuskeln

Ganz in diesem Sinne lässt auch Scholem die Buchstaben ‚stolzieren' und kommt zu dem schon zitierten überraschenden Resultat, das er mit Texten der jüdisch-christlichen Tradition unterfüttert:

> Agesilaus Santander ist, mit einem überzähligen i gewissermaßen ornamental versiegelt, ein Anagramm von „Der Angelus Satanas". Von einem solchen Engel sprechen sowohl hebräische Texte, wie etwa der Midrasch Rabba zu Exodus, Sektion 20, §10, als auch neutestamentliche, wo im Paulinischen Brief an die Korinther II, Kapitel 12:7 vom Angelos Satanas die Rede ist, der mit dem abgefallenen, revolutionierenden Luzifer identisch ist.[31]

Das fehlende **i** als Ornament abzutun, dazu gehört schon Interpretationskunst. Dagegen ist die Aussage nur allzu wahr, dass die Referenzen für einen solchen Engel tatsächlich durch die theologische Überlieferung gedeckt sind. Letztlich ist es eben nicht Baudelaire, der diesen Engel als geheimen Namen in den Titel schreibt, sondern Benjamins theologischer Tiefenstrom, der mit jenen revolutionären Tendenzen zusammengeht, die seit seinem Engagement für die Jugendbewegung vorhanden sind. Scholem

30 Benjamin (1925): Ursprung des deutschen Trauerspiels, zit. n. Scholem (1972), S. 50. Vgl. WBGS I, 1, S.381. Abb. 84 aus: Walter Benjamins Archive. Bilder, Texte und Zeichen. Hg. v. Walter Benjamin Archiv. Frankfurt a.M. 2006. S. 230. Die Anagramme sind geschrieben auf der Rückseite von Notizen *Über den Begriff der Geschichte*.

31 Vgl. Scholem (1972): „Walter Benjamin und sein Engel", S. 51.

überspringt in seiner Interpretation zur Geheimhaltung des Namens allerdings den zentralen Punkt, wenn er schreibt: „Benjamin, der seine eigenen Schriften unter seinem bürgerlichen Namen veröffentlichte, machte von diesem Namen, wie er sagt, keinen Gebrauch, er ‚hielt es wie die Juden mit dem zusätzlichen ihrer Kinder, der geheim verbleibt' und den sie ihnen erst mitteilen, wenn sie mannbar werden."[32]

Aber eben das stimmt nicht, denn Benjamin und die Zeitungen, die ihn noch drucken wollen, sind gezwungen, auf Pseudonyme zurückgreifen, um einige Texte überhaupt noch publizieren zu können. Scholem verlässt sich ganz darauf, dass die mehrfache Mannbarwerdung, die im *Agesilaus Santander* nicht in der jüdischen Tradition aufgeht, sich auf die erotischen Krisen mit Julia Cohn und Asja Lacis beziehen. Aber der Text lässt eine ganz andere Krisis erkennen, die mit dem Namen selbst zu tun hat. Denn er ist es, der „alle Lebenskräfte in sich faßt, bei welchem sie beschworen und vor Unberufenen behütet werden."[33]

Die geheimen Namen Benjamins verweisen tatsächlich auf eine luziferische Seite, die Scholem übersieht, weil er mehr den Schriften und Biographien glaubt, als den bürokratischen Akten, die er allerdings zum Zeitpunkt der Niederschrift seines Aufsatzes gar nicht kennen konnte. Es ist Werner Fuld zu danken, dass die Gestapo-Akten von Benjamins Ausbürgerung entdeckt und 1978 in der *Neuen Rundschau* der Öffentlichkeit bekannt gemacht werden. Die Ausbürgerung, so ist dort zu lesen, erfolgte aufgrund seiner Mitarbeit an der 1936 in Moskau erscheinenden Zeitschrift *Das Wort*. In seinem Aufsatz möchte Fuld nur eine kurze historische Einordnung geben und ausführlicher erst in seiner Biographie Benjamins Auskunft argumentieren, die ein Jahr später erscheint.[34] Er tritt strikt Scholems Auffassung entgegen, es handele sich bei *Agesilaus Santander* um eine Fieberphantasie, oder der Annahme, die Eltern hätten einen geheimen Namen vergeben. Ganz im Gegenteil verdanke sich diese Erzählung weder Malaria noch Drogenerfahrung: „Diese Mitteilung ist

32 Ebd.
33 Benjamin (12.5.1933): Agesilaus Santander [Erste Fassung], S. 520.
34 Vgl. Fuld (1979): Walter Benjamin. Zwischen den Stühlen, S. 276–283.

klar und eindeutig"[35] und hat weder einen mythischen Grund noch mit dem Angelus Novus zu tun: „Wie durch die Gestapo-Akte nun aber belegt werden kann, wurden dem Sohn folgende Namen gegeben: ‚Walter Benedix Schoenflies Benjamin.' Benjamin war der Vatername. Als weitere Vornamen wurden Benedix und der Mädchenname der Mutter, Schoenflies, eingetragen."[36]

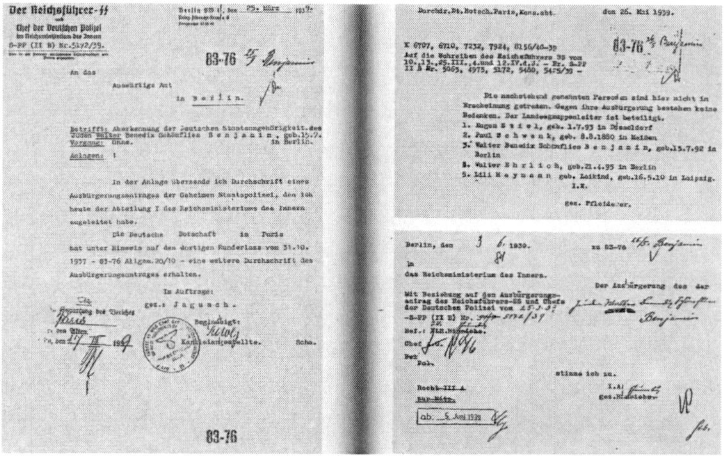

Der Reichsführer-SS und Chef der Deutschen Polizei im Reichsministerium des Innern
S-PP (II B) Nr. 5172/39.

83-76

An das Auswärtige Amt in Berlin.

Betrifft: Aberkennung der Deutschen Staatsangehörigkeit des Juden Walter Benedix Schönflies Benjamin, geb. 15.7. in Berlin.
Vorgang: Ohne.
Anlagen: 1

In der Anlage übersende ich Durchschrift eines Ausbürgerungsantrages der Geheimen Staatspolizei, den ich heute der Abteilung I des Reichsministeriums des Innern zugeleitet habe.
Die Deutsche Botschaft in Paris hat unter Hinweis auf den dortigen Runderlass vom 31.10.1937 – 83-76 Allgem. 20/10 – eine weitere Durchschrift des Ausbürgerungsantrages erhalten.

Im Auftrage:
gez.: Jagusch.

Beglaubigt:
Kanzleiangestellte.

83-76

Durchdr. Dt. Botsch. Paris, Kons. abt. den 26. Mai 1939.

83-76

Auf die Schreiben des Reichsführers SS vom 10., 13., 25. III., 4. und 12. IV. d. J. – Nr. S-PP II B Nr. 5063, 4975, 5172, 5480, 5475/39 –

Die nachstehend genannten Personen sind hier nicht in Erscheinung getreten. Gegen ihre Ausbürgerung bestehen keine Bedenken. Der Landesgruppenleiter ist beteiligt.
1. Eugen Ezi el, geb. 1.7.93 in Düsseldorf
2. Paul Schwenk, geb. 8.8.1880 in Meißen
3. Walter Benedix Schönflies Benjamin, geb. 15.7.92 in Berlin
4. Walter Ehrlich, geb. 21.4.95 in Berlin
5. Lili Heymann geb. Leikind, geb. 16.5.10 in Leipzig.
I. A.
gez. Pfleiderer.

Berlin, den 3. 6. 1939.
zu 83-76

An das Reichsministerium des Innern.

Mit Beziehung auf den Ausbürgerungsantrag des Reichsführers-SS und Chefs der Deutschen Polizei vom 25.3.39 – S-PP (II B) Nr. 5172/39

Der Ausbürgerung des der Juden Walter Benedix Schönflies Benjamin stimme ich zu.

I. A.
gez. Hinrichs

ab: 5. Juni 1939

Abb. 84 Gestapo Akten zur Ausbürgerung Benjamins inkl. Anlagen

Scholems Antwort auf diesen Fund kommt sozusagen postwendend und ist in jener *Neuen Rundschau* publiziert, die Fulds Aufsatz enthält. Selbstverständlich erkennt er die Faktizität dieser Akten an und bestätigt, dass der Name *Schönfließ* vom Familiennamen der Mutter Pauline stammt. Woher der Name *Benedix* komme, könne er nach Lektüre des entsprechenden Stammbaums dieser Familie nicht sagen, nur soviel, dass ihm der Name des Großvaters väterlicherseits noch unbekannt sei. Dieses Detail wird 1982 nachgetragen und um umfängliche Ahnentafeln von Mutter und Vater Benjamins ergänzt. Die familiäre Genealogie ist jetzt wie die Geheimnamen kein Geheimnis mehr. Dabei bestätigt sich auch die Ahnung, dass der Großvater väterlicherseits ihm den Namen *Benedix* leiht, wenn dieser auch *Bendix*

35 Werner Fuld (1978): „Agesilaus Santander oder Benedix Schoenflies. Die geheimen Namen Walter Benjamins", in: Neue Rundschau 89 (1978), S. 253–263, hier: S. 278.

36 Ebd. S. 278. Abb. In: Fuld (1979): Walter Benjamin. Zwischen den Stühlen, Bildteil, S. 176ff.

hieß, was eine häufig verwandte Form des Namens sei, wie Scholem bereits in seiner Antwort an Fuld festgehalten hatte. Wo hier das e wegfällt, ist in seinem Anagramm ein i zu viel, diesem Befund misst er aber keine weitere Bedeutung bei. Zugeben wird Scholem, dass bei Benjamins Erzählung von der Namensgabe seiner Eltern nicht mehr einfach von einer Fiktion gesprochen werden könne. Aber dass es sich dabei um Pseudonyme handelt, die den Schriftsteller als Juden unerkannt ließen, sei falsch und er behauptet: „Jeder Jude hätte damals sofort gewusst, daß nur ein Jude Benedix Schoenflies heißen könne. Die Maskierung wäre sehr unvollständig gewesen. Aber Benjamin kannte sich in jüdischen Verhältnissen nicht sehr gut aus."[37]

Warum aber sollte jeder Jude gewusst haben, dass Benedix nur ein Jude hätte heißen können? Die Antwort liegt in der Spur, die dieser Name trägt, denn er ist historisch markiert: Es handelt sich bei *Bendix* bereits um eine Übersetzung des jüdischen Namens Baruch. Was sich an dem Geheimnamen Benjamins, vom Großvater übernommen, ablesen lässt, ist jener Stigmatisierungsprozess jüdischer Namen, der 1812 in Preußen als Emanzipationsakt begann und 1938 in einem Runderlass des Reichs- und Preußischen Ministeriums des Innern seinen unsäglichen Höhepunkt erreicht.[38] Hier wird festgelegt, dass Kinder deutscher Staatsangehörigkeit jetzt nur noch deutsche Namen erhalten können. Um Juden bereits am Namen zu identifizieren, gilt fortan die Bestimmung:

> Juden, die deutsche Staatsangehörige oder staatenlos sind, dürfen nur die in der Anlage aufgeführten Vornamen beigelegt werden; anderen deutschen Staatsangehörigen dürfen diese Vornamen nicht beigelegt werden.[39]

Letzteres soll erneut Distinktion in eine Namenslage bringen, die darin besteht, dass viele (assimilierte) Juden ihren Namen

---

37 Scholem (1978): „Die geheimen Namen Walter Benjamins", in: Walter Benjamin und sein Engel", S. 73–77, hier: S. 74.

38 Die Forschungen dazu wurden zusammengefasst und an den Fallbeispielen „Cohn" und „Isidor" dargestellt von Dietz Bering (1987): Der Name als Stigma: Antisemitismus im deutschen Alltag 1812–1933. 2. Aufl., Stuttgart 1988.

39 „Richtlinien über die Führung von Vornamen" (v.18.8.1938 – I d 42 X/38–5501 b), in: Ministerial Blatt des Reichs- und Preußischen Ministeriums des Innern. 3. (99.) Jahrgang, Nr. 1–53, 2. Halbjahr. Berlin 1938. S. 1345.

bereits in deutsche geändert haben. Aus *Benedix*, selbst schon eingedeutscht, wurde dann schnell Bernhard oder Hans-Bernhard.[40] Walter Benjamin ist längst im Exil, als dieser Runderlass zu den Vornamen in Kraft tritt. Klar ist aber, dass die kurze Phantasie über die Geheimnamen, die ihm seine Eltern gaben, eine Geschichte aufdeckt, in der ihre nackten Akten auf eine Allegorie treffen. Der Engel ist neu, *Angelus Novus*, weil er selbst jene Verwandlungen darstellt, die auch der geheime Name durchmacht, wenn er auf seine Geschichte trifft. Er ist die Allegorie des Nichtidentischen, nicht nur im Denken, sondern in dem, das ihm voraufgeht, der Benennung: „Doch keineswegs ist dieser Name eine Bereicherung dessen, der ihn führt. Vieles entzieht er ihm, vor allem aber die Gabe, als ganz der Alte zu erscheinen."[41]

Der Name entsteht als ‚Engel' aus dem alten Namen und tritt „gerüstet und geschient ans Licht", als Schutzwehr gegen jede Identifizierung durch den Staat. Darum ist es nur richtig, dass Scholem das Geheimnis dieser Namen erhalten will, selbst wenn er zu vorschnell zur biographischen Begründung greift, es ginge letztlich um Benjamins Geliebte Julia Cohn. Was er aber erkennt, ist die luziferische Seite dieses Engels, der aus dem Kontinuum von Werden und Vergehen in der Lobpreisung Gottes herausfällt. Er erstarrt und stellt einen Identitätsverlust der Dinge der Welt und damit von sich selbst dar: „Irgendwo ist er nicht mehr mit sich identisch."[42]

Eigenhändigkeit

Ist der Mensch erst einmal in seiner polizeilichen Identität erkannt, droht er zu verschwinden. Als Rest verbleibt ein Individuum das, glaubt man der neueren Soziologie, nur noch als Umwelt jener Mächte angeschrieben werden kann, die auf es zugreifen. Dabei bleibt zumindest Benjamin stets auf der Höhe seiner Zeit, wenn er diese neuen Identitäten geprägt sieht durch technische Spurensicherung. Was später „Kontrollgesellschaft" heißen wird, findet in Bezug auf die Unterschrift hier ihre erste Ausformulierung, die sich im kalten Herzen der Verwaltung aufhält:

---

40 Vgl. ebd. S. 240.

41 Benjamin (1933a): Agesilaus Santander [Erste Fassung], S. 520f.

42 Scholem (1972): „Walter Benjamin und sein Engel", S. 52. Vgl. Benjamin (1933a): Agesilaus Santander [Erste Fassung], S. 53: „Der Engel aber ähnelt allem, wovon ich mich habe trennen müssen: den Menschen und zumal den Dingen."

> Technische Maßnahmen mußten dem administrativen Kontrollprozeß zu Hilfe kommen. Am Anfang des Identifikationsverfahrens, dessen derzeitiger Standard durch die Bertillonsche Methode gegeben ist, steht die Personalbestimmung durch Unterschrift. In der Geschichte dieses Verfahrens stellt die Erfindung der Photographie einen Einschnitt dar. Sie bedeutet für die Kriminalistik nicht weniger als die des Buchdrucks für das Schrifttum bedeutet hat. Die Photographie ermöglicht zum ersten Mal, für die Dauer und eindeutig Spuren von einem Menschen festzuhalten. Die Detektivgeschichte entsteht in dem Augenblick, da diese einschneidendste aller Eroberungen über das Inkognito des Menschen gesichert war. Seither ist kein Ende der Bemühungen abzusehen, ihn dingfest im Reden und Tun zu machen.[43]

Heutzutage ist eine Literaturgeschichte kaum noch ohne das Apriori technischer Maßnahmen denkbar. Das verdankt sich nicht zuletzt Benjamin.[44] Eine ihrer Herkünfte ist die „Personalbestimmung durch Unterschrift"[45]. Historisch verweist Benjamin zu Recht auf Alphonse Bertillon, der um 1900 auch in Deutschland noch als das Mastermind kriminologischer Identifikationsverfahren gilt. Allerdings war er in der Dreyfus-Affäre als graphologischer Gutachter tätig, der die Fälschung einer angeblichen Geheimkorrespondenz zwischen Dreyfus und der deutschen Botschaft in Paris nicht erkannt hat. An diesem falschen Urteil hält er sogar dann noch fest, als Ferdinand Walsin-Esterházy seine Urheberschaft erklärte. Bertillons vielleicht erfolgreichster ‚Vertreter' in Deutschland ist der Jurist, Kriminalist und Kriminologe Hans Schneickert, der bis 1931 auch als Leiter des Erkennungsdienstes der Berliner Polizei tätig war. Er war gleichzeitig Übersetzer Bertillons und machte die deutsche Kriminalistik mit dessen Signalementenlehre und dem *Portrait parlé* bekannt.[46] Zudem schrieb er einige bedeutsame Hand- und

43 Benjamin (1935): Das Paris des Second Empire bei Baudelaire, in: WBGS I, 2, S. 550.

44 Vgl. Norbert Bolz (1993): Theorie der neuen Medien. München 1990. S. 106: „Die Ausschaltung der Handschrift ist der entscheidende grammatologische Schnitt der Neuzeit. Seit die ‚zeigend-schreibende Hand' medientechnisch entlastet wird, ist die Hand nicht mehr Menschenzeichen, sondern befehlende [sic!] Finger, und das Wort nicht mehr Menschenwort, sondern Information."

45 Benjamin weist darauf hin, dass es die Photographie ist, die für die erkennungsdienstlichen Maßnahmen einen Quantensprung bedeutet. Vgl. dazu Susanne Regener (1999): Fotografische Erfassung: zur Geschichte medialer Konstruktionen des Kriminellen. Paderborn.

46 Vgl. Hans Schneickert (1908): Signalementenlehre (System Alphonse Bertillon). Enthaltend: I. Das „gesprochene Portrait" (Portrait parlé) u. II. Identitätsfeststellungen ohne Signalement. Handbuch für Polizeibehörden, Gendarmerie- u. Polizeischulen. München.

Lehrbücher für Schriftsachverständige und beschäftigt sich hier besonders mit dem Problem, wie verstellte Handschriften graphologisch nachzuweisen sind. In seinen Büchern, Übersetzungen und Vorworten kann man nachlesen, wie es mit der Unterschrift in Sachen Personalbestimmung und Schriftvergleichung bestellt ist. Eine besondere Sympathie hat er für allerhand Fallgeschichten, die er unter dem Titel *Geheimnisvolle Briefe* im Krieg als Kriminalgeschichten herausbringen wird.[47] In seinem Standardwerk *Die Bedeutung der Handschrift im Zivil- und Strafrecht* (1906), das Schneickert 1939 unter anderem Titel noch einmal als Summa seiner Überlegungen herausbringt, findet sich folgende Definition der Unterschrift, die er im gleichlautenden Unterkapitel in eine Fußnote stellt und die wir bereits im *Exordium* zitiert hatten. Das gilt es zu wiederholen, weil nun endlich der historische Stand dieser Dinge erreicht ist:

> Die Unterschrift, mit oder ohne Schnörkel (Paraphe) ist als Träger und Repräsentant des Namens des Schreibers meistens der Ausdruck eines individuellen und originellen Gestaltungswillens der Persönlichkeit, von deutlicher Lesbarkeit bis zu unleserlichen Hieroglyphen gesteigert. Die *Paraphe*, die in früheren Zeiten allgemein geübt und als Bestandteil der Namensunterschrift bewertet wurde, wird heute noch bei manchen Völkern allgemein angewendet; sie ist oft sehr bezeichnend für die Schreibfähigkeit und den Charakter des Schreibers, entspringt oft aber auch bloßer Nachahmungssucht, doch ist sie manchmal auch als Sicherungsmittel gegen Fälschungen gedacht.[48]

Entsprechende Schriftproben gehören wie Fingerabdrücke längst zur Praxis der Kriminalistik.[49] Schneickert stellt, medial auf der Höhe seiner Zeit, für Hand- und Unterschrift fest, was Benjamin für die administrativen Identifizierungsprozesse insgesamt konstatiert, nämlich, dass die Photographie vergleichbar wäre mit den Folgen der Einführung des Buchdrucks für die Schrift insgesamt. Zwei Funktionen sind für den Kriminalisten dabei von

---

47 Schneickert (1943): Geheimnisvolle Briefe. Kriminalgeschichten. Lübeck 1943.

48 Schneickert (1906): Die Handschrift im Rechts und Verkehrsleben. Rechtskunde für Schriftsachverständige [Zweite Auflage des Buches ‚Die Bedeutung der Handschrift im Zivil- u. Strafrecht']. Heidelberg 1939. S. 30f.

49 Vgl. Franz Tenner (1932): Kriminalistik in Merkblättern. Erster Teil. München, S. 55: „Schriftstücke, die für eine Schriftvergleichung in Frage kommen, […] müssen als Beweismittel unversehrt erhalten werden. […] Bei der Fälschung einer Unterschrift ist besonderer Wert auf die Beibringung einer echten Unterschrift zu legen."

entscheidender Bedeutung: die Vergrößerung und die neuen Möglichkeiten der Präsentation. Zunächst lassen sich qua Photographie Indizien und insbesondere Untersuchungen zur Schrift so präsentieren, dass nicht-sachverständige Richter die Evidenz der gutachterlichen Schriftvergleiche nachvollziehen können, weil „die wesentlichen Punkte des Gutachtens auf ein Bild übersichtlich zusammengedrängt werden."[50] Schneickert gibt im *Leitfaden* genaue Anweisungen für gutachterliche Präsentationstechnik, d.h. die Einrichtung von Demonstrationstafeln:

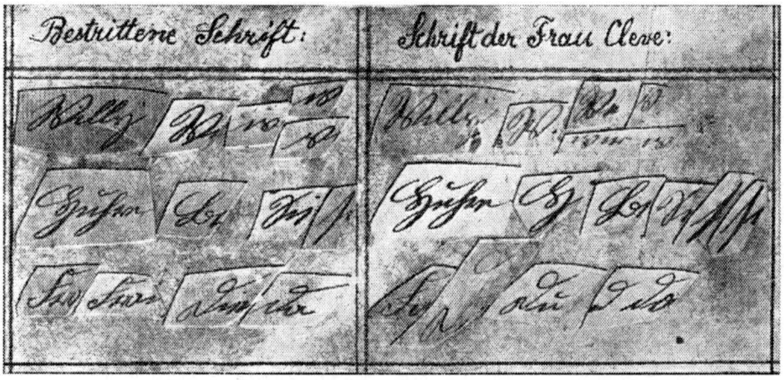

Abb. 85 Vergleichstafel aus einem Meineid-Prozess, aus Schneickert 1918

Die entsprechenden Schriftstücke werden maßstabsgetreu fotografiert, Worte oder Buchstaben mit Befunden ausgeschnitten und nebeneinandergeklebt, wie im Fall des obenstehenden Prozesses, indem der Angeklagte schuldig gesprochen wird. Weiter ist über dieses Beispiel von Schneickert nichts zu erfahren, außer dass er es für den *Leitfaden* allein wegen der Raumersparnis ausgewählt hatte.[51] Der Leiter des Berliner Erkennungsdienstes nimmt Teil an der graphologischen Diskussion seiner

50 Schneickert (1918): Leitfaden der gerichtlichen Schriftvergleichung. Berlin, S. 70. Er baut wiederum auf die Erkenntnisse von Alphonse Bertillion (1890): Die gerichtliche Photographie. Mit einem Anhange über die anthropometrische Classification und Identificirung. Autorisierte und vom Verfasser neu bearbeitete und vermehrte Ausgabe. Übers. v. J.M. Eder. Halle 1895. Zudem übersetzt er in seinem eigenen Standardwerk dessen *La comparaison des écritures et l'identification graphique*, das ein eigenes Kapitel über die Photographie als Hilfsmittel der Schriftidentifizierung enthält. Vgl. Schneickert (1906a): Die Bedeutung der Handschrift im Zivil- u. Strafrecht. Leipzig, S. 96–101. Zum grundsätzlichen Einsatz von Photographien im Prozess, seit 1903 in Deutschland, vgl. Cornelia Vismann (2011): Medien der Rechtsprechung. Hg. v. Alexander Kemmerer u. Markus Krajewski. Frankfurt a.M. 2011, S. 187–89.

51 Vgl. Schneickert (1918): Leitfaden der gerichtlichen Schriftvergleichung, S. 72.

Zeit, übersetzt sie in polizeiliche Praxis. Seine Gewährsmänner sind neben Klages vor allem Georg Meyer und William T. Preyer, die er in seinen Büchern jedem Schriftsachverständigen zu unbedingter Lektüre empfiehlt.[52] Zentral dabei ist jenes Gesetz vom Automatismus in der Schrift, das Meyer bereits 1897 in seinem Aufsatz *Einfluß bewußter Korrektion auf die verschiedenen Abschnitte eines Schriftstücks* ausformuliert.[53] Und Schneickert wird es sich nicht nehmen lassen, dessen Hauptwerk mit einem selbst verfassten zweiten Teil mehrfach herauszugeben, zuletzt 1943. Dort wird er dessen Gesetz, das für jede Bewegung und eben auch für die Schreibbewegung gelten soll, ausführlich zitieren, dessen Grundsatz kurz und einfach lautet: „Der Einfluß eines derartigen mehr bewußten Faktors auf eine Bewegung ist um so geringer, je mehr diese an sich eine automatische ist."[54]

Schreiben jedenfalls ist immer erst automatisierte Tätigkeit, die zunächst gar nichts anderes kann, als beständig standardisierte Buchstaben zu reproduzieren, auch wenn es sich um Literatur dabei handelt. Und zu schreiben heißt vor allem zu vergessen, dass man es tut. Erst Störungen aller Art machen die Steller von Schriften wieder darauf aufmerksam, was sie ansonsten ganz automatisch vollziehen. Nicht umsonst ist die Störung, besonders der körperliche Widerstand im Schreiben, selbst zum Paradigma einer Genealogie des Schreibens geworden.[55] Derjenige, der wie Benjamin die Schriften ‚stellt', muss entweder diesen Automatismus unterbrechen, wie Maurice Blanchot

---

52 Vgl. ebd. S. 11. Es handelt sich besonders um folgende Standardwerke: William T. Preyer (1895): Zur Psychologie des Schreibens. Hamburg u. Leipzig. Georg Meyer (1901): Die wissenschaftlichen Grundlagen der Graphologie. Jena. Ludwig Klages (1910): Die Probleme der Graphologie. Leipzig u. (1917): Handschrift und Charakter. Leipzig.

53 Vgl. Georg Meyer (1897): „Einfluß bewußter Korrektion auf die verschiedenen Abschnitte eines Schriftstücks", in: Berichte der Deutschen Graphologischen Gesellschaft, Bd. I. München, S. 130–33.

54 Meyer (1901): Die wissenschaftlichen Grundlagen der Graphologie. 4. Aufl., hg. u. bearb. v. Hans Schneickert. Jena 1943. S. 18.

55 Vgl. Martin Stingelin (2004): „‚Schreiben'. Einleitung", in: ‚Mir ekelt vor diesem tintenklecksenden Säkulum', in: Schreibszenen im Zeitalter der Manuskripte. Hg. v. ders. In Zusammenarbeit m. Davide Giuriato u. Sandro Zanetti. [Zur Genealogie des Schreibens Bd. 1]. München. S. 7–22.

es später empfiehlt[56], oder sich ihm, wie die Surrealisten, vollständig überantworten.

In seinem Kafka-Aufsatz erzählt Benjamin dazu eine großartige Anekdote. Sie stammt von Puschkin und wird auch von Ernst Bloch neu erzählt.[57] Was die drei Versionen von Grund auf unterscheidet ist die pathologische Einschätzung ihres Protagonisten. Bei Puschkin leidet der General unter Hypochondrie, Bloch legt in seinem die Anekdote unmittelbar folgenden Kommentar eine mittelschwere Melancholie nahe und Benjamin rückt ihn in die gegenwärtige Psychopathologie: „Potemkin litt an schweren, mehr oder weniger regelmäßig wiederkehrenden Depressionen, während deren sich niemand ihm nähern durfte und der Zugang zu seinem Zimmer aufs strengste verboten war."[58]

In jenem Zimmer der Macht, umgeben von den Vorzimmern der Verwaltung, laufen alle Befehle und Akten aus dem Russischen Reich zusammen, um gesichtet und unterschrieben zu werden. Aber Potemkin unterschreibt eben nichts mehr. Darum schaltet sich der zweite ‚Held' dieser kurzen Anekdote ein, der wiederum in allen drei Versionen einen anderen Namen trägt. Bei Puschkin wird er Petuschkow genannt, Bloch verkürzt auf Petukow und Benjamins Name für ihn ist Schuwalkin. Letzterer macht seinem Namen alle Ehre, wenn man ihn mit dem Sprachspieler Benjamin als *shoe walk in* ausspricht. Denn er ist derjenige junge Beamte (Puschkin, Bloch), jener „unbedeutende kleine Kanzlist"[59] (Benjamin), der trotz aller Warnungen in das Zimmer des Generals hineingeht. Bei Bloch und Puschkin handelt es sich ganz klar um eine Karrieregeschichte, die am Ende nicht erfolgreich ist. Bei Benjamin kommt der Zufall ins Spiel, es ist eine Sache der Gelegenheit hineinzugehen. Im Zimmer

56 Man schreibt demnach immer mit zwei Händen, indem dem die eine Hand die andere Hand solange verfolgt, bis ihr schreibender Automatismus unterbrochen wird. Vgl. Maurice Blanchot (1953): „Die wesentliche Einsamkeit", in ders.: Das Neutrale. Philosophische Schriften und Fragmente. Hg. u. übers. v. Marcus Coelen. Zürich 2010. S. 93–111, hier: S. 98. Der Unterschied zwischen rechter und linker Hand wird allerdings kassiert.

57 Die Anekdote findet sich in Alexander Sergejewitsch Puschkin: Gesammelte Werke. Bd. 5: Aufsätze und Tagebücher. Hg. u. übers. v. Harald Raab. Frankfurt a.M. 1973, S. 318 und bei Ernst Bloch (1930): „Potemkins Unterschrift", in: Spuren. Neue erweiterte Ausgabe. Frankfurt a.M. 1969. S. 110f.

58 Benjamin (1934): „Die Unterschrift", in: WBGS IV, 2, S. 758f.

59 Ebd.

finden alle einen Mann im Schlafrock vor, der im Halbdunkel seine Nägel kaut. Ihm werden die Akten untergeschoben und tatsächlich unterschreibt er sie auch; bei Puschkin schweigt er, bei Bloch sind „seine Augen wie im Schlummer" und bei Benjamin zeichnet er mit „abwesendem Blick". Jedenfalls kann der junge Kanzlist seinen Triumph nicht lange auskosten. Schnell stellen die Staatsräte fest, wer da (für wen) unterschrieben hat, denn alle drei Anekdoten enden nicht mit der Unterschrift Potemkins, sondern mit der des jungen Beamten:

> Petuschkow, Petuschkow, Petuschkow ... (Puschkin)
> Petukow, Petukow, Petukow ... (Bloch)
> Schuwalkin, Schuwalkin, Schuwalkin ... (Benjamin)

Puschkin wird sich wie Benjamin hüten, seine Anekdote zu kommentieren. Nur Bloch ist etwas zu geschwätzig und romantisiert sie gleich durch seine Einschätzung:

> Puschkin, der so oder ähnlich das mitteilt, hat damit nicht nur das unheimlichste Dokument der Melancholie geliefert, zu dem sich hintersinnenden Brüten, das im Nebel wühlt, zudem Kopf im namenlosen Zwielicht, der den Namen Petukow nimmt, weil sich da wenigstens etwas regt, zu dem Kopf im Gallenlicht, das noch alle Namen grau machen kann, Petukow oder Potemkin, gleichviel.[60]

Die Differenz der Namen verbürgt noch das Prinzip Hoffnung, wo alle Namen grau werden, während die Bürokratie bei Benjamin in Schockstarre verharrt, weil sie mit ihrem eigenen Gesetz konfrontiert ist, eben der Automatismus des Unterschreibens. Dass hier nicht die Melancholie spricht, die den kleinen Namensunterschied zu löschen oder zu betonen weiß, sondern das Unbewusste, wird bei Benjamin dadurch klar, dass die Namen Schuwalkin und Potemkin nur noch das Suffix teilen und wenig für Ähnlichkeit taugen.

Benjamins anamnestisches Denken, genauso wie ‚seine' Unterschriften, tauchen aus dem Unbewussten auf, das arbeitet wie die Bürokratie. Bloch beschreibt diese Methode mit Seitenblick auf den Surrealismus, der sich automotorische Hände schafft

60 Bloch (1930): „Potemkins Unterschrift", S. 111.

und Janets psychiatrische Methode der *écriture automatique*[61] kopiert, um etwas zu schreiben, das keine schöne Literatur mehr ist. Was Bloch beschreibt, ist nicht die Geste des Schreibens selbst, sondern ein bestimmter Griff, der ihm voraufgeht. Seine Ausführungen haben mit jenen gemeinsamen Drogenexperimenten zu tun, die immer noch Randgebiet der Benjamin-Forschung sind. Aus ihnen geht auch eine Unterschriftserzählung hervor. Was Baudelaire und andere vorgemacht haben, müssen Bloch und Benjamin, allerdings unter neuen historischen Vorzeichen, bloß wiederholen: Unter ärztlicher Aufsicht soll der Drogenrausch offenbaren, wie nicht nur dichterische Einbildungskraft entsteht, sondern zugleich erklären, welche pathologischen Zustände den heilig nüchternen Geist qua experimenteller Medikation erfassen können. Medizinisches und literarisches Wissen sind noch zwei Seiten derselben Medaille. Der Drogenrausch ist allerdings keine Option surrealistischer Dogmatik, zumindest nicht der von Breton.[62]

Was die Romantik nur als Dichtung halluzinieren konnte und die Surrealisten ihren spiritistischen ‚Medien' und Musen überlassen, wird jetzt experimentell erzeugt und als medizinischer Versuch protokolliert. Profaner jedenfalls kann der Anlass für einen literarischen Text kaum sein, wenn es sich um die Textsorte Protokoll handelt. In den Aufzeichnungen von Benjamins Versuch mit Meskalin, am 22. Mai 1934, findet sich dazu folgendes Poem:

> Gedicht auf die Hand:
> Diese Hand
> ist aller Hand
> meine Hand
> ist sie genannt.[63]

61 Vgl. dazu Kap. XI.

62 Zur surrealistischen Dogmatik, die das Drogenerlebnis aus ihrer Produktivität ausschließen möchte, vgl. Risthaus (2015): „Ich bin Hörig. Richard Anders' Drogendiktate, – unter der Bettdecke." In: Das Diktat. Phono-graphische Verfahren der Aufschreibung. Hg. v. Natalie Binczek u. Cornelia Epping-Jäger, Paderborn, S. 273–289, hier: S. 283. Wie aus diesen Drogenprotokollen einerseits Literatur andererseits medizinisches Wissen wird vgl. Risthaus (2012): „Auf dem Trip. Drogenprotokolle als literarische Formulare", in: Selbstläufer / Leerläufer. Regelungen und ihr Imaginäres im 20. Jahrhundert. Hg. v. Stefan Rieger u. Manfred Schneider. Berlin, S. 65–81.

63 Benjamin (1934): „Aufzeichnungen zu demselben Versuch", in ders.: Über Haschisch. Novellistisches – Berichte – Materialien. Hg. v. Tillman Rexroth. Frankfurt a.M. 1972, S. 139–141, hier: S. 140.

Vier recht banale Verse möchte man meinen, die von einem Stehgreifdichter im Tingeltangel hätten verfasst sein können. Sie verraten jedoch einiges über jene spezifische Eigenhändigkeit, die durch Meskalin und Haschisch von Benjamin und seinen Protokollanten, zu denen er ja selbst gehört, entdeckt wird. Benjamins Erfahrungsbegriff gibt sich hier im besten Sinne praktisch und sein Kommentar des Poems im Protokoll lässt erahnen, dass pathologischer Zustand und profane Erkenntnis ganz nahe beieinanderliegen:

> Sie [die Hand, P.R.] ist woanders als ich glaube, daß sie sich befindet. Die Hand des Katatonikers und seine Lust: mit dem Mindestmaß von Innovationswechsel verbindet er das Höchstmaß von Wechsel der Vorstellungen. Diese Ersparnis ist seine Lust. Es ist wie ein Zeichner, der ein für allemal den Umriß seiner Zeichnung gebildet hat und nun durch Millionen immer neuer Schraffierungen immer neue Bilder aus ihr herausholt.[64]

Und tatsächlich ist Benjamins Gedicht recht monoton. Die profane Erkenntnis der drogenindizierten Bildproduktion ist es dagegen nicht, wenn man sie auf die These bringt: Minimale Formökonomie erzielt bei beständiger Variation ihres Inhalts maximale Mannigfaltigkeit von Vorstellungen und d.h. eine Intensivierung von Lust. In strengeren Begriffen hatte das Kant so formuliert. Interessant ist Benjamins psychopathologischer Verweis auf die Katatonie und der Vergleich mit dem Zeichner, der wiederum die schöpferische Hand *als* Gedicht ins Spiel bringt. Sie weiß vor allem eines nicht, wo sie sich genau befindet. Aber auch der Philosoph ist sich nicht sicher, ob das Organ nun ganz außen oder doch noch im Innern aufgehoben sei, oder in all jenen Wechselwirkungen zwischen Denken, Handeln und ihren Prothesen. Zumindest finden sich die berauschten Hände anderswo als gedacht. Wo die Hand tatsächlich sich befindet, kann immer nur ein Dritter sagen, in diesem Falle der Arzt Fränkel[65], der ganz nüchtern denselben Versuch protokolliert.

Wir erfahren in diesem Protokoll zunächst, dass Benjamin 20 Gramm Meskalin der Firma Merck verabreicht bekommt. Das

64 Ebd.

65 Der andere Arzt, der die Drogenprotokolle aufnahm, war Ernst Joël, Kontrahent Benjamins aus jugendbewegter Sudentenzeit, mit dem er eine Wohnung teilte. Joël hatte „den Mietvertrag unterzeichnet, während mein Beitrag die Rechte des ‚Sprechsaals'" auf das Heim sicherstellte. Benjamin (1932): Berliner Chronik, in: WBGS VI, S. 476.

Experiment nimmt entsprechende Tests vor, die gerade psychologisch *en vogue* sind. So werden ihm sieben Rohrschach-Bilder vorgelegt, bei denen er zum Teil ablehnt, sie zu deuten. Vor dem Gekritzel, so könnte man sagen, steht der Klecks, zumindest, wenn man an die Geschichte dieses Tests erinnert, die ins 19. Jahrhundert zurückreicht und einen Höhepunkt in der Dissertation des Freud-Schülers Szymon Hens erreicht.[66] Bevor Benjamin sein Stehgreifgedicht von jener Hand verfasst, die es verfasst, wird er selbst zu jenem Zeichner, mit dem er das katatonische Formgesetz vergleicht. Zunächst aber versucht Fränkel die Zeichnung Nr. VII näher an Benjamin heranzuschieben, damit er seine hermeneutische Ablehnung aufgibt. Dessen Reaktion ist allerdings eindeutig: „‚Nicht näher! Ich darf es nicht anfassen. Wenn ich es anfasse, kann ich nichts mehr sagen.'"[67]

Derart profan kann und muss die Erkenntnis des Numinosen sein. Aber sie ist längst nicht an ihrem Ende angekommen: Parallel zum Deutungstest der Rohrschachbilder durch Fränkel, beginnt Benjamin an zu schreiben, wobei er dabei selbst feststellt, so zumindest sagt es Fränkels Protokoll, dass er „kindlich schreibt"[68].

Friedrich Kittler hat sich in einem ganz frühen Text, der jüngst aus dem Nachlass veröffentlicht wurde, bereits auf diese Drogenprotokolle Bezug genommen und den Grenzwert jeder Schrift, d.h. auch Unterschrift erfasst: „Alle Schrift ist zu beziehen auf das, was im Schreiben nicht Schrift ist. Es ist dies das Ornamentale oder – mit Baudelaire zu reden – die Arabeske: ein Linienzug, der eben in dem Maße frei ist, als er keine kommunikativen Absichten mehr hat."[69] Der Code wehrt sich gegen den Untergang seiner Distinktion, auch wenn dieser jeder Schrift zu

66 Vgl. Szymon Hens (1917): Phantasieprüfung mit formlosen Klecksen bei Schulkindern, normalen Erwachsenen und Geisteskranken. Zürich. Vgl. Hermann Rorschach (1921): Psychodiagnostik. Methodik und Ergebnisse eines wahrnehmungsdiagnostischen Experiments (Deutenlassen von Zufallsformen). Bern.

67 Benjamin (1934): „Aufzeichnungen zu demselben Versuch", S. 132.

68 Ebd. In Benjamins Protokoll findet sich davon nichts, er hält die eigene Schreibszene nicht fest.

69 Kittler (1963–72): „Schrift / Schriftentzifferung", in ders.: Baggersee. Frühe Schriften aus dem Nachlass. Hg. v. Tania Hron u. Sandrina Khaled. Paderborn 2015. S. 165–167, hier: S. 165f. Benjamin (1923–26) wird das näher an der Droge formulieren in der: Einbahnstraße, WBGS IV, 1, S. 105: „Wenn der Zigarettenrauch in der Spitze und die Tinte im Füllhalter gleich leichten Zug hätten, dann wäre ich im Arkadien meiner Schriftstellerei."

Grunde liegt. Schnörkel und Girlanden sind demnach jener Rest einer Nicht-Schrift in der Schrift, der auch die Unterschriften heimsucht. So etwas lässt sich nur am *Baggersee* erfinden. Benjamin hat für solche Tatbestände im Drogenrausch Zeichnungen hinterlassen, die berühmt geworden sind. Eine zeigt, wie aus einem Schaf ein Schläfchen wird, indem es durch Kreise und Schnörkel umspielt wird.[70]

Unterschriften deutscher Menschen

Benjamins autobiographisches Schreiben entfaltet ein Gedächtnis, das für die Zukunft gemacht ist. Es soll Bilder festhalten, die ihr eigenes Schicksal haben und vielleicht „befähigt [sind], in ihrem Innern spätere geschichtliche Erfahrung zu präformieren"[71]. In der *Berliner Kindheit* findet sich das berühmte Stück, das von solcher Faltkunst erzählt und mit der Weisheit endet, dass auch Gedichte wie Strümpfe zu lesen sind. In der Fassung letzter Hand trägt es den Titel: *Der Strumpf*. In früheren Fassungen hatte es noch *Schränke* geheißen und war am 14.7.1933 unter dem Pseudonym „C. Conrad" in der Frankfurter Zeitung erschienen.[72]

Tatsächlich zeichnet die wahrlich ‚satanische' Stigmatisierung des dritten Reiches auch die *Berliner Kindheit*, die von Benjamin eben nicht mehr als Ganzes signiert werden kann, sondern genauso wie die Briefsammlung *Deutsche Menschen* darauf warten muss, mit seinem Autorennamen versehen zu werden. Rolf Tiedemann weist in der Gießener Fassung auf die aufschlussreichen Marginalien Benjamins hin, die davon zeugen, dass die Zeitung zensiert hat. Zum anonym erschienenen *Lesekasten* heißt es: „Der Verfassername wurde einfach fortgelassen."[73] Selbst das Pseudonym C. Conrad[74], mit dem die *Schränke* gezeichnet sind,

---

70 Wir sparen das Bild und verweisen auf die geniale Lektüre von Thomas Schestag (2012): „‚Diese Hand […]': Walter Benjamin kritzelt.", in: Über Kritzeln. Graphismen zwischen Schrift, Bild, Text und Zeichen. Hg. v. Christian Driesen [u.a.]. Zürich, S. 59–71.

71 Benjamin (1950): Berliner Kindheit um neunzehnhundert. Fassung letzter Hand. Frankfurt a.M. 1989. S. 9.

72 In der hier zitierten *Fassung letzter Hand* ist auch dieses Stück aus der Pariser Fassung aufgenommen worden. Zur komplizierten Publikationsgeschichte vgl. das Nachwort von Tiedemann in Benjamin (1932–38), S. 119–126 u. WBGS IV, 2, S. 971, 977f.

73 Benjamin (1932–38), S. 124: Vgl. WBGS IV, 2, S. 971.

74 Es scheint mir unzweifelhaft, dass Benjamin hier sich in den Namen Joseph Conrads ‚einmummt', dessen Erzählung *Schattenlinie* in Bezug auf eine Theorie der Spur zitiert wird. Vgl. Benjamin (1927–40): Das Passagen-Werk. 2 Bd., hg. v. Rolf Tiedemann. Frankfurt a.M. 1983. S. 299.

hatte gar nichts mit einer Entscheidung des Autors zu tun, wie sich Benjamin sich beklagt: „Das Pseudonym wurde willkürlich und widerrechtlich von der Redaktion eingesetzt".[75]

Detlef Holz wird nur noch unter einige Stücke gesetzt, um sie überhaupt publizieren zu können. Diese Pseudonyme sind gezeichnet von einer Macht, die in die Mikrophysik des Unterschreibens eindringt. Sie kann dafür sorgen, dass nur bestimmte Namen getragen werden, wie der *Runderlass* gezeigt hat, eröffnet aber auch den Raum für Selbstzensur und Anpassung. Diese Enteignung des ‚eigenen' Namens, fordert Benjamin zur Aneignung[76] seiner Pseudonyme heraus, selbst seines Geburtsnamens. Wir finden diese Signaturen verstreut in Briefen, Träumen, Rauscherfahrungen, aber auch jenen publizierten Werken, die, wie die *Deutschen Menschen*, in anderem Namen, hier eben mit *Detlef Holz* unterzeichnet sind:

> Meine Hoffnung auf Gründung einer selbständigen Existenz in Paris ist leider nicht in Erfüllung gegangen. Nichtsdestoweniger habe ich mir die nötigen Mittel durch pseudonyme Arbeiten in der Frankfurter Zeitung (gezeichnet Detlef Holz oder K.A. Stempflinger) eine zeitlang [sic!] beschaffen können. Mit Ende des Frühjahrs hat sich auch diese Möglichkeit mir verschlossen.[77]

Deutlicher kann nicht gesagt sein, wie ein Name und seine Unterschrift ihre Macht einbüßen. Andererseits kann gerade der *Pseudos* des Schriftstellers eine neue Macht gewinnen, wenn jener unter falschem Namen die Wahrheit in die Schrift einschmuggelt. Genau das ist Sinn und Zweck der Briefsammlung *Deutsche Menschen*, die eine „Arche" ist für jenes „geheime Deutschland", dem sich die Intelligenz längst nicht allein einer Generation verschreibt.

---

75 Ebd.

76 Leider fehlt dieser Aspekt der Macht in der ansonsten sehr genauen Analyse, die Bernd Stiegler der An- und Enteignung des Eigennamens in Benjamins Werk widmet, die in seinen erschließenden Begriffen Derrida geschuldet ist. Vgl. Stiegler (1994): Die Aufgabe des Namens. Untersuchungen zur Funktion der Eigennamen in der Literatur des zwanzigsten Jahrhunderts. München, S. 20–83.

77 Brief Benjamins an das Danske Komité fil Støtte for landsflygtige Aansarbejdere (4.7.1939), in: Zur Aktualität Walter Benjamins. Hg. v. Siegfried Unseld. Frankfurt a.M. 1972. S. 48–51, hier: S. 50.

Das lässt sich zunächst an den Widmungen ablesen, die Benjamin seinen ‚Brieffreunden' mit den 1936 gedruckten Exemplaren zukommen lässt. Die an Scholem ist in dieser Hinsicht sicher die prägnanteste: „Möchtest Du, Gerhard, / für die Erinnerungen Deiner Jugend / eine Kammer in dieser Arche finden / die ich gebaut habe / als die faschistische Sintflut zu steigen begann / Januar 1937 / Walter"[78]. Dass diese Arche gebaut ist für das „geheime Deutschland", bleibt allerdings ebenso geheim, wie die Rufnamen *Benedix* und *Schoenflies*. Denn die Einleitung, die das ganz klar ausspricht, wird weder in der *Frankfurter Zeitung* noch in der Buchausgabe gedruckt. Sie findet sich in einem Typoskriptkonvolut (*Deutsche Briefe I*), und leitet drei Briefe von Forster, Hölderlin und Seume ein. Benjamin stellt fest, dass es sich hierbei nicht um eine Anthologie handelt, die dem Leser die Persönlichkeit der gewählten Autoren und ihren Wert für die deutsche Sprache vor Augen stellt. Schon gar nicht möchte er eine allgemeine Bildungsabsicht damit verbunden wissen. Es geht um etwas ganz anderes:

> Die Absicht dieser Reihe ist vielmehr, das Antlitz eines „geheimen Deutschlands", das man heute so gerne hinter trüben Nebeln sucht, zu zeigen. Denn ein geheimes Deutschland gibt es wirklich. Nur daß dies sein Geheimsein nicht allein der Ausdruck seiner Innigkeit und Tiefe sondern – wenngleich in anderem Sinne – das Werk von Kräften ist, die, lärmend und brutal, ihm öffentliche Aufmerksamkeit verwehrten und zur geheimen es verurteilt haben.[79]

Genau das stößt Benjamin zu. Diese Exklusion trifft allerdings nicht nur ihn, sondern eben jene drei Dichter und Schriftsteller, die in der ersten geplanten Sammlung aufgenommen werden: Forster, Hölderlin und Seume. Sie sind auf die eine oder andere Weise aus ihrem Vaterland verbant worden. Auch alle anderen Briefe der späteren Buchfassung wurden ausgewählt, weil sie entweder von einer breiten Öffentlichkeit übersehen oder gar

78 Benjamin (1936): Deutsche Menschen. Hg. v. Momme Broderson, in: WBKG, Bd. 10, S. 174. Zur Widmungspraxis Benjamins insgesamt und zu den *Deutschen Menschen* im Speziellen vgl., Erdmut Wizisla (2008): „‚Plaquette für Freunde'. Widmungen für die ersten Leser", in: Walter Benjamins „Deutsche Menschen". Hg. v. Barbara Hahn und Erdmut Wizisla. Göttingen, S. 45–68.

79 Benjamin (verm. 1933): Deutsche Menschen I, in: WBGS IV, 3, S. 945.

nicht erst verstanden wurden, wie im Falle Hölderlins. Die Briefsammlung ist nicht nur mit dem Pseudonym *Detlef Holz* signiert, die ‚Arche' enthält darüber hinaus Unterschriftenszenen, denen, auch in Bezug auf die Eigenhändigkeit, in der Forschung noch keine Beachtung geschenkt wurde. Was um 1800 hier zum – durch die Romantik bereits ironisierten – Dogma wird, findet sich ebenfalls in jenen Briefen, nämlich dass die Autoren an ihren Handschriftenzügen erkennbar sind, selbst wenn der Sinn ihrer Worte nicht verstehbar ist. Das ist die antihermeneutische Lehre von *Milo*, die mit den Briefen paarweise in die ‚Arche' steigt. Denn es sind ja immer minimal zwei, wenn es ums Briefeschreiben geht.

Die Ausdrucksoffenkundigkeit der Handschrift wird in den deutschen Briefen aus hundert Jahren mehrfach thematisiert. Am schönsten vielleicht in dem von Jacob Grimm an Friedrich Christoph Dahlmann, vom 14. April 1858: „Ihre Schriftzüge, so selten sie mir zu Gesicht kommen, habe ich auf den ersten Blick erkannt, vielleicht ginge es Ihnen nicht so mit den meinen durch das viele Schreiben etwas verschrumpfenden und ungleichen."[80] Die intensive Arbeit am Wörterbuch deformiert eben auch die Schreibhand. Und Grimm lässt keinen Zweifel daran, dass ein solch gigantisches Projekt absolute Eigenhändigkeit erfordert: „Ich habe in der Zeit von drei Jahren für die Buchstaben A B C geliefert 2464 enggedruckte Spalten, welche in meinem Manuskript 4516 Quartseiten ausmachten. Hier will jeder Buchstabe eigenhändig geschrieben sein, und fremde Hilfe ist unzulässig."[81]

Wer feststellen möchte, wie sich das Wörterbuch mit seiner Schreibmasse in die Unterschrift Grimms einprägt, sie „schrumpfartig" und „ungleich" macht, müsste ins Manuskript schauen, was wir an dieser Stelle unterlassen und das mit gutem Sinn. Benjamin selbst hat keine Manuskripte zur Hand, sondern schreibt aus schon gedruckten Briefausgaben ab. Was die ‚Arche' transportiert ist ganz Materialiter die Löschung dieser Züge, die genauso im Druck untergehen, wie Grimms eigenhändige Handschrift für das ABC in den enggedruckten Seiten des Wörterbuches. Ein anderer Fall wird uns gleich dazu belehren.

80 Benjamin (1936): Deutsche Menschen, in: WBKG Bd. IV, S. 89.

81 Ebd. S. 90. Etwas später wird diese Hand vollends zur eigenhändigen Metapher der Werkherrschaft: „Ein solches Werk muss, wenn es gedeihen soll, in einer Hand liegen" (S. 91).

Zuvor sei aber noch auf eine Unterschriftenszene hingewiesen, die auf ihre Weise ganz hinreißend ist. Bereits im zweiten Brief, geschrieben von Johann Heinrich an Bruder Immanuel Kant, gibt es eine schöne Unterschriftenkaskade eben des Nachnamens. Dieser wird dem Philosophen von einem Pfarrerssohn „eingehändigt"[82]. Der Brief ist nicht allein vom Bruder unterschrieben, sondern von seinen vier Kindern: Amalia, Minna, Friedrich und Henriette.[83] Vor ihren Unterschriften gibt es zwei Postskripte zu lesen. Im ersten bedankt sich der Johann Heinrich dafür, dass Kant der Familie vor Jahren eine Hausmutter zur Verfügung gestellt hat, um dann deren Erziehungssubjeke *„à la file"*, also nacheinander, in die simulierte Präsenz postalischer Interaktion zu stellen. Um keinen Zweifel daran zu lassen, dass hier die ganze Familie durch den Brief in den Raum tritt, wird das eigenhändige Produkt gleich doppelt ausgestellt. In Klammern betont der Bruder, vom wem das zweite Postskriptum stammt: „(Von der ältesten Tochter Hand:)"[84], die Kant aller Liebe der Familie versichert, „die wir uns eigenhändig unterzeichnen"[85]. Auch der Bruder hatte zuvor entsprechend signiert, indem er der Unterschrift den Satz voranstellt: „Mit dem redlichsten Herz und nicht perfunctorie zeichne ich mich Deinen Dich aufrichtig liebenden / Bruder / Johann Heinrich Kant (...).", um gleich mit der Unterschrift den Satz zu enden. Benjamin liest die Unterschriften-Kaskade in seinem Kommentar zu dem Brief ganz richtig, wenn er sie auf das Erbe des Philosophen bezieht. Gemeint ist hier nicht seine Philosophie, sondern jene Zuwendungen, die er als „Testator" schon zu Lebzeiten der armen Pfarrersfamilie zukommen ließ:

> Begreiflich, daß die Neffen und Nichten, wie in diesem Schreiben auch später an den verehrten Onkel sich [und hier zitiert er Kant selbst, P.R.] „schriftlich ... anschmiegen". Zwar ist ihr Vater schon im Jahre 1800, vor dem Philosophen, gestorben, Kant aber hat ihnen hinterlassen, was ursprünglich seinem Bruder zugedacht war.[86]

---

82 Ebd. S. 19.
83 Ebd. S. 20.
84 Ebd.
85 Ebd.
86 Ebd. S. 17.

Anders als in diesem ganz offensichtlichen Fall einer Unterschriftenkaskade, geht eine Signatur mit an Bord der Arche, die gut versteckt ist und wieder nicht. Sie findet sich in dem Brief von Justus Liebig an August Graf von Platen aus Paris, vom 16. Mai 1823. Mit ihm rettet Benjamin die letzte Generation von Naturforschern, bei der „Philosophie und Dichtung noch nicht ganz aus dem Blickkreis verschwunden waren"[87]. Was Nietzsche für das Denken und Schreiben insgesamt postuliert, ist auch in diesem Brief Liebigs Thema, nämlich, dass es vom Klima abhängig ist. Er hat keinen Zweifel: „der Mensch unterliegt diesem Einfluß [der Witterung, der Temperatur und äußerlichen Zufälligkeiten, P.R.] trotz seines gebietenden Ichs, er hat dieses mit dem hygrometrischen Herd gemein, der sich verlängern oder verkürzen muss, wenn Feuchtigkeit sich in seiner Umgebung befindet oder nicht."[88]

Allerdings rätselt Liebig noch über den Schreibanlass, denn weder handele es sich um einen Kometen, der die Magnetnadel des Luftdruckmessers zirkulieren lässt, noch die Hitze in Paris, die Anstoß zur Epistel gab. Auch die Vorlesungen über Gase von Gay Lussac und die über die Analyse der Töne von Biot langweilen ihn. Dennoch würde er gern die Harmonika spielen, damit sein Freund Platen ihn hören, oder sich in ein Gas verwandeln, damit Liebig sich ins Unendliche und damit auch in die Atmosphäre des Freundes ausdehnen könnte. Statt diesen Vorlesungen zu lauschen, Cuvier, Oerstedt und la Place sind auch noch auf der Liste, würde er lieber den Stein der Weisen finden, um mit Platen „arabische und persische Rätsel zu lösen"[89]. Kurzum, alles Wissen um die Natur taugt nichts, um dem Freunde seine Liebe zu versichern. Das könnte eine romantische Potenzierung des Ichs leisten, zu der allerdings allein der Freund, der sich der Poesie und der persischen Literatur hingibt, den Schlüssel kenne: „Du siehst liebster Platen, daß ich nichts finde, was mir dieses Geheimnis aufklären könnte, ich bitte Dich in Deinem nächsten Brief um den Schlüssel."[90] Was darauf folgt sind Grußformel und Unterschrift: Dein Dich herzlich küssender / *Liebig.*"[91]

87 Ebd. S. 63.
88 Ebd. S. 63f.
89 Ebd. S. 64.
90 Ebd.
91 Ebd.

So findet es sich zumindest in den *Deutschen Menschen*. Benjamin hatte als Vorlage den Briefwechsel Platens genutzt, der 1910 bei Hesse in Leipzig erschienen war und für den Kommentar auf die *Allgemeine Deutsche Biographie*[92] zurückgegriffen. Aber unter dem Manuskript des Briefes steht gar nicht der Name Liebig. Hier finden wir etwas, das in seiner Schriftbildlichkeit an einen Hahn erinnert, aber etwas anderes ist, oder? Benjamin weist in seinem Kommentar auf eine Praxis Liebigs hin, die er nicht aus der *Allgemeinen Deutschen Biographie*, sondern aus der Briefausgabe kannte. Liebig hatte die Angewohnheit „Platen zur Freude, seine Briefe mit arabischen Schriftzeichen zu signieren". Und so handelt es sich um ein ebensolches Zeichen, das mit *Liebich* zu übersetzen sei[93]:

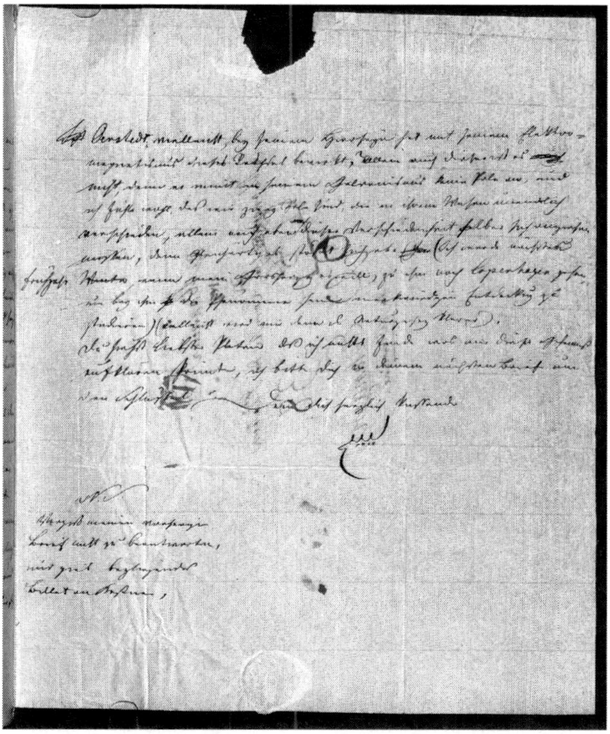

Abb. 86 Autograph des Briefes von Liebig an Platen

92 Vgl. Albert Ladenburg (1883): „Liebig, Justus Freiherr von", in: Allgemeine Deutsche Biographie 18, S. 589–605. Hier findet sich auch der beeindruckende Satz: „die Menschheit im Allgemeinen nennt täglich seinen Namen und zehrt von seinen Schöpfungen."

93 Liebigiana 2B, S. 3.

Liebig schreibt es in einem Zug – abgesehen von den Punkten – von oben rechts nach unten links, was die Haken beseitigt und durch eine Rundung aus einem Guss ersetzt, d.h. verschnörkelt. Das Schriftzeichen verwandelt sich tatsächlich eher zur Paraphe. Benjamin hatte allerdings das Manuskript nicht zur Hand, sondern die Ausgabe der Briefe Platens, aus dem Jahre 1921. Hier findet sich tatsächlich auch das offensichtlich freihändig nachgeschriebene Zeichen[94]:

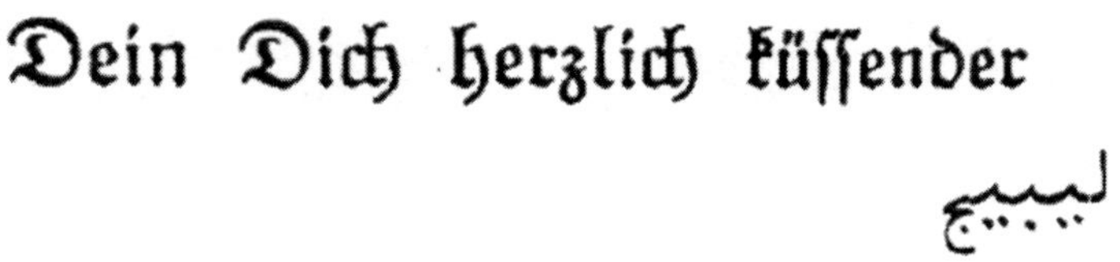
Dein Dich herzlich küssender

Abb. 87 Brief von Liebig an Platen, Ausgabe 1921

In Benjamins *Deutsche Menschen* gibt es eine Konjektur. Hier wird die Unterschrift weder kopiert, noch freihändig nachgezeichnet, sondern es steht selbst in der Kritischen Gesamtausgabe gedruckt: *„Liebig“*[95]. Die arabische Paraphe wird in den alphabetischen Namen verwandelt. Der individuelle Zug findet sein Versteck im Kommentar. Er ist ein Verweis der besonderen Art: Und sollte jemand nach der faschistischen Katastrophe den Weg ins Archiv finden und diesem Zeichen folgen, findet er eben heraus, dass einer der größten deutschen Naturforscher seine ganz eigene Affäre mit der arabischen Kultur hatte, vermittelt durch die freundschaftliche Liebe zu Platen, dem er diese Unterschrift schenkt.

---

94 August von Platen (1921): Der Briefwechsel. Bd. III, hg. v. Paul Bornstein. Nachdruck der Ausgabe Leipzig u. München. Hildesheim; New York 1973. S. 85. Diese Unterschrift findet sich auch in den Briefen vom 15. Juni (S. 99) u. 29. Juli 1823 (S. 110). Auch Platen wird sein berühmtes Gasel an Liebig (25. Mai 1823, S. 90) und weitere Briefe (30. Mai 1823, S. 92 u. 3. Juli 1823, S. 106) mit arabischen Schriftzeichen unterschreiben, mit **P** genauso wie mit dem Namen des Divan-Dichters *Hafis*. Benjamin hat also alles Recht in seinem Kommentar zu behaupten, dass Liebig hier unternimmt „seine Briefe mit arabischen Schriftzeichen zu signieren“, wenn auch die meisten nicht so gezeichnet sind, sondern mit „Liebig“ oder „Justus“.

95 Benjamin (1936): Deutsche Menschen, in: WBKG IV, S. 65.

Holzwege und Golems

Nach Besichtigung dieser Arche, muss der Blick zuletzt auf jenen Namen fallen, der die Anthologie unterzeichnet, zumindest so lange, bis eine Neuausgabe unter Benjamins bürgerlichem Namen erscheint. Das ist sicher eine gerechte Tat, der Sinn des Pseudonyms jedoch, wird dabei partiell verwischt, denn die *Deutschen Menschen* nehmen den Namen mit an Bord, der auch viele jener Briefe an Gretel Karplus, später Frau Adorno, zeichnet. Ein strukturalistischer Leser könnte sicher in Entzücken geraten, wenn er erfährt, dass *Felizitas*, Pseudonym von Adornos späterer Frau Gretel, im Briewechsel mit Holz, einmal mit „z", ein anderes Mal mit „c" geschrieben wird. Handelt es sich dabei um einen Fehler? Den letzten Buchstaben des Alphabets benutzt Benjamin beinahe ausnahmslos, während Gretel genauso mit dem „c" in ihrem Namen vorliebnimmt. Freilich gibt es auch eine Ausnahme, bei der Gretel dieses Spiel auf die Spitze treibt.

Im ersten gemeinsamen Brief aus Princeton an Benjamin, vom 7.3.1938, ist die Unterscheidung zwischen Grußformel und Unterschrift eine *différance*, d.h. markiert die Aneignungslosigkeit dieses Namens in ihrer postalischen Beziehung: „Deine alte Felizitas in der Fremde. Felicitas"[96]. Aber was hat es mit jenem Detlef Holz auf sich, der die Arche gebaut hat für das geheime Deutschland? Seine eigenhändigen Unterschriften werden wir in der Briefsammlung vergeblich suchen. Sie sind längst untergegangen in Typographie. Allerdings gibt es die Briefe Benjamins und auch die Widmungen, die er seinen Freunden mit der ‚Arche' übersendet. In einer, die vermutlich für Fraenkel geschrieben wurde, findet sich eine Unterschrift, die so gar nicht zur Handschrift von Benjamin passen will:

96 Adorno u. Benjamin (1928–1940), Brief. Nr. 99, S. 315.

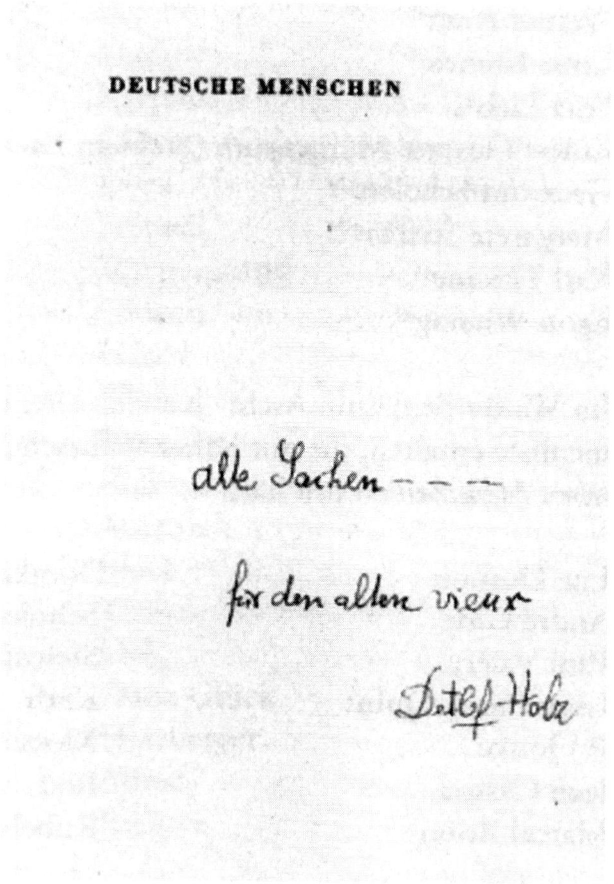

Abb. 88 Widmung *Deutsche Menschen* von Benjamin, vermutlich an Fraenkel

Im Vergleich mit den bereits vorgelegten Hand- und Unterschriften ist zu erkennen, dass Benjamin sich für *Detlef Holz* eine Signatur erfindet, die von den Buchstaben dieser Widmung weit abweicht. Hat sie nicht etwas Kindliches? Ist sie mit der anderen Hand geschrieben? Allein schon der Name ist kaum zufällig gewählt. Ist das deutsche Wort „Holz" doch eine der Bedeutungen für das griechische Wort *Hyle*, das jedem materialistischen Denker Ehre macht. Und „Detlef" ist ein in den 30er Jahren sehr populärer Name mit althochdeutscher Herkunft, der „Sohn des Volkes" bedeutet. Das Pseudonym ist, gerade wegen Benjamins

Publikationsschwierigkeiten, semantisch der ‚richtige' Name, die Briefsammlung zu signieren. Aber in einem Brief an seine Felicitas wird er ganz anders unterschreiben, als in der Widmung an Fraenkel:

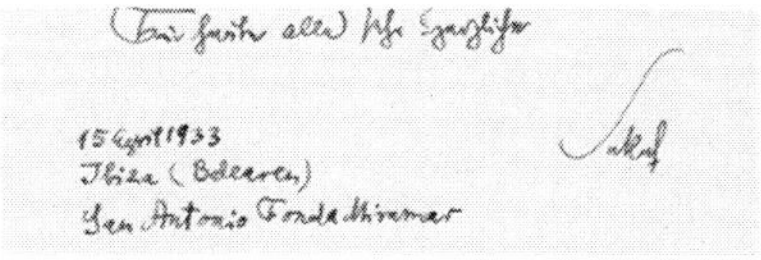

Abb. 89
Brief Benjamins an Karplus, vom 15. April 1933

Statt eines D findet sich hier nur eine Welle, die droht über dem Namen zusammenzuschlagen. Sie hat eine andere Arche überspült, als sich Benjamin gedacht hatte. Offenbart sich hier nicht, wie schon bei Hölderlin und Nietzsche, dass der Pseudos dieses Namens nichts weiter enthüllt, als seine Wahrheit selbst?

*

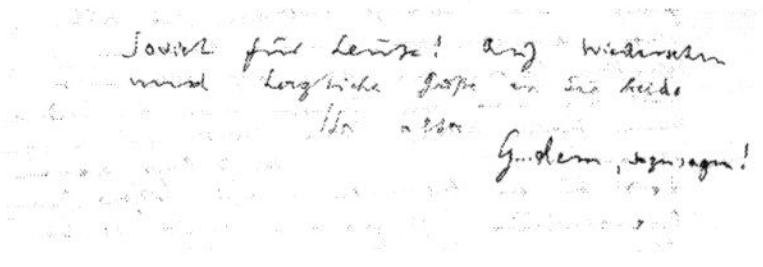

Abb. 90
Unterschrift Scholems in einem Brief an Adorno, 21. Sep.

Eine Wahrheit lässt sich in den Falten von Texten gut verstecken, beispielsweise in Fußnoten, oder Postskripta. Scholem hat gezeigt, wie man den Engel der Geschichte als Satan getarnt einer Erzählung in den Titel einschreibt. Sein Aufsatz über den *Agesilaus Santander* offenbart einerseits, dass es gerade jenseits des Personenstandes Namen gibt, durch die sich das schreibende Subjekt verwandelt, vor allem dann, wenn es unmöglich ist, den ‚eigenen' Namen zu gebrauchen; nicht nur weil er stigmatisiert ist, sondern weil ein Staat verbietet, ihn zu benutzen. In diesem Sinne ist die wesentliche Erkenntnis Benjamins nicht die hermeneutische Auslegung des Gemeinplatzes *Nomen est Omen*, sondern die Anwendung dieses wahrlichen Grundsatzes im Akt des Unterschreibens. Tatsächlich hat und ist sein Name ein Schicksal, von den Eltern vorhergesehen.

In solche Namen, die nicht einfach *pseudos* sind, ein Zeichen schicksalhafter Gewalt zu hinterlassen, es in die Unterschriften selbst hinein zu schreiben, das wird Scholem unternehmen. In einem Brief an Adorno, vom 21.5.1956, der mit G. Scholem unterschrieben ist, steht folgendes Postskriptum:

> Zur freundlichen Berücksichtigung: Ich lege darauf Wert, daß in offiziellen Korrespondenzen oder Ankündigungen ich ausschließlich unter meinem gesetzlichen Namen Gershom Scholem fungiere (wie in meinem Paß), und nicht als deutscher Gerhard auftrete.[97]

Adorno hält diese Forderung zu Unrecht für eine Marotte und kommt in einem Brief an Horkheimer vom 30.5.1956, wegen einer Einladung Scholems zu drei Vorträgen auf diese Affäre zu sprechen: „Besonderen Wert legt er darauf, daß er als Gershom und nicht als Gerhard angekündigt wird. Da kann man halt nichts machen."[98] Allerdings gebraucht Scholem unter seinem Brief eine Abkürzung, die offen bleibt für beide Vornamen. Adorno wird, ganz philosophisches Alphatier, einen „kargen beiliegenden Zettel" an ihn, schlicht mit **A.** unterfertigen[99], aber auch in einer Adresse die Verdoppelung „Gerhard G. Scholem"[100] vornehmen. Man vergesse nicht: Der Engel der Geschichte hat Hände, die Schriftrollen sind.

Göttliche Fußnote

Wenn Gott oder der Teufel im Detail stecken, überrascht es wenig, wenn sich etwas über die Unterschrift Gottes in einer Fußnote findet. Und wer anderes als Scholem könnte es sein, der diese erste und letzte Unterschrift aus den kabbalistischen Archiven birgt und sie an den Rand seiner Untersuchung *Zur Kabbala und ihrer Symbolik*, genauer dem V. Kapitel, das von der magischen und tellurischen Rolle des Golems handelt, stellt. Der Fußnote geht eine Überlegung voraus, die sich mit dem vertraglichen Verhältnis zwischen Gott, der von ihm geschaffenen Erde und Adam befasst:

---

97 Adorno u. Scholem (1939–69): Briefwechsel. Hg. v. Asaf Angermann. Berlin 2015. S. 15. Vorher und auch später noch unterschreibt er die Briefe an Adorno mit Gerhard Scholem.

98 Adorno u. Horkheimer (1950–1969): Briefwechsel, in: Briefe und Briefwechsel. Hg. v. Theodor W. Adorno Archiv, Bd. IV, hg. v. Christoph Gödde u. Henri Lonitz. Frankfurt a.M. 2006. S. 159f.

99 Vgl. ebd. S. 57f. (Brief vom 4.7.1945).

100 Ebd. S. 88.

> Für die Vorstellung vom Vertrag haben wir eine Parallele in einem Midrasch, unbekannter Herkunft, im *Jalkut Schim'oni* I, §41, wo Gott über die 70 Lebensjahre Davids einen Vertrag mit Adam (der sie ihm von den ihm zustehenden 1000 Lebensjahren abgetreten hat) macht und ihn zusammen mit Metatron (dem himmlischen Schreiber und Archivar) unterzeichnet.[101]

Nun ist dieser Name auf der Stirn des Golems nicht die Unterschrift Gottes. Auf der anderen Seite aber ist er der unsichtbare Name, den er vor sich her trägt, ohne ihn zu sehen, so wie jene rosarote Brille, mit der die Kantianer die Welt erschauen.

---

101 Scholem (1960): Zur Kabbala und ihrer Symbolik. Frankfurt a.M. 1973. S. 280 [F 16]. Vgl. ders. (1973): „Der Name Gottes und die Sprachtheorie der Kabbala", in: Judaica 3. Frankfurt a.M. 1973. S. 7–70.

KAPITEL IX

Diktatorenhände

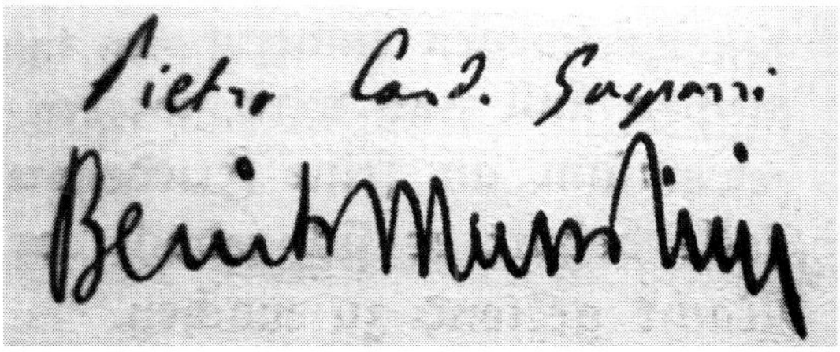

Abb. 91 Unterschriften von Pietro Gasparri und Benedito Mussolini

Auf seiner letzten Reise nach Rom, knapp ein Jahr vor seinem Tod, notiert Aby Warburg, am 18. November 1928, in das Tagebuch der Kulturwissenschaftlichen Bibliothek: „Steinmann in seinem Arbeitszimmer Bild von Mussolini mit eigener Unterschrift."[1]

Teuflische Details

Ernst Steinmann, Besitzer des Autogramms, ist Direktor der *Bibliotheca Hertziana* in der ewigen Stadt. Ebendort wird Warburg einen seiner berühmten Vorträge halten und dabei Bildtafeln zum Einsatz bringen. Diese neue Präsentationstechnik wird auch den Bilderatlas *Mnemosyne* auszeichnen. Dass er die Beobachtung dieses Details, d.h. Mussolinis Autogramm, nicht zufällig notiert, stellt sich nach und nach heraus. Es ist vor allem die hohe Aufmerksamkeit für die Details von Bildern und ihre beinahe paranoide Deutung, die man von Warburg lernen kann. Ob darin Gott oder der Teufel steckt, letzteres legt die berühmte Maxime nahe, möge der Leser am Ende selbst entscheiden.[2] Dass der Teufel allerdings auch in der Realgeschichte Dokumente unterschreibt, daran kann nach all dem bisher Gesagten kaum ein Zweifel bestehen. Die Schrift ist ein diabolisches oder

1 Aby Warburg (1926–29): „Tagebuch der Kulturwissenschaftlichen Bibliothek Warburg mit Einträgen von Gertrud Bing und Fritz Saxl", in: Gesammelte Schriften. Studienausgabe, Bd. VII., hg. v. Karen Michels u. Charlotte Schoell-Glass. Berlin 2001. S. 371.

2 Zu Ansätzen einer Epistemologie des Details und seiner ‚teuflischen' Rolle, vgl. Wolfgang Schäffner, Sigrid Weigel u. Thomas Macho (2003): „Das Detail, das Teil, das Kleine. Zur Geschichte und Theorie eines kleinen Wissens", in: ‚Der liebe Gott steckt im Detail'. Mikrostrukturen des Wissens. Hg. v. Sigrid Weigel u. Thomas Macho. München. S. 7–21.

© BRILL FINK, 2023 DOI:10.30965/9783846766354_010

teuflisches Medium zu nennen und die Unterschrift erbt diese gesamte Mehrdeutigkeit.

Warburgs „Wissenschaft ohne Namen“, seine „Gespenstergeschichte für ganz Erwachsene“ jedenfalls, liest spektrale, d.h. gespenstische Effekte auf, die immer zwischen Bildern entstehen. Im besten Falle bekommt man durch diese Arbeit, ‚wie aus der Pistole geschossen‘, auch das unheimliche Detail eines Diktatorenkörpers zu sehen, das die Montagen Warburgs ‚abschlagen‘. Es handelt sich um ein paar gefaltete Hände, die diesem Körper zugehören, auf den Tafeln 78 und 79 des Bilderatlas‘, die ihren Auftritt in einer Signaturszene haben, die in dem großen Theater eigenhändiger Politik spielt. Das Autogramm Mussolinis auf dem Schreibtisch Ernst Steinmanns zeigt der Atlas allerdings nicht, dafür aber andere Unterschriften.

Um derartiges ‚sehen‘ zu können, müssen Bilder konfrontiert werden. Alle Räume, in denen mehr als ein Bild gezeigt, wo Bilder neben- oder hintereinander gehängt oder montiert sind, sei es in einer Ahnengalerie, einem Museum, Bilderatlas oder in der Doppelprojektion[3], erzeugen spezielle Effekte, die Bildgrenzen überschreiten. Eine „rohe Zusammenstellung“[4] ist in diesem Sinne der Bilderatlas *Mnemosyne*, weil er Darstellungen von Details und ihre historische Transmission zeigt und wie sich etwas Fremdes von einem Bild ins andere schleicht. Nur wenn die Zusammenstellung der Bilder ‚roh‘ genug ist, kann die Inversion ihrer Bedeutung beobachtet und ästhetische Stilbegriffe und -formen überschritten werden. Ganz in diesem Sinne montiert Warburg ein Zeitungsbild der Golfmeisterin Erika Sellschopp neben Delacroix‘ *Das Massaker von Chios*, eine Reklame für 4711 Matt-Creme, neben einem Siegel aus dem Jahr 1662, oder eben Mussolini neben dem heiligen Franziskus. Das, was vorderhand nichts miteinander zu tun hat, offenbart so

3 Das medientechnische Apriori des Atlas und der Kunstgeschichte überhaupt, wurden beschrieben von Thomas Hensel (2012): „Die Medialität der Kunstwissenschaft. Aby Warburg und die Fotografie“, in: Lieber Aby Warburg, was tun mit Bildern? Vom Umgang mit fotografischem Material (2. Dezember 2012–3. März 2013), hg. v. Eva Schmidt u. Ines Rüttinger. Heidelberg 2012, S. 36–73 und Claus Pias (2003): „Ordnen, was nicht zu sehen ist“, in Suchbilder. Visuelle Kultur zwischen Algorithmen und Archiven. Hg. v. Wolfgang Ernst, Stefan Heidenreich u. Ute Holl. Berlin. S. 99–108.

4 Vgl. Warburg: „Notizbuch, 30. Juli 1929“, zit. n. Gombrich (1970): Aby Warburg. Eine intellektuelle Biographie. Übers. v. Matthias Fienbork. Hamburg 2012. S. 531.

einen geheimnisvollen Zusammenhang. Der Bildatlas *Mnemosyne* ist die Ansammlung solcher Montagen, die in 79 Tafeln derart komplex angeordneter Bilder ausfällt. Werner Hofmann hat darauf hingewiesen, dass es dieser Methode Warburgs nicht „auf die Aura des Originals, auf die materielle Ausstrahlung des Kunstgegenstandes, auf handschriftliche und andere Qualitäten [...]"[5] ankomme. Er sieht in Warburgs Atlas vielmehr die Kopie jenes Verfahrens am Werk, das viele der hier abgebildeten Künstler selbst angewandt hätten, um sich ihre Vorbilder über Reproduktionsstiche anzueignen. Ob dieser Vergleich mediengeschichtlich schlagend ist, sei dahingestellt, denn es handelt sich hier nicht um Stiche, sondern um Fotografien. Sicher ist aber, dass es hier um ein Verfahren geht, den Bilderfluss *handhabbar* zu machen. Genau dafür hat Warburg seine fiebrige Bibliothek angelegt und den Atlas *Mnemosyne*, der die Summa seines Durchgangs durch diesen Bilderfluss in Szene setzt. Er wäre der eigentliche ‚Katalog' der Bibliothek, dessen Signaturen allerdings, trotz aller biographischen Hermeneutik, ein Geheimnis bleiben.

Prousts Großmutter

Warburgs Wissenschaft der dynamischen Bildbetrachtung und -ordnung, hängt an einem Phantasma künstlerischer Eigenhändigkeit, dessen Nullpunkt letztlich Unterschriften sind. Ob und in welchem Sinne jedes Kunst- letztendlich ein *Hand*werk ist, bleibt nicht allein für Kunstgeschichte oder Philosophie relevant. Gut beschrieben findet sich das dahinter steckende mediale Problem, das sich auch auf die Fotografien von *Mnemosyne* beziehen lässt, in einem prominenten literarischen Beispiel: In Marcel Prousts *Du côté de chez Swann* soll der Erzähler mit Kunst und Literatur und dadurch mit der Welt jenseits von Combray in Berührung gebracht werden. Es ist seine Großmutter, die sich anlässlich von Marcels Namenstages Gedanken darüber

---

5 Werner Hofmann (1995): „Der Mnemosyne-Atlas. Zu Aby Warburgs Konstellationen", in: Aby M. Warburg: ‚Ekstatische Nymphe ... trauernder Flussgott'. Portrait eines Gelehrten, hg. v. Robert Galitz u. Brita Reimers. Hamburg. S. 172–183., hier S. 172f. Vgl. dazu: Warburg (1927): „Vom Arsenal zum Laboratorium", in: Werke in einem Band. Hg. v. Martin Treml, Siegrid Weigel u. Perdita Ladwig, Berlin 2010. S. 683–695, hier S. 691: „dass das Kunstwerk nicht als Atelierprodukt nur vom Künstler aus zu beurteilen und nur in der Verflechtung mit den zeitgenössischen Faktoren des wirklichen Lebens stilgeschichtlich zu erkennen sei, und im Praktischen, dass man die zum Studium gehörenden Bücher und Bilder zum Handgebrauch in einem Studiensaal für Jedermann zur Verfügung haben müsste."

macht, welche Bücher sie schenken, aber vor allem, welche Bilder das Kinderzimmer schmücken sollen. Ihre Auswahl wird, wie überhaupt bei allen Geschenken die sie macht, von der Idee geleitet, dass ein geistiger Gewinn aus ihnen gezogen werden muss. Das gilt selbst für die Wahl alltäglicher Gebrauchsgegenstände wie Besteck und Stühle, oder „[…] einen Spazierstock, so wählte sie sie ‚alt', als wenn sie dann durch die lange Zeit, in der sie nicht benutzt worden waren, ihren Nützlichkeitscharakter verloren hätten und dadurch geeigneter seien, uns das Leben der Menschen von früher vor Augen zu halten als den Bedürfnissen der jetzigen zu dienen."[6] Gerne würde deshalb die Großmutter sehen, dass in Marcels Zimmer Abbildungen schöner Bauwerke und Landschaften hingen. Im ‚Zeitalter technischer Reproduzierbarkeit' sollte das problemlos möglich sein, hätte sie nicht eine ganz konservative ästhetische Idee, bei der wiederum ein eigenhändiger Wunsch ins Spiel kommt. Obwohl sie eigentlich daran glaubt, dass der ästhetische Wert von fotografierten Objekten ihnen letztlich inhärent sei und sie nicht durch das neue Medium angetastet werden, schreckt sie dennoch vor einem Kauf von Fotografien zurück, da „[…] die Gewöhnlichkeit, die bloße Nützlichkeit bei der mechanischen Art der Reproduktion durch Photographie zu sehr die Oberhand bekämen."[7]

Anstatt also Fotografien der Kathedrale von Chartres oder des Vesuvs zu erwerben, verfällt sie auf eine List und fragt Swann, ob nicht ein Maler diese Motive dargestellt hätte. Sie könne dann Marcel wiederum Fotografien dieser Bilder schenken, um so diverse „Schichten von Kunst übereinanderzulagern"[8]. Damit würde der Banalität technischer Reproduktion aus dem Wege gegangen.

Zweifelsohne handelt es sich um die liebenswert-verquere Version eines populären Platonismus. Dass auch Fotografien von Turners Vesuv oder von Corots Kathedrale von Chartres letztlich Simulacra bleiben, das wird sie anerkennen müssen, denn das Problem hat sich nur um eine Stufe verschoben. Die Malerei kann als Gegenstand der Fotografie ihre Produktionsbedingungen

---

6 Marcel Proust (1913): Auf der Suche nach der verlorenen Zeit, Bd. 1: In Swanns Welt, 5. Aufl., übers. v. Eva Rechel-Mertens, Frankfurt a.M. 1979, S. 57.

7 Ebd.

8 Ebd.

letztendlich nicht vollständig überschreiben. Vielleicht kann der kunstverständige Swann dennoch helfen, wenn er stattdessen einen Stich dieser Kunstwerke besorgte, am besten eine alte Gravüre, die vielleicht die Sache darstellt, wie sie im gemalten Original gar nicht mehr zu sehen ist, beispielsweise Morghens Stich von Leonardos Abendmahl vor seinem Verfall. Dann gäbe es noch Hoffnung für den dargestellten ‚*Corpus Christi*', wenn zumindest eine andere Künstlerhand am Werke gewesen wäre, wenn auch die eines Kopisten.

Marcel goutiert diese ‚ästhetische Theorie' der Großmutter, die nichts anderes will, als das Medium Fotografie auf die künstlerischen Objekte durchsichtig zu machen, in seinen Erinnerungen mit viel Humor: „Die Anschauung von Venedig, die ich einer Handzeichnung Tizians verdanke, deren Hintergrund die Lagune vorstellen soll, war weit ungenauer, als gewöhnliche Photographien sie mir vermittelt hätten."[9] Auch andere Geschenke der Großmutter machen ihn Lachen. Reihenweise seien jene ‚antiken' Sessel zusammengebrochen, die sie verschiedenen Jungvermählten zur Hochzeit schenkte und die für den Gebrauchszweck längst untauglich geworden waren. Ihr war eben die Erkennbarkeit einer „alten Metapher [...] die unsere moderne Sprache durch den Gebrauch längst abgeschliffen hat"[10] viel wichtiger, als zweckdienliche Stabilität der Möbel.

Auslöser: Nullpunkt des Handanlegens

Dieser kurze Umweg über Combray, der nicht, wie die Gravüren von Marcels Großmutter, nach Venedig, sondern nach Rom führt, soll die oben aufgestellte Vermutung veranschaulichen, dass es für die Kunst alles andere als unwichtig ist, wo die Hand in das System zwischen Produktion, Reproduktion und Rezeption eingeschaltet wird, sie sich eingräbt, segmentiert, eine ‚Schicht' bildet. Es macht einen erheblichen Unterschied für Rezipienten, ob sie sich bewusst sind, dass eine Künstlerhand am Werke war, oder ob es sich nur um eine Kopie oder Fotografie handelt, durch den schlichten Druck eines Daumens ausgelöst. Heute manifestiert sich diese Differenz vor allem in den Preisen, die für Autographen bezahlt werden, von Kunstwerken mit entsprechenden Unterschriften ganz abgesehen. Selbst ein massenhaft reproduziertes Foto kann wiederum qua Unterschrift

9 Ebd. S. 58.
10 Ebd.

reauratisiert, fetischisiert und in einen Kult überführt werden. Jedenfalls stürzt die Fotografie Züge der Hand, ihre Inschriften *de manu propria* und die damit verbundene ontologische Dignität in eine Krise. Nicht allein für die Kunst ist dieses Medium eine Art Nullpunkt des Hand-anlegens, wie der Proust-Leser und Detail-Liebhaber Benjamin[11] in seinem Essay zur technischen Reproduzierbarkeit behauptet, bevor er den Verlust der Aura durch neue Reproduktionstechniken diagnostiziert: „Das Kunstwerk ist grundsätzlich immer reproduzierbar gewesen. Was Menschen gemacht hatten, das konnte immer vom Menschen nachgemacht werden."[12] Was die Fotografie von Guss und Prägung der Antike, von jüngeren Reproduktionstechniken wie Holzschnitt, Kupferstich, Radierung oder Lithographie unterscheide, sei die freigewordene Hand: „Mit der Photographie war die Hand im Prozeß bildlicher Reproduktion zum ersten Mal von den wichtigsten künstlerischen Obliegenheiten entlastet, welche nunmehr dem ins Objektiv blickenden Auge allein zufielen."[13] Das Auge kann die Welt qua Fotografie schneller erfassen, als die Hand sie jemals zeichnen könnte. Laut Benjamin sei ein Resultat dieser Entlastung, dass Bilder derart schnell produzierbar seien, wie gesprochen werden kann. Das Knipsen tritt an die Stelle der Pinsel und Stichmesser.[14] In den Metaphern einer spektralen Ontologie könnte man sagen, dass die noch nicht frei gewordene, d.h. hand-werkende Künstlerhand, die mit einem gegenüber der Fotografie enormen Zeitverbrauch einhergeht, gespenstisch wiederkehrt ‚im' Auge des Betrachters und damit auch des Theoretikers Warburg. Er heftet sie als *Phantomhand* auf den Abgrund der schwarzen Pappkartons und vervielfältigt sie qua Atlas massenweise. Dieses Gespenst spukt aber längst schon durch die ästhetischen Symbol-Theorien des 19. Jahrhunderts,

---

11 Auch Scholem verpflichtet Benjamin auf Warburgs Satz, vgl. ders. „Walter Benjamin", in: Walter Benjamin und sein Engel. S. 9–35, hier: S. 13f.

12 Benjamin (1936): Das Kunstwerk im Zeitalter seiner technischen Reproduzierbarkeit. Fünfte Fassung. In: WBKG, Bd. 16, hg. v. Burkhardt Lindner [u.a.], S. 7–45, hier: S. 10. Zu erinnern ist daran, dass Benjamin, im Gegensatz zu Marcels Großmutter, eine Idiosynkrasie gegenüber fotografierten Bildwerken gehegt hat, bis ihm die Buchhändlerin Adrienne Monnier die Vorteile dieser Verkleinerungstechnik nahelegt, woraus die Reproduktionsarbeit entstehen wird. Vgl. Benjamin (1929): Pariser Tagebuch. Aus: WBGS IV, 1, S. 567–587, hier: S. 582.

13 Ebd. S. 10f.

14 Zu Benjamins Überlegungen vgl. Kentaro Kawashima: „Knipsen: Walter Benjamin am Auslöser", in: z.B. – Zeitschrift zum Beispiel. Nr. 3 (2019), S. 127–147.

die das Auge als eine Art Hand betrachten, das die Dinge geistig berühren oder sie abtasten kann, bei gleichzeitigem Berührungsverbot der Sache selbst. Warburg muss diese Theorien nur noch zusammenschalten mit seiner Bibliothek und den Tafeln des Bilderatlas'. Durch Fotografie und Film verschwindet die Hand des Künstlers im Optisch-Unbewussten des Auslösers und feiert als *Phantomhand*, absolutes Partialobjekt, ihre Wiederauferstehung im Bilderatlas *Mnemosyne*.

Mnemosyne, Tafel 78

Ganz ungewöhnlich und wenig untersucht ist die Tafel 78[15] von *Mnemosyne*. Sie versammelt keine Reproduktionen von Kunstwerken, sondern Fotografien von der Unterzeichnung der römischen Lateranverträge durch Kardinal-Staatssekretär Pietro Gasparri und den Ministerpräsidenten Benito Mussolini am 11. Februar 1929. Die Lateranverträge werden später durch Papst Pius XI und den König von Italien, Vittorio Emanuel III., ratifiziert, d.h. nochmals beurkundet und unterschrieben. Beide Unterschriften, samt Siegeln, finden sich, im Gegensatz zu denen der Repräsentanten, auf der Tafel. Gelöst wird durch diese Verträge die sogenannte „Römische Frage", die sich seit der Auflösung des Kirchenstaates 1870 für die Souveränität des Papstes und seines Territoriums ergeben hatte, das de facto nur noch die Vatikanstadt war. Nach Gründung des Nationalstaates war der Papst einfacher Mitbürger Italiens geworden, wenn auch mit bestimmten Vorrechten, garantiert durch das gleichnamige *Garantiegesetz* von 1871.[16] Dieses Gesetz wird durch die neuen Verträge aufgehoben und sie verleihen „dem Heiligen Stuhl zur Sicherstellung völliger und sichtbarer Unabhängigkeit eine unstreitige Souveränität auch auf internationalem Gebiet [...] und das volle Eigentum sowie die ausschließliche und unumschränkte souveräne Gewalt und Jurisdiktion des Heiligen Stuhles."[17] Die römisch-katholisch-apostolische Religion

15 Warburg (1924): Der Bilderatlas Mnemosyne. 4. Aufl., hg. v. Martin Warnke unter Mitarbeit v. Claudia Brink. Berlin 2010. S. 131.

16 Vgl. „Gesetz des Italienischen Staates über die Vorrechte des Papstes und des Heiligen Stuhls und über das Verhältnis des Staates zur Kirche (Garantiegesetz), 16. Februar 1871", in: Auswahl wichtiger Aktenstücke zur Geschichte des neunzehnten Jahrhunderts, Berlin: Seehagen 1893. Dieses Gesetz wird durch die Lateranverträge aufgehoben.

17 „Die Lateran-Verträge zwischen dem Heiligen Stuhl und Italien vom 11. Februar 1929. Italienischer und deutscher Text. Autorisierte Ausgabe, mit einer Einleitung des päpstlichen Nuntius Eugenio Pacelli", Freiburg 1929. S. 9. Tatsächlich findet sich in der uns vorliegenden Ausgabe

wird zur Staatsreligion Italiens. Im Gegenzug erklärt der Papst im Artikel 26 (I) die „[...] ‚Römische Frage' für beigelegt und erkennt das Königreich Italien unter der Dynastie des Hauses Savoyen mit Rom als Hauptstadt des Italienischen Staates an."[18] Neben detaillierten Regelungen des vatikanischen Eigentums, seiner Finanzen und der Reisefreiheit für päpstliche Gesandte, ist erwähnenswert, dass dem Vatikan ein eigener Bahnhof zugesprochen und er darüber hinaus an das mediale ‚Verkehrsnetz' angeschlossen wird: „Ebenso wird es [der italienische Staat, P.R.] für die telegrafische, telefonische, radiotelegrafische, radiotelefonische und postalische Verbindung der Vatikanstadt auch unmittelbar mit anderen Staaten sorgen."[19]

Wie es die Geschichte will, hält sich Warburg zeitgleich in Rom auf. Diese Reise, unternommen mit seiner engsten Mitarbeiterin und Cassirer-Schülerin Gertrude Bing, ist im Tagebuch der KBW und in der Forschung bestens dokumentiert; ebenso wie Warburgs politische Einschätzung Mussolinis, die, nach anfänglicher Begeisterung, einer recht kritischen Einschätzung weicht.[20] Sein ikonologisches Interesses an dem Diktator richtet sich neben der Unterschriftenszene der Tafel 78 auf weitere Fotografien, auf denen Mussolini mit seiner Löwin „Italia" abgebildet ist: eines mit dem noch jungen Tier im Auto, ein anderes hinter den Gittern des Geheges im Zoologischen Garten in Rom. Auf diesem Foto sind die Hände des Diktators in Handschuhen zu sehen, flankiert von den Pranken des Löwen. Einen Löwen zu bändigen,

---

auch die eigenhändige, nicht faksimilierte Unterschrift des Nuntius unter seinem Vorwort. Wie dieses Widmungsexemplar in die Bibliothek der Ruhr-Universität Bochum gelangt ist, wird man noch untersuchen müssen.

18 Ebd. S. 31.

19 Ebd. Artikel 6 (III), S. 13. Auf der Tafel 78 des Bilderatlas' findet sich auch das erste Telegramm Papst Pius XI. an den König, von der neuen Telegraphenstation.

20 Zur Dokumentation von Warburgs und Bings Romreise, vom 17. November 1928–28. April 1929, vgl. Warburg (1926–29): „Tagebuch der Kulturwissenschaftlichen Bibliothek Warburg mit Einträgen von Gertrud Bing und Fritz Saxl", in: Gesammelte Schriften. Studienausgabe, Bd. VII., hg. v. Karen Michels u. Charlotte Schoell-Glass. Berlin 2001. S. 369–443 und die Darstellung von Roberto Zapperi (2013): Alle Wege führen nach Rom. Die ewige Stadt und ihre Besucher. Übers. v. Ingeborg Walter. München 2013. Eine beachtenswerteste Analyse von Mussolinis Rolle in den späten Arbeiten Warburgs (Briefmarke, ‚Löwenphotographien', Tafel 78, Bildtafel „Mussolini") liefert Jost Philipp Klenner (2007): „Der Duce ist nicht aus Email", in: Ordnungen der Krise. Zur politischen Kulturgeschichte Deutschlands 1900–1933, hg. v. Wolfgang Hartwig. München 2007. S. 449–481.

heißt auch, die Macht der Hände über die der Pranken zu stellen. Der Herkunft dieses „fleischgewordenen Emblems", eines interessanten Falls politischer Zoologie, widmet sich Warburgs Bildtafel 77, der vorletzten Fassung von *Mnemosyne*.[21] Mussolini hatte seine Führerrolle astrologisch hergeleitet, stand die Sonne doch an seinem Geburtstag, dem 29. Juli 1883, im Zeichen des Löwen. Sein Ausspruch „Besser einen Tag wie ein Löwe leben als hundert Jahre wie ein Schaf" ist nicht nur in Italien sprichwörtlich geworden:

M. Mussolini et son lionceau favori.

Abb. 92
Mussolini mit Löwin „Italia"

Warburgs Tafel enthält neben der Fotografie Darstellungen von Münzen und Briefmarken, jenen „Bilderfahrzeugen", die er als „Transfermedien visueller Botschaften" verstand, „in denen bereits seit der Antike geprägte Pathosformeln [...] ihre Reise durch Zeit und Raum in der Moderne fortsetzen"[22]. Besondere Aufmerksamkeit schenkt er einer bestimmten Briefmarke, die das „Mussolini-Symbol"[23] schlechthin zeigt: das *Fascis*, ein

21 Eine Abbildung dieser Tafel und ihres Inhalts findet sich bei Klenner (2007), S. 479.

22 Uwe Fleckner, Isabella Woldt (2012): „Die Funktionen der sozialen Mneme als Bewahrerin der antikisierenden Dynamo Engramme der Gebärdensprache", in: Aby Warburg: Bilderreihen und Ausstellungen. Hg. v. dies., in: Gesammelte Schriften, 2. Abt., Band II.2 (Studienausgabe), hg. v. Ulrich Pfisterer [u.a.], Berlin. S. 135–151, hier: S. 136.

23 Vgl. dazu Klenner (2007), S. 463f. Dass die unscheinbarsten Details mit großen philosophischen Gedanken und deren politischen Verfehlungen zusammenhängen können, beweist der Fall Martin Heidegger, Philosoph forcierter, d.h. ‚eigentlicher' Eigenhändigkeit. Zitiert sei das bekannte anekdotische Detail aus den Lebenserinnerungen von Karl Jaspers

Rutenbündel, in dem eine Axt steckt. Dass es sich dabei um ein besonders ‚handgreifliches' Symbol handelt, macht weniger die Briefmarke deutlich, auf der überhaupt keine Hand zu sehen ist, sondern metonymisch das ‚zuhandene Zeug' der Axt. Die Hand selbst, die an diese Axt angeschlossen werden und sich durch sie gewaltsam verwirklichen kann, ist Teil und Detail jener Skizze, die Warburg anfertigt, um die historische Transformation des Liktorenbündels zu sortieren. Dabei handelt es sich offenkundig um eine Bündnisszene, bei der das Liktorenbündel in Verbindung mit dem Handschlag die Stabilität einer ‚geistigen' Verbindung bekräftigt:

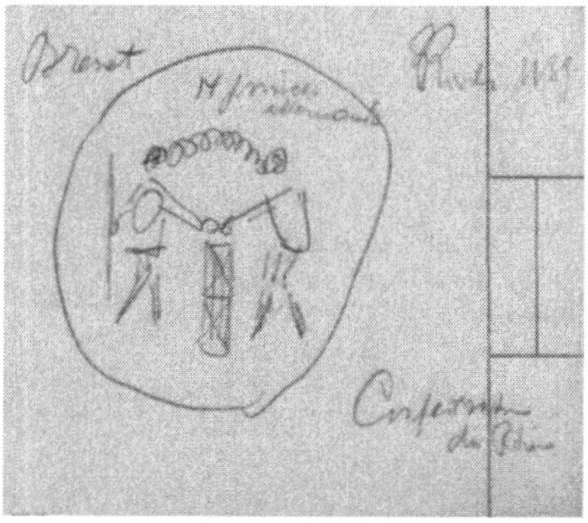

Abb. 93
Warburgs Skizzen zum Liktorenbündel

Auf Tafel 78 finden sich die Fotografien eigenhändiger Unterschriften von Papst Pius XI. und König Vittorio Emanuel III., dazu jene Szenen, die den Diktator und den Staatssekretär Gasparri zeigen, während sie die Lateranverträge signieren. Vor genauerer Betrachtung dieser Szene, gilt es den Status jener ‚hantierenden Hand' zu klären, wie Warburg sie seiner polaren Ikonologie zu Grunde legt. Fundament seiner theoretischen Spekulation ist der Mensch als Wesen, das sich bewusst die Welt vom Leib halten kann. Jener ‚Raum', der aus dieser Trennung von der Außenwelt entsteht, wird imaginär besetzt, zum „Substrat künstlicher Gestaltung" und qua Kunst zur „sozialen Dauerfunktion"[24]

(1977): Philosophische Autobiographie. Erweiterte Neuausgabe. München 1977. S. 101: „Wie soll ein so ungebildeter Mensch wie Hitler Deutschland regieren?" – „Bildung ist ganz gleichgültig", antwortete er, „sehen Sie nur seine wunderbaren Hände an!".

24 Vgl. zu diesen Begriffen Warburg (1929): „Mnemosyne Einleitung", in ders.: Werke in einem Band, hg. v. Martin Treml, Sigrid Weigel u. Perdita Ladwig, Berlin 2010. S. 629–640, hier: S. 629.

eines kollektiven Gedächtnisses. Der Künstler agiert dabei zwischen polaren Weltanschauungen[25]: Einer letztlich mathematischen Rationalität, die den Kosmos kalkulierbar macht und sich dabei affektiv bis zum Nullpunkt einer begrifflich-besonnen Schau (Sophrosyne) abkühlt und einer religiösen, die sich die distanzierte Welt durch Namen, Symbole, sowie in rituell-orgiastischer Hingabe aneignet.[26] In Warburgs Geschichtsphilosophie lösen sich diese Polaritäten nicht einfach epochal ab, sondern korrespondieren eng, ähnlich wie Nietzsches Kunsttriebe des Dionysischen und Apollinischen. Zeichen und Symbole („Energiekonserven“[27]) erweisen sich dabei als ‚Mächte‘, die dauerhaft für die zum Überleben notwendige Distanz sorgen und sie auf Dauer stellen. Einerseits bannen sie das Chaos und die Angst der anfänglichen Verschlingung mit der Welt, die den Menschen beständig bedrohe, andererseits werden ihre Kräfte kanalisiert und durch das Bild für die Zukunft übertragungsfähig gehalten.

Tastende Augen

Eine Kindergeschichte, die Warburg, am 22. September 1922 in der Klinik Bellevue aufschreibt, um seinem Arzt Ludwig Binswanger die Therapie zu erleichtern, gibt weiter Auskunft über dieses spezifische Verhältnis von Bild und Denken. Warburgs Erinnerungen handeln von fiebrigen Bildern und Sinneseindrücken, die durch eine Typhuserkrankung im sechsten Lebensjahr ausgelöst wurden: „Ich weiß heute noch, wie die Kinderpistole roch, die ich in die Hand bekam, die Bouillontasse

25 Vgl. Schema 1.

26 Diese Schematisierung findet sich in Warburg (2011): „Grundlegende Bruchstücke zu einer pragmatischen Ausdruckskunde“, in: Frammenti sull'espressione, hg. von Susanne Müller, übers. von Maurizio Ghelardi und Giovanna Targia. Pisa 2011.

27 Dass Warburg auf eine elektrische Metaphorik zurückgreift, liegt, so der Vorschlag von Ulrich Raulff (2003): Wilde Energien. Vier Versuche zu Aby Warburg. Göttingen 2003. S. 129, an Warburgs Transfer solcher Begriffe aus einer nicht-universitären Disziplin: „Die Elektrotechnik, gegen Ende des 19. Jahrhunderts an die Spitze der führenden Technologien gerückt, hatte schon früh ihre Spuren in Warburgs Vokabular hinterlassen. Zwar mag der für Warburgs Theoriebildung zentrale Begriff der ‚Polarität‘, wie Gombrich vermerkt, romantischen Ursprungs sein; in Verbindung mit dem ihn umgebenden Vokabular (‚Ladung‘, ‚Spannung‘, ‚Schwingungen‘) und seiner Semantik nimmt auch er jetzt eine neue, technische Farbe an.“ Die epistemische Intertextualität von Warburg und Richard Semon ist ausführlich an den entsprechenden Quellen genauer ausgeführt worden von Stefan Rieger (1998): „Richard Semon und/oder Aby Warburg: Mneme und/oder Mnemosyne“, in: DVjs, 72. Jahrgang, Sonderheft (Medien des Gedächtnisses), S. 245–263.

an sich und die Bouillon darin“[28]. Auch erinnert er einen kleinen Wagen mit Pferden, der auf der Fensterbank stand:

> Aus diesen Zeiten stammt die Furcht, die durch unproportioniert zusammenhangslose Bilderinnerungen oder Sinnesreize der Geruchs- oder Gehörorgane hervorgerufen wurden, die Angst, die das Chaos hervorruft, der Versuch, intellektuell Ordnung in dieses Chaos zu bringen – ein Versuch, der ja als der tragische Kindheitsversuch des denkenden Menschen überhaupt bezeichnet werden kann –.[29]

Was der Bilderatlas viel später ins Werk setzt, findet bereits in dieser Szene seinen Fluchtpunkt: Eine nachträglich konstruierte Erfahrung, die gleichzeitig als Urszene einer zur Vernunft kommenden Menschheit dient. Tragisch ist dieser Versuch deshalb, weil jede intellektuelle Ordnung, jeder neue Zusammenhang, auch neues Chaos produziert. Der Künstler bildet daher nicht einfach einen Schutzschirm, im Gegenteil transformiert und verstärkt er die chaotisierenden Kräfte, setzt sie „mitstilbildend“ ein, so dass sie als Erbe in das Individual- und Kollektivgedächtnis übergehen können. Was in dieses Gedächtnis gelangt, sind vor allem jene Affektbewegungen, die sich nicht nur in den Gesten und Gebärden des Bildpersonals, sondern vor allem im detaillierten Beiwerk ausdrücken: in den Schlangen, die Laokoon umringen, aber genauso in „Haar und Gewandung –, die man als dekorativen Künstlereinfall abzutun pflegte“[30].

Künstlerische Gestaltung prozessiert zwischen Phantasie und Vernunft, in dem die Hand eine eigenwillige und rätselhafte Rolle spielt: „Zwischen imaginärem Zugreifen und begrifflicher Schau

---

28 Warburg (1922): „Erstes autobiographisches Fragment“, in ders. u. Ludwig Binswanger: Die unendliche Heilung. Aby Warburgs Krankengeschichte. Hg. v. Chantal Marazia u. Davide Stimilli. Zürich, Berlin 2007. S. 101–103, hier: S. 101.

29 Ebd.

30 Warburg (1927), S. 685. Dass es sich bei dem Bilderatlas nicht einfach um eine unbewegliche Bildersammlung, sondern um die „Repräsentation der Gesten der abendländischen Menschheit – vom klassischen Griechenland bis zum Faschismus –“ handelt, wurde ganz zu Recht betont von Agamben (2001): „Noten zur Geste“, in: Mittel ohne Zweck. Übers. v. Sabine Schulz. Berlin, S. 53–62. S. 37. Vgl. auch Sigrid Weigels auch von Warburg und Benjamin handelnde Analyse der Details von ‚Hand‘ und ‚Bartgirlande‘ im Mann Moses von Michelangelo (2003): „‚Nichts weiter als ...‘. Das Detail in den Kulturtheorien der Moderne: Warburg, Freud, Benjamin“, in: ‚Der liebe Gott steckt im Detail. Mikrostrukturen des Wissens‘. Hg. v. Wolfgang Schäffner [u.a.]. München. S. 91–115. S. 98ff.

steht das hantierende Abtasten des Objekts mit darauf erfolgender plastischer oder malerischer Spiegelung, die man den künstlerischen Akt nennt."[31] Der primitive Greifmensch kenne noch gar kein retardierendes Moment zwischen Reiz und Erregung, keinen Aufschub und schon gar keine metaphorische Übertragung von den handelnden Händen zum vergeistigten Begriff. Dieser anthropologische Nullpunkt ist für Warburg geistloser Automatismus, der unmittelbar zupackt oder loslässt. Erst wenn die Vorstellung oder gar die Einbildungskraft dazwischentritt und damit ein Bild, wird dieser Automatismus unterbrochen. So erklärt sich auch das imaginäre „Zugreifen", bevor die Hand sich tatsächlich ihr Objekt oder ihre Beute greift. Der ‚primitive' Mensch schlüpfe durch Maskerade, Tanz oder Zauberei mimetisch in seine Beute hinein, versuche so, etwas von den tierischen Kräften auf sich zu übertragen. Die Beute ist damit bereits ergriffen, bevor sie in die Hände des Jägers fällt: „Durch Hineinschlüpfen in die Tiermaske wird beim Jagdtanz das Tier gleichsam durch Vorgreifen angeeignet, in Nachahmung des Jagd-Angriffes."[32]

Die ethnologische Beobachtung der Pueblo-Indianer in Mexiko offenbaren Warburg einen Übergangszustand des Menschen, in dem er kein unmittelbarer Greifmensch mehr ist, aber genauso wenig der ein voll aufgeklärter Denkmensch, der durch kausallogische Überlegungen seine Zukunft antizipieren kann:

> Dieses Nebeneinander von logischer Zivilisation und fantastisch magischer Verursachung zeigt den eigentümlichen Misch- und Übergangszustand, in dem sich die Pueblo-Indianer befinden. Sie sind keine wirklich primitiven Greifmenschen mehr, für die eine auf die weitere Zukunft bezogene Tätigkeit nicht existiert, aber sie sind auch noch keine technologisch beruhigten Europäer, die das zukünftige Ergebnis als organisch oder mechanisch gesetzmäßig eintretend abwarten. Sie stehen in der Mitte zwischen Magie und Logos, und ihr Instrument, mit dem sie sich zurechtfinden, ist das Symbol. Zwischen Greifmenschen und Denkmenschen steht der symbolisch verknüpfende Mensch.[33]

---

31 Warburg (1929), S. 629f.

32 Warburg (1923): Schlangenritual. Ein Reisebericht, 5. Aufl., mit einem Vorw. v. Ulrich Raulff u. einem Nachw. zur Neuausg. v. Claudia Wedepohl. Berlin 2011. S. 33. Dieser Zusammenhang wird ganz ähnlich dargestellt von Elias Canetti (1960): Masse und Macht. 29. Aufl., Frankfurt a.M. 2003. S. 247f.

33 Ebd. S. 31f.

Die Pueblo-Indianer verfügen bereits über die Mittel symbolischer Manipulation. Hier beginnt das Reich des Künstlers[34], der zwischen Greifen und Denken agiert, wie folgende Tabelle Warburgs festhält, die vollständig die (polare) ‚Umfangsbestimmung des Symbols' darstellen soll:

	Gleichgewicht hergestellt durch	
mimische Entladung ausgreifende	anstatt	sprachlicher Ansammlung interpersönliche
Rückfall in den Greifmensch	 der abtastenden Künstler zwischen beiden	Denkmensch Sprache
I greifend aneignend vermischende Aufhebung der Entfernung	II abtastende auslösende Entfernung in Greifnähe	III vergleichend- bezeichnende Entfernung
I greifend-aneignend	II abtastend-bildend	III sprechend-schreibend[35]

An diesem Schema ist aufschlussreich, dass die größte Polarität zwischen Greifen und Schreiben besteht. Alles, was Warburg über den Umfang des Symbols festhält, muss vor dieser letzten Polarität gelesen werden, was für die Signaturen von Tafel 78 und 79 von großer Bedeutung ist: Wer schreibt und unterschreibt, der hat zwischen den Reizen der Welt und seinen eigenen

34 Vgl. Warburg (1896 / 1901): „Symbolismus als Umfangsbestimmung", in: Werke in einem Band, hg. v. Martin Treml, Siegrid Weigel u. Perdita Ladwig, Berlin 2010. S. 615–627, hier: S. 618: „Das Kunstwerk ist ein Erzeugnis des *wiederholten* Versuches abseiten des Subjectes, [das, P.R.] zwischen sich und das Object eine Entfernung zu legen versucht."

35 Ebd. S. 626.

Erregungen eine maximale, genauer gesagt, die institutionelle Distanz gelegt. Andererseits gerinnt diese abständige Geste wiederum zu einer Pathosformel, wenn sie, wie auf den Fotografien, zum Bild wird, das eine Geste festhält, an dem wiederum die Details von Interesse sind.

Warburg entwickelt seinen Symbolbegriff, daran hat bereits Edgar Wind keinen Zweifel gelassen, aus der Lektüre von Friedrich Theodor Vischers Aufsatz *Das Symbol* und jener psychologischen Ästhetik, wie sie recht zeitgleich Konjunktur hat.[36] Einer ihrer Hauptvertreter ist wiederum der Sohn Vischers, Robert, dessen Buch *Über das optische Formgefühl* bereits in Warburgs Dissertation zitiert wird. Es lohnt sich ein kurzer Blick in dieses kleine Buch, weil es die physiologischen Prozesse des Sehens anhand einer hantierenden Hand expliziert, die Augäpfel überhaupt erst steuerbar macht. Vischers Frage lautet: Was unterscheidet das schlichte „Hinsehen" vom „Schauen" und zuletzt dem „Blick" des Künstlers? Antwort: Das einfache Sehen sei ein ganz passiver Akt, bei dem es weder Konzentration noch gerichtete Bewegungen der Augäpfel gibt; sie laufe ganz und gar unbewusst ab. Ergebnis dieses Sehens ist ein weitgehend indifferenter „träumerischer Schein von Ensemble"[37]. Vischer gebraucht eine neue (absolute) Metapher, um diese Passivität der Bildproduktion anschaulich zu machen: „Es handelt sich hier [...] um die Photographie des Gegenstandes in unserem Auge."[38]

Phantomhände

Reines, beinahe absolut passives Sehen, ist eine Art Fotoapparat ohne auslösenden Fotografen. Er nimmt bloß indifferente Traumbilder auf. Dagegen konturiert das bewusstere „Schauen" ein der Künstlerhand analoges Bild, das ‚gemalt' oder ‚gezeichnet' ist. Dabei zerfällt es, weil die Augäpfel in Bewegung geraten und sozusagen alle Dimensionen abtasten, in zwei Modi, die man entsprechend Kontur und Textur nennen könnte:

---

36 Vgl. Edgar Wind (1980): „Warburgs Begriff der Kulturwissenschaft", in: Aby M. Warburg: Ausgewählte Schriften und Würdigungen, 2. verb. Aufl., hg. v. Dieter Wuttke. Baden-Baden 1980. S. 401–419.

37 Vgl. Robert Vischer (1883): Über das optische Formgefühl, S. 2.

38 Ebd. S. 1.

> [...] das eine Mal ist es ein Linienziehen, wobei ich mir haarscharf, gleichsam mit der Fingerspitze die Umrisse nachweise, das andere Mal – und dies das Natürliche, weniger Reflektierte – ist es ein Anlegen von Maßen, wobei ich den Flächen, Anschwellungen und Vertiefungen eines Gegenstandes, den Bahnen der Beleuchtung, den Halden, Rücken, Mulden des Gebirges gleichsam mit der breiten Hand nachfahre.[39]

Vischer lässt es nicht bei diesem Vergleich („gleichsam") seiner zeichnend-malenden Analogie, sondern formuliert eine Theorie, wie die Hand sich ins Auge einschreibt und dabei *en passant* ihren Raum mitkonstituiert, oder besser gesagt, sich einverleibt. Habe er in der oben zitierten Stelle die Hand nur „symbolisch", wie er selbst sagt, eingeführt, möchte er jetzt ihren innigen Zusammenhang mit dem Auge aufklären. Hand und Auge sind „verwandter Natur; denn das Tasten sei ein ‚derberes Schauen' in die unmittelbare Nähe und das Sehen ein ‚feineres Tasten' in die Ferne."[40] Vischers Schluss ist ganz eindeutig: Ohne Tastsinn kein (räumliches) Sehen und keine Nähe, ohne Sehen wiederum weder Licht noch Farbe der Dinge, zudem keine Entfernung. Nur durch ihre rekursive Substitution kann es überhaupt Anschauung und Begriff geben. Bereits Kinder würden tastend sehen lernen, nach dem Mond greifen wie nach einem Teller und aus dieser Unfasslichkeit die Ferne allererst erlernen. Die Hand wird zum „unentbehrlichen Associé und Korrektor des Auges"[41], die sich in das Sehen selbst einschreibt und als *Phantomhand* jene Linien zieht und Texturen sichtbar macht, die Vischer zunächst rein symbolisch darzustellen suchte. In Wirklichkeit aber streicht er das „gleichsam" und damit die Rhetorik aus seiner Abhandlung, zugunsten einer physiologischen Ästhetik, die glaubt, das Reale der Sinne direkt erfasst zu haben.

39 Ebd. S. 2. Vischer selbst unterscheidet in einer Fußnote diese Modi als einerseits „zeichnerisch" andererseits als „plastisch malerisch".

40 Ebd. S. 3.

41 Ebd. Es handelt sich dabei um die Fortführung eines Gedankens, den Gustav Adolph Lindner (1883): Lehrbuch der empirischen Psychologie: als inductiver Wissenschaft. Für den Gebrauch an höheren Lehranstalten und zum Selbstunterrichte, 2. umgearb. u. erw. Aufl., Wien, S. 113f., vorgelegt hat: „Die Aehnlichkeit zwischen diesen beiden Vorgängen besteht wohl nur darin, daß sowie durch das äußere Schauen der Gegenstand an uns hinangezogen und durch die Vorstellung zu einem Bestandtheil unseres Bewußtseins gemacht wird, ebenso die Vorstellung selbst durch das innere Schauen an unser Ich herangezogen und zu einem Bestandtheile unseres Selbstbewußtseins erhoben wird."

Was Warburg mit Vischer verbindet, ist dieser Moment der hantierenden Einverleibung, der den Raum als Leistung von Auge und Hand erst entstehen lässt, deren wechselseitige Substitution mehr ist als die Addition zweier Sinne. Dieses wechselseitige Eindringen des Objekts in das Subjekt, die Belebung des Anorganischen durchs Organische, all das geschieht durch die *Phantomhand*, die nicht zu sehen ist, aber in deren Griff sich jeder befindet, der Bilder anschaut. Von ihr bleibt nur die Spur einer anfänglichen Geste, die selbst kein Bild gewesen ist. Georges Didi-Hubermann leitet daraus eine Macht des Bildes ab, die wahrlich den Namen einer ‚Gespenstergeschichte für ganz Erwachsene' verdient: „Das Bild reicht uns nicht nur die Hand, es nimmt unsere Hand und zieht uns – atmet uns ein, verschlingt uns – ganz und gar in die ‚magische', ‚geheimnisvolle' Bewegung der einfühlenden Anziehung hinein."[42]

Von der Geste zur Signatur

In einem Bildgedächtnis, das sich mit dem Nachleben der Antike, mit „Engrammen", „Mnemen", „Pathosformeln" und „Dynamogrammen"[43] befasst, interessiert und überrascht, was nicht zu sehen ist. Auf Tafel 78 von Mnemosyne sehen wir zwar den Papst in vollem Ornat während einer Messe im Petersdom, seinen signierenden Vertreter Gasparri am Verhandlungstisch und auch Mussolini samt Gefolgschaft. Was aber der Montage offensichtlich fehlt, ist das Portrait des Königs. Nur dessen Unterschrift auf der Ratifikationsurkunde findet sich, gleich neben der von Papst Pius XI. Der eine Körper des Königs, sein ‚Leib', bleibt unsichtbar, aber seine Unterschrift repräsentiert ihn, um in den Worten Louis Marins zu reden, als jene *„symbolische Fiktion"*[44], die dafür sorgt, dass er nicht nirgendwo gewesen ist.

Die Tafel trägt die Überschrift *Kirche und Staat. Geistliche Macht unter Verzicht auf weltliche.* Dass in dieser Signaturszene eine Übertragung von Macht stattfindet, wie sie vielleicht in der Geschichte einzigartig ist, lässt sich vielleicht auch noch an einem anderen Detail ablesen, einer Geste, die sich auf eigenartige Weise wiederholt, d.h. verschiebt. Auf dem Foto, das den

42 Didi-Hubermann (2002): Das Nachleben der Bilder. Kunstgeschichte und Phantomzeit nach Aby Warburg. Übers. v. Michael Bischoff. Berlin. S. 453.

43 Zur Übersicht dieser mnemischen ‚Energetik' vgl. nochmals die Studien von Raulff (2003), bes. S. 126–135.

44 Louis Marin (1981): Das Portrait des Königs. Übers. v. Heinz Jatho. Berlin 2005. S. 24.

Papst beim feierlichen Hochamt nach der Unterzeichnung der Lateranverträge am 12. Februar 1929 zeigt, verschränkt er seine geöffneten Hände über dem Brustbein, vor dem Herzen. Es handelt sich um eine uralte liturgische Gebetsgeste, die sogenannte *cancellatio manuum*, deren Ursprung – so die liturgie- und kunstgeschichtliche Forschung – bereits in den Königszeremonien des Orients zu finden sei und erst im späten Mittelalter in die westliche Liturgie gelangt. Auch mit dieser Geste hat eine Inversion stattgefunden. Es handelt sich anfänglich um eine Affektgeste, die starke Inbrunst zum Ausdruck bringt, jetzt gehört sie zum Repertoire inniger Sophrosyne[45]:

Abb. 94
Papst Pius XI, einen Tag nach Unterzeichnung der Lateranverträge

Auf dem Foto, das die Unterzeichnung selbst festhält, sehen wir Gasparri, während er signiert. Mussolini sitzt rechts neben ihm und hat seine Hände – auf die Vollendung von Gasparris Unterschrift wartend – in ähnlicher Manier gefaltet, allerdings verschränken sich seine Finger und bilden eine Art Käfig. Die Ellenbogen ruhen auf dem Dokument und befinden sich in einem kurzen Abstand zum Körper, sozusagen vom Herzen abgerückt, im Gegensatz zu den Händen des Papstes. Der Tod einer Metapher kann auch in einem ganz beiläufigen Detail stattfinden[46]:

45 Vgl. dazu die Dissertation von Martin Mäntele: Die Gesten im malerischen und zeichnerischen Werk Raffaels. Tübingen 2010 (Online-Publikation: http://nbn-resolving.de/urn:nbn:de:bsz:21-opus-52725), S. 58 und die einschlägige Arbeit von Karl Groß: Menschenhand und Gotteshand in Antike und Christentum. Hg. v. Wolfgang Speyer, Stuttgart: Hiersemann 1985.

46 Vom Herzen zum Gefängnis sozusagen. Ernst Gombrich (1970), S. 528, resümiert den Segen auf dem Petersplatz so: „Warburg befand sich auf dem Petersplatz, als der Papst nach diesem Akt des Verzichts [der weltlichen Macht über Rom, P.R.], den er als einen Wendepunkt in der Geschichte interpretierte, die Menge segnete. Den Gegensatz zwischen den brutalen Machtsymbolen der Faschisten und dem Rückzug des Papstes auf eine rein symbolische Domäne betrachtete er als ein weiteres Glied in der langen Kette des menschlichen Weges zur Aufklärung."

Abb. 95
Mussolini mit gefalteten Händen

Diese Geste ist wahrlich eine Inversion. Warburg kommentiert sie zwar nicht in Hinblick auf diese Unterschriftenzeremonie, aber verweist – nicht ohne Humor – auf die letzte Tafel im Bilderatlas, No. 79. Hier finden sich weitere Fotografien aus Rom und von Papst Pius XI., dazu Abbildungen von Arbeiten Giottos, Raffaels, Berninis und Boticelli. Nach seiner Rückkehr aus Rom und zum Anlass einer Doktorfeier kommt er in einer kurzen Ansprache auf die Bildbeilage des Hamburger Fremdenblattes vom 29.7.1929 zu sprechen, die sich auf Tafel 79[47] befindet. Sie zeigt unter anderem ein Foto des Papstes auf der *sedia gestatoria*, dem tragbaren Sessel, neben Bildern von Sportlern – genauer zweier Jockeys und eines Schwimmers im Badeanzug. Die Polarität, von der diese Zeitungsseite lebt, die durchaus „ganz entgegengesetzten Welten", stehe in der Tradition uralter Monstrablätter. Überhaupt sei es der Gegensatz zwischen Monster und Monstranz, der sich ironisch als Inversion eines fundamentalen Glaubenssatzes aktualisiere: „Die rohe Zusammenstellung zeigt, daß ganz unvermittelt das vergnügliche *hoc meum corpus est* neben dem tragischen *hoc est corpus meum* vor die Augen geführt werden kann, ohne daß die Diskrepanz zu Protest gegen solche barbarische Stillosigkeit führt."[48] Der sportliche ist größter Gegensatz

47 Auf Tafel 79 befindet sich auch ein Ausschnitt aus der Berliner Zeitung „Tempo", vom 3.9.1929, der Gustav Stresemann während der Unterzeichnung des Schlussprotokolls des Locarno-Vertrags zeigt. Die Verbindung dieser Szene mit dem Hostien-Kult, der Thema dieser Tafel ist, wird untersucht von Charlotte Schoell-Glass (1999): „Aby Warburg's Late Comments on Symbol and Ritual", in: Science in Context 12, 4, S. 621–642. u. (1998): Aby Warburg und der Antisemitismus. Kulturwissenschaft als Geistespolitik. Frankfurt. a.M., S. 233–243.

48 Warburg: „Notizbuch, 30. Juli 1929", zit. n. Gombrich (1970), S. 531.

des heiligen *corpus*. Implizit und wieder nicht ohne Humor wird Warburg die eigenen Montagen des Bilderatlas' und damit vielleicht seine Methode überhaupt, in diesem Sinne eine ‚rohe Zusammenstellung' nennen.

Wer, wie Warburg oder Saxl, den Gesten und Gebärden der heidnischen Antike auf der Spur ist, der muss vielleicht mit einer Unterschrift enden, die eine Geste genauso darstellt, wie sie *das* indexikalische Zeichen jener Macht ist, die den Willen von Königen und Päpsten, von Sekretären und Diktatoren erklärt und beglaubigt. Was diese Herrscher benötigen, ist ein Rest ihres Körpers, der erst Dokumente, Verträge oder Akten macht. Die Unterschrift ist Spur und Rest eines solchen Körpers mit Gesetzeskraft. Sie kann ebenso über Leben und Tod wie über das Ende oder den Anfang eines Reiches entscheiden. Was seinen Ausgang auf dem Schreibtisch des Kunsthistorikers Steinmann nahm, dem Autogramm des Diktators auf Mussolinis Foto, das Warburg als Ereignis in das Tagebuch notiert, endet im Allerhandgreiflichsten jener Unterschriften von Papst und König, die noch einmal die von Sekretären und Diktatoren gegenzeichnen. Dem Bilderatlas bleibt nur, den Umschlag der Gesten und den ironischen Spuk dieser *Phantomhände*, in die ‚Schichten' der Kunstgeschichte zu überführen, wo sie auf Auferstehung warten.

KAPITEL X

Schmetterhand

Abb. 96 Eigenhändige Unterschriften Old Shatterhands und Dr. Karl Mays auf Postkarte Nr. 1, 1898

Karl May ist der erste Autor, der Bild und Unterschrift, wie oben zu sehen[1], für publikumswirksame Werbezwecke einsetzt. In

1 Aus (2007): Karl May und seine Zeit: Bilder, Dokumente, Texte. 2. durchges. Aufl., hg. v. Gerhard Klussmeier u. Hainer Paul. Radebeul u. Bamberg 2007. S. 332.

© BRILL FINK, 2023 | DOI:10.30965/9783846766354_011

seinem Spätwerk will er die „Menschheitsseele" enthüllen und ihr eine neue Religion stiften. Deren Verkörperung ist der von ihm erfundene ‚Indianer' namens *Winnetou.* Allerdings wird May bis zum Ende an der doppeldeutigen Fiktion festhalten, ihn und *Old Shatterhand* gebe es doch wirklich: „Winnetou IV wird vorzüglich. Dann folgen 6–10 Bände, von Winnetou hinterlassen und von ihm selbst erzählt. Sein eigentliches Testament!"[2]

Dieses Testament wird weder geschrieben noch durch den Karl-May-Verlag veröffentlicht, soll aber neue Lehrstühle hervorbringen, die endgültig für Frieden auf Erden sorgen. Wie andere zuvor, arbeitet Dr. May an der eigenen Version des deutschen Mythos, der hier allerdings das imaginierte Amerika und den Orient mit dem deutschen Reich, verballhornt „Dschermanistan"[3] genannt, zur Synthese bringt.[4] Es ist vielleicht gerade ein ‚deutsch' zu nennendes Merkmal, dass seine führenden Intellektuellen gerade jene Autoren vergessen, die nicht mindestens auf dem Höhenkamm eines „geheimen Deutschland"[5] stehen, sonst würden sie die Rolle von Karl May nicht so beständig unterschätzen.[6] Heute taugt er manchen eh nur noch für Gender-Trouble. Jedenfalls wird May nicht nur als *Old Shatterhand* Fanpost und Autogrammkarten signieren, sondern am Ende seines Lebens einen bedeutenden Testaments- und Denkmalroman schreiben, um vor sich und der Welt zum Westmann zu werden. Sein Titel: *Winnetou IV,* später, d.h. seit 1914, auch passender

2 May zit. N. Günther Scholdt (2001): „Winnetou IV", in: Karl-May-Handbuch. Hg. v. Gert Ueding. Würzburg, S. 265–270, hier: S. 266.

3 Karl May (1909): Ardistan und Dchinnistan. 2 Bd., in: Kritische Ausgabe nach den Manuskripten. Hg. v. Hans Wollschäger u. Franziska Schmitt. Bamberg u. Radebeul 2005. Bd. I, S. 107.

4 Der vielleicht etwas zu gewichtige Begriff Mythos für Mays Werk wird wohl zuerst gebraucht von Carl Zuckmayer (1980): „Karl May: Ein Phänomen", in: Blätter der Carl-Zuckmayer-Gesellschaft 6 (1980). H1, S. 107.

5 Vgl. Ernst H. Kantorowicz (1933): „Das geheime Deutschland", in: Ernst Kantorowicz. Erträge einer Doppeltagung (Princeton, Stuttgart). Hg. v. Robert L. Benson u. Johannes Fried. Stuttgart 1997. S. 77–93.

6 Zumindest wenn man sich zwei aktuellere Publikationen dazu anschaut. Vgl. Herfried Münkler (2009): Die Deutschen und ihre Mythen. Reinbek bei Hamburg 2010 u. Dieter Borchmeyer (2017): Was ist Deutsch? Die Suche einer Nation nach sich selbst. 2. Aufl., Berlin 2017. Eine Ausnahme bildet die Außenperspektive von Gordon A. Craig (1982): Über die Deutschen. München 1982. Das gilt nicht für Etienne Francois und Hagen Schulze, die May ganz zu Recht in *Deutsche Erinnerungsorte* aufnehmen, vgl. Rolf Bernhard Essig u. Gudrun Schury (2001): „Karl May", in DE Bd. III, S. 107–121.

Winnetous Erben, der die unglaublichste Unterschriftskaskade deutscher Literatur enthält.

Deutsch-Indianer

Wer so feinsinnig den Deutschlandmythos in Szene gesetzt hat, wie der Filmemacher Hans-Jürgen Syberberg, der kommt schlichtweg nicht an diesem Autor vorbei, ebenso wenig wie an Ludwig II. von Bayern, Richard Wagner oder Adolf Hitler. Letzterer soll, zumindest der Sage nach, beim letzten Vortrag Mays in Wien anwesend gewesen sein, was Syberberg konsequent in seinem zweiteiligen Film über diesen ‚Jugendschriftsteller' inszeniert hat.[7] Freilich scheint jener *Friede auf Erden*[8], der Mays letztes Projekt war, den Führer später, im Gegensatz zu den handgreiflichen Reiseerzählungen, nicht überzeugt zu haben. Er wird der Legende nach im zweiten Weltkrieg Schlachten gewinnen, indem er sich Taktiken und Strategien von Mays Erzählungen abschaut. Der erfolgreichste deutsche Schriftsteller entspricht ganz dem Künstlertypus des Deutschlandmythos den Richard Wagner charakterisiert hat:

> Er wehrt dem zu ihm dringenden Einflusse des Auslandes nicht [...]. Er will aber nicht nur das Fremde, als solches, als rein Fremdes, anstarren, sondern er will es ‚deutsch' verstehen. Er dichtet das fremde Gedicht deutsch nach, um seines Inhaltes innig bewußt zu werden. Er opfert hierbei von dem Fremden das Zufällige, Äußerliche, ihm Unverständliche, und gleicht diesen Verlust dadurch aus, daß er von seinem eigenen zufälligen, äußerlichen Wesen so viel darein gibt, als nötig ist, den fremden Gegenstand klar und unentstellt zu sehen."[9]

Eine Lektüre von Mays Mythos ist ertragreich, versucht er doch, wenn auch mit sicher fragwürdigen Mitteln, Orient und Amerika konsequent zu ‚verdeutschen', indem er sich beide ‚Welten' aus Büchern einverleibt, synthetisch veredelt und d.h. so für entsprechende Klarheit sorgt. Dazu wird es am Ende sogar ‚Außerirdischer' bedürfen, wie die Urmutter Mara Durimeh, eine „[...]

7 Vgl. Hans-Jürgen Syberberg (1974): Karl May. Die Seele ist ein weites Land in das wir fliehen (2 Teile), ZDF. In ihrer Überschau der Rezensionen gibt die Karl May Gesellschaft (im weiteren KMG) in ihren Mitteilungen Nr. 22 (1974), S. 34, im Nebensatz bekannt: „Dem Regisseur geriet der Film zu einem trivialen Faust-Drama".

8 Vgl. dazu auch den entsprechenden Roman von May (1904): Und Friede auf Erden. Gesammelte Werke, Bd. 30, hg. v. Roland Schmid. Bamberg 1958.

9 Vgl. Richard Wagner (1865): „Was ist deutsch?", in: Gesammelte Schriften und Dichtungen, Bd. 10. Leipzig 1888. S. 36–53, hier S. 44f.

meinen Lesern wohlbekannte Herrscherin aus uraltem Königsgeschlecht“[10], die über *Sitara* herrscht, ein Land, das sich in jedem Sinne *jenseits* befindet. Im Lichte der tatsächlich nachgeholten Amerikareise, finden sich über diesem einverleibend-aufklärenden Prozess höchst spekulative Gedanken. Vielleicht sei es doch nicht der Deutsche selbst, der für die zitierte kulturelle Klarheit sorgt, indem er alles Fremde von seinen opaken Entstellungen befreit. Ganz wie Nietzsche, mit dem May sonst eher wenig gemein hat, entwickelt er ein Programm, transreligiöse Übermenschen zu züchten. In den Reiseerzählungen, so schreibt er über sich selbst, führe er den:

> [...] Nachweis des langsamen, aber sichern Entstehens einer neuen, germanisch-indianischen Rasse jenseits des Atlantic, deren Prototyp Winnetou ist. Darum ist Winnetous Erzieher ein Deutscher, und darum kommen in diesen Schilderungen so oft Deutsche vor. Man sieht, daß die Bedenken, die gegen May zu sein scheinen grad für ihn sind, sobald man seine Bücher nicht wie ein junger, oberflächlicher Quartaner ließt! Der Jankee ist nämlich unfähig, eine herrschende Rasse für Amerika zu zeugen, und doch hat diese Rasse dort unbedingt zu erscheinen, um die großen, menschheitlichen Aufgaben wieder aufzuheben, welche Europa vielleicht zu Boden fallen läßt. Der Deutschamerikaner ist Pionier![11]

Es zeigt sich bald, wie sich der Jankee in einen derartigen „Pionier“ verwandelt. Das ‚Deutsche‘ jedenfalls, ist bei May nicht als Fortsetzung griechischer Antike mit verklärenden Mitteln gedacht, z.B. durch neokonservative Anrufung des kommenden Gottes *Dionysos*. Genauso wenig findet es seinen Ort im „geheimen Deutschland“, das sich subkutan in der Geschichte durchbildet als Amalgam von heilig-römischem Königtum und dessen dichterischer Vision für einen adligen Bund. Karl May hat vielmehr die ‚Indianer‘ dazu ausersehen, im Prototypen des Häuptlings *Winnetou* alle Probleme zu lösen, die Europa anscheinend um 1900 nicht mehr interessieren.

Wenn der Kontinent nicht weiter weiß, müssen Amerika oder der Orient helfen, am besten beide als Vereinte. Dazu benötigt

10 May (1909): Ardistan und Dchinnistan, Bd. I, S. 7.

11 May (1907/08): „Aphorismen über Karl May“, in: Jahrbuch der Karl May Gesellschaft (1983), S. 56–69, hier: S. 58 (Blatt 5).

es allerdings andere Leser als „oberflächliche Quartaner“, die nur Reiseerzählungen oder Jugendliteratur in Mays Romanen sehen. Nicht allein die sogenannten Alterswerke sind dazu verfasst, seine symbolischen und spirituellen Einsichten zu vermitteln, sondern letztlich das gesamte Werk. Es enthielte bereits im Klartext alles, worüber May doch immer schon geschrieben habe:

> Ich habe mir die schwere Aufgabe gestellt, der Monograph der ‚*Menschheitsseele*‘ zu werden. Deshalb durchwandere und beschreibe ich all ihre Gebiete in Form von symbolischen ‚Reiseerzählungen‘, von denen eine jede irgendeinen interessanten Abschnitt aus dem Reiche der ‚Menschheitsseele‘ behandelt.[12]

Und das sei immer schon so gewesen, wie er seinen Lesern kurz und bündig 1903 im Vorwort der *Erzgebirgischen Dorfgeschichten* mitteilt: „Man sah nun endlich ein, was die Erzählung ist: nur das Gewand für geistig frohes Forschen.“[13] Kurzum, May habe zweifelsohne alle Länder bereist und jedes Abenteuer erlebt, von dem er erzählt. Allerdings sind eben all jene Wüsten, Schluchten und Gebirge innere ‚Seelenlandschaften‘ imaginärer Art gewesen. Absolute Idealisten können sich über einen solchen Autor nur freuen. Allerdings würden sie die Spaltungen des entsprechenden „Ich“ eher nicht mitmachen. Mays Erzählungen müssen demnach symbolisch gelesen werden und damit seine Leser das fertigbringen, erklärt es Kara Ben Nemsi ihnen am besten selbst gleich in einem Roman.[14]

---

12 May (1908): „Meine Beichte“, in: ‚Ich‘. Karl Mays Leben und Werk. Gesammelte Werke, Bd. 34. 30., unveränderte Aufl., hg. v. E. A. Schmid. Bamberg 1976. S. 13–25, hier: S. 18.

13 May (1903): Erzgebirgische Dorfgeschichten. Karl Mays Erstlingswerke. Autorisierte Ausgabe. Hg. v. der Karl-May-Gesellschaft. Dresden 2017. Er wird in *Winnetou IV* sofort diese Geschichte selbst zitieren.

14 Im *Mir von Dschinnistan* muss dieser ausgezeichnete Sohn der deutschen Reitkunst den „Urgaul“ des Scheiks der Ussul einreiten, der „Dicker“ gerufen wird. Man kann über diese Szene nur schmunzeln und sich wundern, dass Arno Schmidt nicht mehr Kapital für seine ‚genitale Lektüre‘ in *Sitara* daraus geschlagen hat. Einreiten und Seelenforschung jedenfalls, sind als symbolische Lektüre dasselbe: „ Nämlich, wenn meine Reiseerzählungen wirklich nur aus der ‚reinen Phantasie‘ geschöpft wären, wie zuweilen behauptet wird, so käme ich jetzt gewiß mit großen, wunderbaren Reiterkünsten, durch die ich den ‚Dicken‘ besiegte und dazu zwang, nun hier an diesem Orte, wo die Gefahr für mich begann, gehorsam anzuhalten, damit ich die nöthige Bedachtsamkeit und Vorsicht üben könne. Aber ich erzähle bekanntlich nur Wahrhaftiges und innerlich wirklich Geschehenes und Erwiesenes. Meine Erzählungen enthalten psychologische Untersuchungen und Feststellungen. Kein wirklicher Psycholog würde aber mir Glauben schenken, wenn ich so thöricht wäre, zu behaupten, daß es im fernen und

Namensfaust

Wenn man vom eigenhändigen Phantasma der deutschen Literatur spricht, darf man eine ihrer zentralen Figuren keinesfalls vergessen. Sie trägt den Namen: *Old Shatterhand*, alias *Kara Ben Nemsi*, alias Karl May, – alias? Die alte ‚Schmetterhand', ist auf orientalischer Seite semantisch gesehen zugleich ‚der Sohn der Deutschen'. Nicht ohne Ironie fasst Hadschi Halef Omar diesen Namen im Spätwerk wie folgt zusammen: „Er ist der größte Held und Gelehrte des Abendlandes. Sein in der ganzen Welt bekannter Name lautet Emir Hatschi Kara Ben Nemsi Ben Emir Hadschi Kara Ben Dschermani Ibn Emir Hadschi Kara Ben Alemani."[15]

In jedem Sinne ist dieser Name qua deutsch-arabischer Semantik der Befehlshaber der Deutschen und deutscher Befehlshaber. Im Spätwerk jedoch verzichtet dieser Held auf handgreifliche Kämpfe, um all seinen Feinden die Hände zu reichen. Die zeitgenössischen Leser empfinden diese Romane als langweilig, weil hunderte von Seiten dafür verbraucht werden, umständlich zu erzählen, wie man Kriege gewinnt, ohne überhaupt Waffen einzusetzen. Stattdessen gewinne man sie allein qua Sprechakt. Dasselbe gilt für das Bändigen von Pferden und wilden Hunden oder dergleichen. May und seine Alter Egos bekommen es in den letzten zehn Lebensjahren weniger mit Indianern oder dem Schut zu tun, als mit persönlichen Feinden, denen er in mehr als 100 Prozessen gegenüberstehen wird. Sein letzter Text ist daher auch gar keine Erzählung, sondern Klageschrift. Selbst in Rechtsangelegenheiten vertraut er lieber der eigenen Hand.[16] Feinde jedenfalls hat er sich genug gemacht. Darunter befindet sich als ‚Staatsfeind Nr. 1' Roland Lebius, der May schlichtweg als „geborenen Verbrecher" bezeichnet und ihn, nach Mays eigener Aussage, zu vernichten trachtet. Für diese

doch so nahen Lande des Menschen-Innern so leicht sei, ein Urpferd resp. Urgeschöpf zu zähmen. Diese Urgefühle gleichen dem dicken Smihk in so auffallender Weise, daß ich unbedingt bei der Wahrheit bleiben und meine Ohnmacht eingestehen muß, ihn mir unterthan zu machen." May (1909): Ardistan und Dchinnistan, Bd. 1, S. 89.

15 Ebd. S. 105f.

16 Vgl. May (1911): An die 4. Strafkammer des Königlichen Landgerichtes III in Berlin. Schriftsatz aus dem Jahr 1911 mit Erläuterungen und Textvarianten als Anhang. Erstveröffentlichung aus dem Nachlass. Bamberg 1982.

Annahme spricht einiges, wenn man sich die ausführlichen Forschungen dazu ansieht.[17]

Aber bevor die Hände im Spätwerk allen Völkern zum Frieden gereicht werden können, muss erst einmal ein durchschlagender Name für *den* deutschen Pionier schlechthin her. In seiner Studie über die Namens-Galaxie von Mays Erzählungen, für die es auch ein eigenes Figuren-Lexikon[18] gibt, spricht Rudi Schneickert davon, dass all diese *Shatter-*, *Sure-*, *Fire-* usw. „*-hands*", längst ins kollektive Gedächtnis der Deutschen eingegangen sind[19], womit er sicher Recht hat. Auch eine Stelle aus Remarques Roman *Die Nacht von Lissabon* beweist die These und deutet an, wie diese Namen einerseits, zu kindlichen Schibboleths, andererseits kontaminiert werden durch des Führers Lektürevorlieben. In einem Telefongespräch, bei dem der Erzähler seinem Freund den eigenen Namen nicht nennen kann, greift er spontan auf Namen aus den Spielen der Kindheit zurück, um sich dem Freunde zu erkennen zu geben:

> „Ich muss doch bitten! Ich kenne Sie nicht und Sie –" „Old Shatterhand", sagte ich. Mir war endlich eingefallen, wie wir uns als Jungen genannt hatten. Es waren Namen aus den Romanen Karl Mays. Wir hatten die Bücher als Zwölfjährige verschlungen. Ich hörte einen Augenblick nichts. Dann sagte Martens leise: „Was?" „Winnetou", erwiderte ich. „Hast Du den alten Namen vergessen? Es sind die Lieblingsbücher des Führers." „Richtig", sagte er. Es war bekannt, daß der Mann, der den Zweiten Weltkrieg begonnen hat, als Lektüre in seinem Schlafzimmer die dreißig oder mehr Bände eines Schriftstellers über Indianer, Trapper und Jäger stehen hatte, die man als Junge von fünfzehn Jahren bereits als leicht lächerlich zu empfinden begonnen hatte.[20]

Die erste Winnetou-Erzählung handelt ausführlich davon, wie durch Faustkampf und Schießkunst aus einem Greenhorn der berühmte Westmann wird. Dass dazu wiederum der rechte

17 Vgl. u.a. Jürgen Seul (2009): Old Shatterhand vor Gericht. Die 100 Prozesse des Schriftstellers Karl May. Bamberg u. Radebeul, S. 399–517.

18 Großes Karl May Figurenlexikon. Hg. v. Bernhard Kosciuszko. Paderborn 1991.

19 Rudi Schneickert (2006): ‚Ihr kennt meinen Namen, Sir?'. Studien zur Namengebung bei Karl May. Sonderheft der Karl May Gesellschaft Nr. 134. Hamburg. S. 55.

20 Remarque (1962): Die Nacht von Lissabon, S. 48. Die Verbindung zwischen Mays Werk und Hitlers Lektüre derselben wird gut zusammengefasst in Essig u. Schury (2001): „Karl May", S. 115f.

Name hermuss, wer könnte dieses Geschick bezweifeln? Es wird allerdings über 50 Seiten dauern, bis Sam Hawkins diesen Namen ausspricht. Dazu muss selbstverständlich eine Schlägerei her. Hier trifft das Noch-Greenhorn auf Mr. Rattler – auch dieser Name könnte kaum sprechender sein –, der ihn kurzerhand als ein solch ‚grünes Horn' beschimpft: „Ein Greenhorn läuft, wenn er von Paddy [Irländer] eine Ohrfeige erhalten hat, mit seiner Klage zum Friedensrichter, anstatt, wie ein richtiger Yankee tun soll, den Kerl einfach auf der Stelle niederzuschießen."[21]

Die Antwort des bis dahin namenlosen Erzählers ist *straight*, körperlich wie verbal: „Ich riß meinen Arm aus seiner Hand und entgegnete: ‚Ich ein Junge, ein Greenhorn? Widerruft das augenblicklich, Mr. Rattler, sonst schmettere ich Euch zu Boden!'".[22] Doch der Widerruf, so zeigt sich schnell, ist des ‚Schwätzers' Sprechakt nicht, woraufhin er tatsächlich vom Erzähler niedergestreckt wird: „Er konnte nicht weiterreden, denn ich schlug ihm die Faust an die Schläfe, daß er steif wie ein Sack niederstürzte und betäubt liegen blieb."[23]

Um Rattlers Kumpan niederzuringen, wird das Greenhorn auch den Fuß noch einsetzen müssen. Bevor dieser mit der Faust seine Schläfe malträtieren kann, gibt es einen Tritt in den Magen. In dieser Szene beginnt, was May in kommenden Erzählungen stereotyp wiederholt: Des Greenhorns Faust zerschmettert mit einem Schlage ihren Gegner und bewusstlos säumen sie daraufhin seinen Weg. Solch handgreifliche ‚Taufe' benötigt nur noch einen ‚Priester', der jenen Namen ausspricht, den der Leser bereits erahnt, ist er des Englischen mächtig.[24] Sam Hawkins wird dieses ‚Amt' gern übernehmen: „Man sollte Euch wahrhaftig Shatterhand nennen, weil ihr einen baumlangen und baumstarken Menschen mit einem einzigen Fausthieb niederschmettert. So etwas habe ich noch nie gesehen."[25]

---

21 Um hier nur die passendste Definition anzugeben, May (1887/88): Winnetou I. Reiseerzählung, in: Karl Mays Hauptwerke in 33 Bänden. Amerika Bd. 8, Zürich 1996. S. 15.

22 May (1887/88): Winnetou I, S. 50.

23 Ebd.

24 Eine ganz andere Übersetzung hat Arno Schmidt (1988) parat, vgl. „Reiten, Reiten, Reiten", in: Das essayistische Werk zur deutschen Literatur in vier Bänden. Sämtliche Nachtprogramme und Aufsätze. Bd. 4, hg. von der Arno-Schmidt-Stiftung. Zürich 1988. S. 242–259, hier: S. 243: „[…] und er, der ihn dergestalt preist, nennt sich die ‚Alte Schütterhand' […]": allerdings wäre ‚Schüttelhand' komischer gewesen.

25 Ebd. S. 51.

Ganz seinem verschrobenen Charakter entsprechend macht Hawkins sich lustig über solch schlagkräftige Initiation als Westmann, auch durch seine berühmte Lache und die entsprechende Schlussformel, die er beinahe an jede seiner Aussagen hängt:

> Shatterhand, hihihihi! Ein Greenhorn, und schon einen Kriegsnamen, und gar einen solchen! Ja, wenn Sam Hawkins seine Augen auf ein Greenhorn wirft, so kommt etwas dabei heraus, wenn ich mich nicht irre. Shatterhand, Old Shatterhand! Ganz ähnlich wie Old Firehand, der auch ein Westmann ist, stark wie ein Bär.[26]

Dieser *Nome de guerre* benötigt, wie der andere, *Kara Ben Nemsi*, seine Zeit, um im Werk zu sich zu kommen, damit er später durch die Hände Karl Mays in eigenhändige Unterschriften verwandelt werden kann. Zunächst ist der Erzähler in Mays Geschichten ein namenloses Ich, bevor sich beide Namen durchsetzen, um später in der Forschung – was die Leser längst getan haben – demselben Erzähler und dem Autor zugeordnet zu werden. Alle Figuren und Erzähler werden letztlich ein „Ich", wo die ‚Weltseele' greift, ähnlich wie bei Nietzsche und in B. Travens anarchischer Metaphysik alle Namen nichts als Pseudonyme sind.[27]

Zum ‚Tatwerkzeug' können Namen aber nur werden, wenn sie Dokumente oder literarische Texte unterschreiben. In seiner Autobiographie *Mein Leben und Streben*, die unvollendet blieb, stellt May diese Synthese noch einmal klar:

> Die Hauptperson aller dieser Erzählungen sollte der Einheit wegen eine und dieselbe sein, ein beginnender Edelmensch, der sich nach und nach von allen Schlacken des Animamenschentums reinigt. Für Amerika sollte er Old Shatterhand, für den Orient aber Kara Ben Nemsi heißen, denn daß er ein Deutscher zu sein hatte, verstand sich ganz von selbst. Er mußte also als „Icherzähler" dargestellt werden. Sein Ich ist keine Wirklichkeit, sondern dichterische Imagination. Doch wenn dieses „Ich" auch nicht selbst existiert, so soll doch alles, was von ihm erzählt wird, aus der Wirklichkeit geschöpft sein und zur Wirklichkeit werden.[28]

---

26 Ebd. S. 51f.

27 Und es war wiederum kein geringerer als Schmidt (1956b): „Vom neuen Großmystiker", in: Das essayistische Werk zur deutschen Literatur. Bd. 4, S. 99–124, hier: S. 115f., der auf diese Verbindung hingewiesen hat.

28 May (1910a): Mein Leben und Streben. Berlin 2010. S. 95.

Diese Person versteht sich, ganz im psychologischen Jargon um 1900, als multiples Ich: „Es bildete sich bei mir das Bewußtsein heraus, daß ich kein Ganzes mehr sei, sondern eine gespaltene Persönlichkeit, ganz dem neuen Lehrsatze entsprechend, nicht Einzelwesen, sondern Drama ist der Mensch."[29]

Allein der Name *Shatterhand*, samt entsprechender Eigenschaften und korrespondierender Namen, umfasst im Figurenlexikon knapp 30 Seiten.[30] Auch ein *Mr. German* ist dabei, er findet sich im *Reich des silbernen Löwen I*. Das Lexikon erklärt weiterhin, dass dieser Name als „Codewort" oder „Chiffre" von May eingesetzt werde, bei „dessen Nennung die Gegner erschrecken und die anderen ‚Helden des Westens' Ehrfurcht bezeugen."[31]

Mays Leben wird in jedem Sinne eine „Flucht ins Werk" sein, wie Arno Schmidt feststellt, der ihm selbst darin folgte.[32] Allerdings flüchtet May nicht nur in Phantasien nach Amerika und den Orient, sondern verwirklicht diese innere ‚Welt', hüben wie drüben. Es handelt sich sozusagen um eine „Entäußerung" in Hegelscher Manier, oder um die Kreuzung der Grenze, bloß in umgekehrter Richtung. May unternimmt dazu Reisen in den Orient und nach Amerika und beliefert von dort verschiedene Zeitungen und Persönlichkeiten mit Postkarten, um endlich, auch *de jure*, (sich selbst) zu beweisen, dass er alles, was er erzählt und geschrieben, auch selbst erlebt habe. Konsequent wird er deshalb auf den Postkarten zumeist mit dem eigenen Vornamen unterschreiben, abgesehen von offizielleren Adressaten, bei denen mit dem angemaßten Doktortitel signiert wird.[33] Auch diese akademische Weihe hätte zum Gegenstand der gegen ihn

---

29 Ebd. S. 76. „Das ‚Ich', in dem ich schreibe, das bin doch nicht ich selbst, sondern das ist die Menschheitsfrage, die ich personifiziere, um sie beantworten zu können." Vgl. Hans Wollschläger (1999a): „Vorwort: Karl Mays Reisen und seine Wirklichkeit", in: Karl Mays Gesammelte Werke. Bd. 82: In fernen Zonen. Karl Mays Weltreisen. Orient 1899–1900. Amerika 1908. Hg. v. Lothar u. Bernhard Schmid. Bamberg 1999. S. 5–13, hier: S. 7: „Aus dem Schmelztiegel von Ich und Nicht-Ich kam so eine Identität, die binnen kurzem Millionen faszinierte."

30 Vgl. Großes Karl May Figurenlexikon, S. 469–497.

31 Ebd. S. 473.

32 Arno Schmidt (1955): „Flucht ins Werk", in: Die Welt. Hamburg 15.08.1955.

33 Postkarte an Herrn Gewerbe-Inspektor Grund, in: Auf Karl Mays Fährte. Sonderband zu den Gesammelten Werken Karl Mays, hg. v. Reinhard F. Gusky u. Willi Olbrich. Bamberg u. Radebeul 2001. S. 260.

geführten Prozesse werden können und das nicht zu Unrecht, denn ordentlich promoviert hat er nicht:

Abb. 97
Postkarte an Herrn
Gewerbe-Inspektor Grund, 1899

Den Prozess verhindert May geschickt, wenn auch Literaturwissenschaftler ihn außergerichtlich weiterführen. Vorausschauend besorgt er sich aus einer amerikanischen ‚Diplommühle' die Ehrenpromotionsurkunde, die ihm, latinisiert als *Carolo May*, den Titel für *Im Reiche des silbernen Löwen* verleiht. Ein Gesuch beim sächsischen Kultusministerium allerdings, die Führung des Titels Dr. hc. zu erwirken, bescheidet das Amt abschlägig.[34] Das hat May nicht davon abgehalten, weiterhin den Titel zu benutzen und gleich ganz auf das „h.c." zu verzichten. Der Titel verschwindet erst von seiner Visitenkarte und aus *Kürschners Literaturkalender*, wo noch ein Jahr zuvor „Dr. phil." zu lesen war, nachdem im *Dresdener Journal*, vom 9. Februar 1905, Einzelheiten über seine doch in bestem Sinne ‚literarische Promotion' veröffentlicht werden.[35]

Unterschriften von Dr. May finden sich in schlichteren und verschnörkelteren Varianten, mal wird der Vorname ausgeschrieben, ein anderes Mal, wie auf der obigen Postkarte, nicht. Auch in anderen Registern ist sein Leben ganz handgreifliche Literatur. Besonders deutlich stellt sich das in einer Szene dar, die im Atelier von Sascha Schneider stattgefunden haben soll, jenem symbolistischen Maler, der die berühmten Titelbilder der Fehsenfeld-Ausgabe gestaltet hat. Schneider berichtet eine Szene besonderer Manier:

34 Die Urkunden finden sich in: Karl May und seine Zeit. Bilder, Dokumente, Texte. 2. durchges. Aufl., hg. v. Gerhard Klussmeier u. Hainer Paul. Radebeul u. Bamberg 2007. S. 508.

35 Auch die entsprechenden Einträge in „Kürschners Deutscher Literaturkalender", aus den Jahren 1904 und 1905, kann man nachlesen in: Karl May und seine Zeit, S. 509.

> Ein gut aussehender Herr kam zu mir ins Atelier und stellte sich vor: Karl May. Ich hatte nichts bis dahin von ihm gehört und sah ihn fragend an, worauf er „Old Shatterhand" hinzufügte. Ich bat um Erläuterung, worauf er das mit einem Schlag Niederschmettern seiner Gegner beschrieb. Daraufhin ergriff ich meinen Gewichtheber von 1 Zentner Gewicht und sagte ihm: Damit übe ich täglich![36]

Schneiders Figuren, auch die eigene, haben wohldefinierte Körper, als wären sie einem Body-Building Studio entsprungen. Selbst die Engel sind bei ihm drahtig austrainiert, wie nicht allein das Titelbild von *Old Surehand* beweist, das wir an hier bereits präsentieren, um einem anderen Engel das Feld vorzubereiten, der im nächsten Kapitel *Zettels Traum* einschweben wird[37]:

Abb. 98
Titelbild von *Old Surehand*, Sascha Schneider, 1904

36 In: Auf Karl Mays Fährte, S. 260. In typischer Manier dieser Karten, die eine Topographie dieser Reise aufspannen soll, schreibt er: „Herzlichen Gruß aus Ceylon, Indien! Gehe von hier nach Sumatra, Ihr Dr. K. May."

37 Ebd. S. 30.

Signaturen können fatal genannt werden, wenn man im Namen des ‚großen Anderen' unterschreibt, sei es als griechischer Gott, als namenloses Schicksal oder für die körperlose Körperschaft des „geheimen Deutschland". Ob man in die Psychiatrie eingewiesen wird oder zum Nationalschriftsteller erhoben, entscheidet der Diskurs, dessen Existenz Macht mit einschließt. Karl May gehört in die Filiation von Hölderlin und Nietzsche, denn er signiert am Ende gleich im Namen der ganzen Menschheitsseele, sogar sein Wohnhaus bleibt davon nicht verschont. Er erbaut sich in Radebeul das Reich des amerika-orientalengermanischen Edelmenschen. Es soll erwähnt sein, dass May in jüngeren Jahren auch einen Kolportageroman über den Bayernkönig und Architekturphantasten geschrieben hatte, deren erste drei Teile zunächst anonym erschienen.[38]

Neben Schloss Neuschwanstein, der Venusgrotte und dem Maurischen Kiosk, gehören inzwischen auch die Villen „Shatterhand" und „Bärenfett" zu den deutschen Erinnerungsorten, wohin die Tourismusindustrie gleich Heerscharen nicht nur von asiatischen Besuchern lenkt. Die Innenausstattung dieser Villen wird noch zu Lebzeiten Mays, Dank der Fotokunst von Alois Schießer und der Profifotografen Adolf Nunwarz und Fidelis Steuer, einer interessierten und kaufkräftigen Öffentlichkeit vor Augen gestellt und zum Kauf feilgeboten. Es handelt sich um die erste *Home-Story*, weit vor Durchsetzung des journalistischen Genres, um die verschiedenen Lebensformen unter einem Dach zu präsentieren. Ziel und Zweck ist es nicht zuletzt jene Wirklichkeit zu erschaffen, um die vielen Prozesse zu gewinnen, die anhängig sind.

Die Fotos dieser Kampagne sind bekannt: Der Meister steht ganz im bürgerlichen Putz vor seinen Bücherregalen, in denen vor allem seine Werke eingestellt sind oder er sitzt am Schreibtisch im Arbeitszimmer, neben ihm ein ausgestopfter Löwe, der den ‚Präriefuchs' darstellen soll. Dahinter die ansehnliche Anzahl an Handfeuerwaffen, auch „Bärentöter" und „Silberbüchse", angefertigt vom Büchsenmacher Max Fuchs. Im besten Falle sind die Kostümfotos als *Shatterhand* oder *Kara Ben Nemsi* gleich in die Staffagen dieser Wohn- und Präsentationsräume

38 Vgl. May (1886–88): Der Weg zum Glück. Roman aus dem Leben Ludwig des Zweiten. Dresden 1886–88.

montiert, wie auf der Postkarte „Carl May und das Innere seiner Wohnung in Lössnitz", die Buchhändler Johannes Paul Rost in Kötzschenbroda als Devotionalie verkauft. Der Name des Greenhorns prangt in großen Goldlettern am Fries der Villa und ist dort in Anführungszeichen gesetzt (!):

Abb. 99 „Villa Shatterhand" in Radebeul

Wer Literatur in Leben verwandeln will, muss seine Namen zu erfinden, zitieren und mit ihnen die richtigen Dokumente zu unterschreiben wissen. Allerdings gilt es dazu eben jene Anführungszeichen fortzulassen, die hier auf der Fassade zu sehen sind. Genau das wird geschehen und May schreibt sich selbst das Skript dazu. In der Autobiographie, gleichzeitig öffentliche Verteidigungsschrift gegen Lebius und Konsorten, hält er ganz in diesem Sinne fest, was keinesfalls zu unterschreiben ist:

> Das was man als ‚Jugend' bezeichnet, habe ich nie gehabt. Die allereinfachste Folge davon ist, daß ich selbst noch heut, im hohen Alter, in meiner Heimat fremd bin, ja fremder noch als fremd. Man kennt mich dort nicht; man hat mich dort nie verstanden, und so ist es gekommen, daß um meine Person sich dort ein Gewebe von Sagen gesponnen hat, die ich ganz unmöglich zu unterschreiben vermag.[39]

39 May (1910a): Mein Leben und Streben. Berlin 2010. S. 40.

Hans Wollschläger rekonstruiert dieses ‚Gewebe von Sagen' als erster und dazu jene ‚kriminellen Pseudonyme', die in diesem Fall ihre Rollen spielen. Im Rückblick ist die Maxime: „Was zu ihnen zusammenzutragen war, ist freilich wenig genug, und mehr als die Oberfläche zeigt es nicht. Aber das ist ja auch in seinen Büchern nicht anders, und man muss Spuren zu lesen verstehen, dort wie hier."[40]

Vergessen möchte May sicher, dass er in dieser Jugend mehrfach falsch unterzeichnet hat. Besonders interessant ist seine Hochstapelei, weil dabei auch Namen ins Spiel kommen, die im Werk viel später erneut auftauchen, zuletzt in *Winnetou IV*. Hier sind es die konkurrierenden Brüder „Burton", deren Nachname sich in den zu kriminellen Zwecken „selbstgefertigten Papieren" des Dr. May findet:

> Bei der Verhaftung am 2.7. wurden in Mays Besitz 2 Schriftstücke gefunden, „welche der Angeklagte recognoscirt und gegenständlich in der Absicht selbst gefertigt hat, um davon bei Ausführungen seiner Betrügereien und Schwindeleien Gebrauch zu machen ..." Das eine: ist eine „Polizeiliche Legitimation" mit der gefälschten Unterschrift „Dresden, am 19. Juni 1869 / Dr. Schwarze, Generalstaatsanwalt" und darauf angelegt, dem Inhaber bei seinen Falschgelderhebungen zu dienen; das andere, „Acta betreffend in Sachen der Erbschaft des Particuliers ..." trägt die Unterzeichnung „Dresden, am 24. Mai 1869 / Vereinigtes deutsch-amerikanisches Consulat / G.D. Burton, amerikanischer Generalkonsul / Heinrich von Sybel, sächs. General-Consul".[41]

‚Selbstgefertigte Papiere' sind dann auch jene Post- und Ansichtskarten, die May und sein Verlag Fehsenfeld unter Zuhilfenahme des „Photographie-Verlages u. Ateliers" von Adolf Nunwarz aufnimmt und vertreibt. Letzterer unterschreibt, wenn auch

40 Hans Wollschläger (1999a): „Vorwort: Karl Mays Reisen und seine Wirklichkeit", in: Karl Mays Gesammelte Werke. Bd. 82: In fernen Zonen. Karl Mays Weltreisen. Orient 1899–1900. Amerika 1908. Hg. v. Lothar u. Bernhard Schmid. Bamberg 1999. S. 5–13, hier: S. 11.

41 Wollschläger (1965a): Karl May. Grundriss eines gebrochenen Lebens. 2. Aufl., Göttingen 2010. S. 45: „Man darf dabei an Mays frühe Straftaten denken, die belegen, wie May durch die Wahl bestimmter Pseudonyme (Dr. med. Heilig, Hermes, Polizeileutnant von Wolframsdorf, Albin Wadenbach aus Martinique) Eindruck machen und sich Charaktereigenschaften quasi a priori zuschreiben wollte. Die Namenswahl ‚Old Shatterhand' [...] legt den Schluss nahe, May habe mit dieser Figur vor allem die körperliche Stärke und Gewandtheit seiner Helden betonen wollen."

leider nicht eigenhändig, Werbeanzeigen, wie im *Katholischen Literaturkalender*[42] veröffentlicht. Alle bestellbaren Fotos signiert der Autor auch von Hand:

Photographien des berühmten und beliebten Reiseschriftstellers

Dr. Karl May.

Im Verlage des Unterzeichneten sind unter Vorbehalt aller Rechte nachstehende Aufnahmen erschienen und können sowohl direkt gegen Voreinsendung des Betrages zuzüglich 20 Pf. Porto event. Nachnahme oder durch jede Buchhandlung zu den nachbezeichneten Preisen (excl. Porto) bezogen werden:

Cab.-Format Preis 60 kr. — 1 Mk.:

Nr. 1. Dr. Karl May als **Old Shatterhand.** Brustbild.
„ 2. „ „ Stehfigur mit „Silberbüchse".
„ 3. „ „ Stehfigur mit „Silberbüchse" und Fell des „Präriewolfes".
„ 4. Dr. Karl May als **Kara Ben Nemsi.** Brustbild.
„ 5. „ „ Stehfigur.
„ 6. „ „ Stehfigur mit Revolver in der Hand.

Format 13×18 cm (Klein-Boudoir) 75 kr. — 1.25 Mk.:

Nr. 7. **Villa Shatterhand** des Herrn Dr. Karl May (hoch und quer).
„ 8. Herr **Dr. Karl May** in seiner Bibliothek.
„ 9. „ in seinem Arbeitszimmer am Schreibtisch (hoch).
„ 10. „ in seinem Arbeitszimmer am Schreibtisch (quer).
„ 11. „ in seinem Arbeitszimmer auf dem Sopha lesend mit Schreibtisch.
„ 12. Herr **Dr. Karl May** in seinem Arbeitszimmer auf dem Sopha lesend ohne Schreibtisch.

Die Aufnahmen Nr. 1—6 sind in den Originalkostümen, die Old Shatterhand und Kara Ben Nemsi auf seinen gefahrvollen Weltreisen trug, angefertigt.

Jedes Bild trägt die eigenhändige Unterschrift des allverehrten Schriftstellers.

Hochachtungsvoll

Urfahr-Linz, Oberösterreich. **Adolf Nunwarz,** Photographie-Verlag u. photogr. Atelier.

Abb. 100 Werbeanzeige im Katholischen Literaturkalender, 1897. May am Schreibtisch der Villa ‚Shatterhand'

Dass die enorme Karriere des Schriftstellers zusammenfällt mit der Erfindung und massenhaften Verbreitung der Ansichtskarte und dass er dieses neue Medium manipulativ nutzt, um sich seinen Lesern entsprechend zu präsentieren, hat bereits Wollschläger entdeckt und ist in der Forschung bestens aufgearbeitet, samt der Materialitäten. Ganze Bände mit Postkarten sind inzwischen für die Fans des sächsischen Autors greifbar.[43] Ab dem 26. März 1899 jedoch, genau um 8.50 Uhr, bekommt diese Affäre ihre besondere Note. Die Prozesse und die öffentlichen Anfeindungen gegen ihn sind in vollem Gange, als May wie früher schon die Flucht nach vorn antritt. Edel ist sicher nicht immer, was er tut, aber etwas heldenhaftes ist stets dabei im Spiel. Er unternimmt mit seiner Frau Emma vom Dresdener

42 Aus: Karl May und seine Zeit, S. 284 u. 293.
43 Vgl. u.a. Auf Karl Mays Fährte.

Hauptbahnhof aus eine Orientreise[44]. Da kaum noch jemand glaubt, er hätte jene Reisen selbst erlebt, von denen die Reiseerzählungen handeln, holt er sie kurzum nach, *verwirklicht* sie.

Interessanter noch ist die Amerikareise[45], die 1908, also acht Jahre später unternommen wird. Vom Konzept her dieselbe Idee, jetzt aber mit einer anderer Frau. Nach der Scheidung von Emma heiratet er Klara Plöhn, was einige Schwierigkeiten mit sich bringt. Inzwischen hat ihn der Benediktinerpater und Literaturwissenschaftler Ansgar Pollmann in *Über den Wassern, Zeitschrift für schöne Literatur*, einen „literarischen Dieb" genannt. Also ist es Zeit, in Amerika – erneut(!)[46] – auf Beglaubigungstour zu gehen. In einer Postkarte an Felix Krais in Stuttgart steht: „Ich gehe morgen nach Amerika zu Vorstudien von Bd. IV von Winnetou."[47] Im Roman selbst wird er ganz andere Gründe für diese Reise nennen. Wiederum steckt May mit Hilfe jener Postkarten, verschickt an Zeitungen, Freunde und Fans, topographisch eine weitaus umfänglichere Tour ab, als sie tatsächlich stattfindet. Die Seelenlandschaften und jene Orte, wo sich sein Körper aufhält, interreferieren. Das schreibt er in der Autobiographie der Lektüre von Schundliteratur zu, die ihn wahnsinnig gemacht habe, wie Don Quixote das Lesen mittelalterlicher Ritterromane: Denkmalroman

> Der Fehler lag darin, daß ich infolge des verschlungenen Leseschundes den Roman für das Leben hielt und nun das Leben einfach als Roman behandelte. Die überreiche Phantasie, mit der mich die Natur begabte, machte die Möglichkeit dieser Verwechselung zur Wirklichkeit.[48]

Diese Verwechslung wird von einem Philosophen, der sich für beinahe jeden Wunsch engagieren kann, wenn er nur dem *Prinzip*

44 Zum Postkartenverkehr in die Heimat und dem Legen falscher topographischer Fährten, vgl. Hans Wollschläger (1999): „Karl Mays Orientreise 1899/1900", in: Karl Mays Gesammelte Werke. Bd. 82: In fernen Zonen. Karl Mays Weltreisen. Orient 1899–1900. Amerika 1908. Hg. v. Lothar u. Bernhard Schmid. Bamberg 1999. S. 33–233.

45 Zum Ablauf und den manipulierten Daten der Reise, auch zur Verknüpfung von Orten und Ereignissen mit *Winnetou IV*, vgl. Dieter Sudhoff (1999): „Karl May in Amerika", in: Karl Mays Gesammelte Werke. Bd. 82: In fernen Zonen. Karl Mays Weltreisen. Orient 1899–1900. Amerika 1908.Hg. v. Lothar u. Bernhard Schmid. Bamberg 1999. S. 233–429.

46 Wo er ja auch schon einmal war, allerdings in dem gleichnamigen Dorf „Amerika" in Sachsen.

47 Postkarte an Felix Krais zit. n. Auf Karl Mays Fährte, S. 296.

48 May (1910a): Mein Leben und Streben, S. 64.

Hoffnung dient, nicht übelgenommen: „Obwohl Karl May nie tat, was er von sich erzählt, nie dort war, wo er jeden Strauch zu kennen vorgibt, findet ihn noch jeder Junge richtig. Also muss an der Lüge etwas dran sein, nämlich der echte Wunsch nach Ferne, den sie erfüllt."[49] Nicht allein die Gründungsväter der *Kritischen Theorie* werden deshalb Mays Unterschriften ‚gegenzeichnen'.[50] Aber hier gilt ebenfalls Nietzsches Devise: „Verwechsele mich vor allem nicht". Wer beglaubigen möchte, dass Leben und Literatur ununterscheidbar sind, kann nur noch einen Roman schreiben. Eine solche Apotheose bietet *Winnetou IV*. May vollbringt hier, flankiert durch allerlei andere Texte, das Meisterstück – vielleicht Pindars Worte noch im Ohr –, zu werden, der er doch niemals war. Dazu wird er einfach die Anführungszeichen im Namen *Shatterhand* weglassen. Ein erster Schritt dorthin, findet sich auf einer Postkarte, diesmal an Leopold Gehri: „Herzlichen Gruß! Bin wieder daheim. Habe Stoff zu ‚Winnetou', Band IV mitgebracht. Sein wirkliches Testament gefunden. Es wird hochinteressant. / Ihr alter / May"[51].

Die Rede vom „wirklichen Testament" lässt aufhorchen. Sollte es Winnetou doch außerhalb der imaginären Seelenlandschaften gegeben haben? Und der Unterschriftenforscher fragt sich: Hat der Häuptling der Apachen vielleicht sogar selbst testiert, in dem er es gar unterschrieben hat? Dass diese Hoffnung sich nicht erfüllt, ist nicht weiter tragisch, wenn man sich den Roman genauer ansieht, der Frucht der Amerika-Reise ist. Tatsächlich wird dort erzählt, dass man das richtige Testament von Winnetou auffindet und verhindert, dass dem Häuptling ein Denkmal gesetzt wird Es finden einige Vorlesungen über dieses einzigartige Dokument statt, um den schlussendlichen *Frieden auf Erden* zwischen Amerika, dem Orient und Deutschland vorzubereiten. Überdies wird noch in einem neuartigen Gerät geflogen, das Hölderlins „Adler" alle Ehre macht und Mays

49 Ernst Bloch (1929): „Die Silberbüchse Winnetous. Literaturblatt der Frankfurter Zeitung, 31. März 1929", in: Erbschaft dieser Zeit. Erweiterte Ausgabe. Werkausgabe, Bd. 4., Frankfurt a.M. 1985. S. 169–173, hier: S. 169.

50 Einen recht brauchbaren Überblick gibt Albrecht Götz von Olenhusen (2006): „Engel am Abgrund. Walter Benjamin liest Karl May", in: Jahrbuch der Karl-May-Gesellschaft 2006. S. 99–127.

51 Vgl. May (14.12.1908): Faksimile einer Postkarte an Leopold Gehri, in: Mitteilungen der Karl May Gesellschaft, Nr. 19 (1974), S. 8.

optimistische Technikphilosophie, wenn man das so nennen mag, enthält.[52]

In diesem Roman, der passend in der „Villa Shatterhand“ beginnt, bekommen May und seine Frau Post. Die Rolle der Schriftstellergattin ist einige Zeilen wert. Sie hat das ganze Parterre zur Verfügung, um entsprechend Gäste zu empfangen, aber besonders um massenweise Fanpost „meiner Leser [zu beantworten, P.R.] alle die vielen Briefe, deren eigenhändige Erledigung mir selbst unmöglich ist“[53]. Der Auftakt des Romans mit dem Kapitel „Vorzeichen“ ist wegen des Namenspiels mit „Herzle“ interessant, weil May hier zunächst Klaras Kosenamen intratextuell auflöst:

> Er stammt aus dem Band meiner „Erzgebirgischen Dorfgeschichten“. Da kommt ein „Musterbergle“, ein „Musterdörfle“, ein „Mustergärtle“ und ein „Musterhäusle“ vor, in dem das „Herzle“ mit seiner Mutter wohnt. Dieses „Herzle“ ist der, wenn auch nicht körperliche, aber doch seelische Abglanz meiner Frau, und wenn ich das Porträt, indem ich an ihm arbeitete, so liebgewann, daß ich es „Herzle“ nannte, so versteht es sich wohl ganz von selbst, daß dieser Name so nach und nach auch auf das Original überging.[54]

Was für den eigenen Namen beinahe schon geleistet ist, holt er jetzt für Klara nach. Schmunzeln lässt das „Musterbergle“ in der Aufzählung erzgebirgischer Idylle, gefertigt am Reißbrett der Villa Shatterhand, wenn man bedenkt, dass einer der Hauptschauplätze dieses Denkmalromans der *Mount Winnetou* ist. Bei der Post, die Ehepaar May bekommt, handelt es sich um einen Brief aus Amerika, dessen Faktur schon auf dem Kuvert auffällig ist: „beide Seiten desselben zeigten so viele Stempel und mit der Hand geschriebene Ortsnamen, daß das alles unleserlich geworden war.“[55] Vom Kuvert befreit, findet sich darin ein Stück Papier, ganz Teil des eigenhändigen Phantasmas der

---

52 Zum Flugapparat vgl. May (1910): Winnetou IV, S. 264. Vgl. dazu Dieter Sudhoff (1986): „Der beflügelte Mensch. Traumflug, Aviatik und Höhenflug bei Karl May“, in: JB.-KMG 1986. S. 111–154.

53 May (1910): Winnetou IV, S. 7.

54 Ebd.

55 Ebd. S. 8.

Reiserzählungen, von einem Bowie-Messer zerschnitten und nachträglich wieder zusammengefaltet worden sei:

> Es enthielt folgende Zeilen in englischer Sprache, die ich natürlich [!] verdeutsche; sie waren von einer schweren, ungeübten Hand mit Bleistift geschrieben: „An Old Shatterhand. Kommst Du nach dem Mount Winnetou? Ich komme ganz gewiß. Vielleicht sogar auch Avath-Niah, der Hundertundzwanzigjährige. Siehst Du auch, daß ich schreiben kann? Und daß ich in der Sprache der Bleichgesichter schreibe? Wagare-Tey. Häuptling der Schoschonen."[56]

Selbstverständlich ‚verdeutscht' May diese Zeilen, wie alle weiteren, die noch folgen werden, denn das gehört zum mythologischen Programm. Auch die Selbstzitate setzen sich beständig fort. Den Lesern wird empfohlen, über „Wagare-Tey" („Gelber Hirsch"), dessen Vater der oben erwähnte Avath-Niah ist und der ihm noch nie geschrieben habe, wobei doch so häufig Indianer an ihn schreiben würden, „in meinem Band ‚Weihnacht' nachzulesen."[57] Jetzt ist zwar immer noch nicht der Grund bekannt, warum, aber immerhin jener Ort, wohin *Old Shatterhand* reisen soll. Es ist *Mount Winnetou*, reine Seelenlandschaft, ebenso wie *Ussulistan*. Allerdings lässt sich dieser Berg durch die im Roman gegebene Beschreibung topographisch verorten und zwar als Bestandteil der Chiricahua-Mountains, im südöstlichen Arizona. Diese Orte haben eine eigene literarische Geographie hervorgebracht, deren Landkarten beispielsweise bei Hans-Henning Gerlach zu besichtigen sind.[58]

Aber was ist überhaupt der Reiseanlass? Erst eine Kaskade von Unterschriften und weitere Informationen, die von Woche zu Woche das Sekretariat „Herzle" und May erreichen, geben nach und nach Aufschluss. Aber eben nicht sofort, was Teil der literarischen Technik jener Vorzeichen ist, die erst später zu Nachrichten proliferieren. Dementsprechend folgen drei Briefe, die wenig informativ erscheinen, aber dafür mächtige Drohungen enthalten:

56 Ebd.

57 Ebd.

58 Vgl. Hans-Henning Gerlach (1997): Karl-May-Atlas. 3. Aufl., Bamberg 2009. S. 263 (*Mount Winnetou*).

> Komm an den Mount Winnetou zum großen, letzten Kampf! Und gib mir endlich Deinen Skalp, den Du mir schon zwei Menschenalter lang schuldig bist. Dieses lässt Dir schreiben To-kei-chun, der Häuptling der Racurroh-Komantschen.
>
> Hast Du Mut, so komme herüber nach dem Mount Winnetou! Meine einzige Kugel, die ich noch habe, sehnt sich nach Dir! Tangua, ältester Häuptling der Kiowas. Geschrieben von Pida, seinem Sohn dem jetzigen Häuptling der Kiowas, dessen Seele die Deinige grüßt.[59]

Es gibt aber auch versöhnlich klingendere Zeilen, die ‚Schmetterhand' erreichen, der etwas besorgt ist über diesen letzten Kampf, der offenbar schon anberaumt ist:

> Mein lieber weißer Bruder! Der große Manitou in meinem Herzen gebietet mir, Dir zu sagen, daß ein Bund der alten Häuptlinge und ein Bund der jungen Häuptlinge nach dem Mount Winnetou berufen ist, um über die Bleichgesichter zu Gericht zu sitzen. Und über die Zukunft der roten Männer zu entscheiden. Du wirst kommen, und ich werde kommen. Meine Seele freut sich auf die Deinige. Ich zähle die Tage, Stunden und Minuten, bis ich Dich sehen werde. Dein roter Bruder Schahko Matto, Häuptling der Osagen.[60]

Je primitiver die Drohungen der Häuptlinge, desto weiter entfernt sind sie von der elementaren Kulturtechnik des ‚weißen Mannes', d.h. eigenhändig zu schreiben und zu signieren, selbstverständlich in alphabetischer Schrift. Die ersten beiden Häuptlinge lassen schreiben: Einer richtet sich an seinen Sohn, der jetzt selbst in Amt und Würden ist und immerhin die Höflichkeitsform wahrt. Auch *Schahko Matto* bittet seinen Sohn die obigen Zeilen zu verfassen. Mit eigener Hand schreiben die Häuptlinge nichts, bleiben ganz dem westlichen Vorurteil gegenüber schriftlosen Kulturen verhaftet, oder – andere Lesart – weiden sich in Vornehmheit. Ganz anders Winnetou, der einen deutschen Lehrer hatte und sogar gleich mehrere Testamente aufsetzt. Es geht am Ende darum, zu beweisen, dass allein durch die Schrift im Doppelsinne der ewige Frieden möglich ist. Dass die Zukunft der Menschheit in diesem Text aber weniger von den

59 Karl May (1910): Winnetou IV, S. 9.
60 Ebd. S. 10.

Entwicklungsgeschichten seiner Protagonisten, beispielsweise der *Gebrüder Enter* abhängt, als dem Aufstieg in die akademische Schriftkultur, ist bisher übersehen worden.[61]

Die rätselhafte Lage, in der sich der Erzähler immer noch befindet, könnte endlich aufgelöst werden, als ein amtliches Schreiben eintrifft. Man vergesse nicht, dass neben Fanpost vor allem die häufig unangenehme Gerichtspost beständig ‚sublimiert' werden muss. Dieses amtliche Schreiben ist die Einladung zu allerlei „Meetings" am *Mount Winnetou*. Auch wenn es sich um ein etwas längeres Schreiben handelt, soll es vollständig zitiert sein, weil einzigartig, wenn man über die Literatursignatur nachdenkt. Wieder einmal erinnert uns May daran, dass die folgenden Zeilen, abgesehen von der Anrede, von ihm ‚verdeutscht' wurden:

> *Dear Sir,*
>
> In den vorjährigen Versammlungen der Häuptlinge wurde einmütig beschlossen, den hierzu geeignetsten Berg des Felsengebirges forthin mit dem Namen Winnetous, des berühmtesten Häuptlings aller Nationen, zu bezeichnen. Es wurde hierzu die höchstwahrscheinlich auch Ihnen wenigstens geographisch bekannte Kulmination gewählt, auf welche der geheimnisvolle Medizinmann Tatellah-Satah (*Thousand-years*) sich zurückgezogen hat. Am Fuß resp. auf den Stufen dieses Berges sollen um die Mitte des heurigen Septembers folgende Versammlungen abgehalten werden:
>
> 1. Das Campmeeting der alten Häuptlinge.
> 2. Das Campmeeting der jungen Häuptlinge.
> 3. Das Campmeeting der Häuptlingsfrauen.
> 4. Das Campmeeting aller außerdem berühmten roten Männer und roten Frauen.
> 5. Das Schlußmeeting unter der Leitung des hier unterzeichneten Komitees.

61 Auch von der ansonsten sehr hilfreichen Synopse von Text und Forschung von Hermann Wohlgschaft (2005): Karl May. Leben und Werk. Drei Bände. Bd. 3, hg. in Zusammenarbeit mit der Karl-May-Stiftung und Ralf Harder. Bargfeld / Celle 2005. S. 1838–1923.

Es wird in Ihr Belieben gestellt, sich hierzu persönlich einzufinden und bei dem Vorsitzenden oder dessen Stellvertreter zu melden, wobei Ihnen der Gegenstand aller dieser Beratungen bekanntgegeben wird. Zugleich werden Sie darauf aufmerksam gemacht, daß diese Meetings, ebenso wie sämtliche Vorbereitungen zu ihnen, vor den Angehörigen anderer Rassen vollständig geheimzuhalten sind. Wir verpflichten Sie hiermit zur strengsten Diskretion und fühlen uns berechtigt, anzunehmen, daß wir Ihre ehrenwörtliche Versicherung, zu schweigen, bereits bekommen haben. Nummernmarken für die bei unseren Zusammenkünften Ihnen anzuweisenden Plätzen, haben Sie sich bei dem unterzeichneten Schriftführer persönlich abzuholen. Sämtliche Reden zum Beratungsgegenstand sind des besseren Verständnisses wegen in englischer Sprache zu halten.

Hochachtungsvoll

Das Komitee.

Gezeichnet:

Simon Bell (Tscho-lo-let)
Professor der Philosophie, als Vorsitzender
Edward Summer (Ti-iskama)
Professor der Klassikal-Philologie, als Stellvertreter des Vorsitzenden
William Evening (Pe-widsh)
Agent, als Schriftführer
Antonius Paper (Okih-tschin-tscha)
Bankier, als Kassierer
Old Surehand,
Partikulier, als Direktor[62]

Es handelt sich um eine Mischung aus Thing und Vereinsversammlung, zu der *Shatterhand* eingeladen hat, um allerdings erst dort zu erfahren, was eigentlich Gegenstand all dieser Meetings ist.[63] *Old Surehand* unterscheibt nicht nur mit sicherer Hand diese Einladung, sondern gibt weiter unten auf dem Dokument noch in Form eines privaten Postskriptums zu wissen, dass auch

62 Ebd. S. 10f.

63 In seinem einzigen Drama wollen auch alle Führer der dort sich versammelnden arabischen Stämme zusammenkommen; „um ihre letzte Unterschrift zu geben", damit endlich Friede in der Region eintritt. Vgl. May (1906): Babel und Bibel. In: Gesammelte Werke, Bd. 49: Lichte Höhen. Lyrik und Drama Karl Mays. Bamberg u. Radebeul 1998. S.283–455, hier: S. 322.

er sich unheimlich freuen würde, wenn der Adressat anreise. Und damit ist er nicht allein, was schnell der nächste Brief beweist, der direkt unter das Postskriptum ‚montiert' ist. Er stammt von *Apanatschka*, ebenfalls wichtiger Name dieser Deutsch-Indianischen Freundschaft. Letzterer teilt in seinem Brief mit, dass sich auch die beiden „Boys" noch bei ihm melden werden. Das sind wiederum die Söhne von *Surehand* und *Apanatschka*, die auch Freunde sind. Das ist genealogisches Vorzeigemodell: Söhne von Freunden werden wiederum zu Freunden.

Überhaupt erzählt dieser Roman, abgesehen von Freunden und Feinden, von enorm vielen Söhnen, denn neben den vielen Häuptlingen treiben vor allem die Gebrüder Burton – über die Herkunft dieses Namens hatten wir oben gehandelt –, die Handlung voran. Ihr Name ist allerdings nur Tarnung, denn in Wirklichkeit handelt es sich um die *Gebrüder Enters*, die Söhne von Frederick Santers, jenes Bösewichts also, der sowohl Winnetous Vater *Intschu-tschuna* als auch seine Schwester und *Shatterhands* Geliebte *Nscho-tschi* auf dem Gewissen hat. Abgesehen davon stiehlt eben jener im dritten Teil Winnetous Testament, das auch in diesem Roman eine Rolle spielt. Diese beiden ungleichen Söhne, an denen holzschnittartig der Unterschied zwischen Gut und Böse vorstellig gemacht wird, tragen auch den Ödipus-Komplex des Romans aus. Es geht darum, wer der rechtmäßige Nachfolger, d.h. Erbe des Vaters ist, indem er dessen Gesetz befolgt. Dieses Erbe liegt einerseits in der psychischen Disposition zum Selbstmord – drei ihrer Brüder waren so schon aus dem Leben geschieden – und der Gier nach Gold, die den Vater auch ins Verderben gestürzt hat. Beide kommen um, indem sich der eine vor den Westmann, der andere vor das „Herzle" wirft, um eine Kugel abzufangen. Ihre Geschichte wäre eine eigene Untersuchung wert. Wir wollen lediglich erwähnen, dass mit ihnen eine pseudonyme Gegengeschichte zu der Mays und den Unterzeichnern der Einladung erzählt wird. Um inkognito zu bleiben, nehmen sie verschiede Namen an, bevor sie sich als Burtons an den Niagara-Fällen zu erkennen geben und im selben Hotel wie die Mays wohnen.

Aber zurück zur Kaskade der Unterschriften: Die Söhne von *Surehand* und *Apanatschka* haben ein anderes Erbe angetreten als die Gebrüder Enters, denn sie sind, angeblich Erben ihrer vollindianischen Großmutter, Bildhauer geworden. Auch ihre

Botschaft ist rätselhaft, denn sie bitten *Shatterhand*, ihre „Werke zu prüfen“[64] und somit als Kunstrichter aufzutreten. Der Leser ahnt bereits, dass beide jenes Denkmal, man müsste von einem Gesamtkunstwerk sprechen, geschaffen haben, um das der ganze Streit der Häuptlinge und sonstigen Teilnehmer der Meetings sich dreht. Diese Sachlage werden wir allerdings von den Unterzeichnern des Briefes selbst nicht erfahren, die May dennoch mit dem Satz belobigt: „Diese Zuschrift hatte Hände und Füße“[65], bevor er seinen Lesern Lektürehinweise gibt, wo sie etwas über die beiden aus früheren Werken erfahren können. Das Selbstzitat ist probates Mittel, um Texte kurzzuschließen und ihnen authentischen Anschein zu geben, der im Fall May auch außerliterarische Gründe hat. In diesem Roman muss besonders viel Aufwand betrieben werden, um die Genealogie der Figuren zu beleuchten, denn es handelt sich um einen Erbstreit, der schlussendlich gelöst werden soll. Auf der anderen Seite ist es jener Wille zu familiären Irrungen und Wirrungen, die überhaupt den Kolportageroman, von dem May ja beinahe alles gelernt hat, ausmachen. Ironischerweise erscheint auch dieser Roman in Fortsetzungen 1909/10 in einer entsprechenden Zeitung, genauer in der Unterhaltungsbeilage *Lueginsland*, der *Augsburger Postzeitung*.[66] Berg und Post fügen sich so zufällig auch semantisch ins Publikationsorgan ein.

Der Sohn der Deutschen bekommt es gleich mit zwei Söhnen von Söhnen zu tun, Protagonisten einer Verwechslungsgeschichte. *Surehand* und *Apanatschka* sind, ohne es zu wissen, Brüder und wurden ihrer Mutter unterschlagen. Diese versucht, verkleidet als Indianerin, den Raub aufzudecken. Beide Brüder heiraten, im Hintergrund arbeitet ein bestimmter Rassismus des 19. Jh., wiederum ein Schwersternpaar aus Winnetous Stamm. Alle Menschen werden jetzt ganz buchstäblich zu Brüdern. Wiederum bekommen sie Söhne, die sich jetzt per Brief an den inzwischen wirklich gealterten *Shatterhand* wenden. Ihr Bildungsgang ist höchst erstaunlich: Studium der Architektur, Maler- und Bildhauerei unter anderem in Paris. Reisen nach

64 Ebd. S. 11.

65 Ebd. S. 12.

66 Vgl. Karl May (1910a): Winnetou Band IV (Reprint *Augsburger Postzeitung* 1909/10). Hg. v. Dieter Sudhoff im Auftrag der Karl-May-Gesellschaft. Hamburg u. Regensburg 1998.

Deutschland, wo sie auch den May des Romans besuchen und Ägypten, von woher sie jene kolossale Kunst mitbringen, die auch Winnetous Denkmal bestimmen soll. Dass nun auch noch ihre Großmutter, deren künstlerischen Talente in beiden stecken, an May schreibt, verwundert jetzt niemanden mehr. Ihren Brief adressiert sie allerdings an die ständige Brieffreundin „Herzle" und unterschreibt mit dem eigenen Namen: *Kolma Putschi.* Auch sie würde sich sehr freuen, beide wiederzusehen und hält die „besten Zelte"[67] entsprechend bereit.

Auch im letzten Brief, der diese Kaskade aus insgesamt 15 Unterschriften beendet, werden wir zwar nicht erfahren, was genau Gegenstand des Meetings sein wird. Allerdings stammt er von einer Autorität, der zu folgen der erfahrenste Cowboy der deutschen Literatur nicht abschlagen kann: „Er war von einer geradezu kalligraphischen geübten Hand auf sehr gutes Papier geschrieben [...]" und in ein „Totem [...] aus papierdünnen Antilopenleder"[68] eingehüllt. Es handelt sich um die zweite quasi mystische Figur in Mays Kosmos, eine Parallelfigur zu jener *Marah Durimeh* des Orients, die genauso uralt ist wie der Adressat und im Spätwerk, insbesondere in *Babel und Bibel*, als außerirdische Großmutter von *Sitara* gleich die Menschheitsseele schlechthin repräsentiert. Wie diese beiden Urfiguren der literarischen Genealogie Mays zusammengehören, wird sich auch in diesem Roman nicht enthüllen, ohnehin sind bestimmte Inkonsistenzen der Ahnenreihe an *Durimeh* deutlich abzulesen.

Eigentlich handelt es sich bei dem Unterzeichner um einen Feind, der im Laufe des Textes selbstverständlich zum Freund wird. Es ist *Tatellah-Satah*, der auch ganz amtlich, mit seinem Titel unterschreiben lässt, denn er ist eine Institution: „der Bewahrer der großen Medizin."[69] Man kann bereits wissen, wer diesen Brief in so schöner Schrift ge- und unterschrieben hat: es ist sein Sohn namens „Junger Adler", der am Ende ganz seinem Namen nach mit dem selbstgebauten Flugapparat an einen Ort reisen wird, den niemand mehr seit Urzeiten erreichen konnte. *Tatellah-Satah* wohnt auf dem Mount Winnetou in einer „Schloss" genannten Behausung. Hier bewahrt er neben Artefakten und

67 Ebd. S. 13.
68 Ebd.
69 Ebd. S. 14.

Dokumenten indianischer Medizin auch jene Winnetous auf, der an diesem Ort als Erlöser-Figur gilt. *Tatellah-Satah* hatte in *Winnetou III*, und May wird das in *IV* seinen Lesern nacherzählen, *Shatterhand* mitgeteilt, dass der Häuptling sein Testament und eine Menge Gold am „Nugget-tsil" vergraben habe. Ein Ort, zu dem er später mit den Gebrüdern Enters reist, deren Vater Gold und Testament gestohlen hatte.

Aufgegebene Testamente

Shatterhand wird dieses Testament, im Beisein von „Herzle", zusammen mit *Hariman* und *Sebulon Enters* am Nugget-tsil finden, wo das andere, eben nicht wahre Testament Winnetous und eine nicht geringe Menge Gold vergraben sind. Gräbt man jedoch tiefer, und das werden die drei tun, kann man eben noch Wahreres finden. In einem Lederpaket liegt geborgen, was die Schmetterhand, der über graphologische Expertise verfügt, sofort erkennt:

> Es waren lauter zusammengebundene Hefte, Manuskripte, geschrieben von Winnetous eigener, mir wohlbekannter Hand. Man kann sich wohl denken, welchen Eindruck diese kalligraphisch nicht schönen, aber außerordentlich charakteristischen Schriftzüge auf mich machten. Die Buchstaben hatten peinlich genau die dieselbe Lage und Länge. Die Schrift war klar und harmonisch, wie die Seele dessen, von dessen Hand sie stammte. Er hatte eigentlich nicht geschrieben, sondern gezeichnet und gemalt.[70]

Nicht zu vergessen, dass die Graphologen Schermann und Klages auch über May ‚herfallen' werden. In beiden Fällen handelte es sich angeblich um Blindproben. Schermann veröffentlicht 1928 ein Gutachten zur Handschrift *Old Surehands*. Die Schrift selbst wird allerdings gar nicht beschrieben und der Schreiber als Schriftsteller enttarnt, der mit „Kommandostimme" die Zimmer betritt und, was wir aus Sascha Schneiders Beschreibung oben nicht bestätigen können, am liebsten in „Wald, Wiese oder Kuhstall" schreiben würde. Man vergleiche dagegen Villa Shatterhand! Zudem wird behauptet, dass jener seine Texte mit enormer Phantasie wie ein Detektiv verfasst, der „Erlebtes" und „Erdachtes" verknüpft. Nach dem nächsten Satz aus dem Gutachten wird allerdings niemand mehr glauben, dass Schermann,

70 May (1910): Winnetou IV, S. 139.

der ja auch Wahrsager und Telepath war und alle Tricks kannte, um an persönliche Informationen seiner ‚Klienten' zu kommen, nicht weiß, wessen Handschrift er vor sich hat: „Das Leben hat ihn, nicht immer ohne seine Schuld, hart angefasst, schlimme Schläge erlitt und parierte er, nicht zuletzt dadurch, dass er sich in sein Phantasieland flüchten konnte, das ihm am Ende die wirklichere Wirklichkeit wurde."[71]

Auch Klages' Gutachten präsentiert nur das Resultat, d.h. die entsprechenden Züge von Charakter und Persönlichkeit, keine Schriftanalyse. Hier kann man zumindest eher den Worten des Reformpädagogen Ludwig Gurlitt glauben, Klages habe ein anonymes Blatt vorgelegt bekommen, das aus dem „IV. Kunstbrief" stammt. Andererseits wird der Lebensphilosoph vermutlich von der enormen Leidenschaft Gurlitts für May gewusst haben, der zeitgleich eine ‚Verteidigungsschrift' für ihn vorbereitet, die 1919 erscheint.[72] Klages kommt wie Schermann jedenfalls nicht zu dem Ergebnis, dass es sich um einen ‚geborenen Verbrecher' handelt. Vielmehr gebe der Schreiber sich, der zweifelsohne eine „Persönlichkeit" sei, zu stark seiner Subjektivität hin, wenn auch Begabung in verschiedenen Genres bescheinigt wird: „Schreiber ist halb Gelehrter, Forscher und halb Künstler; er ist halb Kritiker und halb Lyriker; halb ein kühler Beobachter und halb ein Mensch, der in weiblicher Parteilichkeit sich ganz vorwiegend vom Gefühl leiten lässt."[73]

Shatterhand wird in den Schriften von *Winnetou* nur eine klare und harmonische Seele feststellen, die zweifellos von einer kindlichen Unschuld herkommt, ist doch dieses Schreiben regressiv, da es ins Malen zurückfällt. Auf den einzelnen Heften jedenfalls, insgesamt umfassen sie mehrere hundert Seiten, werden entweder Ort der Abfassung oder die Adressaten genannt. Es ist auch eine Superadresse dabei: „Geschrieben für alle Menschen, die es gibt"[74]. Zudem ein Verzeichnis aller Briefe, die Winnetou

---

71 Rafael Schermann (1928): Gutachten zu einer Handschrift (Karl Mays), in: Im Schatten Winnetous. Berliner Tageblatt Nr. 570, 2.12.1928. Wieder abgedruckt in: Hartmut Vollmer (1992): Mitteilungen der Karl-May-Gesellschaft, Nr. 91, S. 19.

72 Ludwig Gurlitt (1919): Gerechtigkeit für Karl May! Radebeul.

73 Ludwig Klages (1919): Gutachten zu einer Handschrift (Karl Mays), in: Gurlitt (1919): „Spiegelbilder", in: Karl Mays Gesammelte Werke, Bd. 34: „Ich". 30. Aufl., hg. v. Roland Schmid. Bamberg 1976. S. 531–545, hier: S. 537f.

74 May (1910): Winnetou IV, S. 139.

in eigenen Worten „Bücher“ nennt, hat der Häuptling angelegt und beigegeben. Aber, man kann es erahnen: Ganz in der Logik des Kolportageromans, der beständig neue Handlungsfäden und entsprechendes Personal einführt, um nicht an das Ende der Fortsetzungen zu gelangen, werden die Leser dieses Romans beinahe nichts von diesen Schriften erfahren. Sie sollen ja später veröffentlicht werden, wie nicht nur hier mehrfach zu lesen ist. Neben der oben abgedruckten Postkarte, die das Versprechen auf Winnetous Testament enthält, gibt es auch noch einen erhaltenen Brief an Felix Krais, nach der Amerikareise verfasst, der selbiges enthält: „Bin wieder heim. Mit großen Erfolgen und reichen Schätzen beladen. Winnetou IV wird vorzüglich. Dann folgen 6–10 Bände, von Winnetou hinterlassen und von ihm selbst erzählt. Sein eigentliches Testament.“[75]

Was hier angekündigt wird, ist einfach ein Wechsel der Erzählperspektive, denn von nun an soll der Häuptling der Apachen jenes dramatische „Ich“ sein, das bisher aus vielen ‚Dramen‘ bestand. Dazu wird es nicht mehr kommen. Allerdings schließt sich an den Fund des Testaments noch ein Brief des kommenden Erzählers von Mays Werken an. In ihm erklärt er, das erste Testament wäre nur zur Tarnung des zweiten vergraben und *Tatellah-Satah* informiert worden, dass es sich dort befinde. Wenn beide zu Freunden werden und daran hat der Testator keinen Zweifel, dann würde diese Information schon den rechten Weg nehmen. Der Brief selbst enthält noch einige Informationen, die ohnehin im Roman an beinahe jeder Stelle verhandelt werden: Mit der Handgreiflichkeit ist es zuende, denn selbst *Winnetou* war es schwergefallen, das Gewehr gegen die Feder einzutauschen. Abzuleitender Leitsatz daraus: Wer schreibt, kann keine Kriege mehr führen, ihm wird die Tat zu schwer: „diese Tat, sehr schwer, dieser Feder wegen, die sich sträubte, mir, der Rothaut, zu gehorchen.“[76]

75 Brief von Karl May an Felix Krais (Faksimile), vom 10.11.1908, zit. n. Dieter Sudhoff (1999): „Karl May in Amerika“, in: Karl Mays Gesammelte Werke. Bd. 82: In fernen Zonen. Karl Mays Weltreisen. Orient 1899–1900. Amerika 1908. Hg. v. Lothar u. Bernhard Schmid. Bamberg 1999. S. 233–429, hier: S. 398f. Auf die spätere Veröffentlichung des Testaments kommt Shatterhand auch im Roman zu sprechen, vgl. May (1910): Winnetou IV, S. 222. Dort sollte dann auch genauer jenes Schloss von *Tatellah-Satah* beschrieben werden, eine Akademie für die Auslegung dieser Dokumente und ein Archiv für Winnetous Gegenstände.

76 May (1910): Winnetou IV, S. 140.

Auch Winnetou weiß, dass aus dem Wort Fleisch werden muss und spricht Shatterhand in diesem Sinne im Brief an, um die neue Religion zu gründen: „Du weißt, ich bin bei Dir, wenn Deine Augen diese Zeilen lesen, doch nicht als Geist, als irre Spiritistenseele, sondern als mein treuer, warmer Puls, der fortan mit Deinigem vereint in Deinem Herzen schlägt. Könnte dieser Puls der Puls der Menschheit sein!"[77] Erst Love-Parade und Techno-Partys machen mit dieser ‚Austreibung des Geistes' ernst und setzen ihre Brüder- wie Schwesterlichkeit durch rein physiologische Ästhetik in Szene. Allerdings ist „reiner Puls" auch ein recht geistloser Zustand.

Wie auch immer: Der Denkmalroman entpuppt sich als Testament-Roman, von denen May mehr als einen vorlegen möchte. Fünfzehn Unterschriften für und wider ein Denkmal, das nicht gebaut, sondern in die Schrift aufgehoben wird, braucht es also, damit er erneut als *Old Shatterhand* in den Westen ziehen kann. Dass dieser Name schon beinahe abgelegt wurde, beweist ein kurzer Dialog, den der Erzähler mit einem der Enter-Brüder führt, der ihn unter falschem Namen besucht: „‚Ihr seid Old Shatterhand?'" „Man nannte mich so", erwiderte ich. „‚Auch jetzt noch?'" „‚Höchstwahrscheinlich'".[78] May hätte sein Namen-Spiel ganz einfach weitertreiben können, wenn er zwar die Briefe an seine Adresse, an *Old Shatterhand* adressiert, aber seinen ‚eigenen' Namen einfach herausgehalten hätte. Das ist aber nicht der Fall, denn es ist zwar auf dem mehrfach gestempelten und adressierten Kuvert kaum etwas lesbar, aber ganz deutlich: „May. Radebeul. Germany."[79] Wer so viele „Ichs" hat, der braucht wenigstens eine identische Postadresse, unter der er erreichbar ist.

Am Ende wird *Winnetou* nur zur neuen Erlöserfigur taugen, weil er von seinen deutschen Lehrern gelernt hat zu testieren, philosophisch-theologische Werke zu verfassen, die ein Erbe anderer Art sind und vor allem, zu unterschreiben. Selbstverständlich in der und als Literatur, die selbst testamentarisch ist, ohne sich an das Recht halten zu müssen. Seine Unterschrift ist das geheime kalte Herz des Romans:

77 Ebd.
78 May (1910): Winnetou IV, S. 22.
79 Ebd.

> Was ich Dir bin, wurde ich durch Dich. Es gibt so viele, ungezählte viele, die ganz dasselbe werden möchten, für Euch -- für Euch – für Euch
>
> Dein Winnetou.[80]

Wie auf der Autogrammkarte am Kapitelanfang, tilgt der Roman die Anführungszeichen und beide Namen stehen gleichberechtigt untereinander, wobei Dr. Karl May hier, als ‚Unterunterschrift', das letzte Wort hat. Allerdings fehlen dieser Montage, im Gegensatz zu den zu Grunde liegenden Fotografien, die ‚Schmetterhände', die vom Rahmen abgeschnitten sind. Immer sind es Rahmen und die Anführungszeichen, die regeln, was zum Leben oder zur Literatur gehören wird. Was May in einem Brief an Krais feststellt, ist in seiner Komplexität erst erkannt, wenn der Roman von seinen Unterschriften her gelesen wird. Anführungszeichen finden sich zudem zuhauf im Epitext, zu denen die Autogramm- genauso wie die Postkarten gehören. Durch ihre auratische Nähe zum Autor, qua eigenhändiger Unterschrift, sind sie bestimmt, wie alle ‚Artikel' dieser Art zum Fetisch zu werden.

Als der Roman endlich fertig ist, schreibt May am 15.04.1910 noch einmal an Felix Krais[81], der der Cousin des Verlegers Fehsenfeld und obendrein sein Drucker ist. In der Tat ein einzigartiges Dokument, wie offenbar wird, wenn man die bisherige Lektüre teilt:

80 Ebd. S. 141.

81 „Brief von Karl May an Felix Krais", 15.04.1910, in: May (1910a): Winnetou Band IV (Reprint Augsburger Postzeitung 1909/10), S. 304.

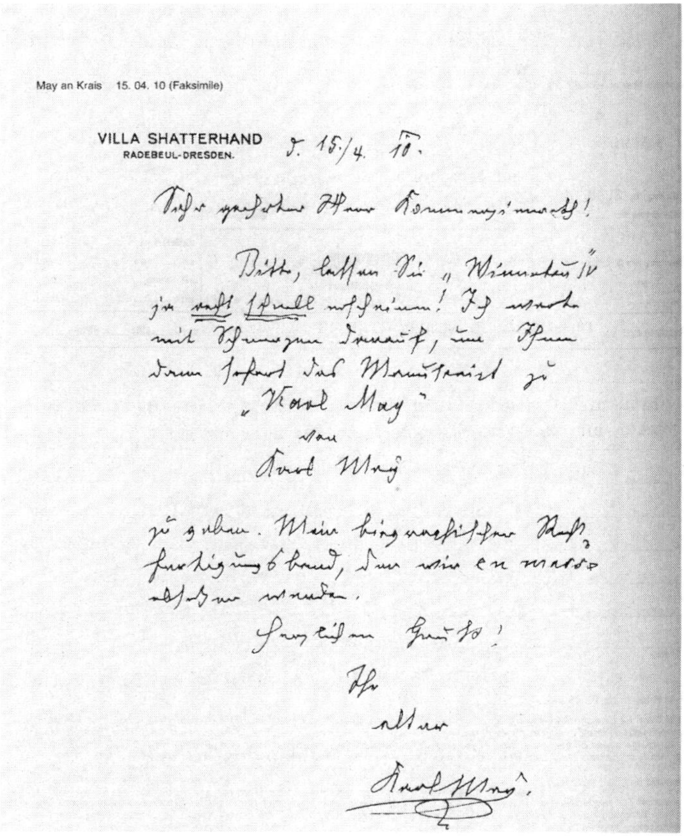
May an Krais 15. 04. 10 (Faksimile)

VILLA SHATTERHAND
RADEBEUL-DRESDEN.
d. 15/4. 10.

Sehr geehrter Herr Kommerzienrath!

Bitte, lassen Sie „Winnetou" IV
ja recht schnell erscheinen! Ich warte
mit Schmerzen darauf, um Ihnen
dann sofort das Manuscript zu
„Karl May"
von
Karl May
zu geben. Mein biographischer Recht-
fertigungsband, den wir en masse
absetzen werden.
Herzlichen Gruße!
Ihr
alter
Karl May.

Abb. 101 Brief von Karl May an Felix Krais, 15.04.1910

Krais solle sich mit dem Druck des Romans beeilen, handelt es sich doch um den „biographischen Rechtfertigungsband", der massenhaft abgesetzt gehöre. Und klar wird, dass er für den Autor noch einen geheimen Titel trägt, der das Spiel um die Anführungszeichen, die mit seinem Namen wandern, fortsetzt: „‚Karl May' von Karl May", unterschrieben von „Karl May"[82].

82 Ebd. Transkription des Briefes: „Sehr geehrter Herr Kommerzienrath! / Bitte lassen Sie ‚Winnetou' IV ja recht schnell erscheinen! Ich warte mit Schmerzen darauf, um Ihnen dann sofort das Manuscript zu / ‚Karl May' / von / Karl May / zu geben. Mein biographischer Rechtfertigungsband, den wir en masse absetzen werden. / Herzlichen Gruße! / Ihr / alter / Karl May."

Die Reinkarnation der Weltseele legt die Waffen nieder und versucht mit *Winnetou IV* jenes Phantasma zu beenden, das er selbst befeuert: die Eigenhändigkeit des deutschen Mythos. Dass er Winnetous Testament in 10 weiteren Bänden nicht mehr verfasst und so nicht als grüner Band im Karl-May-Verlag erscheint, macht nichts, weil Shatterhand *und* May im Gedächtnis der Literatur weiterleben. Auch dieses Testament wird je ein anderes gewesen sein. In diesem Gedächtnis ist auch erhalten, was sonst nicht zu finden ist. Es ist jene Unterschrift, auf die Karl May-Leser hoffen und die es selbstverständlich gibt. In einer Nachlassmappe[83] findet sie sich gleich mehrfach: Allerdings ist die folgende Variante sicher die aufregendste, denn der absolute Häuptling wird ganz zur Schrift aufgehoben und verbietet sich (und May vor Gericht) auch noch das Schwören:

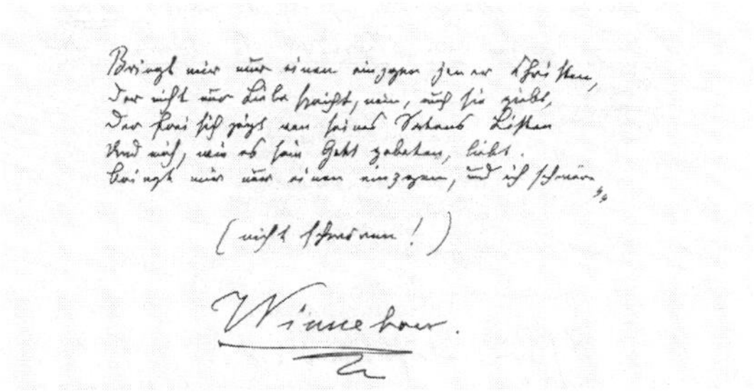

Abb. 102 Unterschrift Winnetou, Nachlassmappe

83 Ebd.: „Bringt mir nur einen einzigen jener Christen, / der nicht nur Liebe spricht, nein, auch sie giebt, / der frei sich zeigt von seines Satans Listen, / Und mich, wie es sein Gott geboten, liebt. / Bringt mir nur einen einzgen, und ich schwöre / (nicht schwören!) / Winnetou."

KAPITEL XI

Pagenstecher

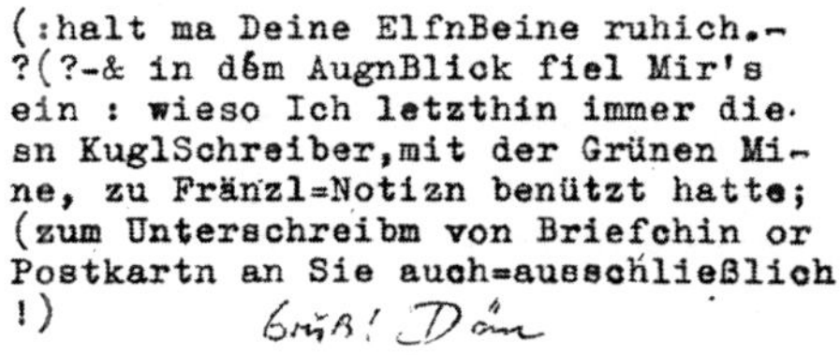
(:halt ma Deine ElfnBeine ruhich.-
?(?-& in dém AugnBlick fiel Mir's
ein : wieso Ich letzthin immer die·
sn KuglSchreiber,mit der Grünen Mi-
ne, zu Fränzl=Notizn benützt hatte;
(zum Unterschreibm von Briefchin or
Postkartn an Sie auch=ausschließlich
!)
Grüß! Dän

Abb. 103
Dän Pagenstecher,
Zettels Traum

Man muss um jener literarischen Figur willen, die im Typoskript von *Zettels Traum* eigenhändig unterschreibt[1], auf den Phallus zu sprechen kommen. Er ist nach Formulierung des Lacanianers Serge Leclaire überhaupt der „Buchstabe des Buchstabens" oder „Ursprungsbuchstabe"[2].

Phalloskyptie

An ‚ihm' scheiden sich alle Geister, die psychoanalytischen ebenso wie die der Gender-Forschung. Aus heutiger Sicht kann man nur staunen, welch theoretischen Ehrgeiz die Psychoanalyse und die französische Philosophie entwickeln, dieses vorgeblich einzigartige ‚Ding' in den Griff zu bekommen. Dazu hier nur Randbemerkungen. Psychoanalytische Theorie und Literatur sind in *Zettels Traum* aufs engste verquickt und es findet sich dort eine Unterschrift, die erklärungsbedürftig ist. Das hat mit der Frage zu tun, wie aus Karl Mays Stern *Sitara* und in Folge aus Edgar Allan Poe der ‚Po', sprich ein ‚Hintern', hat entstehen können. Um homologe Kurzschlüsse dieser Art zum poetologischen Schlüssel seiner Texte zu machen, wird Arno Schmidt enthüllen, dass May in all seinen Erzählungen sexuellen Subtext schreibt. Die landschaftlichen Kulissen von Orient und Amerika, samt ihrer Helden, enthielten nichts als Mays verdrängte Homosexualität. Diese äußerst provokative These findet sich bekanntlich in der Studie *Sitara oder der Weg dorthin*, ohne

---

1 Unterschrift von *Dän Pagenstecher*, Hauptfigur in: Arno Schmidt (1970): Zettels Traum. 2. Aufl., Frankfurt a.M. 1986 [Faksimile-Ausgabe des Typoskripts nach der Leinenausgabe des Stahlberg-Verlags Stuttgart], Buch VIII, S. 1310.

2 Serge Leclaire (1968): Der psychoanalytische Prozess. Versuch über das Unbewusste und den Aufbau einer buchstäblichen Ordnung. Übers. v. Norbert Haas. Frankfurt a.M. 1975. S. 208.

© BRILL FINK, 2023 | DOI:10.30965/9783846766354_012

dessen Autor Arno Schmidt die Karl May-Forschung vielleicht gar nicht richtig in Gang gekommen wäre. May-Leser und Literaturwissenschaftler*innen halten sie für misslungen, die Hüter des Karl-May-Verlages erst recht. Dabei ist es gerade die ungeheurere Travestie auf jenen mythischen Ernst und die protestantische Authentizitätsfiktion, mit der nicht allein die Gegner May der Lüge oder sogar des Verbrechens zeihen.

Vulgär-psychologisch ausgedrückt, lässt sich behaupten: Arno Schmidt schreibt im Spätwerk unverschlüsselt an jenem sexualisierten Subtext weiter, den er bei Karl May entdeckt, um mit dem monströsesten Roman der deutschen Literaturgeschichte zu klären, wer den größten […] hat.[3] Er tritt an, alle Autoren der Geschichte, selbst James Joyce, zu überbieten und nebenbei seine enorme Einfluss-Angst in den Griff zu bekommen.[4] Nüchterner formuliert, wird die Frage sein, wie diese Unterschriften dazu dienen, eine Werkherrschaft zu ‚errichten' und den herrschenden Kanon dabei zu subvertieren.[5] Mittel dazu sind einerseits, einen Fluss aus relevanten Autorennamen herzustellen, die – beständig neu bewertet oder verworfen –, einen Gegenkanon entwerfen. Andererseits schreibt Schmidt seinen Autorennamen in die Erzählungen und Romane hinein, was er sich wiederum bei Karl May abgeschaut hat.

Schmidts Hand- und Unterschrift wandelt sich in seiner Werkgeschichte. Ach! – mindestens zwei Schriften wohnen in seiner Brust, mit denen er signierend seinen Namen aufrichtet. Die frühen Manuskripte sind noch, als Geschenk an seine Frau Alice verfasst, in gestochenem Sütterlin geschrieben. Später wird er die handschriftlichen Zettel durch das Diskursmaschinengewehr namens Schreibmaschine jagen und die Schreibhand nur noch glossierend wie streichend an die Reinschrift legen. Auf die Frage von Rudolf Walter in der ZEIT, ob er seine größeren Werke mit

3 Damit das hier kein zotiger Treppenwitz bleibt, sei auf die seriösen Einlassungen verwiesen von Jürgen Manthey (1986): „Als wäre ich 5 Meter hoch". Von der ‚wahren' ‚Größe' Arno Schmidts. Aus Anlass von Veröffentlichungen aus dem Nachlass, in: Text und Kritik, 4. Aufl.: Neufassung München 1986. S. 7–26.

4 Vgl. Harold Bloom (1973): Einfluss-Angst. Eine Theorie der Dichtung. Übers. v. Angelika Schweikhart. Frankfurt a.M. 1995.

5 Vgl. zu diesem Begriff Heinrich Bosse (1981): Autorschaft ist Werkherrschaft. Über die Entstehung des Urheberrechts aus dem Geist der Goethezeit. Paderborn; München; Wien; Zürich 1981.

der Hand, oder mit der Maschine schreibe, oder gar diktiere, antwortet Schmidt etwas zu idealisch:

> Zunächst wird alles auf Zetteln (2 Formate: 74,33 * 52,56 und 52,56 * 37,16 Millimeter) ‚befestigt', zumeist am ‚Tatort' selbst, mit Bleistift. // Dann mehrfache, 20 bis 40 monatige Durcharbeitung. // Sobald durchschnittlich 3000 beisammen, Einordnung in eine gut unterteilte Kartei. // Dann ‚Rohentwurf mit Schreibmaschine, (auf Papier mit sehr breitem ‚linkem Rand'). // Dann letzte Durchsicht. // Dann betont saubere, ‚spurlose' Reinschrift.[6]

Die Typoskript-Erstausgabe von *Zettels Traum* ist jedoch alles andere als „spurlose Reinschrift". Erst der Suhrkamp-Verlag wird 2010 das gesetzte Buch herausbringen und damit alle handschriftlichen Streichungen bereinigen. Nach der Lektüre Freuds behauptet Schmidt, spätestens seit *Kaff auch Mare Crisium*, dass Literatur überhaupt nur aus untergründigen Zoten und mehr oder weniger verschlüsselten Kalauern besteht. Dazu entwickelt er spekulative Theoreme, insbesondere das sogenannte „Längere Gedankenspiel" (LG) und die *Etym-Theorie*, die aufdecken soll, wie das Unbewusste als sprachlich strukturiertes mitschreibt und sich ausplaudert: „Das Unbewusste spricht Etym", d.h. in der Sprache nicht enden wollender Fehlleistungen. Kurzum: Literatur ist letztlich ein sexueller ‚Witz'. In *Zettels Traum* wird aufgedeckt, wie solch ein längeres Gedankenspiel funktioniert und eine Hauptfigur dazu erfunden, deren Name selbst den Phallus enthält: *Dän Pagenstecher*.

Gefragt danach, was die Helden seiner Erzählungen und Romane sind, gibt Schmidt zu Protokoll: „Die Helden meiner Dichtung? Es sind keine Helden, noch nicht einmal halbe Helden, würde ich sagen, sondern ich betrachte als das eigentlich Interessante nur den Alltag."[7] Diese Aussage ist einerseits wahr, denn es sind keine Helden im Sinne Hegels, um die sich die epische oder tragische Handlung ballen würde, von der es ohnehin im Roman kaum etwas zu lesen gibt. Sicher führen die Figuren

6 Schmidt (1961a): „Rundfrage von Rudolf Walter Leonhardt für ‚Die Zeit'", in: Lesungen, Interviews, Umfragen. Bargfelder Ausgabe. Supplemente Bd. 2, hg. v. Susanne Fischer. Bargfeld 2006. S. 202–207, hier: S. 203.

7 Schmidt (1964a): „Fernseh-Interview von Oldwig Jancke für das ZDF anlässlich des fünfzigsten Geburtstags von Arno Schmidt", in ders.: Lesungen, Interviews, Umfragen. Bargfelder Ausgabe. Supplemente Bd. 2, hg. v. Susanne Fischer. Bargfeld 2006. S. 29–31, hier: S. 29.

äußerlich betrachtet ein geradezu allzu alltägliches Leben, in *Zettels Traum* wird TV geschaut, über Kuhwiesen gelaufen und eine Toilette gereinigt, aber in ihren LGs, aus dem der monströse Roman zum Großteil besteht, findet Außeralltägliches in jedem Sinne statt. Allerdings ist *Dän* impotent und kann die Kindsbraut[8] Franziska nicht befriedigen. Er entsagt. Sichtbares Symptom dieser Erschlaffung ist u.a. das Zerreißen seines Namens im Text, den er qua eigenhändiger Unterschrift einmal noch versucht aufzurichten. Aber nicht allein Pagenstechers Name zerstreut sich im Text, wird zum Prä- und Suffix aller möglichen anderen Etym-Worte, sondern ebenso der „Phallus". Um nur ganz kurz auf zwei Beispiele (von hunderten) vorzugreifen: Aus „Fall" wird „Phall" oder aus „Falle" die „Phalle". Um diese Text- und Bedeutungsverschiebung zu benennen, habe ich den Begriff *Phalloskryptie* erfunden. Dabei wird sich die Frage stellen, ob die Macht des Phallus gebrochen werden kann, wenn man sich über ihn grenzenlos lustig macht, oder ob es gerade diese, häufig redundante und platte, Komik ist, die ihn ein letztes Mal aufrecht hält?

Signierte Fetzen

Im Frühwerk ist der theoretische wie literarische Ehrgeiz noch nicht derart erwacht, das Unbewusste der Literaturgeschichte aus einem Monster-Roman sich verschreiben zu lassen. Allerdings ist recht auffällig, welche Bedeutung das Unterschreiben und der Name insgesamt für Schmidt hat. Forschungen, die ‚seine' Unterschriften lesen, sind Desiderat. Auch die Standardwerke zu literarischen oder psychoanalytischen Eigennamen kommen nicht auf ihn zu sprechen, der doch zu beiden Feldern umfängliches beigetragen hat.[9] So wird hier der Anfang gemacht und zunächst ein kurzer Blick in die Erzählungen *Leviathan* und *Schwarze Spiegel* geworfen, die auch intratextuell verknüpft sind. In beiden geht es um letzte Menschen und ihre Unterschriften.

---

8 Es handelt sich vermutlich um einen Neologismus von Schmidt für die Übersetzung des englischen *Childwife*. Vgl. Michael Wetzel (1998): „‚Man maide die Träger von Etyms!' Arno Schmidt als doppelzüngiger Genealoge der ‚KindsBraut'", in: Arno Schmidt: Leben und Werk. Hg. v. Guido Graf. Würzburg 1998. S. 177–192.

9 Vgl. u.a. Bernd Stiegler (1994): Die Aufgabe des Namens. Untersuchungen zur Funktion der Eigennamen in der Literatur des zwanzigsten Jahrhunderts. München 1994. Friedhelm Debus (2002): Namen in literarischen Werken. (Er-)findung – Form – Funktion. Stuttgart. Peter Widmer (2010): Der Eigenname und seine Buchstaben. Psychoanalytische und andere Untersuchungen. Bielefeld.

Mit der Erzählung *Leviathan* tritt der Autor Ende Oktober 1949 erstmals überhaupt öffentlich auf, ohne Frage ein bedeutsames und preisgekröntes Stück Trümmerliteratur: „The town ist fearfully smashed, rather like a bad dream"[10]. Sie beginnt mit einem Titel und einer Unterschrift, zwei Paukenschläge. Die Erzählung hat einen Rahmen, der allerdings nicht Rahmenerzählung genannt werden sollte, denn es handelt sich schlicht um einen fiktiven Brief, in dem eben nicht erzählt, sondern berichtet wird, der aber dabei Anfang und Ende kunstvoll verwickelt. Der Brief ist in amerikanischer Sprache abgefasst. Ein Soldat schreibt aus Berlin der Ehefrau. Neben formelhaften Grüßen an die Kinder und der Hoffnung, man möge sich bald wiedersehen, beschreibt er 14 Tage nach der bedingungslosen Kapitulation knapp die Lage in der deutschen Hauptstadt, vergleiche Zitat oben, und erwartet in naher Zukunft, dass sie jetzt zusammen mit den Russen auch noch die „damned Japs" besiegen werden. Dieser Teil des Briefes ist mit dem Namen „Jonny"[11] unterschrieben und enthält ein Postskriptum, das inhaltlich wie für das Verständnis der Erzählung bedeutsam ist: Dort berichtet *Jonny*, dass er mit einem russischen Soldaten gegen Zigaretten außer Uhren und Handschellen, auch „insignia", d.h. soldatische Erkennungsmarken, zudem „MSS", d.h. „Manuskripte" getauscht habe, die er mitschicke. Seine Frau soll alles gut verstauen. Nach der Grußformel „1000 kisses", unterschreibt *Jonny* noch ein weiteres Mal, diesmal allein mit der Paraphe „J."[12].

Was bezweckt das paratextuelle Spiel der Unterschriften des fiktiven Briefes? Schmidt sorgt zunächst für möglichst präzise Strukturierung der erzählten Zeit, wie für die frühen Texte typisch und in der Literaturgeschichte in dieser Form einzigartig. Die Erzählungen sind im inneren Monolog tagebuchartig verfasst, formal wie von der Erzählweise her. Sie wird konsequent datiert, bis in Minutenabläufe hinein. Die Datierung „Berlin / 10th May 45"[13] eröffnet den Text und auch die Binnenerzählung wird ebenfalls durch ein Datum auf derselben Seite begonnen:

---

10 Schmidt (1949): Leviathan oder die Beste der Welten. Frankfurt a.M. 1994. S. 9.

11 Ebd.

12 Ebd.

13 Ebd.

„14. 2. 45"[14]. Sie spielt demnach drei Monate vor der Kapitulation und beschreibt die Flucht des Erzählers und seiner Freundin *Anne Wolf*, Hobbes lässt grüßen, von Lauban in Richtung Berlin. Fluchtmittel ist ein instandgesetzter Güterzug, an dessen Ende sich der Schwellenreißer befindet, der die Schienen hinter sich für Feinde unbrauchbar macht. Die mehrfach unterbrochene Zugfahrt endet auf einem Viadukt über der Neiße, wo die Lok über dem Abgrund hängt und mit Granaten beschossen wird. Das Paar macht sich bereit, von der Brücke zu springen. Zuvor verhandelt der Erzähler ausführlichst mit dem Pfarrer über den biblischen *Leviathan*, dessen Exisztenz unter Zuhilfenahme von u.a. Schopenhauer und der Relativitätstheorie bewiesen wird. Die bissig-ironische Antwort auf die Katastrophe des Zweiten Weltkrieges kann nur ein höchst gelehrter und phantasierender Irrwitz sein, der ein letztes Mal die Theodizee klären soll. So überrascht es nicht, dass in einer längeren Passage über diesen Anti-Gott am Ende auch der ‚Gespenster-Hoffman' zitiert wird, der obendrein das literarische Spiel mit Unterschriften salonfähig gemacht hatte. Auf den Einwand des Pfarrers, der namenlose Erzähler könne nicht um die Tatsache der Existenz Gottes herumkommen, antwortet jener:

> „Der Dämon. Er ist bald er selbst, bald west er in universaler Zerteilung. Zur Zeit existiert er nicht mehr als Individuum, sondern als Universum. Hat aber in allem den Befehl zur Rückkehr hinterlassen; Gravitation ist der Beweis hierfür im Körperlichen […]; im Geistigen deuten auf solchen Zwang: die Tatsachen des Gattungsbewußtseins (allen gemeinsame Flugträume usw.; die beweisbar gleiche Raum- und Zeitvorstellung aller Lebewesen: gemeinsamer Ursprung) die Unfreiheit des Willens im Handeln […], im Tode Auflösung des Einzelwesens. […] Die Akkumulierung der Intelligenz zu immer größeren Portionen – siehe Paläontologie – spricht für diese Rekonstituierung des Dämons auch in geistiger Hinsicht (Möglichkeit ‚übermenschlicher' Existenzen: Zauberer, Elementargeister – oh, Hoffmann – wieder die 80 Kugelsternhaufen).[15]

Ist der Leser bis zu dieser letzten Einlassung des Erzählers gekommen, weiß er immer noch nicht, was *Jonny* und dessen

14 Ebd.
15 Ebd. S. 29.

Brief mit all dem zu tun haben könnte. Und Schmidt sei Dank gibt es dafür keine eindeutige Erklärung. Wer hier Klartext finden will, muss anderswo suchen. Es gibt auch nicht einfach *ein* Ende der Erzählung, man könnte sogar sagen, sie ‚verendet' und zwar buchstäblich aus mehreren Gründen. Zunächst: Nach dem Wort „*Ende*", das in der Erzählzeit beinahe genau auf 8:20 Uhr des letzten Tages fällt, fährt der Text fort. Das Geschehen auf der Brücke endet mit dem Satz „Wir erröten im Licht. Oh, greasy Joan", danach dann eben „*Ende*". Der folgende und letzte Absatz ändert das Tempus ins Futur I: „Wir werden in die grobrote bereifte Tür treten. Goldig geschleiert wird die Teufels-Winter-Sonne lauern, weißrosa und ballkalt. Sie wird das Kinn vorschieben und bengelhaft den Mund spitzen, die Hüften zum Schwung heben. Starr werde ich den Arm um sie legen."[16] Nach dem Ende, auch des vermeintlichen Tagebuchs – deutet sich in romantisierter Manier und Anspielung auf Shakespeare – dieses zukünftige Ende bereits an. Im letzten Satz, der ins Präsens zurückkehrt, werden dagegen expressionistische Töne angeschlagen: „Da schlenkere ich das Heft voran: flieg. Fetzen."[17]

Welch mehrdeutiger letzter Satz. Einerseits wird klar, dass der Erzähler das Heft, sein Tagebuch, wegwirft. Mit dieser Geste beendet er den Text. Der Schluss legt nahe, dass es sich um jene Manuskripte handelt, die *John* von dem russischen Korporal gegen eine Packung Zigaretten eingetauscht hatte. Allerdings sind Heft und Manuskripte nicht einfach dasselbe Dokument. Die Identifizierung mit dem Tagebuch ist wiederum doppeldeutig, denn wir haben es nicht einfach mit einem Tagebuch des Erzählers zu tun. Es ist eingewebt in eine Erzählung. Das Bewusstsein des Erzählers ist selbst tagebuchartig strukturiert. Das Wort „Fetzen" bleibt ebenso mehrdeutig, denn einerseits ist es der Zustand, in dem sich das erzählende und zugleich erzählte Bewusstsein befindet. Es ist Flickwerk aus kalkulierten Zitaten und Anspielungen, wie beinahe jeder Schmidt'sche Text, abgesehen vielleicht von den *Juvenilia*. Das Heft ist Rest eines Lebens und geht selbst in „Fetzen" auf, entweder durch den Granatenbeschuss oder Sturz in den Abgrund. Ein Schicksal, das auch die Körper beider Figuren ereilt, was der Leser aber nur

---

16 Ebd. S. 39.

17 Ebd.

wissen kann, wenn er oder sie das Heft mit den MSS aus Jonnys Paket identifiziert. So oder so: Die Unterschriften von *Jonny* legen jene Spur, dass dieser „Fetzen" überlebt hat und offenkundig zu Literatur geworden ist. Man könnte von einer impliziten Herausgeberfiktion sprechen. Selbst der Autor wäre schnell feststellbar, würde man zuordnen können, wessen „insignia" es gewesen sind, die jetzt (auf ewig) in der fiktiven Dose, die nichts anderes ist als eine Zeitkapsel, bei der Frau des Alliierten in Amerika ruhen. Statt eines Namens gibt es dort nur Nummern- und Militärcodes.

Und besteht Literatur nicht aus nichts anderem als aus den ‚Fetzen' anderer Texte?

Letzte Menschen

Schmidt findet noch eine andere Lösung: Er lässt den Erzähler in einer anderen Erzählung weiterleben, d.h. zumindest „Fetzen" von ihm. In *Schwarze Spiegel*, aus dem Jahr 1951, wird der *Leviathan* an mehreren Stellen erneut zitiert. Auch das Bewusstseins dieses Erzählers, der als letzter Mensch nach dem dritten, d.h. Atomkrieg, mit dem Rad durch die Lüneburger Heide zu den Bibliotheken von Hamburg unterwegs ist, hat tagebuchartige Struktur. Abermals ist der Text genau datiert und beginnt mit einem Datum in näherer Zukunft seines Erscheinungsjahrs: „(*1. 5. 1960*)"[18]. Der Mond geht beständig auf und unter. Ihm werden allein 31 Metaphern gewidmet, à la „spitze Silberlarve aus m Wacholder"[19], woraus sich schließen lässt, dass der Erzähler Dichter ist und dem Alkohol zuspricht. So lässt sich die Erzählzeit und Datierung durch den Mondkalender[20] sehr präzise bestimmen. Sie erstreckt sich von der Kindheit des Erzählers, auf die wir noch zurückkommen müssen, bis zum 27.05.1962. Es ist der Tag, an dem Lisa ihn verlässt. Inzwischen sind aus dem letzten Menschen zwei geworden. Die Handlung spielt sich, mit

18 Schmidt (1951): „Schwarze Spiegel", in: Leviathan und Schwarze Spiegel. Frankfurt a.M. 1994. S. 41–141, hier: S. 43.

19 Ebd. Diese Mondmetapher weist auf das Lieblingsgetränk des Erzählers hin, das als *Gin* wieder groß in Mode ist. Im zweiten Teil der Erzählung, die später entstanden ist und publiziert wurde, trinkt das sich zufällig treffende und später getrennte Paar einige Mengen davon. Kein Wunder, dass der Mond dann als „Wacholdermond" und später als „Mondwirt" (beides S. 138) aufgeht, sehr schön auch die den Absatz einleitende Wendung, die gleich das entsprechende Verb erfindet: „*Komm: laß uns wacholdern!*" (S. 137).

20 Vgl. dazu den einschlägigen Aufsatz von Bernhard J. Dotzler (1998): „Mondlandschaften. Eine Motivvariation auf das *Überleben* im Werk von Arno Schmidt", in ders.: Diskurs und Medium III: Philologische Untersuchungen: Medien und Wissen in literarischen Beispielen. München 2011. S. 279–305.

einer Unterbrechung am 7.9.1962 und dem Sprung in Teil II zum 20.05.1962, also ungefähr innerhalb von zwei Jahren ab.

Der namenlose Erzähler steht ebenfalls ganz allein dem *Leviathan* gegenüber, was er schon zu Beginn mit den Worten goutiert: „[...] am Ende werde ich allein mit dem Leviathan sein (oder gar er selbst)."[21] Zum zweiten Mal erwähnt er dieses Urwesen, als er in einem Schaukasten am Sportplatz in Benefeld-Cordingen die Aufstellungsliste jener Mannschaft entdeckt, die hätte am Sonntag nach der Katastrophe spielen sollen: „Rosan, der linke Verteidiger, Mletzko und Lehnhardt die Außenstürmer, Nieber in der Mitte; ach, du lieber Leviathan, weiß und rot möchte ihr lustiger Dreß gewesen sein"[22]. Beide Stellen erlauben es nicht, Schmidts gleichnamige Erzählung unbedingt als Hypotext zu identifizieren. Das ändert sich im zweiten Teil, als er mit Lisa über die Unkultur des Menschen streitet, die einen ganz klaren Grund hat: „Ist freilich der Primo Motore des Ganzen, der Schöpfer, den ich den Leviathan genannt, und langweilig bewiesen habe."[23]

Diesen Beweis unternimmt ebenso der Erzähler im *Leviathan* und der erste Teil von *Schwarze Spiegel* endet konsequenterweise mit dem Beweis des Fermatschen Problems. Aber damit sind die Verknüpfungen dieser Erzählungen, die später nicht umsonst zusammen bei S. Fischer in mehreren Auflagen erscheinen, längst nicht erschöpft, speziell was das Unterschreiben betrifft: Der *letzte Mensch* muss eigentlich nichts mehr unterschreiben, so glaubt man, weder um Eigentum zu erwerben noch um es nach seinem Tode zu übertragen, ihm gehört doch jetzt alles, oder?

Möchte man zuletzt nicht zu seinem ‚eigenen Wolf' werden – könnte man in Hinblick auf Hobbes' berühmte Devise sagen, der im Titel konnotiert ist – muss das Recht auch ohne entsprechende Gesellschaft, gegenüber sich selbst, gelten. Der Erzähler in *Schwarze Spiegel* goutiert das ironisch, wie die Inbesitznahme Grundstücks zeigt, genauer der Sprechakt, auf dem er seine „Hütte" errichtet:

---

21 Schmidt (1951): „Schwarze Spiegel", S. 46.

22 Ebd. S. 50.

23 Ebd. S. 119. Eine Stelle mit mehr ‚Performanz', der Erzähler schießt auf den Leviathan, findet sich auf S. 82: *„Ich war so haß-voll*, daß ich die Flinte ansetzte, in den Himmel hielt: und klaffte sein Leviathansmaul über zehntausend Spiralnebel: ich spränge den Hund an." Zweifellos ein Echo auf Ahab, der *Moby Dick* in diesem Sinne bespringt.

> *Ich erhob mich unter einem mittleren Mond*; ich sagte „Herr von Baer (oder wie der Besitzer sonst heißt): ich danke Ihnen für die Überlassung dieser Waldstücke: ich werde nämlich hier ein Haus bauen, und nehme somit das Ganze" – ich wies ungeduldig mit der Hand um den Horizont – „in Besitz" –". (‚Erb- und eigentümlich' fiel mir noch an juristischen Formeln ein: gibt's so was?)[24]

Andererseits, ein Testament lässt sich immer verfassen, ob es Geltungskraft hat oder nicht; oder einen Brief schreiben, sei es für Überlebende, die man nicht antrifft, oder für die Leser, die Romane ‚eigentümlich' beerben können, wie bei Karl May. Der offene Brief von *Milo* ist immer noch lesbar und sucht seine *Pipi,* die ihn am kräftigen Zug der Handschrift erkennt, obwohl es sie niemals gegeben hat und sie in Drucktypen untergegangen ist. Auch wenn es niemanden mehr gibt, der das lesen wird, so sorgt doch Anschlusskommunikation dafür, dass es möglich bleibt, selbst wenn sie faktisch zu Ende ist. In den Räumen der Imagination, so suggeriert der Text, kann ohnehin fast alles so weiter gehen wie gehabt.

Es gibt weitere komische Szenen, in denen das Recht unter den Bedingungen des letzten Menschen thematisiert wird. Selbstverständlich auch eine Unterschriftszene, in *Schwarze Spiegel* mehrfach der Fall. Dass die hier betrachtete Szene ziemlich handgreiflich beginnt, ist bei einem Anti-Helden, der an Figuren der Robinsonade des 18. Jh. orientiert ist, nicht überraschend: *„Ich ging am Waldrand so für mich hin,* buchstäblich: ganz ohne Vorsatz. Wie Robinson mit 2 Flinten [...]."[25] Immer fallen in diesem Genre gebildete und bürgerlich oder adlig gut situierte junge Herren zurück in wilde Natur und müssen beweisen, dass sie eine ganze Gesellschaft durch Handarbeit erneut aufbauen können. Hier allerdings geht es ja nur darum, sich eine Hütte mit Handbibliothek zu schaffen, in der man endlich ohne Störung durch eine faule und massenmedial verdorbene Gesellschaft in Ruhe lesen und schreiben kann.

Die handgreifliche Szene: Der Erzähler ist mit Hilfe des „Handbeils" in ein Postamt eingedrungen und widmet sich zunächst den inzwischen schon recht ‚alten Medien'. Zunächst dem Telefon, das einst noch in diesen Räumlichkeiten in entsprechenden

24 Ebd. S. 67.
25 Schmidt (1951): „Schwarze Spiegel", S. 105.

Zellen zu finden war: „und raffte den Hörer ans Ohr: ‚Mnja?!'; Utys meldete sich; ‚tote' Leitung, also auflegen, sorgsam auflegen."[26]

Inzwischen ist Odysseus unter Bedingung neuer Medien zur ‚toten Leitung' geworden, kann seine Identität weder durch Narbe noch Bett bezeugen. Wie jedes Kommunikationssystem verspricht auch das telefonische eindeutige Adressen. In diesen Räumlichkeiten jedenfalls, sind die ‚Fräuleins vom Amt' zu Hause gewesen, denn es war zugleich die örtliche Telefonzentrale. Was der Erzähler nicht mehr am Hörer hört, denn da hört er ja nur, dass er niemanden hört in dem faktischsten Sinne, dass es selbst Niemand (Utys) nicht mehr gibt, scheint er jetzt allein in seiner Imagination jene Stimmen zu vernehmen, die hier einst gesprochen haben. Kurz vor der Szene im Postamt hatte er sich zudem einen Ohrwurm eingefangen, denn er setzt ein Grammophon in Betrieb und hört verschiedene Schlager, deren Texte er zudem zu metrisieren beginnt, was ein weiteres Indiz dafür ist, dass es sich bei ihm um den geborenen Dichter handelt. Angesichts der leeren Sessel der Damen und dem toten Sound des Telefonhörers, hört er nur noch eine Frage in sich sprechen, die er demjenigen stellen könnte, der am anderen Ende der Leitung wäre, wenn es diesen noch gäbe: „Und der Geistersopran: Sprechen Sie noch?!"[27]

Postkarte an Klopstock

Umgeben von all diesen toten Stimmen, entdeckt der Erzähler eine Postkarte:

> *Vielfaltiger Mappe* entnahm ich wichtig eine Postkarte (um noch dem erloschenen Gesetz meine Verachtung zu bezeigen), die grüne 10-Pfennig-Marke war schon aufgedruckt: eigentlich könnte ich eine schreiben, und ich spreizte überlegene Finger, schon im Sitzen. (Falls wirklich außer mir noch ein Mensch am Leben war. Und zufällig hierher kam. Und die Karte sah …); und schon schrieb ich.

---

26 Ebd. S. 52.

27 Ebd. Es waren ja die ‚Fräuleins vom Amt' gewesen, die, bevor sie einen Anruf beenden, also die Leitung trennen durften, die Formel: „Sprechen Sie noch? Wird noch gesprochen? Ich trenne", sagen mussten. Diese Stimme spricht aber nur noch in der Erinnerung des Erzählers und verbindet sich mit dem ‚Ohrwurm', den wir den Kommentatoren von *Schwarze Spiegel* als Deutung für den „Geistersopran" anbieten, den sie nicht ermitteln konnten. Vgl. Lutz Hagestedt u. André KISCHEL (2009): Herr der Welt. Kommentierendes Handbuch zu Arno Schmidts *Schwarze Spiegel*. München 2009. S. 67. Vgl. auch Birgitta Godt (1993): „Die Entwicklung der Handvermittlung", in: Fräulein vom Amt. Hg. v. Helmut Gold u. Anette Koch. München 1993. S. 68–86.

An Herrn Klopstock (‚Gottlieb' oder so), Superintendent, Schulpforta bei Naumburg – und die Postleitzahl machte mir doch Skrupel: Naumburg: das war doch schon drüben in der ehemaligen deutschen deimokratischen Republik; na, machen wirn Fragezeichen in den Kreis, Ordnung muß sein.

„Anbei den Messias zurück". Und Unterschrift. (Genügt vollkommen für den Fall.)[28]

In den 50er Jahren ist die Postkarte das Medium der Wahl, möchte man Kurznachrichten versenden. Und der Erzähler bedient sich eines Verleger- oder Lektorentons, wie ihn auch Schmidt häufig in Korrespondenz mit Verlagen zu hören bekommt. Was aber möchte uns die Postkarte an Klopstock ‚im Jenseits' sagen? Selbstverständlich steht hier einfach im Klartext, dass der *Messias* missraten ist. Im übertragenen Sinne kann der Text eines Autors auch nach dessen Tod ‚zurückgeschickt', d.h. für untauglich erklärt werden, wenn man ihn aus dem Kanon streicht. Und es ist Ironie, dass der Erzähler jetzt etwas kann, das sein Autor nicht allein vermag: den Kanon der Literatur so einzurichten, wie er gehörte, gäbe es nicht Literaturkritiker und -wissenschaftler, am besten überhaupt erst gar keine Leser außer ihm selbst. Später wird Schmidt in *Tina* gleich einen Hades für Autoren erfinden. Am auffälligsten ist jedoch, dass wir in dieser Szene wohl erfahren, dass der Erzähler unterschreibt, seinen Namen jedoch nicht. In einem anderen Text Schmidts[29] ist das anders:

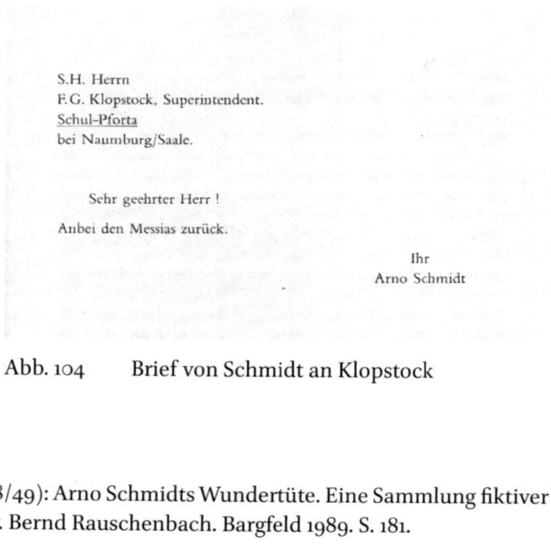

S.H. Herrn
F.G. Klopstock, Superintendent.
Schul-Pforta
bei Naumburg/Saale.

Sehr geehrter Herr !

Anbei den Messias zurück.

Ihr
Arno Schmidt

Abb. 104 Brief von Schmidt an Klopstock

28 Ebd. S. 53.

29 Schmidt (1948/49): Arno Schmidts Wundertüte. Eine Sammlung fiktiver Briefe aus den Jahren 1948/49. Hg. v. Bernd Rauschenbach. Bargfeld 1989. S. 181.

Man könnte denken, es handele sich vom Format her um einen der berühmten Zettel. Nicht nur Benjamin hat eine Briefanthologie konzipiert, sondern eben auch Schmidt.[30] Allerdings handelt es sich nicht um Briefe mehr oder minder berühmter Deutscher, sondern um seine eigenen, von ihm selbst signiert und gesendet an ‚Personen', die bereits tot sind. Totengespräche und derartige Briefe passen zu einem Autor, der selbst zum letzten Menschen werden will.

An der Romantik geschult zitiert der Erzähler von *Schwarze Spiegel* seinen Autor, ohne dessen Namen zu nennen, und naiv wäre jener, der noch glaubte, er zitiere sich ‚selbst', denn die *Wundertüte* ist bereits 1949 konzeptuell fertig, muss aber nach Schwierigkeiten mit dem Rowohlt-Verlag zurückgestellt werden. Schmidt muss sich entscheiden müssen zwischen der Publikation von *Brand's Haide*, oder eben dieser ‚Tüte'. Die Literaturgeschichte dazu ist bekannt: Er wird die Erzählung publizieren. Die ‚Rückstellung' der *Wundertüte* reicht weit über Schmidts Tod hinaus, und erst 1989 wird sie dank der Arno-Schmidt-Stiftung in jener Textgestalt erscheinen, wie sie dem Rowohlt Verlag seinerzeit angedient war. Auch im fiktiven Brief der *Wundertüte* findet sich keine Postleitzahl, aber der Text in *Schwarze Spiegel* ist noch lakonischer und stellt das auch noch aus, denn es fehlt dort auch noch die Anrede und die Unterschrift (Genügt vollkommen für den Fall.)[31]

Die Einschätzung von Klopstock ist gespalten. Seine *Oden* und den *Messias* schätzt er gering, was sicherlich mit seinem konsequenten Atheismus und dem antichristlichen Affekt zu tun hat. Die *Grammatischen Gespräche* und *Gelehrtenrepublik* schätzt er dagegen sehr hoch ein. Erstere werden in einem TV-Interview mit Jürgen Möller als Vorbild für die doppeldeutigen Wortspiele ostentativ entgegenhalten, was in der Transkription des Interviews nicht zu lesen ist.[32] Diese doppelbödigen Wortspiele aus

---

30 Arno Schmidt wird Benjamins Anthologie nicht gekannt haben. Es findet sich kein Buch von ihm in dessen Bibliothek. Vgl. Dieter Gätjen (1991): Die Bibliothek Arno Schmidts. Ein kommentiertes Verzeichnis seiner Bücher. Bargfeld 1991.

31 Schmidt (1951): „Schwarze Spiegel", S. 53.

32 Arno Schmidt (1961): „Fernsehinterview von Jürgen Möller für den NDR zu Arno Schmidts Roman ‚*Kaff auch Mare Crisium*'", in: Lesungen, Interviews, Umfragen, S. 12–17, hier: S. 17. Zu sehen ist diese erstaunliche Szene auch in der Dokumentation von Oliver Schwehm (2014): Arno Schmidt. Mein Herz gehört dem Kopf. MFA. In diesem Film ist auch eine kurze

dem Roman *Kaff auch Mare Crisium* à la „Cream=hilled“[33] als Name der Heldin des Nibelungenlieds oder „Calton-Creek“, der rein akustisch wie „Kalter Krieg“ mit amerikanischen Akzent klingt, schriftlich aber zum „trennenden Grenzfluss zwischen Ost und West“ gerät, hätten ihr Vorbild in Klopstocks Gesprächen. Aus der *Gelehrtenrepublik* leiht sich Schmidt nicht nur den Titel für einen Roman, sondern aktualisiert durch ihn diese aufklärerische Idee, als zukünftiges Gemeinschaftsmodell.

Der antichristliche Affekt verschärft sich noch, als Schmidt 1955, zusammen mit seinem Verleger und dem Herausgeber der Zeitschrift *Texte und Zeichen*, Alfred Andersch, in der die Erzählung erscheint, wegen Gotteslästerung und Pornographie angezeigt und das Ermittlungsverfahren eingeleitet wird. Nicht nur Karl May und Fenimore Cooper müssen Prozesse führen. Auch für Schmidt ist es bereits der zweite. Die Akten dieses Prozesses, dankenswerterweise sämtlich veröffentlicht, lesen sich aus heutiger Sicht wie ein Kriminalroman. Auch eine Unterschrift Schmidts findet sich dort, die uns die Möglichkeit gibt, deren erste ‚amtliche Version‘ zu besichtigen. Sie entstammt dem Vernehmungsprotokoll[34] und ist leider oben rechts nicht mehr sehr gut lesbar:

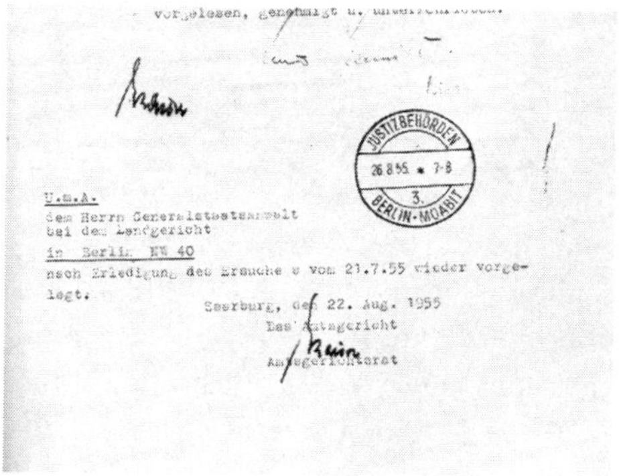

vorgelesen, genehmigt u. unterschrieben.

JUSTIZBEHÖRDEN
26.8.55. * 7-8
3.
BERLIN-MOABIT

U.m.A.
dem Herrn Generalstaatsanwalt
bei dem Landgericht
in Berlin NW 40
nach Erledigung des Ersuchens vom 21.7.55 wieder vorgelegt.

Saarburg, den 22. Aug. 1955
Das Amtsgericht
Amtsgerichtsrat

Abb. 105
Vernehmungsprotokoll, Anzeige wegen Pornographie und Gotteslästerung, 1955

Interviewszene mit einer Frau aus Bargfeld zu sehen, deren Name nicht genannt wird, die davon erzählt, dass sie sich von Schmidt auch einmal habe ein Buch signieren lassen.

33 Vgl. Schmidt, Arno (1960a): Kaff auch Mare Crisium. Bargfelder Ausgabe. Bd. I/3. Hg. v. Wolfgang Schlüter. Zürich 1984. S. 84f. Weitere Unterschriftenszenen finden sich auf den Seiten 93 u. 134.

34 „Vernehmungsprotokoll, Anzeige wegen Pornographie und Gotteslästerung“, 1955, in: In Sachen Arno Schmidt ./. Prozesse 1 und 2. Hg. v. Jan Philipp Reemtsma u. Georg Eyring. Bargfeld 1988. S. 131.

Die Längsstriche der Anfangsbuchstaben von Vor- u. Nachname, die über die Abschlussformel hinweg reichen, zeigen, dass Schmidt affektiv unterschreibt. Der Autor hat ja auch allen Grund dazu. Es ist darauf aufmerksam zu machen, dass es unter anderem der Unterschrift eines anderen Dichters und dem entsprechenden Gutachten[35] zu verdanken ist, dass das Verfahren eingestellt wird. Es verrät einiges über die konservativ-prüde Stimmung der 50er Jahre. Hermann Kasack wird Andersch und vor allem Schmidt entlasten, was gewiss nur möglich war, weil er zu dieser Zeit als Präsident der Deutschen Akademie für Sprache und Dichtung amtierte. Ob es sich bei der Erzählung um ein sprachlich-literarisches Kunstwerk handelt, kann das Rechtsystem selbst nicht klären.

Auch Schmidts Vernehmungsprotokoll ist äußerst interessant, besonders, wenn er auf den Zusammenhang zwischen Autor und Erzähler zu sprechen kommt, den nicht nur die Anwälte einfach zusammenwerfen, sondern der auch nach dem expliziten *Tod des Autors* als Zentrum aller Sinnstiftung immer noch eine imaginäre Größe für Leser darstellt, obwohl es ihre Differenzierung ist, die Literatur überhaupt möglich macht: „Die Figur des Jochen, darauf möchte ich hinweisen, ist nicht identisch mit mir und auch nicht identisch mit allen meinen Anschauungen, die aus dem Kurzroman von dem einen oder andren herausgelesen werden könnten."[36] Dass Schmidt in all seinen Figuren Anteile von sich „deponiert", die selbst wiederum Teil einer großen Selbstinszenierung sind, ist bekannt.[37] Dieses Spiel wird er zudem bissig-ironisch zu wenden wissen, beispielsweise wenn in *Kaff* ein fiktives Vorwort an seine Leser zu lesen ist, in dem verfügt wird:

a) Wer in diesem Buch ‚Ähnlichkeiten mit Personen und Ortschaften' aufzuspüren versucht, wird mit Gefängnis, nicht unter 18 Monaten bestraft.

b) Wer ‚Beleidigungen, Lästerungen, o.ä.' hineinzukonstruieren unternimmt, wird des Landes verwiesen.

35 Vgl. Anschreiben mit Unterschrift und Typoskript des Gutachtens von Hermann Kasack (21.06.1956), in: ebd. S. 172–183.

36 Ebd. S. 130.

37 Vgl. Wolfgang Martynkewicz (1991): Selbstinszenierung. Untersuchungen zum psychosozialen Habitus Arno Schmidts. München 1991.

c) Wer nach ‚Handlung' und ‚tieferem Sinn' schnüffeln, oder gar ein ‚Kunstwerk' darin zu erblicken versuchen sollte, wird erschossen.[38]

Das Echo auf Anzeige und Ermittlungsverfahren ist spürbar. Unterschrieben ist dann dieses fiktive amtliche Schriftstück so: „Bargfeld, den 10. März 1960 / das Individuumsschutzamt / (gez. D. Martin Ochs)"[39] Auf den ersten Blick sieht man, dass dieser Name ein Anagramm von Arno Schmidt ist.

Genauso verwendet Schmidt Anteile bereits eingeführter Figuren in anderen Texten. Zudem deponiert er Texte in *Schwarze Spiegel*, die eigentlich in einem anderen Kontext veröffentlich werden sollten. Der Brief an Klopstock, zitiert als Postkarte, ist dabei längst nicht der einzige. Der zweite Teil wird mit einer ausführlichen ‚Rezension' des nicht-fiktiven Werkes von Professor George R. Stewart eröffnet, das sich der Erzähler in einer Version des *Reader's Digest* vornimmt, was schon alles darüber sagt, was den Leser für ein Verriss erwartet. Es trägt den Titel *Man, An Autobiographie* und enthält eine zivilisatorische Kulturgeschichte, die auf mehreren Seiten in übertriebener Gelehrsamkeit ‚zerlegt' und von einem Fragebogen ergänzt wird, an dem der Leser seinen eigenen zivilisatorischen Stand testen kann. Außer ihm ist ja auch niemand mehr da: „(ich kann ja *Alles* schreiben und rufen: ich bin ja allein!!)"[40].

Auch Stewart hatte sein Verfahren „Zivilisationstest" genannt, was den Erzähler maßlos aufregt. Dessen Verriss entpuppt sich wiederum als Brief. Er endet urkomisch mit einer Grußformel, die kein Briefsteller hätte vorausahnen können: „Möge Ihre Wasserspülung stets funktionieren; in aufrichtiger Verachtung"[41]. Und

38 Ebd. S. 9.

39 Ebd. Für die Publikation seiner Texte in *Konkret* möchte Schmidt auch auf ein Pseudonym zurückgreifen, wie er dem Redakteur Jürgen Manthey schreibt: „Als ‚Verfasser' müssen Sie die ‚Dr. Mac Intosh' lassen: es ist wieder mal ein Anagramm meines Namens, und zu derjenigen Spaltpersönlichkeit ernannt, die das studienrätlich=anglizistische meines Wesens aufgebürdet bekommen hat – der Arme." Brief von Arno Schmidt an Jürgen Manthey, vom 14.7.72, in: „Und nun auf, zum Postauto!", S. 176–177, hier: S. 176. Im entsprechenden Artikel Schmidts über Ellmann's Joyce Biographie in: Konkret. Unabhängige Zeitschrift für Kultur und Politik. Nr. 6 (August 1962), S. 16–17, wird der Name nicht erscheinen. Das Kapitel ist dem Gedenken an meinen akademischen Lehrer Jürgen Manthey gewidmet, mit dem ich die ersten Schritte in Schmidts Kosmos unternehmen durfte.

40 Schmidt (1951): „Schwarze Spiegel", S. 104.

41 Ebd. S. 103.

der Leser erwartet die Unterschrift, die wiederum den Namen des Erzählers preisgeben könnte. Dieser bleibt aber lieber anonym und setzt fort: „*Falten, kouvertieren*; 30 Pfennig laut Tradition drauf und per Rad zum Briefkasten unten im Dorf geschafft: so ein Salzknabe."[42] Genauso wie die Postkarte an Klopstock, entstammt diese Passage einem Brief aus der *Wundertüte*, der sich beinahe 1:1 in dem Konvolut findet. Auch die Grußformel ist dieselbe, nur dass Schmidt hier als er ‚selbst' zeichnet.

Bevor wir den Schluss daraus ziehen und mit jenen „letzten Menschen" aufhören, die sich zwischen Unterschriften tummeln oder als ebendiese fiktive Briefe, Postkarten oder Vorworte signieren und das zur ‚Post' und d.h. an den Leser bringen, soll noch auf eine andere Textstrategie hingewiesen sein. Zwar unterschreibt Schmidt die Karte und den Brief in der Erzählung nicht, sein Name taucht aber über einen Umweg dennoch auf. Der Erzähler streift durch die Gegend, um eine Hausnummer für seine Hütte zu finden, in der er am 22. Juli 1960 Richtfest feiern konnte. Der Streifzug führt zum Haus des Autors:

> *Über die dünstende Wiese:* diesmal kam ich von hinten in den Mühlenhof; [...] und ich schwang mich hinein: armselige Einrichtung: ein Brett mit Bretterboden, ohne Kissen und Federbetten, bloß 5 Decken. Ein zerwetzter Schreibtisch, darauf zwanzig zusammengelaufene Bücher in Wellpappkartons als Regälchen; ein zersprungener winziger Herd (na, der hat das große nasse Loch auch nicht einheizen können!), ich tippte ihm anerkennend aufs geborstene Eisen, und sah mich mürrisch um. Papier in den Schüben; Manuskripte; ‚Massenbach kämpft um Europa'; ‚Das Haus in der Holetschkagasse'; ergo ein literarischer Hungerleider, Schmidt hatte er sich geschimpft. Allerdings lange Knochen, mußte mindestens 6 Fuß gehabt haben. Das ist also das Leben. Ich salutierte den beinernen Kollegen mit der Flasche (den Schädel müsste man mitnehmen und bei sich aufstellen); dann schwang ich mich wieder durch die dicke Fensterhöhle, und schritt bergauf längs den verwilderten Kleingärten.[43]

Hier wird schlichtweg die Wohnung in Cordingen beschrieben, wo die Eheleute Schmidt von 1946–50 lebten[44]. Die Phantasie

---

42 Ebd.

43 Ebd. S. 72f.

44 Alles genauestens nachzulesen in: Arno Schmidt. Eine Bildbiographie. Hg. v. Fanny Esterházy. Mit einführenden Texten von Bernd Rauschenbach. Frankfurt a.M. 2016. S. 330–335.

von der Hütte, dem Heidehaus, das sich der Erzähler baut, wird erst viel später durch den Autor in die Tat umgesetzt. Eine Phantasie, wie sie der Literatur entspringt, sei es am *Walden-See* Thoreaus, oder auf den einsamen Inseln der Robinsonaden bei Schnabel oder Defoe. Auch auf der schwimmenden Insel IRAS, auf der die *Gelehrtenrepublik* angesiedelt ist, wird sie sich im „Kollektiv Einsamkeit" also ganz als Oxymoron wiederfinden.[45] Die Beschreibung des Schreibtisches entspricht auch jenem im Arbeitszimmer in Cordingen.[46] Ebenso die Beschreibung des feuchten Lochs, das der Ofen nicht heizen kann, passt zu dieser Behausung, die er und Alice als Flüchtlinge beziehen müssen. „Schmidt" heißen allerdings viele. Es fehlt der Beschreibung der Vorname. Die Leserschaft muss lange warten, bis sie sich klarmachen kann, dass die angesprochenen Manuskripte dem Frühwerk des Autors entstammen, den *Juvenilia*.

Wie auch immer: Diese Szene macht klar, dass Schmidt und seine Erzähler nicht identisch sind, wie sollten sie auch. Aber ersterer wäre kein herausragender Exponent moderner literarischer Technik, wenn das Spiel nicht weitergespielt und verschärft würde. Im zweiten Teil von *Schwarze Spiegel* verlangt Lisa, Standardkommunikation im Medium der Liebe, er solle ihr etwas von seiner Kindheit erzählen, „Eltern Undsoweiter"[47], sie habe am nächsten Tag Geburtstag. Das ist ihm gar nicht recht, er würde lieber einen „Sonettenkranz" auf sie dichten, den Schmidt auch seiner Alice im *real life* schenkt. Lisa würfelt aus, ob Jugenderinnerungen oder Sonettenkranz und der Würfel fällt auf die Memoiren. Der nächste Tag kommt und sie wird reich beschenkt: Der Erzähler hält eine Rede, schenkt ihr Waffen und ein gutes Fernglas, dazu selbstverständlich zwei Romane von Cooper und Wielands *Don Sylvio*; eben was man so braucht als letzte Frau der Welt. Als letztes überreicht er scheu die Memoiren, die Lisa im Sessel liest und mit ihr der Leser. Es handelt sich um Schmidts Lebenserinnerungen, erste dichterische Phantasie

45 Vgl. Karte in: Schmidt (1957): Die Gelehrtenrepublik. Kurzroman aus den Roßbreiten, in: Bargfelder Ausgabe, Bd. I/2, hg. v. d. Arno-Schmidt-Stiftung. Zürich 1992. S. 221–351, hier S. 351.

46 Der Arbeitsplatz wird sich wegen der Zettelkästen enorm verändern, vgl. Schmidt (1960): „Der Platz, an dem ich schreibe", in: Der Platz, an dem ich schreibe. 17 Erklärungen des Schriftstellers. Hg. v. Bernd Rauschenbach. Zürich 1993. S. 101–110.

47 Schmidt (1951): „Schwarze Spiegel", S. 129.

und „Flugträume“, die er wiederum in die Erzählung *Der Rebell* einbaut.[48] Vereinigt mit einer anderen frühen Erzählung, *Das Kraulemännchen*, findet sie sich bearbeitet auch als Binnenerzählung in *Die Fremden*, die selbst Teil der *Wundertüte* ist. Diese Erzählung ist Postskriptum des Briefes an Schnabel, in dessen „Schöpferhände“ Schmidt seine „Jugendarbeit“ legt. Schön auch, dass Brief und Erzählung an einen Ort innerliterarischer Post adressiert sind, nämlich die *Insel Felsenburg*, genauer: an den *„Albertsraum“*. Wer letzteren sucht, wird ihn in Schnabels Roman und auf einer Karte jener Insel finden, wo sich die merkwürdige Fata abspielt. Es handelt sich um eine von mehreren Siedlungen, in denen verschiedene Familien rund um das Schloss des Altvaters *Albertus Julius* wohnen und Landwirtschaft betreiben.[49]

Das komplexe intertextuelle Spiel, das Schmidt in *Schwarze Spiegel* betreibt, indem er frühe Texte und sich selbst in die Erzählung schreibt, wurde ausführlich genug beschrieben. Wichtig ist zu betonen, dass er es ‚nicht in der Hand‘ hat, wie man so schön sagt. Denn es hängt ja in seiner Komplexität auch davon ab, welche Hypotexte dem Leser zur Verfügung stehen und wann und ob überhaupt sie publiziert werden, wie *Wundertüte* und *Juvenilia*. Aus heutiger Perspektive würde man sicherlich den Auftritt von Schmidts Jugenderinnerung anders interpretieren. Man könnte sogar behaupten, der Erzähler hätte dieses Manuskript vielleicht aus dem literarischen Haus des Autors mitgenommen und Lisa vorgelegt, was aber sicher Überinterpretation wäre, denn die Zuverlässigkeit des Erzählers steht außer Frage.

Wer als Autor fiktive Briefe unterschreiben und für literarische Zwecke überschreiben möchte, der benötigt erst mal eine Unterschrift, ganz im Sinne des Personenstandes und seiner Ämter. Daher handelt es sich immer auch um ein Spiel mit Epitexten. Gerard Genette, der dabei zwischen öffentlich und privat unterscheidet, meint damit alle Texte, die sich im räumlichen Sinne außerhalb des Buches befinden. Er ist vielleicht etwas zu fixiert auf jene Texte, die im Umfeld selbst wieder auf den Peritext als

48 Schmidt (1941): „Der Rebell“, in: Bargfelder Ausgabe, Bd. I/4. Hg. v. d. Arno-Schmidt-Stiftung. Zürich 1992. S. 361–370.

49 Vgl. Johann Gottfried Schnabel (1731): Insel Felsenburg. Wunderliche Fata einiger Seefahrer. Teil I & Teil II. Frankfurt a.M. 1997 [Haidnische Alterthümer]. S. 128.

Teil des Literatur-Systems Bezug nehmen und übersieht den äußerst nüchternen und kalten Tiefenstrom des institutionellen Epitextes, der auf Pässen, in Gerichtsgutachten oder Vernehmungsprotokollen sowie anderen Formularen und Verträgen zu finden ist.

Wenn Schmidt 1969 die Erstausgabe von Zettels Traum eigenhändig signiert, immerhin 2000 Stück, dann findet sich ihre ‚Vorlage' sicher auch in Briefen und Tagebüchern, aber vor allem doch in amtlichen Schriften:

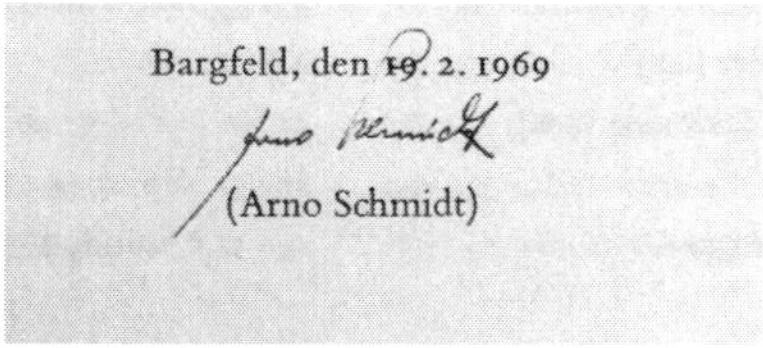

Abb. 106
Signatur Schmidts in der Erstauflage von *Zettels Traum*, 1969

Verglichen mit der Unterschrift auf dem Vernehmungsprotokoll stellen wir eine enorme Ähnlichkeit fest, wenn auch der Aufwärtsstrich des großen A nicht in die Datierungszeile hineinreicht, so wie es bei dem S der Fall ist.

Es gibt auch eine Zwischenwelt, die zwischen Epitext und Peritext liegt. Genette hat darauf hingewiesen, wie wissenschaftliche Herausgeber von Kritischen Ausgaben Epitexte nachträglich inkorporieren können. Genau das wird auch der Fall sein für den *Leviathan*, der 1994 als Faksimileausgabe ediert wird. Es gibt davon nämlich ein Manuskript, dessen Text wegen der Schwierigkeit, an Papier zu kommen, auf ein Telegramm-Formular notiert wurde. Literarischer und institutioneller Epitext finden eigenwillig zusammen und was wir für den *Kater Murr* leider nicht mehr besitzen, die ‚eigenpfotige' Unterschrift, gibt es hier zu sehen:

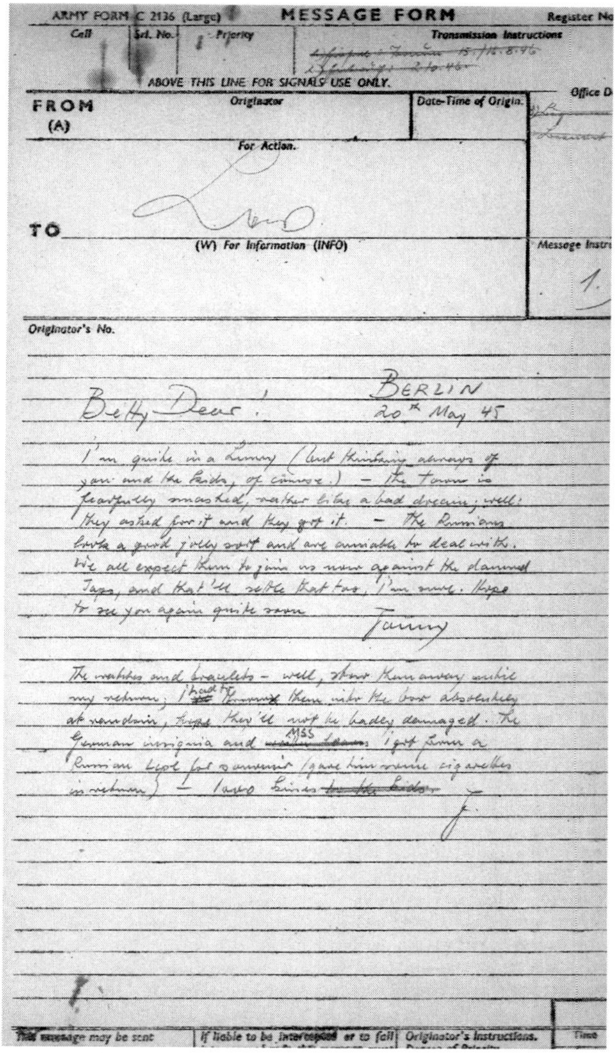

ARMY FORM C 2136 (Large) MESSAGE FORM Register No

Call | Ser. No. | Priority | Transmission Instructions

ABOVE THIS LINE FOR SIGNALS USE ONLY.

FROM (A) Originator | Date-Time of Origin | Office D

TO For Action. Leo

(W) For Information (INFO) | Message Instr 1.

Originator's No.

Berlin
20th May 45

Betty Dear!

I'm quite in a hurry (but thinking always of you and the kids, of course.) – the town is fearfully smashed, rather like a bad dream; well: they asked for it and they got it. – The Russians look a good jolly sort and are amiable to deal with. We all expect them to join us now against the damned Japs, and that'll settle that too, I'm sure. Hope to see you again quite soon

Jonny

The watches and bracelets – well, stow them away until my return; I had to throw them into the box absolutely at random, hope they'll not be badly damaged. The German insignia and MSS I got from a Russian Capt for souvenir (gave him some cigarettes in return) – love kisses

J.

This message may be sent | If liable to be intercepted or to fall | Originator's Instructions | Time

Abb. 107 Brief von Jonny an seine Frau aus dem *Leviathan*

Nicht alle Handschriften werden typographisch überschrieben, dank moderner Drucktechnik, der sich all diese Faksimile-Ausgaben schlussendlich verdanken. Im Manuskript, das Schmidt Alice zum Geburtstag schenkt, finden sich auch zwei

Unterschriften des Autors[50]. Die erste steht auf dem Titelblatt, wo der Name sich in lateinischer Schrift findet. Das ist eine große Ausnahme, denn das ganze Manuskript, auch Titel und Untertitel, sind in deutscher Kurrentschrift verfasst:

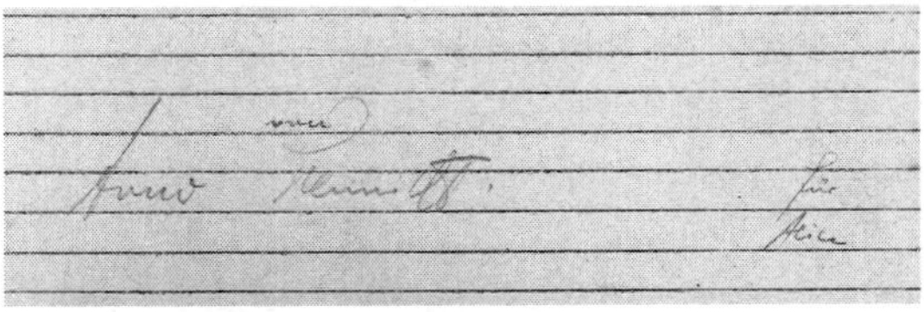

Abb. 108a Unterschrift auf dem Titel des Manuskripts von *Leviathan*

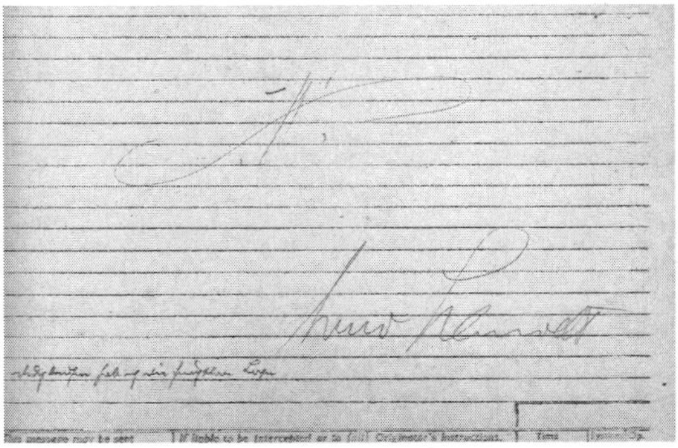

Abb. 108b Unterschrift am Ende des Manuskripts von *Leviathan*

Im Gegensatz zum Namen auf dem Titelblatt, der genauso akkurat geschrieben ist wie die Signaturen der Erstausgabe von *Zettels Traum*, ist diese Unterschrift am Ende offenkundig ‚freier' aus der Hand geflossen. Sie ist halt keine ‚spurlose Reinschrift'. Wenn auch in lateinischer Schrift, ist sie eigenwillig kontaminiert durch die deutsche Schreibschrift, in der auch der Nachsatz „durchlaufen habe ich die furchtbare Bahn"[51] verfasst ist. Zwei Schriften – ‚Ach!' – wohnen in seiner Brust, denn Schmidt arbeitet einerseits in den Schreibstuben der Wehrmacht andererseits in der privaten Dichterkartause.

50 Ebd. S. 9 u. S. 65.
51 Ebd. S. 65.

Der Lesetext der Kritischen Ausgabe jedenfalls, so haben sich die Herausgeber entschieden, wird Unterschrift Schmidts und Nachsatz aufnehmen, so einen autofiktionalen Rahmen und damit ein zusätzliches Ende hinzufügen, was für die Interpretation des Textes nicht unerhebliche Konsequenzen hat. Das Abstandszeichen zwischen Text und Unterschrift wird einfach gelöscht. Zum ‚Reich' des Imaginären von Philologen gehört, dass sie stets Unterschriften als Konjektur einfügen wollen, wo überhaupt keine steht.

‚Ach!': zwei Unterschriften

Mindestens zwei Schriften wohnen – ‚Ach! –' in Schmidts Brust, kontaminieren und überlagern sich, was bereits bewiesen werden kann, schaut man auf ein anderes Frühwerk aus den *Juvenilia*. Es handelt sich um eines der beiden Elysien, Titel *Dichtergespräche im Elysium*, die Schmidt für jene Autoren und sich selbst vorsieht, literarische Paradiese für die ‚Größten'. Später wird mit der Erzählung *Tina* gleich für alle Autoren und Schriftkundigen ein solches Jenseits entworfen. Auch hier hat sich jene akkurate Reinschrift in Sütterlin erhalten, die Schmidt für Alice, der das Werk erneut gewidmet ist (es handelt sich dabei um Liebesbriefe), angefertigt und ihr geschenkt hat. Dem Haffmans-Verlag ist es zu danken, dass dieses ‚Jenseits' vollständig als Faksimile-Ausgabe ‚zuhanden' ist. Wie im *Leviathan*, findet sich der Name Schmidts sowohl auf dem Titel als auch im Vorwort an Alice, das Schmidt als intime Geste allein mit seinem Vornamen unterschreibt[52]:

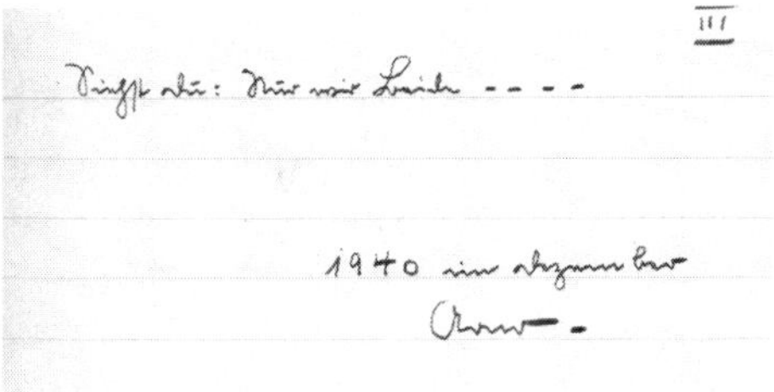

Abb. 109 Unterschrift des Vorworts von *Dichtergespräche im Elysium*, 1940

52 Schmidt (1941a): Dichtergespräche im Elysium, das sind wahrhafte und bedeutende Unterredungen der vornehmsten Dichter aller Zeiten und Völker über Gegenstände der Literatur, so dem Kenner und Liebhaber derselben überaus angelegen sein müssen sowie ergötzliche Nachrichten von ihrem jetzigen Stande und neuerlichen Erlebnissen, belauscht und aufgezeichnet von Arno Schmidt. MDCCCCXL. Faksimile und Transkription des handschriftlichen Originals. Zürich 1984.

Die Unterschrift von Schmidt entwickelt sich nicht allein in der Werkgeschichte. Ihre Geschichte ist die von Gymnasien, Schreibstuben und Zettelwirtschaft in der Haide. Zwar gibt es in der Bargfelder Ausgabe keinen Band mit *Amtlichen Schriften*, der zeigen könnte, wie literarischer Peri- und institutioneller Paratext konvergieren. Aber die Bildbiographie von Esterházy gleicht diesen Mangel mehr als aus. Hand- und Unterschrift lassen sich dort aufs Beste studieren. Schmidt selbst, wie seine allzu alltäglichen ‚Helden', arbeiten bekanntlich häufig in Schreibstuben, z.B. *Heinrich Düring*, Verwaltungsbeamter in Fallingbostel und im Kurzroman *Aus dem Leben eines Fauns*[53], aus dem Jahr 1953. Der Roman verwendet die in den *Berechnungen* ausgeführte Rastertechnik, bei der „Snapshots" hintereinander so montiert werden, dass der innere Monolog beständig in Einzelteile zerlegt wird. Diese ‚fliegenden Fetzen' entsprechen strukturell als literarischer Form genau jenem Bewusstsein, das erzählt:

> *Mein Leben?!:* ist kein Kontinuum (nicht bloß durch Tag und Nacht in weiß und schwarze Stücke zerbrochen. Denn auch am Tage ist bei mir der ein Anderer, der zur Bahn geht; im Amt sitzt; büchert; durch Haine stelzt; begattet; schwatzt; schreibt; Tausendsdenker; auseinanderfallender Fächer; der rennt; raucht; kotet; radiohört; „Herr Landrat" sagt: that's me!): ein Tablett voll glänzender snapshots.[54]

In der Forschung ist inzwischen gewürdigt worden, dass Schmidt einen Teil seiner Poetik der Fotografie verdankt.[55] Denn „Snapshots" entstehen durch das ‚Knipsen' qua Auslöser einer Handkamera, die auf die literarische Technik übertragbar ist: Es handelt sich um das Stillstellen verschiedener synchroner Momente, die allenfalls durch Klammern oder Parenthesen, teilweise auch mit Hilfe anderer Satzzeichen, gerne das Semikolon, oder wie in der *Pocahontas*[56] durch Rahmen, Gleichzeitigkeit darstellen.

---

53 Schmidt (1953): Aus dem Leben eines Fauns. 9. Aufl., Frankfurt a.M. 1994.

54 Ebd. S. 9f.

55 Vgl. Janos Frecot (2011): „Namen, Daten, scharfe Bilder. Fotografieren als Sichtbarmachen und Verdichten der Wirklichkeit", in: Arno Schmidt als Fotograf. Entwicklung eines Bildbewusstseins. Hg. v. ders., Ostfildern 2011. S. 12–70.

56 Vgl. Schmidt (1966): Seelandschaft mit Pocahontas. Die Umsiedler. 5. Auf., Frankfurt a.M. S. 11. Zu den „Foto-Text-Einheiten vgl. Schmidt (1954): „Berechnungen I", in: Aus julianischen Tagen. 3. Aufl., Frankfurt a.M. 1987. S. 234–243, hier: 236f. u. 240.

Immer ist dabei ein verdichtender Effekt zu beobachten. Auch rein metaphorisch wird die Fotografie zum Einsatz gebracht, beispielsweise wenn die Erinnerung „wie ein Blitzlicht" beschrieben wird, an deren Ende „die Blende zu"[57] geht. Abgesehen davon fotografiert Schmidt gerne und nicht wenig. Seine Lieblingsmotive sind die menschenleeren Landschaften der Bargfelder Heide, seine Fotos von ihm als letztem Menschen, als absoluter Autor-Außenseiter. Allenfalls als Schatten ist der Autor dort noch zu erkennen, auf den meisten Fotos gibt er den Peter Schlehmihl.

Heinrich Düring ist eine inverse Fassung des ‚letzten Menschen'. Er befindet sich in äußerster innerer Emigration, schottet sich von Frau und Sohn genauso ab, wie von seiner Tätigkeit im Landratsamt. Dort ermöglicht er sich Ausflüchte dadurch, dass er seinen Chef überredet, ein Archiv der französischen Besatzung anzulegen. Dazu fährt er mit dem Rad teilweise dieselben Orte ab, wie der Erzähler in *Schwarze Spiegel*, beispielsweise Cordingen, wo jener seine Hütte gebaut hatte. Düring sitzt dort in Archiven und studiert entsprechende Akten. Auch im *Faun* wird es eine Hütte geben, die Düring im Wald findet und wo er sich, der Name der Erzählung sagt es bereits, mit einer Kindsfrau vergnügt, Käthe Evers, die „weiße Wölfin"[58], ein Schulmädchen aus direkter Nachbarschaft. Dass wir auch hier wiederum einem ‚Fetzen' aus dem Hypotext *Leviathan* begegnen, versteht sich beinahe von selbst. Inzwischen ist auch die Verwandlung ihn in das Ungeheuer scheinbar abgeschlossen, die in *Schwarze Spiegel* in Aussicht gestellt wurde: „Viele Morde und Katastrophen: wie werden sie den Leviathan – d.h. mich! – anklagen"[59]. Auch der Name Schmidt und seine Manuskripte finden erneut ihren Platz.[60]

---

57 Schmidt (1953): Aus dem Leben eines Fauns. 9. Aufl., Frankfurt a.M. 1994.S. 17.

58 Ebd. S. 26f. Man erinnere sich an die Geliebte aus dem *Leviathan*, „Anne Wolf".

59 Ebd. S. 35. Eine weitere Stelle findet sich auf S. 27: „Wahrscheinlich ist der Begriff ‚Zeit' auch von der Größe des betreffenden Lebewesens abhängig; ich habe einen anderen, als die Sequoia von 4.000 Jahren, als das Sekundeninfusor, als der Stern Typus δ-Cephei, als der Leviathan, als der nächste Unbekannte, als der Nächste …".

60 Vgl. ebd. S. 94: „wo Samuel Christian Pape (1774–1817), der liebenswürdige Dichter, seine Haidejugend verlebt hatte: auch so ein armer Teufel, der sich zu viel um die Rezensionen seiner Gedichte gegrämt hatte (anstatt sich in souveräner Wurschtigkeit, wie Walter Scott und Schmidt, um den ganzen Bettel überhaupt nicht zu scheren; grundsätzlich das Zeug nicht lesen!)". Die Stelle spielt auch Schmidts Einsendung von Gedichten an Hermann Hesse und

Mit einer handgreiflichen[61] Schreibszene hebt der Kurzroman an, als *Düring* mit seinen ersten Worten und Taten der sprichwörtlich gewordenen Normativität entgegentritt: „*Auf die Sterne soll man nicht mit Fingern zeigen; in den Schnee nicht schreiben; beim Donner die Erde berühren:* also spitzte ich eine Hand nach oben, splitterte mit umsponnenem Finger das ‚K' in den Silberschorf neben mir, (Gewitter fand grad keins statt, sonst hätt ich schon was gefunden!)"[62]. Nicht Kafka erweist der Erzähler intertextuelle Ehre, sondern der Kindfrau und heimlichen Geliebten, d.h. es handelt sich um die Paraphe von *Käthe Evers*. Kafka gehört weder zum Kanon von *Düring*, der im Text weidlich ausgebreitet wird, mit Wieland an der Spitze, noch zu dem seines Autors. Dass es weitere Schreib- und vor allem Unterschriftszenen gibt, ist für den Schauplatz, an dem der Roman überwiegend spielt, das Landratsamt, nicht verwunderlich. Hier werden Pässe und andere Schriftstücke ausgestellt, gestempelt und unterschrieben. Hübsch ist besonders eine Passage, die jene maschinelle Signierlogik vorwegnimmt, die amtliche Schreiben mit Autogrammkarten oder durch den Autor signierte Erstausgaben gemeinsam haben. Einmal zu unterschreiben, mit Schwung und Leidenschaft, gleichgültig welchen Affekten folgend, kann ein Genuss sein, es ständig zu tun, ist schiere Last. Deshalb hatte Thomas Jefferson ja die erste Unterschriftenmaschine erfunden. Düring steht eine solche oder zumindest ein entsprechender Stempel nicht zur Verfügung. Er muss im Auftrag seines Landrats *Dr. von der Decken*, alles selbst mit der Hand zeichnen:

> [...] und Otto brachte mir die Mappe mit 500 Unterschriften; wieder mal; er hatte sie fertig gestempelt (irgend ne Anweisung an alle Gemeinden; zum Aushängen), und er half mir, wortlos und auch schon Stachanow. ‚I.A. Düring'. ‚I.A. Düring'. Fünfhundertmal. (Und dann beneidet man uns noch um die Pension! Mein lieber Mann!)[63].

Hermann Ster an, die zwar antworten, aber auf die Gedichte nicht eingehen. Später (S. 126) taucht das Fouqué-Manuskript im imaginären Düring-Museum auf.

61 Auch Düring ist als Schmetterhand dem ‚Faustmythos' angeschlossen. Vgl. ebd. S. 103: „Das ist ja schon ein Sanskritsprichwort, daß die meisten Menschen nur noch Funken geben, wenn man sie mit der Faust ins Auge schlägt!: also male Maler, schreibe Dichter, mit der Faust!".

62 Ebd. S. 9.

63 Ebd. S. 16.

In eigener Sache signiert Düring, sich mal als Prometheus mal als Zauberlehrling imaginierend, einen fiktiven Brief an den Völkerbund. Er ist in amtliche Form gebracht, d.h. in sechs Paragraphen und zwei Postskripta unterteilt. Düring fordert, dass für ihn und seine Bundesgenossen „Kulturfreistätten" zu errichten sind, die *Gelehrtenrepublik* lässt grüßen: „Ich unterzeichne mit vorzüglicher Ergebenheit: Heinrich Düring."[64]

Schmidtsche Genealogie

Unterschriften haben ihre eigene Genealogie, wie der Exkurs durch die Romane und Erzählungen anzeigt. Es sind jetzt jene Unterschriften zu lesen, die ihn möglich und nötig gemacht haben. Arno Schmidts Unterschrift gewinnt ‚Individualität', indem sie durch den institutionellen Epitext, das Signieren von Manuskripten und Büchern, zudem als literarisches Motiv, abweicht, d.h. transformiert wird. Ausgangspunkt ist die Schulausgangsschrift in Sütterlin, wie sie seit 1911 an deutschen Schulen unterrichtet wird. Im Roman findet sich der entsprechende ‚Snapshot', rückwärts auf den institutionellen Epitext gelesen, d.h. jenen Unterschriften Schmidts auf amtlichen Dokumenten:

> Wie oft sich so meine Handschrift verändert hat: von steifer kindlicher Fraktur, zur durch die Fremdsprachen geförderten Antiqua, dann ein wunderliches Gemisch von beiden. Mit griechischem δ für d. Heut kritzele ich wieder undeutliche deutsche Schrift: und meinen Namen unterschreibe ich lateinisch![65]

Der Wandel bis hin zu Schmidts eigenhändiger Unterschrift, mit der er 1969 die Erstausgabe von *Zettels Traum* zu Werbezwecken widerwillig[66] signiert, ist erstaunlich[67]:

---

64 Ebd. S. 119.

65 Ebd. S. 70.

66 Eine Widerwilligkeit, die sich bereits zur Verleihung des Fontane-Preises, am 18.3.1964 einstellt: Vgl. Arno Schmidts Brief an Hans Wollschläger, vom 2.4.1964, in: „Und nun auf, zum Postauto!". Briefe von Arno Schmidt. Hg. v. Susanne Fischer u. Bernd Rauschenbach. Bargfeld 2013. S. 212–214, hier: S. 213: „und zusätzlich hatte mein Verleger in 15 Buchhandlungen ‚Ausstellungen' arrangiert; begann mich aus der einen in die andere zu schleifen, allwo ich höflich das Gebiss zeigen, und ‚signieren' musste; nach der dritten streikte ich dann."

67 Alle Abbildungen, bis auf diese letzte (Nachweis siehe oben), entstammen: Arno Schmidt. Eine Bildbiographie, [**a**] S. 46, [**b**] S. 60, [**c**] S. 68, [**d**] S. 70, [**e**] S. 73, [**f**] S.78, [**g**] S. 97, [**h**] S. 115.

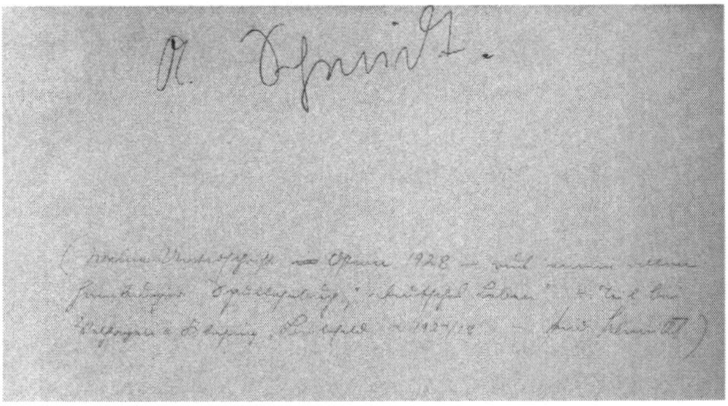

Abb. 110a Unterschriftsprobe, altes Schullesebuch, 1928

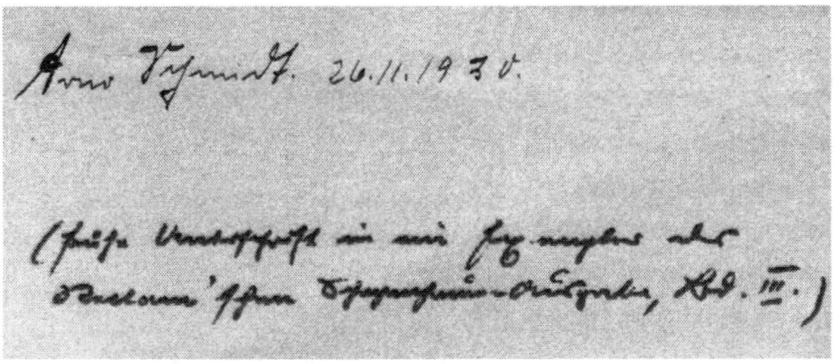

Abb. 110b Unterschrift Reclam-Ausgabe, 1930

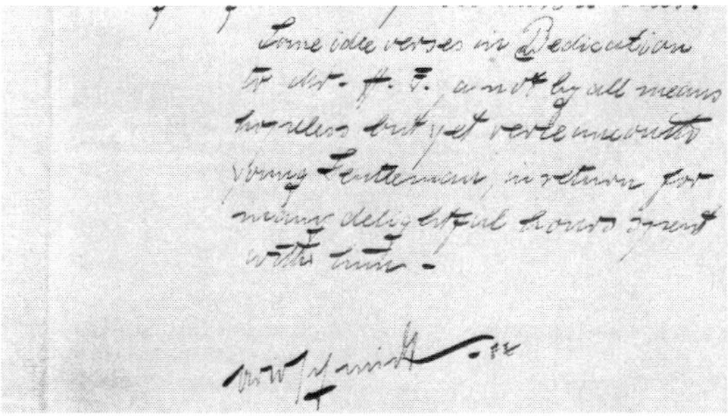

Abb. 110c Unterschrift unter ein Gedicht für Heinz Jerofsky, 1933

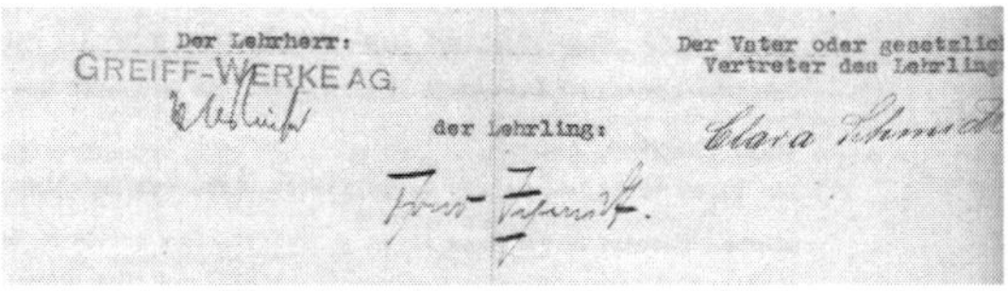

Abb. 110d Unterschrift Lehrvertrag, 1934

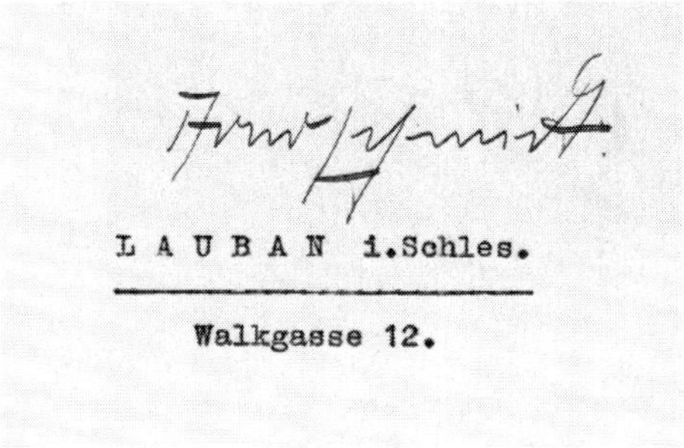

Abb. 110e Unterschrift unter ein Gedicht an Hermann Stehr, 1934

Abb. 110f Unterschrift *Die Insel*, 1937

Abb. 110g Unterschrift unter Arbeitsbuch, 1939

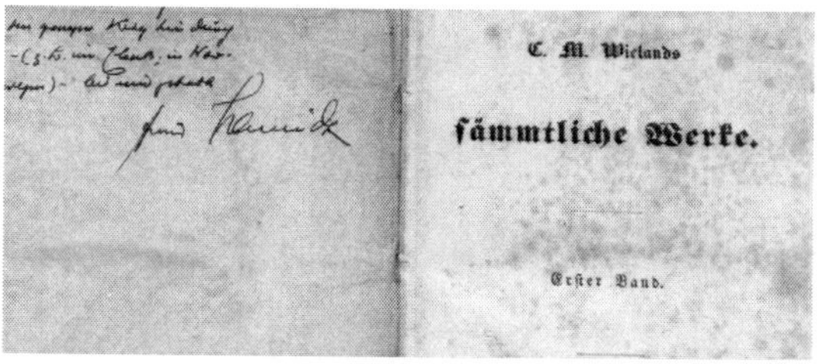

Abb. 110h Unterschrift in Wielands *Don Sylvio*, zwischen 1934–1945

Was Düring über die Entwicklung seiner Handschrift sagt, trifft nicht 1:1 auf dessen Autor zu. Bei Schmidt ist der Übergang und ein eigenwilliges Gemisch von deutscher Kurrentschrift, Sütterlin und Antiqua zu beobachten. Auch lässt sich gut verfolgen, wie sich die Unterschrift aus der Horizontalen immer mehr vertikal aufrichtet. Der Fettstrich, von 1933–37 auffällig prononciert für Anfangs- und Endbuchstaben eingesetzt, auch unter- und oberhalb der Mittelinie, verschwindet zusehends, je mehr sich die Signatur der Antiqua anpasst. Als Rest hat sie sich 1969, in der Signatur von *Zettels Traum*, nur noch im abschließenden Querstrich des **t** erhalten, allerdings nicht mehr vertikal gezogen. Die Umstellung erfolgt im Krieg und ist damit Nebenprodukt einer Schreibstube der Wehrmacht.

Elysium I: Vergessen

Nicht nur Foucault verfällt auf die subversive Idee, dass ein Jahr lang einmal alle Bücher anonym erscheinen sollten. Das würde nicht nur einem sich mit Autoren überidentifizierendem Lesepublikum guttun, welches von diesen den Sinn oder die Authentizität ihrer Texte ableitet, sondern auch einer Macht, die überall am Werke ist, wenn Werke sich durch Eigennamen ein- und aufrichten: „Man kann sich sogar eine Kultur vorstellen, in der Diskurse verbreitet oder rezipiert würden, ohne daß die Funktion Autor jemals erschiene [...] alle würden sich in der Namenlosigkeit des Gemurmels entrollen.“[68]

In jedem Fall offenbart diese Idee jene Autor-Funktion, die Foucault auch der Literaturwissenschaft vorformuliert und die noch immer ein zentraler Kampfplatz ist. Allerdings, gerade weil der Autor einen bestimmten Tod hat sterben müssen, kann er uns überhaupt beständig heimsuchen, sei es als Fetisch von Lesern oder Literaturwissenschaftlern, die ihrer Passion an den Altären heiliger Texte frönen. Und genauso hat der französische Diskursanalytiker jenen ‚Rahmen‘ des institutionellen Epitextes erfasst, den Genette beständig unterschätzt hat:

> Dieses Prinzip [der Autor als Prinzip der Gruppierung von Diskursen, nicht als sprechendes Individuum, das einen Körper hat, P.R.] wirkt nicht überall in der gleichen Weise; vielmehr gibt es um uns herum viele Diskurse, die im Umlauf sind, ohne ihren

68 Foucault (1969b): „Was ist ein Autor?“, in: Schriften zur Literatur, übers. v. Karin von Hofer. Frankfurt a.M. 1993. S. 7–31, hier S. 31.

> Sinn oder ihre Wirksamkeit einem Autor zu verdanken: banale Aussagen, die alsbald verschwinden; Beschlüsse oder Verträge, die Unterzeichner brauchen, aber keinen Autor; technische Anweisungen, die anonym weitergegeben werden.[69]

Unsterblichkeit kann es eben nur als Zitat, noch besser als Selbstzitat geben. Aber wo? Die Verwandtschaft von Schreiben und Tod, die auch Foucault fasziniert hat, ist von niemand anderem satirischer dargestellt worden als von Schmidt.[70] Er erfindet sich bereits zu Lebzeiten als große Autorfiktionen gleich Elysium *und* Hades, wo sich die geschätzten Dichter und Gelehrten treffen, um miteinander zu debattieren und jenseits der Zeit ihren Wert für das kulturelle Gedächtnis abzuschätzen. In das große anonyme Geräusch an den Rändern der Sprache einzugehen, wird zur Option. In *Tina oder über die Unsterblichkeit* buchstabiert Schmidt die Redensart aus: „Wer schreibt, der bleibt"; auch jener über den etwas geschrieben wird. Aber genau das wird in dieser Unterwelt, die man mit dem Fahrstuhl von einer Litfasssäule aus erreicht, zum Problem. Solange man noch zitiert wird, oder als Name genannt oder in einem entsprechenden Register verzeichnet ist, kann von Tod nicht die Rede sein: *„Jeder ist so lange zum Leben hier unten verdammt*, wie sein Name noch

---

69 Foucault (1972): Die Ordnung des Diskurses. Inauguralvorlesung am Collége de France, 2. Dezember 1970, übers. v. Walter Seitter. Mit einem Essay v. Ralf Konersmann. Frankfurt a.M. 1994. S. 20.

70 Beide Autoren haben sich weder gekannt noch Bezug aufeinander genommen. Allerdings findet sich für den Zusammenhang von Schreiben und Tod beiderseits ein Topos, der immer nahezu liegen scheint, wenn erzählt werden muss, um nicht zu sterben. Es ist „Scheherazade". Was für den Diskurstheoretiker ein Beispiel dafür ist, dass Erzählen immer damit zu tun hat, den Tod abzuwenden, gerinnt sie für den ersten Boten aus Bargfeld selbst zur literarischen Figur, die wegen dessen eigenem Tod Fragment geblieben ist. In Schmidt (1992): *Julia, oder die Gemälde. Szenen aus dem Novecento*, in: Bargfelder Ausgabe, Abt. IV, Bd. 4. Hg. v. der Arno-Schmidt-Stiftung, Bargfeld 1992, S. 9, wird auch diese Figur am Anfang als „Person" vorgestellt, die allerdings gespalten ist in Tochter und Vater: „C) *die* ‚1001': [/] 9) sie selbst / (gute 15) überschlank; klug, und gleichsam die ‚Chorführerin' der Klassenkameradinnen. Dank eines Studenten der Orientalistik apart belesen – Burton's Übersetzung der ‚Thousand Nights and a Night' sap. Sat., (woher auch ihr nom de guerre) [/] 10) ihr ‚Väterchen' / Bootsführer auf dem Steinhuder Meer. Breit und blaunasig; Dauerrolle des Matrosen, der nach ‚Großer Fahrt' an Land kommt." Zum Beispiel „Scheherazade" bei Foucault vgl. (1969a): „Was ist ein Autor?", in: Schriften in vier Bänden, Bd. I, S. 1008: „Auf andere Weise hatte auch die arabische Erzählung – ich denke an *Tausendundeine Nacht* – den Wunsch, nicht zu sterben, zum Anlass und Vorwand: man sprach, man erzählte bis zum Morgengrauen, um dem Tod auszuweichen, um die Frist hinauszuschieben, die dem Erzähler den Mund schließen sollte."

akustisch oder optisch auf Erden oben erscheint [...] bis er weder genannt wird, noch irgendwo mehr gedruckt oder geschrieben vorkommt – dann ist jede Möglichkeit einer Rekonstruktion verschwunden."[71]

In dieses Elysium kommt man nur hinein, wenn man Papiere hat: „[Althing, P.R.] musste gerade einige Formulare unterzeichnen, die wohl vor allem mich betrafen. Ich quittierte ebenfalls in einem Buch, und erhielt die unerlässliche gestempelte Karte."[72] Unterschreiben und Quittieren verlängert das Nachleben. Auch Personalausweise gibt es, denn hier ist eben das Elysium das Imaginäre der Verwaltung und die Grenzen der Welt bestehen aus institutionellen Epitexten. Aber es ist auch die Welt der Literaturwissenschaft, denn sie besteht aus Zettelkästen, Metadaten, Datenbanken und Registern, manchmal auch aus Karten. Schmidt wird sogar von einem Beamten namens *Wandloch* mit Angabe der Seitenzahl vorgehalten, in welchen seiner Texte er den Namen „Bismarck" verwendet habe, was er schlicht für eine infame Lüge hält.[73]

Anders als in den frühen *Dichtergesprächen*, geht es in *Tina* weniger um die heiligen Texte der Autoren, die in Manuskripten im Elysium zirkulieren und hier und dort vorgelesen werden, als säße man im Schloss von *Tatellah-Satah* in Winnetou IV und lausche den testamentarischen Vorlesungen. Hier ist Schmidt auf der Höhe von institutionellen und anderen Epitexten, aber eben auch der Neuen Medien. Dabei wird reflektiert, was der Autor beständig selbst tut. Denn man kann eben auch durch Textkonjekturen oder dadurch im Elysium festsitzen, weil man seinen Namen arglos in ein anderes Buch geschrieben hat, weil es schlechterdings im eigenen Besitz ist[74], wie oben Schmidt in Wielands *Don Sylvio*. Oder man spricht auf Tonband oder im Radio, was weiter dafür sorgt, im kulturellen Gedächtnis zu verbleiben, von TV ist hier noch nicht die Rede, was das Spätwerk *Abend mit Goldrand* nachholt. In *Tina* gibt es rasend komische Stellen, wie jene fiktive Liste, die genau enthält, wie oft Goethe

71 Schmidt (1955): Tina oder über die Unsterblichkeit. In: Bargfelder Ausgabe, hg. v. der Arno-Schmidt-Stiftung. Bd. I /2. Bargfeld 1992. S. 165–187, hier: S. 174.

72 Ebd. S. 171f.

73 Vgl. ebd. S. 180.

74 Vgl. ebd. S. 175.

am 24. Nov. 1955 wo zitiert wurde; wo das am häufigsten geschah, lässt sich erahnen: „1411 mal in Schulaufsätzen“[75].

Später gibt es vom Erzähler Ratschläge, wie man ins Vergessen geraten kann: Freiexemplare vernichten; nichts an Archive oder ähnliche Institutionen geben, alles verbrennen, auch den eigenen Körper, damit man nicht wie der Neandertaler endet; nicht auf Tonband sprechen; sich vor Sammlern hüten.[76] Der Imperativ dieses Elysiums lautet: ‚Zitiere mich vor allem nicht‘! Er offenbart die Kehrseite des kulturellen Gedächtnisses, ja von Kultur überhaupt, deren Grenzwert schlichtweg das Vergessen ist. Genauso spielt die Erzählung mit der modernen Idee des *Perfekten Verbrechens*, die wiederum Kehrseite des Spurenparadigmas und ihrer medialen Bedingungen ist. Diese Geschichte muss allerdings erst noch geschrieben werden.

Elysium II: Erinnern

Anonymes Gemurmel ist auch Foucaults Antwort auf eine Episteme, die zwar nicht mehr an den kommenden Gott glaubt, dafür aber an die Autor-Funktion. Schmidt jedenfalls ist kein Diskursanalytiker und beantwortet die Frage nach dem Autor lieber in einem fiktiven Motto und das auch noch im souverän erfundenen IV. Teil des Faust:

> MEFISTA, (*in männlicher Tracht; Faust präsentierend*): ...: der Herr ist Autor.
> SORBIN, (jung, 15=jährig, in anmutig gebrochenem Deutsch: Was iest ain ‚Au=torr‘?
> MEFISTA, (*rasch gefaßt*): Ein Autor ?: ist derjenige, dem ‚ein Stock im Petticoat‘ beim Anblick dessen einfällt, wozu ein Leser zeitlebens ‚Schirm‘ sagt.
> (ARNO SCHMIDT, FAUST, IV. Teil, Szene 16)[77]

Schmidts Texte als Versuch zu lesen eine Werkherrschaft zu errichten und sich selbst in der Literaturgeschichte zu verankern, indem sie seinen Gegenkanon vorlegt, liegt nahe. Das Ergebnis ist bekannt: Trotz des bewundernswerten Engagements von Jan-Philip Reemtsma und seiner Stiftung, gehört Schmidt weder recht zum Kanon der deutschen Literaturwissenschaft, noch wird er an den Schulen unterrichtet, die weiterhin lieber Thomas Mann oder Wolfgang Borchert das Wort erteilen, oder gar glauben, es

75 Ebd. S. 172.
76 Vgl. ebd. S. 185.
77 Schmidt (1960): „Der Platz an dem ich schreibe“, S. 101.

würde reichen, wenn die Schüler eben den *Faust* gelesen hätten, was sicher keine schlechte Wahl ist. Der „Au=torr" selbst hatte das wohl immer geahnt und sich lieber schon im Frühwerk die eigene Nachwelt erfunden. Weiter oben wurde bereits jene Unterschrift besichtigt, die er unter das Vorwort des Manuskripts von *Dichtergespräche im Elysium* setzt, das er seiner ‚Prinzessin' schenken wird. An sie ist das Vorwort gerichtet und die Botschaft eindeutig:

> Es ist nur wenig, aber wenn Du andere Literaturgeschichten zur Hand nimmst, so wirst Du einen Unterschied sehen: wir wollen ja keine Literaturgeschichte im üblichen Sinne „betreiben" (ein hässliches, hetzendes Wort!), sondern nur die wenigen Namen nennen, die uns – uns, Du Zessilein – stets die großen bleiben werden.[78]

Was für May sein „Herzle", ist für Schmidt sein „Zessilein". So eine Literaturgeschichte kann wohl nur geschrieben werden, wenn man samt Gattinnen-Sekretärin zu ‚letzten Paaren' wird und die Grußformel, die auch oben zu lesen war, ist eindeutig: „Schwarz und Rot – / Siehst Du: Nur wir Beide ----"[79]. Das Titelblatt ist wechselweise mit roter und schwarzer Tinte verfasst. Und könnte es ein größerer Liebesbeweis sein, den Namen der Geliebten unsterblich zu machen? Ob das Alice genauso gesehen hat, lässt sich anhand ihrer inzwischen zum Teil veröffentlichten Tagebücher bezweifeln.

Jan Gerstner hat in seiner Untersuchung der beiden ‚Jenseits-Texte' in Hinblick auf das Problem der Kanonisierung festgestellt, dass es zum einen eine Flut von Eigennamen in ihnen gibt, anderseits häufig diese Namen paarweise auftauchen, von denen einer der bekannte große, der andere einer ist, der den meisten Lesern unbekannt sein dürfte.[80] Im frühen Elysium ist beides nicht so konsequent durchgeführt, die Menge von Eigennamen ist geringer, und der Bekanntheitsgrad der durch sie

78 Schmidt (1941): Dichtergespräche im Elysium. In: Bargfelder Ausgabe, hg. v. der Arno-Schmidt-Stiftung. Bd. I /4. Bargfeld 1992. S. 239–303, hier: S. 241.

79 Ebd.

80 Vgl. Jan Gerstner (2015): „Überflutung des Elysiums. Kanon und kulturelles Gedächtnis in *Tina* und anderswo", in: Arno Schmidt und der Kanon. Hg. v. Axel Dunker u. Sabine Kyora. München 2015. S. S. 155–173.

bezeichneten Figuren einigermaßen hoch. Was dort eher auffällt, sind jene Namen, die nicht vorkommen.

Jene Namen aber, die auftreten, kann man vortragen, beinahe so wie Homer seinen Schiffskatalog im Text. Es treten auf bzw. finden Erwähnung: *Homer, Poe, Schopenhauer, Tieck, Nicolai, Kant, Burckhardt, Hoffmann, Homer, Shakespeare, Wieland, Voß, Barthélemy, Defoe, Herodot, Marco Polo, Goethe, Holberg, Cervantes, Dickens, Fouqué, Gottfried von Straßburg, Stifter, Mommsen, Storm, Wieland, Hauff, Öhlenschläger, Fischart, Rüdiger Manesse (Buchhändler) und Jakob Brucker*. Sie führen Totengespräche an wechselnden Schauplätzen, die zugleich die Kulissen ihrer Texte sind. In einem solchen Elysium finden sich selbstverständlich auch Texte, die auf Erden verlorengegangen sind. Der Philosophiehistoriker Jakob Brucker bietet dem Verleger gleich etwas an, bei dem auch Umberto Eco sofort zugeschlagen hätte: „legte ich ihm den Folianten des Aristoteles mit dessen eigenhändigen Anmerkungen das erste Mal zum Studium vor“[81]. Eindeutig ist Edgar Allen Poe derjenige, der im Elysium das Sagen hat. Das liegt schon allein daran, dass er über eine ideale Handschrift verfüge, wie ihm niemand anderes als Homer bestätigt: „hätte sich jeder deiner Handschrift rühmen können! Aber Du warst ja eine seltene Ausnahme – das muß ich sagen: ich hätte ein Buch von deiner Hand wohl besitzen mögen!“[82]:

Handschrift und Manuskript sind zentrales Thema der *Dichtergespräche*. Das liegt allein daran, dass Schmidt selbst bemüht ist, das Manuskript, der Liebe wegen, als ‚spurlose Reinschrift‘ herzustellen. Im Elysium sind es vor allem Handschriften, die kursieren oder vorgelesen werden: „Zwar wir schreiben alles, was hier erscheint, mit der Hand: würdig, schön, zierlich.“[83] Es finden sich auch Manuskripte, die es auf Erden nicht gibt: „FOUQUÉ: […] kommt aber nun und seht die Handschriften, die Meister Gottfried jüngst mir schenkte. / DICKENS: Wie? Hat er – / POE: Ja, er hat! Nämlich den Tristan neu geschrieben.“[84] Diese Logik gilt auch für Schmidt selbst, dessen Manuskripte beständig

81 Schmidt (1941): Dichtergespräche im Elysium, S. 270.

82 Ebd. S. 246. Dabei geht es um eine verkleinernde Drucktechnik, die Poe einsetzen wollte, um mehr Text auf eine Seite zu bringen. Schmidt hat diesen Text übersetzt: Poe (1845a): „Über Anastatischen Druck“, in: Werke, Bd. IV, übers. v. A. Schmidt, Hans Wollschläger [u.a.]. Olten u. Freiburg i. Breisgau 1973. S. 368–375.

83 Schmidt (1941): Dichtergespräche im Elysium, S. 271.

84 Ebd. S. 258.

durch seine Texte zirkulieren. In *Zettels Traum* werden sie beinahe alle zitiert. Aber ein Manuskript gilt immer noch als verschollen. Mit ihm wird der Autor innerhalb der erzählten Welt des Elysiums Einzug halten. Arnos und Alices Name verbleiben auf der Grenze, im Paratext des Vorworts, das diesmal nicht fiktiv ist. Der Witz des Textes liegt am Ende darin, dass er und Alice – als einzige Frau! – diese Grenze überschreiten werden, letztere als „weiße Gestalt"[85], die nicht beim Namen genannt werden wird. Dass diese Gestalt wiederum so rein ist, dass sie auf ‚Einschreibung' wartet, kann zur Analyse getrost der Psychoanalyse überlassen werden. Auch Schmidts Name kommt abgesehen von Titel und Vorwort nicht im Text vor, bloß indirekt, qua Titel des verlorenen Versepos, das dann auch noch von Poe beim Namen genannt werden wird. Werk und Autorname bilden in der Autor-Funktion eine große Metonymie. Homer, Poe, Barthélemy und Holberg werden anstoßen auf:

> alle guten Namen, die wir heute in der Frühe nannten, – Allen! / Holberg: Und Marco Polo! Und Herodot! / Poe: Und Sataspes! / Barthélemy: Sataspes?! – Wer ist das? / Poe: Es ist nicht nötig mir zu winken, Homer; dies soll für heute noch ein Geheimnis bleiben.[86]

Und es wird weiterhin ein Geheimnis bleiben, für Alice offensichtlich nicht, aber für alle Leser, die nichts von diesem Manuskript wissen können. Aber ein Geheimnis kann es nur geben, wenn es auch gelüftet werden kann. Man stelle sich Schmidt vor, wie er über die Nachwelt lachend den *Sataspes* vernichtet, um ihn ganz dem Elysium zu überlassen.

Hans Wollschläger hat in einem Fragment gebliebenen Radioessay über Schmidt den genialen Gedanken gehabt, ihn noch einmal in die Einsamkeit von Norwegen zurückzuschicken, in „jene Schreibstube ‚hinterm Berg'"[87], wo er sich zwischen 1942 und 1945 aufgehalten hat. Dabei geht es um den Einfluss des

85 Ebd. S. 300.

86 Ebd. S. 256. Wie kompliziert das Spiel mit der Vorlage Herodots tatsächlich ist und wie Karl May dabei ins Spiel kommt hat nachgewiesen Wollschläger (2007a) nachgewiesen: „Arno Schmidt und Karl May", in: Die Insel und einige andere Metaphern für Arno Schmidt. Schriften in Einzelausgaben, hg. v. Monika Wollschläger. Göttingen 2008. S. 71–103, hier: S. 77–85.

87 Wollschläger (2007): „Arno Schmidt: Endstation Åndalsnes – Overaasjöen", in: Die Insel und einige andere Metaphern für Arno Schmidt. Schriften in Einzelausgaben, hg. v. Monika Wollschläger. Göttingen 2008. S. 273–309, hier: S. 284.

Krieges auf sein Werk, worüber, insbesondere über die Zeit im Norwegischen Romsdalsfjord, kaum etwas bekannt ist.[88] Es wird bestenfalls kolportiert, wie er am Ende dieser Welt in seiner Schreibstube sitzt und Tabellen anfertigt, unter dem Schreibtisch aber *Dichtergespräche* verfasst. In selber Manier wie in Schmidts Radio-Essays werden literarische Vorläufer solcher Totengespräche rekonstruiert, die von Fontenelle, über Fassmann, Bodmer und F.C. Abel bis zu Fritz Mauthners *Totengesprächen* reichen. Letzte Menschen und Außenseiter suchen nicht nur nach alternativen Gemeinschaften, sie suchen auch eine andere Genealogie als familiale. Wollschläger spricht diesen wichtigen Zug des Schmidt'schen Werkes klar aus: „und ich finde an diesem Elysium vor allem bemerkenswert eben den Vorgang der Anknüpfung: wie A sich selbst mit-ein-reiht in die Gliederkette; es ist das erste Zeugnis dessen, was in seinem literarischen Daseinsverständnis ‚verschränkter Ahnen- und Enkeldienst' hieß."[89]

Endlich Dän: a/e

Was in *Dichtergespräche im Elysium* und in *Tina* ausbuchstabiert wird, ist der literarische Text als Funktionsgedächtnis. Damit macht *Zettels Traum* vollends Ernst. War die Antwort der Literaturwissenschaft auf den unübersichtlichen Kosmos von Karl Mays Kolportage- und anderen Romanen ein eigenes Namenslexikon, ist sie hier das berühmte „Register"[90] von Dieter Stündel, das eine Heldentat, zugleich eine Rückverwandlung des Textes in ‚Zettel' zu nennen ist. Denn selbst wenn man diesen Roman gelesen hat, was hilft es einem? Wie auch immer: Will man sich schlussendlich zur eingangs abgedruckten Unterschrift von *Dän Pagenstecher* vorarbeiten, kann man das von diesem Register aus tun, das seine Form selbst einem institutionellen Architext verdankt. Der Befund ist, dass man das Lemma *Dän Pagenstecher* dort gar nicht findet und das hat Gründe. Zunächst ist zu sagen, dass Daniel, so der ‚bürgerliche Name' im Text, eine große Anzahl anderer Bei- und Spitznamen, wenn man so will, auch ‚Titel' erhält, die selbst Stündel nicht vollständig angeben

---

88 Vgl. Wolfgang Martynkewicz (1992): Arno Schmidt mit Selbstzeugnissen und Bilddokumenten. Reinbek bei Hamburg. S. 35.

89 Wollschläger (2007): „Arno Schmidt, S. 296.

90 Dieter Stündel (1974): Register zu *Zettels Traum*. Eine Annäherung. München.

kann. Um eine Ahnung davon zu geben, seien hier die entsprechenden Register-Einträge aufgelistet:

> Daniel von Ofterdingen; accolädierter Cristoforuß; alter Impotenter; alter Rabe, alter weltfremder Über-Don Quichote; armer Halbmann; armer SECtus IMPirikuß; armer Succubus, Buch-Sphinx, Daimonion; Dän Cülschote, Danilo (als Pferd), Danilo Danilowisch; Dein Abgötze, Deutobold Symbolizetti Allegoriowitsch Mystifizinsky, Doctor Faecundissimus; Doctor Smellfungus; habil.; Etymbold, Ewr. Hoch(un)GenaDän; EyesZapfm; Geliebter Selbstpeiniger; GullyLehrer; goldener PerlenDaniel; grauer Saturn; Herr Haberecht; Herr Lügner; Herr Verdrehmeister; Lord of the Dabbeles; Lügner; Mein Baumeister; Mein Edelstein; Mein Geistspender; Mein Idol; Mein liebes Kismet; Mein lieber Zauberer; Mein Schutzgeist; Mimose in einer Granitschale; Mirza Po'gen'stich; Nolimetangere Herr; Poorittaner; Rabm-Dän; Sandmann, Schrat; Splitterrichter; Titan des Irrthums, Verdrehmeister; wehrter Sexus impiricus.[91]

Der Fluss aus Eigennamen berühmter und weniger berühmter Dichter und Gelehrter, wie er durch alle Texte Schmidts strömt, stets den Schmidt'schen Gegenkanon herstellend und stabilisierend, wird auf Ebene der Figuren durch einen Strom von *nicknames* ergänzt. Auch Paul, Wilma und Franziska bekommen welche verpasst. Wie oben zu sehen, sind sie teilweise selbst durch die Namen anderer literarischer Figuren übercodiert, beispielsweise bei *Daniel von Ofterdingen* oder in *alter weltfremder Über-Don Quichote*. Hier sind die Anspielungen auf die Protagonisten von Novalis und Cervantes eindeutig, weil ihre ‚Klarnamen' mit Daniels Namen einfach verknüpft werden. Schwieriger wird es, wenn mit den „Etyms" gearbeitet, d.h. Namen „aufgepfropft" werden, wie man es in der von Derrida inspirierten Texttheorie botanisch metaphorisiert. Der Name *Dän Pagenstecher* ist 1.) in einem Fluss aus Eigennamen von Dichtern und Denkern positioniert, der jene private Literaturgeschichte fortsetzt, die in den *Dichtergesprächen* begonnen wurde. 2.) bekommt Daniel, abgesehen von der beständigen Anspielung auf den Hypotext des *Alten Testaments*, Beinamen, die teilweise wiederum Etyms sind. Daneben gibt es aber noch eine andere Ebene, in der sein Name eine Rolle spielt, er wird im Text beständig zerlegt: umfängliche

91 Ebd. S. 73f.

Dissemination eines Namens, der ironischerweise für Impotenz der Figur steht.

Dieses Namensspiel beginnt bereits auf der berühmten ersten ‚Seite' von *Zettels Traum*, wo sein Name zum ersten Mal fällt, als Wilma ihn ganz früh am Morgen auf einer Kuhweide anspricht: „Dän – Ich bin doch wirklich a woman, for whom the outside world exists."[92] In einem Roman, wo beständig die sogenannte Wirklichkeit in literarische Phantasien übergeht und die Wunschvorstellungen der Figuren durcheinanderlaufen, eine aufschlussreiche Charakterisierung. Wilma wird gegenüber Daniel beständig das Realitätsprinzip vertreten und seine ‚Etymologie' und die daraus gezogenen Erkenntnisse zu Leben und Werk von u.a. Edgar Allen Poe in Zweifel ziehen.

Es handelt sich zu Beginn von *Zettels Traum* (Zettel 4) um eine delikate Szene, denn das Personal des Romans will eine Kuhweide verlassen, auf der ein paar Jungstiere drohen und dazu müssen sie durch einen Stacheldrahtzaun, mit dem der Text auch rein typographisch beginnt, mit zwei vollen Zeilen aus XXXX, die etwas rechts der Mitte halb nach oben und unten geöffnet sind:

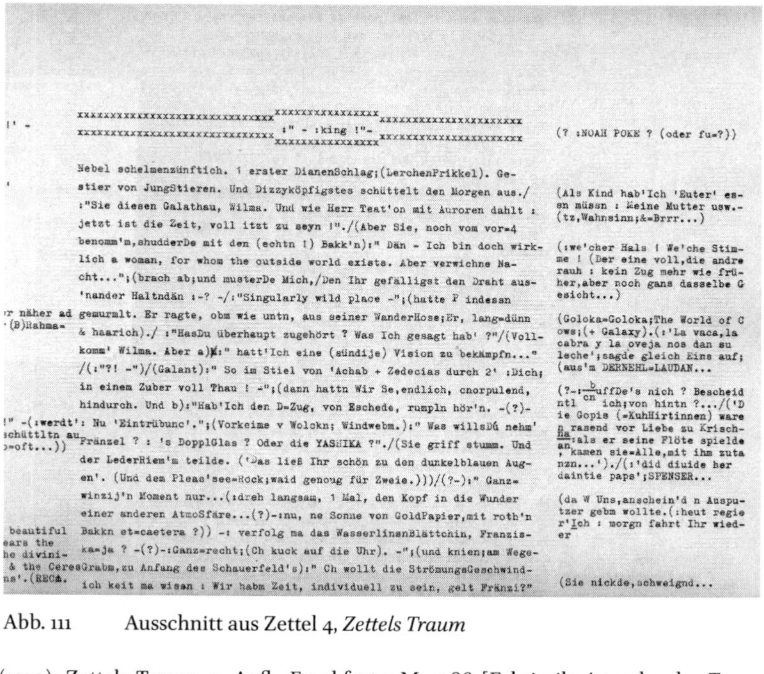
xxxxxxxxxxxxxxxxxxxxxxxxxxxxxxxxxxxxxxxxxxxxxxxxxxxxxxxxxxxxxxxxxxxxxx
xxxxxxxxxxxxxxxxxxxxxxxxxxxxx :" - :king !"- xxxxxxxxxxxxxxxxxxxxx
xxxxxxxxxxxxxxx

Nebel schelmenzünftich. 1 erster DianenSchlag;(LerchenPrikkel). Gestier von JungStieren. Und Dizzyköpfigstes schüttelt den Morgen aus./ :"Sie diesen Galathau, Wilma. Und wie Herr Teat'on mit Auroren dahlt : jetzt ist die Zeit, voll itzt zu seyn !"./(Aber Sie, noch vom vor=4 benomm'm,shudderDe mit den (echtn !) Bakk'n):" Dän - Ich bin doch wirklich a woman, for whom the outside world exists. Aber verwichne Nacht..."; (brach ab;und musterDe Mich,/Den Ihr gefälligst den Draht aus'nander Haltndän :-? -/:"Singularly wild place -";(hatte P indessn gemurmlt. Er ragte, obm wie untn, aus seiner WanderHose;Er, lang=dünn & haarich)./ :"HasDu überhaupt zugehört ? Was Ich gesagt hab' ?"/(Vollkomm' Wilma. Aber a)M:" hatt'Ich eine (sündije) Vision zu bekämpfn..." /(:"?! -")/(Galant):" So im Stiel von 'Achab + Zedecias durch 2' :Dich; in einem Zuber voll Thau ! -";(dann hattn Wir Se,endlich, cnorpulend, hindurch. Und b):"Hab'Ich den D=Zug, von Eschede, rumpln hör'n. -(?)- -(:werdt': Nu 'Eintrübunc'.";(Vorkeime v Wolckn; Windwebm.):" Was willsDú nehm' Fränzel ? : 's DopplGlas ? Oder die YASHIKA ?"./(Sie griff stumm. Und der LederRiem'm teilde. ('Das ließ Ihr schön zu den dunkelblauen Augen'. (Und dem Pleas'see=Rock;waid genoug für Zweie.)))/(?-):" Ganz=winzij'n Moment nur...(:dreh langsam, 1 Mal, den Kopf in die Wunder einer anderen AtmoSfäre...(?)-:nu, ne Sonne von GoldPapier,mit roth'n Bakkn et=caetera ?)) -: verfolg ma das WasserlinsnBlättchin, Franziska=ja ? -(?)-:Ganz=recht;(Ch kuck auf die Uhr). -";(und knien;am Wege- & the CeresGrabm,zu Anfang des Schauerfeld's):" Ch wollt die StrömungsGeschwindich keit ma wisen : Wir habm Zeit, individuell zu sein, gelt Fränzi?"

(? :NOAH POKE ? (oder fu=?))

(Als Kind hab'Ich 'Euter' essn müssn : Meine Mutter usw.- (tz,Wahnsinn;&=Brrr...)

(:we'cher Hals ! We'che Stimme ! (Der eine voll,die andre rauh : kein Zug mehr wie früher,aber noch gans dasselbe Gesicht...)

(Goloka=Goloka;The World of Cows;(+ Galaxy).(:'La vaca,la cabra y la oveja nos dan su leche';sagde gleich Eins auf; (aus'm DERNEHL=LAUDAN...

(?-:b/cn uffDe's nich ? Bescheid ntl ich;von hintn ?.../('Die Gopis (=KuhHirtinnen) waren rasend vor Liebe zu Krischna an:als er seine Flöte spielde, kamen sie=Alle,mit ihm zutanzn...')./(:'did diuide her daintie paps';SPENSER...

(da W Uns,anschein'd n Ausputzer gebm wollte.(:heut regier'Ich : morgn fahrt Ihr wieder

(Sie nickde,schweignd...

Abb. 111 Ausschnitt aus Zettel 4, *Zettels Traum*

92 Schmidt (1970): Zettels Traum. 2. Aufl., Frankfurt a.M. 1986 [Faksimile-Ausgabe des Typoskripts nach der Leinenausgabe des Stahlberg-Verlags Stuttgart]. S. 11.

Das Auseinanderhalten des Stacheldrahtes[93] wird direkt nachdem Wilma Daniels Namen in den Text eingeführt hat, im dessen innerem Monolog thematisiert: „(brach ab; und muster De Mich, / Den Ihr gefälligst den Draht aus'nander Haltndän: – ? – /: ‚Singulary wild place –'; (hatte P indessen gemurmelt. Er ragte, oben wie untn aus seiner WanderHose;Er, lang=dünn & haarig)."[94] Auch ohne das berühmte Descheffier-Syndikat kann man lesen, was hier steht: Wilma kriecht durch den Zaun und zeigt Paul (Abkürzung im Text P) und Daniel ihren Po, um es beschönigend zu sagen. Dabei wird eine Erektion Pauls angedeutet. Genauso, wie sich der Abstand des Stacheldrahtzauns vom Anfang in die Zeilen schiebt, bricht auch das Wort „auseinander": „aus'nander". Wie alles in diesem Roman spielt sich dieser banale Sachverhalt auf mehreren Ebenen ab. Von Anfang an rücken Poe und Po[95] ganz dicht zusammen. Man könnte dem ausführlichen Kommentar des *Bargfelder Boten* in der Fußnote noch hinzufügen, dass Schmidt hier dem König, auch dem der Literatur, den Hintern

93 Zu dieser Eingangssequenz vgl. Bargfelder Bote. Lieferung 9 (1974). S. 3–15, hier: S. 6f.: „Das erste Wort des Buches spricht Paul Jacobi, als er morgens vor 4 Uhr zwischen zwei Stacheldrähten sich bückend das Grundstück des Erzählers betritt: ‚–:king!'. Die Zeilen aus dem kleinen X sowie das lautmalerische ‚king' signalisieren also optisch und akustisch den Stacheldraht und das Geräusch, das der Draht macht, als er hochgehoben und gespannt wird. Da nun alle Personen dieser Szene durch die Beschäftigung mit Edgar Allen Poe deutsch und englisch denken, muß ‚king' auch als ‚König' gelesen werden; das Wort hat dann Bezug auf Daniel Pagenstecher, der sich das ganze Buch hindurch als Souverän im Reich der Literatur präsentiert; ein König, ein König der Literatur und der psychoanalytischen Literaturdeutung hebt hier also zu sprechen an, das ist die übergeordnete Bedeutung, selbst wenn Paul Jacobi das Wort ausspricht. Warum er gerade dieses Wort spricht, wird durch einen Blick nach rechts deutlich. Der Erzähler fragt sich: ‚(?:NOAH POKE ? (oder fu =?))'. Noah Poke ist eine der Hauptfiguren in James Fenimore Coopers Roman ‚Monikins' von 1835, und sein Lieblingsfluch (wie auch der bevorzugte Ausruf von Ärger und Erstaunen Paul Jacobis) ist ‚king!'. Die Frage des Erzählers lautet also: Sagt Paul ‚king' in Anlehnung an diesen Noah Poke, oder hat er – worauf das ‚fu = ?' sich bezieht – etwas vor sich hingemurmelt, was lauten könnte: ‚That fucking barbed-wire!',Der verfluchte Stacheldraht'. Damit nicht genug, denn ‚king' könnte auch ein Zitat aus ‚Finnegans Wake', aus ‚Scribbledehobble', dem in der Joyce-Philologie sogenannten ‚Ur-Workbook', einer frühen Fassung von ‚Finnegans Wake' sein, und zugleich muß die Möglichkeit im Auge behalten werden, daß Schmidt das Wort hierhersetzte, weil die deutsche Umschrift ‚Ching', ‚Ging' oder ‚King' das chinesische Wort für ‚Buch' bezeichnet; groß angekündigt wären also ‚der König' und ‚das Buch', das Buch schlechthin, das nun folgt."

94 Schmidt (1970): Zettels Traum, S. 11.

95 Aber auch Fouqué und Versatzstücke von Zitaten anderer Texte und Autoren stehen hier ganz nah beieinander. Darüber gibt es bereits in den ersten Ausgaben des Bargfelder Boten seitenweise hoch gelehrte Kommentare zu lesen. Vgl. insbesondere Bargfelder Bote. Lieferung 9 (1974). S. 3–15.

zeigt, so wie er es in *Sitara* bereits mit den Lesern von Karl May gemacht hatte und das auch noch mit Paraphe unterschrieben:

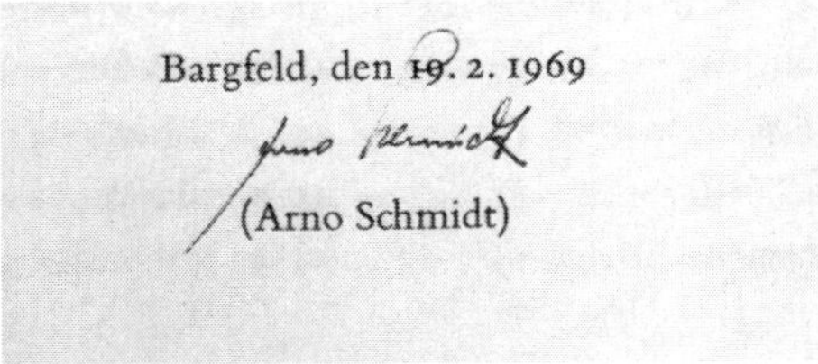

Abb. 112
Unterschriebene Zeichnung Schmidts von *Sitara*, 1963

Wir fügen den gelehrten Kommentaren des *Bargfelder Boten* hier nur eine einfache Beobachtung bei: Was es zu sehen gibt, ist, wie sich der Kosename *Dän* auf den Weg macht, um durch andere Worte zu ‚wandern', deren Prä- und Suffixe er bilden wird, um sich in den Roman zu zerstreuen. In der kurzen zitierten Passage wird am Ende aus „halten Dän" oder „haltn Dän" das Kofferwort „Haltndän". Kurzum, aus dem Namen wird das Suffix, es wandert von vorne nach hinten (zum ‚Hintern') als Effekt einer *différance*. Denn das Spiel funktioniert nur, wenn wir den Unterschied zwischen den phonetischen Ausdrücken in der Schrift lesen, ohne die wir den Unterschied nicht hören könnten. Wenn man genauer hinschaut, sieht man auch, wie das „D" sich bis an diese Stelle schiebt, denn es wandert über „musterDe [musterDä]" und ganz unterschallig auch durch „Den [Dän]", um am Ende des Kofferwortes wieder beinahe zum selbstständigen Namen zu werden. Dass es sich um ein diabolisches Spiel handelt, wird auch auf Zettel 4 noch als Kofferwort deutlich, als Wilma ihren Mann Paul einen „Altn Dämian" nennt. Das ä wird als e umgekehrt in der Schrift verschluckt und würde ausgesprochen wiederum als ä ausgesprochen. So taucht der Name in den ungewöhnlichsten Ausdrücken auf, wie beispielsweise in „wie spät issDnn?"[96], d.h. „wie spät ist es denn [Dän]".

Wer das für einen Einzelfall hält, gehe dieser Spur weiter nach. Einige längere und kürzere Ausdrücke seien aufgelistet, um die Methode zu demonstrieren. Sie stammen aus dem achten Buch

96 Schmidt (1970a): Zettels Traum. Aus: Bargfelder Ausgabe. Werkgruppe IV, Bd. I,4, hg. v. der Arno Schmidt Stiftung. Frankfurt a.M. 2010 [Studienausgabe der Druckausgabe]. Buch VII, S. 1275.

Im Reiche der Neith, jenem Nachtbuch also, in dem auch die Unterschrift Däns zu finden ist:

> I glühenDÄN Berg, mittn im Nébl [1278]; biß ad JynxDÄN Tac! [ebd.], und Dän'ken ist noch kaine Miss'eThat? [1283]; Wieviel haSDän=Dú? [1285]; Fr[änzel] drükkeDe gleich die Hand zwisch'n Ihre, (unsagbar=namenlos), (spät)beguinnenDÄN Brüst'chin [1287]; Und Dänn auf I (ällteren) felt-Messer traf. – Und Ihm=Dän beye'm fur=Mössn hälf: die Stangn rein=stekkn [1288]; Dänn Ich schwör Da'S beim Spinell [1288]; Du=Dän=ä [1294]; Begeistern-Dän [1295]; flatternDän Blouse [1296]; NiedersitzenDän [1299]; iDäntisch [1301]; vague Ích beReiz auf=*Dích* zu däutn, Will'ma [1309]; MittLebmDän [1312]; bei rubBuhlüSDän Eures=Schlages [1314]; Du bisD jetzt dänktrunkn [1317];erSDän1=2 Jahre [1319]; zwìkklt Mich mit Euren glühinDän ZangenFingern [1323].

Es soll genug der Beispiele sein. Hier muss nicht interpretiert, sondern die typographischen „Wortkonzentrate" durch ein Lesen in Zeitlupe entzerrt werden, manchmal, ganz nach Joyce, unter Zuhilfenahme einer anderen Sprache. In „rubBuhlüSDän" auf den ersten Blick die Rabulisten wiederzuerkennen fällt nicht schwer, die jetzt eben qua Kofferwort, phonetischer Schreibung und Anwendung von Großbuchstaben zu lüsternen Rechthabern werden, um die Damen des Romans buhlend, deren Anführer eben „Dän" ist. Auch der Jüngste Tag ist als „JynxDÄN Tac" so weit entstellt, dass „jinx" darin genauso Platz hat, wie Däns Name und das schwedische Wort für „Danke" oder der englisch-historische Ausdruck für den „Stoßdegen", der wiederum auf „Pagenstecher" anspielt. Allerdings gibt es 20 weitere Bedeutungen des Wortes „tuck", auch die „Falte" ist dabei, so dass ein Polysem entsteht, das wie eine Art semantische Ablautreihe funktioniert. Hier bekommt jener nomologisch-technische Ausdruck einen linguistisch präzisen Sinn, den Michel Serres in der Lektüre von Balzacs *Sarrasine* entdeckt: „Einmal mehr spielt der Eigenname die Rolle eines Algorithmus für den Sinn."[97]

Wer große Romane schreiben will, benötigt „laufend viele Namen [...] bald wohlklingende, bald banale"[98], d.h. „dicht=Er & denk=Er"[99]. Wirft man einen Blick in die Namenstheorie

97 Serres (1987): Der Hermaphrodit. Übers. v. Reinhard Kaiser. Frankfurt a.M. 1989. S. 67.
98 Schmidt (1960): „Der Platz an dem ich schreibe", S. 104.
99 Ebd.

Schmidts, die in verschiedenen Essays ausgebreitet wird, bekommt man weiteren Aufschluss über Namen und Unterschrift *Dän Pagenstechers*. Der Autor wird großen Wert darauf legen, dass die Namen für Nebenfiguren institutionellen Hypotexten entstammen, deren Quellen er offenlegt:

> Ich benütze für die Namensfindung bei Nebenpersonen das ‚Hof= & Staatshandbuch für das Königreich Hannover auf 1839'; dort kann, wer Zeit & Lust hat, sie Alle wiederfinden, die im ‚Steinernen Herzen' herumlungernden Statisten: ‚Thumann W. Eggers, Weber, Knocke, Eisendecher, Hoppenstedt' etc. Im ‚Nobodaddys Kindern' hab'ich das rare ‚Jahrbuch für die Hanseatischen Departments 1812' herangezogen; und wenn ich einmal mehrere ausländische Namen benötigte, steht links auf meinem Schreibtisch der ‚Regenhardt; Geschäftskalender f.d. Weltverkehr, 1927'.[100]

Und tatsächlich lässt sich das an entsprechenden Quellen positiv überprüfen. Diese Vorgehensweise ist selbstverständlich historisch bewährt und reicht vom historischen Werk als Vorlage bis zum Telefonbuch. Aber was ist mit den Namen der Hauptfiguren? Eine Absage erteilt Schmidt den sprechenden Namen, mit denen schon im Personenverzeichnis „die ganze Chose"[101] verraten würde. Ein abschreckendes Beispiel sei Ben Johnsons *Epicoene*, wo „‚Sir Morose, ein alter Jungesell', ‚Cutbeard, [als] sein Barbier'"[102] auftreten. Untauglich sei ein solches Verfahren, weil es den Leser zum Idioten stemple, dem bereits im Namen der Figuren mitgeteilt werden müsse, worum es gehe. Schmidt wird eher auf das Modell ‚offenes Geheimnis' setzen und zu kryptischen Codes greifen, die Freud und Joyce, aber auch Lewis Caroll entlehnt sind. Verdichtung, Verschiebung und Entstellung sind dabei die Mittel der Wahl. Die Silbenanzahl der Namen von

100 Schmidt (1964): „Ach wie gut, das niemand weiß …!", in: Der Platz an dem ich schreibe. 17 Erklärungen zum Handwerk des Schriftstellers. Hg. v. Bernd Rauschenbach. Zürich 1993. S. 110–125, hier: S. 120f. Vgl. Schmidt (1960): „Der Platz an dem ich schreibe", in: ebd. S. 101–109, hier: S. 104f. Beide Texte verweisen auch auf einen anderen Roman Schmidts, in dem nicht nur die Namen der Nebenpersonen aus dem zitierten Staatshandbuch stammen, sondern auch dieselben vom Protagonisten emsig gesucht werden. Vgl. Schmidt (1956c): Das steinerne Herz. Historischer Roman aus dem Jahre 1954 nach Christi. In: Bargfelder Ausgabe, hg. v. der Arno-Schmidt-Stiftung. Bd. I /2. Bargfeld 1992. S. 7–163, hier u.a.: S. 29, bes. S. 43f.

101 Schmidt (1964): „Ach wie gut, das niemand weiß …!", S. 114.

102 Ebd.

Nebenpersonal muss vor allem in den Prosatakt passen, ein für Schmidt nicht genügend untersuchtes Feld.[103]

In Sachen der Namensgebung von Hauptpersonen gibt sich Schmidt zugeknöpft: „Wie Hauptpersonen heißen, bzw. ‚wichtige Verdrängte'? – das lassen wir mal beiseite. Es gibt da ‚Fixierungen', Erinnerungen & die mit ihnen verlöteten Lautfolgen, die sogleich Wichtigstes aussagten... ."[104]. Allerdings sind die „verlöteten Lautfolgen" wiederum anschauliche Metapher für das Verfahren. Im *Am Platz an dem ich schreibe*, wird etwas mehr verraten: „Meist weiß man (bei häufig auftretenden Hauptpersonen, um sie mit *einem* akustisch=fonetischen Zug sich selbst und dem Leser unverwechselbar zu machen [...]."[105] Dass *Zettels Traum* dabei auf die beständige Variation der phonetischen Differenz von ä/e rekurriert, wurde gezeigt. Ein **ä** verirrt sich übrigens auch schon in *Sitara*: „Und wie gleichzeitig plump & grandios der Mechanismus der May'schen Projektionen ist, sei ein weiteres Mal an eben dieser ‚Oase im Kaktus' *dä*monstriert."[106] In diesem Sinne kann man Zettels Traum mit Fug und Recht eine große *Dä-Monstration*[107] nennen.

Die frühen Erzähler Schmidts hatten keine Namen, waren deshalb umso offener für die Identifikation mit dem des Autors, der jedoch immer als *re-entrie* im Text selbst zu finden war, was selbst noch für *Zettels Traum* gilt: „„Ich les Euch=ma' n Gedicht vor;: von con'Rad A. Schmid(t) aus LÜNEBURG=ja?"[108] Dieser Name ist zugleich dem institutionellen Epitext entnommen – aus dem Lüneburger Telefonbuch – und ein Etym, denn Konrad ist zugleich ein *con rod*, d.h. zu Deutsch eine ‚Verbindungsstange'. Der Ausbreitung des Phallus sind in diesem Text auch hintergründig kaum Grenzen gesetzt, abgesehen von der Impotenz des ‚Helden' selbst, wie auch der Kommentar im *Bargfelder Boten* berichtet:

---

103 Schmidt (1960): „Der Platz an dem ich schreibe", S. 104.

104 Schmidt (1964): „Ach wie gut, das niemand weiß ...!", S. 121.

105 Schmidt (1960): „Der Platz an dem ich schreibe", S. 104.

106 Schmidt (1963): Sitara und der Weg dorthin, S. 66.

107 Die Literaturgeschichte dessen, was da gezeigt ist, hat wiederum Jürgen Manthey (1983) verfasst: Wenn Blicke zeugen könnten. Eine psychohistorische Studie über das Sehen in Literatur und Philosophie. München 1983.

108 Schmidt (1970a): Zettels Traum, S. 1285.

Daniel Pagenstecher. Er, der alte Mann, möchte gern – ganz platt gesagt – ein Verhältnis mit der sechzehnjährigen Franziska Jacobi anfangen, und sie bietet es ihm auch an, aber er befürchtet, es könnte ihm mit dieser Nymphe passieren, was Polyphem und Tithon mit Galateia und Eos widerfuhr: daß sie seiner nachlassenden Manneskraft wegen ihm untreu werden könnte und er damit zum Gespött. Nachzutragen bleibt bei dem Wort ‚Galathau', daß ‚dew', das englische Wort für Thau, ein Slang-Ausdruck für Whiskey ist, und der Alkoholkonsum der Schriftsteller, Edgar Allen Poes und nicht zuletzt auch Paul Jacobis, ist eines der durchgängigen Gesprächsthemen des Buches. Zugleich muß noch einmal Rekurs genommen werden auf Polyphem, den Geliebten der Galateia. Polyphem hat sie beim Baden beobachtet, ähnlich wie – und hier greifen wir voraus – ‚Achab + Zedecias' die keusche Jüdin Susanna beim Bad in ihrem Garten in Babylon beobachteten, sie überfielen, aber abgewehrt wurden. Die beiden Ältesten des jüdischen Volkes beschuldigen daraufhin die Susanna der Unkeuschheit, aber in dem apokryphen Susanna-Buch des AT ist es Daniel, der ihre Unschuld beweist. Womit wir beim Namen des Helden Daniel Pagenstecher wären, einem Namen, den der Autor natürlich mit Bedacht gewählt hat. Pagenstecher wird zunächst von Wilma Jacobi mit ‚Dan' angesprochen; das ist nicht nur eine umgangssprachliche Abkürzung, sondern ein alter englischer Titel, eine Anrede für hochgestellte Personen, vom lateinischen ‚dominus' abzuleiten und mit der Bedeutung ‚Master, Sir'; sowohl Edmund Spenser, der Verfasser der ‚Fairie Queene' von 1596 – aus der übrigens mit Angabe des Verfassers in der Mitte der rechten Spalte zitiert wird – wie auch Alfred Lord Tennyson – dessen Verserzählung „Merlin und Vivien' in ‚Zettels Traum' eine Rolle spielt – bezeichnen zum Beispiel Chaucer als ‚Dan Chaucer'. Der Namenspatron Pagenstechers ist aber vor allem der alttestamentarische Daniel, der dem Nebukadnezar den Traum und dem Belsazar die Schrift an der Wand deutet, denn Pagenstecher ist der große literarische Traum- und Schriftdeuter, der Poes rätselhaftes Werk auslegt und die Sprache der Einwohner der Insel Tsalal in Poes Pym-Erzählung als ein korruptes Hebräisch analysiert, und wie Daniel in der apokryphen AT-Überlieferung Ahab und Zedecias als Voyeure und Sittenstrolche entlarvt, so nennt Daniel Pagenstecher später einen entscheidenden Charakter- und vielleicht auch Erkenntnisdefekt bei sich selbst und seinem Freund Paul Jacobi beim Namen: sie sind beide alternde Lüstlinge mit starker Neigung zum Voyeurismus. Kurz zu seinem Nachnamen: Was er als fiktiver Erzähler berichtet, liegt ja in ‚Zettels Traum' nicht gedruckt, sondern photomechanisch reproduziert vor; die Seiten des Buches, ‚pages', mitsamt den handschriftlichen Anmerkungen des Autors, liegen ‚gestochen' vor, in einer Variante jener Technik der Poe-Zeit, wo Dichter mit eigener Hand eine Metallplatte beschrieben, also ‚stachen', die dann als Autograph vervielfältigt wurde. Zweitens würde dieser Herr

> Pagenstecher gern das knabenhafte sechzehnjährige Geschöpf Franziska ‚stechen'. Drittens schließlich liegt in diesem Namen wieder ein Bezug auf James Joyce vor. Joyce erhoffte sich im April 1930 durch eine Konsultation des Augenarztes Professor Pagenstecher eine Linderung seines Augenleidens.[109]

Dieser drucktechnischen Handgreiflichkeit füge ich die Unterschrift *Dän Pagenstechers* hinzu. Ihm fällt in der gesonderten Kolumne jener Kugelschreiber ins Auge, mit dem er Notizen über Franziska angefertigt und alle Briefe und Karten an sie unterschrieben hatte. Schmidt kann es nicht lassen und unterschreibt ‚selbst' in dessen Namen. Hier sticht der Page, wie ein Pik Ass im Skat. Danach wird der Kugelschreiber in 5 Punkten besungen und zuletzt als Fetisch-Objekt enttarnt: „5. (*& Resümee*): jener Kugelschreiber in Meiner Hand, war mir ein Francisca=Figürlein gewesn! ...))"[110].

Was die Organe nicht mehr können, übernimmt der organlose Körper der Schrift. Diese Unterschrift benötigt wahrlich einen Engel, den Schmidt auch gleich darauf, leises Echo Karl Mays und Sascha Schneiders, *mit*erfindet. Auch dieser Engel müsste laut *Tina* ins Elysium eingegangen sein, wenn auch ohne Namen[111]:

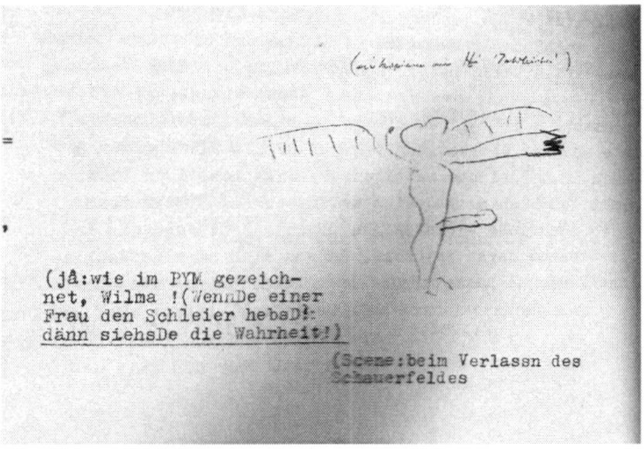

Abb. 113 Phallischer Engel, *Zettels Traum*

109 Bargfelder Bote. Lieferung 9 (1974), S. 9f.
110 Schmidt (1970a): Zettels Traum, S. 1468.
111 Schmidt (1970): Zettels Traum, S. 397.

KAPITEL XII

Endspiele

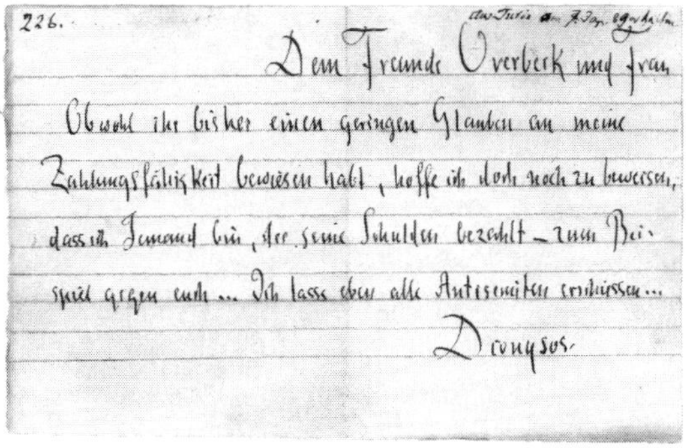

226.

Dem Freunde Overbeck und Frau

Obwohl ihr bisher einen geringen Glauben an meine Zahlungsfähigkeit bewiesen habt, hoffe ich doch noch zu beweisen, dass ich Jemand bin, der seine Schulden bezahlt – zum Beispiel gegen euch … Ich lasse eben alle Antisemiten erschiessen …

Dionysos.

Abb. 114 Nietzsche unterschreibt als *Dionysos*

„Die Linien des Menschen sind verschieden“[1], eigentümlich genug, offen dafür, rezitiert zu werden. Was es aber heißt, wenn ein Gott durch seine Unterschrift das Leben ergänzt, ist Thema dieses letzten Kapitels. Allerdings ist zu erwarten, dass es nicht jene ‚Harmonien und ewigen Lohn und Frieden‘ geben wird, die Hölderlin sich verspricht, sondern eher das Gegenteil. Nicht nur werden alle modernen Namen ins Wanken geraten, sie werden zerrissen, wie dieser letzte Gott selbst, der den Philosophen im 20. Jahrhundert noch einmal als letzte nachmetaphysische Möglichkeit erscheint. Kommt der letzte Gott nicht, bleibt sein Testament. Aus einem rechtsgeschichtlichen Paradigma ist der Grundsatz poststrukturaler Semiologie abgeleitet: „Jedes Graphem ist seinem Wesen nach testamentarisch.“[2]

Philosophie konstruiert Supersätze.[3] Ein Supersatz ist einer, der etwas setzt, das nicht mehr überboten werden könnte in Darstellung erster und letzter Gründe. Logisch betrachtet wäre es ein Satz, von dem alle anderen abgeleitet werden. Ein alles

1 Friedrich Hölderlin, Friedrich (1983): „Die Linien des Lebens …“, in: Sämtliche Werke, S. 104.

2 Jacques Derrida (1967): Grammatologie. Übers. v. Hans-Jörg Rheinberger u. Hanns Zischler. 4. Aufl., Frankfurt a.M. 1992. S. 120.

3 Über den merkwürdigen Status solcher Sätze hat nachgedacht Werner Hamacher (2004): „Sätze – Zur Kunst“, in: Gesetz. Ironie. Festschrift für Manfred Schneider. Heidelberg 2004. S. 241–263. Dem Gedenken meines akademischen Lehrers sei dieses Kapitel gewidmet.

© BRILL FINK, 2023 | DOI:10.30965/9783846766354_013

ab- und einschließender Satz müsste es sein, was unmöglich ist, wie wir seit der mathematischen Grundlagenkrise wissen. Es müsste ein Satz sein, der jedem Zweifler entgegengehalten werden könnte, um mit jedem Zweifel ein Ende zu machen. Ein Supersatz ist einer, der sich selbst überbietet und sich zugleich in sich erfüllt, zu dem bedingungslos „Ja!" gesagt werden muss: Ich unterschreibe! – absolut affirmativer Satz. Ein derartiger Super-Satz sollte es sein, einfach und äußerst verdichtet, wie der von Schelling: „Und so ist jetzt alles *Dionysos!*"[4], der wie ein Motto über diesem Kapitel stehen könnte.

Unterschriften werden zum Problem, wenn sie fehlen. In den Anfängen des *Deutschen Idealismus* wird dessen Gründungsdokument nicht unterschrieben. Über die Autorenschaft wird ein Streit geführt, der Jahrzehnte dauert, denn katastrophale Ereignisse deutscher Geschichte kommen dazwischen. Was man aus dieser Auseinandersetzung lernt, ist der Unterschied zwischen Verfassern und Autoren und wie ein Text diesen letztendlich niemals selbst eineindeutig klären kann. Eigentlich ist eindeutig, wer diesen Text geschrieben hat, zumindest wenn man die Handschrift kennt. Das sogenannte *Systemprogramm* bietet eine Reihe von Supersätzen an, deren bekanntester sicherlich folgender ist: „Die erste Idee ist natürl[ich] d[ie] Vorst[ellung] *von mir selbst*, als einem absolut freien Wesen."[5] Ein anderer lautet: „wir müssen eine neue Mythologie haben, diese Mythologie aber muß im Dienste der Ideen stehen, sie mus[s] e[ine] Mythologie der Vernunft werden."[6] Aber wer hat diesen und die anderen Sätze darin unterschrieben?

Keine Signatur, aber es handelt sich zweifelsfrei um die Handschrift von Hegel. Damit kann man sich aber nicht begnügen, denn diese Schrift könnte einfach eine Abschrift oder das

4 Friedrich Wilhelm Joseph Schelling (1841): Urfassung der Philosophie der Offenbarung. Hg. v. Walter E. Ehrhardt. Hamburg 2004. S. 321. In der Paulus-Nachschrift lautet der Satz: *„So ist Alles Dionysos;* nur *in der Spannung* werden die Potenzen different." Schelling (1841/42): Philosophie der Offenbarung. Hg. u. eingeleitet v. Manfred Frank. Frankfurt a.M. 1977. S. 237. Vgl. Manfred Frank (1982): Der kommende Gott. Vorlesungen über die Neue Mythologie. Erster Teil. Frankfurt a.M.

5 Hölderlin, Schelling u. Hegel (verm. März/April 1795): „Ältestes Systemprogramm", in: Materialien zu Schellings philosophischen Anfängen. Hg. v. Manfred Frank u. Gerhard Kurz. Frankfurt a.M. 1975. S. 110–112.

6 Ebd. S. 112.

Protokoll einer Stubensitzung sein. Weil das so ist, treten Philologie und Hermeneutik auf den Plan. Erstere kümmert sich um die dokumentarische Echtheit und Signifikanz der Schrift, letztere um den Sinn des Textes und welchem Geist er zugeschrieben werden kann. Das Herkunftsproblem dieses Textes stellt sich allerdings erst sehr viel später. Der führende französische Schellingforscher Xavier Tilliette bringt das auf den Punkt: „Sollen wir also auf die Unterschrift Schellings verzichten?"[7]. Damit drückt er seine inzwischen nicht mehr ganz so feste Überzeugung aus, dass, trotz überzeugender Argumente von Otto Pöggeler dafür, dass das entsprechende Manuskript zu Hegels Frühwerk gehöre, Schelling immer noch als Autor benannt werden müsse. Der Duktus (!) dieser Gedanken sei letztlich ganz klar diesem zuzuschreiben und auch wenn dessen Freunde im Text mit ihren Ideen sicher präsent seien, so entspräche es als Ganzes (was häufig als Fragment behandelt wurde) eben dem jungen Schelling. Das wäre vielleicht kaum bemerkenswert, entstünde über diese fehlende Signatur nicht ein Streit, der mehrere Phasen Forschungsgeschichte ausmacht und nicht zum Ende kommt.[8] Auch Hölderlin wird zeitweise die Autorschaft zugeschrieben, wenn diese Hypothese inzwischen auch nicht mehr populär ist.[9]

Das Problem der fehlenden Signatur stellt sich allerdings erst recht spät, nämlich in jenem Moment, in dem das von den Herausgebern sogenannte *Älteste Systemprogramm* 1913 erst auf einer Auktion auftaucht, um 1917 verspätet von Franz Rosenzweig veröffentlicht zu werden.[10] Aber damit ist die dunkle Reise dieses erleuchtenden Dokuments längst nicht vorbei. Seit 1945

---

7 Xavier Tilliette (1973): „Schelling als Verfasser des Systemprogramms?", in: Materialien zu Schellings philosophischen Anfängen. Hg. v. Manfred Frank u. Gerhard Kurz. Frankfurt a.M. 1975. S. 193–214.

8 Die wesentlichen Positionen in diesem Streit wurden historisch aufgearbeitet und bewertet von Frank-Peter Hansen (1989): „Das älteste Systemprogramm des deutschen Idealismus". Rezeptionsgeschichte und Interpretation. Berlin u. New York 1998 [Quellen und Studien zur Philosophie, Bd. 23].

9 Vgl. dazu nur die ersten Hypothesen von Wilhelm Böhm (1926): „Hölderlin als Verfasser des ‚Ältesten Systemprogramms des deutschen Idealismus'", in: DVjs, 4. Jg., IV. Bd., Halle / Saale. S. 339–426.

10 Der Ausbruch des ersten Weltkriegs hatte die Publikation, die für 1914 vorgesehen war, verschoben, vgl. Franz Rosenzweig (1917): „Das älteste Systemprogramm des deutschen Idealismus. Ein handschriftlicher Fund", in: Sitzungsberichte der Heidelberger Akademie der Wissenschaften. Philosophisch-historische Klasse. Bd. VIII. S. 3–49.

gilt das Manuskript als verschollen, es existierte aber eine Fotografie, die „Rosenzweig für Ludwig Strauß hat anfertigen lassen, die dann wiederum in den Besitz Martin Bubers, des Schwiegervaters von Strauß gekommen ist"[11]. Das Manuskript wird erst 1979 in der Jagellonischen Bibliothek Krakau, im sogenannten ‚Grüssauer Schatz', erneut aufgefunden und 1984 kritisch ediert.[12]

In der Einleitung seiner Zusammenstellung der deutschen Diskussion des *Systemprogramms*, versucht Frank-Peter Hansen einen Grund zu finden, warum beide Manuskriptseiten eine derartig kontroverse Rezeptionsgeschichte erfahren haben. Seine Einsicht dazu ist sicher richtig: Es gehe in diesem Streit eben nicht darum, diesen Text historisch aus seinen Bedingungen und zeitgenössischen Quellen heraus zu verstehen, was kaum ein Beitrag dazu versucht, sondern ihn sich für je aktuelle Zwecke anzueignen:

> Fast allen Systemprogrammbeiträgen [...] ist eins gemeinsam: Sie enthalten tatsächlich so gut wie keine Information über das Systemprogramm, den historischen Zusammenhang, aus dem heraus es verstanden werden muss, oder aber auch über die Intentionen des nach wie vor fraglichen Verfassers. Stattdessen erfährt man bei der Lektüre der einschlägigen Literatur regelmäßig etwas über das jeweilige Anliegen der Interpreten und bekommt überraschenderweise einen ziemlich guten Einblick in den sich entwickelnden Zeitgeist dieses Jahrhunderts.[13]

Kurzum: Der Streit dokumentiere eben nicht die Verfasserfrage als historisch zu untersuchende, sondern jene Zwecke und Ideologeme, die mit dem Manuskript verbunden werden. Es geht darum, wer mit Recht „Ja" dazu sagen, es gegenzeichnen kann. Einerseits geht es dabei um die Reklamation des Werks für das entsprechende Forschungslager und die daraus folgenden Konsequenzen für den Rang des entsprechenden Denkens innerhalb des Deutschen Idealismus und der Philosophiegeschichte überhaupt.

---

11 Otto Pöggeler (1969): „Hegel, der Verfasser des ältesten Systemprogramms des deutschen Idealismus", in: Mythologie der Vernunft. Hegels ‚ältestes Systemprogramm' des deutschen Idealismus. Hg. v. Christoph Jamme u. Helmut Schneider. Frankfurt a.M. 1984. S. 126–143, hier: S. 127.

12 Auch als Faksimile der Fotografie findet es sich in: Christoph Jamme u. Helmut Schneider (Hg.): Mythologie der Vernunft, S. 8f.

13 Frank-Peter Hansen (1989): „Das älteste Systemprogramm des deutschen Idealismus", S. 4.

Eine Geschichte jener Institutionen, die im Hintergrund tätig sind, beispielsweise das Hegel-Archiv in Bochum, muss noch geschrieben werden. Andererseits reicht der Streit bis in tagespolitische Debatten, z.B. nach einer herrschaftsfreien Gesellschaft, deren Kommunikationstheorie bekanntlich Jürgen Habermas vorgelegt hat. Dieter Henrich wird das Manuskript durch sein immenses diplomatisches Geschick aus dem ‚Grüssauer Schatz' in den Besitz der Preußischen Staatsbibliothek restituieren können, weil er den zuständigen polnischen Stellen klar macht, dass sie – pointiert gesagt – das wichtigste historische Dokument einer freien Gesellschaft unterdrückten.[14] Eine fehlende Unterschrift fordert heraus, die Einheit eines Werkes über den Autorennamen (wieder-) herzustellen, so wie Hölderlin ‚selbstverständlich' die Gedichte *Scardanellis* zugeschlagen bekommt.

Die Differenz zwischen Hand- und Unterschrift, wie jener Sinn, der von ihr unabhängig werden will, muss stets hermeneutisch aufgehoben werden, um die Einheit des Denkens zu sichern. Letzteres ist aber nichts als nackte Differenz.

*

Nietzsche wird diese Einheit zerstören. Er will nicht in den christlichen Text hineinspringen, wie Heidegger in den hermeneutischen Zirkel, sondern ihn von innen her zerstören, implodieren lassen, um eine ganz andere Zukunft einzuläuten. Sein eigener Name ist Krise, das sagt er selbst zu Recht:

> Ich kenne mein Loos. Es wird sich einmal an meinen Namen die Erinnerung an etwas Ungeheures anknüpfen, – an eine Krisis, wie es keine auf Erden gab, an die tiefste Gewissens-Collision, an eine Entscheidung heraufbeschworen gegen Alles, was bis dahin geglaubt, gefordert, geheiligt worden war.[15]

---

14 Dieter Henrich (1977): „Beethoven, Hegel und Mozart auf der Reise nach Krakau", in: Neue Rundschau 88, S. 165ff. Er selbst spricht anderenorts zu Recht von „Detektivische[n] Recherchen", die insgesamt 15 Jahre gedauert haben; vgl. ders.: „Aufklärung der Herkunft des Manuskriptes ‚Das älteste Systemproramm des deutschen Idealismus", in: Mythologie der Vernunft. S. 144–170, hier: S. 161.

15 Friedrich Nietzsche (1888): Ecce Homo. Wie man wird, was man ist, in: Kritische Studienausgabe, Bd. 6, hg. v. Giorgio Colli und Mazzino Montinari. München 1999. S. 255–375, hier: S. 365.

Das Problem ist, dass man dieses Erbe nicht einfach abschütteln oder ablehnen, durch Negation loswerden kann. Die von Heidegger so bezeichnete onto-theologische Verfassung der Metaphysik bedeutet, dass nicht allein die philosophische Terminologie durch ihre christliche ‚Übersetzung' kontaminiert ist, dasselbe könnte man über die Semantik, die Geschichte überhaupt sagen, ebenso über jene Formen, in denen sich ein Denken präsentiert. Dazu gehört eben auch jene Unterschrift, die sich immer auf den großen Anderen bezieht, der sie als ‚Name des Vaters' bekräftig und der als transzendentales Signifikat den Text beherrscht.

Dass der jüdische Gott vielleicht unterschreibt, hatte Gershom Scholem als Vertragsszene in den kabbalistischen Akten ausgegraben. Dass er geschrieben hat, wird durch die 10 Gebote bestätigt, die in den Stein ‚geblitzt' werden, wenn man das so sagen darf. Zeus wird im Monotheismus zur elektrischen Schreibfeder. ‚Es steht geschrieben', so viel ist sicher, auch wenn der Gott keine Hände hat. Dass er sich welche schaffen könnte, liegt in seiner Allmacht. Nietzsche zitiert, parodiert und entstellt den christlichen Text an allen Ecken und Enden und eben auch an jenem Rand, wo die Signatur ihren Ort hat. Auffällig ist, dass all jene Teufel und gefallenen Engel, die ihre Opfer um ihre Seele bringen wollen, selbst nicht unterschreiben. Vilém Flusser hat den interessanten Schluss gezogen, dass der Teufel vor allem die Schöpfung durch die Zeit signiere:

> Nur ist die Gottheit zeitlos, sie *ist* ganz einfach, und anderswo rollt der Strom des Geschehens. Der Teufel hingegen mag unsterblich sein, doch er hatte einen Anfang. Er schwimmt im Strom der Zeit, vielleicht lenkt er ihn, jedenfalls hat er eine Geschichte. Man könnte sogar so weit gehen, zu sagen, daß mit dem Teufel die Zeit beginnt, daß sein Erschaffen oder sein Sturz der Auftakt zum Drama der Zeiten ist, daß Geschichte und Teufel eins sind.[16]

Wenn die Teufel bisher nicht unterschreiben wollten, so ändert sich das in Nietzsches späten Texten. Am Ende von *Der Antichrist* erlässt dieser sieben Gesetze „wider das Christenthum" und

16 Vgl. Vilém Flusser (1965): Die Geschichte des Teufels. 2. Aufl., hg. v. Andreas Müller-Pohle. Göttingen 1996. S. 7. Zum *„jenseits"* als Wiederholung eines teuflischen und unabschließbaren „Hinkens", vgl. Elisabeth Strowick (1999): Passagen der Wiederholung. Kierkegaard – Lacan – Freud. Stuttgart; Weimar 1999. S. 485–488.

unterschreibt mit „Der Antichrist“[17]. Bemerkenswert ist vor allem der ‚sechste Satz‘: „Man soll die ‚heilige‘ Geschichte mit dem Namen nennen, den sie verdient, als verfluchte Geschichte; man soll die Worte ‚Gott‘, ‚Heiland‘, ‚Erlöser‘, ‚Heiliger‘ zu Schimpfworten, zu Verbrecher-Abzeichen benutzen.“[18] Die „Umwertung aller Werte“ ist eben nicht nur semantischer Nihilismus, sondern invertiert gegebene Bedeutungen durch fatale Sprechakte, die als Schreibakt daherkommen. Der Untertitel dieses Textes heißt dann logisch: *Fluch auf das Christentum.*

Dass der performative Modus von *Der Antichrist* bisher kaum untersucht wurde, ist ungewöhnlich. Manfred Schneider situiert Nietzsches Flüche im Spätwerk zwischen Institution und Literatur.[19] Wie bei Hölderlin stellt sich die Frage des Wahnsinns. Hier geht es aber um die Frage des Institutionellen. Denn Institutionen sind Einrichtungen, die etwas auf Dauer stellen, was ihre Subjekte qua Endlichkeit nicht vermögen. Sie sind Agenturen der Zeitresistenz. Nicht umsonst heißt der christliche Code dazu Ewigkeit. Dabei wird eine Verbindung offenbar, die Gesetz und Literatur teilen und die Nietzsches Unternehmen betrifft, das Christentum durch einen Fluch loszuwerden. In Hinblick auf jenen Supersatz, der einer Signatur gleichkommt: „ –– Hat man mich verstanden? –– Dionysos gegen den Gekreuzigten ...“[20], lassen sich Schneiders Thesen gewinnbringend lesen:

> Die Langzeitwirkung des Fluches, wenn es denn einer war, die ungeheure Zeitresistenz [...] beruht darauf, dass Jesus die Kräfte seines Sprechens [... .] an eine Institution übertragen hat. Wer aber die Wahrheit im eigenen Namen spricht, der überschreitet diese anthropologische Gegebenheit, dass kein Satz, sei er konstativ, sei er performativ, im eigenen Namen gesagt werden kann.[21]

17 Nietzsche (1895): „Der Antichrist. Fluch auf das Christentum“, in: Kritische Studienausgabe, Bd. 6, hg. v. Giorgio Colli und Mazzino Montinari. München 1999. S. 167–254.

18 Ebd. S. 254.

19 Manfred Schneider (2009a): „Nietzsches Flüche“, in: Fatale Sprachen. Eid und Fluch in Literatur- und Rechtsgeschichte Hg. v. Peter Friedrich u. Manfred Schneider. München 2008. S. 293–317.

20 Friedrich Nietzsche (1888): Ecce Homo. Wie man wird, was man ist. In: Kritische Studienausgabe, Bd. 6, hg. v. Giorgio Colli und Mazzino Montinari. München 1999. S. 255–375.

21 Manfred Schneider (2009a): „Nietzsches Flüche“, S. 315.

Was man seinen ‚eigenen Namen' nennen könnte, spricht bereits von einer Institution her. Wir schulden ihr den Eigennamen. Damit will sich aber Nietzsche, auch laut einiger seiner Interpreten, nicht abfinden. Was ihn ein Leben lang beschäftigt, ist jener Gott *Dionysos*, mit dessen Namen er eine Reihe Dokumente unterschreibt und auf dem er eine Kunsttheorie errichtet. Mit dem Gott beginnt auch implizit die Feldauswahl von Hölderlins Gedichten, die inmitten der Stahlgewitter des zweiten Weltkriegs gedruckt wird und von den Offizieren gelesen werden soll:

> Des Ganges Ufer hörten des Freudengottes
> Triumph, als allerobernd vom Indus her
> Der junge Bacchus kam, mit heiligem
> Weine vom Schlafe die Völker weckend.[22]

Nietzsche will die Deutschen ebenfalls wecken: Tragische Kunst soll zum Medium der Verwandlung des Volkes werden. So glaubt es zumindest der junge Professor in seinen Vorträgen über das antike Musikdrama. Seine Frage ist so klar, wie die Antworten polyvalent: Wie wird man ein tragischer Mensch? Das Medium dafür, dithyrambisches, d.h. Richard Wagners Musikdrama, habe seinen Ursprung nicht als Institut einer Wirkungsästhetik, das durch Herstellung von mimetischen Trugbildern bei dem Publikum Affekte und deren Katharsis auslöse. Im Gegenteil, jede Verwandlung ist Selbstverwandlung, d.h. vor allem ekstatische Zerstörung des *principium individuationis*: „In dem Zustande des ‚Außer sich seins', der Ekstase ist nur ein Schritt noch nötig: wir kehren nicht wieder in uns zurück, sondern gehen in ein anderes Wesen ein, so daß wir uns als Verzauberte gebärden."[23] Es ist eben jener Dionysos Zagreus, dessen Körper im Mythos zerrissen wird, wie das moderne Subjekt, um zu werden, was es ist. Dass ein solches Fest Wahnsinn ist, sei unterstellt. Den philosophischen Text in diesem Sinne „außer sich bringen", ist Nietzsche zweifellos gelungen und berühmte Philosophen werden ihm folgen.[24]

---

22 Hölderlin (1943): „Dichterberuf", in: Feldauswahl. Stuttgart 1943. S. 5.

23 Nietzsche (1870): „Das griechische Musikdrama", in: Kritische Studienausgabe, Bd. 1, hg. v. Giorgio Colli und Mazzino Montinari. München 1999. S. 515–532, hier: S. 522.

24 Vgl. Karl-Heinz Bohrer (2015): Das Erscheinen des Dionysos. Antike Mythologie und moderne Metapher. Berlin.

Nietzsches Unterschriften machen als philosophische Sprengsätze Karriere. Sie zu zitieren heißt, sie in verschiedene Textkörper einzuschreiben. Statt einen Diskurs über sie zu führen oder gar zu interpretieren, kann man diese Zitate wiederum zu einer Art Anthologie zusammenstellen, so wie es Pierre Klossowski bereits mit Ausschnitten aus dessen Schriften getan hat, die er bis in die Unterschriften, zumindest den Namen nach, hinein kommentiert. Sein Zitat soll den Auftakt dieser kleinen Anthologie bilden:

> Der Gekreuzigte und sein Gegenspieler Dionysos bilden in der Turiner Euphorie zweifellos ein Gleichgewicht – aber unabhängig von dem, was dieses Gleichgewicht für die Euphorie bedeutete, sind sie eine Reduktion eben des Antagonismus, der in *Ecce Homo* als irreduzibel dargestellt worden war [...], denn wie ein Brief vom 4. Januar an Overbeck beweist, nimmt Dionysos selber an dem Komplett teil: er ist sogar *Unterzeichner* eines „Dekretes", aufgrund dessen Wilhelm und die Antisemiten *erschossen werden sollen.*[25]

> Nietzsches Auflösung und Sammlung in dieser letzten Mitteilung vollzieht sich also auf verschiedenen Ebenen und in verschiedenen Zeitabständen: während einerseits zum letzten Mal das allergrösste Leid heraufbeschworen wird, damit Nietzsche mit seinem eigenen Namen unterzeichnen kann, – wird andererseits auf der Ebene der Triebbewegungen der allergrösste Genuss sichtbar: sie können sich endlich in aller Freiheit entsprechend ihrer eigenen Interpretation selbst bezeichnen.[26]

> Aber alles kam anders. Buch und Kriegserklärung erreichten den Feind nicht, weil sie keinen Absender mehr fanden. „*Ecce homo*" hatte die Autorenfrage ad acta gelegt, also verschwand im dritten Akt die Unterschrift „Nietzsche". Das Buch hatte zwei Identifikations- oder Ersetzungsmöglichkeiten offengelassen: daß das beschriebene „Genie des Herzens" den Gott Dionysos und daß „*Ecce homo*" den Gekreuzigten bezeichnet. Schlichte Postkarten machen dieses Versäumnis, diese falsche Bescheidenheit gut. Nietzsche unterschreibt mit jenen zwei Namen, wie die letzte Zeile des Buches sie nannte.[27]

---

25 Pierre Klossowski (1969): Nietzsche und der Circulus vitiosus deus. Mit einem Supplement u. einem Nachwort v. Gerd Bergfleth. Übers. v. Ronald Vouillé. München 1986. S. 364.

26 Ebd. S. 383.

27 Kittler (1980): Nietzsche – Politik des Eigennamens. Wie man abschafft, wovon man spricht. Berlin 2000. S. 65–101, hier: S. 94f.

> Ein Zeichen und Wunder ist vorab die Unterschrift dieser Zeilen selber: Mit dem Namen Phönix sind sie signiert. Aber die mythische Umbenennung hat gute Gründe: Im Wiederlesen sind Nietzsches Schriften wiedergeboren worden, weil alle die Namen zu Asche wurden, die sie als Titel oder Maske trugen.[28]

> Als sei es so einfach, ein Seismograph von Wellen antiker Leidenschaft zu werden; als stehe es jedem frei, seine Postkarten nach Belieben mal mit ‚Didi-Huberman' und mal mit ‚Dionysos' zu unterzeichnen."[29]

> „Das Fest der Nietzsches ist das Risiko, den Denker in Stücke zu reißen oder in seine Masken zu zerstreuen."[30]

Jacques Derrida erbt den Namen Dionysos. Die Dekonstruktion zerreißt die philosophischen Textkörper, weil sie keinen Begriff von Ganzheit akzeptiert, die jenseits des Textes stattfindet. Und auf Eigennamen als Totalitätsgeneratoren hat sie es besonders abgesehen.

In einer der letzten großen Philosophiedebatten, wie man sie sich heute kaum noch vorstellen kann, stritten Derrida und Hans-Georg Gadamer um den Sinn der Interpretation aneinander vorbei. Im Zentrum steht dabei jene Deutung, die Heidegger in seinen berühmten Nietzsche-Vorlesungen[31] erarbeitet. Der Leitfaden dieser Vorlesung kurz zusammengefasst: In seiner inneren Logik zeigt sich der Nihilismus als stetige Umwertung – bei Nietzsche Umkehrung – der höchsten Werte. Aus der wahren Welt der übersinnlichen Ideen bei Platon wird bei Nietzsche die sinnliche Welt des *Willens zur Macht* und eines *Kampfes der Affekte*. Während Platon das Intelligible in Form der Ideen als das Schöne, Wahre und Gute über die sinnlichen Erscheinungen,

28 Ebd. S. 82. Vgl. auch Roland Barthes (1976–77): Wie zusammen leben? Simulationen einiger alltäglicher Räume im Roman. Vorlesung am Collège de France. Hg. v. Éric Marty, übers. v. Horst Brühmann. Frankfurt a.M. 2007.

29 Ulrich Raulff (2003): Wilde Energien. Vier Versuche zu Aby Warburg. Göttingen 2003. S. 171: „Nietzsche will den Namen Dionysos, das „göttliche Symbol der zerreißenden Energien" unzerrissen erhalten, während Warburg die Figur (und den Namen), von den internen Spannungen und Polaritäten, den transformierten Details her denkt und so der Schize nachgibt."

30 Jacques Derrida (1984): „Guter Wille zur Macht (II). Die Unterschriften interpretieren (Nietzsche, Heidegger)", in: Text und Interpretation. Deutsch-französische Debatte mit Beiträgen von J. Derrida, Ph. Forget, M. Frank [u.a]. Hg. v. Philippe Forget. München. S. 62–78, hier: S. 73f. Vgl. ders. (2003): „Der ununterbrochene Dialog zwischen zwei Unendlichkeiten", in: Der ununterbrochene Dialog. Hg. v. Martin Gessmann. Frankfurt a.M. 2004. S. 7–51, bes. S. 38.

31 Vgl. Martin Heidegger (1936–41): Nietzsche. 2 Bände. 5. Aufl., Pfullingen 1989.

d.h. das Leben stellt, unterliegt dieser Dualismus (sensibel/intelligibel) bei Nietzsche der radikalen Inversion. Heidegger liest die Seinsgeschichte von Platon bis Nietzsche als Umkehrung bzw. Schwächung dieses metaphysischen Leitdualismus. Durch die Umwertung aller Werte, gerät das System der metaphysischen Begriffe insgesamt ‚in Bewegung'. Der Nihilismus ist für Heidegger mehr als eine geschichtliche Phase unter anderen und mehr als die Rede vom Verfall der höchsten Werte: er ist die geschichtliche Bewegung des Abendlandes schlechthin, d.h. seine innere Logik. Der Prozess der Säkularisierung ist nur ein Teil dieser Bewegung. An die Stelle der Erklärung alles Seienden durch die Religion treten Wissenschaft, Vernunft, Technik und kulturelle Produkte der Zivilisation.[32]

Derrida greift in diese Debatte ein, indem er den Vertretern der Hermeneutik eine vorgebliche Nebensache vorwirft: Sie stellen Sinnhorizonte und seinsgeschichtliche Epochen über die unkritische Totalität eines Eigennamens her, der ungedacht bleibt:

> Aber wer hat gesagt, daß man nur einen einzigen Namen trägt? Nietzsche sicher nicht. Und wer hat entsprechend gesagt oder entschieden, daß es dergleichen wie eine abendländische Metaphysik gäbe, etwas, das unter diesem Namen einzig und zu seiner Versammlung imstande wäre? Die Einzigkeit des Namens, die versammelte Einheit der abendländischen Metaphysik, was ist das? Ist es mehr oder anderes als das Begehren [...] des Eigennamens, des einzigen Namens, und der denkbaren Genealogie? War Nietzsche nicht neben Kierkegaard einer der wenigen, der seinen Namen vervielfältigt und mit den Unterschriften, Identitäten und Masken gespielt hat? Der sich mehrere Male und mit mehreren Namen genannt hat?[33]

Der zerrissene Gott, *Dionysos*, muss sich also eine Unterschrift erfinden.[34] Die Feder, die er dazu benötigt, hat Nietzsche ihm

32 Vgl. ebd. S. 18ff. Nietzsche hat diese Logik bereits in „Wie die ‚wahre Welt" endlich zur Fabel wurde dargestellt. Vgl. ders. (1889): „Götzendämmerung", in: Kritische Studienausgabe, Bd. 6, hg. v. Giorgio Colli und Mazzino Montinari. München 1999. S. 55–163, hier: S. 80f.

33 Jacques Derrida (1984): „Guter Wille zur Macht (II), S. 72. Die Debatte wird sehr gut zusammengefasst von Philippe Forget (1984): „Leitfäden einer unwahrscheinlichen Debatte", in: Text und Interpretation. Deutsch-französische Debatte mit Beiträgen von J. Derrida, Ph. Forget, M. Frank [u.a]. Hg. v. Philippe Forget. 1984. S. 7–24.

34 Vgl. Kofman (1983): Nietzsche und die Metapher. Übers. v. Florian Scherübl. Berlin 2014. S. 25.

bereits gedichtet, auch wenn er später auf die Schreibkugel umsteigt, wie dank Friedrich Kittler jeder weiß:

Die Feder kritzelt

Die Feder kritzelt: Hölle das!
Bin ich verdammt zum Kritzeln-Müssen? –
So greif ich kühn zum Tintenfass
Und schreib mit dicken Tintenflüssen.
Wie läuft das hin, so voll, so breit!
Wie glückt mir alles, wie ich's treibe!
Zwar fehlt der Schrift die Deutlichkeit –
Was tut's? Wer liest denn, was ich schreibe?[35]

Welche der beiden Unterschriften die satanische Feder hingekritzelt hat, ob die in seinem Pass oder die des *Dionysos*, wer kann das sagen? Allerdings ist letztere eher in Schönschrift verfasst.

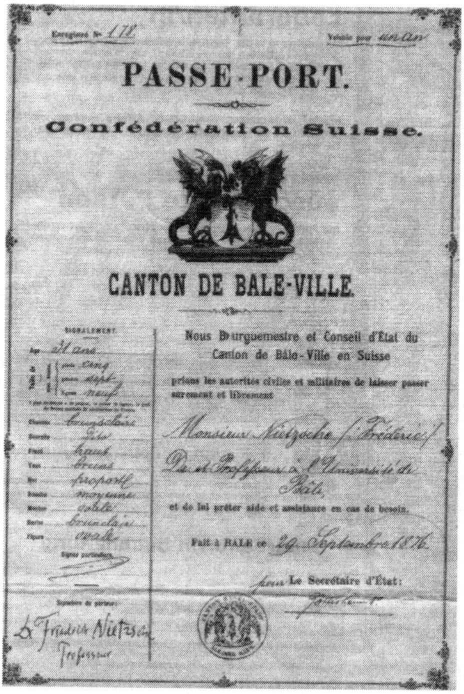
PASSE-PORT.
Confédération Suisse.
CANTON DE BALE-VILLE.
Nous Bourguemestre et Conseil d'État du Canton de Bâle-Ville en Suisse
prions les autorités civiles et militaires de laisser passer sûrement et librement
Monsieur Nietzsche (Frédéric) Dr et Professeur à l'Université de Bâle,
et de lui prêter aide et assistance en cas de besoin.
Fait à BALE le 20 Septembre 1876.
Le Secrétaire d'État:
Dr Friedrich Nietzsche Professeur

Abb. 115
Nietzsches Schweizer Pass

35 Nietzsche (1882): Die fröhliche Wissenschaft, in: Kritische Studienausgabe, Bd. 3, hg. v. Giorgio Colli und Mazzino Montinari. München 1999. S. 343–653, hier: S. 366, Nr. 59.

*

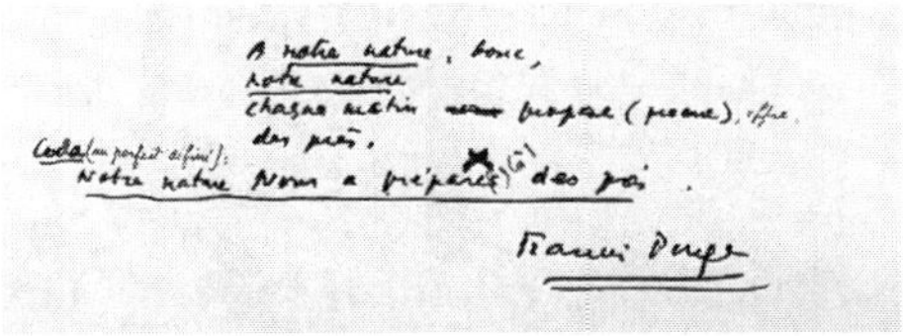

Abb. 116
Unterschrift Francis Ponge unter *Le Pré*

Hintergründige Kritik an Kollegen, lässt sich ohne Nennung des Namens äußern. Jeder weiß durch den angespielten Inhalt dennoch, wer gemeint ist: „Ponge beendete *Le Pré*[36] mit einer Eintragung seines Namens unter dem Schlussstrich, einer seither verschiedentlich nachgeahmten Koketterie."[37] Dass dieses Bonmot auf Jacques Derrida abzielt, ohne den es ein Denken der Unterschrift gar nicht gäbe, ist kaum zu überlesen. Wer dessen Schriften sichtet, wird sehen, dass es in jedem seiner Texte etwas dazu zu lesen gibt. Seine Theorie der Signatur ist einfach und lässt sich mit einem Satz zitieren, der nicht umsonst zu den häufigst zitierten gehört:

> Um zu funktionieren, das heißt um lesbar zu sein, muß eine Unterzeichnung eine wiederholbare, iterierbare, nachahmende Form haben; sie muß sich von der gegenwärtigen und einmaligen Intention ihrer Produktion lösen können.[38]

Dieser Satz ist kein Supersatz, sondern banal. Genau dieses Schicksal haben Unterschriften wenn sie sich schicken. Genauso einfach zu verstehen ist Derridas Begriff der Differenz, der nur noch Begriff ist, weil er sich nicht mehr schließen lässt[39]:

---

36 Francis Ponge (1971): La Fabrique du Pré. Hg. v. Albert Skira u. Gaetan Picon. Genève 1971. S. 105. Georges Perec träumt von dieser ‚Wiese', in ders. (1973): Die dunkle Kammer. 124 Träume. Übers. v. Jürgen Ritte. Zürich, Berlin 2017. Nr. 107 [keine Seitenzählung].

37 Gérard Genette (1987): Paratexte. Das Buch vom Beiwerk des Buches. Übers. v. Dieter Hornig. Frankfurt a.M. 1989. S. 42.

38 Derrida (1972a): „Signatur Ereignis Kontext", in: Limited Inc. Übers. v. Werner Rappl u. Dagmar Travner, hg. v. Peter Engelmann. Wien 2001. S. 15–47, hier: S. 43.

39 Das wurde freilich auch für Hegel, mit Seitenblick auf Derrida, schon behauptet von Werner Hamacher (1978): Pleroma – Zur Genesis und Struktur einer dialektischen Hermeneutik bei Hegel, in: G.W.F. Hegel: „Der Geist des Christentums". Schriften 1796–1800. Hg. v. ders., Frankfurt a.M.: Berlin, Wien 1978. S. 7- 337.

„Denn die Differenz ist zumindest das notwendige Intervall, die Schwebe zwischen zwei Fälligkeiten, die ‚Spanne' zwischen zwei Schlägen, zwei fallenden Bewegungen (*chutes*), zwei Chancen."[40] Was Derrida „Iterabilität" nennt, bedeutet nicht einfach die banale Möglichkeit, jede Markierung aus einem Zusammenhang herauszulösen und in einen anderen einzumontieren (im botanischen Vokabular „aufzupfropfen") und damit den Sinn einer gewissen, aber letztlich aufhebbaren Unsicherheit zu überlassen. Der Bruch mit der Präsenz ist weitaus radikaler. Das notwendige „Intervall" oder die „Schwebe", Namen für diesen unmöglichen *Zwischenraum*, der die Differenzen scheidet, ohne selbst Unterschied zu sein, ist überhaupt die einzig denkbare Wirklichkeit von Kommunikation.[41] Allerdings eine Wirklichkeit, die in sich potentiell bleibt und nicht dynamisch im Aristotelischen Sinne:

> Wenn man zugesteht, daß die Schrift (und das Zeichen [*marque*] im allgemeinen) in Abwesenheit des Senders, des Empfängers, des Kontextes der Produktion und so weiter funktionieren *können muß*, impliziert dies, daß dieses Vermögen, die Fähigkeit, diese *Möglichkeit immer* eingeschrieben ist, daher *notwendigerweise als Möglichkeit* in das Funktionieren oder die funktionelle Struktur des Zeichens [*marque*] eingeschrieben ist. Sobald das Zeichen [*marque*] funktionieren *kann*, da es ihm möglich ist, in Abwesenheit zu funktionieren und so weiter, folgt daraus, daß diese Möglichkeit *notwendigerweise* zu seiner Struktur gehört, und daß dieses Zeichen [*marque*] *notwendigerweise so beschaffen* sein muß, dass dieses Funktionieren möglich ist.[42]

Aus der prinzipiellen Wiederholungs*möglichkeit* folgt, dass jede Markierung und damit jedes Zeichen auf etwas anderes hin geöffnet bleibt als es seine eigene Form hergibt; entfesselte Potentialität. Aus dieser unheilbaren Spaltung, die das Zeichen zugleich konstituiert und übersteigt, resultiert die prinzipielle Unkontrollierbarkeit des Kontextes insgesamt, aus der Sarah

---

40 Derrida (1972b): Dissemination. Übers. v. Hans-Dieter Gondek. Hg. v. Peter Engelmann. Wien 1995. S. 311.

41 Ob und in welchem Sinne diese Differenz wieder eine Einheit haben kann, ist auch von Niklas Luhmann diskutiert worden. Vgl. dazu die einschlägige Arbeit von Natalie Binczek (2000): Im Medium der Schrift. Zum dekonstruktiven Anteil in der Systemtheorie Niklas Luhmanns. München.

42 Derrida (1972a): „Signatur Ereignis Kontext", S. 81f.

Kofman die Atopie des Schriftbegriffs von Derrida ableitet: „Jeder Text ist also regelrecht auf alle Texte hin offen, auf Texte aus allen Zeiten, allen Gattungen; er hat eine unendliche Dichte. Ein Mischwesen von unbestimmter Natur [...]. Wie die Schrift ist der Text Derridas atopisch, nicht einzuordnen, gesetzlos, bastardisch."[43]

Das trifft insbesondere auf *Dissemination* zu, die das Spiel des Zitierens und Aufpfropfens von Texten, Diskursen und Gattungen nicht nur als abgründigen semiotischen Prozess behandelt, sondern auf der Textoberfläche darstellt. Überhaupt kann „Darstellung" hier nicht mehr von den „Sachen selbst" absolut getrennt werden, sie gehört zum selbstreferentiellen Spiel der Schrift, in den Worten Benjamins: sie ist ‚verstrumpft'. Vieldeutigkeit wird in eben dem Moment über ihren kontrollierbaren Rand hinausgetrieben, in dem der Verkehr der Signifikanten mit den Signifikaten als Spiel medialer Potentialität aufgefasst wird. Für Derrida hat diese Medialität mit medienhistorischen Ereignissen und ausdifferenzierten Einzelmedien allerdings wenig zu tun. Stattdessen ist immer schon *archi-écriture* am Werk, die Raum und Zeit *gibt*, jedoch in immer neuen Anläufen das ‚Loch' in jeder Strukturalität beschwört.

Ein Blick sei gestattet auf jene Eitelkeit, die Genette Derrida oben unterstellt: jene berühmte Unterschrift, die metonymisch für dessen Dekonstruktion steht. Es handelt sich hier um eine mehrfache Wiederholung, weil sich erstens hier ‚nachgeahmt' vorfindet, was Derrida bereits im Anschreiben an die Tagungsveranstalter vollzieht, als er den Vortrag im Vorfeld der Tagung an sie schickt. Im Aufsatz wiederum steht darunter der Name noch einmal in Druckbuchstaben, eine Signatur unter der eigenhändigen Unterschrift, die zumeist wegen der Lesbarkeit beigegeben wird, was in diesem Falle ersichtlich nicht notwendig ist:

43 Sarah Kofman (1984): Derrida lesen. Übers. v. Monika Buchgeister u. Hans-Walter Schmidt. Hg. v. Peter Engelmann. Wien 1988. S. 15. Vgl. S. 156–158. Vgl. dazu Risthaus (2009): Onto-Topologie. Zur Entäußerung des unverfügbaren Ortes von Martin Heidegger zu Jacques Derrida und jenseits. Berlin. S. 60–68.

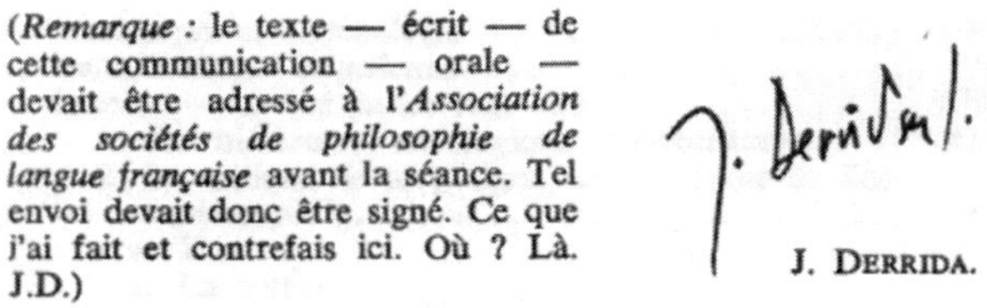
(*Remarque :* le texte — écrit — de cette communication — orale — devait être adressé à l'*Association des sociétés de philosophie de langue française* avant la séance. Tel envoi devait donc être signé. Ce que j'ai fait et contrefais ici. Où ? Là. J.D.)

J. DERRIDA.

Abb. 117 Derridas Unterschriften unter *Signatur Ereignis Kontext*, 1972

Man beachte, dass beide Unterschriften mit einem Punkt enden.[44] Der Witz dieser Passage ist vielfältig. Er gibt vor, das zu tun, was er zuvor über das Unterzeichnen sagt, nämlich den Text ‚jetzt und hier' zu unterschreiben und zwar in einer Form, die reproduzierbar sein muss, um zu funktionieren. Zudem muss sie sich vom aktuellen, d.h. präsenten Kontext lösen können, unter der sie gegeben wurde, was zutrifft. Ob der Text ‚jetzt und hier' unterschrieben wurde, kann der Text selbst nur sagen aber nicht zeigen. Die Unterschrift könnte später durch Namensstempel erfolgt oder gar eine Fälschung sein. Das „Ich", das hier spricht, ist eben der Körper Derridas nicht mehr, sondern ein typographischer Textkörper, in den ein Bild einmontiert werden musste.

Literatur im Zeitalter neuer Medien entsteht infrastrukturell als technisches Vergessen der Handschrift einerseits und dessen gespenstischer Wiederkehr andererseits. Nicht umsonst war eines der zentralen Themen Derridas das Gespenstische auch des Kapitalismus, der scheinbar aus dem Nichts Werte schöpfen kann. Nach einer geläufigen Formel Marshall McLuhans haben wir seit dem Buchdruck ein *Auge für ein Ohr*[45] und erneuern so die Arbeitsbedingungen der Literatur im weitesten Sinne von Grund auf. Das bedeutet nicht bloß eine neue Poetik, die im Übergang von Geschriebenem zu Gedrucktem oder Getipptem zu begründen ist. Für den Dichter Francis Ponge, der längst nicht

44 Vgl. Derrida (1997): Punktierungen – die Zeit der These, in: Einsätze des Denkens. Zur Philosophie von Jacques Derrida. Hg. v. Hans-Dieter Gondek u. Bernhard Waldenfels. Frankfurt a.M. S. 19–40.

45 Vgl. McLuhan (1964), S. 133. Was erst möglich macht, dass dieses ‚Ohr' in allen Spielarten sekundärer Oralität wiederkehrt.

als einziger ein Gedicht unterschreibt, ist längst geklärt, dass Literatur „immer seltener als Manuskript unsere Augen passiert. / Die Begriffe Literatur und Typographie decken sich heute praktisch [...] / Die Grundlage unserer Arbeit liegt an diesem Punkt, viel mehr als es uns bewußt ist."[46]

Zudem bekommt man es mit dem Buchdruck mit einem höchst heterogenen Übertragen, Überschreiben und Löschen eigenhändiger Schrift zu tun, was in der Romantik bereits erzählt und qua Signaturenlehre philosophisch reflektiert wird. Das gilt vor allem für die Namen von Autor oder Herausgeber, die topographisch wie paratextuell zumeist über, seltener unter dem Text zu finden sind. Damit „ich" aber überhaupt als Autor fungieren kann, muss es eine ganze Kette von Substitutionen und Rekursionen geben, die aus mir machen, was „ich" (nicht nur rechtlich) gewesen sein wird.[47] Vom Melderegister bis zum Verlagsvertrag habe „ich" beständig gezeichnet und bin erst so in die Lage gekommen, als Autor, mit dem Urheberrecht im Rücken, immer wieder gegenzeichnen zu können. All das hängt am Rest dieser Spur, sie findet nicht hier, sondern immer schon *woanders* statt, was dazu zwingt, die Frage der Signatur mit einer Theorie der Adressierung zu verbinden.

Die Frage „Wo (Où)?" die für den Leser offenkundig ist („Là"), stellt sich als *tricky* heraus. Denn es handelt sich um mehrere Signaturen, was im Französischen ja immer das ganze Wortfeld abgedeckt. Wir haben die eigenhändige Unterschrift, die Paraphe „J.D." in der Klammer der Anmerkung und den Namen, ohne ausgeschriebenen Vornamen, unter der Unterschrift. Die Frage nach dem „Wo?" verweist immer schon auf Verkettung, Verknappung und Zerstückelung des Eigennamens, also darauf, dass er nur als Text funktioniert und nicht als ein Rest des Daseins, von dem aus man den Geist des Autors wiederherstellen könnte. Aber auch topographisch steht die Unterschrift ja nur halb unter dem Text oben, denn er steht ebenso neben der Kolumne mit der Anmerkung. Am Ende ist dieser Text zudem ein Spaltentext, eine Anordnung, die Derrida neben Arno Schmidt in *Glas* zur Meisterschaft führt.

---

46 Ponge (1961): Die literarische Praxis, S. 7.

47 Vgl. Felix Philipp Ingold (1989): „Der Autor im Text (Zur Signatur des Werks)", in ders.: Im Namen des Autors. Arbeiten für die Kunst und Literatur. München 2004. S. 299–375.

Die Frage nach dem „Wo (Où)?" stellt sich nicht zufällig, denn wenn Signaturen wie Unterschriften nur als mehrdimensionale Verkettung funktionieren, die man Text nennt und wenn die Verweise ihrer ‚Namen' genauso im institutionellen Epitext, d.h. in institutionellen Diskursen (hier die *l'Association des sociétés de philosophie de langue française*), aber ebenso in Literatur oder Philosophie ‚funktionieren' können, dann bestätigt das jene einfache Logik, die Derrida dem Unterschreiben unterstellt.

Die Frage nach dem „Wo (Où)?", ist aber nicht die Frage nach dem Wie! Diese Frage stellt sich jedoch ‚naturgemäß' ein. Was geschieht eigentlich mit dem Namen und den Unterschriften Derridas in seinen Texten? In dem Derrida zugewandten Widmungstext *Insister*, ein Memorandum, das Hélène Cixous nach dessen Tod schreibt, stellt sie fest, dass im kalten Herzen der Dekonstruktion beinahe nichts anderes als die Signatur herrscht:

> Eine Signatur, ein Wort, dem du den Vorzug gibst, das du entwurzelst wieder einpflanzt, kreiseln lässt, mehr wert sein lässt, über Wert sein lässt, von einem Tag zum andern Text, das du plagst, das sich erwartet, daß du lügst, das du lügen machst, das dich lügen macht, plagen lügen, durchdrehen verwirren verwiddern, du wirst nie aufgehört haben zu heuten, man braucht dich nur zu lesen sage ich mir und augenblicklich heutest du mit deinem ewigen Schalk, du hast stets jeden Streich pariert, die Abwesenheit als andere Anwesenheit und Gegenwart, die Gegenwart als andere Abwesenheit, ich brauche dich nur wiederzulesen und du bist hier.[48]

Und Cixous hat vollkommen recht: Derrida betreibt mit seinen Namen ein paradoxes Spiel, bei dem er in seinen Texten, und dies könnte alles immer in Anführungszeichen stehen, diese Namen in Stücke reißt und das alles unter seinem Autorennamen, der die Titel seiner Bücher signiert, die nicht mehr die Einheit eines Buches darstellen.

Ganz anders als Kierkegaard, der beständig Pseudonyme erfindet, um den Sprung zur nackten Existenz vor Gott möglich zu machen, den man eben weder erdenken noch wollen kann und Nietzsche, der alle Namen der Geschichte annehmen will, um durch den Namen *Dionysos* seinen eigenen erst möglich

48 Hélène Cixous (2006): Insister. An Jacques Derrida. Übers. v. Esther von der Osten. Wien 2014. S. 38f.

zu machen, unterschreibt er im eigenen Namen. Aber zugleich enteignet er jenen durch beständige Streuung und durch Verknappung, Anagramm oder Namensverstecke. Namen muss man im Plural schreiben, denn auch Derrida hat, wie Benjamin, zunächst einen geheimen Namen erhalten: Elija.[49]

Über die differenzielle Zerstückelung des Eigennamens könnte man sich unendlich Gedanken machen, auch wie Derrida seine Initialen „J.D." in „*déjà*" wiederfindet, jenes „immer schon", das als Nachträglichkeit strukturell jeden Ursprung verunmöglicht. Aber am Ende möchte ich ganz bescheiden danach fragen, wie die eigenhändige Unterschrift dabei im Spiel ist. Wir haben an der Unterschrift aus *Signatur Ereignis Kontext* bereits gesehen, wie sie dort eben keinen präferierten Platz unterhalb des Dokuments bekommen hat, wodurch sich das Dokument, die Urkunde, der Text überhaupt schließen, abschließen könnte. Dass der Text sich nicht schließen darf, ist das Begehren von „*déjà*".

Ob Schreibakte genauso behandelt werden können wie Sprechakte, und was hier systematisch primär ist, darüber wird sich Jacques Derrida mit John Searle trefflich zu streiten wissen.[50] „Ich unterschreibe das", dieser Sprechakt ist selbst zur Phrase dafür geworden, einem Argument zuzustimmen, es zu ‚signieren' und so überhaupt erst in Kraft zu setzen. Wie bei der Unterschrift, geht es darum, zu schließen, einen Sachverhalt oder Vertrag abzuschließen. *Signieren* im übertragenen Sinne, wenn man überhaupt noch von einer Metapher sprechen kann, ist also nicht nur ein Schreibakt, der vom Autogramm bis zur Unterschrift auf Personalausweisen reicht, sondern eine diskursive Praxis, die Einverständnis kundgibt und in Kraft setzt, eine spezifische Weise „ja" zu sagen und sei es lautlos ‚im Geiste'.

---

49 Vgl. Amy Ziering Kofman u. Kirby Dick (2000): Derrida. Jane Does Films 2000. Vgl. Gideon Ofrat (1998): The Jewish Derrida. Übers. v. Peretz Kidron. New York 2001. S. 20. Und hier beginnt schon die um- und abwegige Geschichte dieser Autobiographie eines Marran, mit dem Derrida sich zeitlebens identifizierte und die beständig um den Namen der Mutter kreist, der selbst eine topographische Semantik hat: *Geo*. Als Mitglied einer jüdischen Minderheit in Algerien, wird er nach Frankreich einreisen und ‚seinen' Namen mit einer Arche in dieses Land transportieren, um ihn später durch sein Werk weltweit zu vervielfältigen. Vgl. Derrida (1991): Zirkumfession. In: Jacques Derrida. Ein Portrait von Geoffrey Bennington und Jacques Derrida. Übers. v. Stefan Lorenzer. Frankfurt a.M. 1994. S. 11–323. Zu *Geo* vgl. Risthaus (2009a): „*Geo*, Derridas Mutter", in: Figuren der Absenz. Hg. v. Peter Krilles [u.a.]. Berlin. S. 159–173.

50 Analytisch dargestellt von: Eckard Rolf (2009): Der andere Austin. Zur Rekonstruktion performativer Äußerungen – von Searle über Derrida zu Cavell und darüber hinaus. Bielefeld.

Das Verhältnis zwischen diesem Sprech- und Schreibakt ist nicht zufällig Hauptproblem der Sprechakttheorie geworden, die in allen Äußerungen nicht allein den Unterschied von konstativen und performativen Sprechakten rekonstruieren, sondern auch die als sekundär oder parasitär beschriebenen Schreib- auf präsentische Sprechakte zurückführen möchte. Auch John L. Austin kennt als Beispiel eine Unterschrift, die in der deutschen Übersetzung nur noch komisch wirkt: Für ihn können nur Personen eine Handlung vollziehen und letztlich tun sie das, indem sie auf irgendeine Art und Weise „ich" sagen, also im sprachlichen Register die erste Person Singular aktiv die Handlung begleitet, so wie das „Ich" bei Kant alles Denken muss begleiten können. Kaum zufällig scheint es daher zu sein, dass am Beispiel der Unterschrift der *Polemos* zwischen Analytischer und Kontinentaler Philosophie und der zwischen Hermeneutik und Dekonstruktion ausgetragen wird. Vielleicht hat diese Arbeit dazu beigetragen zu zeigen, warum es gerade dieses Beispiel gewesen ist. Dass es dabei um eine Logik der Anführungszeichen geht, die Unterschriften in Kraft setzt oder eben als sekundäres, abgeleitetes Zitat behandelt, konnte man schon von Karl May lernen. Derrida übergibt nicht nur seinen Namen der Dissemination, der annähernd synonym wird mit Zitierbarkeit und Iterierbarkeit überhaupt, sondern er wird auch beständig seine eigenhändige Unterschrift zitieren.[51] Und selbstverständlich kann man noch den didaktischen Ausführungen folgen, die, vom Autor selbst autorisiert, wiederum ein in der analytischen Philosophie sozialisierter Philosoph gibt und unter denen als Subtext Derridas Autobiographie sich fortschreibt. Hier ist zu lesen:

> Der ganz und gar signierte, dem Unterzeichnenden vollkommen zu eigene von ihm angeeignete Text wäre kein Text. [...] Genauer gesprochen: ist eine Signatur nichts als das Gedächtnis und das Versprechen einer Gegenzeichnung, so ist auch keine vor der Unterzeichnung oder Gegenzeichnung des anderen schon wirklich vollbracht.[52]

Wer zuletzt gegenzeichnet, bleibt ungewiss. Wie reizvoll aber wäre es, genau das zu tun, was Derrida beständig vermeidet,

---

51 Vgl. Derrida (1972): „Limited Inc a b c", in ders.: Limited Inc. Übers. v. Werner Rappl u. Dagmar Travner, hg. v. Peter Engelmann. Wien 2001. S. 53–161, hier: S. 60.

52 Geoffrey Bennington u. Jacques Derrida (1991): Jacques Derrida. Ein Portrait. Übers. v. Stefan Lorenzer. Frankfurt a.M. 1994. S. 172.

nämlich dessen eigenhändige Unterschrift[53] zu lesen.[54] Für ihn ist sie Teil der atopischen Verkettung, die potentiell immer woanders situiert und aktualisiert werden könnte, auch als andere Form oder Format und eben anderes Zeichen. Aber auch hier sind einem die Waffen aus der Hand genommen, weder Graphologie noch Diskursanalyse werden von großer Hilfe sein. Aber wenn Sagen nicht weiterhilft, kann man es, so Wittgenstein, noch mit dem Zeigen versuchen:

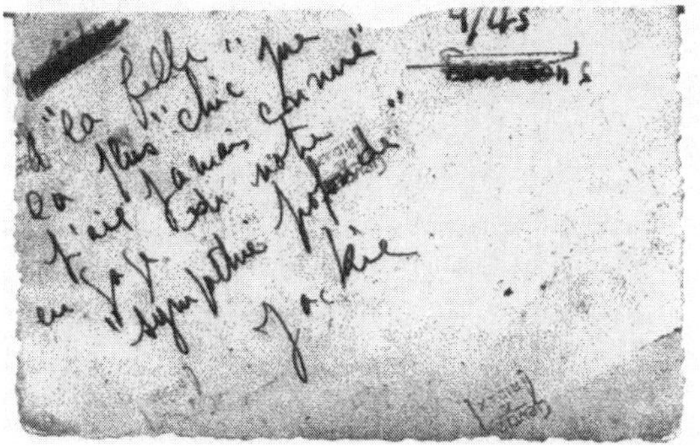

Abb. 118 Unterschrift Derridas im Alter von 15 Jahren auf der Rückseite eines Fotos

Abb. 119 Initialen von Derrida in einer Zeichnung von André Masson

53 Abb. findet sich in: Benoît Peeters (2010): Derrida. Eine Biographie. Übers. v. Horst Brühmann. Berlin 2013. Vgl. Bildteil nach S. 320, Nr. 12. Die Vorderseite zeigt den jungen Derrida mit einem Bogen auf den Fotografen zielend. Das Bild ist einer Freundin gewidmet.

54 Ein guter Ausgangspunkt wäre der kurze Text von: Stefan Münker, Alexander Roesler: „Signatur, Stempel, Lesbarkeit. Ein Brief von Derrida", in: „Drehmomente". Philosophische Reflexionen für Sybille Krämer. Hg. v. Werner Kogge [u.a]. http://www.cms.fu-berlin.de/geisteswissenschaften/v/drehmomente/content/4-Muenker_Roesler/Drehmomente_MuenkerRoesler.pdf [letzter Abruf 31.05.2023].

Welch Unterschied besteht zwischen dem ‚verknallten' *Jackie* und jener Unterschrift Derridas, mit der er gleich die ganze abendländische Philosophie dekonstruiert? Wer auf die obige Grafik von André Masson[55] schaut, wird vieles wiederfinden, was er hier gesehen und gelesen hat. Merkwürdige Zeichen, die den Merowingern entstammen könnten, treffen auf die Initialen und den Namen Derridas. Aber vor allem steckt hier wieder der Teufel im Detail, der sich oben in das D einschleicht.

Dichten und Träumen

Für Dichter und Autoren literarischer Werke, eröffnet sich eine konstitutive Paradoxie: Einerseits liegt im Schreiben ihre je eigene Individualität, trägt der Text ihre Signatur.[56] Andererseits unterschreiben sie ihren Text und nehmen damit Teil an einer Gemeinschaft (von Dichtern und Autoren), schreiben sich ein in eine gar nicht so fiktionale Genealogie. Und das selbst, wenn sie in anderem Namen unterschreiben oder ganz darauf verzichten oder die Geschichte selbst ihren Namen vergessen macht. Das war schon auf den weißen Seiten *vor*strukturiert, die sie in ihren Text umwandeln, der schon nicht mehr der eigene ist. Auch Pseudo- und Anonyme sind Subjektpositionen für literarisch signierende Akteure. Wenn man den Eigennamen weder durch Pseudonyme zerstören, noch mit göttlicher Kraft aufladen kann, dann hilft nur noch Dichten oder Träumen. Aber auch dort herrscht die Logik der Gegenzeichnung: „Un poème je ne le signe jamais. L'autre signe. Le *je* n'est qu'à la venue de ce désir: apprendre par cœr"[57]. Aber davon können eben nur die Dichter träumen, wie Tomas Tranströmer, der sich mit der Unterschrift auch das Ende jenes Aufschubs wünscht, der alle Zeichen mit ihrer Zukunft konfrontiert:

---

55 Abb. findet sich in: Geoffrey Bennington u. Jacques Derrida (1991): Jacques Derrida. Ein Portrait. Übers. v. Stefan Lorenzer. Frankfurt a.M. 1994. S. 381.

56 Zudem schreiben sie ihre ‚Hand', vgl. Franz Josef Czernin (1997): Die Schreibhand. Zu Reinhard Priessnitz' Gedicht „heldin". Wien. Vgl. Ernst Jandl (1985): „My right hand – my writing hand – my handwriting", in: Neue Texte 16/17, hg. v. Heimrad Bäcker. Linz.

57 Derrida (1988): Was ist Dichtung? Viersprachige Ausgabe. Übers. v. Alexander Garcia Düttmann [u.a.] Berlin 1990 [keine Seitenzählung]. Übers.: „Nie unterschreibe (unterschreibt) ich ein Gedicht. Der andere unterschreibt (das andere Zeichen). Das *Ich* gibt es nur dort, wo der Wunsch aufkommt, auswendig zu lernen".

Jag måste kliva
över den mörka tröskeln.
En sal.
Det vita dokument lyser.
Med måskuggor som röm sig.
Alla vill underteckna det.

Tills ljuset hann upp mig
och vek ihop tiden.

Namenszüge

Ich muß über die dunkle
Schwelle steigen.
Ein Saal.
Das weiße Dokument leuchtet.
Mit vielen Schatten, die dich bewegen.
Alle wollen es unterzeichnen.

Bis das Licht mich einholte

Und die Zeit zusammenfaltete.[58]

*

Literatur, erst recht dort wo sie seit der Romantik als *absolut* auftritt, stellt sich als gespurte Medialität aus, rollt sich in sie ein. Und vielleicht spezifiziert das den anscheinend generalisierten Textbegriff Derridas: Literatur ist eine besondere Weise, diese Unmöglichkeit der Spur auszustellen, weder an- noch abwesend sein zu können, immer unterwegs – *lebendig*, tot. Sie ist eben kein Relais. Vielleicht gelingt es ihr, wenn auch nur in einem kurzen Augenblick, es zu sein, *das perfekte Verbrechen*.

Perfektes Verbrechen

Philosophische Reflexionen der Unterschrift sind zweifellos ein modernes Ereignis, auch wenn sie in der Postmoderne ihre Dignität erreichen. Das hat mit jenem Abschnitt unserer jüngsten Geschichte zu tun, den man vor kurzem noch das Informationszeitalter oder die Nachgeschichte genannt hat. Letztere ist spätestens in jenem Augenblick verwirklicht, wie Vilém Flusser prophezeit, wenn sich die Hand durch technische Innovationen

58 Tomas Tranströmer (2004): Das große Rätsel. Gedichte. Übers. v. Hans Grössel. München 2005. S. 263.

auf ihre Fingerspitzen reduziert und per Mausklick bloß noch Punktelemente kalkuliert: „Übrig bleiben dimensionslose Punktelemente, die weder fassbar noch vorstellbar, noch begreifbar sind – unzugänglich für Hände, Augen und Finger.“[59]

Sicherlich sind gesichtslos-digitale Signaturen Ergebnis von der Computerisierung, die mit der massenhaften Nutzung des Internets einsetzt, die aber schon in jenem Moment virulent ist, wenn sich ein User qua Code bei einem Gerät oder Programm authentifizieren muss. Dieser Text endet genau an jener Grenze, wo Eigenhändigkeit, nicht nur die der Unterschrift, entsprechenden Datenströmen Platz macht, die im Prinzip ohne Hände und Finger auskommen. Rechtssystem und Verwaltung sichern den Verkehr der Identitätszeichen, ihre Übertragung in andere Notations- oder Datenverarbeitungssysteme, aber auch auf Geräte, die in der Lage sind, immer gleiche Signets zu erzeugen, wie der Unterschriftenstempel oder die Signiermaschine. Die ewige Wiederkehr des Gleichen ist ja vor allem Sache der Bürokratie, die davon lebt, dass bestimmte Akteure massenhaft Dokumente unterzeichnen. Unterschriften nutzen dabei allerdings ebenso ab, wie ihre Signatare, der Akt überfordert ihre Möglichkeiten, insbesondere, wenn man ‚populär‘ ist. Selbst der deutsche Fußballkaiser oder die Tenniskönigin Steffi Graf waren nicht mehr in der Lage nachzulesen, was sie da alles unterschrieben hatten.[60] Potjomkin, taurischer General, verfällt darüber in große Melancholie, unterschreibt nicht mehr im eigenen Namen und auch die Pässe sind nicht mehr das, was sie einmal waren: „Die Kreditkarte und die Codenummer, das ist heute also der letzte Identitätsnachweis (*carte d'identité*) und einer der großen Ressourcen der Polizei.“[61]

59 Vilém Flusser (1985): Ins Universum der technischen Bilder. 5. Aufl., hg. v. Andreas Müller-Pohle. Göttingen 1996. S. 14. Vom „wischen“, „tippen“ und „halten“ (*wipe, tap & hold*) auf Touchpads, die zweifelsohne seine Phänomenologie des Schreibens weiter verschärft hätten, konnte er nichts mehr wissen.

60 Vgl. Hans Leyendecker, Georg Mascolo u. Klaus Ott: „WM-Affäre Beckenbauer: ‚Ich habe immer alles einfach unterschrieben‘“, in: SZ-Online, 20. November 2015 u. „‚Das ist nicht von mir‘“, in: Der Spiegel 42/1995. S. 282–284.

61 Derrida (1997): Von der Gastfreundschaft. Mit einer ‚Einladung‘ von Anne Dufourmantelle. Übers. v. Markus Sedlaczek. Hg. v. Peter Engelmann. Wien 2001. S. 51.

Dass die Zukunft der arbeitenden und signierenden Hand nicht gesichert ist und durch Telepathie ersetzbar, gehört zu jenen Ideen, die Paul Scheerbart in seinem brillanten Zukunftsroman vorerinnert. Seine gummiartigen Wesen, die zugleich dynamische Mikro- wie Teleskope sind, erfinden sich Maschinen, weil die Arbeit an der Umwandlung ihres Sterns in repräsentative Glasarchitektur einfach zu hart ist: „Eine gedankliche Tätigkeit trat allmählich überall an die Stelle der handlichen."[62] Scheerbart hat mit dem Roman jenen Transparenztraum geträumt, der laut Manfred Schneider beständig das Denken fasziniert und in der Moderne ihren Höhepunkt in den Utopien Charles Fouriers und eben auch in dem Glasstern Scheerbarts erreicht.[63] Beinahe nichts ist seiner Aufmerksamkeit entgangen, außer vielleicht diese Szene aus Fritz Langs Film *Das Testament des Dr. Mabuse*, aus dem Jahr 1933:

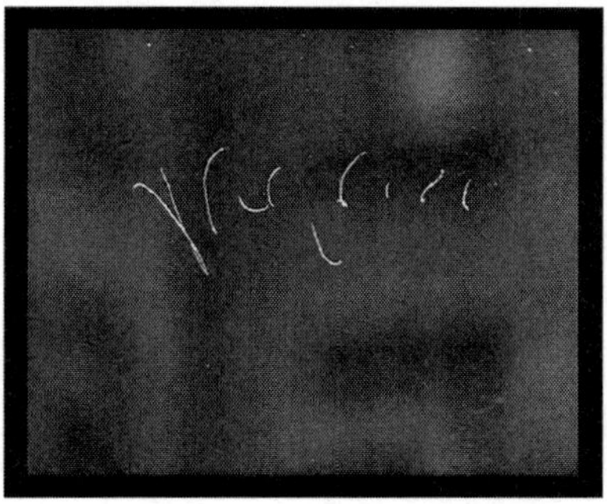

Abb. 120
Die Spur des Namens von
Dr. Mabuse auf einer Scheibe, 1933

Dr. Mabuse, der in der Irrenanstalt sitzt und sein Testament mörderischer Taten verfasst, die außerhalb der Mauern tatsächlich geschehen, hinterlässt mit einem Siegelring Kratzer auf einem Fenster, die der Kommissar zu entdecken und entschlüsseln vermag. Solange es „Reste des menschlichen Daseins" gibt, seine Spuren lesbar, gilt es den Täter zu finden oder einen ursprünglichen Sinn herzustellen, der vor aller Entäußerung

62 Paul Scheerbart (1913): Lesabéndio. Ein Asteroiden-Roman. Frankfurt a.M. 1986. S. 116. Vgl. Scheerbart (1914): Glasarchitektur. Hamburg 2011.

63 Vgl. Manfred Schneider (2013): Transparenztraum. Literatur, Politik, Medien und das Unmögliche. Berlin 2013. S. 199–208.

und Kommunikation der Subjekte liegt. Es ist eine außerordentlich moderne Idee, keine Spuren zu hinterlassen, sie sämtlich zu verwischen: Wer auf Glas unterschreibt, könnte unsichtbar werden, aber selbst diese Matrize ist nicht transparent genug. Es gehört deshalb nicht allein zum Jägerwissen, keine Spuren zu hinterlassen. Die moderne Idee hat damit zu tun, sie gleich alle zu verwischen: So hatte es zumindest Bertold Brecht in seinem berühmten Gedicht den modernen Städtebewohnern anempfohlen, wo es heißt:

Lesebuch für Städtebewohner

I

Verwisch die Spuren!
Wenn du deinen Eltern begegnest in der Stadt Hamburg oder sonstwo
Gehe an ihnen fremd vorbei, biege um die Ecke, erkenne sie nicht
Zieh den Hut ins Gesicht, den sie dir schenkten
Zeige, o zeige dein Gesicht nicht
Sondern
Verwisch die Spuren!

Iß das Fleische, das da ist! Spare nicht!
Gehe in jedes Haus, wenn es regnet, und setze dich auf jeden Stuhl, der da
Ist
Aber bleibe nicht sitzen! Und vergiß deinen Hut nicht!
Ich sage dir:
Verwisch die Spuren!

Was immer du sagst, sag es nicht zweimal
Findest du deinen Gedanken bei einem andern: verleugne ihn.
Wer seine Unterschrift nicht gegeben hat, wer kein Bild hinterließ
Wer nicht dabei war, wer nichts gesagt hat
Wie soll der zu fassen sein!
Verwisch die Spuren!
Sorge, wenn du zu sterben gedenkst
Daß kein Grabmal steht und verrät, wo du liegst
Mit einer deutlichen Schrift, die dich anzeigt
Und dem Jahr deines Todes, das dich überführt!
Noch einmal:
Verwisch die Spuren!
(Das wurde mir gesagt.)

„Wer seine Unterschrift nicht gegeben hat, wer kein Bild hinterließ / Wer nicht dabei war, wer nichts gesagt hat / Wie soll der zu fassen sein! / Verwisch die Spuren!“[64]. Letztere Empfehlung offenbart die Kehrseite modernen Daseins, die in Begriffen von Polizeistaat, Disziplinar- oder Kontrollgesellschaft inzwischen ausführlich beschrieben ist. Ihr Datenhunger ist grenzenlos und wer diesen Mächten auf die Schliche kommt, fängt an zu träumen vom ‚perfekten Verbrechen‘. Letzteres ist per Definition eines, das unentdeckt bleiben muss, weil es von ihm keinerlei Spuren gibt, die zum Täter führen könnten. Es ist mithin eine „Idee“, denn unter den Bedingungen schlichter Materialität und einer Welt voller Anzeichen, kann es ein solches Verbrechen gar nicht geben.[65] Eine „Idee“ aber, was wäre sie anderes als etwas, das etwas sichtbar macht, ohne dass sie sich selbst als solche in die Welt begibt. Dort existiert nichts, was nicht der ‚Einschreibung‘ unterliegt, was eines jener Prinzipien ist, die, bei allen Unterschieden was sich wo und wie einschreibt, in diesem Band von seinen Autoren unterschrieben wird. Es ist also reizvoll dieser Idee zu folgen, um danach zu fragen, ob es doch so etwas gibt, wie das perfekte Verbrechen, das Brecht in seinem Gedicht anempfiehlt?

Lévinas, in dessen Ethik der Andere in einem bestimmten Sinne überhaupt nur als Spur erscheinen kann[66], bestätigt unseren Verdacht transversaler Ubiquität dieses Grundbegriffs, genauso wie der Spuren als entsprechende Materialitäten und kommt in seiner wegweisenden Untersuchung auf das „perfekte Verbrechen“ zu sprechen. Es lohnt sich nicht allein deshalb eine

---

64 Berthold Brecht (1926/27): „Aus dem Lesebuch für Städtebewohner“, in: Große kommentierte Berliner und Frankfurter Ausgabe. Bd. 11: Gedichte 1: Sammlungen 1918–1938. Hg. v. Werner Hecht [u.a.]. Frankfurt a.M. 1988. S. 155–177, hier: S. 155. Brechts Schachpartner Walter Benjamin teilt diese Idee und entwickelt selbst Ansätze zu einer modernen Theorie der Spur. Vgl. ders (1927–40): Das Passagen-Werk. 2 Bd., hg. v. Rolf Tiedemann. Frankfurt a.M. 1983. Bd. I, S. 299, wo er sich auf die Erzählung *Schattenlinie* von Joseph Conrad bezieht: „Zur Theorie der Spur. Die Übung wird durch die Maschinerie aus dem Produktionsprozess verdrängt. Im Prozess der Verwaltung bewirkt die gesteigerte Organisation etwas Analoges. Menschenkenntnis, wie der erfahrene Beamte sie wohl durch Übung gewinnen konnte, ist nicht länger etwas Entscheidendes.“

65 Vgl. Jean Baudrillard (1995): Das perfekte Verbrechen. Übers. v. Riek Walther. München 1996. S. 11–13. Vgl. Pamela L. Jekel (1982): The Perfect Crime and How to Commit it. Boulder.

66 Vgl. dazu Nikolaus W. Krewani (2006): Es ist nicht alles unerbittlich. Grundzüge der Philosophie von E. Lévinas. Freiburg, München. S. 332f.

länge Passage aus *Die Spur des Anderen* zu zitieren, denn sie enthält Bestimmungen, die einem Begriff der Spur angemessen sind:

> Die Spur ist nicht ein Zeichen wie jedes andere. Aber sie hat auch die Funktion eines Zeichens. Sie kann als Zeichen gelten. Der Detektiv untersucht als Zeichen alles das, was am Ort des Verbrechens auf willkürliche oder unwillkürliche Tätigkeit des Verbrechers hinweist; der Jäger ist dem Wild auf der Spur, die die Tätigkeit und die Gangart des Tieres, das er treffen möchte, verrät; im Ausgang von Spuren, die ihre Existenz hinterlassen hat, entdeckt der Historiker die alten Zivilisationen als Horizont unserer Welt. [...] In dieser Weise als Zeichen betrachtet, hat die Spur im Verhältnis zu den anderen Zeichen noch folgendes Außergewöhnliches: Ihr Bedeuten ist unabhängig von jeder Intention, ein Zeichen zu geben, und unabhängig von jedem Entwurf, dessen Intention dieses Bedeuten wäre. Wenn man bei Transaktionen „mit Scheck zahlt", damit die Zahlung eine Spur hinterlässt, so fügt sich diese Spur der Ordnung der Welt ein. Die authentische Spur dagegen stört die Ordnung der Welt. Sie ist eine Doppelbelichtung. Ihr ursprüngliches Bedeuten zeichnet sich ab in dem Abdruck dessen, der seine Spur hat auslöschen wollen, etwa in der Absicht, das perfekte Verbrechen zu begehen. Wer Spuren macht, indem er seine Spuren auslöscht, hat mit den Spuren, die er hinterlassen hat, nichts sagen oder tun wollen. Er hat die Ordnung auf irreparable Weise gestört. Er ist absolut vorbeigegangen. *Sein* auf diese Weise des *Eine-Spur-Hinterlassens* ist Vorbeigehen, Aufbrechen, Sich-Absolvieren.[67]

Neben ihrer philosophischen Relevanz, daran besteht kein Zweifel, sind Spuren vor allem Sache der Polizei. Jeder kennt die *Spurensicherung* aus dem *Tatort* am Sonntagabend, oder aus dem äußerst populären Genre des Kriminalromans.[68] Ein Tatort ist für die Polizei wiederum nichts anderes als die Akkumulation von Spuren, die erkannt, gesichert, archiviert und ausgewertet werden, um Täter zu stellen und den Gerichten zuzuführen. Fingerabdrücke lassen sich auf glattesten Gläsern sichtbar machen, Tatwerkzeuge in Tüten verpacken, Haare und noch

---

67 Emmanuel Lévinas (1963): „Die Spur des Anderen", in ders.: Die Spur des Anderen. Untersuchungen zur Phänomenologie und Sozialphilosophie. Übers. u. hg. v. Nikolaus Krewani. München 1998. S. 209–236, hier: S. 230f. Vgl. auch ders. (1976): Eigennamen. Meditationen über Sprache und Literatur. Übers. v. Frank Miething. Textauswahl und Nachwort v. Felix Philipp Ingold. München, Wien 1988.

68 Vgl. Milos Sec: Die Spur des Täters. Methoden der Identifikation in der Kriminalistik (1879–1933). Baden-Baden 2002.

erheblich kleinere und nicht immer angenehme Körperspuren[69] sammeln, um eine DNA-Probe derjenigen anzufertigen, die vielleicht am Tatort gewesen sind, hypothetisch die Tat begangen haben könnten. Spurensicherung ist demnach eine Methode, an der sich sozusagen die ‚Geister' scheiden lassen. Am Ende erst kommt der Tatortreiniger, der inzwischen zum Serienhelden taugt, um alle übrig gebliebenen Spuren auszuputzen.[70]

In den letzten Jahren spielen immer häufiger digitale Spuren im Krimi und anderswo eine zentrale Rolle. Waren es im vergangenen Jahrhundert noch Anrufbeantworter oder eine Videokassette, die Tätern zum Verhängnis wurden, sind es jetzt digitale Aufzeichnungsmedien, angeschlossen an Festplatten, USB-Sticks, Handys, oder Internetprotokolle. Eine Abteilung der Mediengeschichte wird lesbar als jene von spezifischen Techniken und Matrizen, die Spuren aufzeichnen, oder sie auf*spürbar*, d.h. erst sichtbar, hörbar oder lesbar machen und sei es nur noch maschinell. Längst ist ihre Entdeckung nicht mehr allein Sache menschlicher Sinne oder der sie angeblich verlängernden Apparate, sondern sie sind übergegangen in subatomare Nano-Bereiche, die wiederum allein Apparaten zugänglich werden. Medien sichern dabei nicht nur Botschaften, Nachrichten oder Inhalte, sondern besonders das, was unabsichtlich vorbeigeht. Sie sind die Agenturen der Absenz. In immer mikrologischere Bereiche von Aufzeichnung und Beobachtung dringen sie ein und zeichnen dabei erheblich mehr oder anderes auf, als das, was etwas bedeutet. Ruft beispielsweise ein Entführer bei der Polizei an, um seine Geldforderung durchzugeben, sollte er aufpassen, dass im Hintergrund nicht irgendwo ein Kirchturm läutet, dessen Glocke an ihrer speziellen Klangfarbe verraten könnte, von wo aus er angerufen hat. So könnte er ahnungslos die Polizei auf seine Fährte führen. Nicht was er sagt überführt ihn, sondern das, von dem er nicht weiß, dass es sich mitschreibt. Man denke an Techniken, die es erlauben, die Stimme des Täters so weit zu zerlegen und durch akustische Filter zu schicken, dass sie im Stimmvergleich seine Identität beinahe so sicher verrät, wie ein Fingerabdruck oder DNA-Test.

---

69 Vgl. dazu Manfred Schneider (2003): „Leporellos Amt. Das Sekretariat der Sekrete", in: Europa. Kultur der Sekretäre. Hg. v. Bernhard Siegert u. Joseph Vogl. Zürich, Berlin. S. 147–163.

70 Vgl. „Der Tatortreiniger", Studio Hamburg [u.a.], NDR-Fernsehen 2011.

Auf der anderen Seite eröffnen sich immense Manipulationsmöglichkeiten. Findige Täter werden Gegenstrategien entwickeln, um Spuren zu verwischen oder gar nicht erst zu hinterlassen. Aber diese Strategie kann nur beschränkten Erfolg haben. Selbst wenn eine Spur verwischt oder gelöscht wird, hinterlässt dieser Akt oder jenes Ereignis wiederum Spuren. So wird die Spurensuche zur Beobachtung zweiter Ordnung, die sich auf die Spur solcher Spuren macht, die gelöscht wurden. Vielleicht ist es deshalb besser, massiv Spuren zu hinterlassen, wenn man ein perfektes Verbrechen begehen und in einer Kontrollgesellschaft unwahrnehmbar werden möchte. Allerdings sind es nicht allein Verbrecher, die an solch einer Überschreibung von Spuren durch andere arbeiten. Ganze Agenturen beschäftigen sich inzwischen damit, digitale Spuren zu löschen, die ihre Klienten im World-Wide-Web hinterlassen. Ein eigener Markt entsteht, der versucht den Klienten eine spurlose Sphäre und was könnte heute noch Privatheit noch anderes sein, einzurichten, wie sie Brecht anempfiehlt, allerdings häufig mit beschränktem Erfolg. Andererseits, wüssten wir etwas davon, wenn sie erfolgreich wären?

*

Mephistopheles spricht: „Du unterzeichnest Dich mit einem Tröpfchen Blut".[71] Aber Sie haben ja nicht unterschrieben, wie Faust und noch entschlossener *Peter Schlehmil*:

> […] „ich erbitte mir bloß eine Kleinigkeit zum Andenken: Sie sind nur so gut und unterschreiben mir den Zettel da." – Auf dem Pergament standen die Worte: „Kraft dieser meiner Unterschrift vermache ich dem Inhaber diese meine Seele nach ihrer natürlichen Trennung von meinem Leibe." Ich sah mit stummem Staunen die Schrift und den grauen Unbekannten abwechselnd an. – Er hatte unterdessen mit einer neu geschnittenen Feder einen Tropfen Bluts aufgefangen, der mir aus einem frischen Dornenriß auf die Hand floß, und hielt sie mir hin. – „Wer sind Sie denn, frug ich ihn endlich. – […] Ein armer Teufel, gleichsam so eine Art von Gelehrten und Physikus, der von seinen Freunden für vortreffliche Künste schlechten Dank erntet und für sich

71 Johann Wolfgang v. Goethe (1790): Faust. Eine Tragödie. In: Werke. Jubiläumsausgabe. Hg. v. Friedmar Apel [u.a.]. Frankfurt a.M. 1998. S. 62f.

selber auf Erden keinen anderen Spaß hat als ein bisschen Experimentieren – aber unterschreiben Sie doch. Rechts, da unten: Peter Schlehmil.“ Ich schüttelte den Kopf und sagte: „Verzeihen Sie, mein Herr, das unterschreibe ich nicht.“ – „Nicht?“ wiederholte er verwundert, „und warum nicht?“ „Es scheint mir doch gewissermaßen bedenklich, meine Seele an meinen Schatten zu setzen.“[72]

....

72 Albert von Chamisso (1814): Peter Schlehmils wundersame Geschichte. Stuttgart 1993. S. 48.

Peroratio

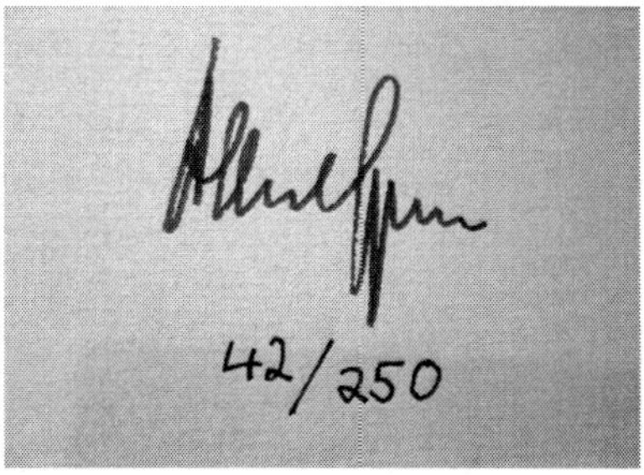

Abb. 121
Unterschrift von
Albert Speer Senior

> Es hat nie jemand zu Ihnen gesagt, dass Sie der Sohn eines Kriegsverbrechers sind? Albert Speer junior – das ist fast so dramatisch wie Adolf Hitler junior. Ihr Bruder Arnold wurde sogar auf den Namen Adolf getauft. Das wurde erst später geändert. Sie müssen doch unter Ihrem Namen gelitten haben. Selten. Und umgekehrt? Haben Sie vielleicht sogar profitiert davon? Garantiert nicht. Aber sicher war es wichtig für mich, dass ich mich immer von meinem Vater emanzipieren wollte, ja musste. Zum Beispiel die Sache mit der Unterschrift. Mein Vater hatte eine prägnante Unterschrift, mit sehr spitzem, großem A. Meine Unterschrift ist das bewusste Gegenstück.[1]

Unterschreiben: Unter ein Dokument setze ich, setzt ein „Ich" – eigenhändig – seinen Namen. Etwas gilt, auch ohne später noch meine persönliche Anwesenheit zu erfordern, repräsentiert mich zukünftig. Gehört dieser Name, den ich gerade geschrieben habe, mir? Ein Blick ins Telefonbuch genügt, um festzustellen, dass es meinen Namen, Vor- und Nach-, noch einmal gibt. Und könnte es ihn nicht zweimal geben, gäbe es ihn gar nicht. Wie Ullrich im *Mann ohne Eigenschaften* treffend zu General Stumm sagt: „Was etwas gelten soll und einen Namen tragen, das muß sich wiederholen lassen, muß in vielen Exemplaren vorhanden sein […]".[2] Dieser Name wird stets geteilte Einzigartigkeit bleiben, die eine Garantie durch einen Dritten verlangt, der mein Bild im Spiegel gegenzeichnet.

1 Albert Speer (jun.): „Über Größe", in: SZ Nr. 99, 30. April, 1. /2. Mai 2010, Seite V1/8.
2 Robert Musil (1930/32): Der Mann ohne Eigenschaften. Hg. v. Adolf Frisé. Reinbek bei Hamburg 1992. S. 377.

© BRILL FINK, 2023 | DOI:10.30965/9783846766354_014

Meine Unterschrift ist von eigener Hand, hier und jetzt geleistet, genau datiert, weitgehend zeitresistenter Hüter meines Namens, Rechtskraft auch jenseits meines Lebens. Es hat eine Präsenz gegeben, im Akt des Unterschreibens, nachträglich und sie markiert das *je* eigene des Signatars. Absenz dagegen bedeutet, dass meine Abwesenheit in der *eigen*händigen Unterschrift nicht vollständig kontrolliert und wiederangeeignet werden kann. In jeder Unterschrift bleibt auch eine Spur zurück, hoffend auf ein nächstes Mal und sei es als ihre Imitation oder Reproduktion. Unterschriften entwickeln Eigenleben, tauchen ein in bürokratische Prozesse, verenden in Archiven, werden gelesen, gedeutet, bewundert, fetischisiert. Dort arbeitet jedoch noch etwas anderes. „Ich" habe mich von mir verabschiedet, unter einem Vertrag, auf dem Papier verewigt, ohne selbst körperlich unversehrt – ewig – bleiben zu können. Ohne dass es mich als meinen Körper oder Geist noch gibt, kann mein Wille fortwirken, mein Eigentum transferiert oder vererbt werden. Unterschreiben hat seine eigene Kraft und der Tod schließt längst nicht alle Akten. Wenn die Unterschrift eine *Ver*körperung von mir ist, meint das Präfix nicht die Entstehung zum Körperlichen, sondern seine Zerstücklung und Zerstreuung durch diese Spur.

Aber wie lernt man überhaupt zu unterschreiben? Und wann haben wir eine *eigene* Unterschrift, die sich von der Reproduktion einer verordneten Schrift unterscheidet? Vor jeder Alphabetisierung steht die Krakelei[3]: *Krakeln, sudeln, kritzeln* und *klecksen, Hand- und Fußabdrücke*, welch wunderbare Familie voralphabetischer *écriture*. Die Hand gibt sich dem Malen hin, lange bevor sie alphabetischen Code schreibt. Das ist, was die Kinder tun, zwischen ‚Mutter' Sprache und ‚Vater' Staat. Wer dazu nicht in der Lage ist, so wie mein Tischnachbar in der Grundschule, muss auf die ‚Sonderschule' gehen, von Staats wegen.

Schreiben zu erlernen bedeutet einer Norm zu folgen, die Krakelei durch alphabetischen Code zu beenden. Der lange Arm des Staates lenkt dabei die Hände der Schüler, spätestens seit Einführung der allgemeinen Schulpflicht, um aus krakelnden

3 Vgl. Lacan (1971): „Die Bedeutung des Phallus", in: Schriften II. 3., korrigierte Aufl., ausgewählt u. hg. v. Norbert Haas. Übers. v. Chantal Creusot [u.a.]. Weinheim u. Berlin 1991. S. 119–133, hier: S. 126. S. 86: „Der Sinn ist eine kleine, auf dieses Objekt *a*, zu dem Sie ihre je besondere Bindung haben, daraufgesetzte Kleckserei."

Malern staatlich geprüfte Schüler und später Beamte zu machen. In unseren Grundschulen sind es die sogenannten Ausgangsschriften, die wir als Kinder lernen. Schreibfibel und Tafel führen zur geschwungenen Schreibschrift, manchmal versehen mit Häkchen, um die Anschlüsse zwischen den Buchstaben leichter herzustellen. Heute scheint diese Schreibschrift abhanden zu kommen, gelöscht oder absorbiert von Handy- oder Computertastaturen, was sofort jene Kulturkritiker auf den Plan ruft, die in den eigenhändigen Zügen moralisch untadelige und entsprechend bildbare Charaktere vermuten, allesamt in Druck und Digitalisierung untergehend.

Eigenhändige Unterschriften deformieren die erlernte Handschrift, die selbst wiederum Abweichung einer normierten Ausgangsschrift ist und tendieren am Ende nicht selten genug zu unlesbarem *Gekrakel*. Was zuvor etwas war, das Kinder tun, machen jetzt Ärzte und Beamte, veredeln mit einer Krakelei ihre eigenhändige Unterschrift und legen dabei offen, dass es eine grundsätzliche „Kakographie in der Schrift"[4] gibt. Individualität heißt, eine sich durch Übung – buchstäblich Stilübung – anzueignende Abweichung in Schwung, Zug oder Paraphe, die Geburt der Signatur und der ‚Person' aus dem Geist doppelter Devianz.[5] Einer Abweichung zudem, die ein Gesetz befohlen hat. Um diesen Zug zu finden, kehrt häufig die Krakelei einen kurzen Augenblick zurück, um wiederum zur Schrift zu werden, die paradoxerweise das einzigartigste Zeichen – das nicht einfach gefälscht oder kopiert werden könnte – beständig wiederholen soll. Andererseits dürfen diese Schwünge und Züge nicht in die gegenüber dem alphabetischen Code indifferente Krakelei zurückfallen und das ABC oder den Namen ganz auflösen. Mannigfache Erfahrungen in Apotheken bezeugen aber das Gegenteil. Wie viel von einem Namen erkennbar sein muss, um als Unterschrift und nicht als Handzeichen oder keins von beiden zu gelten, hat die Rechtsprechung beständig beschäftig. Wir zitieren aus einem Beschluss des Bundesgerichtshofs, aus dem Jahr 1986:

4 Vgl. Serres (1968): Hermes I: Kommunikation. Übers. v. Michael Bischoff. Hg. v. Günther Rösch. Berlin 1991 S. 52.

5 Ebd. S. 28: „Die Abweichung gehört zur Sache selbst, und vielleicht bringt sie diese erst hervor."

> Da die Unterschrift lediglich sicherstellen soll, daß das Schriftstück auch vom Unterzeichner stammt, reicht es aus, daß ein die Identität des Unterschreibenden ausreichend kennzeichnender, individuell gestalteter Namenszug vorliegt, der die Absicht einer vollen Unterschrift (nicht nur einer Paraphe oder eines Handzeichens) erkennen lässt, selbst wenn er nur flüchtig geschrieben worden ist.[6]

Was hier geschrieben steht, bringt die Signatare in eine genealogische, zumeist paternale Linie, zumindest wenn mit dem Nachnamen signiert wird. Unterschreiben ist eine genealogische Kulturtechnik: Väter und Söhne tragen häufig gleiche Namen, oder zudem die Vornamen ihrer Großväter. Warum eigentlich? Welche Identifizierung ist dabei im Spiel, was schreibt sich fort?

Auf der einen Seite schließt jede Unterschrift eine Identität ab: „Das bin ich!"[7] Solange ich unterschreiben kann, gehöre ich zu diesem Namen, dieser Spur. In der genealogischen Vertikale trägt die Signatur den familiären Namen fort, etwas, dass weit über meine körperliche Identität und die der Vätersväter hinausweist. Es verschwindet erst langsam, wenn in diesem Namen nichts mehr gezeichnet, er durch andere überschrieben oder ausgelöscht wird. Selbst dann aber, bleibt ein Rest. Sollte ich jemand anderes oder Andere im Plural werden, benötige ich eine neue Unterschrift, die den Bruch mit dieser Genealogie markiert und die mich in eine neue einschreibt. Wenn wir von einer literarischen Kulturtechnik sprechen, so meinen wir den vorgezeichneten Akt einer Unterschrift, die sich dennoch eine neue Linie, vielleicht sogar Irrlinie[8] erfindet, ihren Willen woanders beurkunden will, als Gesetz und Realitätsprinzip glauben machen wollen. Das kann – vielleicht – überhaupt nur die Literatur; hier liegt ihre eigenwillige Eigenhändigkeit.

Schwer ist es, sich daran zu erinnern, wie man zur eigenen Unterschrift gekommen ist. Zumeist schreiben wir den Namen

---

6 BGH, 09.11.1988 – I ZR 149/87, NJW 1987, 1333, 1334.

7 Und damit auch die Internalisierung des Spiegelstadiums. Vgl. Barthes (1975): Über mich selbst. Übers. v. Jürgen Hoch. München 1978. S. 25.

8 Eine Linie, die gegen alle Widerstände ihre Singularität wahrt, so wie es nur ‚verrückte Kinder' können, die nichts als Arabesken in den Sand zeichnen. Vgl. die Experimente mit Autisten von Fernand Deligny (1972): Irrlinien. Chronik eines Versuchs. Übers. v. Ronald Voullié. Ostheim / Röhn 2002. S. 24: „Ich kann gar nicht von diesen Händen loskommen, die ihnen wachsen, diesen verrückten Kindern." Wenn es eine Nulllinie des Unterschreibens gibt, dann hier.

der Väter weiter, ohne etwas zu erfinden. Manchmal verirrt sich ein selbst eingefügter Großbuchstabe zwischen Vor- und Nachname, der nicht im Ausweis steht, um einen anderen Namen anzudeuten. Oder gerade dieser Name oder sein Anfangsbuchstabe wird zeitweise gelöscht, wie es bei Friedrich A. Kittler der Fall war. Denn was, wenn der Name des Vaters zum Geschichtszeichen geworden ist? *Adolf* heißt heute kein Kind mehr.[9] Und wenn man den Namen eines Kriegsverbrechers trägt, könnte man ihn standesamtlich ersetzen, loswerden.

*

Albert Speer Junior behauptet, dass er unter dem Namen des Vaters selten gelitten und schon gar nicht von ihm profitiert habe. Er hat sich nicht umbenannt, nicht versucht, diese Spur zu löschen, – *alias*.[10] Dennoch arbeitet der Name, die Unterschrift des Vaters in ihm weiter[11], was das Beispiel seiner Unterschrift zeigt. Er tauscht das große erigierte ***A*** gegen ein kleines (***a***). Als bewusstes Gegenstück markiert es eine Art Kastration im *Namen-des-Vaters*. Wo der Phallus nicht ist, da haust nach Hegel und Freud nur der Schrecken von Medusa. Und wer das große **A** nicht aushält, entwirft vielleicht viele kleine?

9 Allerdings hatte der fatalste aller Führer selbst der Inflation seines Vornamens ein Ende machen wollen. Waren es 1934 noch 2.5 % der Bevölkerung, die den Namen Adolf trugen, sind liegt die Zahl 1944 schon im 0 pro Mille Bereich.

10 Jean Améry wird seinem ehemaligen ‚Arbeitgeber' Speer Senior 1975 einen Brief schreiben und ihm seine Unterschrift entgegenhalten, die aber nicht eigenhändig sondern maschinenschriftlich geschrieben ist. Vgl. Brief von Jean Améry an Albert Speer, Brüssel, den 6. Oktober 1975, Deutsches Literaturarchiv in Marbach (81.1796).

11 Und das auf eine ganz spezielle Weise, denn er ist ein umerzogener Linkshänder, wie er in der Radiosendung *Erlebte Geschichten* auf WDR 5 (30.12.2015) erzählt.

Literaturverzeichnis

Enzyklopädisches, Wörterbücher, Literaturgeschichten, Handbücher

Adelung, Johann (1774–1786): Grammatisch-kritisches Wörterbuch der Hochdeutschen Mundart. Wien 1811.

Bischoff, Friedrich (1990): Kunstrecht von A-Z. München.

Crystal, David (1987): Die Cambridge Enzyklopädie der Sprache. Übers. u. bearb. v. Stefan Röhrich [u.a.]. Frankfurt a.M. 1993.

Deutsche Erinnerungsorte. Hg. v. Etienne François u. Hagen Schulze. 3 Bände. München 2009 [**DE**].

Eine neue Geschichte der deutschen Literatur. Hg. v. David Wellbery [u.a.], übers. v. Christian Döring [u.a.]. Berlin 2007.

Gerlach, Hans-Henning (1997): Karl-May-Atlas. 3. Aufl., Bamberg 2009.

Graphische Symbole in mittelalterlichen Urkunden. Beiträge zu einer diplomatischen Semiotik. Hg. v. Peter Rück. Stuttgart 1996.

Grimm, Jacob u. Wilhelm: Deutsches Wörterbuch. Photomechanischer Nachdruck (1984) der Erstausgabe Leipzig, 1854–1971, 33. Bände. München 1984 [**DW**].

Großes Karl May Figurenlexikon. Hg. v. Bernhard Kosciuszko. Paderborn 1991.

Handwörterbuch des deutschen Aberglaubens. Hg. v. Hanns Bächtold-Stäubli, unter Mitwirkung v. Eduard Hoffmann-Krayer. 3. Aufl., Berlin u. New York 2000 [**HWdA**].

Handwörterbuch zur deutschen Rechtsgeschichte. Bd. I–V, Hg. v. Adalbert Erler, Ekkehard Kaufmann u. Dieter Werkmüller. Berlin 1971–98 [**HRG**].

Historisches Wörterbuch der Philosophie. Hg. v. Joachim Ritter, Karlfried Gründer u. Gottfried Gabriel. Basel 1971–2007 [**HWdP** Ausgabe Digitale Bibliothek].

Lexikon der Christlichen Ikonographie. Hg. v. Engelbert Kirschbaum. Freiburg i. Breisgau 1970 [**LCI**].

Seemännisches Wörterbuch (1973). 2. Aufl., hg. v. Wolfram Claviez. Bielefeld 1978.

Stündel, Dieter (1974): Register zu *Zettels Traum*. Eine Annäherung. München.

Tiere. Kulturwissenschaftliches Handbuch (2016). Hg. v. Roland Borgards. Stuttgart.

Wörterbuch der phänomenologischen Grundbegriffe. Unter Mitarbeit v. Klaus Ebner u. Ulrike Kadi hg. v. Helmuth Vetter. Hamburg 2004 [**WPG**].

Literatur, Philosophie

Adorno, Theodor W. (1933): Kierkegaard. Konstruktion des Ästhetischen. Gesammelte Schriften, hg. v. Rolf Tiedemann [u.a.], Bd. 2. Frankfurt a.M. 1998.

Adorno, Theodor W. (1951): Minima Moralia. Reflexionen aus einem beschädigten Leben, in: Gesammelte Schriften. Hg. v. Rolf Tiedemann [u.a.], Bd. 4. Frankfurt a.M. 1998.

Adorno, Theodor W. (1959): „Zur Schlussszene des Faust", in ders.: Noten zur Literatur. Gesammelte Schriften, Bd. 11. Hg. v. Rolf Tiedemann [u.a.]. Frankfurt a.M. 1997. S. 129–139.

Adorno, Theodor W. (1962–63): Philosophische Terminologie. Zur Einleitung. 2 Bd., 6. Aufl., hg. v. Rudolf zur Lippe. Frankfurt a.M. 1990.

Adorno, Theodor W. (1963): „Parataxis. Zur späten Lyrik Hölderlins", in ders.: Noten zur Literatur. Gesammelte Schriften. Hg. v. Rolf Tiedemann [u.a.], Bd. 11. Frankfurt a.M. 1998. S. 447–495.

Adorno, Theodor W. (1965): „Nachwort", in: Walter Benjamin (1936): Deutsche Menschen. Eine Folge von Briefen. Frankfurt a.M. 1972. S. 90–96.

Adorno, Theodor W. u. Benjamin, Walter (1928–1940): Briefwechsel. Hg. v. Henri Lonitz. Frankfurt a.M. 1994.

Adorno, Theodor W. u. Horkheimer, Max (1947): Dialektik der Aufklärung. Philosophische Fragmente, in: Gesammelte Schriften. Bd. 3. Hg. v. Rolf Tiedemann. Frankfurt a.M. 1997 [Lizenzausgabe WBG].

Adorno, Theodor W. u. Horkheimer, Max (1950–1969): Briefwechsel, in: Briefe und Briefwechsel. Hg. v. Theodor W. Adorno Archiv, Bd. IV, hg. v. Christoph Gödde u. Henri Lonitz. Frankfurt a.M. 2006.

Adorno, Theodor W. u. Mann, Thomas (1943–1955): Briefwechsel. Hg. v. Theodor W. Adorno Archiv, Bd. III, hg. v. Christoph Gödde u. Thomas Sprecher. Frankfurt a.M. 2002.

Adorno, Theodor W. u. Scholem, Gershom (1939–69): Briefwechsel. Hg. v. Asaf Angermann. Berlin 2015.

Agamben, Giorgio (1975): „Aby Warburg und die namenlose Wissenschaft", in ders.: Die Macht des Denkens. Gesammelte Essays. Übers. v. Francesca Raimondi. Frankfurt a.M. 2005. S. 139–167.

Agamben, Giorgio (2001): „Noten zur Geste", in: Mittel ohne Zweck. Übers. v. Sabine Schulz. Berlin, S. 53–62.

Agamben, Giorgio (2006): Was ist ein Dispositiv? Übers. v. Andreas Hiepko. Zürich, Berlin.

Agamben, Giorgio (2008): Signatura rerum. Zur Methode. Übers. v. Anton Schütz. Frankfurt a.M. 2009.

Althusser, Louis (1970): Ideologie und ideologische Staatsapparate. Aufsätze zur marxistischen Theorie. Übers. v. Rolf Löper [u.a.]. Hamburg, Westberlin 1977.

Arendt, Hannah (1968/71): „Walter Benjamin. Essay", in: Arendt und Benjamin. Texte, Briefe, Dokumente. Hg. v. Detlev Schöttker u. Erdmut Wizisla. Frankfurt a.M. 2006. S. 45–99.

Arendt und Benjamin (1936–40): Texte, Briefe, Dokumente. Hg. v. Detlev Schöttker u. Erdmut Wizisla. Frankfurt a.M. 2006.

Aristoteles: Über die Seele (*De anima*), in: Philosophische Schriften in sechs Bänden. Bd. 6, hg. u. übers. v. Hans Günter Zekl, nach der Übers. v. Willy Theiler, bearb. v. Horst Seidl. Hamburg 1995.

Austin, John Langshaw (1962): Zur Theorie der Sprechakte (How to do things with Words). 2. Aufl., übers. v. Eike v. Savigny. Stuttgart 1989.

Bachmann, Ingeborg (1959/60): „Über den Umgang mit Namen“, in: Werke. Hg. v. Christine Koschel. Vierter Band: Essays, Reden, Vermischte Schriften, Anhang. München 2000. S. 238–254.

Barthes, Roland (1975): Über mich selbst. Übers. v. Jürgen Hoch. München 1978.

Baudrillard, Jean (1995): Das perfekte Verbrechen. Übers. v. Rieck Walther. München 1996.

Benjamin, Walter: Gesammelte Schriften. Unter Mitwirkung von Theodor W. Adorno und Gershom Scholem, hg. von Rolf Tiedemann und Hermann Schweppenhäuser. Bände I–VII, Supplemente I–III (in 17 Bänden gebunden). Revidierte Taschenbuch-Ausgabe: Bände I–VII (in 14 Bänden gebunden). Frankfurt a.M. 1991 [im Text zitiert nach: **WBGS**].

Benjamin, Walter: Werke und Nachlaß. Kritische Gesamtausgabe. Hg. v. Christoph Gödde u. Henri Lonitz in Zusammenarbeit mit dem Walter Benjamin Archiv. Frankfurt a.M. 2008ff. [im Text zitiert nach: **WBKG**].

Benjamin, Walter (1915): „Zwei Gedichte von Friedrich Hölderlin: ‚Dichtermut‘ – ‚Blödigkeit‘“, in: **WBGS**, Bd. II, 1, S. 105–126.

Benjamin, Walter (1922): „Zur Graphologie“, in: **WBGS**, Bd. VI, hg. v. Rolf Tiedemann u. Hermann Schweppenhäuser. Frankfurt a.M. 1972. S. 185.

Benjamin, Walter (1923–25): Ursprung des deutschen Trauerspiels. Hg. v. Rolf Tiedemann. Frankfurt a.M. 1978.

Benjamin, Walter (1927–40): Das Passagen-Werk. 2 Bd., hg. v. Rolf Tiedemann. Frankfurt a.M. 1983.

Benjamin; Walter (1930–34): Über Haschisch. Novellistisches – Berichte – Materialien. Hg. v. Tillman Rexroth. Frankfurt a.M. 1972.

Benjamin, Walter (1931–32): Berliner Chronik, in: **WBGS**, Bd. VI, S. 465–519.

Benjamin, Walter (1932–38): Berliner Kindheit um neunzehnhundert. Gießener Fassung. Hg. v. Rolf Tiedemann. Frankfurt a.M. 2000.

Benjamin, Walter (1933): „Erfahrung und Armut“, in ders.: Illuminationen. Ausgewählte Schriften 1. Frankfurt a.M. 1977. S. 291–297.

Benjamin, Walter (1933a): Agesilaus Santander [Erste Fassung], in: **WBGS**, Bd. VI, 1, S. 520f.

Benjamin, Walter (1933b): Agesilaus Santander [Zweite Fassung], in: **WBGS**, Bd. VI, 1, S. 521–523.

Benjamin, Walter (1933c): Deutsche Menschen I, in: **WBGS** Bd. IV, 3, S. 945–947.

Benjamin, Walter (1936): Deutsche Menschen. Hg. v. Momme Broderson, in: **WBKG**, Bd. 10.

Benjamin, Walter (1950): Berliner Kindheit um neunzehnhundert. Fassung letzter Hand. Hg. v. Theodor W. Adorno. Frankfurt a.M. 1989.

Benjamin, Walter: „Die Unterschrift“, in: **WBGS,** Bd. IV, S. 758–759.

Benjamin, Walter u. Adorno, Gretel (1930–1940): Briefwechsel. Hg. v. Christoph Gödde u. Henri Lonitz. Frankfurt a.M. 2005.

Benjamin, Walter u. Scholem, Gershom (1933–40): Briefwechsel. Hg. v. Gershom Scholem. Frankfurt 1980.

Benjamin, Walter (1936): „Der Erzähler“, in: Erzählen. Schriften zur Theorie der Narration und zur literarischen Prosa. Ausgew. u. hg. v. Alexander Honold. Frankfurt a.M. 2007. S. 103–129.

Benjamin, Walter (1936a): Deutsche Menschen. Eine Folge von Briefen. Auswahl und Einleitungen von Detlef Holz, in: **WBKG** Bd. 10.

Benjamin, Walter (1933): „Lehre vom Ähnlichen“, in: **WBGS** Bd. II, 1. S. 204–213.

Benjamin, Walter (1936): Das Kunstwerk im Zeitalter seiner technischen Reproduzierbarkeit. Fünfte Fassung, in: **WBKG**, Bd. 16, hg. v. Burkhardt Lindner [u.a.], S. 207–256.

Benjamin, Walter (2008): Träume. Hg. v. Burkhard Lindner. Frankfurt a.M.

Bennington, Geoffrey u. Derrida, Jacques (1991): Jacques Derrida. Ein Portrait. Übers. v. Stefan Lorenzer. Frankfurt a.M. 1994.

Blanchot, Maurice (1947): „Die Literatur und das Recht auf den Tod“, in ders.: Das Neutrale. Philosophische Schriften und Fragmente. Hg. u. übers. v. Marcus Coelen. Berlin 2010. S. 47–93.

Blanchot, Maurice (1953): „Die wesentliche Einsamkeit“, in ders.: Das Neutrale. Philosophische Schriften und Fragmente. Hg. u. übers. v. Marcus Coelen. Zürich 2010. S. 93–111.

Blanchot, Maurice (1983): Nachträglich. Die Idylle. Das letzte Wort. Übers. v. Marco Gutjahr u. Jonas Hock. Zürich 2012.

Bloch, Ernst (1929): „Die Silberbüchse Winnetous. Literaturblatt der Frankfurter Zeitung, 31. März 1929“, in ders.: Erbschaft dieser Zeit. Erweiterte Ausgabe. Werkausgabe, Bd. 4., Frankfurt a.M. 1985. S. 169–173.

Bloch, Ernst (1930): „Potemkins Unterschrift“, in ders.: Spuren. Neue erweiterte Ausgabe. Frankfurt a.M. 1969.

Bloch, Ernst (1935): „Denkende Surrealismen“, in: Erbschaft dieser Zeit. Erweiterte Ausgabe. Werkausgabe, Bd. 4., Frankfurt a.M. 1985. S. 367–368.

Blumenberg, Hans (1954): „Faust – heute“, in: Schriften zur Literatur 1945–1958. Hg. v. Alexander Schmitz u. Bernd Stiegler. Berlin 2017. S. 147–163.

Blumenberg, Hans (1979): Die Lesbarkeit der Welt. Frankfurt a.M. 1981.

Blumenberg, Hans (1998): Begriffe in Geschichten. Frankfurt a.M. 1998.

Blumenberg, Hans (2012): Quellen, Ströme, Eisberge. Aus dem Nachlass hg. v. Ulrich v. Bülow u. Dorit Krusche. Frankfurt a.M.

Böhm, Wilhelm (1926): „Hölderlin als Verfasser des ‚Ältesten Systemprogramms des deutschen Idealismus‘“, in: DVjs, 4. Jg., IV. Bd., Halle / Saale. S. 339–426.

Brecht, Berthold (1930): „Aus dem Lesebuch für Städtebewohner“, in: Große kommentierte Berliner und Frankfurter Ausgabe. Bd. 11: Gedichte 1: Sammlungen 1918–1938. Hg. v. Werner Hecht [u.a.]. Frankfurt a.M. 1988. S. 155–177.

Brentano, Clemens (1817): Die mehreren Wehmüller und ungarischen Nationalgesichter. Göttingen 1998.

Canetti, Elias (1960): Masse und Macht. 29. Aufl., Frankfurt a.M. 2003.

Cervantes, Miguel de: Gespräch zwischen Cipión und Berganza, den Hunden des Auferstehungshospitals, das steht in der Stadt Valladolid, vor dem Campotore, in: Novellen. Übers. v. Konrad Thorer. Frankfurt a.M. 1997. S. 549–629.

Chamisso, Albert von (1814): Peter Schlehmils wundersame Geschichte. Stuttgart 1993.

Cixous, Hélène (2006): Insister. An Jacques Derrida. Übers. v. Esther von der Osten. Wien 2014.

Conrad, Joseph (1917): The Shadow-Line. A Confession. Hg. v. Jeremy Hawthorn. Oxford, New York 1985.

Czernin, Franz Josef (1997): Die Schreibhand. Zu Reinhard Priessnitz' Gedicht „heldin". Wien 1997.

Dante, Alighieri (1307–1321): La Commedia. Die göttliche Komödie I: Inferno / Hölle. Italienisch / Deutsch. Übers. u. kommentiert v. Hartmut Köhler. Stuttgart 2010.

Deleuze, Gilles (1964): Proust und die Zeichen. Übers. v. Henriette Beese. Berlin 1993.

Deleuze, Gilles (1990): „Das elektronische Halsband. Innenansicht der kontrollierten Gesellschaft", in: Neue Rundschau, Heft 3.

Deleuze, Gilles (1990a): „Postskriptum über die Kontrollgesellschaften", in ders.: Unterhandlungen (1972–1990), Frankfurt a.M. 1993. S. 254–262.

Deleuze, Gilles u. Guattari, Félix (1972): Anti-Ödipus. Kapitalismus und Schizophrenie I. Übers. v. Bernd Schwibs. Frankfurt a.M. 1974.

Deleuze, Gilles u. Guattari, Félix (1975): Kafka. Für eine kleine Literatur. Übers. v. Burkhart Kroeber. Frankfurt a.M. 1976.

Derrida, Jacques (1967): Grammatologie. Übers. v. Hans-Jörg Rheinberger u. Hanns Zischler. 4. Aufl., Frankfurt a.M. 1992.

Derrida, Jacques (1972): „Sporen. Die Stile Nietzsches", in: Nietzsche aus Frankreich, hg. v. Werner Hamacher. Berlin, Wien 2003. S. 183–225.

Derrida, Jacques (1972a): „Signatur Ereignis Kontext", in: Limited Inc. Übers. v. Werner Rappl u. Dagmar Travner, hg. v. Peter Engelmann. Wien 2001. S. 15–47.

Derrida, Jacques (1972b): Dissemination. Übers. v. Hans-Dieter Gondek. Hg. v. Peter Engelmann. Wien 1995.

Derrida, Jacques (1974): Glas. Übers. v. Hans Dieter Gondek u. Markus Sedlaczek. München 2006.

Derrida, Jacques (1977): „SCRIBBLE. Macht / Schreiben", in: William Warburton: Versuch über die Hieroglyphen der Ägypter. Übers. v. Peter Krumme u. Hans Zischler. Hg. v. Peter Krumme. Frankfurt a.M., Berlin 1980. S. IX–LV.

Derrida, Jacques (1980): La Carte Postale de Socrate à Freud et au-delà. Paris.

Derrida, Jacques (1980a): „Der Facteur der Wahrheit", in: Die Postkarte von Sokrates bis an Freud und jenseits. Übers. v. Hans-Joachim Metzger. 2. Lieferung. Berlin 1987. S. 183–281.

Derrida, Jacques (1982): „Otobiographien. Die Lehre Nietzsches und die Politik des Eigennamens", in ders. u. Friedrich Kittler: Nietzsche – Politik des Eigennamens. Wie man abschafft, wovon man spricht. Berlin 2000. S. 7–63.

Derrida, Jacques (1984): „Guter Wille zur Macht (I). Drei Fragen an Hans-Georg Gadamer", in: Text und Interpretation. Deutsch-französische Debatte mit Beiträgen von J. Derrida, Ph. Forget, M. Frank [u.a]. Hg. v. Philippe Forget München. S. 56–59.

Derrida, Jacques (1984): „Guter Wille zur Macht (II). Die Unterschriften interpretieren (Nietzsche, Heidegger)", in: Text und Interpretation. Deutsch-französische Debatte mit Beiträgen von J. Derrida, Ph. Forget, M. Frank [u.a]. Hg. v. Philippe Forget. München 1984. S. 62–78.

Derrida, Jacques (1987): Psyche. Erfindung des Anderen. Hg. v. Peter Engelmann. Übers. v. Markus Sedlaczek. Wien 2011.

Derrida, Jacques (1988): Was ist Dichtung? Viersprachige Ausgabe. Übers. v. Alexander Garcia Düttmann [u.a.] Berlin 1990.

Derrida, Jacques (1989): Diese seltsame Institution genannt Literatur. Derek Attridge interviewt Jacques Derrida at Laguna Beach. Übers. v. Rike Felka. Berlin 2015.

Derrida, Jacques (1989a): „‚Man muss wohl Essen' oder die Berechnung des Subjekts", in: Auslassungspunkte. Gespräche. Hg. v. Peter Engelmann, übers. v. Karin Schreiner u. Dirk Weissmann. Wien 1998. S. 267–299.

Derrida, Jacques (1990): „Die Signatur aushöhlen – eine Theorie des Parasiten", in: Eingriffe im Zeitalter der Medien. Hg. v. Hannelore Pfeil. Übers. v. Peter Krapp. Rostock 1995. S. 29–41.

Derrida, Jacques (1991): Zirkumfession. In: Jacques Derrida. Ein Portrait von Geoffrey Bennington und Jacques Derrida. Übers. v. Stefan Lorenzer. Frankfurt a.M. 1994. S. 11–323.

Derrida, Jacques (1992): „Die Fotografie als Kopie, Archiv und Signatur. Im Gespräch mit Hubertus v. Amelunxen und Michael Wetzel", in: Theorie der Fotografie IV. 1980–1995, hg. v. Hubertus Amelunxen. München 2000. S. 280–296.

Derrida, Jacques (1997): Von der Gastfreundschaft. Mit einer ‚Einladung' von Anne Dufourmantelle. Übers. v. Markus Sedlaczek. Hg. v. Peter Engelmann. Wien 2001.

Derrida, Jacques (2000): Berühren, Jean-Luc Nancy. Übers. v. Hans-Dieter Gondek. Berlin 2007.

Derrida, Jacques (2003): „Der ununterbrochene Dialog zwischen zwei Unendlichkeiten", in: Der ununterbrochene Dialog. Hg. v. Martin Gessmann. Frankfurt a.M. 2004. S. 7–51.

Derrida, Jacques (2006): Das Tier, das ich also bin. Übers. v. Markus Sedlaczek. Hg. v. Peter Engelmann. Wien 2010.

Derrida, Jacques (2008): Das Tier und der Souverän I. Seminar 2001–2002. Hg. v. Michel Lisse [u.a.]. Übers. v. Markus Sedlaczek. Wien 2015.

Dilthey, Wilhelm (1889): „Archive für Literatur", in ders.: Gesammelte Schriften, Bd. XV, 2., unveränderte Aufl., hg. v. Ulrich Hermann. Göttingen 1970. S. 1–16.

Dilthey, Wilhelm (1900): „Die Entstehung der Hermeneutik“, in ders.: Gesammelte Schriften, Bd. 5, 5. Aufl. Stuttgart, Göttingen 1968. S. 317–338.

Engels, Friedrich (1896): „Anteil der Arbeit an der Menschwerdung des Affen“, in: Dialektik der Natur. Marx u. Engels Werke, Bd. 20. Berlin (DDR) 1962. S. 444–455.

Fichte, Johann Gottlieb (1793): „Beweis der Unrechtmäßigkeit des Büchernachdrucks“, in: Fichtes Werke, 3. Abt., Bd. 3. Reprint Berlin 1971.

Fichte, Johann Gottlieb (1795): Grundlagen des Naturrechts nach Prinzipien der Wissenschaftslehre, in: Werke. Bd. III. Leipzig 1924.

Forget, Philippe (1984): „Leitfäden einer unwahrscheinlichen Debatte“, in: Text und Interpretation. Deutsch-französische Debatte mit Beiträgen von J. Derrida, Ph. Forget, M. Frank [u.a]. Hg. v. Philippe Forget. München. S. 7–24.

Frank, Manfred (1977): Das individuelle Allgemeine. Frankfurt a.M. 1985.

Frank, Manfred (1982): Der kommende Gott. Vorlesungen über die Neue Mythologie. I. Teil. Frankfurt a.M.

Frank, Manfred (1988): Gott im Exil. Vorlesungen über die Neue Mythologie. II. Teil. Frankfurt a.M.

Gautier, Théophile (1857): Avatar, in: Romane und Erzählungen. Hg. v. Dolf Oehler. Wiesbaden 2003. S. 843–899.

Goethe, Johann Wolfgang von: Werke. Hamburger Ausgabe in 14 Bänden. Textkritisch durchges. u. komm. v. Wolfgang Kayser. München 1990 [im Text zitiert nach: GHA].

Goethe, Johann Wolfgang von: Werke. Jubiläumsausgabe. Hg. v. Friedmar Apel [u.a.]. Frankfurt a.M. 1998 [im Text zitiert nach: GWJ].

Goethe, Johann Wolfgang von (1793): Götz von Berlichingen, in: GHA, Bd. 4: Dramatische Dichtungen II, hg. v. Erich Trunz. München 1998.

Goethe, Johann Wolfgang von (1806/1817): Faust. Eine Tragödie. In: GHA, Bd. 3: Dramatische Dichtungen I, hg. v. Erich Trunz. München 1998.

Goethe, Johann Wolfgang von (1806/1817): Faust. Eine Tragödie, in: GWJ, hg. v. Albrecht Schöne [u.a.]. Frankfurt a.M. 1998. S. 7–165.

Hansen, Frank-Peter (1989): „Das älteste Systemprogramm des deutschen Idealismus“. Rezeptionsgeschichte und Interpretation. Berlin, New York 1998 [Quellen und Studien zur Philosophie, Bd. 23].

Härtling, Peter (1976): Hölderlin. Ein Roman. Darmstadt, Neuwied 1976.

Hamacher, Werner (1978): Pleroma – Zur Genesis und Struktur einer dialektischen Hermeneutik bei Hegel, in: G.W.F. Hegel: „Der Geist des Christentums“. Schriften 1796–1800. Mit bislang unveröffentlichten Texten. Hg. v. ders.: Frankfurt a.M., Berlin, Wien. S. 7–37.

Hamacher, Werner (2004): „Sätze – Zur Kunst“, in: Gesetz. Ironie. Festschrift für Manfred Schneider. Heidelberg 2004. S. 241–263.

Handke, Peter (1983): Phantasien der Wiederholung. Frankfurt a.M. 1983.

Hauff, Wilhelm (1827): „Der Affe als Mensch“, in: Sämtliche Märchen. Hg. v. Hans-Heino Ewers. Stuttgart 1986. S. 189–220.

Hegel, Georg Wilhelm Friedrich (1803–1806): Jenaer Schriften, in: Werke in 20 Bänden, Bd. 2. Frankfurt a.M. 1970.

Hegel, Georg Wilhelm Friedrich (1807): Phänomenologie des Geistes, in: Hauptwerke in sechs Bänden. Bd. 2. Darmstadt 1999.

Hegel, Georg Wilhelm Friedrich (1820): Grundlinien der Philosophie des Rechts. 5. Aufl., hg. v. Johannes Hoffmeister. Hamburg 1995 [Lizenzausgabe WBG].

Hegel (1820a): Grundlinien der Philosophie des Rechts oder Naturrecht und Staatswissenschaft im Grundbegriffe. Hg. v. Eduard Gans. Berlin 1933.

Heidegger, Martin (1931–38): Überlegungen II–VI (Schwarze Hefte 1931–1938), in: Gesamtausgabe. IV. Abteilung: Hinweise und Aufzeichnungen, Bd. 94, hg. v. Peter Trawny. Frankfurt a.M. 2014.

Heidegger, Martin (1936–41): Nietzsche. 2 Bände. 5. Aufl., Pfullingen 1989.

Heidegger, Martin (1942/43): Parmenides. Gesamtausgabe Bd. 54. Hg. v. Manfred S. Frings. Frankfurt a.M. 1982.

Heidegger, Martin (1959): Unterwegs zur Sprache. 10. Aufl., Stuttgart 1993.

Heidegger, Martin (1963): „Vorwort zur Lesung von Hölderlins Gedichten", in: Erläuterungen zu Hölderlins Dichtung. 6. erw. Aufl., hg. v. Friedrich Wilhelm v. Herrmann. Frankfurt a.M. 1996. S. 195–197.

Heidegger, Martin (1971): Schellings Abhandlung über das Wesen der menschlichen Freiheit (1809). Zweite, durchges. Aufl., hg. v. Hildegard Feick. Tübingen 1995.

Henrich, Dieter (1976): „Aufklärung der Herkunft des Manuskriptes ‚Das älteste Systemprogramm des deutschen Idealismus'", in: Mythologie der Vernunft. Hegels ‚ältestes Systemprogramm' des deutschen Idealismus. Hg. v. Christoph Jamme u. Helmut Schneider. Frankfurt a.M. 1984. S. 144–170.

Henrich, Dieter (1977): „Beethoven, Hegel und Mozart auf der Reise nach Krakau", in: Neue Rundschau 88, S. 165ff.

Henrich, Dieter (1992): Der Grund im Bewußtsein. Untersuchungen zu Hölderlins Denken (1794–1795). Stuttgart 1992.

Hermlin, Stephan (1970): Scardanelli, Hölderlin. Ein Hörspiel. Berlin 1993.

Hildebrand, Theodor (1828): Der Vampyr, oder: Die Todtenbraut. Mit einem Nachwort v. Julian Ingelmann. Hannover 2013.

Historia von D. Johann Fausten. Text des Drucks von 1587. Kritische Ausgabe mit den Zusatztexten der Wolfenbütteler Handschrift u. d. zeitgenössischen Drucke. Hg. v. Stephan Füssel u. Hans Joachim Kreutzer. Stuttgart 2006.

Hölderlin, Friedrich (1797–1800): Der Tod des Empedokles. Hg. v. Friedrich Beissner. Stuttgart 2003.

Hölderlin, Friedrich (1846): Friedrich Hölderlins Gesammelte Werke in vier Bänden. Hg. v. Christoph Theodor Schwab. Tübingen 1846.

Hölderlin, Friedrich (1923): Gesammelte Werke in vier Bänden. Hg. v. Alexander Benzion. Weimar 1923.

Hölderlin, Friedrich (1943): Feldauswahl. Stuttgart.

Hölderlin, Friedrich (1946–1985): Sämtliche Werke (Stuttgarter Ausgabe). 8 Bände. Hg. v. Friedrich Beißner. Stuttgart.

Hölderlin, Friedrich (1983): Sämtliche Werke. Frankfurter Ausgabe. Bd. 9: Dichtungen nach 1806. Hg. v. D.E. Sattler. Frankfurt a.M.

Hölderlin, Friedrich (1985): Sämtliche Werke. Kritische Textausgabe. Hg. v. D.E. Sattler. Darmstadt; Neuwied [Lizenzausgabe].

Hölderlin, Friedrich (1992): Sämtliche Werke und Briefe. 3 Bände, hg. v. Michel Kaupp. München.

Hölderlin, Friedrich (2004): Sämtliche Werke, Briefe u. Dokumente. Bremer Ausgabe, hg. v. D.E. Sattler. München.

Hölderlin, Friedrich (2004a): Sämtliche Werke, Briefe und Dokumente. Hg. v. D.E. Sattler, Bd. XII, 1806–1843. Homburg – Tübingen. München [Lizenzausgabe WBG].

Hoffmann, Ernst Theodor Amadeus (1814): „Nachricht von einem gebildeten jungen Mann“, in: Allgemeine Musikalische Zeitung, No. 10, 19. März 1814. S. 178–188.

Hoffmann, Ernst Theodor Amadeus (1815): Der Sandmann. Historisch-kritische Edition. Hg. v. Kaltërina Latifi. Frankfurt a.M. 2011.

Hoffmann, Ernst Theodor Amadeus (1818): Meister Martin und seine Gesellen. Band I. Handschrift der Staatsbibliothek Bamberg (Msc. Add. 22). Hg. v. Fränkische Bibliophilengesellschaft. Bamberg 1984.

Hoffmann, Ernst Theodor Amadeus (1819): „Nachricht von einem gebildeten jungen Mann“, in: Fantasiestücke in Callots Manier. Hg. v. Walter Müller-Seidel. München 1993. S. 297–305.

Hoffmann, Ernst Theodor Amadeus (1819a): „Johannes Kreislers Lehrbrief“, in: Fantasiestücke in Callots Manier. Hg. v. Walter Müller-Seidel. München 1993. S. 321–329.

Hoffmann, Ernst Theodor Amadeus (1819–21): Lebens-Ansichten des Katers Murr nebst fragmentarischer Biographie des Kapellmeisters Johannes Kreisler in zufälligen Makulaturblättern. Hg. v. Hartmut Steinecke. Stuttgart 2009.

Hoffmann, Ernst Theodor Amadeus (1820): Lebens-Ansichten des Katers Murr nebst fragmentarischer Biographie des Kapellmeisters Johannes Kreisler in zufälligen Makulaturblättern. Hg. v. E.T.A. Hoffmann. Berlin.

Hoffmann, Ernst Theodor Amadeus (1821–22): Die Geheimnisse. Die Irrungen. Fragmente aus dem Leben eines Phantasten. Frankfurt a.M., Leipzig 1996.

Hoffmann, Ernst Theodor Amadeus (1822): Meister Floh. Faksimile des Handschriftenteils des Märchens aus dem Geheimen Staatsarchiv Preußischer Kulturbesitz Berlin. Nürnberg 2003.

Holz, Arno (1889): Phantasus. Verkleinerter Faksimiledruck der Erstfassung. Hg. v. Gerhard Schulz. Stuttgart 2009.

Jandl, Ernst (1985): „My right hand – my writing hand – my handwriting“, in: Neue Texte 16/17, hg. v. Heimrad Bäcker. Linz.

Jaspers, Karl (1922): Strindberg und van Gogh. Versuch einer pathographischen Analyse. München 1977.

Jaspers, Karl (1977): Philosophische Autobiographie. Erweiterte Neuausgabe. München 1977.

Jünger, Ernst (1932): Der Arbeiter. Herrschaft und Gestalt. Stuttgart 1982.

Kafka, Franz (1920): „Ein Traum", in: Gesammelte Werke in zwölf Bänden, nach der kritischen Ausgabe. Hg. v. Hans-Gerd Koch. Bd. 1. Frankfurt a.M. 1994. S. 232–234.

Kafka, Franz (1920a): „Bericht für eine Akademie", in: Gesammelte Werke in zwölf Bänden, nach der kritischen Ausgabe. Hg. v. Hans-Gerd Koch. Bd. 1. Frankfurt a.M. 1994. S. 234–247.

Kafka, Franz (1927): Der Verschollene. Roman in der Fassung der Handschrift, in: Gesammelte Werke in zwölf Bänden, nach der kritischen Ausgabe. Hg. v. Hans-Gerd Koch. Bd. 2. Frankfurt a.M. 1994.

Keller, Gottfried (1856): „Spiegel, das Kätzchen", in: Die Leute von Seldwyla. Text und Kommentar. Hg. v. Thomas Böning. München 2006. S. 240–281.

Kierkegaard, Sören (1843): Entweder – Oder. Teil I u. II. 2. Aufl., unter Mitw. v. Niels Thulstrup u. der Kopenhagener Kierkegaard-Gesellschaft hg. v. Hermann Diem u. Walter Rest. Übers. v. Heinrich Fauteck. München 1988.

Kierkegaard, Sören (1843a): Die Wiederholung. Die Krise und eine Krise im Leben einer Schauspielerin. Mit Erinnerungen an Kierkegaard von Hans Bröchner. Übers. v. Liselotte Richter. Hamburg 1991.

Kierkegaard, Sören (1849): Die Krankheit zum Tode. Eine christliche psychologische Entwicklung zur Erbauung und Erweckung von Anti-Climacus. Hg. v. Sören Kierkegaard. Übers. v. Liselotte Richter. Hamburg 1991.

Klee, Paul (1938–40): Die Engel. Hg. v. Zentrum Paul Klee, Bern. Ostfildern 2012.

Kleist, Heinrich von (1793–1801): „Briefe", in: Sämtliche Werke. Brandenburger Ausgabe, Bd. IV/1, hg. v. Peter Staengle u. Roland Reuß, Frankfurt a.M. 1996.

Kleist, Heinrich von (1809/10): „Prinz Friedrich von Homburg", in: Werke und Briefe, 4. Aufl., hg. v. Siegfried Streller, Berlin 1995. S. 351–441.

Klossowski, Pierre (1969): Nietzsche und der Circulus vitiosus deus. Mit einem Supplement u. einem Nachwort v. Gerd Bergfleth. Übers. v. Ronald Vouillé. München 1986.

Kluge, Alexander (2000): „Eine, deren Unterschrift unter dem Gesellschaftsvertrag gefälscht ist", in: Chronik der Gefühle. Bd. II: Lebensläufe. Frankfurt a.M., S. 426.

Kofman, Sarah (1983): Nietzsche und die Metapher. Übers. v. Florian Scherübl. Berlin 2014.

Kofman, Sarah (1984): Derrida lesen. Übers. v. Monika Buchgeister u. Hans-Walter Schmidt. Hg. v. Peter Engelmann. Wien 1988.

Kofman, Sarah (1984a): Schreiben wie eine Katze. Zu E.T.A. Hoffmanns ‚Lebens-Ansichten des Katers Murr'. Übers. v. Monika Buchgeister u. Hans-Walter Schmidt. Hg. v. Peter Engelmann. Graz, Wien 1985.

Kracauer, Siegfried (1929): Die Angestellten. Aus dem neuesten Deutschland. Mit einem Nachwort von Walter Benjamin. Frankfurt a.M. 1971.

Lacoue-Labarthe, Philippe u. Nancy, Jean-Luc (1978): Das Literarisch-Absolute. Texte und Theorie der Jenaer Frühromantik. Übers. v. Johannes Kleinbeck. Wien 2016.

Lévinas, Emmanuel (1963): „Die Spur des Anderen", in ders.: Die Spur des Anderen. Untersuchungen zur Phänomenologie und Sozialphilosophie. Übers. u. hg. v. Nikolaus Krewani. München 1998. S. 209–236.

Lévinas, Emmanuel (1976): Eigennamen. Meditationen über Sprache und Literatur. Übers. v. Frank Miething. Textauswahl und Nachwort v. Felix Philipp Ingold. München, Wien 1988.

Lichtenberg, Georg Christoph (1765–79): Sudelbücher I, in: Schriften und Briefe, Bd. 1, 6. Aufl., hg. v. Wolfgang Promies. München 1998.

Lyotard, Jean-Francois (1974): Libidinöse Ökonomie. Übers. v. Gabriele Ricke [u.a.]. Berlin 2007.

Lyotard, Jean-François (1979): Das postmoderne Wissen: ein Bericht. 3. Aufl., übers. v. Otto Pfersmann, hg. v. Peter Engelmann, Wien 1994.

Mallarmé, Stéphane (1992): Sämtliche Dichtungen. Französisch und deutsch. Mit einer Auswahl poetologischer Schriften. Übers. v. Carl Fischer [u.a.]. München, Wien.

Mann, Thomas (1947): Doktor Faustus. Das Leben des deutschen Tonsetzers Adrian Leverkühn, erzählt von einem Freunde, in: Große kommentierte Frankfurter Ausgabe, hg. v. Heinrich Detering [u.a.], Bd. 10.1, hg. u. textkritisch durchges. v. Ruprecht Wimmer unter Mitarb. v. Stephan Stachorski. Frankfurt a.M. 2007.

Mann, Thomas (1949): Die Entstehung des Doktor Faustus. Roman eines Romans. In der Fassung der Großen kommentierten Ausgabe, hg. u. textkritisch durchges. v. Herbert Lehnert. Frankfurt a.M. 2009.

Mantegazza, Paolo (1897): Das Jahr 3000. Ein Zukunftstraum. 2. Aufl., übers. v. Willy Alexander Kaltner. Jena.

Marlowe, Christopher (1587): Tragische Geschichte von Dr. Faust, in: Sämtliche Dramen. Übers. u. hg. v. Wolfgang Schlüter. Berlin 1999. S. 335–407.

May, Karl (1886–88): Der Weg zum Glück. Roman aus dem Leben Ludwig des Zweiten. Dresden.

May, Karl (1887–88): Winnetou I. Erzählungen, in: Karl Mays Hauptwerke in 33 Bänden. Amerika. Band. 8. Zürich 1996.

May, Karl (1903): Erzgebirgische Dorfgeschichten. Karl Mays Erstlingswerke. Autorisierte Ausgabe. Hg. v. der Karl-May-Gesellschaft. Dresden 2017.

May, Karl (1904): Und Friede auf Erden, in: Gesammelte Werke. Bd. 30, hg. v. Roland Schmid. Bamberg 1958.

May, Karl (1906): Babel und Bibel, in: Gesammelte Werke, Bd. 49: Lichte Höhen. Lyrik und Drama Karl Mays. Bamberg u. Radebeul 1998. S. 283–455.

May, Karl (1907–08): „Aphorismen über Karl May", in: Jahrbuch der Karl May Gesellschaft (1983), S. 56–69.

May, Karl (1909): Ardistan und Dschinnistan. 2 Bd., in: Kritische Ausgabe nach den Manuskripten. Hg. v. Hans Wollschäger u. Franziska Schmitt. Bamberg, Radebeul 2005.

May, Karl (1910): Winnetou IV. Herrsching 1983.

May, Karl (1910a): Winnetou Band IV (Reprint der *Augsburger Postzeitung* 1909/10). Hg. v. Dieter Sudhoff im Auftrag der Karl-May-Gesellschaft. Hamburg, Regensburg 1998.

May, Karl (1910b): Mein Leben und Streben. Berlin 2010.

May, Karl (1912): „Empor ins Reich der Edelmenschen!". Vortrag von Karl May in Wien, zusammengestellt von Klara May, in: Gesammelte Werke, Bd. 34: ‚Ich'. 30. Aufl., hg. v. Roland Schmid. Bamberg 1976. S. 293–313.

Mayröcker, Friederike (2009): *Scardanelli*. Frankfurt a.M.

Melville, Herman (1849): „Journal einer Reise von New York nach London im Jahre 1849, in: Schreibheft. Zeitschrift für Literatur. Nr. 37 (Mai 1991), S. 15–45 [Reprint-Ausgabe].

Melville, Herman (1851): Moby Dick; or, The Wale. New York, London 1851.

Melville, Herman (1851a): Moby Dick. London 1994.

Melville, Herman (1851b): Ein Leben. Briefe und Tagebücher. Übers. v. Werner Schmitz u. Daniel Göske. München, Wien 2004.

Melville, Herman (1851/1964): Moby Dick oder Der Wal. Übers. v. Richard Mummendey. Düsseldorf, Zürich 1999.

Melville, Herman (1851/2016): Moby Dick; oder: Der Wal. Übers, v. Friedhelm Rathjen u. illustriert v. Raymond Bishop. Salzburg, Wien 2016.

Möser, Justus (1775–86): Patriotische Phantasien. Aufsätze. Fragmente, Münster 2008.

Moritz, Karl Philipp (1785–90): Anton Reiser. Ein psychologischer Roman. Hg. v. Ernst-Peter Wieckenberg. 2. Aufl., München 1994.

Moritz, Karl Philipp (1785–90): „Die Signatur des Schönen", in: Die Signatur des Schönen und andere Schriften zur Begründung der Autonomieästhetik. Hg. v. Stefan Ripplinger. Hamburg 2009. S. 69–83.

Musil, Robert (1930–32): Der Mann ohne Eigenschaften. Hg. v. Adolf Frisé. Reinbek bei Hamburg 1992.

Mythologie der Vernunft. Hegels ältestes Systemprogramm des deutschen Idealismus. Hg. v. Christoph Jamme u. Helmut Schneider. Frankfurt a.M. 1984.

Nancy, Jean-Luc (2010): 58 Indizien über den Körper, in: Ausdehnung der Seele. Texte zu Körper, Kunst und Tanz. Ausgewählt und übers. v. Miriam Fischer. Zürich, Berlin. S. 7–25.

Nancy, Jean-Luc (2010a): Identität. Fragmente. Freizügigkeiten. Hg. v. Peter Engelmann. Übers. v. Peter Steurer. Wien.

Nancy, Jean-Luc (1994): „Höhlenmalerei", in ders.: Die Musen. Übers. v. Gisela Febel u. Jutta Legueil. Stuttgart 1999. S. 105–121.

Nietzsche, Friedrich (1870): „Das griechische Musikdrama", in: Kritische Studienausgabe, Bd. 1, hg. v. Giorgio Colli und Mazzino Montinari. München 1999. S. 515–532.

Nietzsche, Friedrich (1872): „Ueber Wahrheit und Lüge im aussermoralischen Sinne", in: Kritische Studienausgabe, Bd. 1, hg. v. Giorgio Colli und Mazzino Montinari. München 1999. S. 875–890.

Nietzsche, Friedrich (1872–86): „Die Geburt der Tragödie. Oder: Griechenthum und Pessimismus", in: Kritische Studienausgabe, Bd. 1, hg. v. Giorgio Colli und Mazzino Montinari. München 1999. S. 11–156.

Nietzsche, Friedrich (1882): Die fröhliche Wissenschaft, in: Kritische Studienausgabe, Bd. 3, hg. v. Giorgio Colli und Mazzino Montinari. München 1999. S. 343–653.

Nietzsche, Friedrich (1888): Ecce Homo. Wie man wird, was man ist, in: Kritische Studienausgabe, Bd. 6, hg. v. Giorgio Colli und Mazzino Montinari. München 1999. S. 255–375.

Nietzsche, Friedrich (1889): „Götzendämmerung", in: Kritische Studienausgabe, Bd. 6, hg. v. Giorgio Colli und Mazzino Montinari. München 1999. S. 55–163.

Nietzsche, Friedrich (1895): „Der Antichrist", in: Kritische Studienausgabe, Bd. 6, hg. v. Giorgio Colli und Mazzino Montinari. München 1999. S. 167–254.

Nossack, Hans Erich (1975): Ein glücklicher Mensch. Erinnerungen an Aporée. Frankfurt a.M.

Novalis [Friedrich von Hardenberg] (1802): Die Lehrlinge zu Saïs, in: Werke, Tagebücher und Briefe Friedrich von Hardenbergs, Bd. 1, hg. v. Richard Samuel. München 1978. S. 199–237.

Ofrat, Gideon (1998): The Jewish Derrida. Übers. v. Peretz Kidron. New York 2001.

Ovid (8 n. Chr.): Metamorphosen. Übers. v. Erich Rösch. München 1997.

Panizza, Oskar (1989): *Pour Gambetta!* Sämtliche in der Prinzhorn-Sammlung der Psychiatrischen Universitätsklinik Heidelberg und im Landeskirchlichen Archiv Nürnberg aufbewahrte Zeichnungen. Hg. v. Michael Farin und Armin Abmeier. Heidelberg.

Perec, Georges (1973): Die dunkle Kammer. 124 Träume. Übers. v. Jürgen Ritte. Zürich, Berlin 2017. Nr. 107 [keine Seitenzählung].

Perec, Georges (1990): Geboren 1936. Übers. v. Eugen Helmlé. Zürich, Berlin 2015.

Perec, Georges (1995): Ellis Island. Übers. v. Eugen Helmlé. Zürich, Berlin 2016.

Platen, August von (1921): Der Briefwechsel. Bd. III, hg. v. Paul Bornstein. Nachdruck der Ausgabe Leipzig u. München. Hildesheim, New York 1973.

Platon (360 v. Chr.): Theaitetos, in: Werke in acht Bänden. Hg. v. Gunther Eigler: Bd. 6, 2. unveränderte Aufl., übers. v. Friedrich Schleiermacher, bearb. v. Peter Staudacher. Darmstadt 1970. S. 2–217.

Poe, Edgar Allen (1845): „Über Anastatischen Druck", in: Werke, Bd. IV, übers. v. A. Schmidt, Hand Wollschläger [u.a.]. Olten, Freiburg i. Breisgau 1973. S. 368–375.

Pöggeler, Otto (1969): „Hegel, der Verfasser des ältesten Systemprogramms des deutschen Idealismus", in: Mythologie der Vernunft. Hegels ‚ältestes Systemprogramm des deutschen Idealismus'. Hg. v. Christoph Jamme u. Helmut Schneider. Frankfurt a.M. 1984. S. 126–143.

Ponge, Francis (1961): Die literarische Praxis [Méthodes]. Übers. v. Hildegard Baumgart. Olten, Freiburg 1964.

Ponge, Francis (1971): La Fabrique du Pré. Hg. v. Albert Skira u. Gaetan Picon. Genève.

Proust, Marcel (1913): Auf der Suche nach der verlorenen Zeit. Bd. 1: In Swanns Welt, 5. Aufl., übers. v. Eva Rechel-Mertens, Frankfurt a.M. 1979.

Puschkin, Alexander Sergejewitsch: Gesammelte Werke. Bd. 5: Aufsätze und Tagebücher. Hg. u. übers. v. Harald Raab. Frankfurt a.M. 1973.

Remarque, Erich Maria (1962): Die Nacht von Lissabon. 2. Aufl., Köln, Berlin 1963.

Rosenzweig, Franz (1917): „Das älteste Systemprogramm des deutschen Idealismus. Ein handschriftlicher Fund", in: Sitzungsberichte der Heidelberger Akademie der Wissenschaften. Philosophisch-historische Klasse. Bd. VIII, S. 3–49.

Scheerbart, Paul (1913): Lesabéndio. Ein Asteroiden-Roman. Frankfurt a.M. 1986.

Scheerbart, Paul (1914): Glasarchitektur. Hamburg 2011.

Schelling, Friedrich Wilhelm Joseph (1841): Urfassung der Philosophie der Offenbarung. Hg. v. Walter E. Ehrhardt. Hamburg 2004.

Schelling, Friedrich Wilhelm Joseph (1841–42): Philosophie der Offenbarung. Hg. u. eingeleitet v. Manfred Frank. Frankfurt a.M. 1977.

Schmidt, Arno (1941): Dichtergespräche im Elysium, in: Bargfelder Ausgabe, hg. v. der Arno-Schmidt-Stiftung. Bd. I /4. Bargfeld 1992. S. 239–303.

Schmidt, Arno (1941a): Dichtergespräche im Elysium, das sind wahrhafte und bedeutende Unterredungen der vornehmsten Dichter aller Zeiten und Völker über Gegenstände der Literatur, so dem Kenner und Liebhaber derselben überaus angelegen sein müssen sowie ergötzliche Nachrichten von ihrem jetzigen Stande und neuerlichen Erlebnissen, belauscht und aufgezeichnet von Arno Schmidt. MDCCCXL. Faksimile und Transkription des handschriftlichen Originals. Zürich 1984.

Schmidt, Arno (1948): An Uffz Werner Murawski, in: „Na, Sie hätten mal in Weimar leben sollen!". Über Wieland – Goethe – Herder. Hg. v. Jan Philipp Reemtsma. Stuttgart 2013. S. 123–171.

Schmidt, Arno (1948–49): Arno Schmidts Wundertüte. Eine Sammlung fiktiver Briefe aus den Jahren 1948/49. Hg. v. Bernd Rauschenbach. Bargfeld 1989.

Schmidt, Arno (1949): „Leviathan oder die Beste der Welten", in: Leviathan und Schwarze Spiegel. Frankfurt a.M. 1994. S. 9–41.

Schmidt, Arno (1949a): Leviathan *oder* die beste der Welten. Faksimile der Handschrift mit zwei Transkriptionen und einem editorischen Nachwort, hg. v. Susanne Fischer. Bargfeld 1994.

Schmidt, Arno (1951), Arno: „Schwarze Spiegel", in: Leviathan und Schwarze Spiegel. Frankfurt a.M. 1994. S. 41–141.

Schmidt, Arno (1953): Aus dem Leben eines Fauns. 9. Aufl., Frankfurt a.M. 1994.

Schmidt (1954): „Berechnungen I", in: Aus julianischen Tagen. 3. Aufl., Frankfurt a.M. 1987. S. 234–243.

Schmidt, Arno (1955): „Flucht ins Werk“, in: Die Welt, Hamburg 15.08.1955.

Schmidt, Arno (1955a): Tina oder über die Unsterblichkeit, in: Bargfelder Ausgabe, hg. v. der Arno-Schmidt-Stiftung. Bd. I /2. Bargfeld 1992. S. 165–187.

Schmidt, Arno (1956): Das steinerne Herz. Historischer Roman aus dem Jahre 1954 nach Christie, in: Bargfelder Ausgabe, hg. v. der Arno-Schmidt-Stiftung. Bd. I /2. Bargfeld 1992. S. 9–163.

Schmidt, Arno (1956a): Tina, in: Bargfelder Ausgabe, hg. v. der Arno-Schmidt-Stiftung. Bd. I /2. Bargfeld 1992. S. 165–189.

Schmidt, Arno (1956b): „Vom neuen Großmystiker“, in: Das essayistische Werk zur deutschen Literatur in vier Bänden. Sämtliche Nachtprogramme und Aufsätze. Bd. 4, hg. von der Arno-Schmidt-Stiftung. Zürich 1988. S. 99–124.

Schmidt, Arno (1956c): Das steinerne Herz. Historischer Roman aus dem Jahre 1954 nach Christi, in: Bargfelder Ausgabe, hg. v. der Arno-Schmidt-Stiftung. Bd. I /2. Bargfeld 1992. S. 7–163.

Schmidt, Arno (1957): Die Gelehrtenrepublik. Kurzroman aus den Roßbreiten, in: Bargfelder Ausgabe, Bd. I/2, hg. v. d. Arno-Schmidt-Stiftung. Zürich 1992. S. 221–350.

Schmidt, Arno (1957a): Goethe und Einer seiner Bewunderer, in: Bargfelder Ausgabe, hg. v. der Arno-Schmidt-Stiftung. Bd. I /2. Bargfeld 1992. S. 189–221.

Schmidt, Arno (1960): „Der Platz an dem ich schreibe“, in ders.: Der Platz an dem ich schreibe. 17 Erklärungen zum Handwerk des Schriftstellers. Hg. v. Bernd Rauschenbach. Zürich 1993. S. 101–110.

Schmidt, Arno (1960a): Kaff auch Mare Crisium. Bargfelder Ausgabe. Bd. I/3. Hg. v. Wolfgang Schlüter. Zürich 1984.

Schmidt, Arno (1961): „Fernsehinterview von Jürgen Möller für den NDR zu Arno Schmidts Roman ‚*Kaff auch Mare Crisium*‘“, in: Lesungen, Interviews, Umfragen. Bargfelder Ausgabe. Supplemente Bd. 2, hg. v. Susanne Fischer. Bargfeld 2006. S. 12–17.

Schmidt (1961a): „Rundfrage von Rudolf Walter Leonhardt für ‚Die Zeit‘“, in: Lesungen, Interviews, Umfragen. Bargfelder Ausgabe. Supplemente Bd. 2, hg. v. Susanne Fischer. Bargfeld 2006. S. 202–207.

Schmidt, Arno (1962): „Niemandes Betulichkeit. Eine Betrachtung zur deutschen Übersetzung von Ellmann's Joyce Biographie“, in: Konkret. Unabhängige Zeitschrift für Kultur und Politik. Nr. 6 (August 1962), S. 16–17.

Schmidt, Arno (1963): Sitara und der Weg dorthin. Eine Studie über Wesen, Werk & Wirkung Karl Mays. Frankfurt a.M. 1998.

Schmidt, Arno (1963a): „Die moderne Literatur und das deutsche Publikum“, in: Sind wir noch ein Volk der Dichter und Denker? 14 Antworten. Hg. v. Gert Kalow. Reinbek bei Hamburg 1964. S. 96–106.

Schmidt, Arno (1964): Ach wie gut, daß niemand weiß ...!, in: Der Platz an dem ich schreibe. 17 Erklärungen zum Handwerk des Schriftstellers. Hg. v. Bernd Rauschenbach. Zürich 1993. S. 110–125.

Schmidt, Arno (1964a): „Fernseh-Interview von Oldwig Jancke für das ZDF anläßlich des fünfzigsten Geburtstags von Arno Schmidt“, in ders.: Lesungen, Interviews, Umfragen. Bargfelder Ausgabe. Supplemente Bd. 2, hg. v. Susanne Fischer. Bargfeld 2006. S. 29–31.

Schmidt, Arno (1966): Seelandschaft mit Pocahontas. Die Umsiedler. 5. Aufl., Frankfurt a.M. 1996.

Schmidt, Arno (1969): Vorläufiges zu Zettels Traum, in: Lesungen, Interviews, Umfragen. Bargfelder Ausgabe: Supplemente, Bd. 2. Bargfeld 2006. S. 31–73.

Schmidt, Arno (1970): Zettels Traum. 2. Aufl., Frankfurt a.M. 1986 [Faksimile-Ausgabe des Typoskripts nach der Leinenausgabe des Stahlberg-Verlags Stuttgart].

Schmidt, Arno (1970a): Zettels Traum, in: Bargfelder Ausgabe. Werkgruppe IV, Bd. I,4, hg. v. der Arno Schmidt Stiftung. Frankfurt a.M. 2010 [Studienausgabe der Druckausgabe].

Schnabel, Johann Gottfried (1731): Insel Felsenburg. Wunderliche Fata einiger Seefahrer. Teil I & Teil II. Frankfurt a.M. 1997 [Haidnische Alterthümer].

Scholem, Gershom (1960): Zur Kabbala und ihrer Symbolik. Frankfurt a.M. 1973.

Scholem, Gershom (1971): Die Geheimnisse der Schöpfung. Ein Kapitel aus dem kabbalistischen Buche Sohar. Frankfurt a.M. 1992.

Scholem, Gershom (1972): „Walter Benjamin“, in ders.: Walter Benjamin und sein Engel. Vierzehn Aufsätze und kleine Beiträge. Frankfurt a.M. 1992. S. 9–35.

Scholem, Gershom (1972a): „Walter Benjamin und sein Engel“, in ders.: Walter Benjamin und sein Engel. Vierzehn Aufsätze und kleine Beiträge. Frankfurt a.M. 1992. S. 35–73.

Scholem, Gershom (1973): „Der Name Gottes und die Sprachtheorie der Kabbala“, in: Judaica 3. Frankfurt a.M. 1973. S. 7–70.

Scholem, Gershom (1978): „*Nachtrag*: Die geheimen Namen Walter Benjamins“, in ders.: Walter Benjamin und sein Engel. Vierzehn Aufsätze und kleine Beiträge. Frankfurt a.M. 1992. S. 73–78.

Schwab, Christoph Theodor (1874): Hölderlins Leben. Nach der Ausgabe letzter Hand, hg. v. Werner Schauer. München 2003.

Seifert, Thorsten (2017): Wer ist B. Traven? Roman. Stuttgart.

Simmel, Georg (1907): „Das Erbamt“, in ders.: Aufsätze und Abhandlungen 1901–1908, Bd. II. Gesamtausgabe Bd. 8, hg. v. Alessandro Cavalli u. Volkhard Krech. Frankfurt a.M. 1993. S. 298–308.

Simmel, Georg (1908): „Der Brief. Aus einer Soziologie des Geheimnisses“, in ders.: Aufsätze und Abhandlungen 1901–1908, Bd. II. Gesamtausgabe Bd. 8, hg. v. Alessandro Cavalli u. Volkhard Krech. Frankfurt a.M. 1993. S. 394–398.

Sloterdijk, Peter (2012): „Nachgegenwart. Zur Poesie des Rests“, in: Friedrich Hölderlin: Turmgedichte. Gelesen von Christian Reiner. CD (Booklet) bei ECM Records Gmbh (LC 02516). München. S. 7–9.

Sloterdijk, Peter (2014): Die schrecklichen Kinder der Menschheit. Berlin.

Speyer, Wilhelm (1931): Ein Mantel, ein Hut, ein Handschuh. Berlin.

Stoker, Bram (1897): Dracula. Übers. v. Ulrich Bossier. Stuttgart 2012.

Stoker, Bram (1897a): Dracula. Edited with an Introduction and Notes by Maurice Hindle. London 1993.

Taureck, Bernhard H.F. (2004): Metaphern und Gleichnisse in der Philosophie. Versuch einer kritischen Ikonologie der Philosophie. Frankfurt a.M.

Thomas, Dylan (1934–53): Collected Poems 1934–1953. Hg. v. Walford Davis u. Ralph Maud. London 1988.

Thoreau, Henry David (1849): A Week on the Concord and Merrimack Rivers. New York 1998.

Tilliette, Xavier (1973): „Schelling als Verfasser des Systemprogramms?“, in: Materialien zu Schellings philosophischen Anfängen. Hg. v. Manfred Frank u. Gerhard Kurz. Frankfurt a.M. 1975. S. 193–214.

Tranströmer, Tomas (2005): Das große Rätsel. Gedichte. Zweisprachige Ausgabe. Übers. v. Hans Grössel. München.

Traven, B. (1926): Das Totenschiff. Roman. Aus: Werkausgabe Bd. 1, hg. v. Edgar Päßler. Frankfurt a.M. 1983.

Traven, B. (1936): Trozas. Roman, in: Werkausgabe, Bd. 10, hg. v. Edgar Päßler. Frankfurt a.M. 1983.

Über Walter Benjamin. Mit Beiträgen von Theodor W. Adorno, Ernst Bloch, Max Rychner, Gershom Scholem, Jean Selz, Hans Heinz Holz u. Ernst Fischer. Frankfurt a.M. 1968.

‚Und nun auf, zum Postauto!'. Briefe von Arno Schmidt. Hg. v. Susanne Fischer u. Bernd Rauschenbach. Frankfurt a.M. 2013.

Valéry, Paul (1946): Mon Faust. Paris.

Valéry, Paul (1957): Gedichte. Französisch und Deutsch. Übers. v. Rainer Maria Rilke. Frankfurt a.M. 1988.

Valéry, Paul (1960): Monsieur Teste. Übers. v. Max Rychner [u.a.]. Berlin 2011.

Valéry, Paul (1973): „Ego“, in ders.: Cahiers / Hefte I. 2. Aufl., übers. u. hg. v. Markus Jakob u. Hartmut Köhler. Frankfurt a.M. 1987. S. 47–297.

Die Vorsokratiker. Griechisch / Deutsch. 2. Bände, übers. u. hg. v. Jaap Mansfeld, Stuttgart 1995.

Wagner, Richard (1865): „Was ist deutsch?“, in: Gesammelte Schriften und Dichtungen, Bd. 10. Leipzig 1888. S. 36–53.

Waiblinger, Wilhelm (1823): Phaeton. Berliner Ausgabe. Hg. v. Michael Holzinger. Leipzig 2013.

Waiblinger, Wilhelm (1827–28): Friedrich Hölderlins Leben, Dichtung und Wahnsinn. Mit einem Nachwort von Pierre Bertaux. Wurmlingen 1982.

Waiblinger, Wilhelm (1827–28): „Friedrich Hölderlins Leben, Dichtung und Wahnsinn“, in: Erzählungen und Briefe. Hg. v. Monique Cantré. Tübingen 2011. S. 23–73.

Walser, Robert (1909): Jakob von Gunten. Ein Tagebuch, in: Sämtliche Werke in Einzelausgaben. Bd. 11, hg. von Jochen Greven. Frankfurt a.M. 1985.

Warburg, Aby (1923): Schlangenritual. Ein Reisebericht. 5. Aufl., hg. v. Ulrich Raulff. Berlin 2011. S. 9–79.

Wiemken, Helmut [Hg.] (1980): Die Volksbücher von D. Johann Faust und Christoph Wagner. Bremen.

Wittgenstein, Ludwig (1949–51): Über Gewissheit. 7. Aufl., hg. v. G.E.M. Anscombe u. G.H. v. Wright. Frankfurt a.M. 1970.

Wölfli, Adolf (1908–12): Von der Wiege bis zum Grab. Oder, Durch arbeiten und schwitzen leiden, und Drangsal bettend zum Fluch. Schriften. Zwei Bände, hg. v. d. Adolf-Wölfli-Stiftung. Frankfurt a.M. 1985.

Wollschläger, Hans (1982): Herzgewächse oder Der Fall Adams. Fragmentarische Biographik in unzufälligen Makulaturblättern, in: Schriften in Einzelausgaben, hg. v. Monika Wollschläger. Göttingen 2011.

Wollschläger, Hans (1996): Wiedersehen mit Dr. F. Beim Lesen in Letzter Zeit. Göttingen 1997.

Recht, Rechtsgeschichte, Pädagogik, Psychiatrie, Psychophysik

Allgemeines Landrecht für die Preußischen Staaten von 1794. Textausgabe mit einer Einführung von Hans Hattenhauer. Frankfurt a.M., Berlin 1970.

BGB (Bürgerliches Gesetzbuch), in: Bundesministerium für Justiz und Verbraucherschutz: http://www.gesetze-im-internet.de/bgb/ [letzter Abruf: 31.05.2023].

Constitutions of the World from the late 18th Century to the Middle of the 19th Century Online. Sources on the Rise of Modern Constitutionalism. Hg. v. Horst Dippel. München 2007.

Deligny, Fernand (1972): Irrlinien. Chronik eines Versuchs. Übers. v. Ronald Voullié. Ostheim 2002.

Demeter, Ignaz (1817): Schreiblehre mit Wand- und Hand-Vorschriften für deutsche Schulen. Freiburg 1817.

Dietlein, Hermann Rudolph (1856): Wegweiser für den Schreibunterricht. Eine theoretisch-praktische Anweisung zur Begründung und Durchführung einer allseitig naturgemäßen Schreiblehr-Methode, mit besonderer Berücksichtigung der Volksschule, für Lehrer aller Schulanstalten, welche Schreibunterricht zu ertheilen haben. Leipzig.

Freud, Sigmund (1923): „Eine Teufelsneurose im 17. Jahrhundert", in ders.: Gesammelte Werke, Bd. XIII. Hg. v. Anna Freud [u.a.], Frankfurt a.M. 1990. S. 315–355.

Giese, Fritz (1928): Psychologie der Arbeitshand. Berlin.

Goldscheider, Alfred (1891): „Zur Physiologie und Pathologie der Handschrift. Vortrag, gehalten in der militärischen Gesellschaft zu Berlin, in: Archiv für Psychiatrie und Nervenkrankheiten". Berlin 1892. S. 503–525.

Grimm, Jacob (1899): Deutsche Rechtsalterthümer. 4., vermehrte Ausgabe, besorgt durch Andreas Heusler und Rudolf Hübner. Leipzig 1922.

Gurlitt, Ludwig (1919): Gerechtigkeit für Karl May! Radebeul 1919.

Huebner, Rudolf (1895): Jacob Grimm und das deutsche Recht. Göttingen 1895.

Kahlbaum, Ludwig (1874): Die Katatonie oder das Spannungsirresein. Eine klinische Form psychischer Krankheit. Berlin.

Kantorowicz, Ernst H. (1933): „Das geheime Deutschland", in: Ernst Kantorowicz. Erträge einer Doppeltagung (Princeton, Stuttgart). Hg. v. Robert L. Benson u. Johannes Fried. Stuttgart 1997. S. 77–93.

Kantorowicz, Ernst H. (1957): Die zwei Körper des Königs. Eine Studie zur politischen Theologie des Mittelalters. 2. korr. Aufl., übers. v. Walter Theimer [u.a.]. München 1990.

Lange, Wilhelm (1909): Hölderlin, eine Pathographie. Stuttgart.

Die Lateran-Verträge zwischen dem Heiligen Stuhl und Italien vom 11. Februar 1929, in: Völkerrecht Dokumentensammlung, Bd. I., hg. v. Friedrich Berber. Freiburg 1929.

Leclaire, Serge (1968): Der psychoanalytische Prozeß. Versuch über das Unbewusste und den Aufbau einer buchstäblichen Ordnung. Übers. v. Norbert Haas. Frankfurt a.M. 1975.

Michalski, Lutz (2006): BGB-Erbrecht. 3. neu bearb. Aufl., 2006.

Prince, Walter F. (1932): „Der Fall Heinrich Meyer. Das Entstehen einer beständigen Sekundärpersönlichkeit", in: Die Spaltung der Persönlichkeit. Übers. v. Willy Herms, hg. v. T.K. Oesterreich-Tübingen. Stuttgart 1932.

Process- und Gerichts-Ordnung des Durchläuchtigsten hochgeborenen Fürsten und Herrn Johann Georgen, Herzogen v [...]. Darnach man sich in allen Ihrer Churfürstl. Durchl. Landen und dero Ober- und Unter Gerichten/ sonderlich bey ordentlichen Rechts Processen gleichförmig zuachten; [Actum Dreßden/ den 28. Julij/ Anno 1622. Dresden 1648.

Richtlinien über die Führung von Vornamen (v. 18. 8. 1938 – I d 42 X/38-5501 b), in: Ministerial Blatt des Reichs- und Preußischen Ministeriums des Innern. 3. (99.) Jahrgang, Nr. 1–53, 2. Halbjahr. Berlin 1938. S. 1345.

Rousseau, Jean-Jacques (1762): Emil oder Über die Erziehung. 13., Aufl., übers. v. Ludwig Schmidts. Paderborn 1998.

Ruest, Anselm (1906): Max Stirner. Leben – Weltanschauung – Vermächtnis. Berlin, Leipzig.

Ruest, Anselm (1906a): Stirner-Brevier. Die Stärke des Einsamen. Berlin, Leipzig.

Schröder, Richard und Künßberg von, Eberhard Otto Georg (1919): Lehrbuch der deutschen Rechtsgeschichte. 6. Auflage. Leipzig.

Svarez, Carl Gottlieb (1791–1792): Vorträge über Recht und Staat. Hg. v. Hermann Conrad u. Gerd Kleinheyer. Wissenschaftliche Abhandlungen der AG für Forschung des Landes NRW. Bd. 10. Köln, Opladen 1969.

Physiognomik, Graphologie, Schriftidentifizierung, Kriminologie, Psychophysik, Psychologie, Parawissenschaften, Pädagogik, Briefsteller

Albertini von, Laura (1913): Lehrbuch der Graphologie. 8. Aufl., Stuttgart.

Album zur Erinnerung an die zweite Germanisten-Versammlung zu Lübeck. 113 Facsimiles. Lübeck 1848.

Anonym (1789): „Auszug aus dem Mercure de France dieses Jahrs“, in: Gnothi sauton oder Magazin zur Erfahrungsseelenkunde als ein Lesebuch fuer Gelehrte und Ungelehrte. Mit Unterstützung mehrerer Wahrheitsfreunde, Bd. 7, Nr. 2. Hg. v. Karl Philipp Moritz, Karl Friedrich Pockels u. Salomon Maimon. Berlin. S. 20–22.

Baughan, Rosa (1886): Character Indicated by Handwriting: A practical Treatise in Support of the Assertion that the Handwriting of a Person is an infallible Guide to his Character. 2. korr. u. erw. Aufl., London.

Bayer, Karl (1939): Experimentelle Untersuchungen über die Schreibzeit und den Schreibdruck. Leipzig.

Bell, Charles (1833): Die menschliche Hand und ihre Eigenschaften. Übers. v. Herrmann Hauff. Stuttgart 1836.

Bertillion, Alphonse (1890): Die gerichtliche Photographie. Mit einem Anhange über die anthropometrische Classification und Identificirung. Autorisierte und vom Verfasser neu bearbeitete und vermehrte Ausgabe. Übers. v. J.M. Eder. Halle 1895.

Busse, Hans H. (1907): „Vorlagen deutscher Majuskeln“, in: Graphologische Monatshefte. Archiv für Psychodiagnostik und Charakterologie. Bd. IX, S. 8–14 u. 22–27.

Demmler, H. (1937): Eignungsfeststellung aus den Merkmalen der Handschrift, in: Industrielle Psychotechnik 14, S. 182–191.

Dennstedt, M. u. Voigtländer, F. (1906): Der Nachweis von Schriftfälschungen, Blut, Sperma usw. unter besonderer Berücksichtigung der Photographie. Braunschweig.

Deutsches Stammbuch. Autographisches Album der Gegenwart. Hg. v. Franz Schlodtmann. Bremen, London, Paris 1853.

Gelhard, Andreas (2011): Kritik der Kompetenz. Zürich, Berlin.

Görtheim, Herrmann Oswald (1942): Wissenschaftliche Graphologie und gerichtliche Schriftidentifizierung. Eine Einführung in die Schriftindizienlehre. Lübeck.

Goldschneider, Alfred (1891): Zur Physiologie und Pathologie der Handschrift. Vortrag, gehalten in der militärischen Gesellschaft zu Berlin am 21. Oktober 1891, in: Archiv für Psychiatrie und Nervenkrankheiten 24 (1892), S. 503–525.

Grohmann, Johann Christian August (1792): „Untersuchung der Möglichkeit einer Charakterzeichnung aus der Handschrift“, in: Gnothi Seauton oder Magazin zur Erfahrungsseelenkunde als ein Lesebuch für Gelehrte und Ungelehrte. Hg. v. Karl Philipp Moritz, Karl-Friedrich Pockels u. Salomon Maimon, Bd. 8, Berlin. S. 34–66.

Hens, Szymon (1917): Phantasieprüfung mit formlosen Klecksen bei Schulkindern, normalen Erwachsenen und Geisteskranken. Zürich.

Henze, Adolf (1855): Die Handschriften deutscher Dichter und Dichterinnen, mit 305 Faksimiles, kurzen Biographien und Schrift-Charakteristiken. Leipzig.

Henze, Adolf (1862): Die Chirogrammatomantie. Lehre, den Character, die Neigungen, die Eigenschaften und Fähigkeiten der Menschen aus der Handschrift zu erkennen und zu beurtheilen. Bremen 2012.

Henze, Adolf (1888): Illustrierte Fälschungsgeschichten. Leipzig.

Herrmann, Max (1905): ‚Eine feste Burg ist unser Gott'. Vortrag gehalten in der Gesellschaft für deutsche Literatur Berlin. Berlin.

Hinrichs, Ernst (1982): „Erhebungen zur Signierfähigkeit in zwölf oldenburgischen ländlichen Gemeinden", in: Sozialer und kultureller Wandel in der ländlichen Welt des 18. Jahrhunderts. Hg. v. ders. u. G. Wiegelmann. Wolfenbüttel. S. 21–42.

Hölderlin und die Psychiatrie. Hg. v. Uwe Gonther u. Jann E. Schlimme. 3. Aufl., Köln 2013.

Jekel, Pamela L. (1982): The Perfect Crime and How to Commit it. Boulder.

Klages, Ludwig (1910): Die Probleme der Graphologie. Leipzig.

Klages, Ludwig (1917): Handschrift und Charakter. Gemeinverständlicher Abriß der graphologischen Technik. 29. Aufl., Bonn 1998.

Klages, Ludwig (1917a): Handschrift und Charakter; Gemeinverständlicher Abriß der graphologischen Technik (Handschriften-Proben zu *Handschrift und Charakter*). 29. Aufl., Bonn 1989.

Klages, Ludwig (1919): Gutachten zu einer Handschrift (Karl Mays), in: Gurlitt (1919): „Spiegelbilder", in: Karl Mays Gesammelte Werke, Bd. 34: „Ich". 30. Aufl., hg. v. Roland Schmid. Bamberg 1976. S. 531–545.

Knigge, Adolph Freiherr von (1788): Über den Umgang mit Menschen. Nach der zehnten Originalausgabe durchgesehen und vermehrt von F.P. Wilmsen. Wien 1928.

Köstner, Rudolf (1903): Die Schrift und die Geisteskrankheit. Ein Atlas mit 81 Handschriftproben. Leipzig.

Kring, Alfred (1936): Die Graphologie der Schreibmaschine. Handbuch für graphologische und kriminologische Untersuchungen. Zürich.

Lavater, Johann Caspar (1792): Physiognomische Fragmente zur Beförderung der Menschenkenntnis und Menschenliebe. Dritter Versuch. Mit vielen Kupfern. Leipzig und Winterthur.

Lavater, Johann Caspar (1775–78): Physiognomische Fragmente zur Beförderung der Menschenkenntnis und Menschenliebe. Eine Auswahl mit 101 Abbildungen, hg. v. Christoph Siegrist. Stuttgart 1999.

Lindner, Gustav Adolph (1868): Lehrbuch der empirischen Psychologie: als inductiver Wissenschaft. Für den Gebrauch an höheren Lehranstalten und zum Selbstunterrichte, 2. umgearb. u. erw. Aufl., Wien.

McAlpine, Ida und Hunter, Richard A. (1956): Schizophrenia 1677. A Psychiatric Study of an Illustrated Autobiographical Record of Demonical Possession. London.

Mendelsohn, Anja u. Georg (1928): Der Mensch in der Handschrift. 2. Aufl., Leipzig 1929.

Meyer, Georg (1901): Die wissenschaftlichen Grundlagen der Graphologie. 4. Aufl., hg. u. bearb. v. Hans Schneickert. Jena 1943.

Michel, Lothar (1982): Gerichtliche Schriftvergleichung. Eine Einführung in Grundlagen, Methoden und Praxis. Berlin, New York.

Michon, Jean Hippolyte (1875): System der Graphologie. Hg. v. R. Pophal. München 1965.

Moritz, Karl Philipp (1793): „Allgemeiner deutscher Briefsteller“, in ders.: Sämtliche Werke. Kritische und kommentierte Ausgabe, Bd. 9, hg. v. Albert Meier u. Christof Wingertszahn. Tübingen 2008. S. 95–419.

Navratil, Leo (1965): Schizophrenie und Kunst. Ein Beitrag zur Psychologie des Gestaltens. München.

Navratil, Leo (1978): Gespräche mit Schizophrenen. München.

Pädagogische Verhandlungsblätter für Eltern, Erzieher, Jugendlehrer und Kinderfreunde. Nebst einem Intelligenzblatte, in: Begleitung der Zeitung für die Jugend. Leipzig 1808.

Pinel, Philippe (1801): Philosophisch-medicinische Abhandlung über Geistesverwirrungen oder Manie. Wien.

Pophal, Rudolf (1949): Die Handschrift als Gehirnschrift. Die Graphologie im Lichte des Schichtgedankens. Rudolstadt.

Prass, Reiner (1998): Signierfähigkeit und Schriftkultur. Methodische Überlegungen und neuere Studien zur Alphabetisierungsforschung in Frankreich und Deutschland, in: Francia 25, S. 175–197.

Preyer, Wilhelm T. (1895): Zur Psychologie des Schreibens. Mit besonderer Rücksicht auf individuelle Verschiedenheiten der Handschrift. 3. Aufl. Leipzig 1928.

Pulver, Max (1931): Symbolik der Handschrift. Stuttgart, Hamburg, München 1984.

Rorschach, Hermann (1921): Psychodiagnostik. Methodik und Ergebnisse eines wahrnehmungsdiagnostischen Experiments (Deutenlassen von Zufallsformen). Bern.

Sammlung historisch berühmter Autographen, oder Facsimiles von Handschriften ausgezeichneter Personen der alten und neuen Zeit. Auf Stein geschrieben. Aus einer Sammlung von mehr als 10.000 nur das Ausgezeichnetste. Stuttgart 1845.

Schermann, Rafael (1928): Gutachten zu einer Schrift (Karl Mays), in: Im Schatten Winnetous. Berliner Tageblatt Nr. 570, 2.12.1928. Wiederabgedruckt in: Hartmut Vollmer (1992): Mitteilungen der Karl-May-Gesellschaft, Nr. 91, S. 19.

Schneickert, Hans (1906): Die Bedeutung der Handschrift im Zivil- u. Strafrecht. Leipzig.

Schneickert, Hans (1906a): Die Handschrift im Rechts und Verkehrsleben. Rechtskunde für Schriftsachverständige [Zweite Auflage des Buches ‚Die Bedeutung der Handschrift im Zivil- u. Strafrecht‘]. Heidelberg 1939.

Schneickert, Hans (1908): Signalementenlehre (System Alphonse Bertillon). Enthaltend: I. Das „gesprochene Portrait“ (Portrait parlè) u. II. Identitätsfeststellungen ohne Signalement. Handbuch für Polizeibehörden, Gendarmerie- u. Polizeischulen. München.

Schneickert, Hans (1918): Leitfaden der gerichtlichen Schriftvergleichung. Berlin.

Schneickert, Hans (1925): Die Verstellung der Handschrift und ihr graphonomischer Nachweis. Jena.

Schneickert, Hans (1943): Geheimnisvolle Briefe. Kriminalgeschichten. Lübeck.

Schumann, Johann Daniel (1749): „Nachricht von des Pädagogii zu Clausthal gegenwärtigen Verfassung, in: Altes und Neues von Schulsachen 7. Clausthal 1755.

Stephanie, Heinrich (1797): Grundriß der Staatserziehungswissenschaft. Leipzig, Weißenfels.

Stephanie, Heinrich (1802): Handfibel oder Elementarbuch zum Lesenlernen nach der Lautiermethode. Erlangen.

Stephanie, Heinrich (1815): Ausführliche Beschreibung der genetischen Schreibmethode für Volksschulen. Erlangen.

Tenner, Fr. (1932): Kriminalistik in Merkblättern. München.

Vischer, Robert (1883): Über das optische Formgefühl. Ein Beitrag zur Ästhetik. Leipzig.

Archäologie, Geschichte, Rechtsgeschichte, Kunstgeschichte, Soziologie

Bataille, Georges (1955): Die vorgeschichtliche Malerei. Lascaux oder die Geburt der Kunst. Übers. v. Karl Georg Hemmerich. Genf.

Bauerle, Dorothée (1988): Gespenstergeschichten für ganz Erwachsene: Ein Kommentar zu Aby Warburgs Bildatlas Mnemosyne. Berlin [u.a.].

Beck, Friedrich u. Henning, Eckart (Hg.): Die archivalischen Quellen. Mit einer Einführung in die Historischen Wissenschaften. 5. erweiterte u. aktualisierte Aufl., Köln, Weimar, Wien 2012.

Brandstetter, Gabriele (2001): „Kritzeln, Schaben, Übermalen. Bildlöschung als narratives Verfahren bei Hoffmann, Balzac, Keller und Hofmannsthal", in: Homo Pictor. Hg. v. Gottfried Boehm. München, Leipzig. S. 353–372.

Brandstetter, Gabriele (2010): „Signatur des Tanzes. Autorschaft und Zeichnung der Bewegung mit einer Performance von Amos Hetz: ‚I am drawing you are dancing. You are drawing I am dancing'", in: Denkfiguren. Performatives zwischen Bewegen, Schreiben und Erfinden. Hg. v. Nicole Haitzinger u. Karin Fenböck. München. S. 38–54.

Brunner, Heinrich (1880): Zur Rechtsgeschichte der römischen und germanischen Urkunde. Hildesheim.

Burg, Tobias (2007): Die Signatur. Formen und Funktionen vom Mittelalter bis zum 17. Jahrhundert. Berlin 2007.

Burkert, Walter (1986): „Beglaubigung jenseits der Sprache. Der Eid", in: Fatale Sprachen. Eid und Fluch in der Literatur- und Rechtsgeschichte. Hg. v. Peter Friedrich u. Manfred Schneider. München 2009. S. 47–57.

Burkert, Walter (1987): Antike Mysterien. Funktionen und Gehalt. 4. Aufl., München 2003.

Chastel, André (1974): Signature et signe. Paris. S. 8–14.

Craig, Gordon A. (1982): Über die Deutschen. München 1982.

Descombes, Vincent (2013): Die Rätsel der Identität. Übers. v. Jürgen Schröder. Berlin 2013.

Didi-Hubermann, Georges (2002): Das Nachleben der Bilder. Kunstgeschichte und Phantomzeit nach Aby Warburg. Übers. v. Michael Bischoff. Berlin.

Elias, Norbert (1992): Studien über die Deutschen. Machtkämpfe und Habitusentwicklung im 19. Und 20. Jahrhundert. 3. Aufl., hg. v. Michael Schröter. Frankfurt a.M. 1998.

Essig, Rolf Bernhard u. Schury, Gudrun (2001): „Karl May“, in: Deutsche Erinnerungsorte. Hg. v. Etienne Francois u. Hagen Schulze. 3 Bände. München 2009. Bd. III, S. 107–121.

Evers, Hans Gerhard (1986): Ludwig II. Theaterfürst – König – Bauherr. München.

Fleckner, Uwe u. Woldt, Isabella (2012): „Die Funktionen der sozialen Mneme als Bewahrerin der antikisierenden Dynamo Engramme der Gebärdensprache“, in: Aby Warburg: Bilderreihen und Ausstellungen. Hg. v. dies., in: Gesammelte Schriften, 2. Abt., Band II.2 (Studienausgabe), hg. v. Ulrich Pfisterer [u.a.]. Berlin. S. 135–151.

Fraenkel, Béatrice (1992): La signature. Genèse d'un signe. Paris.

Gawoll, Hans-Jürgen (1971/2007): „Spur“, in: HWP, S. 1550–1555.

Gawoll, Hans-Jürgen (1986/87): „Spur: Gedächtnis und Andersheit 1: Geschichte des Aufbewahrens“, in: Archiv für Begriffsgeschichte 30. S. 44–69.

Gelhard, Andreas (2005): Das Denken des Unmöglichen. Sprache, Tod und Inspiration in den Schriften Maurice Blanchots. München.

Gerstenberger, Heide u. Welke Ullrich (1996): Vom Wind zum Dampf. Sozialgeschichte der deutschen Handelsschifffahrt im Zeitalter der Industrialisierung. Münster.

Gilman, Sander L. (1981): „Friedrich Nietzsches Niederschriften aus der spätesten Zeit (1890–1897) and the Conservation Notebooks“, in: Psychoanalytische und Psychopathologische Literaturinterpretation. Hg. v. Bernd Urban [u.a.]. Darmstadt. S. 321–246.

Gombrich, Ernst Hans (1950): Die Geschichte der Kunst. 16., erw. u. überarb. Aufl., Berlin 1996.

Groebner, Valentin (2004): Der Schein der Person. Steckbrief, Ausweis und Kontrolle im Mittelalter. München.

Heflin, Wilson (2004): Herman Melville's Whaling Years. Hg. v. Mary K. Bercaw Edwards u. Farel Haffernen. Nashville.

Hensel, Thomas (2012): „Die Medialität der Kunstwissenschaft. Aby Warburg und die Fotografie“, in: Lieber Aby Warburg, was tun mit Bildern? Vom Umgang mit fotografischem Material (2. Dezember 2012–3. März 2013), hg. v. Eva Schmidt u. Ines Rüttinger. Heidelberg. S. 36–73.

Hofmann, Werner (1995): „Der Mnemosyne-Atlas. Zu Aby Warburgs Konstellationen“, in: Aby M. Warburg: ‚Ekstatische Nymphe ... trauernder Flußgott‘. Portrait eines Gelehrten, hg. v. Robert Galitz u. Brita Reimers. Hamburg. S. 172–183.

Holzhauer, Heinz (1973): Die eigenhändige Unterschrift. Geschichte und Dogmatik der Schriftformerfordernisse im deutschen Recht. Frankfurt a.M.

Huisstede van, Peter (1995): „Der Mnemosyne-Atlas. Ein Laboratorium der Bildgeschichte“, in: Aby M. Warburg: *‚Ekstatische Nymphe ... trauernder Flußgott‘. Portrait eines Gelehrten*, hg. von Robert Galitz u. Brita Reimers, Hamburg: Dölling u. Galitz. S. 130–172.

Kiesow, Rainer Maria (2004): Das Alphabet des Rechts. Frankfurt a.M.

Kresse, Walter (1984): Die Heuern Hamburger Seeleute 1760–1860, in: Zeitschrift des Vereins für Hamburgische Geschichte. Hamburg 1984.

Ladeur, Karl-Heinz (1978): Rechtssubjekt und Rechtsstruktur. Versuch über die Funktionsweise der Rechtssubjektivität. Gießen.

Lehmann, Heinrich (1904): Die Unterschrift im Tatbestande der schriftlichen Willenserklärung. Bonn.

Legendre, Pierre (1978): Die Leidenschaft ein anderer zu sein. Versuch über den Tanz, in: Schriften, Bd. 7. Hg. v. Georg Mein u. Clemens Pornschlegel. Übers. v. Sabine Hackbarth. Wien 2014.

Legendre, Pierre (1992): Die Kinder des Textes. Über die Elternfunktion des Staates, in: Schriften, Bd. 4, übers. v. Pierre Mattern. Hg. v. Georg Mein u. Clemens Pornschlegel. Wien, Berlin 2011.

Legendre, Pierre (1997): Gott im Spiegel. Untersuchung zur Institution der Bilder, in: Schriften, Bd. 2, übers. v. Sabine Hackbarth u. Verena Reiner. Hg. v. Georg Mein u. Clemens Pornschlegel. Wien, Berlin 2011.

Legendre, Pierre (2001): Über die Gesellschaft als Text. Grundzüge einer dogmatischen Anthropologie. Schriften, in: Bd. 5, übers. v. Sabine Hackbarth. Hg. v. Georg Mein u. Clemens Pornschlegel. Wien, Berlin 2012.

Legendre, Pierre (2002): „Gesetzgeben fürs Universum, oder was das Rechthaben so souverän begehrenswert macht. Ein Gespräch mit Pierre Legendre", in: Pierre Legendre: Historiker, Psychoanalytiker, Jurist. Hg. v. Cornelia Vismann in Zusammenarbeit mit Susanne Lüdemann u. Manfred Schneider. S. 9–19.

Legendre, Pierre (2009): Mit fremdem Blick. Radiogespräche mit Philippe Petit zur Politischen Philosophie, Psychoanalyse, Rechtsgeschichte und Anthropologie. Übers. v. Pierre Mattern. Wien 2013.

Leroi-Gourhan, André (1964): Hand und Wort. Die Evolution von Technik, Sprache und Kunst. Übers. v. Michael Bischoff. Frankfurt a.M. 1988.

Leroi-Gourhan, André (1964a): Die Religionen der Vorgeschichte. Übers. v. Michael Bischoff. Frankfurt a.M. 1981.

Leroi-Gourhan, André (1971): Prähistorische Kunst. Freiburg i. Breisgau.

Le Tensorer, Jean Marie (2001): „Ein Bild vor dem Bild? Die ältesten menschlichen Artefakte und die Frage des Bildes", in: Homo Pictor. Hg. v. Gottfried Boehm. München, Leipzig. S. 57–75.

Luhmann, Niklas (1988): Die Wirtschaft der Gesellschaft. Frankfurt a.M.

Mahal, Günther (1997): Faust und Faust: der Teufelsbündler in Knittlingen und Maulbronn. Tübingen.

Merta, Franz (1990): „Die Tagebücher König Ludwig II. von Bayern. Überlieferung, Eigenart und Verfälschung", in: Zeitschrift für bayrische Landesgeschichte, 53 / 2, S. 319–396.

Osterrieth, Albert (1895): Die Geschichte des Urheberrechts in England. Leipzig.

Remarque, Erich Maria (1962): Die Nacht von Lissabon. 2. Aufl., Köln, Berlin 1963.

Rörig, Fritz (1952): „Mittelalter und Schriftlichkeit", in: Die Welt als Geschichte 13 (1952), S. 29–41.

Rolf, Eckard (2009): Der andere Austin. Zur Rekonstruktion performativer Äußerungen – von Searle über Derrida zu Cavell und darüber hinaus. Bielefeld.

Schoell-Glass, Charlotte (1998): Aby Warburg und der Antisemitismus. Kulturwissenschaft als Geistespolitik. Frankfurt. a.M.

Schoell-Glass, Charlotte (1999): „Aby Warburg's Late Comments on Symbol and Ritual", in: Science in Context 12, 4, S. 621–642.

Seidl, Johannes (1996): „Schriftbeispiele des 17. bis 20. Jahrhunderts zum Erlernen der Kurrentschrift. Übungstexte aus Perchtoldsdorfer Archivalien", 2. Aufl, hg. v. Marktgemeinde Perchtoldsdorf.

Seibert, Thomas-Michael (2011): „Politik der Unterschrift", in: Die Schreibszene als politische Szene. Hg. v. Claas Morgenroth, Martin Stingelin u. Matthias Thiele. München 2012. S. 271–291.

Seitter, Walter (1985): Menschenfassungen. Studien zur Erkenntnispolitikwissenschaft. München.

Sennett, Richard (2008): Handwerk. Übers. v. Michael Bischoff. Berlin.

Seul, Jürgen (2009): Old Shatterhand vor Gericht. Die 100 Prozesse des Schriftstellers Karl May. Bamberg.

Sorg, Reto (2012): „Der Engel der Engel. Zu Paul Klees Angelus novus", in: Paul Klee: Die Engel. Hg. v. Zentrum Paul Klee, Bern. Ostfildern. S. 114–134.

Spangenberg, Ernst (1827): Die Lehre von dem Urkundenbeweis in Bezug auf alte Urkunden. Zwei Abteilungen. Heidelberg.

Stark, Christiane u. Röder, Hans-Gerd (2010): Sascha Schneider und Karl May. Zwei Künstler des deutschen Symbolismus. Bamberg.

Steinhauer, Fabian (2016): „Der *Patriot Act* und der *Autopen*. Eine Geschichte zur Theorie der (Kontra-)Signaturen", in: Archiv für Mediengeschichte: Medien der Bürokratie. Hg. v. Bernhard Siegert [u.a.]. Paderborn. S. 163–177.

Vandendriessche, Gaston (1986): „Der ‚Teufelsbündler Johann Christoph Haitzmann'", in: Prinz Eugen und das barocke Österreich. Kuratorium zur Veranstaltung der Ausstellung. Hg. v. Karl Gutkas. Wien.

Vesting, Thomas (2011): Medien des Rechts: Schrift. Weilerswist.

Warburg, Aby (1896/1901): „Symbolismus als Umfangsbestimmung", in: Werke in einem Band, hg. v. Martin Treml, Siegrid Weigel u. Perdita Ladwig, Berlin 2010. S. 615–627.

Warburg, Aby (1922): „Erstes autobiographisches Fragment", in ders. u. Ludwig Binswanger: Die unendliche Heilung. Aby Warburgs Krankengeschichte. Hg. v. Chantal Marazia u. Davide Stimilli. Zürich, Berlin 2007. S. 101–103.

Warburg, Aby (1923): Schlangenritual. Ein Reisebericht, 5. Aufl., mit einem Vorw. v. Ulrich Raulff u. einem Nachw. zur Neuausg. v. Claudia Wedepohl. Berlin 2011.

Warburg, Aby (1924): Der Bilderatlas Mnemosyne. 4. Aufl., hg. v. Martin Warnke unter Mitarbeit v. Claudia Brink. Berlin 2010.

Warburg, Aby (1926–29): Tagebuch der Kulturwissenschaftlichen Bibliothek Warburg mit Einträgen von Gertrud Bing und Fritz Saxl, in: Gesammelte Schriften. Studienausgabe, Bd. VII., hg. v. Karen Michels u. Charlotte Schoell-Glass. Berlin 2001.

Warburg, Aby (1927): Vom Arsenal zum Laboratorium, in: Werke in einem Band. Hg. v. Martin Treml, Siegrid Weigel u. Perdita Ladwig, Berlin 2010. S. 683–695.

Warburg, Aby (1929): Mnemosyne Einleitung, in ders.: Werke in einem Band, hg. v. Martin Treml, Siegrid Weigel u. Perdita Ladwig. Berlin 2010. S. 629–640.

Warburg, Aby (2011): Grundlegende Bruchstücke zu einer pragmatischen Ausdruckskunde, in: Frammenti sull'espressione, hg. von Susanne Müller, übers. von Maurizio Ghelardi und Giovanna Targia. Pisa.

Warburg, Aby: Bilderreihen und Ausstellungen, hg. v. Uwe Fleckner u. Isabella Woldt, in: Gesammelte Schriften, 2. Abt., Band II.2 (Studienausgabe), hg. v. Ulrich Pfisterer [u.a.], Berlin 2012.

Wind, Edgar (1980): „Warburgs Begriff der Kulturwissenschaft", in: Aby M. Warburg: *Ausgewählte Schriften und Würdigungen*, 2. verb. Aufl., hg. v. Dieter Wuttke. Baden-Baden. S. 401–419.

Zapperi, Roberto (2013): Alle Wege führen nach Rom. Die ewige Stadt und ihre Besucher. Übers. v. Ingeborg Walter. München.

Literatur-, Medien- und Kulturwissenschaft, Psychoanalyse, Diskursanalyse, Diskursgeschichte, Linguistik, Epistemologie

Assmann, Aleida (1993): „Exkarnation: Gedanken zur Grenze zwischen Körper und Schrift", in: Interventionen 2. Raum und Verfahren. Hg. v. Jörg Huber u. Alois Martin Müller. Frankfurt a.M. S. 133–157.

Assmann, Aleida (2015): Im Dickicht der Zeichen. Berlin.

Barthes, Roland (1953): Am Nullpunkt der Literatur. Übers. v. Helmut Scheffel. Frankfurt a.M. 2000.

Barthes, Roland (1967): Kritik und Wahrheit. Übers. v. Helmut Scheffel. Frankfurt a.M.

Barthes, Roland (1968): „Der Tod des Autors", in: Texte zur Theorie der Autorschaft. Hg. u. kommentiert v. Fotis Jannidis [u.a.]. Stuttgart 2009. S. 185–198.

Barthes, Roland (1973): „Ein fast manisches Verhältnis zu Schreibwerkzeugen", in ders.: Die Körnung der Stimme. Übers. v. Agnès Bucaille-Euler [u.a.], Frankfurt a.M. 2002. S. 197–202.

Barthes, Roland (1976–77): Wie zusammen leben? Simulationen einiger alltäglicher Räume im Roman. Vorlesung am Collège de France. Hg. v. Èric Marty, übers. v. Horst Brühmann. Frankfurt a.M. 2007.

Barthes, Roland (1977): Leçon /Lektion. Antrittsvorlesung am Collège des France. Gehalten am 7. Januar 1977. Französisch / Deutsch, mit einer Übers. v. Helmut Scheffel. Frankfurt a.M. 1980.

Barthes, Roland (1978–80): Die Vorbereitung des Romans. Vorlesung am Collège de France. Hg. v. Èric Marty. Übers. v. Horst Brühmann. Frankfurt a.M. 2008.

Beck, Andreas (2016): „Trophaeum Mariano-Cellense [...]. Rekonstruktion des ursprünglichen Text/Bild-Ensembles, Transkription, Übersetzung der lateinischen Passagen (elektronische Edition)“, in: Imitat, Zitat, Plagiat und Original in Literatur und Kultur der Frühen Neuzeit. Hg. v. Andreas Beck und Nora Ramtke. Frankfurt a.M. 2016. S. 251–261.

Bedini, Silvio A. (1984): Thomas Jefferson and his Copying Machines. Charlottesville.

Benne, Christian (2015): Die Erfindung des Manuskripts. Zur Theorie und Geschichte literarischer Gegenständlichkeit. Berlin.

Bering, Dietz (1987): Der Name als Sigma: Antisemitismus im deutschen Alltag 1812–1933. 2. Aufl., Stuttgart 1988.

Bertaux, Pierre (1978): Friedrich Hölderlin. Eine Biographie. Frankfurt a.M. 2000.

Binczek, Natalie (2000): Im Medium der Schrift. Zum dekonstruktiven Anteil in der Systemtheorie Niklas Luhmanns. München.

Binczek, Natalie (2007): Kontakt: Der Tastsinn in Texten der Aufklärung. Tübingen.

Blanchot, Maurice (1959): Der Gesang der Sirenen. Essays zur modernen Literatur. Übers. v. Karl August Horst. Frankfurt a.M., Berlin, Wien 1982.

Blanchot, Maurice (1976): Die Freundschaft. Übers. v. Ulrich Kunzmann [u.a.]. Berlin 2011.

Blanchot, Maurice (2007): Der literarische Raum. Übers. v. Marco Gutjahr u. Jonas Hock. Zürich 2012.

Bloom, Harold (1973): Einfluss-Angst. Eine Theorie der Dichtung. Übers. v. Angelika Schweikhart. Basel 1995.

Bolz, Norbert (1977): Über romantische Autorenschaft, in: Urszenen. Literaturwissenschaft als Diskursanalyse und Diskurskritik. Hg. v. Friedrich A. Kittler u. Horts Turk. Frankfurt a.M. S. 44–53.

Bolz, Norbert (1989): Auszug aus der entzauberten Welt. Philosophischer Extremismus zwischen den Weltkriegen. 2. Aufl., München 1991.

Bolz, Norbert (1990): Theorie der Neuen Medien. München.

Borck, Cornelius (2015): Hirnströme. Eine Kulturgeschichte der Elektroenzephalographie. Göttingen.

Borchmeyer, Dieter (2017): Was ist Deutsch? Die Suche einer Nation nach sich selbst. 2. Aufl., Berlin.

Borgarts, Roland (2012): Der Affe als Mensch und der Europäer als Ureinwohner. Ethnozoographie um 1800 (Cornelis de Pauw, Wilhelm Hauff, Friedrich Tiedemann), in: David Wellbery (Hg.): Romantische Ethnographie. Würzburg. S. 17–42.

Bosse, Heinrich (1981): Autorschaft ist Werkherrschaft. Über die Entstehung des Urheberrechts aus dem Geist der Goethezeit. Paderborn, München, Wien, Zürich

Bosse, Heinrich (1985): „‚Die Schüler müssen selbst schreiben lernen ‘ oder die Einrichtung der Schiefertafel, in: *ex machina*. Beiträge zur Geschichte der Kulturtechniken. Hg. v. Tobias Nanz u. Bernhard Siegert. Weimar 2006. S. 163–207.

Bühler, Benjamin u. Rieger, Stefan (2014): Kultur. Ein Maschinarium des Wissens. Berlin.

Campe, Rüdiger (1991): „Die Schreibszene, Schreiben“, in: Schreiben als Kulturtechnik. Hg. v. Sandro Zanetti. Frankfurt a.M. 2012. S. 269–83.

Chastel, André (1974): „Signature et Signe“, in: Revue de l'art, Bd. 26, S. 8–14.

Clark, Juan Manuel (2001): Füllfederhalter. Übers. v. Ingrid Ickler. Paris 2005.

Curtius, Ernst Robert (1948): Europäische Literatur und lateinisches Mittelalter. 5. Aufl., Bern 1965.

Curtius, Ernst Robert (1951): „Goethes Aktenführung“, in: Grundlagen der Literaturwissenschaft. Exemplarische Texte. Hg. v. Bernhard J. Dotzler. Köln, Weimar, Wien 1999. S. 158–167.

Debus, Friedhelm (2002): Namen in literarischen Werken. (Er-)findung – Form – Funktion. Stuttgart.

Delbanco, Andrew (2014): Melville. Biographie. München, Wien.

Didi-Huberman, Georges (1997): Ähnlichkeit und Berührung. Archäologie, Anachronismus und Modernität des Abdrucks. Köln 1999.

Dischner, Gisela (1996): „... bald sind wir aber Gesang“. Zur Hölderlin-Linie der Moderne. Bielefeld.

Dommann, Monika (2014): Autoren und Apparate. Die Geschichte des Copyrights im Medienwandel. Frankfurt a.M.

Dotzler, Bernhard J. (1986): „Neue Nachricht von dem gebildeten jungen Mann“, in: Mitteilungen der E.T.A.-Hoffmann-Gesellschaft 32. S. 28–34.

Dotzler, Bernhard J. (1998): „Mondlandschaften. Eine Motivvariation auf das *Überleben* im Werk von Arno Schmidt“, in ders.: Diskurs und Medium III: Philologische Untersuchungen: Medien und Wissen in literarischen Beispielen. München 2011. S. 279–305.

Drawert, Kurt (2012): Schreiben. Vom Leben der Texte. München.

Driesen, Christian (2016): Theorie der Kritzelei. Wien.

Eco, Umberto (1973): Zeichen. Einführungen in einen Begriff und seine Geschichte. Frankfurt a.M. 1977.

Engemann, Christoph (2003): Electronic Government – vom User zum Bürger: Zur kritischen Theorie des Internet. Bielefeld.

Engemann, Christoph (2011): „Im Namen des Staates. Der elektronische Personalausweis und die Medien der Regierungskunst“, in: Zeitschrift für Medien- und Kulturforschung. Hg. v. Bernhard Siegert u. Lorenz Engell. 2 / (2011). S. 211–229.

Erikson, Erik H. (1968): Jugend und Krise. Die Psychodynamik im sozialen Wandel. 5. Auf., übers. v. Marianne v. Eckhardt-Jaffé. Stuttgart 2003.

Esterházy, Fanny (2016): Arno Schmidt. Eine Bildbiographie. Mit einführenden Texten von Bernd Rauschenbach. Frankfurt a.M.

Eule, Wilhelm (1955): Mit Stift und Feder. Kleine Kulturgeschichte der Schreib- und Zeichenwerkzeuge. Leipzig.

Flusser, Vilém (1965): Die Geschichte des Teufels. 2. Aufl., hg. v. Andreas Müller-Pohle. Göttingen 1996.

Flusser, Vilém (1985): Ins Universum der technischen Bilder. 5. Aufl., hg. v. Andreas Müller-Pohle. Göttingen 1996.

Flusser, Vilém (1987): Die Schrift. Hat Schreiben Zukunft? Frankfurt a.M. 1992.

Flusser, Vilém (1991): Gesten. Versuch einer Phänomenologie. Frankfurt a.M. 1994.

Flusser, Vilém (1993): Lob der Oberflächlichkeit. Für eine Phänomenologie der Medien, in: Schriften. Hg. v. Stefan Bollmann u. Edith Flusser, Bd. 1. Frankfurt a.M.

Folkers, Horst (1991): „Die gerettete Geschichte. Ein Hinweis auf Benjamins Begriff der Erinnerung", in: Mnemosyne. Formen und Funktionen der kulturellen Erinnerung. Hg. v. Aleida Assmann u. Dietrich Harth. Frankfurt a.M. S. 363–378.

Foucault, Michel (1962): „Das ‚Nein' des Vaters", in: Schriften in vier Bänden. Dits et Ecrits, hg. v. Daniel Defert u. François Ewald, übers. v. Hans-Dieter Gondek. Frankfurt a.M. 2001. Bd. 1, S. 263–282.

Foucault, Michel (1963): Die große Fremde. Zu Wahnsinn und Literatur. Hg. v. Artières [u.a.]. Übers. v. Arne Klawitter u. Jonas Hock. Zürich, Berlin 2014.

Foucault, Michel (1966): Die Ordnung der Dinge. Eine Archäologie der Humanwissenschaften. Übers. v. Ulrich Köppen. Frankfurt a.M. 1995.

Foucault, Michel (1968): Das giftige Herz der Dinge. Gespräch mit Claude Bonnefoy. Hg. v. Philippe Artières. Übers. v. Franziska Humphreys-Schottmann. Zürich 2012.

Foucault, Michel (1969): Archäologie des Wissens. Übers. v. Ulrich Köppen. Frankfurt a.M. 1981.

Foucault, Michel (1969a): „Was ist ein Autor?", in: Schriften in vier Bänden. Dits et Ecrits. Bd. I [1954–69], hg. v. Daniel Defert u. François Ewald. Übers. v. Michel Bischoff [u.a.]. Frankfurt a.M. 2001. S. 1003–1042.

Foucault, Michel (1969b): „Was ist ein Autor? (Vortrag und Diskussion)" in: Schriften zur Literatur. Hg. v. Daniel Defert [u.a.]. Übers. v. Michael Bischoff [u.a.]. Auswahl und Nachwort von Martin Stingelin. Frankfurt a.M. 2003. S. 234–271.

Foucault (1969c): „Was ist ein Autor?", in: Schriften zur Literatur, übers. v. Karin von Hofer. Frankfurt a.M. 1993. S. 7–31.

Foucault, Michel (1971): Nietzsche, die Genealogie, die Historie, in ders.: Von der Subversion des Wissens. Hg. u. übers. v. Walter Seitter. Mit einer Bibliographie der Schriften Foucaults. Frankfurt a.M. 1994. S. 69–91.

Foucault, Michel (1972): Die Ordnung des Diskurses. Inauguralvorlesung am Collége de France, 2. Dezember 1970. Übers. v. Walter Seitter. Mit einem Essay v. Ralf Konersmann. Frankfurt a.M. 1994.

Foucault, Michel (1973): Wahnsinn und Gesellschaft. Eine Geschichte des Wahns im Zeitalter der Vernunft. 12. Aufl., übers. v. Ullrich Koeppen. Frankfurt a.M. 1996.

Foucault, Michel (1973–74): Die Macht der Psychiatrie. Vorlesung am Collège des France 1973–1974. Hg. v. Jacques Lagrange. Übers. v. Claudia Brede-Konersmann u. Jürgen Schröder. Frankfurt a.M. 2005.

Foucault, Michel (1977–78): Geschichte der Gouvernementalität I: Sicherheit, Territorium, Bevölkerung. Vorlesung am Collège de France 1977–78. Hg. v. Michael Sennelart. Übers. v. Claudia Brede-Konersmann u. Jürgen Schröder. Frankfurt a.M. 2004.

Foucault, Michel (1978–79): Geschichte der Gouvernementalität II: Die Geburt der Biopolitik. Vorlesung am Collége de France 1978–1979. Hg. v. Michel Sennelart. Übers. v. Jürgen Schröder. Frankfurt a.M. 2004.

Foucault, Michel (1978–79): Die Wahrheit und die juridischen Formen. Übers. v. Michael Bischoff. Frankfurt a.M. 2003.

Foucault, Michel (1978): Dispositive der Macht. Über Sexualität, Wissen und Wahrheit. Berlin.

Foucault, Michel (1984): „Technologien des Selbst", in: Technologien des Selbst. Hg. v. Luther H. Martin [u.a.]. Übers. v. Michael Bischoff. Frankfurt a.M. 1993. S. 26–63.

Foucault, Michel (1984a): „Die politische Technologie der Individuen", in: Technologien des Selbst. Hg. v. Luther H. Martin [u.a.]. Übers. v. Michale Bischoff. Frankfurt a.M. 1993. S. 168–188.

Frecot, Janos (2011): „Namen, Daten, Scharfe Bilder. Fotografieren als Sichtbarmachen und Verdichten der Wirklichkeit", in: Arno Schmidt als Fotograf. Entwicklung eines Bildbewusstseins. Hg. v. ders. Ostfildern 2011. S. 12–70.

Fürnkäs, Josef (1988): Surrealismus als Erkenntnis. Walter Benjamin – Weimarer Einbahnstraße und Pariser Passagen. Stuttgart.

Fuld, Werner (1978): „Angesilaus Santander oder Benedix Schönfließ. Die geheimen Namen Walter Benjamins", in: Neue Rundschau 89 (1978), S. 253–263 [Heft 2].

Fuld, Werner (1979): Walter Benjamin: Zwischen den Stühlen. Eine Biographie. Frankfurt a.M. 1981.

Gätje, Olaf (2006): „Das ‚info'-System der RAF von 1973 bis 1977 in sprachlicher Perspektive", in: Die RAF und der linke Terrorismus. Hg. v. Wolfgang Kraushaar. Hamburg. S. 1392–1413.

Gätjen, Dieter (1991): Die Bibliothek Arno Schmidts. Ein kommentiertes Verzeichnis seiner Bücher. Bargfeld.

Geitner, Ursula (1996): „Klartext. Zur Physiognomik Johann Caspar Lavaters", in: Geschichten der Physiognomik. Text – Bild – Wissen. Hg. v. Rüdiger Campe u. Manfred Schneider. Freiburg i. Breisgau. S. 357–387.

Genette, Gérard (1987): Paratexte. Das Buch vom Beiwerk des Buches. Übers. v. Dieter Hornig. Frankfurt a.M. 1989.

Gerigk, Horst-Jürgen (1989): Der Affe als Mensch in der deutschen, französischen, russischen, englischen und amerikanischen Literatur des 19. und 20. Jahrhunderts. Hürtgenwald.

Gerstner, Jan (2015): „Überflutung des Elysiums. Kanon und kulturelles Gedächtnis in *Tina* und anderswo", in: Arno Schmidt und der Kanon. Hg. v. Axel Dunker u. Sabine Kyora. München. S. 155–173.

Gessinger, Joachim (1979): „Schriftspracherwerb im 18. Jahrhundert. Kulturelle Verelendung und politische Herrschaft", in: Schriftspracherwerb, Bd. I, hg. v. H. Andresen, H.W. Giese, F. Januschek. Osnabrück. S. 26–47.

Ginzburg, Carlo (1979): „Spurensicherung. Der Jäger entziffert die Fährte, Scherlock Holmes nimmt die Lupe, Freud liest Morelli – die Wissenschaft auf der Suche nach sich selbst", in ders.: Spurensicherung. Übers. v. Gisela Bonz u. Karl F. Hauber. Berlin 2002. S. 7–58.

Giuriato, Davide (2006): Mikrographien. Zu einer Poetologie des Schreibens in Walter Benjamins Kindheitserinnerungen (1932–1939). München.

Godt, Birgitta (1993): „Die Entwicklung der Handvermittlung", in: Fräulein vom Amt. Hg. v. Helmut Gold u. Anette Koch. München. S. 68–86.

Gombrich, Ernst Hans (1970): Aby Warburg. Eine intellektuelle Biographie. Übers. v. Matthias Fienbork. Hamburg 2012.

Graevenitz von, Antje (1984): „Erlösungskunst oder Befreiungspolitik: Wagner und Beuys", in: Unsere Wagner: Joseph Beuys, Heiner Müller, Karlheinz Stockhausen, Hans Jürgen Syberberg. Essays. Hg. v. Gabriele Förg. Frankfurt a.M. 1984. S. 11–50.

Grésillion, Almuth (1994): Literarische Handschriften. Einführung in die „critique génétique". Übers. v. Frauke Rother u. Wolfgang Günther. Bern [u.a.] 1999 [Arbeiten zur Editionswissenschaft, Bd. 4].

Güsken, Jessica (2018): „Kants tätowierter Neuseeländer", in: z.B. – Zeitschrift zum Beispiel, Heft 1 (2018). S. 47–63.

Guthke, Karl S. (1987): B. Traven. Biographie eines Rätsels. Frankfurt a.M.

Hagestedt, Lutz u. Kischel, André (2009): Herr der Welt. Kommentierendes Handbuch zu Arno Schmidts *Schwarze Spiegel*. München.

Hamacher, Werner (2003): „Echolos", in: Nietzsche aus Frankreich. Hg. v. ders., Berlin, Wien. S. 7–19.

Hatzig, Hansotto (1979): „Arno Schmidt starb am 3.6.1979", in KMG, Nr. 41, S. 35.

Hauschild, Jan-Christoph (2012): B. Traven – Die unbekannten Jahre. Zürich, Wien, New York.

Heinzelmann, Martin; Herbers, Klaus; Bauer, Dieter R. [Hg.] (2002): Mirakel im Mittelalter. Konzeptionen, Erscheinungsformen, Deutungen. Stuttgart.

Hellingrath von, Norbert (1915): „Hölderlin und die Deutschen", in: Hölderlin-Vermächtnis. 2. vermehrte Aufl., eingeleitet v. Ludwig v. Pigenot. München 1944. S. 119–150.

Hellingrath von, Norbert (1915a): „Hölderlins Wahnsinn“, in: Hölderlin-Vermächtnis. 2. vermehrte Aufl., eingeleitet v. Ludwig v. Pigenot, München 1944. S. 150–184.

Hörisch, Jochen (1998): Kopf oder Zahl. Die Poesie des Geldes. Frankfurt a.M.

Honold, Alexander (2005): Hölderlins Kalender. Astronomie und Revolution um 1800. Berlin.

Horn, Eva (2004): „Von Künstlerhand. Graphologische Theorien über das Genie“, in: Die Wissenschaft vom Künstler. Hg. v. Bettina Gockel u. Michael Hagner Preprint 279, Max-Planck-Institut für Wissenschaftsgeschichte. Berlin S. 119–128.

Horn, Eva (2004a): „Graphologie zwischen populärer Selbsterforschung und moderner Humanwissenschaft“, in: Zwischen Literatur und Anthropologie. Diskurse, Medien, Performanzen. Hg. v. Aleida Assmann, Ulrich Gaier, Gisela Trommsdorf. Diskurse, Medien, Performanzen. Tübingen. S. 175–199.

Ingold, Felix Philipp (1989): „Der Autor im Text (Zur Signatur des Werks)“, in ders.: Im Namen des Autors. Arbeiten für die Kunst und Literatur. München 2004. S. 299–375.

Ingold, Felix Philipp (2003): „Der Name des Autors (Zur Poetik des Pseudonyms)“, in ders.: Im Namen des Autors. Arbeiten für die Kunst und Literatur. München 2004. S. 263–299.

Jakobson, Roman u. Lübbe-Grothues, Grete (1976): „Ein Blick auf *Die Aussicht* von Hölderlin“, in ders.: Hölderlin – Klee – Brecht. Zur Wortkunst dreier Gedichte. Hg. v. Elmar Holenstein. Frankfurt a.M. S. 27–97.

Kamecke, Gernot (2009): „Poetologie der Namen. Zur Metaphysik der Onomastik bei Proust und Mallarmé“, in: Namen. Benennung, Verehrung, Wirkung (1850–1930). Hg. v. Tatjana Petzer, Sylvia Sasse, Franziska Thun-Hohenstein u. Sandro Zanetti. Berlin. S. 51–75.

Kammer, Stephan (2006): „Reflexionen der Hand. Zur Poetologie der Differenz zwischen Schreiben und Schrift“, in: Bilder der Handschrift. Die graphische Dimension der Literatur. Hg. v. ders. u. Davide Giuriato. Frankfurt a.M., Basel.

Kammer, Stephan (2008): „Handschrift“, in: Der Brief – Ereignis & Objekt, Katalog der Ausstellung im Freien Deutschen Hochstift Frankfurter Goethe-Museum, hg. v. Anne Bohnenkamp u. Waltraud Wiethölter. Frankfurt a.M. 2018. S. 73–99.

Kawashima, Kentaro (2019): „Knipsen: Walter Benjamin am Auslöser“, in: z.B. – Zeitschrift zum Beispiel. Nr. 3, S. 127–147.

Kittler, Friedrich (1963–72): „Schrift / Schriftentzifferung“, in ders.: Baggersee. Frühe Schriften aus dem Nachlass. Hg. v. Tania Hron u. Sandrina Khaled. Paderborn 2015. S. 165–167.

Kittler, Friedrich (1985): Aufschreibesysteme 1800–1900. 3. vollst. überarb. Aufl. München 1995.

Kittler, Friedrich (1985a): Aufschreibesysteme 1800–1900. 4. vollst. überarb. Neuauflage. München 2003.

Kittler, Friedrich (1985b): „Ein Höhlengleichnis der Moderne. Lesen unter hochtechnischen Bedingungen“, in: Platons Spiegel. Hg. v. Mischa Kuball. Köln 2012. S. 347–366.

Kittler, Friedrich (1993): „Geschichte der Kommunikationsmedien", in: Interventionen 2. Raum und Verfahren. Hg. v. Jörg Huber u. Alois Martin Müller. Frankfurt a.M. S. 169–189.

Kittler, Friedrich u. Derrida, Jacques (1980): Nietzsche – Politik des Eigennamens. Wie man abschafft, wovon man spricht. Berlin 2000. S. 65–101.

Klenner, Jost Philipp (2007): „Der Duce ist nicht aus Email", in: Ordnungen der Krise. Zur politischen Kulturgeschichte Deutschlands 1900–1933. Hg. v. Wolfgang Hartwig. München. S. 449–481.

Kluge, Alexander u. Vogl, Joseph (1996): „Nationalismus und Philosophie", in: Soll und Haben. Fernsehgespräche. Zürich, Berlin 2009. S. 297–309.

Kraft, Werner (1972): „Über Benjamin", in: Zur Aktualität Walter Benjamins. Hg. v. Siegfried Unseld. Frankfurt a.M., S. 59–70.

Krämer, Sybille (2007): „Was also ist eine Spur?", in: Spur. Spurenlesen als Orientierungstechnik. Hg. v. Sybille Krämer, Werner Kogge u. Gernot Grube. Frankfurt a.M., S. 11–37.

Kretzenbacher Leopold (1951): „Faust in Mariazell: Nachtrag zur Chronik des Wiener Goethe-Vereins, XXXIV", in: Chronik des Wiener Goethe-Vereins, Bd. 55. Wien. S. 28–30.

Lacan, Jacques (1931): „„Eingegebene ‘ Schriften: Schizographie", in ders.: Über die paranoische Psychose in ihren Beziehungen zur Persönlichkeit und Frühe Schriften über Paranoia. Übers. v. Hand Dieter Gondek, hg. v. Peter Engelmann. Wien 2002. S. 361–379.

Lacan, Jacques (1953): „Funktionen und Feld des Sprechens und der Sprache in der Psychoanalyse", in: Schriften I. 4., durchges. Aufl., ausgewählt u. hg. v. Norbert Haas. Übers. v. Chantal Creusot [u.a.]. Weinheim, Berlin 1991. S. 71–170.

Lacan, Jacques (1971): „Die Bedeutung des Phallus", in: Schriften II. 3., korrigierte Aufl., ausgewählt u. hg. v. Norbert Haas. Übers. v. Chantal Creusot [u.a.]. Weinheim, Berlin 1991. S. 119–133.

Lacan, Jacques (1971a): Ich spreche zu den Wänden. Gespräche aus der Kapelle von Saint-Anne. Übers. v. Hans-Dieter Gondek. Wien 2013.

Laplanche, Jean (1961): Hölderlin und die Suche nach dem Vater. Stuttgart 1976.

Lejeune, Philippe (1975): Der autobiographische Pakt. Übers. v. Wolfram Bayer u. Dieter Hornig. Frankfurt a.M. 1994.

Macho, Thomas (2005): „Handschrift – Schriftbild. Anmerkungen zu einer Geschichte der Unterschrift", in: Schrift. Kulturtechnik zwischen Auge, Hand und Maschine. Hg. v. Gernot Grube, Werner Kogge u. Sybille Krämer. München. S. 413–422.

Macho, Thomas (2008): „Tiere zweiter Ordnung. Kulturtechniken der Identität und Identifikation", in: Über Kultur. Theorie und Praxis der Kulturreflexion. Hg. v. Dirk Baecker, Matthias Kettner u. Dirk Rustemeyer. Bielefeld. S. 99–119.

Manthey, Jürgen (1983): Wenn Blicke zeugen könnten. Eine psychohistorische Studie über das Sehen in Literatur und Philosophie. München.

Manthey, Jürgen (1986): „Als wäre ich 5 Meter hoch". Von der ‚wahren‘ ‚Größe ‘ Arno Schmidts. Aus Anlass von Veröffentlichungen aus dem Nachlass, in: Text und Kritik, 4. Aufl.: Neufassung München. S. 7–26.

Manthey, Jürgen (1997): Die Unsterblichkeit Achills. Vom Ursprung des Erzählens. München, Wien.

Marin, Luis (1981): Das Portrait des Königs. Übers. v. Heinz Jatho. Berlin 2005.

Martynkewicz, Wolfgang (1991): Selbstinszenierung. Untersuchungen zum psychosozialen Habitus Arno Schmidts. München.

Martynkewicz, Wolfgang (1992): Arno Schmidt mit Selbstzeugnissen und Bilddokumenten. Reinbek bei Hamburg.

Mattenklott, Gert (2001): „Faust", in: Deutsche Erinnerungsorte. Bd. III, hg. v. Etienne François u. Hagen Schulze. München. S. 603–619.

Müller, Jan Dirk (1995): „Der Körper des Buches. Zum Medienwechsel zwischen Handschrift und Druck", in: Materialität der Kommunikation. Hg. v. H.U. Gumbrecht u. K.L. Pfeiffer. 2. Aufl., Frankfurt a.M. S. 203–218.

Müller, Lothar (2012): Weisse Magie. Die Epoche des Papiers. München.

Münker, Stefan u. Roesler, Alexander: „Signatur, Stempel, Lesbarkeit. Ein Brief von Derrida", in: „Drehmomente". Philosophische Reflexionen für Sybille Krämer. Hg. v. Werner Kogge [u.a. http://www.cms.fu-berlin.de/geisteswissenschaften/v/drehmomente/content/4-Muenker_Roesler/Drehmomente_MuenkerRoesler.pdf [letzter Abruf: 31.05.2023].

Neef, Sonja (2008): Abdruck und Spur. Handschrift im Zeitalter ihrer technischen Reproduzierbarkeit. Berlin.

Neumann, Gerhard (1996): „Der Blick des Anderen. Zum Motiv des Hundes und des Affen in der Literatur", in: Jahrbuch der dt. Schillergesellschaft XL (1996). S. 87–122.

Neumann, Gerhard (2009): „MENSCHEN/AFFEN. Erkundung der Grenze zwischen Kultur und Natur", in: Natur – Kultur. Zur Anthropologie von Sprache und Literatur. Hg. v. Thomas Anz. Paderborn. S. 93–108.

Neumann, Gerhard (2011): „Schreiben und Edieren", in: Literaturwissenschaft. Einführung in eine Sprachspiel. 2. Aufl., hg. v. Heinrich Bosse u. Ursula Renner. Freiburg i. Breisgau 2010. S. 401–426.

Neumann, Gerhard (2011a): „Das Tier als Virtuose", in: Genie – Virtuose – Dilettant. Konfigurationen romantischer Schöpfungsästhetik. Hg. v. Gabriele Brandstetter u. G. Neumann. Würzburg. S. 115–127.

Neumann, Gerhard (2011b): „Virtuosität der Kalligraphie. Der Schreiber als Parasit des Genies – eine philologische Arabeske", in: Genie – Virtuose – Dilettant. Konfigurationen romantischer Schöpfungsästhetik. Hg. v. Gabriele Brandstetter u. G. Neumann. Würzburg. S. 289–293.

Niehaus, Michael (2002): Autoren unter sich. Walter Scott, Willibald Alexis, Wilhelm Hauff und andere in einer literarischen Affäre. Heidelberg.

Olenhusen von, Götz (2006): „Engel am Abgrund. Walter Benjamin liest Karl May", in: Jahrbuch der Karl-May-Gesellschaft. S. 99–127.

Osterkamp, Ernst (2010): Poesie der leeren Mitte. Stefan Georges Neues Reich. München.

Otto, Walter Friedrich Gustav (1933): Dionysos. Mythos und Kultus. 6. Aufl., Frankfurt a.M. 1996.

Payer von Thurn, Rudolph (1917): Der historische Faust im Bilde. Wien.

Payer von Thurn, Rudolph (1924): Faust in Mariazell, in: Chronik des Wiener Goethe-Vereins, Bd. 34. Wien 1934. S. 1–18.

Pechmann, Alexander (2001): Hermann Melville. Leben und Werk. Wien, Köln, Weimar 2003.

Peeters, Benoît (2010): Derrida. Eine Biographie. Übers. v. Horst Brühmann. Berlin 2013.

Pethes, Nicolas (1999): Mnemographie. Poetiken der Erinnerung und Destruktion nach Walter Benjamin. Tübingen.

Pethes, Nicolas (2015): „Diktat und Autorenschaft. Die Gerichtsszenen in E.T.A. Hoffmanns *Die Elixiere des Teufels* (1816)", in: Das Diktat. Phono-graphische Verfahren der Aufschreibung. Hg. v. Cornelia Epping-Jäger u. Natalie Binczek. Paderborn. S. 225–239.

Pias, Claus (2003): „Ordnen, was nicht zu sehen ist", in: Suchbilder. Visuelle Kultur zwischen Algorithmen und Archiven. Hg. v. Wolfgang Ernst, Stefan Heidenreich u. Ute Holl. Berlin. S. 99–108.

Pornschlegel, Clemens (1994): Der literarische Souverän. Studien zur politischen Funktion der deutschen Dichtung bei Goethe, Heidegger, Kafka und im George Kreis. Freiburg i. Breisgau.

Portrait eines produktiven Unfalls – Adolf Wölfli. Dokumente und Recherchen. Hg. v. Bettina Hunger, Michael Kohlenbach, Roman Kurzmeyer, Martin Stingelin, Hubert Thüring u. Ralph Schröder. Frankfurt a.M. 1993.

Raulff, Ulrich (2003): Wilde Energien. Vier Versuche zu Aby Warburg. Göttingen.

Recknagel, Rolf (1965): B. Traven. Beiträge zur Biografie. Leipzig.

Regener, Susanne (1999): Fotografische Erfassung: zur Geschichte medialer Konstruktionen des Kriminellen. Paderborn.

Rheinberger, Hans-Jörg (2005): Iterationen. Berlin.

Riedel, Manfred (2006): Geheimes Deutschland. Stefan George und die Brüder Stauffenberg. Köln, Weimar, Wien.

Rieger, Stefan (1998): „Richard Semon und/oder Aby Warburg: Mneme und/oder Mnemosyne", in: DVjs, 72. Jahrgang, Sonderheft (Medien des Gedächtnisses), S. 245–263.

Risthaus, Peter (2007): „Klaue, Pfote, Hand – Zum anthropogenen Zwischenraum", in: Politische Zoologie. Hg. v. Joseph Vogl u. Anne von der Heiden, Zürich, Berlin. S. 57–71.

Risthaus, Peter (2008): „Fluchen: an die Wurzel gehen. Hölderlins Rückkehr ins Element", in: Fatale Sprachen. Eid und Fluch in Literatur- und Rechtsgeschichte Hg. v. Peter Friedrich u. Manfred Schneider. München. S. 293–317.

Risthaus, Peter (2008a): „Stille. Stillend. Hölderlins Tränen", in: Tränen, hg. v. Beate Söntgen u. Geraldine Spiekermann. München. S. 142–161.

Risthaus, Peter (2009): Onto-Topologie. Zur Entäußerung des unverfügbaren Ortes von Martin Heidegger zu Jacques Derrida und jenseits. Berlin.

Risthaus, Peter (2009a): „*Geo*, Derridas Mutter", in: Figuren der Absenz. Hg. v. Peter Krilles [u.a.]. Berlin. S. 159–173.

Risthaus, Peter (2012): „Auf dem Trip. Drogenprotokolle als literarische Formulare“, in: Selbstläufer / Leerläufer. Regelungen und ihr Imaginäres im 20. Jahrhundert. Hg. v. Stefan Rieger u. Manfred Schneider. Berlin. S. 65–81.

Risthaus, Peter (2015): „Ich bin Hörig. Richard Anders‘ Drogendiktate, – unter der Bettdecke“, in: Das Diktat Phono-graphische Verfahren der Aufschreibung. Hg. v. Natalie Binczek u. Cornelia Epping-Jäger. Paderborn. S. 273–289.

Risthaus, Peter (2016): „Blutige Verschreibung. Der Fall Christoph Haitzmann, Sigmund Freud und die Signatur des Wunders“, in: Imitat, Zitat, Plagiat und Original in Literatur und Kultur der Frühen Neuzeit. Hg. v. Andreas Beck u. Nora Ramtke. Bochum. S. 132–154 [Bochumer Schriften zur Deutschen Literatur, Neue Folge 4].

Risthaus, Peter (2016a): „Souveräne Unterschrift: Ludwig II. von Bayern“, in: Figurationen des Politischen. Hg. v. Oliver Kohns und Martin Doll. Paderborn. S. 432–449.

Rosenberg, Rainer (1988): „Die Sublimierung der Literaturgeschichte oder: ihre Reinigung von den Materialitäten der Kommunikation“, in: Materialität der Kommunikation. Hg. v. H.U. Gumbrecht u. K.L. Pfeiffer. 2. Aufl., Frankfurt a.M. 1995. S. 107–121.

Sarasin, Philipp (2001): Reizbare Maschinen. Eine Geschichte des Körpers 1765–1914. Frankfurt a.M.

Schäfer, Armin (2005): „Lebendes Dispositiv: Hand beim Schreiben“, in: Psychographien. Hg. v. Cornelius Borck u. Armin Schäfer. Zürich, Berlin. S. 241–265.

Schäffner, Wolfgang; Weigel, Siegrid; Macho, Thomas (2003): „Das Detail, das Teil, das Kleine. Zur Geschichte und Theorie eines kleinen Wissens“, in: ‚Der liebe Gott steckt im Detail ‘. Mikrostrukturen des Wissens. München. S. 7–21.

Schaub, Martin (1996): „Hand und Kopf“, in: Du. Die Zeitschrift der Kultur, 8. Zürich. S. 84–85.

Schestag, Thomas (2012): „„Diese Hand […]: Walter Benjamin kritzelt‘“, in: Über Kritzeln. Graphismen zwischen Schrift, Bild, Text und Zeichen. Hg. v. Christian Driesen, Rea Köppel, Benjamin Meyer-Krahmer u. Eike Wittrock. Zürich. S. 59–71.

Schestag, Thomas (2015): „Zuschreiben“, in: Mütze# 7, hg. v. Urs Engeler, Solothurn, S. 321–341.

Schlaffer, Heinz (2012): Geistersprache. Zweck und Mittel der Lyrik. München.

Schneickert, Rudi (2006): ‚Ihr kennt meinen Namen, Sir?‘. Studien zur Namengebung bei Karl May. Sonderheft der Karl May Gesellschaft Nr. 134. Hamburg.

Schneider, Manfred (1986): Die erkaltete Herzensschrift. Der autobiographische Text im 20. Jahrhundert. München, Wien.

Schneider, Manfred (1993): „Das Geschenk der Lebensgeschichte: die Norm. Der autobiographische Text/Test um Neunzehnhundert“, in: Ethik der Gabe. Denken nach Jacques Derrida. Hg. v. Michael Wetzel u. Jean-Michel Rabaté. Berlin. S. 249–269.

Schneider, Manfred (2002): „Machtdesign. Plädoyer für eine Wiederaufrüstung der staatlichen Repräsentation“, in: Figurationen. Gender, Literatur, Kultur. Hg. v. Peter Körte, Heft 2. Köln. S. 15–33.

Schneider, Manfred (2003): „Die Feinde der Vernunft. Eine Kasuistik“, in: Feindschaft. Hg. v. Medardus Brehl u. Kristin Platt. München. S. 139–157.

Schneider, Manfred (2003a): „Leporellos Amt. Das Sekretariat der Sekrete“, in: Europa. Kultur der Sekretäre. Hg. v. Bernhard Siegert u. Joseph Vogl. Zürich, Berlin. S. 147–163.

Schneider, Manfred (2005): „‚Diebs-Mörders-Dichters-Kitzel‘, in: Anthrometrie. Vermessung des Menschen von Lavater bis Avatar. Hg. v. Gert Theile. München. S. 79–92.

Schneider, Manfred (2009): „Der König im Text“, in: Zeitschrift für Ideengeschichte, hg. v. Ulrich Raulff [u.a.], Heft III/1. S. 48–64.

Schneider, Manfred (2009a): „Nietzsches Flüche“, in: Fatale Sprachen. Eid und Fluch in Literatur- und Rechtsgeschichte Hg. v. Peter Friedrich u. Manfred Schneider. München. S. 293–317.

Schneider, Manfred (2010): Das Attentat. Kritik der paranoischen Vernunft. Berlin.

Schneider, Manfred (2012): „Götterpolitik. Nietzsches ‚Also sprach Zarathustra‘“, in: Echnaton und Zarathustra. Hg. v. Jan Assmann u. Harald Strohm. München.

Schneider, Manfred (2013): Transparenztraum. Literatur, Politik, Medien und das Unmögliche. Berlin 2013.

Serres, Michel (1968): Hermes I: Kommunikation. Übers. v. Michael Bischoff. Hg. v. Günther Rösch. Berlin 1991.

Serres, Michel (1980): Der Parasit. Übers. v. Michael Bischoff. Frankfurt a.M. 1981.

Serres, Michel (1987): Der Hermaphrodit. Übers. v. Reinhard Kaiser. Frankfurt a.M. 1989.

Serres, Michel (2008): Das *eigentliche* Übel. Verschmutzen, um sich anzueignen? Übers. v. Alexandre Plank u. Elisa Barth. Berlin 2009.

Serres, Michel (2012): Erfindet euch neu! Eine Liebeserklärung an die vernetzte Gesellschaft. 2. Aufl., übers. v. Stefan Lorenzer. Berlin 2013.

Seul, Jürgen (2009): Old Shatterhand vor Gericht. Die 100 Prozesse des Schriftstellers Karl May. Bamberg u. Radebeul.

Siegert, Bernhard (1993): Relais. Geschicke der Literatur als Epoche der Post 1751–1913. Berlin.

Siegert, Bernhard (2006): Passagiere und Papiere. Schreibakte auf der Schwelle zwischen Spanien und Amerika. München.

Siegert, Bernhard (2011): „Kulturtechnik“, in: Einführung in die Kulturwissenschaft. Hg. v. Harun Maye u. Leander Scholz. München, S. 95–118.

Siegert, Bernhard (2012): „Kapitel 16: The Ship“, in: Neue Rundschau, 123. Jahrgang, Heft 2, hg. v. Hans-Jürgen Balmes [u.a.]. Frankfurt a.M. S. 40–49.

Šklovskij, Viktor (1925): Theorie der Prosa. Hg. u. übers. v. Gisela Drohla. Frankfurt a.M. 1984.

Spuren Lektüren. Praktiken des Symbolischen. Hg. v. Giesela Fehrmann, Erika Linz, Cornelia Epping-Jäger. München 2005.

Stach, Reiner (2012): Ist das Kafka? 99 Fundstücke. Frankfurt a.M.

Steiner, Uwe C. (2006): Verhüllungsgeschichten. Die Dichtung des Schleiers. München.

Stiegler, Bernd (1994): Die Aufgabe des Namens. Untersuchungen zur Funktion der Eigennamen in der Literatur des zwanzigsten Jahrhunderts. München.

Stingelin, Martin (1999): „‚UNSER SCHREIBZEUG ARBEITET MIT AN UNSEREN GEDANKEN'", in: Schreiben als Kulturtechnik. Hg. v. Sandro Zanetti. Frankfurt a.M. 2012. S. 283–305.

Stingelin, Martin (2004): „‚Schreiben'", in: „Mir ekelt vor diesem tintenklecksenden Säkulum", in: Schreibszenen im Zeitalter der Manuskripte. Hg. v. M. Stingelin. München. S. 7–22.

Strohschneider-Kohrs, Ingrid (1999): „Unterschriften als szenisch-dramatische Aktion", in: Poesie und Reflexion. Aufsätze zur Literatur. Tübingen. S. 277–303.

Strowick, Elisabeth (1999): Passagen der Wiederholung. Kierkegaard – Lacan – Freud. Stuttgart, Weimar.

Sudhoff, Dieter (1986): „Der beflügelte Mensch. Traumflug, Aviatik und Höhenflug bei Karl May", in: Jb-KMG 1986. S. 111–154.

Sudhoff, Dieter (1999): „Karl May in Amerika", in: Karl Mays Gesammelte Werke. Bd. 82: In fernen Zonen. Karl Mays Weltreisen. Orient 1899–1900. Amerika 1908. Hg. v. Lothar u. Bernhard Schmid. Bamberg. S. 233–429.

Unseld, Siegfried (1972): Zur Aktualität Walter Benjamins. Frankfurt a.M.

Usener, Hermann (1896): Götternamen. Versuch einer Lehre von der religiösen Begriffsbildung. Bonn.

Vismann, Cornelia (2000): Akten. Medientechnik und Recht. Frankfurt a.M.

Vismann, Cornelia (2006): „Rechtsprechungstechniken", in: Ex machina. Beiträge zur Geschichte der Kulturtechniken. Hg. v. Tobias Nanz u. Bernhard Siegert. Weimar. S. 279–290.

Vismann, Cornelia (2010): „Kulturtechniken und Souveränität", in: ZMK, Bd. 1, S. 171–181.

Vismann, Cornelia (2011): Medien der Rechtsprechung. Hg. v. Alexander Kemmerer u. Markus Krajewski. Frankfurt a.M.

Vollmer, Hans (1910): „Künstlersignaturen", in: Die Kunst. Monatshefte für freie und angewandte Kunst, Bd. 21, S. 543–548 u. 565–569.

Weber, Sam (2003): „Gott und Teufel – im Detail", in: ‚Der liebe Gott steckt im Detail' – Mikrostrukturen des Wissens. Hg. v. Wolfgang Schäffner, Sigrid Weigel u. Thomas Macho. München. S. 43–53.

Weigel, Sigrid (2003): „‚Nichts weiter als …'. Das Detail in den Kulturtheorien der Moderne: Warburg, Freud, Benjamin", in: ‚Der liebe Gott steckt im Detail' – Mikrostrukturen des Wissens. Hg. v. Wolfgang Schäffner [u.a.]. München. S. 91–115.

Weigel, Sigrid (2006): Genea-Logik. Generation, Tradition und Evolution zwischen Kultur- und Naturwissenschaften. München.

Wetzel, Michael (1985): „Spurenentsicherung. Ginzburg, Derrida und Foucault als Leser Freuds", in: FRAGMENTE Nr. 17/18. Kassel. S. 175–203.

Wetzel, Michael (1998): „‚Man maide die Träger von Etyms!' Arno Schmidt als doppelzüngiger Genealoge der ‚KindsBraut'", in: Arno Schmidt: Leben und Werk. Hg. v. Guido Graf. Würzburg 1998. S. 177–192.

White, Hayden (1993): „Schreiben im Medium", in: Schreiben als Kulturtechnik. Hg. v. Sandro Zanetti. Frankfurt a.M. 2012. S. 251–261.

Widmer, Peter (2010): Der Eigenname und seine Buchstaben. Psychoanalytische und andere Untersuchungen. Bielefeld.

Winthrop-Young, Geoffrey (2005): Friedrich Kittler. Zur Einführung. Hamburg.

Wirth, Uwe (2007): Die Geburt des Autors aus dem Geist der Herausgeberfiktion: Editoriale Rahmung im Roman um 1800: Wieland, Goethe, Brentano, Jean Paul, E.T.A. Hoffmann. München.

Wizisla, Erdmut (2008): „‚Plaquette für Freunde'. Widmungen für die ersten Leser", in: Walter Benjamins „Deutsche Menschen". Hg. v. Barbara Hahn und Erdmut Wizisla. Göttingen. S. 45–68.

Wollschläger, Hans (1965): Karl May in Selbstzeugnissen und Bilddokumenten. Reinbek bei Hamburg 1965.

Wollschläger, Hans (1965a): Karl May. Grundriss eines gebrochenen Lebens. 2. Aufl., Göttingen 2010.

Wollschläger, Hans (1982): Die Insel und einige anderen Metaphern für Arno Schmidt. Göttingen 2008. S. 141–217.

Wollschläger, Hans (1999): „Karl Mays Orientreise 1899/1900", in: Karl Mays Gesammelte Werke. Bd. 82: In fernen Zonen. Karl Mays Weltreisen. Orient 1899–1900. Amerika 1908. Hg. v. Lothar u. Bernhard Schmid. Bamberg. S. 33–233.

Wollschläger, Hans (1999a): „Vorwort: Karl Mays Reisen und seine Wirklichkeit", in: Karl Mays Gesammelte Werke. Bd. 82: In fernen Zonen. Karl Mays Weltreisen. Orient 1899–1900. Amerika 1908. Hg. v. Lothar u. Bernhard Schmid. Bamberg. S. 5–13.

Wollschläger, Hans (2007): „Arno Schmidt: Endstation Åndalsnes – Overaasjöen", in: Die Insel und einige andere Metaphern für Arno Schmidt. Schriften in Einzelausgaben. Hg. v. Monika Wollschläger. Göttingen 2008. S. 273–309.

Wollschläger, Hans (2007a): „Arno Schmidt und Karl May", in: Die Insel und einige andere Metaphern für Arno Schmidt. Schriften in Einzelausgaben. Hg. v. Monika Wollschläger. Göttingen 2008. S. 71–103.

Worm, Peter (2004): Karolingische Rekognitionszeichen. Die Kanzlerzeile und ihre graphische Ausgestaltung auf den Herrscherurkunden des achten und neunten Jahrhunderts. 2 Bände. Marburg.

Žižek, Slavoj (2008): Psychoanalyse und die Philosophie des deutschen Idealismus. Übers. v. Isolde Charim u. Lydia Marinelli. Wien.

Archivdokumente

Amerikanischer Pass von Erich Maria Remarque (1948). Erich Maria Remarque-Archiv/ Arbeitsstelle Krieg und Literatur.

Brief von Jean Améry an Albert Speer, Brüssel, den 6. Oktober 1975, Deutsches Literaturarchiv in Marbach (81.1796).

Brief von Justus Liebig an August Graf von Platen, Paris, den 16. Mai 1823, in: Liebigiana 2B.

Brief von Karl May an Felix Krais (Faksimile), vom 10.11.1908, zit. n. Dieter Sudhoff (1999): „Karl May in Amerika", in: Karl Mays Gesammelte Werke. Bd. 82: In fernen Zonen. Karl Mays Weltreisen. Orient 1899–1900. Amerika 1908. Hg. v. Lothar u. Bernhard Schmid. Bamberg 1999. S. 233–429, hier: S. 398f.

Brief von Karl May an Felix Krais, vom 15.04.1910, in: May (1910a): Winnetou Band IV (Reprint Augsburger Postzeitung 1909/10), S. 304.

Brief von Arno Schmidt an Jürgen Manthey, vom 14.7.72, in: „Und nun auf, zum Postauto!", S. 176–177.

Brief von Arno Schmidt an Hans Wollschläger, vom 2.4.1964, in: „Und nun auf, zum Postauto!". Briefe von Arno Schmidt. Hg. v. Susanne Fischer u. Bernd Rauschenbach. Bargfeld 2013. S. 212–214.

Dokumentation über Aktivitäten anarchistischer Gewalttäter in der BRD. Hg. v. dem Bundesministerium des Innern, 1975 [Zellenzirkulare der RAF].

Das geheime Tagebuch König Ludwigs II. von Bayern 1869–1886. 2. Aufl., hg. v. Siegfried Obermeier. München 2000.

In Sachen Arno Schmidt ./. Prozesse 1 und 2. Hg. v. Jan Philipp Reemtsma u. Georg Eyring. Bargfeld 1988.

„Johann Georg Fischer und Hölderlin", in: Sämtliche Werke (‚Stuttgarter Ausgabe'). Bd. 7/3 Nr. 608, S. 292–308.

May, Karl (14.12.1908): Faksimile einer Postkarte an Leopold Gehri, in: Mitteilungen der Karl May Gesellschaft, Nr. 19 (1974), S. 8.

May, Karl (1911): An die 4. Strafkammer des Königlichen Landgerichtes III in Berlin. Schriftsatz aus dem Jahr 1911 mit Erläuterungen und Textvarianten als Anhang. Erstveröffentlichung aus dem Nachlass. Bamberg 1982.

Report of the Committee Appointed to Examine the Physicans who Have Attended His Majesty during his Illness, touching the Present State of His Majestys Health.

Seebaß, A. (1950): „Ein unbekanntes Gedicht Hölderlins aus der Zeit seiner Umnachtung", in: Deutsche Gedichte im Originalhandschriften (...) der Schweizerischen Bibliophilen-Gesellschaft zur Jahresversammlung in Basel am 17./18. Juni 1950 überreicht vom Erasmushaus, Jaus der Bücher A.G.' (...); mit Faksimile.

Spuren des Märchenkönigs. Ludwig II. und die Bayrische Staatsbibliothek [Ausstellungskatalog]. Regensburg 2011.

Trophaeum Mariano-Cellense, in: Imitat, Zitat, Plagiat und Original in Literatur und Kultur der Frühen Neuzeit. Hg. v. Andreas Beck und Nora Ramtke. Frankfurt a.M. 2016 (elektronische Edition, beiliegende CD).

Diverses

Allgemeine Theorie der Tonkunst. Hg. v. August Swoboda. Wien 1826.

Auf Karl Mays Fährte. Sonderband zu den Gesammelten Werken Karl Mays, hg. v. Reinhard F. Gusky u. Willi Olbrich. Bamberg u. Radebeul 2001.

Aust, Stefan (1985): Der Baader Meinhof Komplex. 11. erweiterte u. aktualisierte Ausgabe. München 1998.

Barack Obama mocks Jack Lew's loopy signature. In: The Telegraph, 10. Januar 2013. (http://www.telegraph.co.uk/news/worldnews/us-politics/9794815/Barack-Obama-mocks-Jack-Lews-loopy-signature.html#) [letzter Abruf: 31.05.2023].

Benjamin, Walter 1892–1940. Eine Ausstellung des Theodor w. Adorno Archivs Frankfurt a.M. in Verbindung mit dem Deutschen Literaturarchiv in Marbach am Neckar. Bearb. v. Rolf Tiedemann, Christoph Gödde u. Henri Lonitz. Marbacher Magazin 55 (1999).

Beuys, Joseph u. Herzfeld, Anatol (1968): Handaktion & Der Tisch. Nr. VIII des Joseph Beuys Medien-Archivs. Hg. v. Eva u. Wenzel Beuys. Berlin 2009.

Beuys, Joseph (1983): Das Ende des 20. Jahrhunderts. Die Umsetzung vom Haus der Kunst in die Pinakothek der Moderne München. Hg. v. Susanne Willisch u. Bruno Heimberg. München 2007.

Braun, Karina: „Ein neuer Schulkonflikt in Hamburg: Die Streit-Schrift", in: Hamburger Abendblatt, 29.6.2011.

Brief von Duckart, Kanzleiangehöriger des Reichsministeriums des Inneren, an unbekannt. Erich Maria Remarque Friedenszentrum, Akte R-A 11.2.2.011.

Brinkmann, Erika: „Lehr-/Bildungs- und Rahmenpläne in den Bundesländern: Was bedeuten sie für die Einführung der Grundschrift?", in: Grundschule aktuell, Heft 112, November 2010. S. 23–27.

B. Traven. Portrait eines berühmten Unbekannten. Text und Zeichnungen von Golo [Graphic Novel]. Berlin 2011.

Brief von Andreas Baader an Ello Michel, 21.08.1968, in: Andreas Baader. Das Leben eines Staatsfeindes. Hg. v. Klaus Stern u. Jörg Herrmann. München 2007. S. 101f.

Brief von Samuel Marsden an den Gouverneur Macquarrie, in: The Missionary Register for MDCCCXVI, Bd. 4. London 1816. S. 327–332.

Cadenbach, Christoph (2018): „Bitte ein Autogramm", in: SZ-Magazin, Heft 10 (http://www.sueddeutsche.de/stil/selbstversuch-bitte-ein-autogramm-1.3920540?reduced=true [letzter Abruf: 31.05.2023].

Cissé, Madjiguène (1999): Papiere für alle. Die Bewegung der Sans Papiers in Frankreich. Übers. v. Nicola Schieweck-Rajeswaran. Berlin 2002.

Dalí, Salvador (1984): Les 678 Tres Riches Signatures de Salvador Dali, Marques de Pubol. Hg. v. John Peter Moore. Wien.

Fischer, Johann Georg (1818): „Hölderlin's letzte Verse", in: Schwäbische Kronik. 1881.

Flix (2009): Faust. Der Tragödie erster Teil. Hamburg [Graphic Novel Paperback].

Gebhardt, Heinz: „Der Hof-Fotograf des Märchenkönigs (Als die Münchener das Fotographieren lernten". TZ, 9. März 2009. S. 10.

Gross, Karl (1985): Menschenhand und Gotteshand in Antike und Christentum. Aus dem Nachlass hg. v. Wolfgang Speyer, Stuttgart.

Güntter, Otto (1938): „Ein Gedicht aus Hölderlins Spätzeit", in: Schwäbischer Schillerverein Marbach-Stuttgart, 42 (Rechenschaftsbericht).

Haasen, Giesela (1995): Ludwig II. Briefe an seine Erzieherin. München 1995.

Hackländer, Friedrich Wilhelm: „Erinnerung an Hölderlin, in: Kölnische Zeitung, Nr. 174, 23.6.1843.

Hinze, Otto (1911): Der Beamtenstand (Vorträge der Gehe-Stiftung zu Dresden, Bd. 3). Leipzig.

Karl May und seine Zeit. Bilder, Dokumente, Texte. 2. durchges. Aufl., hg. v. Gerhard Klussmeier u. Hainer Paul. Radebeul u. Bamberg 2007.

Lenz, Jörg-M. u. Schmidt, Christiane (2004): Die elektronische Signatur. Eine Analogie zur eigenhändigen Unterschrift? Stuttgart.

Leyendecker, Hans, Mascolo, Georg u. Ott, Klaus: „WM-Affäre Beckenbauer: ‚Ich habe immer alles einfach unterschrieben'", in: SZ-Online, 20. November 2015 u. „„Das ist nicht von mir'", in: Der Spiegel 42/1995. S. 282–284.

Linke, Detlef B. (2005): Hölderlin als Hirnforscher. Lebenskunst und Neuropsychologie. Berlin 2016.

Koselleck, Reinhart (2003): Er konnte sich verschenken. Gedenkrede auf Hans-Georg Gadamer, in ders.: Vom Sinn und Unsinn der Geschichte. Aufsätze und Vorträge aus vier Jahrzehnten Hg. v. Carsten Dutt. Frankfurt a.M. 2014. S. 349–65.

Mauss, Marcel: Die Techniken des Körpers. In: Soziologie und Anthropologie. Band 2. Übers. v. Eva Moldenhauer [u.a.]. Frankfurt a.M. 1989. S. 199–223.

Meier, Paul u. Zabell, Sandy: „Benjamin Peirce and the Howland Will", in: Journal of the American Statistical Association, Vol. 75, No. 371 (1980), S. 497–506.

Moby Dick von Chabouté (2014). 3. Aufl., übers. v. Ulrich Pröfrock. Köln 2016.

Monden, Louis (1961): Theologie des Wunders, Freiburg, Basel, Wien.

Münkler, Herfried (2009): Die Deutschen und ihre Mythen. Reinbek bei Hamburg 2010.

„Obama lässt Gesetz von Automat unterschreiben", in: Welt.de, 27. Mai 2011 [letzter Abruf: 31.05.2023].

Petrow, Steven (2018): Why Signatures Matter. In: The New York Times, 11. April (https://www.nytimes.com/2018/04/11/opinion/credit-card-signature.html [letzter Abruf: 31.05.2023].

Rainer, Arnulf (2010): Der Übermaler. Hg. v. d. Bayrischen Staatsgemäldesammlungen. 2010.

Ritzer, Uwe: „Schreiben? Mit der Hand!", in: SZ Nr. 199, 30. / 31. August, S. 23.

Schimke, Sascha (2008): Suche in online erfassten digitalen Handschriftendokumenten. Dissertation an der Otto-von-Guericke-Universität Magdeburg.

Schloemann; Johann (11.01.2013): „Kleine Kringelkunde. Die Unterschrift des künftigen US-Finanzministers gibt Rätsel auf", in: SZ Jahrgang 69, Woche 2, Nr. 9, Titelseite.

Schmoll, Heike: „Druckschrift statt Schreibschrift. Politische Handschriften", in: FAZ, 2. August 2011.

Schöttker, Detlev (2000): „Erinnern", in: Benjamins Begriffe. Hg. v. Michael Opitz u. Erdmut Wizisla. Frankfurt a.M. 2000. Bd. I, S. 260–299.

Schreckenbach, Hans-Joachim (1961): Goethes Autographensammlung. Katalog. Weimar 1961.

Speer, Albert: Erinnerungen. Berlin 1968.

Speer (jun.), Albert: Über Größe, in: SZ Nr. 99, 30. April, 1. /2. Mai 2010, S. V1/8.

Speer (jun.), Albert: „Er trägt einen bekannten Namen". Von Ursula Deutschendorf. WDR 5: Erlebte Geschichten (30.12.2015).

Szondi, Peter (1961): „Hoffnung im Vergangenem. Über Walter Benjamin", in ders.: Satz und Gegensatz. Sechs Essays. Frankfurt a.M. 1979. S. 79–98.

Unterschrift von Adolf Wölfli in: Staatsarchiv des Kanton Bern, Untersuchungsakten des Assisenhofes, BB 15.4.1580, Nr. 8304.

Werbung für die digitale Signatur von Word: http://www.signature-perfect.de/pi_docs/PI-SP-de-0010_Elektronische_Signatur.pdf

Wolffsohn, Michael / Brechenmacher, Thomas (2001): „Vornamen", in: Deutsche Erinnerungsorte, Bd. III, hg. v. Etienne François u. Hagen Schulze, München, S. 636–650.

„Der Ziegelbrenner". Schriftleitung Ret Marut. Hg. v. Max Schmidt. Heft 18/19 (Dezember 1919). Berlin 1976 [Bibliothek literarischer Neudrucke].

Zuckmayer, Carl (1980): „Karl May: Ein Phänomen", in: Blätter der Carl-Zuckmayer-Gesellschaft 6. H1, S. 107.

Zweig, Stefan (1927): „Ein ungedrucktes Gedicht von Hölderlin", in: Gartenlaube 1927. S. 149.

Film / Fernsehen / Radio / CD

Bergmann, Harald (2000): Scardanelli. Hölderlin-Edition, Nr. 2. Harald Bergmann Filmproduktion.

Bergmann, Harald (2000): Passion Hölderlin. Hölderlin-Edition, Nr. 4. Harald Bergmann Filmproduktion.

Cadenbach, Christoph (2018): Werkstattvideo: Wie ändert man seine Unterschrift? (http://www.sueddeutsche.de/leben/werkstattvideo-wie-aendert-man-seine-unterschrift-1.3922889 [letzter Abruf: 31.05.2023].

Hamacher, Werner (2011): „Technik, Löffelheit, Gedachter Verstand", https://www.ruhr-uni-bochum.de/bkm/archivseiten/23_hamacher.html [letzter Abruf: 31.05.2023].

Herzog, Werner (1979): Nosferatu. Phantom der Nacht. Werner Herzog Filmproduktion.

Herzog, Werner (2010): Cave of Forgotten Dreams. Picturehouse.

Hölderlin, Friedrich (1806–1843): Turmgedichte. Gelesen von Christian Reiner. ECM Records Gmbh (LC 02516). München 2012.

Holliger, Heinz (1975–1991): Scardanelli-Zyklus. ECM Records Gmbh (LC 437441-2). München 2012.

Huston, John (1956): Moby Dick. Moulin Productions Inc., Warner Bros.

Kofman, Amy Ziering u. Dick, Kirby (2000): Derrida. Jane Does Films.

Lacan, Jacques (1972): „Interview mit Jacques Lacan von Françoise Wolff", in: Jacques Lacan spricht. Arte Edition & Absolute Medien 2013.

Lang, Fritz (1933): Das Testament des Dr. Mabuse,

Murnau, Fritz Wilhelm (1926): Faust – eine deutsche Volkssage. Ufa.

Reitz, Edgar (1984): Heimat – eine Chronik. Teil 2: Die Mitte der Welt (1928–1933). SFB u. WDR.

Roddam, Franc (2009): Moby Dick. Fernsehserie in zwei Teilen, SchröderMedia HandelsgmbH & Co. KG.

Schneider, Manfred (2007): Das Manöver des Ernstes. Eine Revue der Moderne. SWR2 RadioArt Essay 20.03.2007.

Schwehm, Oliver (2014): Arno Schmidt. Mein Herz gehört dem Kopf. Mfa.

Syberberg, Hans-Jürgen (1972): Ludwig – Requiem für einen jungfräulichen König (2 Teile), ZDF.

Syberberg, Hans-Jürgen (1974): Karl May. Die Seele ist ein weites Land in das wir fliehen (2 Teile). ZDF.

„Der Tatortreiniger", Studio Hamburg [u.a.], NDR-Fernsehen 2011.

Tressler, Georg (1959): Das Totenschiff [nach dem Roman von B. Traven]. Ufa.

Wyatt, Will (1978): Der Mann, der B. Traven war. Norddeutscher Rundfunk 1982 (vom NDR bearbeitete deutsche Fassung von *A Mystery Solved*, BBC 1978).

Abkürzungen / Sigel

ALR	Allgemeines Preußisches Landrecht
BGH	Bundesgerichtshof
BGB	Bürgerliches Gesetzbuch
DE	Deutsche Erinnerungsorte
DONot	Dienstordnung für Notarinnen und Notare
F	Fußnote
GWJ	Goethe Werke. Jubiläumsausgabe
GHA	Goethe: Hamburger Ausgabe in 14 Bänden
PS	Pseudonym
Jb-KMG	Jahrbuch der Karl-May-Gesellschaft
LCI	Lexikon er christlichen Ikonographie
LG	„Längeres Gedankenspiel" (Arno Schmidt)
KBW	Kulturwissenschaftliche Bibliothek Warburg
KMG	Mitteilungen der Karl May Gesellschaft
FKGW	Franz Kafka: Gesammelte Werke in zwölf Bänden
DW	Jacob u. Wilhelm Grimm: Deutsches Wörterbuch
MTMC	Manuskript: *Trophaeum Mariano-Cellens*
PAuswG	Personalausweisgesetz
SigG	Gesetz über Rahmenbedingungen elektronischer Signaturen
WBGS	Walter Benjamin: Gesammelte Schriften
WBKG	Walter Benjamin; Werke und Nachlass. Kritische Ausgabe
WPG	Wörterbuch der phänomenologischen Grundbegriffe
TAGS	Theodor W. Adorno: Gesammelte Schriften